CB060540

Lord Acton
Ensaios

Lord Acton

Ensaios
Uma Antologia

Tradução
Joubert de Oliveira Brízida

Introdução à
edição brasileira
Mary del Priore

LIBERTY FUND

TOPBOOKS

Copyright © Liberty Fund, 2014
Antologia preparada com base nos três volumes dos
Selected Writings of Lord Acton (1985-1988), organizados por J. Rufus Fears

Editor
José Mario Pereira

Editora assistente
Christine Ajuz

Projeto gráfico e capa
Victor Burton

Revisão
Rosy Lamas
Mariângela Felix

Diagramação
Arte das Letras

*Gerente do programa editorial em
português do Liberty Fund, Inc.*
Leônidas Zelmanovitz

Todos os direitos reservados pela
TOPBOOKS EDITORA E DISTRIBUIDORA DE LIVROS LTDA.
Rua Visconde de Inhaúma, 58 / gr. 203 – Rio de Janeiro – RJ
CEP: 20091-007 Telefax: (21) 2233-8718 e 2283-1039
www.topbooks.com.br / topbooks@topbooks.com.br

Impresso no Brasil

Sumário

Nota à edição brasileira 9
Introdução à edição brasileira – *Mary del Priore* 11

1. História da Liberdade na Antiguidade 27
2. História da Liberdade no Cristianismo 63
3. *Democracy in Europe*, de Sir Erskine May 101
4. A Revolução Puritana 149
5. Ascensão dos Whigs 163
6. A Revolução Inglesa 179
7. Ensaio sobre o *History of the Commonwealth of England*,
   de Bisset 197
8. Ensaio sobre o *Life and Times of Edmund Burke*,
   de Macknight 203
9. Ensaio sobre o *Manual of English Literature*,
   de Thomas Arnold 213
10. Ensaio sobre o *Public Life of Lord Macaulay*,
    de Frederick Arnold 223
11. Ensaio sobre o *History of England*, de Bright 229
12. Colônias 253
13. A Revolução Americana 271

14. A influência da América 283
15. A Guerra Civil na América: seu lugar na História 307
16. Extratos do Diário de Acton sobre
    sua viagem à América em 1853 331
17. Ensaio sobre a *The New American Cyclopaedia* 349
18. Nacionalidade 357
19. Cavour 395
20. "Burocracia", de Richard Simpson 433
21. Expectativas da Revolução Francesa 453
22. Ensaio sobre o *Friedrich II*, de Carlyle 489
23. A Teoria Protestante da Perseguição 495
24. Ranke 543
25. O massacre de São Bartolomeu 555
26. Os Bórgias e seu último historiador 617
27. Ensaio sobre o *Geschichte des Concils
    von Trent*, de Döllinger 643
28. Ensaio sobre o *History of the Papacy*, de Creighton 655
29. Correspondência Acton-Creighton 675
30. Ensaio sobre o *History of Inquisition*, de Lea 697
31. Memórias de Talleyrand 727
32. O cardeal Wiseman e a *The Home and Foreign Affairs* 753
33. Ultramontanismo 785
34. O Papa e o Concílio 855

Índice onomástico 871

Nota à edição brasileira

Esta antologia de John Emerich Edward Dalberg-Acton (1834-1902), a primeira que se publica no Brasil, reúne 34 ensaios representativos da fértil produção desse notável historiador e pensador político da Inglaterra vitoriana.

A escolha se fez tendo por base a edição em três volumes de seus *Selected Essays*, organizada por J. Rufus Fears, que totalizam 81 textos, afora uma seleção de notas e aforismos encontrados em seus arquivos, assim distribuídos: Volume I – *Essays in the History of Liberty*; Volume II – *Essays in the Study and Writing of History*; e Volume III – *Essays in Religion, Politics and Morality*.

O conhecimento profundo dos grandes arquivos europeus, entre eles o do Vaticano; a espantosa erudição, a variedade de interesses intelectuais, a intimidade com a melhor historiografia da época – notadamente a da Alemanha, país onde viveu – cedo o transformaram numa lenda.

Mais que sua planejada *História da Liberdade*, que não chegou a completar, foram os ensaios, as conferências e os excelentes *reviews* produzidos para prestigiosas publicações especializadas que sedimentaram o prestígio de Lord Acton como historiador de seu país e de seu tempo.

Para a maioria, ele é lembrado apenas por uma das muitas frases brilhantes que pôs em circulação: *"Power tends to corrupt, and absolute power corrupts absolutely"*, popularizada de forma imprecisa, com a omissão do verbo *tender* – "O poder corrompe, e o poder absoluto corrompe de forma absoluta". *Ensaios – Uma Antologia*, que em boa hora o Liberty Fund faz publicar no Brasil, vai além: afora as qualidades de Lord Acton já mencionadas, esta edição ressalta também sua enorme contribuição à história intelectual do liberalismo clássico.

O Editor

Introdução à edição brasileira

Mary del Priore

Há ditos que correm o mundo: *"Todo poder corrompe; o poder absoluto corrompe absolutamente."* A frase não só é mundialmente conhecida como repetida à saciedade. Poucos, contudo, conhecem o homem por trás das palavras. John Emerich Edward Dalberg, Lord Acton, é ignorado pela maior parte do público leitor. Intelectual e escritor, apaixonado pelas contingências da história, sua obra se inscreve no tempo longo da literatura, da filosofia e da ciência. Nela, convivem as duas faces de uma mesma moeda: por um lado, a do ensaísta erudito, cujos textos deslocaram problemas e renovaram a tradição; por outro, a do intelectual, capaz de denunciar, incansavelmente, ataques e atentados à liberdade, à verdade e à justiça. Herdeiro dos artesãos do protoliberalismo nos séculos XVII e XVIII – Hobbes, Locke, Hume e Tocqueville, para ficar nos mais conhecidos – Acton, antes de tudo, refletiu exaustivamente sobre como articular conceitos e ideias matrizes como *indivíduo, sociedade, Estado e liberdade*, ideias, sublinhe-se, que constituem o pivô da modernidade política. Longe de preocupar-se com o liberalismo como uma doutrina política ou econômica, ele o transformou num ponto de partida para interrogar a história, a religião e a sociedade. Mas quem foi mesmo esse pensador, historiador e ensaísta cujas ideias marcaram época?

O primeiro barão Acton of Aldenham nasceu em Nápoles, Itália, em janeiro de 1834. A magnífica moldura da cidade é de todos conhecida: o Vesúvio, a bela baía, as ruínas de Pompeia e Herculano. Mas não só. Velhas pedras que compunham a paisagem histórica da cidade, e que tinham visto as catástrofes históricas dos gregos, dos romanos, dos godos e longobardos, dos árabes, normandos, suábios, franceses e espanhóis, viviam então os conflitos que gestavam o *Risorgimento* — processo que conduziu à unificação e fundação do reino da Itália, em 1860. Sob o domínio dos Bourbons, os reinos de Nápoles e Sicília se constituíam no palco para revoltas carbonárias ou de aristocratas e militares cujas palavras de ordem eram sempre as mesmas: liberdade, parlamento e constituição.

Não por acaso, singular estrela pairava sobre o berço de Acton. No mesmo ano de seu nascimento, Benedetto Croce, riquíssimo latifundiário e grande burguês cujas ideias estariam na contramão dos ideais liberais de Acton, era excluído da Academia Pontaniana de Nápoles, academia que ele, ironicamente, fundara e mantinha. Curiosamente, as duas correntes de ideias — liberalismo e socialismo —, representadas em homens tão diversos, já se desenhavam na Itália pré-unificação e na Europa ocidental. Elas iriam acompanhar a trajetória de Acton, bem como a do complexo e multifacetado século dezenove.

O pai de Acton pertencia a uma tradicional família inglesa, e sua mãe, membro de uma família da Renânia, era ligada por laços de sangue aos imperadores Habsburgo. É bom lembrar que o Império austro-húngaro, detentor de terras ao norte da península itálica, foi o grande inimigo, contra o qual se bateram todos os movimentos de unificação que então se multiplicavam. Com a morte de seu pai e o segundo casamento de sua mãe, Acton muda-se para a Inglaterra, onde, no silêncio amigo de inesgotáveis bibliotecas, aprimorou conhecimentos e estudos.

Criado em ambiente cosmopolita, dominando com facilidade as línguas italiana, inglesa, francesa e alemã, Lord Acton sentia-se em casa no continente ou na Grã-Bretanha. Esse ambiente no qual irá se desenvolver nosso autor era o de um dos poucos países da Europa onde aquilo que hoje chamamos de vida política, com sua corte de debates e direitos, úteis ao maior número de pessoas, já se encontrava estabelecido. Embora vigorasse a obrigatoriedade de qualificação para o voto masculino, vigia o direito de não ser silenciado sem motivo ou de ser preso sem julgamento. O recurso legal do mandado de habeas corpus, por exemplo, já era corrente. No campo da economia, fábricas, sobretudo de tecelagem, juncavam até mesmo o bucólico interior, e as "catedrais da indústria", malgrado exalar o que um historiador chamou de "cheiro de suor do homem comum", erigiam-se em signos de glória e afirmação do trabalho e do capital. Mas não só: em signos de estética, também. O uso de azulejos importados, de mosaicos, de colunas torcidas, de campanários, de janelas decoradas e enfileiradas, embelezava tais monumentos, cujas entranhas eram aquecidas por imensas e barulhentas máquinas a vapor. Os produtos aí criados se distribuíam até os portos por possantes terminais ferroviários. E no campo da cultura, escritores e pensadores como Anthony Trollope, Samuel Butler, Dante Gabriel

Rossetti, Robert Browning, Lewis Carroll, John Stuart Mill, para ficar em alguns poucos, se acotovelavam numa brilhante constelação.

A formação católica de Acton foi, contudo, um obstáculo para a sua admissão em Cambridge. Impossibilitado de fazer seus estudos numa das maiores e mais importantes casas universitárias inglesas, Acton se instala em Munique, para seguir o curso do famoso historiador da Igreja, Ignaz von Döllinger. A decisão não é fortuita, e deixará marcas em sua produção intelectual. Vale lembrar que, cidade católica mais importante da Baviera, um dos 39 estados da Confederação Germânica, o futuro Reich, Munique vivia nessas décadas o processo de unificação sob a batuta de Bismarck, um luterano ferrenhamente anticatólico. Afinal, os católicos não tinham suas bases mais fortes na Renânia, assim como a Baviera, Estado católico, não tinha tomado o partido dos Habsburgo e da casa de Áustria em 1866? Foi como inimigos do germanismo e como elementos duvidosos para o triunfo do Reich que os católicos sofreram não apenas a hostilidade pessoal de Bismarck mas, também, a de largas parcelas da população que lhes moviam perseguições públicas.

Não seria esse, contudo, o primeiro contato de Acton com a intolerância. O monarca do reino de Nápoles, onde nascera, tivera que fugir para o Vaticano. Quando das revoltas da Itália do Sul contra o Piemonte, enquanto as populações mergulhavam no banho de sangue que preparou a unificação italiana, de 1848 a 1870, a família real abandonou seu posto, dando início a um degredo sem-fim. Os mesmos conflitos que atingiam em cheio os simpatizantes do império austro-húngaro teriam empurrado sua família de volta à Grã-Bretanha.

Estimulado por seu padrasto, Lord George Leveson, secretário do primeiro-ministro liberal William Gladstone, Acton entra para a política. O quadro no qual se insere era caudaloso. A segunda metade do século XIX, de que data a maior parte de seus ensaios, embutia sinais das mudanças complexas, em grande parte vistas e vividas por ele. A crescente urbanização atraíra populações de migrantes. Os governos tendiam a achar que não deveriam interferir num processo que acontecia sem planejamento: o da explosão das cidades em miséria. A mortalidade era elevada: em 1850, em Manchester, para ficar num exemplo, os recém-nascidos tinham expectativa de vida de 25 anos. Construtores erguiam fileiras de chalés para acomodar milhares de operários, cujos esgotos corriam a céu aberto. Habitações coletivas — semelhantes às nossas cabeças de porco — abrigavam dezenas de moradores em cada cômodo. Deplorava-se a fuligem e a feiura dos centros fabris. As ruas não tinham pavimentação, nem iluminação. A agricultura, o comércio e os bancos passaram a depender cada vez mais dos produtos, das letras de câmbio e dos investimentos nascidos nos núcleos da indústria fabril inglesa. As invenções da ciência e da tecnologia, a variedade crescente de bens materiais, a velocidade de locomoção, o conforto das atividades cotidianas faziam as classes média e alta acreditarem que viviam no melhor dos mundos. Para esses ingleses — como bem lembra David S. Landes — a ciência era a nova revelação, e a revolução industrial uma espécie de religião do progresso. Acreditava-se que deixar a via econômica sem controle e o mercado regulando a maneira de viver das pessoas era a melhor maneira de gerar riqueza. Foi o período — asseguram historiadores – em que as ideias de *laissez-faire*, nascidas no século XVIII, produziram seu maior efeito. Para o bem e para o mal.

Sim, para o mal, pois o *laissez-faire* dificultava e muito a vida dos trabalhadores: turnos exaustivos em fábricas insalubres, crianças e mulheres trabalhando por salários ínfimos, proibição da formação de sindicatos, greves consideradas subversivas, grupos marginalizados oprimidos pela polícia e as forças da ordem. O resultado? Agendas propondo ações de resistência política e reformas sociais, bem como doutrinas que manifestavam repulsa ao funcionamento de um sistema de mercado com sua corte de desigualdades e injustiças. Tais doutrinas se abrigavam sob um amplo guarda-chuva denominado socialismo. Intelectuais como o já mencionado Benedetto Croce ou Karl Marx criticavam a situação terrível em que viviam as classes subalternas.

A intensificação dos movimentos democráticos levou à fundação, na década de 60, da I Internacional ou Associação Internacional dos Trabalhadores. Alma dessa organização, Marx redigiu o primeiro *Manifesto*, enquanto proliferavam esforços para unificar os movimentos operários. Esses eram tempos de progresso científico, de avanço do capitalismo, de imensas crises políticas e sociais, de afirmação dos Estados-Nação e de reorganização geopolítica da velha Europa.

É no sorvedouro de tantas mudanças que se insere o pensamento de Acton: entre duas correntes de ideias excludentes, correntes que pensavam, de lugares opostos, os acontecimentos históricos. Seria anacrônico interpretá-lo fora desse quadro. Mas é muito menos contra os socialistas que ele escreve e muito mais em favor da liberdade de pensamento, sobretudo no que dissesse respeito à história da Igreja. Seu entusiasmo pelas ideias de Edmund Burke o alinharam, desde logo, com a constelação liberal. Mas por que Burke? Crítico proeminente da Revolução Francesa, que atacou em suas famosas *Reflexões* (1790), Burke afirmava que os revolucionários tinham querido apagar o passado, em vez de revigorar velhos direitos adquiridos contra o absolutismo monárquico. Sua singularidade foi ter posto no lugar do desprezo iluminista pela superstição uma sincera reverência pela religião. Mais: ele também postulava a possibilidade de "mudança na continuidade", inaugurando um conceito flexível que se abria para mudanças. Mudanças, todavia, respeitosas das tradições. Não foi por acaso que se deu essa escolha intelectual; afinal, Acton sentira na pele o peso da intolerância religiosa, e a questão se transformou num de seus campos de análise mais fecundos.

Burke é considerado o pai do conservadorismo liberal, "um produto muito inglês", nas palavras do saudoso José Guilherme Merquior. E tão tipicamente inglês porque diametralmente oposto ao conservadorismo reacionário do continente, simbolizado em figuras como a do francês Joseph de Maistre (1753-1821) ou Louis de Bonald (1754-1840), protagonistas de um tipo de conservadorismo que resistia ao governo representativo responsável e à liberdade religiosa.

Já o conservadorismo britânico se apoiava em três doutrinas: o tradicionalismo, ou seja, a crença de que a sabedoria política é de alguma forma de natureza histórica e coletiva e de que ela reside em instituições que atravessaram séculos; o organicismo, ou seja, a ideia de que a sociedade é um todo, e não apenas uma soma de suas partes ou membros, e como tal possui um valor superior ao do indivíduo; e o ceticismo político, qual fosse, uma desconfiança do pensamento e da teoria quando aplicados à vida pública, especialmente quando usados como bandeira de renovação. São essas doutrinas que irão iluminar os caminhos de Acton.

Mas havia, também, outras ideias no ar. A Restauração francesa trouxera para a frente da cena um tema que o apaixonava, pois, como já dissemos, ele sofrera suas consequências: a independência na escolha e na prática das crenças e da fé. As ideias de Hugues-Felicité Robert de Lamennais esposavam indiretamente aquelas de Burke. Ele foi dos primeiros proponentes de um catolicismo liberal, ou, melhor dizendo, de um catolicismo social. Segundo Lamennais, apenas a religião funcionaria como remédio para a anarquia e a tirania cevadas pela Revolução. A promoção da liberdade individual se associava, de seu ponto de vista, com a independência entre Igreja e Estado. Advogando em favor de uma conciliação entre catolicismo e liberalismo, ele se bate contra a dominação de uns pelos outros, movendo-se cada vez mais em direção aos pobres, de quem era protetor. Ele transita, por assim dizer, da direita para a esquerda do pensamento político francês. Lamennais teve como sucessor C. R. F. de Montalembert, cuja preocupação era converter ao catolicismo os liberais e liberalizar os católicos.

Enquanto isso, a Inglaterra restaurava a Hierarquia Episcopal e o catolicismo prosseguia um lento mas ininterrupto caminho. Diferentemente da França, não houve ali nem triunfos espetaculares nem derrotas catastróficas. Pouco a pouco a Igreja ia reconquistando sua posição antes perdida na vida da nação. Em 1850, o liberalismo inglês tinha ultrapassado a crise do Cartismo – primeiro movimento operário do Reino Unido favorável a uma reforma social e política e, bem instalado, gozava dos frutos da nova ordem que criara. O colapso do regime continental em 1848 e a falência de movimentos revolucionários se combinaram para reforçar o prestígio e o ideal das instituições inglesas aos olhos de toda a Europa.

Em 1851, a feira universal, ou *Great Exhibition*, marcava a conquista do compromisso vitoriano com a sociedade. *Tories* como o duque de Wellington, pacifistas cosmopolitas como John Bright, cristãos idealistas e racionalistas científicos, artesãos e capitalistas se reuniram para celebrar, com a rainha Vitória e o príncipe consorte, o triunfo da ciência e do mercado consumidor. Nesse quadro não foi difícil que os católicos fizessem presentes as suas preocupações com as consequências desumanas do sistema, bem como seu clamor em favor de justiça. A Igreja, segundo eles, seria um refúgio certo para os problemas e o sofrimento da humanidade. Reações a essa pretensão? Muitas e diversas. Algumas desfavoráveis, pois, no coro de unidade nacional, o crescimento do nacionalismo irlandês, associado ao ultramontanismo do Papa Pio IX, levou os católicos a serem olhados com suspeita por conservadores e liberais.

As favoráveis vinham do fato de que o interesse do Romantismo sobre a Idade Média afetara moralistas e historiadores, poetas e artistas, promovendo uma nova maneira de encarar o catolicismo, diminuindo o preconceito com que este fora marcado pelo protestantismo. Nascia, assim, um campo comum no qual literários protestantes como John Ruskin, acadêmicos anglicanos como S. R. Maitland, católicos convertidos como K. Digby e mesmo continentais, como Montalembert, pudessem confraternizar e discutir. Os pintores pré-rafaelitas são exemplares desse movimento que fazia o preconceito contra católicos parecer coisa do passado.

Nunca, desde a Reforma, os católicos tiveram um papel tão importante na vida política inglesa, ou jamais tiveram relações tão estreitas com líderes da opinião pública. A conversão de homens de Estado como o marquês de Ripon e as atividades políticas de católicos como o duque de Norfolk animavam a agenda desses pensadores, entre os quais se incluía Lord Acton.

O importante é que os líderes desse renascimento católico nunca permitiram que se identificasse o liberalismo religioso com o político. Ao contrário: as afinidades políticas dos vitorianos católicos como Lord Acton – um fervoroso liberal à maneira de Gladstone a quem seu padrasto servira – tanto podiam estar entre conservadores quanto entre liberais. A especificidade desse ambiente – tão presente nos textos de Acton – é que o catolicismo inglês desenvolveu-se livre do padrão continental onde grassavam os conflitos entre direita e esquerda. Os distúrbios políticos permaneceram, portanto, quase que estrangeiros à vida e à reflexão sobre um tema tão amplo.

É nesse quadro que Acton adquire o jornal *Ramble*. Ele o fará o porta-voz de discussões teológicas sociais e políticas. O envolvimento do homem público e historiador com o I Concílio Vaticano o transformará num dos maiores defensores da liberdade religiosa e política. *Et pour cause*: um menino judeu não tinha sido convertido à força, o papa recusando-se a devolvê-lo aos seus pais? Não se acentuava o ultramontanismo, os leigos católicos cada vez mais excluídos do diálogo com a Santa Madre Igreja? Ciente desse e de outros fatos pouco exemplares, o argumento de Acton, na contramão do que ocorria em Roma, era de que a Igreja seria tão mais fiel ao seu compromisso se encorajasse a busca da verdade científica, histórica e teológica. E de que ela seria tão mais generosa se promovesse a conquista da liberdade individual. Seu esforço era de distinguir os pressupostos da Igreja daqueles do laicato, "dando a César o que era de César", segundo suas palavras. Era preciso subtrair a academia e o livre pensamento do controle da instituição, tanto mais quanto esta apostava na superioridade e infalibilidade papais.

Entre 1870 e 1880, ele continua desenvolvendo temas interdisciplinares de história, religião e liberdade. Seu engajamento é total. Falando em termos de uma "teodiceia", advoga em defesa da bondade divina e de um cuidado providencial do mundo. Busca esclarecer os conflitos religiosos ao longo dos séculos, dando-lhes uma razão. Pieguices? Não. Acton simplesmente esposa uma tendência, também continental, de estudar a história religiosa. Um quinto das monografias e títulos publicados entre 1870 e 1874, na França, tratava desse tema, e não eram poucos os colegas que, do outro lado da Mancha, acreditavam que a ciência histórica exigia um espírito independente e livre, sobretudo de preconceitos e subjetividade pessoal. Também não eram poucos os historiadores franceses que, à maneira da *inteligentzia* inglesa, consideram o cristianismo uma força positiva. O maior deles, Jules Michelet, por exemplo, celebrou a união da religião e do povo, sob influência do mesmo Romantismo que impregnava os intelectuais britânicos.

Segundo um especialista, sua produção nesses anos foi prodigiosa, tanto em qualidade quanto em quantidade, parte dela, aliás, reunida nesta coletânea. Com pequenas exceções, seu domínio de reflexão e intervenção dizia respeito ao catolicismo e seus inimigos. Acton lamenta a substituição das razões religiosas pelas políticas, observando o quanto Estados protestantes foram eficazes em substituir várias das funções da santa Instituição. Roma era atacada, como já mencionado, por ambos os lados: os conservadores a tinham na conta de um perigo político. Os liberais a consideravam uma inimiga da liberdade. E nosso autor argumentava, sublinhando que a Idade Média, momento da expansão do cristianismo, teria sido o período em que "foi posto o cimento de toda a felicidade de que se desfrutou desde então e de todas as grandes obras realizadas pelo homem". Por meio do *Rambler*, o sábio reivindicava, ao mesmo tempo, sua lealdade a Roma, mas, também, sua independência intelectual: "A sociedade moderna não desenvolveu nenhuma segurança para a liberdade, nenhum instrumento de progresso, nenhum meio de chegar à verdade, que contemplamos com suspeição ou indiferença". Ou ainda afirmações de incrível atualidade, como: "A prova mais segura para julgarmos se um país é realmente livre é a margem de segurança de que gozam as minorias". Suas posições lhe renderam, contudo, uma reação negativa de Roma, com Pio IX investindo contra os que considerava "católicos sem coração", entre os quais incluía Lord Acton.

Em 1895, Lord Acton é indicado *Regius Professor* de História Moderna na Universidade de Cambridge. Cambridge, diga-se de passagem, que acolherá a biblioteca que o apaixonou a vida inteira e onde ocupou a cátedra que pertencia ao historiador sir John Robert Seeley, especialista em temas e assuntos atinentes à história da religião. Sua conferência inaugural investia em explicar a "unidade da História Moderna como uma forma de progresso em direção à liberdade organizada e segura". Mais: segundo ele, política e história se entrelaçavam, mas não de forma equitativa. A ciência iria além dos assuntos de Estado. O importante, do seu ponto de vista, era dominar o movimento das ideias, evitando que elas ficassem a serviço de agendas ideológicas.

Sua indicação despertou enorme interesse. Embora desconhecido do grande público, Acton ocupava há quarenta anos um espaço importante na república do saber, posto que, para além de deter uma erudição ímpar, "era considerado por muitos, de longe, o maior intelectual da Inglaterra" e se relacionava com intelectuais em toda a Europa. Seu cosmopolitismo era uma característica indelével. Um exemplo? Mesmo no Brasil era lido e discutido, provocando reflexões como as remanescentes nos diários de Joaquim Nabuco. A 1º de julho de 1908, anotava, cuidadoso: "Hoje li este dito atribuído a Lord Acton: 'A história é a consciência da humanidade.' E concluía nosso estadista: "No sentido de memória, é; no sentido de moral, não".

O impacto de sua entrada na vetusta e honorável universidade deve-se, igualmente, ao fato de se tratar de um professor católico em círculo fundamentalmente protestante. De sua cátedra, pregará em favor de uma história moral, sem relativismos, com a obrigação de buscar a verdade com a mais absoluta imparcialidade, mesmo que ela desafiasse as opiniões mais íntimas do historiador. Tinha o projeto não consolidado de escrever uma história moderna cuja unidade ou fio condutor fosse marcado pela busca da independência de pensamento e de ação. Fazia, assim, como outros colegas de seu tempo, jus às ideias de Leopold von Ranke, pai de fórmulas objetivas, científicas ou "positivas" aplicadas à ciência histórica.

Sua *História da liberdade* não foi nunca escrita, nem sequer iniciada. O material que reunira, por sua vasta complexidade e gigantismo, ultrapassava os limites do possível. "Acton", conta-nos o historiador e arqueólogo Ferdinand Gregorovius em seu diário, escrito em 1869, "dá trabalho aos copistas do mundo inteiro para que lhe provejam de material. Temo que uma tamanha abundância o faça soçobrar". E estava certo.

Hoje, muitos historiadores consideram impossível a figura do historiador como um juiz, suporte de um paradigma moral. Imparcialidade e objetividade, sim. Mas verdade? Apreensão total do passado? Impossível reconstituir o fato histórico em sua totalidade. Bem dizia Foustel de Coulanges, um contemporâneo de Lord Acton, que "a história não resolve as questões, mas ajuda a examiná-las". Recentemente, porém, coube ao historiador Carlo Guinzburg retomar o debate sobre a verdade, tema tão caro a nosso autor, num livro que deu a volta ao mundo: *O juiz e o historiador*, publicado em 1991. Nele, graças a uma leitura detalhada das atas de instrução de um famoso processo ocorrido na Itália contra anarquistas – o processo Sofri –, Guinzburg revela, passo a passo, as contradições entre a seleção arbitrária de provas testemunhais, além de inferências defeituosas extraídas de autos que durante nove anos dormiram nas prateleiras. Habituado a trabalhar com processos inquisitoriais dos séculos XVI e XVII, Guinzburg faz uma analogia racional entre uns e outros. Seu trabalho, contudo, não se reduz apenas a apontar as insuficiências dessa relação. Apoiado em métodos próprios à história, todo o seu esforço reside na recusa de substituir pura e simplesmente a sua abordagem pelas instâncias jurídicas que realizaram a instrução. A distância de uma tal recusa lhe permite conservar a condição de articular procedimentos científicos com engajamento político para se perguntar: quais seriam, então, as relações de semelhança entre o juiz e o historiador? E a resposta: um comum *status* de laboriosos trabalhadores da prova, o que lhes exige uma relação análoga com a verdade. Ah, a importância da verdade! Mas qual verdade? Como bem resumiu o historiador italiano refletindo a posição da historiografia atual, não se trata de afirmar a sua própria verdade destruindo o que se considerava verdadeiro no passado. Trata-se, sim, da pretensão de conservar a verdade dos pais para afirmar a verdade dos filhos. E, desse ponto de vista, a "verdade" de Lord Acton é tão autêntica ou sincera quanto a nossa.

A pergunta que fica é: por que e como ler Lord Acton hoje? Seus eruditos ensaios são um precioso documento histórico sobre o que era ser um intelectual engajado na era vitoriana. São as suas "verdades" as que ele expõe. É preciso respeitá-las e conhecê-las para compreender um mundo que já não existe mais. É necessário interpretá-las para melhor situarmos os homens do passado e suas relações com outras instâncias da história. Tal como outros filhos do mesmo tempo, ele se engaja em lutas — pela liberdade de pensamento, fé e ação — e intervém na vida política e social, respeitando diferentes sensibilidades ideológicas, desconfiando dos poderes centralizadores, adivinhando os totalitarismos que se esboçavam, defendendo valores desinteressados e eternos como a justiça e a razão. De seu ponto de vista, nenhuma verdade revelada, instituída ou mesmo comumente admitida podia proibir a cada um professar sua própria opinião.

Embora a palavra *engajamento* só apareça depois da Primeira Guerra, Lord Acton é um precursor do intelectual engajado, na medida em que seu processo criador e sua palavra inscreviam-se numa agenda de defesa da liberdade e de vigilância moral. Suas intuições não podem ser consideradas descartáveis, pois, com perspectiva singular, Acton avança temas que estão hoje na ordem do dia. A questão da intolerância, por exemplo, que vem acompanhando a sociologia das sociedades contemporâneas: a globalização, os fenômenos imigratórios e o multiculturalismo perguntando-se como comunidades de origem cultural religiosa e de tradições diversas podem conviver. Atualidade também em pensar a intolerância em função dos fundamentalismos que proliferam, bem como dos sectarismos que se multiplicam. Caberá ao nosso tempo dar um novo sentido à já longa história da tolerância como desejaria Acton, resistindo, como já disse alguém, ao intolerável da intolerância. O retorno do religioso, ou do reencantamento do mundo, outro exemplo da sensibilidade de suas antenas, recoloca o problema das relações entre o laicato e as instituições clericais, a reconciliação entre ciência e misticismo, a desconstrução da metafísica e tantas outras questões tratadas por Acton e que não são passíveis, como ele mesmo demonstrou, de uma única interpretação.

Autor de frases lapidares que ainda hoje nos impressionam por sua atualidade, Acton é um dos mais nítidos retratos da dialética entre o passado e o presente, entre o ontem e o hoje, dialética na qual o sentido da palavra liberdade vem se transformando e rejuvenescendo, valorizando enfim o projeto mais acariciado pelo autor: o da liberdade ativa e permanente do indivíduo na vida pública.

CAPÍTULO I

*História da Liberdade na Antiguidade**

A liberdade, quase tanto quanto a religião, vem sendo motivo de boas ações e pretexto comum para o crime desde sua semeadura em Atenas, há dois mil quatrocentos e sessenta anos, até a madura colheita encetada por homens de nossa raça. Ela é o fruto delicado de uma civilização sazonada; e mal se passou um século desde que nações que conheciam o significado do termo resolveram ser livres. A cada era, seu progresso foi ameaçado por inimigos naturais, pela ignorância e superstição, pela lascívia da cobiça e amor ao conforto, pela avidez de poder dos homens fortes e ânsia por comida dos fracos. Durante longos intervalos de tempo, ela ficou totalmente prisioneira, enquanto as nações eram resgatadas do barbarismo e do jugo de estrangeiros, e quando a batalha permanente pela existência, privando o homem de todo interesse e do entendimento da política, tornou-o sequioso por trocar seu patrimônio hereditário por um prato de sopa, ignorante

---

* Este ensaio e "A História da Liberdade no Cristianismo" foram publicados pela primeira vez como *The History of Freedom in Antiquity and The History of Freedom in Christianity, Two Addresses delivered to the members of the Bridgnorth Institute at the Agricultural Hall. February 26, and May 28, 1877* por Lord Acton (Bridgnorth: C. Edkins, Printer), pp. 11, 12. Reproduzido em *History of Freedom*, pp. 1-60; *Freedom and Power*, pp. 30-87; *Liberal Interpretation of History.* pp. 243-299, de Acton.

Ensaios

do tesouro do qual abria mão. Ao longo dos tempos, foram raros os amantes sinceros da liberdade, e seu triunfo deveu-se a minorias, que prevaleceram ao se associarem a auxiliares cujos objetivos eram, com frequência, diferentes; e tal associação, que é sempre perigosa, por vezes foi desastrosa, dando aos oponentes motivos justos para antagonismo e acendendo disputas pelos espólios, no momento do sucesso. Não há obstáculos tão constantes e tão difíceis de ultrapassar quanto a incerteza e a confusão ligadas à verdadeira natureza da liberdade. Se os interesses hostis criaram muitos males, as ideias falsas prejudicaram ainda mais; e seu progresso se manifesta tanto pelo aumento do conhecimento quanto pelo aprimoramento das leis. A história das instituições é, quase sempre, uma história de decepção e ilusões; porque suas virtudes dependem das ideias que produzem e do espírito que as preservam, e a forma pode permanecer inalterada quando a substância se dilui.

Alguns exemplos familiares da política moderna poderão explicar o porquê de a força de minha argumentação recair fora do domínio da legislação. Diz-se com frequência que nossa Constituição atingiu sua perfeição formal em 1679, quando a Lei do Habeas Corpus foi aprovada. Mesmo assim, Carlos II, apenas dois anos depois, conseguiu tornar-se independente do Parlamento. Em 1789, enquanto os Estados Gerais se reuniam em Versalhes, as Cortes espanholas, mais antigas que a Carta Magna e mais vulneráveis que nossa Câmara dos Comuns, foram convocadas depois de um intervalo de gerações, porém, imediatamente, suplicaram ao rei que não as consultasse e que fizesse as reformas de acordo com sua sabedoria e autoridade. É opinião corriqueira que as eleições indiretas são salvaguardas para o conservantismo, mas todas as Assembleias da Revolução Francesa resultaram de eleições indiretas. O sufrágio restrito tem também a reputação de segurança para a monarquia, contudo, o Parlamento de Carlos X, sufragado por 90.000 eleitores, resistiu e derrubou o trono, enquanto o Parlamento de Louis Philippe, escolhido por uma Constituição de 250.000, promoveu, servilmente, a política reacionária de seus ministros, e, na divisão fatal que, pela rejeição da reforma, jogou a monarquia na poeira, a maioria de Guizot foi obtida com os votos de 129 funcionários públicos. Uma legislatura não assalariada é, por razões óbvias, mais independente do que a maioria das legislaturas continentais, que recebem pagamento. Todavia, não seria razoável, na América, enviar-se um membro para tão longe quanto Constantinopla para viver por doze meses a suas expensas na mais cara das capitais. Em termos legais e para todos os efeitos, o presidente da América é o sucessor de Washington e ainda desfruta de poderes determinados e limitados pela Convenção da Filadélfia. Na realidade, o novo presidente difere tanto dos magistrados visualizados pelos Patriarcas Fundadores quanto a monarquia da democracia, porque dele se esperam 70.000 substituições no serviço público; cinquenta anos atrás, John Quincy Adams demitiu apenas dois homens. A compra de nomeações judiciais é manifestamente indefensável; mas, na antiga monarquia francesa, essa prática monstruosa criou a única corporação capaz de resistir ao rei. A corrupção oficial, que arruinaria uma *commonwealth*, serve, na Rússia, de alívio salutar para a pressão do absolutismo. Existem condições em que nem chega à hipérbole dizer-se que a escravidão em si é um estágio no caminho para a liberdade. Portanto, não estamos nesta noite muito preocupados com a letra morta de éditos e estatutos, e sim com os pensamentos vivos dos homens. Há um século, era bem sabido que quem comparecesse a uma audiência com o Mestre da Corte de Justiça era obrigado a pagar por três, mas ninguém atentou para a enormidade até que ela sugeriu a um jovem advogado que cada parte de um sistema que fazia tais coisas poderia ser questionada e examinada com suspeita. O dia em que tal luz foi lançada na mente clara de Jeremy Bentham tornou-se memorável no calendário político, mais do que toda a administração de muitos estadistas. Seria fácil apontar um parágrafo de Santo Agostinho ou uma sentença de Grotius que sobrepujassem a influência das leis de cinquenta Parlamentos, e nossa causa deve mais a Cícero e Sêneca, a Vinet e Tocqueville, do que às leis de Licurgo ou aos Cinco Códigos da França.

Por liberdade quero dizer a garantia de que cada homem seja protegido para fazer o que acredita ser seu dever contra a influência da autoridade e maiorias, costume e opinião. O Estado é competente para determinar deveres e traçar a linha entre o bem e o mal apenas na sua esfera imediata. Além dos limites das coisas necessárias para seu bem-estar, ele só pode dar ajuda indireta para que se trave a batalha da vida, pela promoção das influências que prevaleçam contra a tentação – religião, educação e distribuição da riqueza. Nos tempos antigos, o Estado absorvia autoridades que não eram suas e se intrometia nos domínios da liberdade pessoal. Na Idade Média, ele gozava de muito pouca autoridade e tolerou outras para se intrometer. Os Estados modernos padecem, habitualmente, dos dois excessos. O teste mais correto pelo qual julgamos se um país é realmente livre é a dose de segurança desfrutada pelas minorias. A liberdade, segundo tal definição, é a condição essencial e guardiã da religião; e é na história do Povo Escolhido que, convenientemente, são obtidas as primeiras ilustrações de minha argumentação. O governo dos israelitas foi uma Federação, mantida aglutinada não pela autoridade política, mas pela unidade de raça e fé, e fundada não pela força física, mas pelo pacto voluntário. O princípio do autogoverno foi levado a efeito não apenas em cada tribo, mas em cada grupo de pelo menos 120 famílias; e não existia privilégio de posição nem desigualdade perante a lei. A monarquia era tão estranha ao espírito primitivo da comunidade, que a ela Samuel resistiu naquele momentoso protesto e alerta que todos os reinos da Ásia e muitos dos reinos da Europa confirmaram sem cessar. O trono era erigido sobre uma convenção; o rei era privado do direito de legislar para um povo que só reconhecia Deus como formulador de leis, e o objetivo maior do monarca na política era restaurar a pureza original da constituição e conformar seu governo ao tipo ideal consagrado pelas sanções do céu. Os homens de inspiração, que se postaram em sucessão contínua para profetizar contra o usurpador e o tirano, proclamaram constantemente que as leis, por serem divinas, estavam acima dos governantes pecadores e se aplicavam das autoridades constituídas, do rei, religiosos e príncipes do povo, às forças saudáveis que adormeciam nas consciências não corrompidas das massas. Assim, o exemplo da nação hebreia estabeleceu as linhas paralelas sobre as quais todas as liberdades foram alcançadas – a doutrina da tradição nacional e a doutrina da lei superior; a doutrina de que uma constituição nasce de uma raiz, por um processo de desenvolvimento e não de mudança essencial; e o princípio de que todas as autoridades políticas têm que ser testadas e corrigidas segundo um código que não foi feito pelo homem. A operação desses princípios, seja em uníssono, seja em antagonismo, ocupa todo o espaço que percorremos juntos.

O conflito entre a liberdade sob autoridade divina e o absolutismo das autoridades humanas terminou em desastre. No ano de 622, um esforço supremo foi feito em Jerusalém para reformar e preservar o Estado. O Sumo Sacerdote retirou do Templo de Jeová o livro da Lei desprezada e esquecida, e tanto o rei quanto o povo juraram solenemente respeitá-la. Porém, aquele exemplo antigo de monarquia limitada e da supremacia da lei nem durou nem se alastrou; e as forças por meio das quais a liberdade foi conquistada têm que ser buscadas noutra região. No próprio ano de 586, durante o qual uma onda de despotismo asiático inundou a cidade que fora, e estava de novo destinada a ser, o santuário da liberdade no Ocidente, um novo lar foi preparado para ela no Oriente, onde, protegida pelo mar e montanhas, e por corações valentes, nasceu a majestosa planta à sombra da qual vivemos, e que vem estendendo seus ramos bem lentamente, ainda que com grande segurança, sobre o mundo civilizado.

Segundo famosa afirmação da mais célebre das autoras do continente, a liberdade é antiga, novo é o despotismo. Tem sido o orgulho dos historiadores recentes ratificar a verdade dessa máxima. A era heroica grega a confirma, e ela é ainda mais ostensivamente verdadeira na Europa teutônica. Até onde podemos recuar na vida inicial das nações arianas, descobrimos germes que, em circunstâncias favoráveis e cultura assídua, podem ter se desenvolvido em sociedades livres. Elas exibem algum senso de interesse partilhado em preocupações comuns, pouca deferência para com a autoridade externa e um entendimento imperfeito da função e da supremacia do Estado. Onde a divisão da propriedade e do trabalho é incompleta existe pouca divisão de classes e de poder. Até que as sociedades sejam testadas pelos problemas complexos da civilização, elas podem escapar do despotismo, da mesma forma que as sociedades que se mantêm inalteradas pela diversidade religiosa evitam a perseguição. De um modo geral, as formas da era patriarcal não conseguiram resistir ao crescimento dos estados absolutistas quando as dificuldades e tentações do progresso da vida começaram a se fazer notar; e, apenas com uma exceção soberana que está fora do escopo presente, é muito difícil reconhecer sua sobrevivência nas instituições dos tempos posteriores. Seiscentos anos antes do nascimento de Cristo, o absolutismo detinha ilimitada influência. Em todo o Oriente, ele era sustentado pelo inabalável predomínio de sacerdotes e exércitos. No Ocidente, onde não existiam livros sagrados que demandassem intérpretes preparados, o sacerdócio não conseguiu predominância, e, quando os reis eram derrubados, a substituição era feita pela aristocracia de nascimento. O que se seguiu, durante muitas gerações, foi o domínio cruel de classes sobre classes, a opressão dos pobres pelos ricos, e a dos instruídos sobre os ignorantes. O espírito dessa dominação encontrou expressão nos versos do poeta aristocrático Theognis, um homem bem-dotado e refinado, que confessa o desejo de beber o sangue dos seus adversários políticos. Desses opressores, os povos de muitas cidades buscaram livrar-se por meio da tirania menos intolerável dos usurpadores revolucionários. O remédio conferiu energia e uma nova forma para o mal. Os tiranos eram, com frequência, homens com surpreendente capacidade e mérito, como alguns daqueles que, no século XIV, se tornaram lordes de cidades italianas; no entanto, os direitos garantidos pelas leis igualitárias e pelo compartilhamento do poder não existiam em lugar algum.

    O mundo foi resgatado dessa degradação universal pela mais talentosa das nações. Atenas, que, como outras cidades, era perturbada e oprimida por uma classe privilegiada, evitou a violência e indicou Sólon para rever suas leis. Foi a mais feliz das escolhas registradas pela história. Sólon não era apenas o homem mais sábio que se poderia encontrar em Atenas, mas a genialidade política mais profunda da antiguidade; e a revolução pacífica, fácil e não sangrenta com a qual conseguiu a libertação de seu país foi o primeiro passo de uma caminhada que nossa era se ufana em perseguir, e instituiu um poder que fez mais que qualquer outra coisa, exceto a religião revelada, para a regeneração da sociedade. As classes superiores possuíam o direito de fazer e administrar as leis, e ele as deixou com tal posse, só que transferiu para a riqueza o que fora privilégio de nascimento. Para os ricos, que tinham, só eles, os meios para arcar com os encargos do serviço público em impostos e guerra, Sólon distribuiu parcela do poder proporcional às demandas feitas sobre seus recursos. As classes mais pobres ficaram isentas dos impostos diretos, porém foram excluídas da administração. Sólon lhes proporcionou a oportunidade de eleger os magistrados das classes superiores, e o direito de reivindicar prestação de contas. Tal concessão, aparentemente tão pequena, foi o começo de poderosa mudança. Trouxe consigo a ideia de que o homem deve ter influência na seleção daqueles que, por sua retidão e sabedoria, ele se sente compelido a confiar seu destino, sua família e sua vida. E essa ideia inverteu por completo a noção de autoridade humana, pois inaugurou o reinado da influência moral, no qual todo o poder político dependia da força moral. O governo por consentimento substituiu o governo por compulsão, e a pirâmide que tinha a força no vértice passou a depender de sua base. Ao fazer de cada cidadão o guardião de seus próprios interesses, Sólon fez entrar o elemento da Democracia no Estado. A maior glória de um governante, disse ele, é criar um governo popular. Acreditando que não se podia confiar totalmente em homem algum, ele sujeitou todos os que exercitavam o poder ao controle vigilante daqueles em nome dos quais agiam.

A única arma conhecida até então contra as desordens políticas era a concentração do poder. Sólon propôs-se a atingir o mesmo objetivo com a distribuição do poder. Ele deu à pessoa comum a influência adequada que pudesse exercer de modo a livrar o Estado do governo arbitrário. É da essência da Democracia, disse ele, a obediência a mestre nenhum que não a lei. Sólon reconheceu o princípio de que as formas políticas não são finais ou invioláveis, e de que elas devem se adaptar aos fatos; e conseguiu sair-se tão bem na revisão de sua constituição, sem solução de continuidade ou perda de estabilidade, que, por séculos depois de sua morte, os oradores da cidade-estado a ele atribuíram toda a estrutura da lei ateniense e ainda emprestaram a ela seu nome. A direção do crescimento dessa lei foi determinada pela doutrina fundamental de Sólon de que o poder político tem de ser proporcional ao serviço público. Durante a guerra persa, os serviços prestados pela Democracia eclipsaram os das ordens do patriciado, porque a armada que varreu os asiáticos do mar Egeu foi conduzida pelos atenienses mais pobres. Essa classe, cujo valor salvou o Estado e preservou a civilização europeia, passou a ter identificação e ganhou influência e prestígio. Os cargos estatais, outrora monopólio dos ricos, se abriram para os pobres, e, para garantir que estes últimos participassem da administração, os postos, exceto os comandos mais elevados, passaram a ser distribuídos sem rotulações.

Enquanto decaíam as antigas autoridades, não havia consenso sobre o padrão moral e do direito político que acelerasse a moldura da sociedade em meio à mudança. A instabilidade resultante nas formas ameaçou os próprios princípios do governo. As crenças nacionais não admitiam a dúvida, e esta dúvida ainda não abria caminho para o conhecimento. Houve um tempo em que as obrigações tanto da vida pública quanto da privada eram identificadas com a vontade dos deuses. Mas esse tempo passara. Palas, a deusa etérea dos atenienses, e o deus do Sol, cujos oráculos, proferidos entre os montes gêmeos do Parnaso, tanto fizeram pela nacionalidade grega, ajudaram a manutenção de um ideal sublime de religião; porém, quando os homens ilustrados da Grécia aprenderam a aplicar sua aguda capacidade de raciocínio ao sistema herdado de crenças, se conscientizaram rapidamente de que as concepções dos deuses corrompiam a vida e degradavam as mentes do povo. A moralidade pública não podia ser sustentada pela religião popular. A instrução moral, não mais suprida pelos deuses, não se encontrava ainda nos livros. Não existia um código venerável formulado por especialistas, nem doutrina esposada por homens de santidade reputada como os dos professores do Extremo Oriente, cujas palavras ainda determinavam o destino de quase metade da humanidade. O esforço para a avaliação das coisas pela observação e pelo raciocínio correto começou pela destruição. Chegaria a ocasião em que os filósofos do Pórtico e da Academia forjariam os ditados da sabedoria e da virtude num sistema tão consistente e profundo que abrandaria substancialmente a tarefa das divindades cristãs. Mas tal ocasião ainda não chegara.

A época de dúvida e transição, durante a qual os gregos passaram das fantasias turvas da mitologia para a luz impetuosa da ciência, foi a era de Péricles, e a empreitada para a substituição de certas verdades pelas prescrições de autoridades falíveis, que começou então a absorver as energias do intelecto grego, foi o maior movimento nos anais profanos da humanidade, pois a ele devemos, mesmo depois do incomensurável progresso conseguido pela cristandade, muito da filosofia e a melhor parte do conhecimento político que possuímos. Péricles, que esteve à testa do governo ateniense, foi o primeiro estadista a enfrentar o problema que o enfraquecimento das tradições apresentou ao mundo político. Nenhuma autoridade moral ou política deixou de ser abalada pelo movimento que pairou no ar. Diretriz alguma era totalmente confiável; não existiam critérios disponíveis como meios para controlar ou negar as convicções que prevaleciam entre as pessoas. O sentimento popular sobre o que era certo poderia estar errado, mas não havia como sujeitá-lo a um teste. As pessoas, para todas as razões práticas, eram depositárias do bem ou do mal. Elas eram, portanto, as depositárias do poder.

A filosofia política de Péricles consistiu nessa conclusão. Ele derrubou resolutamente todas as estacas que ainda sustentavam a preponderância artificial da riqueza. Para a antiga doutrina de que o poder dependia da posse da terra, Péricles introduziu a ideia de que o poder deveria ser tão equitativamente distribuído de modo a permitir segurança igual para todos. O fato de uma parte da comunidade governar o todo, ou de uma classe fazer as leis para outra, foi por ele declarado tirânico. A abolição do privilégio serviria apenas para transferir a supremacia do rico para o pobre, se Péricles não tivesse reavaliado o equilíbrio, restringindo o direito de cidadania aos atenienses de ascendência pura. Com essa medida, a classe que chamaríamos de terceiro Estado diminuiu para cerca de 14.000 cidadãos e quase se igualou em quantidade às mais elevadas. Péricles estipulou que todo ateniense que negasse participação nos negócios públicos incorreria em injúria para com a comunidade. A não exclusão por motivo de pobreza fez com que os pobres tivessem sua assistência paga pelos fundos do Estado. E sua administração dos tributos federais amealhou um tesouro de mais de dois milhões de esterlinas. O instrumento de sua influência foi a arte da oratória. Ele governou pela persuasão. Tudo era decidido pela argumentação em deliberações abertas, e qualquer influência se curvava à ascendência da mente. A ideia de que o objetivo da constituição era não confirmar a predominância de qualquer interesse, e sim evitá-la, de preservar com igual cuidado a independência do trabalho e a segurança da propriedade, de guardar o rico contra a inveja e o pobre contra a opressão, foram marcas do nível mais elevado alcançado pelo estadismo da Grécia. Tal estadismo mal sobreviveu ao patriota que o concebeu; e toda a história vem sendo ocupada com o esforço para derrubar o equilíbrio do poder, dando vantagens ao dinheiro, à terra ou aos números. Seguiu-se uma geração que não se comparou ao seu talento uma geração de homens cujas obras, em poesia e em eloquência, ainda são a inveja do mundo, e, em história, filosofia e política, permanecem insuperáveis. Mas que não produziram um sucessor para Péricles; e nenhum homem foi capaz de empunhar o cetro que lhe caiu das mãos.

Foi um passo grandioso no progresso das nações quando o princípio de que cada interesse deveria ter o direito e os meios para se afirmar foi adotado pela Constituição ateniense. Porém, para os derrotados na votação não havia remédio. A lei não checava o triunfo das maiorias, tampouco resgatava a minoria da terrível penalidade de ter sido ultrapassada pelos números. Quando a avassaladora influência de Péricles deixou de existir, o conflito entre classes grassou sem peias, e a carnificina que desabou sobre os escalões mais elevados na Guerra do Peloponeso conferiu preponderância irresistível aos mais baixos. O espírito inquieto e inquiridor dos atenienses mostrou-se disposto a desvendar a razão de cada instituição e as consequências de cada princípio, e sua constituição percorreu o caminho da infância à decrepitude em velocidade sem precedentes.

O período de tempo da vida dos dois homens preencheu o intervalo entre a primeira admissão da influência popular, sob Sólon, e o declínio do Estado. Suas histórias proporcionam o exemplo clássico do perigo da Democracia sob condições singularmente favoráveis. Isso porque os atenienses não eram apenas corajosos, patriotas e capazes de sacrifício generoso, mas também os mais religiosos dos gregos. Veneravam a Constituição que lhes trouxera prosperidade, igualdade e liberdade, e jamais questionaram as leis fundamentais que regulavam o enorme poder da Assembleia. Toleravam considerável variedade de opiniões e grande liberdade de expressão; e o humanismo para com seus escravos despertava indignação até mesmo dos sectários mais inteligentes da aristocracia. Assim, eles se tornaram o único povo da antiguidade que cresceu com as instituições democráticas. No entanto, a posse de poder ilimitado, que corrói a consciência, endurece o coração e confunde o entendimento dos monarcas, exercitou sua influência desmoralizadora sobre a nobre democracia de Atenas. É muito ruim ser oprimido por uma minoria, mas muito pior é o ser por uma maioria. Pois existe uma reserva de poder latente nas massas que, se chamada a agir, não deixa chance de resistência à minoria. Contudo, contra a vontade absoluta de todo um povo não há como apelar, não há redenção, nem refúgio que não a traição. A classe mais humilde e mais numerosa dos atenienses congregava o poder legislativo, o judiciário e parte do executivo. A filosofia, que então se encontrava em ascendência, ensinava-lhes que não existia lei superior à do Estado – o legislador estava acima da lei.

Seguia-se que o povo tinha o direito de fazer o que estivesse dentro de seu poder, e não estava limitado por nenhuma regra de certo ou errado, mas por seu próprio julgamento de oportunidade. Numa ocasião memorável, os atenienses reunidos em assembleia declaram ser monstruoso que fossem impedidos de fazer o que bem lhes aprouvesse. Nenhuma força existente poderia restringi-los; e resolveram que nenhum dever deveria cerceá-los, e que não seriam coibidos por leis que não fossem de sua autoria. Dessa forma, o povo emancipado de Atenas se tornou tirano; e seu governo, o pioneiro da liberdade europeia, permanece condenado por uma terrível unanimidade dos mais sábios da antiguidade. Eles arruinaram sua cidade quando tentaram conduzir a guerra pelo debate na praça do mercado. Como na Revolução Francesa, condenaram à morte seus comandantes malsucedidos. Trataram suas possessões com tal injustiça que perderam seu Império marítimo. Pilharam os ricos até que estes conspiraram com o inimigo público, e coroaram sua culpa com o martírio de Sócrates.

Depois que a influência absoluta dos números vigorou por quase um quarto de século, nada mais restou para que o Estado perdesse senão sua simples existência; e os atenienses, esgotados e desesperados, confessaram a verdadeira causa de sua ruína. Entenderam que, para a liberdade, a justiça e as leis igualitárias, era tão necessário que a Democracia impusesse limites a si própria quanto o fora restringir a Oligarquia. Resolveram retomar os velhos caminhos e restaurar a ordem das coisas que existia quando o monopólio do poder foi retirado dos ricos e não foi adquirido pelos pobres. Depois que a primeira restauração fracassou, memorável apenas porque Tucídides, cujo julgamento político não pode ser acusado de imperfeição, classificou-a de melhor governo de Atenas de que desfrutou, a tentativa foi retomada com mais experiência e propósito mais focado. Os partidos hostis foram reconciliados e foi proclamada uma anistia, a primeira na história. Resolveram governar por consenso. As leis, que tinham a sanção da tradição, foram reduzidas a um código. E nenhum ato da assembleia soberana teria validade se em torno dele pudesse haver desacordo. Entre as linhas sagradas da Constituição, que deveriam permanecer invioláveis, e os decretos que satisfaziam as necessidades e noções correntes, foi feita uma ampla distinção; e a estrutura de uma lei que fora o trabalho de gerações tornou-se independente das variações momentâneas da vontade popular. O arrependimento dos atenienses não foi capaz de salvar a República. Mas a lição de sua experiência permaneceu eterna porque ensina que o governo de todo um povo, sendo o governo da classe mais numerosa e mais poderosa, é um malefício da mesma natureza que a monarquia pura, e requer, por quase as mesmas razões, instituições que o protejam contra si mesmo, e tem que sustentar o reino permanente da lei contra as revoluções arbitrárias de opinião.

Em paralelo com a ascensão e queda da liberdade ateniense, Roma se envolveu com o equacionamento dos mesmos problemas, com maior senso construtivo e maior sucesso temporário, mas, no final, enfrentou uma catástrofe bem mais funesta. Aquilo que entre os inventivos atenienses fora um desenvolvimento levado adiante pela força do argumento plausível, em Roma foi um conflito entre forças rivais. A política especulativa não tinha atração para o gênio severo e prático dos romanos. Eles não consideravam o que poderia ser o caminho mais inteligente para contornar uma dificuldade, mas o que era indicado por casos análogos, e conferiam menos influência ao impulso e espírito do momento que ao precedente e ao exemplo. Seu caráter peculiar os predispôs a imputar a origem de suas leis aos tempos antigos, e, querendo justificar a continuidade de suas instituições e livrar-se da censura da renovação, eles imaginaram uma história lendária dos reis de Roma. A energia com que aderiram à tradição tornou lento seu progresso, só avançaram premidos pelas necessidades mais inadiáveis, e as mesmas questões continuaram se repetindo com frequência antes de resolvidas. A história constitucional da República acabou se concentrando nos esforços dos aristocratas, que alegavam ser os únicos romanos autênticos, para reter em suas mãos o poder arrancado aos reis, e dos plebeus para tentar conseguir uma parcela igual dele. E essa controvérsia, que entre os impetuosos e inquietos atenienses percorreu só uma geração, durou mais de dois séculos, do tempo em que a *plebe* foi excluída do governo da cidade, era taxada e servia sem ser paga, até que, no ano de 285, ela foi admitida na igualdade política. Então, seguiram-se cento e cinquenta anos de prosperidade e glória sem paralelos; e depois, do conflito original que encontrara um meio-termo, ou talvez estivesse só teoricamente resolvido, surgiu nova luta que não teve solução.

A massa das famílias mais necessitadas, empobrecidas pelo incessante serviço à guerra, foi reduzida à dependência a uma aristocracia de cerca de dois mil homens ricos que entre si dividiam o imenso domínio do Estado. Quando a necessidade se tornou intensa, os Gracos tentaram aliviá-la induzindo as classes ricas a alocar alguma parcela das terras públicas para as pessoas comuns. A antiga e famosa aristocracia de berço resistira obstinadamente, mas conhecia a arte de ceder. A última e mais egoísta aristocracia foi incapaz de aprender tal arte. O caráter do povo foi alterado pelos motivos mais inflexíveis da disputa. A luta pelo poder político fora travada com a moderação que é uma qualidade tão honrosa das contendas partidárias na Inglaterra. Mas a batalha por objetos de existência material se tornou tão feroz como as controvérsias civis na França. Repelidas pelos ricos, depois de uma peleja de vinte e dois anos, as pessoas do povo, trezentas e vinte mil das quais dependiam das rações públicas para se alimentarem, estavam prontas para seguir qualquer homem que lhes prometesse conseguir pela revolução o que não conseguiam pelo voto.

Durante algum tempo, o Senado, que representava a antiga e ameaçada ordem das coisas, foi suficientemente forte para sobrepujar qualquer líder popular emergente, até Júlio César, que, apoiado por um exército que liderara numa carreira de vitórias sem igual, e pelas massas famintas que cooptou com sua generosa liberalidade, e mais dotado que quaisquer outros homens na arte de governar, converteu a República em Monarquia por meio de uma série de medidas que não foram violentas ou injuriosas.

O Império preservou as formas republicanas até o reinado de Diocleciano; mas a vontade dos imperadores ficou tão incontrolável quanto se tornara a do povo depois da vitória dos Tribunos. Seu poder era arbitrário mesmo quando sabiamente aplicado; ainda assim o Império Romano prestou maiores serviços à causa da liberdade que a República Romana. Não quero dizer que, por circunstâncias fortuitas, houve imperadores que fizeram bom uso de suas imensas oportunidades, como Nerva, de quem Tácito diz que combinou monarquia e liberdade, coisas, de outra forma, incompatíveis; ou que o império foi o que os panegiristas declararam — a perfeição da Democracia. Na realidade, tratou-se de bem disfarçado e odioso despotismo. Mas Frederico, o Grande, foi um déspota; mesmo assim, era adepto da tolerância e da discussão livre. Os Bonapartes foram despóticos, porém nenhum governante liberal foi mais bem-aceito pelas massas de pessoas que o Primeiro Napoleão, depois que destruiu a República, em 1805, e que o Terceiro Napoleão, no ápice de seu poder em 1859. Da mesma forma, o Império Romano possui méritos que, a distância, e em especial a grande distância de tempo, sensibilizam mais os homens que a tirania trágica sentida nas vizinhanças do Palácio. Os pobres conseguiram aquilo que demandavam em vão da República. Os ricos saíram-se bem melhor que sob o Triunvirato. Os direitos dos cidadãos romanos foram estendidos ao povo das províncias. Na época imperial se situam a melhor parte da literatura romana e quase toda a Lei Civil; e foi o Império que mitigou a escravidão, instituiu a tolerância religiosa, fez um esboço de lei para as nações e criou um sistema perfeito de lei da propriedade. A república que César derrubara fora tudo, menos um Estado livre. Proporcionou seguranças admiráveis para os direitos dos cidadãos; tratou com desatenção selvagem os direitos dos homens; e permitiu ao romano livre infligir injustiças atrozes às suas crianças, aos devedores e dependentes, aos prisioneiros e escravos. Essas ideias profundas de direito e dever, que não encontravam lugar na lei municipal, mas com as quais as mentes generosas dos gregos eram familiares, foram pouco consideradas, e a filosofia que lidava com essas especulações foi repetidamente proscrita, como se fosse professora da sedição e da impiedade.

Depois de algum tempo, no ano de 155, o filósofo ateniense Carneades apareceu em Roma numa missão política. Durante os intervalos entre suas atribuições oficiais, fez dois pronunciamentos públicos, para dar aos pouco ilustrados conquistadores de seu país um sabor das disputas que floresciam nas escolas áticas. No primeiro dia, ele discursou sobre justiça natural. No dia seguinte, negou sua existência, argumentando que todas as nossas noções de bem e mal derivam das promulgações de leis. A partir dessa memorável demonstração, o gênio dos derrotados manteve seus conquistadores intelectual e moralmente escravizados. Os mais eminentes dos homens públicos de Roma, como Cipião e Cícero, conformaram suas mentes em modelos gregos, e seus juristas se submeteram à rigorosa disciplina de Zeno e Crisipo.

No entanto, se fixássemos o limite no segundo século, quando a influência do cristianismo se tornou perceptível, e julgássemos a política da antiguidade pela legislação então existente, nossa avaliação seria baixa. As noções prevalecentes de liberdade eram imperfeitas, e os esforços para concretizá-la, bastante fora de esquadro. Os antigos entendiam mais de regulação do poder que de regulação da liberdade. Concentraram tantas prerrogativas no Estado que não deixaram espaço para que o homem pudesse negar sua jurisdição ou estabelecer limites para sua atividade. Se me permitem usar um anacronismo expressivo, o defeito do Estado clássico era que juntava numa só coisa o Estado e a Igreja. A moralidade não se distinguia da religião, e a política, da moral. E tanto na religião como na moralidade ou na política só existiam um legislador e uma autoridade. O Estado, embora fizesse deploravelmente muito pouco pela educação, pela ciência prática, pelos indigentes e desvalidos, ou pelas necessidades espirituais do povo, por outro lado reclamava o uso de todas as suas faculdades e a determinação de todos os seus encargos. Indivíduos e famílias, associações e dependências eram tão materiais que o poder soberano se consumia em si mesmo. O que os escravos eram nas mãos de seus mestres, o cidadão era nas mãos da comunidade. As obrigações mais sagradas desapareciam diante das vantagens públicas. Os passageiros existiam para o bem do navio. Por sua desconsideração pelos interesses privados, pelo bem-estar moral e pelo aprimoramento do povo, gregos e romanos destruíram os elementos vitais sobre os quais repousa a prosperidade das nações, e pereceram pelo declínio das famílias e pelo despovoamento do país. Sobreviveram não por suas instituições, mas por suas ideias, e por suas ideias, em especial na arte de governo, eles são —

> Os mortos, os soberanos de cetro que ainda governam
> Nossos espíritos de seus túmulos.

A eles, de fato, podemos creditar quase todos os erros que infestam nossa sociedade política — comunismo, utilitarismo, confusão entre tirania e autoridade e entre ausência de lei e liberdade.

A noção de que os homens viveram originalmente num estado de natureza, pela violência e sem leis, se deve a Crítias. O comunismo em suas formas mais cruas foi recomendado por Diógenes de Sinope. De acordo com os sofistas, não há dever acima do oportunismo, nenhuma virtude além do prazer. As leis são invenções dos homens fracos para privar os que são melhores que eles de um desfrute razoável de sua superioridade. É melhor infligir o mal do que sofrê-lo; e da mesma forma que não existe melhor bem do que infligir o mal sem temor pela desforra, não há pior mal do que sofrer sem o consolo da vingança. A justiça é a máscara de um espírito covarde; a injustiça, sabedoria sofisticada; e o dever, a obediência, a abnegação, embustes de hipocrisia. O governo é absoluto e pode mandar a seu bel-prazer, e nenhum súdito tem o direito de se queixar de que lhe foi feito algum mal, e se ele pode escapar da obrigação e da punição, está livre para desobedecer. A felicidade é conseguir poder e escapar à necessidade de obediência; e aquele que chega ao trono pela perfídia e pelo assassinato merece ser totalmente invejado.

Epicuro diferiu pouco dos que propunham o código do despotismo revolucionário. Todas as sociedades, disse ele, são fundadas sobre contrato de proteção mútua. Bem e mal são termos convencionais, porque os trovões do céu caem igualmente sobre os justos e os injustos. A objeção à infração não é o ato e sim as consequências para o infrator. Os homens sábios concebem leis não para restringi-los, mas para protegê-los; e quando elas se mostram desvantajosas deixam logo de ser válidas. Os sentimentos não liberais, até mesmo dos mais ilustres metafísicos, são desvendados pelo dito de Aristóteles de que a característica dos piores governos é que elas deixam os homens livres para viver como lhes convém.

Levando-se em conta que Sócrates, o melhor dos pagãos, não conhecia critério mais elevado para os homens, melhor guia de conduta que as leis de cada país; que Platão, cuja doutrina sublime ficou tão próxima de uma antecipação do cristianismo que teólogos célebres desejaram que suas obras fossem proibidas, temerosos de que os homens se satisfizessem com ela e se tornassem indiferentes a qualquer dogma superior — aos quais se passava aquela visão do Homem Justo, acusado, condenado e açoitado, e que morreu numa cruz —, ainda assim empregou o mais esplêndido intelecto outorgado ao homem para advogar a abolição da família e o desamparo dos menores; que Aristóteles, o mais capaz moralista da antiguidade, não viu mal algum nos reides realizados sobre os povos vizinhos com o intuito de reduzi-los à escravidão — mais ainda, quando se considera que, entre os modernos, homens de genialidade semelhante à dos dois sustentaram doutrinas políticas não menos criminosas ou absurdas – fica patente como a falange do erro pode bloquear o caminho da verdade; que a razão pura é tão impotente quanto o costume para resolver o problema do governo livre; que ele só pode ser o fruto da experiência longa, diversificada e dolorosa; e que o rastreamento dos métodos pelos quais a sabedoria divina educou as nações para que apreciassem e assumissem os encargos da liberdade não é a parte mais insignificante da filosofia autêntica que estuda para

> Asseverar a Providência eterna,
> E justificar os caminhos de Deus para o homem.

Porém, tendo revelado a profundidade de seus erros, posso ter dado uma ideia inadequada da sabedoria dos antigos se deixei transparecer que seus preceitos não eram melhores que suas práticas. Enquanto os estadistas, os senados e as assembleias populares proporcionavam exemplos para cada descrição de ato falho, emergia uma literatura nobre, na qual está armazenado o inestimável tesouro do conhecimento político, e na qual os defeitos das instituições existentes foram expostos com pródiga sagacidade. O ponto sobre o qual os antigos eram quase unânimes estava no direito de o povo governar e em sua incapacidade de governar sozinho. Para contornar tal dificuldade, para dar ao elemento popular uma participação total sem o monopólio do poder, adotaram, de modo geral, a teoria de uma Constituição mista. Diferiam de nós porque as Constituições modernas são instrumentos para limitar a monarquia; eles a usaram para restringir a democracia. A ideia surgiu ao tempo de Platão – embora ele a repelisse –, quando as primeiras monarquias e oligarquias tinham desaparecido, e continuou sendo afagada bem depois que todas as democracias foram absorvidas no Império Romano. Porém, ao passo que um príncipe soberano que abre mão de parte de sua autoridade cede ao argumento da força superior, um povo soberano que renuncia às suas próprias prerrogativas sucumbe à influência da razão. E tem ficado provado, ao longo de todos os tempos, que é muito mais fácil criar limitações pelo uso da força do que pela persuasão.

Os escritores antigos viram com muita clareza que cada princípio de governo que se mantém isolado deságua no excesso e provoca reação. A monarquia endurece em despotismo. A aristocracia contrai-se em oligarquia. A democracia expande-se para a supremacia dos números. Tais escritores imaginaram que restringindo cada elemento, mediante a combinação dele com outros, evitar-se-ia o processo natural de autodestruição e seria conferida ao Estado a juventude eterna. Mas essa harmonia de monarquia, aristocracia e democracia misturadas, que era o ideal para muitos escritores e que supunham exibida por Esparta, Cartago e Roma, foi uma quimera dos filósofos jamais concretizada na antiguidade. Por fim, Tácito, mais sábio que todos, admitiu que a Constituição mista, por mais admirável que fosse na teoria, era difícil de estabelecer e impossível de manter. Essa desanimadora declaração não foi negada pelas experimentações posteriores.

E tais experimentações foram conduzidas à exaustão, com uma combinação de recursos que eram desconhecidos para os antigos — com o cristianismo, com os governos parlamentares, com a imprensa livre. Contudo, não há exemplo de uma tal Constituição balanceada que tenha durado mais de um século. Se ela foi bem-sucedida em algum lugar, isso aconteceu em nosso favorecido país e em nosso tempo; e ainda não sabemos por quanto tempo a sabedoria da nação preservará o equilíbrio. A restrição federal era tão bem conhecida pelos antigos quanto a constitucional. Isso porque o tipo de todas as suas Repúblicas era o governo de uma cidade por seus próprios habitantes reunindo-se num local público. Uma administração que abarcasse muitas cidades era por eles conhecida apenas sob a forma de opressão, que Esparta exercitava sobre os messênios, Atenas sobre seus confederados e Roma sobre a Itália. Os recursos que permitem com que, nos tempos modernos, um grande povo governe-se a si mesmo por intermédio de um único centro não existiam. A igualdade só podia ser preservada pelo federalismo, o qual ocorreu com mais frequência entre eles do que no mundo hodierno. Se a distribuição do poder entre as diversas partes de um Estado é a limitação mais eficiente para a monarquia, a distribuição do poder por diversos Estados é a melhor restrição sobre a democracia. Pela multiplicação de centros de governo e de debates promovem-se a difusão do conhecimento político e a salutar manutenção da independência de opinião. Têm-se, assim, protetorado das minorias e a consagração do autogoverno. Entretanto, embora possa ser enumerada entre as melhores conquistas do gênio prático na antiguidade, a forma surgiu da necessidade, e suas propriedades foram imperfeitamente investigadas na teoria.

Quando os gregos começaram a refletir sobre os problemas da sociedade, de início aceitaram as coisas como elas eram, e deram o melhor de si para explicá-las e defendê-las. A inquirição que, entre nós, é estimulada pela dúvida, começou entre eles com a surpresa. O mais ilustre dos primeiros filósofos, Pitágoras, promulgou uma teoria para a preservação do poder político na classe instruída e enalteceu uma forma de governo que, de maneira geral, se baseou na ignorância popular e em fortes interesses de classes. Pregou a autoridade e a subordinação e cuidou mais de deveres que de direitos, mais de religião que de política; e seu sistema pereceu na revolução em que as oligarquias foram varridas. Depois disso, tal revolução desenvolveu sua filosofia própria, cujos excessos já descrevi.

Todavia, no período entre as duas eras, entre a didática rígida dos primeiros pitagóricos e as teorias desagregadoras de Protágoras, emergiu um filósofo que se manteve distante dos dois extremos, e cujos ditos difíceis jamais foram realmente entendidos e valorizados até nossos tempos. Heráclito, de Éfeso, depositou seu livro no templo de Diana. O livro definhou, como o templo e a adoração, mas seus fragmentos foram coletados e interpretados com incrível ardor pelos acadêmicos, eclesiásticos, filósofos e políticos que têm se engajado com mais intensidade no esforço e na labuta deste século. O mais renomado lógico do século passado adotou cada uma de suas proposições, e o mais brilhante agitador entre os socialistas continentais compôs uma obra de oitocentas e quarenta páginas para celebrar sua memória.

Heráclito queixou-se de que as massas eram surdas para a verdade e não sabiam que um homem bom valia por mais de mil. Mas não encarava a ordem existente com reverência supersticiosa. A luta, afirma ele, é fonte e mestre de todas as coisas. A vida é movimento perpétuo, o repouso, a morte. Nenhum homem pode mergulhar duas vezes na mesma corrente, porque ela está sempre fluindo, passando, e jamais é a mesma. A única coisa fixa e certa em meio à mudança é a razão universal e soberana, que todos os homens podem não perceber, mas que é comum a todos. As leis não são sustentadas por nenhuma autoridade humana, e sim por causa de sua derivação de uma lei que é divina. Essas máximas, que lembram os grandes contornos da verdade política que encontramos nos Livros Sagrados e nos impulsionam adiante na direção dos últimos ensinamentos de nossos contemporâneos mais iluminados, mereceriam boa quantidade de elucidação e comentário. Heráclito é, desafortunadamente, tão obscuro que nem Sócrates foi capaz de entendê-lo, e não pretendo ser mais bem-sucedido.

Se o tópico de meu ensaio fosse a história da ciência política, o lugar mais elevado e mais amplo pertenceria a Platão e Aristóteles. As *Leis* de um e a *Política* do outro são, caso se confie em minha própria experiência, os livros nos quais podemos aprender o máximo sobre os princípios da política. A penetração com que os dois mestres do pensamento analisaram as instituições da Grécia e expuseram seus vícios não foi ultrapassada por nenhuma literatura posterior; por Burke ou Hamilton, os melhores escritores políticos do século passado; por Tocqueville ou Roscher, os mais eminentes do nosso. Porém, Platão e Aristóteles foram filósofos que não estudaram a liberdade sem orientação, mas o governo inteligente. Eles perceberam os efeitos desastrosos da perseguição mal direcionada da liberdade; e resolveram que era melhor não batalhar por ela, mas se contentar com uma administração forte, prudentemente adaptada para tornar os homens prósperos e felizes.

Agora, liberdade e bom governo não se excluem mutuamente; e existem excelentes razões para que coexistam. A liberdade não é um meio para um fim político elevado. Ela é em si o mais elevado fim político. Não é requerida para o bem de uma boa administração pública, mas para a segurança na perseguição dos superiores objetivos da sociedade civil e da vida privada. Um aumento de liberdade no Estado pode, algumas vezes, promover a mediocridade e conferir vitalidade ao preconceito; pode até retardar a legislação útil, diminuir a capacidade de guerrear e confinar as fronteiras do Império. É possível mesmo argumentar que, embora muitas coisas pudessem caminhar mal na Inglaterra e na Irlanda sob um despotismo inteligente, algumas seriam mais bem administradas; que o governo romano foi mais iluminado sob Augusto e Antônio que sob o Senado, nos dias de Marius e Pompeu. Um espírito generoso preferiria que seu país fosse pobre, fraco e sem expressão do que poderoso, próspero e escravizado. É melhor ser cidadão de uma humilde comunidade nos Alpes, sem perspectiva de influência além de suas estreitas fronteiras, do que súdito de uma autocracia soberba que projete sua sombra sobre metade da Ásia e da Europa. Contudo, deve ser ressaltado, por outro lado, que a liberdade não é a soma ou a substituta de todas as coisas pelas quais o homem vive; que, para ser real, ela deve ser circunscrita, e que os limites dessa limitação variam; que a civilização avançada investe o Estado com direitos e deveres crescentes, e impõe cargas e condicionantes cada vez maiores sobre os governados; que uma comunidade altamente instruída e inteligente tem como perceber o benefício das obrigações compulsórias que, num estágio inferior, poderiam parecer insuportáveis; que o progresso liberal não é vago ou indefinido, mas que objetiva o ponto em que o povo não fique sujeito a restrições, senão àquelas que lhe sejam vantajosas; que um país livre pode se tornar incapacitado de fazer tanto pelo progresso da religião, pela prevenção do vício, pelo alívio dos que sofrem, quanto aquele que não hesita em confrontar grandes emergências com certa dose de sacrifício dos direitos individuais e alguma concentração de poder; e que o objetivo político supremo deve algumas vezes ser adiado em prol de objetivos morais ainda mais elevados. Minha argumentação não entra em colisão com essas reflexões qualificadoras. Não estamos tratando dos efeitos da liberdade, mas de suas causas. Buscamos as influências que colocaram os governos arbitrários sob controle, seja pela difusão do poder, seja pelo apelo a uma autoridade que transcende todos os governos, e, entre essas influências, os filósofos da Grécia não podem reclamar de não reconhecimento.

Foram os estoicos que emanciparam a humanidade do jugo do mando despótico, e cujas esclarecidas e elevadas opiniões sobre a vida fizeram a ponte que cobriu o abismo entre o Estado antigo e o cristão, e abriram caminho para a liberdade. Percebendo a pequena segurança existente para que as leis de qualquer terra fossem sábias e justas, e que a vontade unânime de um povo e a sanção das nações eram passíveis de erro, os estoicos buscaram, além dessas barreiras estreitas e acima dessas sanções inferiores, os princípios que deveriam regular as vidas dos homens e a existência da sociedade. Deixaram saber que existe uma vontade superior ao desejo coletivo do homem, e uma lei que sobrepuja as de Sólon e Licurgo. Testaram o bom governo em sua conformidade com os princípios que podem ser rastreados até um legislador mais elevado, princípios que temos que obedecer e aos quais nos vinculamos para restringir todas as autoridades civis e para sacrificar qualquer interesse mundano. Eles fazem parte da lei imutável que é perfeita e eterna como o próprio Deus, que deriva de Sua natureza, que reina sobre céu e terra, e sobre todas as nações.

A grande questão é descobrir, não o que o governo prescreve, mas o que deveria prescrever; porque nenhuma norma é válida acima da consciência da humanidade. Diante de Deus, não existem gregos ou bárbaros, ricos ou pobres, e o escravo é tão bom quanto seu mestre, pois todos os homens são livres por nascimento; são cidadãos daquela comunidade universal que abrange todo o mundo, confrades de uma só família, e filhos de Deus. O guia verdadeiro de nossa conduta não é a autoridade externa, mas a voz de Deus que vem residir em nossas almas, que conhece todos os nossos pensamentos, a quem devemos toda a verdade que conhecemos e todo o bem que fazemos; isso porque o vício é voluntário, e a virtude vem da graça do espírito santificado interior.

Os filósofos que absorveram a ética sublime do Pórtico se propuseram a expor o que significa o ensinamento dessa voz divina: Não basta agir de acordo com a lei escrita, dar aos homens o que lhes é devido; temos que dar-lhes mais do que merecem, ser generosos e benemerentes, devotarmo-nos ao bem dos outros, buscando nossa recompensa na abnegação e no sacrifício, agindo motivados pela simpatia e não por vantagens pessoais. Portanto, devemos tratar o próximo como gostaríamos de ser tratados por ele, e temos que persistir até a morte fazendo o bem para nossos inimigos, independentemente do desmerecimento e da ingratidão. Porque temos que estar em guerra contra o mal, mas em paz com os homens, e é melhor sofrer que cometer injustiça. A liberdade autêntica, diz o mais eloquente dos estoicos, consiste em obedecer a Deus. Um Estado governado por princípios como esses seria muito mais livre que a medida de liberdade de gregos ou romanos, já que abriria uma porta para a tolerância religiosa e a fecharia contra a escravidão. Nenhuma conquista ou aquisição, disse Zeno, pode fazer de um homem propriedade de outro.

Tais doutrinas foram adotadas e aplicadas pelos grandes juristas do Império. A lei da natureza, disseram eles, é superior à escrita, e a escravidão contradiz a lei da natureza. O homem não tem o direito de fazer consigo mesmo o que bem lhe aprouver ou lucrar com a perda do próximo. Essa é a sabedoria política dos antigos, tocando as fundações da liberdade, como podemos encontrar, nas suas expressões mais elevadas, em Cícero, Sêneca e Fílon, um judeu de Alexandria. Seus escritos nos marcam com a grandeza da obra de preparação para o Evangelho que foi concretizada entre os homens na véspera da missão dos Apóstolos. Santo Agostinho, após citar Sêneca, exclama: "O que mais poderia um cristão dizer depois do que este pagão disse?" Esses pagãos iluminados se aproximaram bastante do último ponto alcançável sem uma nova revelação, quando a plenitude do tempo chegou. Vimos que a amplitude e o esplendor do pensamento helênico nos levaram ao limiar de um reino maior. Os melhores dos clássicos posteriores falam quase a linguagem do cristianismo e bordejam seu espírito.

Porém, em tudo que fui capaz de citar da literatura clássica, três coisas continuam faltando – governo representativo, emancipação dos escravos e liberdade de consciência. Houve, é verdade, assembleias deliberativas, escolhidas pelo povo; e cidades confederadas, das quais, tanto na Ásia quanto na África, existiam muitas ligas, que enviavam delegados para a participação em Conselhos Federais. Mas o governo mediante um Parlamento eleito, mesmo na teoria, era coisa desconhecida. É congruente com a natureza do politeísmo a admissão de um certo grau de tolerância. E Sócrates, quando reconheceu que tínhamos que obedecer a Deus e não aos atenienses, e os estoicos que colocaram o homem de bem acima da lei, estavam quase afirmando o princípio. Mas ele foi pela primeira vez proclamado e estabelecido por meio de promulgação, não na Grécia politeísta e filosófica, mas na Índia, por Asoka, o primeiro dos reis budistas, duzentos e cinquenta anos antes do nascimento de Cristo.

A escravidão foi, bem mais que a intolerância, a praga e a vergonha da civilização antiga, e, embora sua legitimidade tivesse sido contestada já nos dias de Aristóteles, e, implicitamente, senão de forma definitiva, negada por diversos estoicos, a filosofia moral de gregos e romanos, bem como suas práticas, pronunciou-se decididamente em seu favor. Mas existiu um povo extraordinário, nesse e em outros aspectos, que antecipou os princípios mais puros que viriam. Fílon de Alexandria foi um dos escritores cujos pontos de vista sobre a sociedade se mostraram bastante avançados. Ele aplaudiu não apenas a liberdade, mas também a igualdade no desfrute da riqueza. Acreditou que uma democracia limitada, purgada de seus elementos grosseiros, era a forma mais perfeita de governo e que se alastraria gradualmente para todo o mundo. Por liberdade, ele entendeu a adesão a Deus. Fílon, se bem que pleiteasse que a condição do escravo deveria ser compatível com os reclamos e necessidades de sua natureza superior, não condenou absolutamente a escravidão. Porém, registrou os costumes dos essênios da Palestina, um povo que, reunindo a sabedoria dos gentios à fé dos judeus, conduziu a vida de maneira não contaminada pela civilização circundante, e foi o primeiro a rejeitar a escravidão, tanto em princípio como na prática. Os essênios formaram uma comunidade religiosa, não um Estado, e sua quantidade não ultrapassou 4.000. Contudo, seu exemplo testemunha a elevação do conceito de sociedade que pode ser alcançada por homens altamente religiosos, mesmo sem o auxílio do Novo Testamento, e permite que se condene veementemente seus contemporâneos.

Eis, portanto, a conclusão a que leva nossa pesquisa: dificilmente existiu uma verdade na política ou no sistema de direitos do homem que não tivesse sido captada pelos mais sábios dos gentios e dos judeus, ou que não fosse por eles declarada com um refinamento de pensamento e uma nobreza de expressão jamais ultrapassados pelos escritores ulteriores. Eu poderia passar horas recitando passagens sobre a lei da natureza e os deveres do homem, tão solenes e religiosas que, embora proviessem do teatro profano da Acrópole e do Fórum Romano, poder-se-ia supor escutar os hinos das Igrejas cristãs ou os sermões de eclesiásticos ordenados. Todavia, embora as máximas dos grandes mestres clássicos, de Sófocles, Platão e Sêneca, e os gloriosos exemplos de virtude pública estivessem nas bocas de todos os homens, não havia poder neles para evitar a perdição daquela civilização para a qual o sangue derramado de tantos patriotas e a genialidade de escritores tão incomparáveis foram em vão. As liberdades das nações antigas foram esmagadas por um despotismo inevitável e desesperador, e sua vitalidade estava desfalecida quando um novo poder emanou da Galileia, proporcionando o necessário para a eficácia do conhecimento humano redimir as sociedades e também o homem.

Seria muito presunçoso se eu tentasse indicar os incontáveis canais pelos quais a influência cristã penetrou gradualmente no Estado. O primeiro fenômeno surpreendente é a lentidão com que se manifestou uma ação destinada a ser tão prodigiosa. Encaminhado a todas as nações, em muitos estágios de civilização e sob quase todas as formas de governo, o cristianismo não se revestiu de característica alguma de apostolado político e, em sua missão absorvente em relação aos indivíduos, não desafiou a autoridade pública. Os primeiros cristãos evitaram contato com o Estado, abstiveram-se das responsabilidades da administração e relutaram até em servir aos exércitos. Reverenciando sua cidadania em um reino que não era deste mundo, eles se desesperaram em presença de um império que parecia por demais poderoso para que a ele se resistisse e muito corrupto para ser convertido, cujas instituições, obra e orgulho de séculos imemoriais de paganismo, derivavam suas sanções de deuses que os cristãos consideravam malévolos, que mergulhava as mãos, por eras, no sangue de mártires, que não oferecia esperança de regeneração e estava fadado a perecer. Ficaram tão intimidados, que chegaram a supor que a queda do Estado seria o fim da Igreja e do mundo, e ninguém poderia imaginar o futuro ilimitado de influência social e espiritual que esperava por sua religião entre as raças de destruidores que levava o império de Augusto e Constantino à humilhação e à ruína. Os encargos do governo estavam menos em seus pensamentos que as virtudes privadas e os deveres dos governados; e demorou muito tempo para que se conscientizassem das responsabilidades do poder em sua fé. Quase que até o tempo de Crisóstomo, eles recuavam ante a obrigação de emancipar os escravos.

Conquanto a doutrina da autoconfiança e do sacrifício dos interesses próprios, que são os fundamentos da economia política, estivesse tão legivelmente expressa no Novo Testamento quanto em *A riqueza das nações*, ela só foi reconhecida na nossa era. Tertuliano jacta-se da obediência passiva dos cristãos. Melito escreve para um imperador pagão como se fosse incapaz de dar uma ordem injusta; e, nos tempos cristãos, Optatus pensava que quem presumisse encontrar defeito em seu soberano elevava-se a si próprio quase ao nível de um deus. Porém, tal quietismo político não foi universal. Orígenes, o escritor mais capaz dos tempos passados, falou com aprovação sobre a conspiração para a derrubada da tirania.

A partir do quarto século, os pronunciamentos contra a escravidão se tornaram mais vigorosos e continuados. E, num sentido teológico, ainda que fecundo, os eclesiásticos do segundo século insistiram na liberdade, e os do quarto século, na igualdade. A política passou por transformação essencial e inescapável. Houve governos populares e também mistos e federais, mas não existiu governo limitado, nenhum Estado que tivesse autoridade circunscrita por força externa. Esse foi o grande problema que a filosofia levantou, mas que o estadismo não foi capaz de resolver. Aqueles que proclamaram a obediência a uma autoridade mais elevada colocaram uma barreira metafísica diante do governo, porém não souberam como torná-la real. Tudo o que Sócrates pôde fazer em protesto contra a tirania da democracia reformada foi morrer por suas convicções. Os estoicos só conseguiram alertar os homens de bem para que se mantivessem distantes da política, guardando a lei não escrita em seus corações. Mas quando Cristo disse: "A César o que é de César e a Deus o que é de Deus", palavras pronunciadas em Sua última visita ao Templo, três dias antes de Sua morte, conferiu ao poder civil, sob a proteção da consciência, uma qualidade de sagrado da qual jamais gozara, e limites que nunca reconhecera;

e foram palavras de repúdio ao absolutismo e de implantação da liberdade. Isso porque nosso Senhor não apenas pronunciou o preceito como também criou a força para executá-lo. Manter a imunidade necessária numa esfera superior e restringir toda a autoridade política dentro de limites definidos deixou de ser uma aspiração de pensadores pacientes e se tornou responsabilidade e cuidado perenes da mais vigorosa das instituições e da associação mais universal do mundo. A nova lei, o novo espírito, a nova autoridade outorgou à liberdade um significado e um valor que não possuía na filosofia ou na Constituição da Grécia ou de Roma, diante do conhecimento da verdade que nos faz livres.

CAPÍTULO II

História da Liberdade no Cristianismo[*]

Quando Constantino, o Grande, levou o trono do império de Roma para Constantinopla, ergueu na praça do mercado da nova capital um pilar de rocha, com pedras semipreciosas incrustadas, que viera do Egito, e a respeito do qual é contada uma história interessante. Num cofre abaixo dele, o imperador enterrou secretamente os sete emblemas sagrados do Estado romano que eram guardados pelas virgens no templo de Vesta, onde existia uma chama que jamais deveria ser extinta. No topo do pilar, ele mandou instalar uma estátua de Apolo, representando a si mesmo, anexando um fragmento da Cruz; a estátua foi coroada com um diadema feito com os pregos utilizados na Crucificação, que sua mãe acreditava ter encontrado em Jerusalém.

O pilar ainda está de pé, o monumento mais significativo que existe do império convertido; isso porque a noção de que aqueles pregos tinham atravessado o corpo de Cristo tornou-se um orna-

---

[*] Este ensaio e "A História da Liberdade na Antiguidade" foram publicados pela primeira vez como *The History of Freedom in Antiquity and The History of Freedom in Christianity, Two Addresses delivered to the members of the Bridgnorth Institute at the Agricultural Hall. February 26, and May 28, 1877* por Lord Acton (Bridgnorth: C. Edkins, Printer), pp. 11, 12. Reproduzido em *History of Freedom*, pp. 1-60; *Freedom and Power*, pp. 30-87; *Liberal Interpretation of History*. pp. 243-299, de Acton.

mento conveniente para um ídolo pagão, já que sua identificação com o nome de um imperador vivo indica a posição designada para o cristianismo na estrutura imperial de Constantino. A tentativa de Diocleciano de transformar o governo romano num despotismo ao estilo oriental resultou na última e mais séria perseguição aos cristãos: e Constantino, ao adotar a fé desses cristãos, não pretendeu abandonar o esquema de política do antecessor nem renunciar à fascinação da autoridade arbitrária, mas fortalecer seu trono com o suporte de uma religião, que tinha assombrado o mundo com seu poder de resistência, e conseguir tal apoio de forma absoluta, sem dificuldades por ter estabelecido a sede de seu governo no Leste, com um patriarca de sua própria criação.

Ninguém o alertou para o fato de que, ao promover a religião cristã, ele estava amarrando uma de suas mãos e abdicando à prerrogativa dos Césares. Como reconhecido autor da liberdade e da superioridade da Igreja, passou a ser o guardião de sua unidade. Assumiu a responsabilidade; aceitou a confiança; e as divisões que prevaleciam entre os cristãos supriram seus sucessores com muitas oportunidades para estender aquele protetorado e para evitar qualquer redução das reivindicações ou dos recursos do imperialismo.

Constantino declarou ser sua própria vontade equivalente a um cânone da Igreja. Segundo Justiniano, o povo romano tinha transferido formalmente para os imperadores toda a plenitude de sua autoridade, e, portanto, os desejos do imperador, expressos por éditos ou cartas, tinham força de lei. Mesmo na efervescente era de sua conversão, o Império empregou sua civilização refinada — a sabedoria acumulada pelos antigos eruditos, a razoabilidade e a sutileza da lei romana e toda a herança dos mundos judeu, pagão e cristão – para servir como escora dourada do absolutismo. Nem uma filosofia iluminada, tampouco a sabedoria política de Roma ou a fé e as virtudes dos cristãos conseguiram se impor perante a incorrigível tradição da antiguidade. Alguma coisa era desejada além dos dons da reflexão e da experiência – uma faculdade de autocontrole e de autogoverno, desenvolvida como sua linguagem no tecido de uma nação, e crescendo com seu progresso. Esse elemento vital, que muitos séculos de guerras, anarquia e opressão tinham extinguido nos países ainda envoltos nas pompas da civilização antiga, foi depositado no solo da Cristandade pelo fluxo fertilizador da migração que derrubou o império no Ocidente.

No ápice de seu poder, os romanos se aperceberam de uma raça de homens que não abdicavam da liberdade para depositá-la nas mãos de um monarca; e o escritor mais capaz do império sinalizou, com um vago e amargo sentimento, que o futuro do mundo estava nas instituições desses bárbaros ainda não esmagados pelo despotismo. Seus reis, quando os tinham, não presidiam os conselhos; por vezes, eram eleitos; algumas vezes, eram depostos; e se obrigavam por juramento a agir em obediência à vontade geral. Só desfrutavam de autoridade real durante a guerra. O republicanismo primitivo, que admite a monarquia como um incidente ocasional, mas que se apega à supremacia coletiva de todos os homens livres, da autoridade constituinte sobre a autoridade constituída, é o germe remoto do governo parlamentar. A ação do Estado foi confinada a limites estreitos; porém, além de sua posição como chefe de estado, o rei era cercado por um corpo de seguidores a ele ligados por laços pessoais ou políticos. Em relação a estes, seus dependentes imediatos, a desobediência ou a resistência às ordens não era tolerada, a exemplo do que ocorria com esposas, filhos ou soldados; e esperava-se que um homem fosse capaz de matar o próprio pai se o comandante assim o desejasse. Assim, essas comunidades teutônicas admitiam uma independência de governo que ameaçava dissolver a sociedade; e uma dependência de pessoas que era perigosa para a liberdade. Tratava-se de um sistema muito favorável às corporações, mas que não oferecia segurança aos indivíduos. O Estado não era propenso a oprimir seus súditos; e não era capaz de protegê-los.

 O primeiro efeito dessa grande migração teutônica nas regiões civilizadas por Roma foi o de retroceder a Europa em muitos séculos para uma condição não muito diferente em termos de avanço daquela em que as instituições de Sólon resgataram Atenas. Enquanto os gregos preservaram a literatura, as artes e a ciência da antiguidade e todos os monumentos sagrados da antiga Cristandade, com uma inteireza que os fragmentos que chegaram até nós não dão ideia completa, e mesmo os camponeses da Bulgária conheciam de cor o Novo Testamento, a Europa Ocidental ficou sob o domínio de mestres cujos mais capazes não sabiam escrever seus próprios nomes. A faculdade de extrair raciocínios, de promover observações exatas, ficou obliterada por quinhentos anos, e mesmo as ciências mais necessárias à sociedade, a medicina e a geometria, caíram em decadência até que professores do Ocidente entraram para a escola em nível bem inferior ao dos mestres arábicos. Para conseguir ordem da ruína caótica, para alçar uma nova civilização e mesclar raças hostis e desiguais numa nação, o mister era a força, não a liberdade. E, por séculos, o progresso ficou vinculado às ações de Clóvis, Carlos Magno e Guilherme, o Normando, que eram resolutos e peremptórios, dispostos a serem obedecidos.

LORD ACTON

O espírito do paganismo imemorial que saturou a sociedade antiga só podia ser exorcizado pela influência combinada da Igreja e do Estado; e o senso universal de que sua união era necessária criou o despotismo bizantino. Os divinos do Império, que não podiam entender o cristianismo florescendo além de suas fronteiras, insistiam em que o Estado não estava na Igreja, mas a Igreja no Estado. Tal doutrina mal tinha sido formulada quando o rápido colapso do Império Ocidental abriu um horizonte mais amplo; e Silvano, um pároco de Marselha, proclamou que as virtudes sociais que decaíam entre os romanos civilizados existiam com maior pureza e promessas entre os pagãos invasores. Eles eram convertidos fácil e rapidamente, e sua conversão era geralmente conseguida por seus reis.

O cristianismo, que, nos seus primeiros tempos, se endereçou às massas e confiava no princípio da liberdade, apelou então para os mandantes e jogou sua poderosa influência na balança da autoridade. Os bárbaros, que não possuíam livros, não tinham conhecimento secular nem educação formal, exceto a das escolas clericais, e que, mal tinham rudimentos de instrução religiosa, voltaram-se quase com uma ligação infantil para os homens cujas mentes tinham armazenado os conhecimentos das Escrituras, de Cícero, de Santo Agostinho; e, no seu mundo escasso de ideias, a Igreja foi vista como algo infinitamente mais vasto, mais forte e mais sagrado que seus Estados recém-fundados. Os clérigos supriam os meios para a condução dos novos governos, eram isentos de taxação e não ficavam sob a jurisdição do magistrado civil e do administrador político. Eles ensinavam que o poder devia ser conferido via eleição; e que os Conselhos de Toledo forneciam a moldura para o sistema parlamentar da Espanha, que foi, por longo período de tempo, o mais antigo do mundo. Mas a dinastia dos godos na Espanha, bem como a dos saxões na Inglaterra, nas quais os nobres e prelados cercavam os tronos com a aparência de instituições livres, desapareceram; e o povo que prosperou e ofuscou os demais foi o franco, que não tinha nobreza inata, cuja lei de sucessão à coroa se tornou durante mil anos o objeto fixo de imutável superstição e sob a qual o sistema feudal foi desenvolvido em excesso.

O feudalismo fez da terra a medida e o mestre de todas as coisas. Não tendo outras fontes de riqueza senão os produtos do solo, os homens dependeram dos proprietários da terra para escapar da fome; e, assim, o poder tornou-se supremo sobre a liberdade dos súditos e a autoridade do Estado. Cada barão, dizia a máxima francesa, é o soberano de seus próprios domínios. As nações do Ocidente se colocavam entre as tiranias competidoras dos magnatas locais e os monarcas absolutos, quando a força entrou em cena, provando ser, por algum tempo, superior tanto ao vassalo quanto ao seu lord.

Nos dias da Conquista, quando os normandos destruíram as liberdades na Inglaterra, as instituições rudes trazidas por saxões, godos e francos das florestas germânicas experimentavam declínio, e o novo elemento do governo popular, suprido depois pelo surgimento das cidades e pela formação da classe média, ainda não estava ativo. A única influência capaz de resistir à hierarquia feudal era a hierarquia eclesiástica; e elas entraram em colisão quando o processo do feudalismo ameaçou a independência da Igreja pela sujeição, em diversos casos, de prelados àquela forma de dependência aos reis que era peculiar ao estado teutônico.

A esse conflito de quatrocentos anos devemos o surgimento da liberdade civil. Se a Igreja tivesse continuado a dar apoio aos tronos dos reis que ungia, ou se a rixa tivesse terminado rapidamente sem um resultado conclusivo, toda a Europa teria submergido sob o despotismo bizantino ou moscovita. Isso porque o objetivo dos dois lados contendores era a autoridade absoluta. Porém, como a liberdade não era o propósito pelo qual se batiam, ela foi o meio pelo qual os poderes espiritual e temporal apelaram por auxílio às nações. As cidades da Itália e da Alemanha obtiveram seus privilégios, a França ganhou seus Estados Gerais, e a Inglaterra, seu Parlamento, frutos das fases alternadas da contenda; e, enquanto ela durou, foi evitado o aparecimento do poder divino. Existia uma prescrição que considerava a coroa um estado que era legado sob a lei da propriedade real à família que a detivesse. Contudo, a autoridade da religião, em especial a do papado, foi colocada ao lado dos que negavam a irrevogabilidade do título dos reis. Na França, o que foi depois chamado de teoria galicana sustentava que a casa governante estava acima da lei e que o cetro não deveria ser passado enquanto existissem príncipes com o sangue real de São Luís. Porém, em outros países, o próprio juramento de fidelidade atestava que ele era condicional e que só seria mantido enquanto houvesse bom comportamento; e estava em conformidade com a lei pública, à qual todos os monarcas se sujeitavam, que o rei João fosse declarado um rebelde contra os barões, e que os homens que tinham alçado Eduardo III ao trono, do qual depuseram seu pai, invocassem a máxima *Vox populi Vox Dei*.

E a doutrina do direito divino do povo para alçar e depor príncipes, depois de obter as sanções da religião, firmou-se em bases mais amplas e tornou-se suficientemente forte para resistir tanto à Igreja quanto aos reis. Na luta entre a Casa de Bruce e a Casa dos Plantagenetas pela posse da Escócia e da Irlanda, o pleito inglês foi apoiado pelas censuras de Roma. Mas os irlandeses e escoceses o recusaram, e a comunicação por meio da qual o Parlamento escocês informou o Papa a respeito de suas resoluções mostra quão firmemente a doutrina popular estava arraigada. Falando sobre Robert Bruce, os escoceses dizem: "A Divina Providência, as leis e costumes do país, que defenderemos até a morte, e a escolha do povo, fizeram-no nosso rei. Se ele um dia vier a trair seus princípios e consentir que nos tornemos súditos do rei inglês, então o trataremos como inimigo, como subversor dos nossos direitos e dos seus próprios, e elegeremos outro para seu lugar. Não nos preocupamos com glória ou riqueza, mas com a liberdade, da qual o verdadeiro homem só abre mão à custa de sua vida." Essa avaliação da realeza era natural entre homens acostumados a ver aqueles que mais respeitavam em constante desavença com seus mandantes. Gregório VII começou o descrédito nas autoridades civis ao dizer que elas eram obra do mal; e já ao seu tempo os dois lados eram levados a reconhecer a soberania do povo e apelaram para ela como fonte imediata do poder.

Dois séculos mais tarde, tal teoria política ganhou definição e força entre os guelfos, que constituíam o partido da Igreja, e entre os gibelinos, ou imperialistas. Eis os sentimentos do mais celebrado dos escritores guelfos: "Um rei que é infiel aos deveres prevarica aos seus pleitos de obediência. Não constitui revolução depô-lo, pois ele próprio é um rebelde que a nação tem direito de derrubar. Mas o melhor é restringir seu poder a fim de que não haja abuso. Para tanto, toda a nação deve ter uma parcela no governo; a Constituição tem que combinar uma monarquia limitada e eleita com uma aristocracia de mérito e com uma tal mistura de democracia que permita que todas as classes ocupem cargos, por eleição popular. Nenhum governo tem o direito de fixar taxas além do limite estabelecido pelo povo. Toda a autoridade política deriva do sufrágio popular, e todas as leis têm que ser feitas pelo povo ou por seus representantes. Não existe segurança para nós enquanto dependermos da vontade de um outro homem." Essa linguagem, que contém as primeiras exposições da teoria Whig da revolução, é tirada das obras de Santo Tomás de Aquino, a quem Lord Bacon atribui o maior coração entre os santos. E vale a pena observar que ele a escreveu no momento mesmo em que Simon de Montfort convocava os Comuns; e que a política do frade napolitano está séculos à frente da dos estadistas ingleses.

O escritor mais talentoso do partido dos gibelinos foi Marcílio de Pádua. "As Leis," disse ele, "derivam sua autoridade da nação e são inválidas sem seu assentimento. Como o todo é maior que qualquer das partes, é errado que qualquer das partes legisle para o todo; e como os homens são iguais, é errado que um fique vinculado às leis feitas por outro. Porém, ao obedecerem às leis sobre as quais todos os homens concordaram, todos os homens, na realidade, estão se governando a si mesmos. O monarca, que é instituído pela legislatura para executar suas vontades, deve ser armado com força suficiente para coagir indivíduos, mas insuficiente para controlar a maioria do povo. Ele é responsável perante a nação e sujeita-se à lei; e a nação que o nomeia e determina suas atribuições tem que observar se ele respeita a Constituição e tem que destituí-lo se ele a desobedecer. Os direitos dos cidadãos são independentes da fé que professam; e nenhum homem pode ser punido em função de sua religião." Esse escritor, que, sob certos aspectos, viu mais longe que Locke ou Montesquieu, que, em relação à soberania da nação, do governo representativo, da superioridade do legislativo sobre o executivo e da liberdade da consciência tinha uma compreensão tão firme dos princípios que iriam dominar o mundo moderno, viveu durante o reino de Eduardo II, há 550 anos.

É significativo que esses dois escritores concordassem em tantos pontos fundamentais, que têm sido, desde então, tópicos de controvérsia; afinal de contas, eles pertenciam a escolas hostis, e cada um deles não veria com maus olhos a morte do outro. Santo Tomás teria feito o papado controlar todos os governos cristãos. Marcílio teria submetido o clero à lei da terra e lhe teria imposto restrições tanto em relação à quantidade quanto à propriedade. À proporção que o debate se desenrolava, muitas coisas foram ficando gradualmente mais claras e se transformaram em convicções estabelecidas. Porque aquelas não eram apenas mentes proféticas que ultrapassam os níveis das contemporâneas; havia perspectivas de que podiam dominar o mundo prático. O antigo reino dos barões estava seriamente ameaçado. A abertura do Leste pelas Cruzadas trouxe um grande estímulo para a indústria. Formou-se um fluxo do campo para as cidades, e não havia espaço para o governo de cidades na maquinaria feudal. Quando os homens acharam um meio de vida que não dependia da boa vontade da classe que dominava a terra, os latifundiários perderam muito de sua importância, e esta passou para os possuidores de riquezas móveis. Os urbanos não apenas se livraram do controle dos prelados e barões, mas esforçaram-se por obter para sua própria classe e seus interesses o comando do Estado.

Lord Acton

O século XIV foi pleno de tumulto dessa luta entre a democracia e a nobreza. As cidades italianas, precursoras em inteligência e civilização, lideraram o caminho com Constituições democráticas de um tipo ideal e geralmente impraticável. A Suíça livrou-se do jugo da Áustria. Duas longas fieiras de cidades livres surgiram ao longo do vale do Reno e através do coração da Alemanha. Os cidadãos de Paris se apossaram do rei, reformaram o Estado e começaram sua tremenda cadeia de experimentos para governar a França. No entanto, entre todos os países do continente, o mais vigoroso e salutar crescimento das liberdades municipais ocorreu na Bélgica, a qual, desde tempos imemoriais, vinha sendo a nação mais obstinada em sua fidelidade ao princípio do autogoverno. Tão vastos eram os recursos concentrados nas cidades flamengas e tão alastrado o movimento da democracia, que de há muito se duvidava se o novo interesse não iria prevalecer e se a ascendência da aristocracia militar não seria transferida para a riqueza e a inteligência dos homens que viviam do comércio. Mas Rienzi, Marcel, Artevelde e outros campeões da democracia ainda verde daqueles dias viveram e morreram em vão. O levante da classe média revelara as necessidades, as paixões e as aspirações dos pobres sofredores das camadas inferiores; insurreições ferozes na França e na Inglaterra causaram uma reação que retardou por séculos o reajustamento do poder, e o espectro vermelho da revolução social surgiu no rastro da democracia. Os cidadãos armados de Gante foram massacrados pela nobreza francesa; só a monarquia colheu os frutos da mudança que se processava na posição de classes e excitava as mentes dos homens.

Olhando para trás para o período de mil anos que chamamos de Idade Média, a fim de estimar o trabalho que foi feito, se não pela perfeição de suas instituições pelo menos para a obtenção do conhecimento sobre a verdade política, eis o que encontramos: o governo representativo, desconhecido pelos antigos, era quase universal. Os métodos de eleição eram primitivos, mas o princípio de que nenhuma taxa era legal se não fosse reconhecida pela classe que a pagava – ou seja, que a taxação era inseparável da representação – era adotado, não como privilégio de certos países, mas como direito de todos. Nenhum príncipe do mundo, disse Philippe de Commines, pode taxar um centavo sem o consentimento do povo. A escravidão fora extinta em quase todas as regiões; e o poder absoluto era considerado mais intolerável e mais criminoso que a escravidão. O direito à insurreição era não apenas admitido, mas definido como um dever sancionado pela religião. Até mesmo os princípios da Lei do Habeas Corpus e o método da Lei da Taxação já eram conhecidos. A antiga política era a do Estado absoluto com base na escravidão. O produto político da Idade Média foi um sistema de Estados no qual o poder era limitado pela representação das classes poderosas, pelas associações privilegiadas e pelo reconhecimento de deveres superiores àqueles impostos pelo homem.

Quanto à realização na prática daquilo que era bom, quase tudo estava por ser feito. Mas os grandes problemas de princípios tinham sido resolvidos, e chegávamos à pergunta: como o século XVI administrou o tesouro amealhado pela Idade Média? O sinal mais visível dos tempos foi o declínio da influência religiosa, que reinara por tanto tempo. Passaram-se sessenta anos desde a invenção da imprensa, e trinta mil livros já haviam sido produzidos pelas gráficas europeias, antes que alguém editasse o Testamento grego. Nos dias em que cada Estado fazia da unidade da fé sua principal preocupação, começou-se a pensar que os direitos dos homens e os deveres dos vizinhos e mandantes em relação a eles variavam de acordo com a religião; e a sociedade não reconhecia as mesmas obrigações para com um turco ou um judeu, um pagão ou um herético, ou um adorador do demônio que as devidas a um cristão ortodoxo. À medida que a ascendência da religião enfraquecia, esse privilégio de tratar os inimigos com princípios excepcionais foi reivindicado pelo Estado para seu benefício próprio; e a ideia de que os fins do governo justificam os meios empregados foi formulada em sistema por Maquiavel. Ele foi um político sagaz, sinceramente desejoso de que os obstáculos ao governo inteligente da Itália fossem removidos. A ele parecia que o estorvo mais perturbador para o intelecto era a consciência, e que o emprego vigoroso do estadismo para a solução de esquemas difíceis jamais seria empreendido se os governos se deixassem obstar pelos preceitos do convencional.

Sua doutrina audaciosa foi justificada nas eras seguintes por homens de elevado caráter pessoal. Eles perceberam que nos momentos críticos os homens bons dificilmente se fiaram em sua bondade, e assentiram para aqueles que captaram o significado da máxima de que não se pode fazer uma omelete sem quebrar ovos. Viram que a moralidade pública diferia da privada, porque os governos podiam oferecer a outra face, ou podiam admitir que a misericórdia é melhor que a justiça. E não puderam definir a diferença ou traçar os limites da exceção; ou dizer que existiam outros padrões para os atos da nação que não o julgamento da Providência Divina sobre o que neste mundo era sucesso.

Os ensinamentos de Maquiavel dificilmente passariam no teste do governo parlamentar porque a discussão pública demanda pelo menos a profissão da boa-fé. Mas eles deram um grande impulso ao absolutismo, já que silenciaram as consciências dos reis muito religiosos e igualaram bastante os bons e os maus. Carlos V ofereceu 5.000 coroas pela morte de um inimigo. Ferdinando I e Ferdinando II, Henrique II e Luís XIII, cada um deles fez com que seus mais poderosos súditos fossem despachados traiçoeiramente desta vida. Elizabeth e Mary Stuart tentaram fazer o mesmo uma com a outra. Estava aberto o caminho para que a monarquia absoluta triunfasse sobre o espírito e as instituições de uma era melhor, não por atos isolados de maldade, mas por uma filosofia estudada do crime e por uma perversão tão completa do senso moral que nada igual existira desde que os estoicos reformaram a moralidade do paganismo.

O clero, que servira de tantas maneiras à causa da liberdade durante o prolongado embate contra o feudalismo e a escravidão, estava associado agora aos interesses da realeza. Foram feitas tentativas para reformar a Igreja dentro de um modelo constitucional; elas fracassaram, mas uniram a hierarquia e a coroa contra o sistema de divisão do poder como se fosse contra um inimigo comum. Reis fortes foram capazes de colocar a espiritualidade sob sujeição na França e na Espanha, na Sicília e na Inglaterra. A monarquia absoluta da França foi erigida nos dois séculos seguintes por doze cardeais políticos. Os reis da Espanha conseguiram o mesmo efeito quase de um só golpe ao reviverem e apropriarem em benefício próprio o tribunal da Inquisição, que estava se tornando obsoleto, mas que então servia para armá-los com o terror que os tornou efetivamente despóticos. Uma geração testemunhou a mudança em toda a Europa, desde os dias das Rosas à submissão apaixonada, à aquiescência gratificante à tirania, que marcou o reino de Henrique VIII e dos reis daquele tempo.

A maré crescia rapidamente quando começou a Reforma em Wittenberg, e esperava-se que a influência de Lutero barrasse a inundação do absolutismo. Isso porque ele enfrentava em todos os cantos a aliança compacta entre a Igreja e o Estado; e grande parte de seu país era governada por potentados hostis, prelados da Corte de Roma. Na realidade, ele tinha mais a temer dos inimigos temporais que dos espirituais. Os bispos germânicos de destaque desejavam que as demandas protestantes fossem concedidas; e o próprio Papa conclamou em vão que o imperador exercitasse uma política conciliatória. Mas Carlos V tinha proscrito Lutero e tentava emboscá-lo; e os duques da Baviera estavam bastante ativos, decapitando e lançando à fogueira os discípulos de Lutero, enquanto as democracias das cidades, em geral, ficavam ao lado dele. Contudo, o temor da revolução era o mais profundo de seus sentimentos políticos; e o brilho enganador com que os eclesiásticos guelfos superaram a obediência passiva da era apostólica era característico do método medieval de interpretação que ele rejeitava. Hesitou por um momento em seus últimos anos, mas a substância de seu ensinamento político era eminentemente conservadora, os estados luteranos se transformaram em baluartes da imobilidade rígida, e os escritores luteranos condenaram constantemente a literatura democrática que surgiu na segunda era da Reforma. Pois os reformadores suíços eram mais refratários que os alemães em misturar sua causa com a política. Zurique e Genebra eram repúblicas, e o espírito de seus governos, influenciado por Zwinglio e Calvino.

Zwinglio, de fato, não se dobrou à doutrina medieval de que os magistrados malévolos deveriam ser depostos; mas foi morto muito cedo para agir, profunda ou permanentemente, no caráter político do protestantismo. Calvino, se bem que um republicano, julgava que o povo não tinha condições para governar a si mesmo e declarou que a assembleia popular era um abuso que deveria ser abolido. Desejava uma aristocracia eleita, equipada com os meios para punir não só o crime como o vício e o erro, uma vez que achava que a severidade das leis medievais era insuficiente para as necessidades da ocasião; e era favorável à mais irresistível arma que o procedimento inquisitorial colocara nas mãos dos governos, o direito de sujeitar os prisioneiros à tortura intolerável, não porque fossem culpados, mas porque suas culpas não podiam ser provadas. Seus ensinamentos, conquanto não calculados para promover instituições populares, eram tão avessos à autoridade dos monarcas circundantes que ele abrandou a expressão de suas opiniões políticas na edição francesa de seu *Institutos*.

A influência política direta da Reforma foi menos efetiva do que se supunha. A maioria dos estados era suficientemente forte para controlá-la. Alguns, com esforço inaudito, cortaram o fluxo torrencial. Outros, com rematada habilidade, desviaram-no em seu próprio proveito. Só o governo polonês àquela época deixou que seguisse seu curso. A Escócia foi o único reino em que a Reforma triunfou contra a resistência do Estado; e só na Irlanda ela fracassou, malgrado o apoio do governo. Porém, em quase todos os outros casos, tanto os príncipes que enfunaram suas velas ao sabor daquele vento quanto os que a ele se opuseram empregaram o ardor, o alarme e as paixões que a Reforma suscitou para aumentar o próprio poder. As nações investiram zelosamente seus mandantes com todas as prerrogativas necessárias à preservação de sua fé, e todos os cuidados para que a Igreja e o Estado fossem mantidos separados e para evitar a confusão de seus poderes, trabalho desenvolvido por eras, se perderam em meio à intensidade da crise. Atos de atrocidade foram cometidos, nos quais a paixão religiosa frequentemente foi o instrumento, mas cuja motivação foi a política.

O fanatismo revela-se nas massas, mas as massas de então raramente eram fanáticas, e os crimes imputados a elas em geral eram arquitetados por políticos desapaixonados. Quando o rei da França dispôs-se a matar todos os protestantes, ele foi levado a isso por seus próprios agentes. Não foi em absoluto um ato da população, e em muitas cidades e em províncias inteiras os magistrados se recusaram a obedecer. O motivo da Corte estava tão longe do mero fanatismo que a rainha imediatamente desafiou Elizabeth a fazer o mesmo com os católicos ingleses. Francisco I e Henrique II enviaram cerca de cem huguenotes à morte na fogueira, mas foram cordiais e promotores assíduos da religião protestante na Alemanha. Sir Nicholas Bacon foi um dos ministros que suprimiu a missa na Inglaterra, ainda assim, quando os refugiados huguenotes chegaram, ele antipatizou tanto com eles que relembrou ao Parlamento a maneira sumária com que Henrique V, em Agincourt, lidou com os franceses que caíram em suas mãos. John Knox achava que todos os católicos da Escócia deveriam ser exterminados, e homem algum jamais teve discípulos de temperamento tão austero e implacável. Mas seu conselho não foi seguido.

Durante todo o conflito religioso, a política sempre levou vantagem. Quando o último dos reformadores morreu, a religião, e não a emancipação das nações, transformou-se no pretexto para a arte criminosa dos déspotas. Calvino pregou e Belarmino fez preleções, mas Maquiavel reinou. Antes que o século terminasse, ocorreram três eventos que marcaram o início de mudança momentosa. O massacre de São Bartolomeu convenceu o grosso dos protestantes da ilegalidade da rebelião contra os tiranos, e eles se transformaram em advogados da doutrina que o bispo de Winchester liderara,[1] e que Knox e Buchanan haviam recebido, por intermédio de seus mestres em Paris, diretamente das escolas medievais. Adotada pela aversão ao rei da França, ela cedo foi posta em prática contra o rei da Espanha. Os holandeses sublevados, mediante ato solene, depuseram Filipe II e tornaram-se independentes sob o Príncipe de Orange, que era chamado, e continuou o sendo, de seu Tenente. O exemplo dos holandeses foi importante, não apenas porque súditos de uma religião depuseram um monarca de outra, porque isso tinha sido visto na Escócia, mas porque, além do mais, foi estabelecida uma república no lugar de uma monarquia e porque forçou a lei pública da Europa a reconhecer uma revolução concluída. Ao mesmo tempo, os católicos franceses, ao se levantarem contra Henrique II, que era o mais desprezível dos tiranos, e contra seu herdeiro, Henrique de Navarra, o qual, como protestante, provocava a repulsa da maioria da população, lutaram pelos mesmos princípios com a espada e a pena.

Muitas prateleiras podem ser preenchidas com livros que saíram em sua defesa durante meio século, e eles contemplam os mais abrangentes tratados sobre leis jamais escritos. Quase todos são invalidados pelo defeito que desfigurou a literatura política da Idade Média. Tal literatura, como tentei mostrar, é extraordinária, e prestou um grande

---

[1] Poynet, em seu *Treatise on Political Power*.

serviço ao progresso humano. Porém, desde a morte de São Bernardo até o aparecimento de *Utopia*, de sir Thomas More, dificilmente surgiu um escritor que não sujeitasse sua política ao Papa ou ao rei. E os que apareceram depois da Reforma estavam pensando sempre em leis que pudessem afetar católicos ou protestantes. Knox vociferou contra o que chamou de o Monstruoso Regimento de Mulheres, porque a rainha ia à missa, e Mariana elogiou o assassino de Henrique III porque o rei estava em conluio com os huguenotes. Pois a crença de que era correto assassinar tiranos, primeiro ensinada entre cristãos, creio eu, por John of Salisbury, o mais destacado escritor inglês do século XII, e confirmada por Roger Bacon, o mais celebrado inglês do século XIII, obtivera por aquela época um significado fatal. Ninguém pensava com sinceridade em política como uma lei para o justo e o injusto, ou tentava encontrar um conjunto de princípios que permanecessem válidos com todas as mudanças da religião. O *Ecclesiastical Polity*, de Hooker, é quase o único a se destacar entre os livros sobre os quais falo, e ainda é lido com admiração pelos homens do pensamento como um dos primeiros e mais refinados clássicos de nossa língua. Todavia, embora poucos dos outros tenham sobrevivido, eles contribuíram para o legado de noções fortes de autoridade limitada e de obediência condicional da época da teoria para gerações de homens livres. Mesmo a violência grosseira de Buchanan e Boucher foi um elo na cadeia da tradição que liga a controvérsia Hildebrandina* ao Longo Parlamento** e Santo Tomás a Edmund Burke.

---

* N. T.: Gregório VII (nome original Hildebrando), papa de 1073 a 1085, que procurou estabelecer a autoridade da Igreja sobre o Estado.
** N. T.: Long Parliament – nome dado ao Parlamento inglês convocado por Charles I, em 1640, em seguida à Guerra dos Bispos, que quase o levou à falência, Parlamento que funcionou quase que ininterruptamente até 1640.

Que os homens entendessem que os governos não existem por direito divino, e que o governo arbitrário é uma violação do direito divino, era, sem dúvida, o remédio adequado para a enfermidade da qual a Europa definhava. No entanto, embora o conhecimento de tal verdade pudesse se tornar um elemento salutar de destruição, era pequena a ajuda que podia prestar ao progresso e à reforma. A resistência à tirania não implicava a faculdade de colocar um governo legal no seu lugar. A *Tyburn tree** podia ser uma coisa útil, mas ainda era melhor que o transgressor vivesse para o arrependimento e a correção das faltas. Os princípios que discriminam na política entre o bem e o mal, que fazem com que o Estado mereça durar, ainda não eram conhecidos.

O filósofo francês Charron foi um dos homens menos desmoralizados pelo espírito partidário e um dos menos cegos pela paixão a uma causa. Numa passagem quase que literalmente tirada de Santo Tomás, ele descreve nossa subordinação à lei da natureza, à qual toda a legislação deve se conformar; e assevera isso não à luz da religião revelada, mas pela voz da razão universal, por meio da qual Deus ilumina a consciência dos homens. Sobre essa fundação, Grotius traçou as linhas da ciência política real. Ao coletar os materiais para a lei internacional, ele teve que ir além dos tratados nacionais e dos interesses de congregações sectárias para chegar a um princípio que abarcasse toda a humanidade. Os princípios da lei devem prevalecer, disse ele, mesmo que suponhamos que Deus não existe. Com termos assim não acurados ele queria dizer que tais princípios deveriam ser encontrados independentemente da

---

* N. T.: Patíbulo para enforcamentos que existiu em Londres de 1571 a 1759.

revelação. Foi a partir daquele tempo que se tornou possível fazer da política uma questão de princípio e consciência, de modo que homens e nações que diferissem em todas as outras coisas pudessem viver juntos em paz, sob as sanções de uma lei comum. O próprio Grotius fez pouco proveito de sua descoberta, pois a privou de efeito imediato quando admitiu que o direito de reinar podia ser desfrutado como propriedade vitalícia, sem se sujeitar a condição alguma.

Quando Cumberland e Pufendorf expuseram o verdadeiro significado de sua doutrina, todas as autoridades estabelecidas e todos os interesses vitoriosos se encolheram temerosos. Nenhum deles estava propenso a ceder as vantagens conquistadas pela força ou pela habilidade, porque poderiam entrar em contradição, não com os Dez Mandamentos, mas com um código desconhecido, que o próprio Grotius não tentara delinear e sobre o qual quaisquer dois filósofos não chegariam a acordo. Estava patente que todas as pessoas sabedoras de que a ciência política era uma questão de consciência, e não de poder ou conveniência, tinham que encarar seus adversários como homens sem princípios e que a controvérsia entre eles envolveria perpetuamente a moralidade, não podendo ser governada pelos pleitos de boas intenções que suavizam as asperezas do embate religioso. Quase todos os grandes homens do século XVII repudiaram a inovação. No século XVIII, as duas ideias de Grotius, de que existem certas verdades políticas às quais cada Estado e cada interesse têm que se coadunar sob pena de derrocada, e de que a sociedade é costurada por uma série de contratos reais e hipotéticos, tornaram-se, em outras mãos, as alavancas que movimentaram o mundo. Quando, por intermédio do que parecia a operação de uma lei constante e irresistível, a realeza prevaleceu sobre todos os inimigos e todos os competidores, ela virou uma religião. Seus antigos rivais, o barão e o prelado, alinharam-se ao seu lado. Ano após ano, as assembleias, que, por todo o continente, representavam o autogoverno de províncias e de classes privilegiadas, iam se reunindo pela última vez e pereciam, para gáudio do povo, que aprendera a venerar o trono como o construtor de sua unidade, o promotor da prosperidade e do poder, o defensor da ortodoxia e o empregador do talento.

Os Bourbons, que tinham arrebatado a coroa de uma democracia sublevada, e os Stuarts, que ascenderam como usurpadores, estabeleceram a doutrina de que os estados eram formados pelo valor, pela política e pelos casamentos apropriados da família real; que, consequentemente, o rei era anterior ao povo, que ele era o feitor desse povo e não o produto do seu trabalho, e que reinava independentemente de consentimento. A teologia seguiu o direito divino com obediência passiva. Na era dourada da ciência religiosa, o arcebispo Ussher, um dos mais cultos prelados anglicanos, e Bossuet, o mais capaz dos franceses, declararam que a resistência aos reis era um crime, e que estes últimos podiam empregar a compulsão contra a fé de seus súditos. Os filósofos apoiaram avidamente os divinos. Bacon depositou sua esperança em todo o progresso humano nas mãos fortes dos reis. Descartes aconselhou-os a esmagar todos aqueles que pudessem resistir a seus poderes. Hobbes ensinou que a autoridade estava sempre certa. Pascal considerou absurdo reformar leis, ou estabelecer uma justiça ideal contra a força real. Até Spinoza, que era republicano e judeu, consignou ao Estado o controle absoluto da religião.

Lord Acton

A monarquia exerce um charme sobre a imaginação, tão diferente do espírito incerimonioso da Idade Média que, ao saberem da execução de Carlos I, homens morreram de choque; e o mesmo ocorreu com a morte de Luís XVI e do duque de Enghien. A terra clássica da monarquia absoluta foi a França. Richelieu sustentou que seria impossível controlar o povo caso se permitisse que ele fosse bem-sucedido. O chanceler afirmou que a França não poderia ser governada sem o direito à prisão arbitrária e ao exílio, e que, em caso de risco para o Estado, não havia nada de mal no fato de uma centena de homens inocentes morrer. O ministro das finanças considerava sedição demandar que a coroa mantivesse fidelidade. Uma pessoa do círculo íntimo de Luís XIV disse que mesmo a menor desobediência à vontade real era um crime a ser punido com a morte. Luís empregou tais preceitos em toda a sua extensão. Com muita ingenuidade, declarou que um rei não devia obrigação aos termos de um contrato tanto quanto às palavras de um cumprimento; e que não existia nada que os súditos possuíssem que não pudesse ser legalmente tirado deles. Obediente a tais princípios, quando o marechal Vauban, impressionado com a miséria do povo, propôs a extinção de todos os impostos e sua substituição por uma taxa menos onerosa, o rei acatou seu conselho, mas reteve todos os antigos impostos enquanto impunha uma nova taxa. Com metade da população atual, ele manteve um exército de 450.000 homens, quase o dobro daquele que o imperador Napoleão reuniu para atacar os alemães. Entrementes, o povo passava fome. A França, disse Fénelon, é um enorme hospital. Os historiadores franceses acreditam que, numa única geração, seis milhões de pessoas morreram na penúria. Seria fácil encontrar tiranos mais violentos, mais malignos, mais odiosos que Luís XIV, mas nenhum deles jamais usou seu poder para infligir sofrimento maior ou maior iniquidade; e a admiração que o rei inspirou entre os mais ilustres homens de seu tempo deu bem a medida dos níveis bem inferiores jamais atingidos pela degradação da consciência da Europa em função da torpeza do absolutismo.

As repúblicas daquela ocasião eram, em sua maior parte, governadas de tal forma a conciliar os homens com os menos ignominiosos vícios da monarquia. A Polônia era um Estado constituído de forças centrífugas. O que os nobres chamavam de liberdade era o direito que cada um tinha de vetar os atos da Dieta e de oprimir os camponeses em suas terras — direitos aos quais não abdicaram na partição, ratificando assim o alerta feito muito antes por um pregador: "Vocês perecerão, não pela invasão ou pela guerra, mas por suas liberdades infernais." Veneza sofreu do mal oposto da excessiva concentração. Foi o mais sagaz dos governos, e dificilmente teria cometido enganos se não tivesse atribuído a outros motivações tão sábias quanto as próprias, e tivesse levado em consideração paixões e desatinos sobre os quais tinha pouco conhecimento. Mas o poder supremo da nobreza foi passado para um comitê, daí para o Conselho dos Dez, deste para os três Inquisidores do Estado e, nessa forma intensamente centralizada tornou-se, por volta de 1600, um temível despotismo. Já mostrei como Maquiavel supriu a teoria imoral necessária para a consumação do absolutismo real; a oligarquia absoluta de Veneza requereu a mesma garantia contra a revolta da consciência. Ela foi proporcionada por um escritor tão capaz quanto Maquiavel, que analisou as necessidades e recursos da aristocracia e deixou saber que a melhor segurança era o veneno. Há um século, senadores venezianos de vidas honradas e até religiosas empregaram assassinos para o bem público sem mais remorso que Filipe II ou Carlos IX.

Os cantões suíços, em especial Genebra, influenciaram profundamente a opinião nos dias que precederam a Revolução Francesa, mas não tomaram parte nos primeiros movimentos para a instauração do império da lei. Tal honra deve ser creditada apenas à Holanda entre as *Commonwealths*. Os holandeses a merecem, não por sua forma de governo, que era defeituosa e precária, pois o partido de Orange tramou perpetuamente contra ele e assassinou os dois mais eminentes dos estadistas republicanos, e o próprio Guilherme III fez intrigas pelo auxílio inglês, a fim de se apoderar da coroa, mas pela liberdade de imprensa que colocou a Holanda em posição vantajosa de onde, na hora mais sombria da opressão, as vítimas dos opressores puderam se fazer ouvir na Europa.

O decreto de Luís XIV estipulando que todos os protestantes franceses deveriam renunciar imediatamente à sua religião foi editado no ano em que James II tornou-se rei. Os refugiados protestantes fizeram o que seus ancestrais tinham feito um século atrás. Asseveraram o poder de deposição dos súditos sobre os mandantes que quebrassem o contrato original entre eles, e todas as potências, exceto a França, apoiaram a argumentação, e despacharam Guilherme de Orange naquela expedição que seria o pálido amanhecer de um dia mais fulgurante.

É a esta combinação sem paralelo de coisas no continente, mais do que à sua própria energia, que a Inglaterra deve sua libertação. Os esforços feitos por escoceses, irlandeses e, por fim, pelo

Parlamento Longo para se livrarem dos desmandos dos Stuarts foram frustrados não pela resistência da monarquia, mas pelo próprio desamparo da República. Estado e Igreja foram tirados do caminho; novas instituições foram erguidas sob o mais capaz dos mandantes jamais surgidos numa revolução; e a Inglaterra, agitada pela labuta do pensamento político, produziu pelo menos dois escritores que, em muitas direções, viram tão longe e tão claramente como vemos agora. Mas a Constituição de Cromwell se viu enrolada como um pergaminho. Harrington e Lilburne foram alvo de zombarias por algum tempo e depois esquecidos, o país admitiu o fracasso de seu esforço, negou seus objetivos e lançou-se entusiasticamente e sem quaisquer cláusulas efetivas aos pés de um rei imprestável.

Se o povo da Inglaterra não tivesse concretizado mais que isso para aliviar a humanidade da pressão penetrante da monarquia ilimitada, teria feito mais mal do que bem. Pela traição fanática com a qual, violando o Parlamento e a lei, ele tramou a morte do rei Carlos, pela vulgaridade do panfleto em latim com que Milton justificou o ato ante o mundo, persuadindo-o de que os republicanos eram igualmente hostis à liberdade e à autoridade, e não acreditavam neles mesmos, o povo fortaleceu e deu razão à corrente dos monarquistas que, na Restauração, sobrepujou sua obra. Se não ocorresse nada para compensar tal defeito na correção e constância da política, a Inglaterra teria seguido o caminho de outras nações.

Naquele tempo, havia certa verdade na velha piada que descreve a antipatia inglesa pela especulação que diz que toda a nossa filosofia consiste em um catecismo curto de duas perguntas: "Que é a mente? A não matéria. Que é a matéria? Deixa para lá." O único apelo aceito era à tradição. Os patriotas tinham o hábito de dizer que se posicionavam de acordo com os modos antigos e que não permitiriam mudanças na lei inglesa. Para reforçar o argumento, inventaram uma história de que a Constituição viera de Troia e que os romanos permitiram que ela subsistisse intocada. Tais fábulas não prevaleceram contra Strafford, e o oráculo do precedente algumas vezes deu respostas adversas à causa popular. Na questão da soberania da religião, isso foi decisivo, pois a prática do século XVI bem como a do século XV foram a favor da intolerância. Por ordem real, a nação passou quatro vezes em uma geração de uma fé para outra, com uma facilidade que causou impressão fatal em Laud. Num país que proscrevera cada religião em sequência e submetera tal variedade de penalidades contra os Lollards e os arianos, contra Augsburgo e Roma, parecia não haver problema em se marcar as orelhas dos puritanos.

Não obstante, chegara a era da convicção mais forte, e os homens decidiram abandonar os velhos métodos que levavam ao patíbulo e à roda de torturas e fazer com que a sabedoria de seus ancestrais e os estatutos da terra se curvassem diante de uma lei não escrita. A liberdade religiosa fora o grande sonho dos escritores cristãos nas eras de Constantino e Valenciniano, um sonho jamais totalmente concretizado no Império e rudemente banido quando os bárbaros se aperceberam de que ela não era compatível com sua arte de governar populações civilizadas de outras religiões, e a unidade de credo foi imposta por leis sangrentas e por teorias mais cruéis que tais leis. Porém, de Santo Atanásio e Santo Ambrósio até Erasmo e More, cada era testemunhou o protesto dos homens determinados em prol da liberdade de consciência, e os dias pacíficos que antecederam a Reforma foram plenos de promessas de que ela iria vingar.

Na comoção que se seguiu, os homens se satisfizeram em ser tolerados por meio de privilégios e meios-termos e, de bom grado, renunciaram a uma aplicação mais ampla do princípio. Socinus foi o primeiro que, com o argumento de que a Igreja e o Estado deviam ser separados, pleiteou tolerância universal. Mas Socinus desarmou sua própria teoria porque foi defensor ferrenho da obediência passiva.

A ideia de que a liberdade religiosa é o princípio gerador da civil, e que a liberdade civil é condição necessária da religiosa, foi uma descoberta reservada para o século XVII. Muitos anos antes que os nomes de Milton e Taylor, de Baxter e Locke se tornassem ilustres pela condenação parcial à intolerância, existiram homens entre as congregações independentes que se aferraram com vigor e sinceridade ao princípio de que só pela restrição da autoridade do Estado a liberdade das Igrejas poderia ser assegurada. Essa grande ideia política, santificando a liberdade e consagrando-a a Deus, ensinando os homens a estimar as liberdades dos outros como se fossem as suas e a defendê-las mais por amor à justiça e à caridade do que como reivindicação de direito, foi a alma do bom e do grande no progresso dos últimos duzentos anos. A causa da religião, mesmo sob a incorrigível influência da paixão mundana, teve tanto a fazer quanto quaisquer noções claras de política para colocar este país na vanguarda da liberdade. Ela foi a corrente mais profunda no movimento de 1641 e permaneceu sendo a motivação mais forte que sobreviveu à reação de 1660.

Os grandes escritores do partido Whig, Burke e Macaulay, representaram com constância os estadistas da Revolução como lídimos precursores da liberdade moderna. É humilhante rastrear uma linhagem política até Algernon Sidney, que foi agente pago do rei francês; até Lord Russell, que se opôs à tolerância religiosa pelo menos tanto quanto à monarquia absoluta; até Shaftesbury, que sujou suas mãos no sangue inocente derramado pelo perjúrio de Titus Oates; até Halifax, que insistiu em que uma trama deveria ser apoiada, mesmo que falsa; até Marlborough, que enviou seus camaradas a uma expedição perigosa que traíra os franceses; até Locke, cuja noção de liberdade não envolvia nada mais espiritual que a segurança da propriedade e é conivente com a escravidão e a perseguição; ou mesmo até Addison, que concebia que o direito de votar taxas não era de país algum que não o seu. Defoe afirma que, do tempo de Carlos II ao de George I, ele não conhecia político algum que depositasse sua fé autêntica em nenhum dos dois lados; e a perversidade dos estadistas que resultou no ataque aos últimos Stuarts atrasou a causa do progresso por um século.

Quando o significado do tratado secreto revelou a suspeita de que Luís XIV se propunha a apoiar Carlos II com um exército para a destruição do Parlamento, se Carlos derrubasse a Igreja Anglicana, foi necessário fazer concessões ao alarme popular. Houve a proposta de que, se James fosse vitorioso, grande parte da prerrogativa e do patronato reais seria transferida para o Parlamento. Ao mesmo tempo, as condições de incapacidade dos não conformistas e dos católicos seriam removidas. Se a Lei da Limitação, que Halifax apoiava com notável habilidade, tivesse passado, a Constituição monárquica teria avançado, no século XVII, bem mais adiante que o ponto destinado a atingir só no segundo quarto do século XIX. Mas os inimigos de James, orientados pelo Príncipe de Orange, preferiram um rei protestante que fosse quase absoluto a um rei constitucional que fosse católico. O esquema fracassou. James saiu-se vitorioso e com um poder que, em mãos mais cautelosas, teria sido praticamente incontrolável, e a tempestade que iria derrubá-lo ganhava força além-mar.

Ao acabar com a preponderância da França, a Revolução de 1688 desferiu o primeiro golpe efetivo contra o despotismo continental. Em casa, ela abrandou a Dissensão, purificou a justiça, desenvolveu os recursos e energias nacionais e, no final, pela Lei do Acordo (Act of Settlement), colocou a coroa como um dote do povo. Porém, não introduziu, tampouco determinou, nenhum princípio importante, e, como os dois partidos tinham que se capacitar para trabalhar juntos, ela deixou incólume a questão fundamental entre Whig e Tory. Para o direito divino dos reis, ela estabeleceu, nas palavras de Defoe, o direito divino dos proprietários vitalícios; e sua dominação estendeu-se por setenta anos, sob a autoridade de John Locke, o filósofo do governo pela pequena nobreza. Nem mesmo Hume ampliou as fronteiras de suas ideias; e sua estreita crença materialista na conexão entre liberdade e propriedade cativou até a mente audaciosa de Fox.

Com sua ideia de que os poderes do governo deveriam ser divididos de acordo com sua natureza e não segundo a divisão de classes, que Montesquieu assumiu e desenvolveu com talento consumado, Locke é a origem do longo reinado das instituições inglesas em terras estrangeiras. Sua doutrina da resistência, ou, como ele finalmente a chamou, o apelo à Divina Providência, orientou o julgamento de Chatham num momento de transição solene na história do mundo. Nosso sistema parlamentar, gerido pelas grandes famílias da revolução, foi uma invenção pela qual os eleitores eram compelidos e os legisladores induzidos a votar contra suas convicções; e a intimidação dos distritos eleitorais era recompensada com a corrupção de seus representantes. Por volta do ano de 1770, a situação tinha retornado, por vias indiretas, quase que à condição em que a Revolução era vista como remédio definitivo. A Europa parecia incapaz de se tornar a sede de Estados livres. Foi da América que as ideias claras de que os homens deviam se preocupar consigo mesmos e que a Nação era responsável perante a Providência Divina pelos atos do Estado — ideias lacradas no peito de pensadores solitários e escondidas em compêndios latinos — irromperam como um conquistador sobre o mundo que estavam destinadas a transformar, sob o título de Direitos do Homem. Se a legislação britânica tinha o direito de taxar uma colônia de súditos era difícil dizer, segundo a letra da lei. A suposição generalizada era imensamente pró-autoridade; e o mundo acreditava que a vontade do mandante constituído é que deveria ser suprema, não a vontade do povo súdito. Muito poucos escritores corajosos ousavam dizer que deveria haver resistência a um poder legal em casos de extrema necessidade. Mas os colonizadores da América, que se lançaram não em busca do ganho, mas para escapar de leis sob as quais outros ingleses se contentavam em viver, eram sensíveis a ponto de acatar restrições como as das Leis Azuis* de Connecticut, uma das quais proibia que os homens caminhassem para a igreja a menos de três metros das esposas. E a taxa proposta de £12.000

---

* N. T.: Blue Laws, talvez por terem sido escritas em papel azul, foram leis austeras e puritanas sobre a moralidade pública que existiram de forma oficiosa na América colonial. É provável que nunca tenham existido formalmente.

ao ano poderia ser muito bem suportada. Mas as razões pelas quais Eduardo I e seu Conselho não puderam taxar a Inglaterra eram as mesmas pelas quais George III e seu Parlamento não podiam taxar a América. A disputa envolvia um princípio, ou seja, o direito de controlar o governo. Além do mais, levava à conclusão de que um Parlamento organizado por uma eleição ridícula não tinha direito justo sobre a nação não representada; e instigava o povo da Inglaterra a retomar seu poder. Nossos melhores estadistas viram que, qualquer que fosse a lei, os direitos da nação estavam em jogo. Chatham, nos melhores discursos de que se tem notícia no Parlamento, exortou a América a ser firme. Lord Camden, o falecido chanceler, disse: "A taxação e a representação estão indissoluvelmente ligadas. Deus as juntou. Nenhum Parlamento inglês pode separá-las."

Com os elementos daquela crise, Burke construiu a mais nobre filosofia política do mundo. "Não conheço o método," disse ele, "de formular um indiciamento contra todo um povo. Os direitos naturais da humanidade são, de fato, coisas sagradas, e se qualquer medida pública se revelar nociva contra ele, deve haver uma oposição fatal a tal medida, mesmo que não exista amparo legal para a reação. Somente a razão soberana, superior a qualquer forma de legislação e administração, tem de prevalecer." Dessa forma, exatamente há cem anos, a reticência oportunista, a hesitação política do estadismo europeu, foi por fim vencida, e ganhou terreno o princípio de que uma nação jamais deve abandonar seu destino nas mãos de uma autoridade que não pode controlar. Os americanos o colocaram na base de seu novo governo. Fizeram ainda mais: ao sujeitarem todas as autoridades civis à vontade popular, cercaram tal vontade popular com restrições que a legislação inglesa não suportaria.

Durante a revolução na França, o exemplo da Inglaterra, que vigorara por tanto tempo, não pôde competir por um momento com a influência de um país cujas instituições eram tão sabiamente enquadradas para proteger a liberdade, mesmo contra os perigos da democracia. Quando Luís Filipe se tornou rei, asseverou ao antigo republicano, Lafayette, que o que vira nos Estados Unidos convencera-o de que nenhum governo poderia ser tão bom quanto a república. Houve um tempo na presidência de Monroe, cerca de cinquenta e cinco anos atrás, ao qual as pessoas se referiam como "a era do bom sentimento", quando a maior parte das incongruências decorrentes dos Stuarts tinha sido reformada e as motivações para divisões ulteriores estavam inativas. As causas dos problemas do velho mundo — ignorância popular, pobreza, contraste gritante entre ricos e pobres, rixas religiosas, dívidas públicas, exércitos efetivos e guerras — eram quase desconhecidas. Nenhuma outra era ou país resolvera com tanto sucesso os problemas inerentes ao crescimento das sociedades livres, e nem o tempo iria trazer progressos posteriores.

Porém, o fato é que esgotei meu tempo e mal toquei no início de minha tarefa. Nas eras de que falei, a história da liberdade foi a daquela que não houve. No entanto, desde a Declaração de Independência, ou, para ser mais justo, desde que os espanhóis, privados de seu rei, estabeleceram um novo governo para eles mesmos, as únicas formas conhecidas de liberdade — a república e a monarquia constitucional — forçaram seu caminho pelo mundo. Teria sido interessante delinear a reação da América às monarquias que conseguiram sua independência; ver como o súbito surgimento da economia política sugeriu a ideia da aplicação dos métodos da ciência à arte de governar; como Luís XIV, depois de confessar que o despotismo era inútil, até mesmo para fazer os homens felizes pela compulsão, apelou para a nação, a fim de que ela fizesse o que estava além de sua capacidade, e, portanto, abdicou ao trono em prol da classe média, e os homens inteligentes da França, estremecendo com as terríveis lembranças de suas próprias experiências, se esforçaram por apagar o passado, que precisavam resgatar suas crianças do príncipe do mundo e arrebatar os vivos das garras da morte, até que a mais refinada oportunidade jamais concedida ao mundo foi desperdiçada porque a paixão pela igualdade tornou vã a esperança de liberdade.

E eu desejaria ter mostrado a vocês que a mesma objeção deliberada ao código moral, que aplainou os caminhos da monarquia absoluta e da oligarquia, sinalizou o advento do pleito democrático pelo poder ilimitado — aquele que um de seus destacados advogados alardeou o projeto de corromper o senso moral dos homens para destruir a influência da religião, e um famoso apóstolo do iluminismo e da tolerância desejou que o último príncipe fosse enforcado com as entranhas do último pároco. Desejaria ter explicado a conexão entre a doutrina de Adam Smith, de que o trabalho é a fonte original de toda a riqueza, e a conclusão de que os produtores da riqueza compõem virtualmente a nação, com a qual Sieyès subverteu a França histórica; e mostrado que a definição de Rousseau de compacto social como associação voluntária de parceiros iguais conduziu Marat, por intermédio de curtos e inevitáveis estágios, a declarar que as classes mais pobres estavam isentas, pela lei da autopreservação, das condições de um contrato que só as contemplava com miséria e morte; que elas estavam em guerra com a sociedade e tinham o direito a tudo que pudessem conseguir pela eliminação dos ricos, e que sua teoria inflexível da igualdade, principal legado da Revolução, juntamente com a manifesta inadequação da ciência econômica para esgrimir com os problemas dos pobres, revivia a ideia da renovação da sociedade no princípio do autossacrifício, que fora a generosa aspiração dos essênios e primeiros cristãos, dos padres, canônicos e frades; de Erasmo, o mais celebrado precursor da Reforma; de sir Thomas More, sua vítima mais ilustre; e de Fénelon, o mais popular dos bispos, mas ideia que, durante os quarenta anos de seu reflorescimento, foi associada à inveja, ao ódio e ao derramamento de sangue, e que é agora o inimigo mais perigoso que paira sobre nosso caminho.

Por último, e acima de tudo, tendo falado tanto da falta de compreensão de nossos ancestrais, tendo exposto a esterilidade da convulsão que incendiou o que adoravam e fez os pecados da república salientarem-se tanto quanto os da monarquia, tendo mostrado que a Legitimidade, que repudiava a Revolução, e o Imperialismo, que a entronizava, nada mais foram que disfarces do mesmo elemento de violência e erro, eu desejaria, para que minha palestra não findasse sem um significado ou uma moral, relatar por quem e em qual conexão a verdadeira lei de formação dos Estados livres foi reconhecida, e como essa descoberta, cerradamente semelhante à que, sob os nomes de desenvolvimento, evolução e continuidade, deu um novo e mais profundo método a outras ciências, resolveu o velho problema entre estabilidade e mudança, e determinou a autoridade da tradição no progresso do pensamento; como aquela teoria, que sir James Mackintosh expressou dizendo que as constituições não são feitas, mas crescem; a teoria de que o costume e as qualidades nacionais dos governados, e não a vontade do governo, são os formuladores de leis; e, portanto, que a nação, fonte de suas próprias instituições orgânicas, que deve ser responsabilizada pela custódia perene de sua integridade e pelo dever de levar a forma à harmonia com o espírito, foi feita pela singular cooperação do mais puro intelecto conservador com a revolução sangrenta, de Niebuhr com Mazzini, para dar lugar à ideia de nacionalidade, a qual, bem mais que a de liberdade, tem governado o movimento dos dias presentes.

Eu não gostaria de concluir sem chamar a atenção para o impressionante fato de que muito da luta áspera, do pensamento e do sofrimento, que contribuiu para a libertação do homem do poder do homem, foi obra de nossos compatriotas e de seus descendentes em outras terras. Tivemos que lutar, tanto quanto outros povos, contra monarcas determinados e possuidores de recursos auferidos em suas possessões estrangeiras, contra homens de rara capacidade, contra dinastias inteiras de tiranos natos. Ainda assim, essa orgulhosa prerrogativa realça no pano de fundo de nossa história. No espaço de uma geração, durante a Conquista, os normandos se viram obrigados a reconhecer, embora de maneira um tanto relutante, as reivindicações do povo inglês. Quando a disputa entre a Igreja e o Estado estendeu-se para a Inglaterra, nossos eclesiásticos aprenderam a se associar com a causa popular; e, com poucas exceções, nem o espírito hierárquico dos estrangeiros sagrados, tampouco a peculiar polarização monárquica dos franceses, caracterizaram os escritores da escola britânica. A Lei Civil, transmitida de um Império degenerado para ser a escora comum do poder absoluto, foi excluída da Inglaterra. A Lei Canônica foi restringida, e este país jamais admitiu a Inquisição, nem aceitou por completo o emprego da tortura que fez com que a realeza continental espalhasse tantos terrores. No final da Idade Média, os escritores estrangeiros reconheceram nossa superioridade e ressaltaram essas causas. Depois disso, nossa pequena nobreza manteve os meios de autogoverno local como nenhum outro país possuiu. As divisões na religião forçaram a tolerância. A confusão na lei comum ensinou ao povo que a melhor salvaguarda era a independência e a integridade dos juízes.

Todas essas explanações repousam na superfície e são tão visíveis quanto o oceano protetor; mas só podem ser efeitos consecutivos de uma causa constante que tem que repousar nas mesmas qualidades nativas da perseverança, moderação, individualidade e no senso varonil de dever, que conferem à raça inglesa sua supremacia na arte árdua da labuta, supremacia que permite que prosperemos como nenhuma outra nação nos litorais inóspitos, e que (embora nenhum outro grande povo seja tão sedento de glória, e um exército de 50.000 soldados ingleses jamais tenha sido visto em combate) fez com que Napoleão, ao se retirar de Waterloo, exclamasse: "Tem sido sempre assim desde Crecy."

Por conseguinte, se há razão para orgulho do passado, há mais de esperança no porvir. Nossas vantagens crescem, ao passo que outras nações temem suas vizinhas ou ambicionam seus bens. Anomalias e defeitos existem, em menor número e menos intoleráveis, senão menos flagrantes que os antigos.

Todavia, fixei o olhar nos espaços que a luz da Divina Providência ilumina na esperança de não ser uma carga muito pesada para a indulgência com que vocês me acompanharam no caminho sombrio e desagradável que os homens palmilharam para a liberdade; e porque a luz que nos guiou ainda não se apagou, as causas que nos levaram tão longe na vanguarda das nações livres não perderam a força, e a história do futuro está escrita no passado, aquilo que foi é o mesmo que o que será.

Lord Acton

CAPÍTULO III

Democracy in Europe, de Sir Erskine May*

Nem trinta anos separam a Europa de Guizot e Metternich daqueles dias de sufrágio universal tanto na França como na Alemanha Unida; quando um insurgente condenado de 1848 é o ministro constitucional da Áustria; quando a Itália, dos Alpes ao Adriático, é governada por amigos de Mazzini; e estadistas, que se encolheram em função das temeridades de Peel, dobraram o eleitorado da Inglaterra. Se o filósofo que proclamou a lei de que o progresso democrático é constante e irrefreável tivesse vivido para testemunhar a era dourada, ficaria surpreso com a concretização de sua profecia. Ao longo de todos esses anos de mudança revolucionária, sir Thomas Erskine tem estado mais cerrada e constantemente ligado ao centro das questões públicas que qualquer outro inglês, e seu lugar, na maior parte do tempo, tem sido na Câmara dos Comuns, onde, sentado como Canuto, vem apreciando a maré crescente. Poucos estariam mais bem preparados para ser os historiadores da Democracia europeia

---

* Publicado como uma resenha do *Democracy in Europe: A History* (Londres: Longmans 1877) na *Quarterly Review* 145 (janeiro de 1878): 112-142 e na *Wellesley* I, p. 760. Republicado em *History of Freedom*, pp. 61-100, e em *Freedom and Power*, pp. 128-165, de Acton.

do que aquele que, tendo estudado por tanto tempo o mecanismo do governo popular na mais ilustre das assembleias no ápice de seu poder, escreveu sua história e ensinou seus métodos ao mundo.

Não surpreende que tarefa tão laboriosa e delicada não tivesse sido tentada. A democracia é uma corrente gigantesca que vem sendo alimentada por muitas fontes. Causas físicas e intelectuais contribuíram para sua expansão. Muito foi feito pelas teorias econômicas e mais pelas leis econômicas. A força propulsora repousa algumas vezes na doutrina e algumas vezes no fato, e o erro tem sido tão poderoso quanto a verdade. Em dadas ocasiões, o progresso popular foi determinado pela legislação, em outras, por um livro, uma invenção ou um crime, e podemos rastreá-lo até a influência dos metafísicos gregos ou dos juristas romanos, dos costumes bárbaros e da lei eclesiástica, dos reformadores que descartaram os canônicos, dos sectários que descartaram os reformadores e dos filósofos que descartaram as seitas. O cenário mudou, nações sucederam nações, e durante a época mais paralisada da vida europeia o novo mundo armazenou as forças que transformaram o antigo.

Uma história que seguisse todos os fios sutis de cabo a rabo seria eminentemente valiosa, mas não como tributo à paz e à conciliação. Poucas descobertas são mais irritantes do que aquelas que expõem o *pedigree* das ideias. Definições pontuais e análises magnânimas descerrariam o véu sob o qual a sociedade disfarça suas divisões, tornariam as disputas políticas muito violentas para se chegar a compromissos e a alianças políticas muito precárias para que fossem utilizadas, e azedariam a política com todas as paixões dos embates social e religioso. Sir Erskine May escreve para aqueles que se posicionam dentro dos amplos limites de nossa constituição. Seu juízo de valor é avesso a extremos. Afasta-se da discussão de teorias e examina seu assunto à luz clara das instituições, acreditando que as leis dependem muito da condição da sociedade e pouco das noções e disputas que não têm suporte na realidade. Declara sua descrença até na influência de Locke e pouco se preocupa em inquirir quanto do autogoverno é devido à Independência, ou a igualdade aos quacres; e como a democracia foi afetada pela doutrina de que a sociedade tem sua fundação no contrato, que a felicidade é o objetivo de todo governo, ou o trabalho a única fonte de riqueza; e, por essa razão, como ele sempre pisa em solo firme e desvenda uma fieira de fatos examinados cuidadosamente por meio do julgamento sólido e da experiência testada em vez do preceito dogmático, todos os homens lucrarão com a leitura de seu livro, e quase todos sem se sentirem afrontados.

Embora o autor não insista em inculcar uma moral, declara nas páginas introdutórias as ideias que o orientam; e, com efeito, o leitor que não entender a lição do livro o terá lido em vão. Sir Erskine May está persuadido de que a tendência do progresso moderno é a de elevar as massas populares, de aumentar sua parcela na obra de construção e de desfrute da civilização, cercada de conforto e de educação, de autorrespeito e de independência, de conhecimento e de poder político. Tirado de uma lei universal da história, isso seria tão visionário como certas generalizações de Montesquieu e Tocqueville, porém, com as restrições necessárias de tempo e lugar, não há como, honestamente, contestá-lo. Outra conclusão, apoiada em raciocínio bem mais amplo, é que a democracia, como a monarquia, é salutar dentro de limites e fatal em excesso; que ela é a mais autêntica amiga da liberdade ou sua mais inexorável inimiga, segundo seja mista ou pura; e essa antiga e elementar verdade do governo constitucional é reforçada com cada variedade de impressionante e sugestiva ilustração, desde o tempo dos Patriarcas Fundadores prosseguindo até a revolução que, em 1874, converteu a Suíça federativa numa democracia sem qualificação que é governada pela voz direta de todo o povo.

A distinção efetiva entre liberdade e democracia, que ocupa muito do pensamento do autor, não pode ser traçada decisivamente. A escravidão tem sido tão frequentemente associada à democracia, que um escritor talentoso declarou há muito tempo que ela era essencial ao Estado democrático; e os filósofos da Confederação Sulista instigaram tal teoria com fervor extremo. Isso porque a escravidão funciona como uma propriedade vitalícia restrita, adiciona poder à propriedade e obstrui o socialismo, enfermidade que ataca as democracias maduras. O mais inteligente dos tiranos gregos, Periandro, desencorajou o emprego de escravos; e Péricles indica a liberdade do trabalho manual como prerrogativa distinta de Atenas. Em Roma, uma taxa de alforria seguiu-se imediatamente ao estabelecimento da igualdade política por Licínio. Um *impeachment* da Inglaterra, por ter imposto a escravidão na América, foi cuidadosamente retirado da Declaração de Independência; e a Assembleia Francesa, tendo proclamado os Direitos do Homem, declarou que eles não se estendiam às colônias. A controvérsia sobre a abolição fez com que todos se familiarizassem com a afirmação de Burke de que os homens aprendem o preço da liberdade sendo donos de escravos.

Dos melhores dias de Atenas, os de Anaxágoras, Protágoras e Sócrates, subsistiu uma estranha afinidade entre democracia e perseguição religiosa. O ato mais sangrento cometido entre as guerras religiosas e a revolução se deveu ao fanatismo dos homens que viviam na primitiva república da Raethia alpina* e, dos seis cantões democráticos, apenas um tolerou protestantes, e isso depois de uma luta que consumiu a maior parte de dois séculos. Em 1578, as quinze províncias católicas teriam se juntado à Holanda revoltada se não fosse a furiosa intolerância de Gante; e a Frísia democrática foi o mais intolerante dos Estados. As colônias aristocráticas na América defenderam a tolerância contra seus vizinhos democráticos, e seu triunfo em Rhode Island e na Pensilvânia foi trabalho não da política, mas da religião. A República Francesa se transformou em ruínas porque achou a lição da liberdade religiosa muito difícil de aprender. Na verdade, até o século XVIII, ela foi aprendida com maior frequência nas monarquias do que nas *Commonwealths* livres. Richelieu admitiu o princípio enquanto erigia o despotismo dos Bourbons, o mesmo fizeram os eleitores de Brandenburgo, ao tempo em que se faziam absolutos; e depois da queda de Clarendon, a noção de Indulgência tornou-se inseparável do projeto de Carlos II de subverter a Constituição.

Um governo suficientemente forte para agir desafiando o sentimento público pode desconsiderar a plausível heresia de que a prevenção é melhor que a punição, porque tem a capacidade de punir. Mas um governo totalmente dependente da opinião busca alguma segurança sobre qual deva ser tal opinião, esforça-se por controlar as forças que a conformam e teme que o povo seja educado com sentimentos hostis a suas instituições. Quando o

---

* N.T.: Antiga província romana que incluía a Suíça e o oeste da Áustria; adicionada ao Império ao tempo de Augusto.

general Grant tentou combater a poligamia em Utah, achou necessário preencher os corpos de jurados com cristãos; a Corte Suprema decidiu que tal procedimento era ilegal e que os prisioneiros deveriam ser libertados. Até mesmo o assassino Lee foi absolvido, em 1875, por um júri de mórmons.

A democracia moderna apresenta muitos problemas, diversificados e obscuros demais para serem resolvidos sem uma gama mais ampla de materiais do que aqueles que Tocqueville adquiriu de suas autoridades americanas ou de sua própria observação. Para entender por que as esperanças e os temores que ela suscita têm sido sempre inseparáveis, para determinar sob quais condições ela avança ou retarda o progresso do povo e o bem-estar dos estados livres, não existe curso melhor do que seguir sir Erskine May na estrada que ele foi o primeiro a desbravar.

Em meio a um despotismo invencível, entre monarquias paternais, militares e sacerdotais, surge o amanhecer com a libertação de Israel e com o pacto que deu início à sua vida política. As tribos se dividem em comunidades menores, administrando suas próprias questões à luz da lei que juraram respeitar, mas sem poder civil para impô-la. Elas se governam sem uma autoridade central, sem uma legislatura ou um sacerdócio dominante; e essa política, que, sob as formas de sociedade primitiva, concretizou algumas aspirações das democracias desenvolvidas, resistiu por mais de trezentos anos ao perigo constante da anarquia e da subjugação. A monarquia em si era limitada pela mesma ausência de poder legislativo, pela submissão do rei à lei que congregava seus súditos, pelo perpétuo apelo de profetas à consciência do povo como seu guardião designado, e pelo recurso rápido da deposição. Mais tarde ainda, no declínio da constituição religiosa e nacional, as mesmas ideias aparecem com energia intensa, numa associação extraordinária de homens que viviam com austeridade e abnegação, rejeitavam a escravidão, sustentavam a igualdade e mantinham propriedades comunitárias, constituindo a miniatura de uma república quase perfeita. Mas os essênios pereceram com a cidade e o Templo, e, por diversas eras, o exemplo dos hebreus serviu mais à autoridade que à liberdade. Depois da Reforma, as seitas que romperam decididamente com as tradições da Igreja e do Estado, como derivados dos tempos católicos, e procuraram para suas novas instituições uma autoridade maior que o costume, reverteram para a memória de uma *Commonwealth* fundada num contrato voluntário, no autogoverno, no federalismo, na igualdade, no qual a eleição era preferível ao governo hereditário, e a monarquia era um emblema dos pagãos; e entenderam que não existia melhor modelo para eles do que uma nação constituída pela religião, que não tivesse outro formulador de leis que não Moisés, em que não houvesse obediência a rei algum, apenas a Deus. O pensamento político até então fora orientado pela experiência pagã.

Entre os gregos, Atenas, a corajosa pioneira da descoberta republicana, foi a única democracia que prosperou. Ela passou pelas mudanças inerentes à sociedade grega, mas lidou com elas de uma forma que desvendou uma genialidade singular para a política. A luta das classes competidoras pela supremacia, que, em quase todas as outras regiões foi causa de opressão e derramamento de sangue, tornou-se uma genuína luta pela liberdade entre os atenienses, e sua Constituição desenvolveu-se, com pequena pressão vinda de baixo, sob a ação inteligente de estadistas que pendiam mais para o raciocínio político que para a opinião pública. Eles evitaram mudanças violentas e convulsivas porque o ritmo de suas reformas se manteve à frente das demandas populares. Sólon, cujas leis deram início ao reinado da mente sobre a força, instituiu a democracia ao fazer do povo, não dos administradores, a fonte do poder. Ele confiou o governo não a título ou a nascimento e sim à terra; e regulou a influência política dos proprietários de terra por suas parcelas de responsabilidade no serviço público. Para as classes mais baixas, que não portavam armas, não pagavam taxas e eram excluídas do governo, garantiu o privilégio de escolher e exigir prestação de contas dos homens pelos quais eram governadas, de ratificar ou rejeitar os atos do legislativo e os julgamentos dos tribunais. Embora responsabilizasse o Areópago pela preservação das leis, tomou medidas para que fossem revisadas de acordo com a necessidade; e, na sua cabeça, o ideal era o governo por todos os cidadãos livres. Suas concessões ao elemento popular foram estreitas e cuidadosamente protegidas. Permitiu nada mais que o necessário para assegurar a vinculação de todo o povo ao Estado. Mas admitiu princípios que foram além das reivindicações que concedeu. Só deu um passo na direção da democracia, mas foi o primeiro de uma série.

Quando as guerras persas, que converteram a aristocrática Atenas num estado marítimo, desenvolveram novas fontes de riqueza, e uma nova descrição de interesses, a classe que supriu muitos dos navios e a maioria dos homens que salvaram a independência nacional e fundaram um império, não poderia ser excluída do governo. O princípio de Sólon de que a influência política deveria ser proporcional ao serviço público penetrou através das formas a que ele o havia confinado. Os divulgadores, como um grupo, foram admitidos no governo, e para que seus candidatos tivessem apenas seu quinhão, e nada mais que esse quinhão, muitos funcionários públicos foram selecionados por sorteio. A ideia ateniense de uma república era a substituição do governo dos homens pela supremacia impessoal da lei. A mediocridade era uma segurança contra as pretensões de capacidade superior, pois a ordem estabelecida corria risco não da parte do cidadão mediano, mas de homens como Milcíades, de renome excepcional. O povo de Atenas venerava sua Constituição como uma dádiva dos deuses, fonte e expressão de seu poder, algo muito sagrado para experimentar mudanças temerárias. Demandou um código, para que a lei não escrita não mais fosse interpretada ao bel-prazer pelos arcontes e aeropagitas; e uma legislação bem-definida e competente foi um triunfo da democracia.

Tão bem-entendido foi esse espírito conservador que a revolução, que aboliu os privilégios da aristocracia, foi promovida por Aristides e completada por Péricles, homens isentos da reprovação ou da adulação das massas. Eles associaram todos os atenienses livres aos interesses do Estado e os convocaram, sem distinção de classe, para administrar os poderes que a eles mesmos pertenciam. Sólon ameaçou com a perda de cidadania todos os que demonstrassem indiferença para com os conflitos partidários, e Péricles declarou que todo homem que negligenciasse sua parcela de dever público era um membro inútil da comunidade. Para que a riqueza não levasse vantagem injusta, para que os pobres não fossem subornados pelos ricos, ele determinou que fossem pagos pelo Estado enquanto funcionassem como jurados. Para que sua quantidade não lhes concedesse uma superioridade inconveniente, restringiu o direito à cidadania para os filhos de atenienses puros e, assim, excluiu da Assembleia 4.000 homens de ascendência mista. Essa corajosa medida, que se tornou aceita numa distribuição de grãos do Egito apenas para os que puderam provar seu total parentesco ateniense, igualou em quantidade os da quarta classe com os donos de propriedades. Péricles, ou Efialtes — pois parece que todas as suas reformas foram consumadas no ano de 460, quando Efíaltes morreu —, é o primeiro estadista democrático que captou a noção de igualdade política. As medidas que tornaram iguais todos os cidadãos podem ter criado uma nova desigualdade entre classe, e o privilégio artificial da terra pode ter sido vitorioso pela esmagadora preponderância da quantidade. Mas Péricles sustentou que era intolerável que uma parcela do povo se visse obrigada a obedecer leis que outros tivessem o direito exclusivo de formular; e ele foi capaz de, durante trinta anos, manter a equiparação, governando pelo consentimento generalizado da comunidade que surgia do debate livre. Tornou soberano o conjunto do povo, mas sujeitou a iniciativa popular a uma corte de revisão e estabeleceu uma penalidade para quem propusesse qualquer medida que fosse julgada inconstitucional. Atenas, sob Péricles, foi a república mais bem-sucedida que existiu antes do sistema representativo; mas seu esplendor terminou com a morte dele.

O perigo para a liberdade com a predominância seja do privilégio seja das maiorias era tão patente, que surgiu a ideia de que a igualdade de posses seria a única maneira de evitar o conflito de interesses de classe. Os filósofos Phaleas, Platão e Aristóteles sugeriram vários expedientes para aparar as diferenças entre ricos e pobres. Sólon esforçou-se por controlar o crescimento das propriedades; e Péricles não apenas robusteceu os recursos públicos, colocando os ricos sob o controle de uma assembleia na qual eles não eram supremos, como empregou aqueles recursos para melhorar as condições e as possibilidades das massas. As queixas dos que pagavam taxas para o benefício de outros eram facilmente administradas desde que os tributos dos confederados locupletassem o tesouro. Mas a Guerra do Peloponeso aumentou os encargos da receita e privou Atenas de recursos. O equilíbrio foi perturbado; e a política de fazer uma classe prover e uma outra receber era recomendada não só no interesse dos pobres como também por uma crescente teoria de que a riqueza e a pobreza resultavam em maus cidadãos; e que a classe média era a mais bem conduzida pela razão e, portanto, para fazer com que ela predominasse, o caminho era recalcar aquilo que fosse superior ao nível comum e elevar o que fosse inferior. Tal teoria, que se tornou inseparável da democracia e continha uma força que parecia ser capaz de, sozinha, destruí-la, foi fatal para Atenas, pois impulsionou a minoria para a traição. A glória dos democratas atenienses não foi a de que escaparam às piores consequências de seus princípios, mas que, tendo por duas vezes banido a oligarquia usurpadora, eles estabeleceram limites para seus próprios poderes. Perdoaram os inimigos derrotados; aboliram o pagamento para a participação na assembleia; estabeleceram a supremacia da lei, tornando o código superior ao povo; distinguiram aquilo que era constitucional do que era legal, e decidiram que nenhum ato legislativo deveria ser aprovado antes de declarado condizente com a Constituição.

As causas que arruinaram a República de Atenas ilustram a conexão entre ética e política, e não os vícios inerentes à democracia.

Um Estado que tem apenas 30.000 cidadãos plenos numa população de 500.000 e é governado, praticamente, por cerca de 3.000 pessoas em reuniões públicas dificilmente pode ser considerado uma democracia. O breve triunfo da liberdade ateniense e seu rápido declínio ocorreram numa era em que não existiam padrões fixados de certo e errado. Uma atividade sem precedentes do intelecto sacudia a credibilidade dos deuses, e os deuses eram os formuladores da lei. Era muito pequena a distância das suspeitas de Protágoras de que não existiam deuses para as afirmativas de Crítias de que não existia sanção para as leis. Se nada parecia certo na teologia, então também não havia certeza na ética e nas obrigações morais. A vontade do homem, não a vontade de Deus, era a regra da vida, e cada homem ou corpo de homens tinha o direito de fazer aquilo que seus meios permitissem. A tirania não era considerada errada; hipocrisia era negar a alguém a satisfação que ela proporcionava. A doutrina dos sofistas não estabelecia limite para o poder, tampouco segurança para a liberdade; ela inspirou o brado dos atenienses de que não poderiam ser impedidos de fazer o que lhes aprouvesse, e os discursos de homens como Atenágoras e Efemos afirmavam que a democracia poderia punir homens que não estavam errados e que nada que fosse proveitoso era impróprio. E Sócrates pereceu por causa da reação que eles provocaram.

Os discípulos de Sócrates despertaram a atenção da posteridade. Seus testemunhos contra o governo que eliminava seus melhores cidadãos estão sacramentados em escritos que competem com a própria cristandade pela influência sobre as opiniões dos homens. A Grécia governou o mundo com sua filosofia, e o ponto alto da filosofia grega é o protesto contra a democracia ateniense.

Lord Acton

No entanto, embora Sócrates zombasse da prática da escolha dos magistrados pela sorte, Platão admirasse o sanguinário tirano Crítias e Aristóteles considerasse Teramenes maior estadista que Péricles, ainda assim esses foram os homens que lançaram as fundações de um sistema mais puro e se tornaram os codificadores das leis das futuras *Commonwealths*.

O ponto principal do método socrático era essencialmente democrático. Ele conclamava os homens a sujeitarem todas as coisas a uma incessante inquirição e a não se contentarem com o veredicto de autoridades, de maiorias ou do costume; para que não julgassem o certo e o errado pela vontade ou sentimento de outros, e sim pela luz que Deus lançara na razão e na consciência de cada homem. Proclamava que a autoridade frequentemente estava errada e que ela não tinha o direito de silenciar ou de impor convicções. Mas ele não autorizava a resistência. Emancipava os homens para pensar, mas não para agir. A história sublime da morte de Sócrates mostra que a superstição do Estado não se perturbou com o desprezo por seus mandantes.

Platão não tinha o patriotismo nem a reverência pelo poder civil de seu mestre. Acreditava que nenhum Estado podia exigir obediência se não inspirasse respeito; e encorajava os cidadãos a desprezarem o governo que não fosse dirigido por homens sábios. Para a aristocracia dos filósofos concedeu prerrogativa ilimitada; porém, como nenhum governo passava nesse teste, sua reivindicação pelo despotismo era hipotética. Quando o correr dos anos despertou-o do fantástico sonho de sua República, a crença no governo divino moderou sua intolerância com a liberdade humana. Platão não toleraria uma política democrática; mas desafiou todas as autoridades existentes a justificarem-se ante um tribunal superior; desejou que todas as constituições fossem completamente remodeladas, e supriu a maior necessidade da democracia grega: a convicção de que a vontade do povo está sujeita à vontade de Deus, e de que toda a autoridade civil, exceto aquela de um estado imaginário, é limitada e condicional. A prodigiosa vitalidade de seus escritos manteve, constantemente, os gritantes perigos do governo popular diante da humanidade, mas também preservou a crença na política ideal e na noção de julgamento dos poderes deste mundo por um padrão divino. Não houve inimigo mais feroz da democracia, mas também não houve advogado mais forte da revolução.

Na *Ética*, Aristóteles condena a democracia, mesmo com a qualificação da propriedade, como o pior dos governos. Contudo, próximo ao fim da vida, quando compôs a *Política*, foi levado, relutantemente, a fazer uma concessão memorável. Para preservar a soberania da lei, que é a razão e o costume de gerações, e para restringir o império da escolha e da mudança, ele achou melhor que nenhuma classe de sociedade deveria preponderar, que um homem não deveria se sujeitar a outro, que todos deveriam comandar e todos obedecer. Aconselhou que o poder fosse distribuído aos de cima e aos de baixo; aos primeiros, segundo suas posses; aos outros, de acordo com as quantidades; e que deveria ter seu centro na classe média. Se a aristocracia e a democracia fossem razoavelmente combinadas e balanceadas uma em relação à outra, pensava ele, nenhuma das duas se interessaria em causar distúrbio para a majestade serena do governo impessoal. Para conciliar os dois princípios, ele admitiria cargos públicos pagos até para os cidadãos mais pobres, mas compeliria os ricos a assumir sua parcela e nomearia os magistrados por meio de eleições, não por sorteio. Na sua indignação contra a extravagância de Platão e com seu senso de significação dos fatos, tornou-se, mesmo contra sua vontade, o expoente profético de uma democracia revitalizada e limitada. Todavia, a *Política*, que para o mundo dos homens vivos é a mais valiosa de suas obras, não teve influência sobre a antiguidade e jamais é citada antes do tempo de Cícero. Desapareceu depois por muitos séculos, foi desconhecida pelos comentaristas árabes e, na Europa Ocidental, veio à tona pela primeira vez com Santo Tomás de Aquino, exatamente na ocasião em que uma infusão de elementos populares modificava o feudalismo, e ajudou a emancipar a filosofia política das teorias despóticas e a confirmá-la nos caminhos da liberdade.

As três gerações da escola socrática fizeram mais para o reinado do povo que todas as instituições dos Estados da Grécia. Elas sustentaram a consciência contra a autoridade e sujeitaram ambas a uma lei superior; e proclamaram a doutrina de uma Constituição mista que prevaleceu, no fim, sobre a monarquia absoluta, mas ainda tem que enfrentar republicanos e socialistas extremados e mestres de uma centena de religiões. Contudo, seus pontos de vista sobre liberdade baseavam-se na conveniência, não na justiça. Elas legislaram para os cidadãos favorecidos da Grécia e não se conscientizaram do princípio da extensão dos mesmos direitos aos estrangeiros e aos escravos. Tal descoberta, sem a qual toda a ciência política era meramente convencional, ocorreu com os seguidores de Zeno.

A falta de clareza e a pobreza de sua especulação teológica fizeram com que os estoicos atribuíssem o governo do universo menos ao incerto projeto dos deuses do que a uma lei definida da natureza.

Por tal lei, que é superior às tradições religiosas e às autoridades nacionais, e que pode ser aprendida, por todos os homens, de um anjo da guarda que nunca dorme ou erra, todos são governados da mesma forma, todos são iguais, todos se vinculam entre si pela caridade como membros de uma só comunidade e como filhos do mesmo Deus. A unidade da humanidade implica a existência de direitos e deveres comuns a todos os homens, que não são concedidos ou usurpados pela legislação. Os estoicos não tinham estima pelas instituições que variavam em função do tempo e do lugar, e sua sociedade ideal assemelhava-se mais à Igreja universal que ao Estado real. Em qualquer colisão entre a autoridade e a consciência, eles davam preferência à orientação interior e não à exterior; e, nas palavras de Epicteto, observavam atentamente as leis dos deuses, não as imprestáveis leis dos mortos. Sua doutrina de igualdade, fraternidade e humanidade, sua defesa da individualidade contra a autoridade pública, seu repúdio à escravidão redimiram a democracia da mesquinhez, da carência de princípio e de compaixão, que reprovavam nos gregos. Em termos práticos, preferiam a Constituição mista ao puro governo popular. Crisipo achava impossível agradar tanto aos deuses quanto aos homens; e Sêneca declarou que o povo era corrupto e incapaz, e que nada faltava, sob Nero, para a plenitude da liberdade, exceto a possibilidade de destruí-la. Não obstante, seu elevado conceito de liberdade, não como privilégio excepcional mas como direito inato da humanidade, sobreviveu na lei das nações e purificou a equidade de Roma.

Ao passo que os oligarcas dóricos e os reis macedônios esmagaram as liberdades na Grécia, a República romana foi arruinada não por seus inimigos, pois não havia inimigo que não conquistasse, mas por seus próprios costumes censuráveis. A República não sofria de muitas causas de instabilidade e dissolução que afligiam a Grécia — a atividade febril, o pensamento filosófico, a crença independente, a busca pela graça e pela beleza sem substância. Estava protegida por muitos dispositivos sutis contra a soberania das quantidades e contra a legislação inopinada. As batalhas constitucionais tinham que ser travadas repetidamente; e o progresso era tão lento que as reformas tinham que ser, normalmente, votadas com muitos anos de antecedência para que entrassem em vigor. A autoridade consignada a pais, mestres e credores era tão incompatível com o espírito de liberdade como a prática no Oriente servil. O cidadão romano regalava-se com o luxo do poder; e seu zeloso temor em relação a qualquer mudança que pudesse prejudicar seu prazer pressagiou uma sombria oligarquia. A causa que transformou o domínio de patrícios rígidos e exclusivos na República modelo, e que da República decomposta erigiu o arquétipo de todo o despotismo, foi o fato de que a *Commonwealth* romana consistia em dois Estados num só. A Constituição era feita de compromissos entre corpos independentes, e a obrigação de respeito aos contratos era a segurança estabelecida para a liberdade. Os plebeus conseguiram o autogoverno e igual soberania com a ajuda dos tribunos do povo, a invenção peculiar, notável e decisiva do estadismo romano. Os poderes concedidos aos tribunos, que deveriam ser os guardiões dos fracos, não foram bem-definidos, mas se tornaram, praticamente, irresistíveis. Eles não podiam governar, porém eram capazes de embargar todo o governo. O primeiro e último passo do progresso plebeu não foi alcançado pela violência ou persuasão, mas pela secessão; e, de igual forma, os tribunos sobrepujaram todas as autoridades do Estado com a arma da obstrução. Foi com a paralisação de todos os negócios públicos por cinco anos que Licínio estabeleceu a equidade democrática. A salvaguarda contra o abuso era o direito que cada tribuno tinha de vetar os atos de seus colegas. Como eles eram independentes de seus eleitores e como, dificilmente, deixava de existir um homem sábio e honesto entre dez, aquele foi o mais eficiente instrumento de defesa das minorias jamais concebido pelo homem. Depois das Leis Hortênsias, as quais, no ano de 287 a.C., deram aos plebeus autoridade legislativa em assembleias, sem necessidade de sanção senatorial, os tribunos deixaram de representar a causa de uma minoria; estava completado seu trabalho.

Um esquema menos plausível e menos esperançoso do que aquele que criou duas legislaturas soberanas lado a lado na mesma comunidade teria sido difícil de encontrar. Mesmo assim, ele embotou o conflito por séculos e proporcionou a Roma uma época de constantes prosperidade e grandeza. Nenhuma divisão real resultou no povo em consequência da correspondente divisão artificial do Estado. Cinquenta anos se passaram antes que a assembleia popular fizesse uso de sua prerrogativa e aprovasse uma lei em oposição ao senado. Políbio foi incapaz de ver imperfeição no sistema naquela forma com que se apresentava. A harmonia parecia total, e ele julgou que não poderia existir exemplo mais perfeito de composição governamental. Todavia, durante aqueles anos felizes, a causa que forjou a ruína da liberdade romana estava a pleno vapor; isso porque foi a condição de guerra perene que trouxe as três grandes mudanças que constituíram o início do fim — as reformas dos Gracos, o armamento dos pobres e a dádiva do sufrágio romano concedida ao povo da Itália.

Antes que os romanos começassem suas conquistas no estrangeiro, eles possuíam um exército de 700.000 homens; e, a partir de então, o consumo de cidadãos na guerra passou a ser incessante. As regiões antes pontilhadas de pequenas propriedades rurais de quatro ou cinco ares, que eram a unidade ideal da sociedade romana e os nervos do exército e do Estado, ficaram apinhadas de gado e de escravos, e a substância da democracia governante foi drenada. A política de reforma agrária tentou reconstituir essa classe camponesa a partir de terras públicas, ou seja, das terras que as famílias governantes possuíam por gerações, que tinham comprado e vendido, herdado, dividido, cultivado e aperfeiçoado. O conflito de interesses latente por tantos anos irrompeu com fúria desconhecida na controvérsia entre patrícios e plebeus. Porque então não se tratava de uma questão de direitos iguais e sim de subjugação. A restauração social dos elementos democráticos não poderia ser conseguida sem a demolição do Senado; e a crise expôs, afinal, o defeito da maquinaria e o perigo da divisão de poderes, que não puderam ser controlados ou conciliados. A assembleia popular, liderada por Graco, tinha o poder de formular leis; e o controle constitucional ficava por conta de um dos tribunos ser induzido a barrar o processo. Foi assim que o tribuno Otávio interpôs seu veto. O poder tribunício, o mais sagrado dos poderes, que não podia ser contestado porque fazia parte do pacto entre as duas partes da comunidade e era o marco de sua unidade, foi empregado para se contrapor à vontade do povo, para evitar uma reforma da qual dependia a preservação da democracia. Graco fez com que Otávio fosse deposto. Conquanto não ilegal, tratou-se de ato inimaginável, e pareceu aos romanos um sacrilégio que sacudiu os pilares do Estado, pois foi a primeira revelação significativa da soberania democrática. Um tribuno podia incendiar os paióis e trair a cidade, mas só seria responsabilizado ao fim do mandato. Porém, quando ele utilizou contra o povo a autoridade de que fora investido pelo próprio povo, quebrou-se o encanto. Os tribunos foram instituídos como defensores dos oprimidos, quando as plebes temiam a tirania. Ficou decidido que eles não interfeririam quando a democracia se impusesse. Foram escolhidos pelo povo como sua defesa contra a aristocracia. Não era concebível que eles se tornassem agentes da aristocracia para torná-la suprema uma vez mais. Contra um tribuno popular, a quem colega algum se opunha, as classes mais ricas se tornavam indefesas. É verdade que o tribuno só ocupava a função, e era inviolável, por um ano. Mas o Graco mais novo foi reeleito. Os nobres o acusaram de ambicionar a coroa. Um tribuno que fosse praticamente intocável, bem como legalmente impositivo, era pouco menos que um imperador. O senado enfrentava as questões da mesma forma que os homens lutam pela própria existência, não pelo interesse público. Os tribunos rescindiram as leis agrárias. Assassinaram os líderes populares. Abandonaram a Constituição para se salvarem e investiram Sila com um poder superior ao de todos os monarcas para o extermínio de seus inimigos. A horrenda concepção de um magistrado juridicamente proclamado superior a todas as leis era familiar ao rigoroso espírito dos romanos. Os decênviros desfrutaram dessa autoridade arbitrária; contudo, foram limitados na prática por duas prescrições que, sozinhas, foram bastante eficazes em Roma: a pequena duração do mandato e sua distribuição por diversos colegas. Mas a nomeação de Sila não foi nem limitada nem dividida.

Lord Acton

Deveria durar o tempo que ele desejasse. O que ele fizesse estaria certo; e recebeu poderes para condenar qualquer um à morte, sem acusação formal ou mesmo julgamento. Todas as vítimas massacradas por seus asseclas sofreram com a plena sanção da lei.

Quando, finalmente, a democracia vingou, a monarquia augustina, pela qual a vitória foi perpetuada, foi moderada em comparação com a tirania desregrada do chefe aristocrata. O imperador era o chefe constitucional da República, equipado com todos os poderes necessários ao domínio do senado. O instrumento que servira para derrubar os patrícios era eficiente contra a nova aristocracia da riqueza e dos cargos. O poder tribunício, conferido em perpetuidade, tornou desnecessária a existência de um rei ou um ditador. Por três vezes o Senado propôs a Augusto o poder supremo de fazer as leis. Este declarou que o poder dos tribunos já lhe concedia tudo que desejava. Permitia que ele preservasse as formas de uma República simulada. A mais popular de todas as magistraturas de Roma forneceu a medula para o imperialismo. Isso porque o Império não foi criado por usurpação, mas pelo ato legal de um povo jubiloso, ávido por dar um fim à era do derramamento de sangue e garantir maior fartura de cereais e de dinheiro, que chegou, no final, a cerca de 900.000 libras por ano. O povo transferiu para o imperador a plenitude de sua própria soberania. Limitar seu poder delegado significaria desafiar sua onipresença, renovar a questão entre os muitos e os poucos que já havia sido decidido na Farsália e na Filipa. Os romanos sustentaram o absolutismo do Império porque era um absolutismo deles mesmos. O antagonismo elementar entre liberdade e democracia, entre o bem-estar das minorias e a supremacia das massas, tornou-se manifesto.

O amigo de um era o traidor de outro. O dogma de que o poder absoluto podia, desde que emanado do povo, ser tão legítimo quanto a liberdade constitucional começou, pelo suporte combinado de povo e trono, a ensombrear a atmosfera.

No sentido técnico da moderna política, o Império não estava concebido para ser legitimado. Ele não tinha direito ou pleito para subsistir fora da vontade do povo. Limitar a autoridade do imperador era renunciar à própria; mas tirá-la significava impor essa autoridade própria. O Império foi concedido por livre arbítrio. E também por livre arbítrio cassado. A Revolução foi tão legal e irresponsável quanto o Império. As instituições democráticas continuaram sendo desenvolvidas. As províncias não mais se sujeitavam a reuniões de assembleias numa capital distante. Seus habitantes obtiveram os privilégios dos cidadãos romanos. Muito tempo depois de Tibério ter retirado as funções eleitorais dos habitantes de Roma, os provincianos continuavam, imperturbáveis, exercendo o direito de escolher seus próprios magistrados. Eles se governavam a si mesmos como uma vasta confederação de repúblicas municipais; e mesmo depois que Diocleciano introduziu as formas, bem como a realidade, do despotismo, as assembleias provinciais, germes obscuros das instituições representativas, exerceram algum controle sobre os funcionários imperiais.

No entanto, o Império devia a intensidade de sua força à ficção popular. O princípio de que o imperador não se sujeitava às leis das quais podia formular outras, *princeps legibus solutus*, foi interpretado como se ele, imperador, estivesse acima de qualquer restrição. Não cabia apelação para suas sentenças. Ele era a lei viva. Os juristas romanos, ao mesmo tempo em que adornavam seus escritos com a filosofia apaixonada dos estoicos, consagravam qualquer excesso da prerrogativa imperial com aquelas famosas máximas que foram bálsamos para tantas consciências e sancionaram muitos erros; e o código de Justiniano tornou-se o grande obstáculo, depois do feudalismo, que a liberdade teve que enfrentar.

A antiga democracia, como havia em Atenas nos melhores dias de Péricles, ou em Roma, quando Políbio a descreveu, ou mesmo como idealizada por Aristóteles no Sexto Livro de sua *Política*, e por Cícero no início da República, nunca foi mais que uma solução parcial e insincera do problema do governo popular. Os velhos políticos não ambicionavam nada além da difusão do poder por uma classe numerosa. Sua liberdade estava vinculada à escravidão. Jamais tentaram fundar um Estado livre sobre a parcimônia e a energia do trabalho livre. Nunca conceberam a mais dura, porém mais gratificante, tarefa que constitui a vida política das nações cristãs.

Pela supremacia relutante da riqueza e dos cargos; pela proibição de o Estado se imiscuir nos domínios que pertencem a Deus; pelo ensino de que o homem deve amar o próximo como a si mesmo; pela promoção do sentido de igualdade; pela condenação do orgulho da raça, que foi um estímulo para a conquista, e da doutrina de descendências separadas, que constituiu a defesa da escravidão por parte do filósofo; e pelo endereçamento não aos mandantes, mas às massas da humanidade, e por fazer a opinião superior à autoridade, a Igreja, que pregava o Evangelho para os pobres, tinha visíveis pontos de contato com a democracia. Mesmo assim, o cristianismo não teve influência direta sobre o progresso político. O antigo lema da República foi traduzido por Papiniano para a linguagem da Igreja: "Summa est ratio quae pro religione fiat"; e por 1.100 anos, do primeiro ao último dos Constantinos, o Império cristão foi tão despótico quanto o pagão.

Entrementes, a Europa Ocidental era tomada por homens que tinham sido republicanos em suas terras natais. A constituição primitiva das comunidades germânicas era baseada na associação e não na subordinação. Eles estavam acostumados a governar seus problemas pela deliberação comum e a obedecer autoridades temporárias e definidas. Uma das empreitadas mais desesperadoras da ciência histórica é a de rastrear as instituições livres da Europa, da América e da Austrália à vida que era conduzida nas florestas da Alemanha. Porém, os novos Estados foram fundados pela conquista, e, na guerra, os germânicos foram liderados por reis. A doutrina do autogoverno, aplicada à Gália e à Espanha, teria feito os godos e os francos desaparecerem entre a massa dos povos conquistados. Foram necessários todos os recursos de uma monarquia vigorosa, de uma aristocracia militar e de um clero territorial para erigir Estados que fossem capazes de durar. O resultado foi o sistema feudal, a contradição mais absoluta da democracia que coexistiu com a civilização.

A revivificação da democracia não se deveu à Igreja Católica nem ao Estado teutônico, mas à disputa entre eles. O efeito seguiu-se instantaneamente à causa. Tão logo Gregório VII tornou o papado independente do Império, começou o grande conflito; e o mesmo pontificado deu nascimento à teoria da soberania do povo. O partido gregoriano argumentava que o imperador tinha a coroa originada na nação, e que esta nação podia retirar o que tinha conferido. Os imperialistas replicavam que ninguém podia tirar o que a nação dera. É irrelevante buscarmos as razões de tais argumentações, o fato é que os dois lados objetivavam a supremacia irrestrita. Fitznigel não entendia mais de liberdade eclesiástica do que John of Salisbury de liberdade política. Inocêncio IV é um absolutista tão perfeito quanto Peter de Vineis. Porém, cada um dos lados encorajava a democracia procurando a ajuda das cidades, apelando para o povo e robustecendo a teoria constitucional. No século XIV, o Parlamento inglês julgava e depunha seus reis por uma questão de direito; os Estados governavam a França sem um rei ou um nobre; e a riqueza e as liberdades das cidades, que, do centro da Itália ao Mar do Norte, tinham obtido suas independências, deram mostras por um momento de que transformariam a sociedade europeia. Mesmo nas capitais dos grande príncipes, em Roma, em Paris e, por dois dias terríveis, em Londres, as comunas chegaram ao controle. Mas a maldição da instabilidade estava nas repúblicas municipais. Estrasburgo, de acordo com Erasmo e Bodin, a mais bem governada de todas, experimentava comoções perenes. Um historiador minucioso contabilizou sete mil revoluções nas cidades italianas. As democracias não se saíram melhor que o feudalismo na regulação do equilíbrio entre ricos e pobres. As atrocidades das revoluções de Jacquerie e Wat Tyler endureceram os corações dos homens contra as comunas. A Igreja e o Estado se combinaram para reprimi-las. E as últimas e memoráveis lutas pela liberdade medieval – a Revolução dos Comuneros em Castilha, a Guerra dos Camponeses na Alemanha, a República de Florença e a Revolta de Gante – foram subjugadas por Carlos V nos primeiros anos da Reforma.

A Idade Média forjou um arsenal completo de máximas constitucionais: o julgamento com júri, a taxação pela representação, o autogoverno local, a independência eclesiástica, a prestação de contas da autoridade. Mas elas não foram garantidas por instituições, e a Reforma concorreu para tornar as coisas ainda mais duras. Lutero reivindicou ter sido o primeiro religioso a conferir justiça ao poder civil. Ele fez da Igreja luterana o baluarte da estabilidade política e legou para seus discípulos a doutrina do direito divino e da obediência passiva. Zwinglio, que era rematado republicano, desejou que todos os magistrados fossem eleitos e que pudessem ser depostos por seus eleitores; mas morreu muito cedo para exercer influência, e a ação permanente da Reforma sobre a democracia teve lugar segundo a constituição presbiteriana de Calvino.

Demorou para que o elemento democrático no presbiterianismo se fizesse sentir. A Holanda resistiu a Felipe II por quinze anos antes que tivesse coragem para depô-lo, e o esquema do ultracalvinista Deventer para subverter a ascendência dos Estados líderes por meio da ação de todo o povo foi frustrado pela incapacidade de Leicester e pela política perfeita de Bernevelt. Os huguenotes, tendo perdido seus líderes em 1572, reorganizaram-se em bases democráticas e passaram a entender que um rei que assassina seus súditos não pode ter seu direito divino obedecido. Mas Junius Brutus e Buchanan mancharam suas reputações quando advogaram o regicídio; e Hotman, cujo *Franco-Gallia* é o trabalho mais sério do grupo, abandonou suas ideias liberais quando o chefe de seu próprio partido tornou-se rei. A explosão mais violenta de democracia daquela era veio do quadrante oposto. Quando Henrique de Navarra tornou-se o próximo herdeiro ao trono da França, a teoria da deposição do poder, que provara ser ineficaz por mais de um século, acordou com vida nova e revigorada.

Lord Acton

Metade da nação aceitou a opinião de que não deveria ser submetida a um rei que não fora escolhido por ela. Um Comitê dos Dezesseis declarou-se senhor de Paris e, com a ajuda da Espanha, conseguiu excluir Henrique de sua capital por anos. O impulso assim dado perdurou na literatura por toda uma geração e produziu uma biblioteca de tratados sobre o direito de os católicos escolherem, controlarem e destituírem seus magistrados. No entanto, estavam no lado perdedor. A maioria deles queria apenas sangue, e logo foi esquecida. Contudo, a maior parte das ideias políticas de Milton, Locke e Rousseau pode ser encontrada no cansativo latim dos jesuítas que foram súditos da coroa espanhola de Lessius, Molina, Mariana e Suarez.

As ideias estavam lá e eram recolhidas quando se tornavam convenientes para os aderentes extremados de Roma ou de Genebra; mas não produziram frutos duradouros até que, um século depois da Reforma, foram incorporadas aos novos sistemas religiosos. Cinco anos de guerra civil não podiam exaurir a realeza dos presbiterianos, e foi necessária a expulsão da maioria para que o Parlamento Longo abandonasse a monarquia. Ele defendera a Constituição contra a coroa com preceitos legais, advogando o precedente contra a inovação e estabelecendo um ideal no passado que, com toda a sapiência de Selden e Prynne, era menos acertado do que os estadistas puritanos supunham. Os independentes esposaram um novo princípio: a tradição, para eles, não tinha autoridade; o passado não tinha virtude. A liberdade de consciência, não encontrada na Constituição, era mais valorizada por muitos deles que todos os estatutos dos Plantagenetas. Sua ideia de que cada congregação deveria se governar a si própria aboliu a força necessária para preservar a unidade e privou a monarquia da arma que a tornava mais perigosa para a liberdade. Uma energia revolucionária imensa estava presente em sua doutrina e se enraizou na América, colorindo profundamente o pensamento político dos tempos posteriores. Porém, na Inglaterra, a democracia sectária não teve força suficiente. Cromwell recusou ligação a ela; e John Lilburne, o mais corajoso pensador entre os democratas ingleses, declarou que seria melhor para a liberdade o retorno de Charles Stuart a viver sob a espada do Protetor.

Lilburne esteve entre os primeiros a entender as condições reais da democracia e os obstáculos para seu sucesso na Inglaterra. A igualdade de poder não podia ser preservada a não ser pela violência, juntamente com uma desigualdade extrema de posses. Existia sempre o perigo de que, se o poder não servisse à propriedade, esta propriedade se deslocasse para os que detivessem o poder. Tal ideia de balanceamento necessário da propriedade, desenvolvida por Harrington e adotada por Milton em seus últimos panfletos, pareceu a Toland, e mesmo a John Adams, tão importante quanto a invenção da imprensa ou a descoberta da circulação do sangue. Pelo menos ela sinaliza para a verdadeira explicação da estranha inteireza com que o partido republicano desapareceu, uma dezena de anos depois dos solenes julgamento e execução do rei. Nenhum extremo de mau governo foi capaz de revivificá-lo. Quando a traição de Carlos II contra a Constituição foi tornada pública e os Whigs tramaram a derrubada da dinastia incorrigível, suas aspirações não foram além de uma oligarquia veneziana, com Monmouth como doge. A Revolução de 1688 confinou o poder na aristocracia dos proprietários. O conservantismo da época revelou-se imbatível. O republicanismo foi distorcido até mesmo na Suíça e tornou-se, no século XVIII, tão opressor e intolerante quanto seus vizinhos.

Em 1769, quando Paoli fugiu da Córsega, pareceu que, na Europa pelo menos, a democracia estava morta. Com efeito, ela vinha sendo defendida em livros por um homem de reputação pobre, a quem os líderes da opinião pública tratavam com insolência e cujas declarações despertavam tão pequeno alarme que George III lhe ofereceu uma pensão. O que deu a Rousseau um poder que excedeu em muito aquele que qualquer escritor político alcançara até então foi a marcha dos acontecimentos na América. Os Stuarts desejavam que as colônias servissem como refúgio para seu sistema de Estado e de Igreja, e, de todas elas, a mais favorável era o território confiado a William Penn. Pelos princípios da sociedade a que ele pertencia, era necessário que o novo Estado fosse fundamentado na liberdade e na igualdade. Mas Penn era principalmente notado entre os quacres como seguidor da nova doutrina da Tolerância. Daí o fato de a Pensilvânia desfrutar da Constituição mais democrática do mundo e levar à admiração do século XVIII um exemplo quase solitário de liberdade. Foi principalmente por meio de Franklin e do Estado quacre que a América influenciou a opinião política na Europa e que o fanatismo de uma época revolucionária se converteu no racionalismo de outra. A Independência americana foi o início de uma nova era, não apenas como a revivificação da Revolução, mas porque jamais outra sublevação fora provocada por causa tão frágil, ou fora conduzida com tanta moderação. As monarquias europeias a apoiaram. Os maiores estadistas britânicos asseveraram que era justa. Ela estabeleceu uma democracia pura, porém em sua mais elevada perfeição, equipada e vigilante, menos contra a aristocracia e a monarquia do que contra suas próprias debilidades e excessos. Enquanto a Inglaterra era admirada pelas salvaguardas com que, ao longo de muitos séculos, fortalecera a liberdade contra o poder da coroa, a América surgia merecedora de ainda mais admiração em virtude das salvaguardas com que, nas deliberações de um único e memorável ano, se posicionara contra o poder de seu próprio povo soberano. Ela não guardava semelhança com nenhuma outra democracia conhecida, já que respeitava a liberdade, a autoridade e a lei. Não tinha Constituição parecida com nenhuma outra, resumida que era em meia dúzia de artigos inteligíveis. A velha Europa despertou para duas ideias novas – de que a revolução causada por provocação pequena podia ser justa; e de que a democracia em dimensões muito amplas podia ser segura.

Ao passo que a América se tornava independente, o espírito da reforma atingia a Europa. Ministros inteligentes, como Campomanes e Struensee, e monarcas bem-intencionados, entre os quais o mais liberal foi Leopoldo da Toscana, tentavam o que podia ser feito para tornar os homens mais felizes por meio de determinações. Séculos de mando absoluto e intolerante haviam legado abusos que só o emprego mais vigoroso do poder era capaz de remover. A era preferiu o reino do intelecto ao da liberdade. Turgot, o reformador de maior visão e mais capaz então existente, tentou fazer pela França o que homens menos dotados experimentavam com sucesso na Lombardia, na Toscana e em Parma. Procurou empregar o poder real para o bem do povo, a expensas das classes mais altas. Mas estas classes revelaram-se competidoras demasiado fortes na confrontação com a coroa sozinha; e Luís XVI, em desespero, abandonou as reformas e buscou compensação numa guerra contra a Inglaterra pela libertação das colônias americanas. Quando o crescente débito obrigou-o a procurar remédios heroicos e ele foi uma vez mais repelido pelas classes privilegiadas, apelou finalmente à Nação. Na ocasião em que os Estados Gerais se reuniram, o poder já estava nas mãos da classe média, uma vez que só por meio dela o país podia ser salvo. Esse poder era suficiente para que triunfasse apenas pela espera. Nem a corte, nem os nobres, tampouco o exército podiam fazer coisa alguma contra ele. Durante os meses decorridos entre janeiro de 1789 e a Queda da Bastilha, a França caminhou tanto quanto a Inglaterra o fizera nos seiscentos anos passados entre o conde de Leicester e Lord Beaconsfield. Dez anos depois da aliança americana, os Direitos do Homem, que haviam sido proclamados na Filadélfia, eram repetidos em Versalhes. A aliança deu frutos nos dois lados do Atlântico; e, para a França, tal fruto foi a vitória das ideias americanas sobre as inglesas. Elas eram mais populares, mais simples, mais eficazes contra os privilégios e, estranho como possa parecer, mais palatáveis para o rei. A nova Constituição francesa não contemplou ordens privilegiadas, ministério parlamentar ou poder de dissolução, apenas o veto suspensivo. Todavia, as salvaguardas características do governo americano foram rejeitadas: federalismo, separação entre Igreja e Estado, Segunda Câmara e arbitragem política do órgão supremo do Judiciário. O que enfraquecia o Executivo foi retirado; o que restringia o Legislativo foi deixado. Controles sobre a coroa se fizeram presentes em grande número; contudo, se o trono vagasse, o poder que restasse não era controlado.

Todas as precauções tinham um só sentido: ninguém admitia a contingência da não existência de um rei. A Constituição foi inspirada por uma descrença profunda em Luís XVI e uma crença pertinaz na monarquia. A assembleia votou sem debates, por aclamação, um orçamento para a manutenção da realeza três vezes maior que o da rainha Vitória. Quando Luís fugiu e o trono ficou realmente vago, trouxeram-no de volta, movidos pela preferência por um rei que era prisioneiro à inexistência de qualquer monarca.

Adjacente a essa má aplicação dos exemplos americanos, erro de quase todos os estadistas de proa, exceto Mounier, Mirabeau e Sieyès, a causa da Revolução foi prejudicada por sua política religiosa. A mais nova e incisiva lição ensinada pelos promotores da República americana era de que o povo, e não a administração, deveria governar. As pessoas em cargos públicos eram agentes assalariados, por intermédio dos quais a Nação fazia valer sua vontade. A autoridade ficava subordinada à opinião pública e a ela deixava não só o controle como a iniciativa do governo. Paciência para esperar por um bom vento, avidez por explorá-lo e temor por não exercer influência desnecessária foram características dos primeiros presidentes. Alguns políticos franceses partilhavam tal ponto de vista, se bem que com menos entusiasmo que Washington. Desejavam descentralizar o governo e captar, para o bem ou para o mal, a expressão genuína do sentimento popular. O próprio Necker, e Buzot, o mais prudente dos girondinos, sonhavam com a federalização da França. Nos Estados Unidos não existiam opinião corrente e conjugação de forças a serem realmente temidas. O governo não precisava de segurança contra a impulsão para uma direção equivocada. No entanto, a Revolução Francesa fora concretizada à custa das classes poderosas. Além dos nobres, a Assembleia, que se tornara suprema com a aquiescência do clero e que fora inicialmente liderada por eclesiásticos populares como Sieyès, Talleyrand, Cicé, La Luzerne, fez da Igreja um inimigo. A prerrogativa não podia ser destruída sem afetá-la. O patronato eclesiástico ajudara a tornar a coroa absoluta. Deixá-la nas mãos de Luís e de seus ministros seria renunciar a toda a política da Constituição. Desestabilizá-la representaria sua transmissão ao papa. Era condizente com o princípio democrático a realização de eleições na Igreja. Isso envolvia uma contenda com Roma; porém, na realidade, o mesmo já acontecia com as leis de José II, Carlos III e Leopoldo. O papa não perderia de moto próprio a amizade da França, e era possível que o clero francês não causasse dificuldade por sua ligação com Roma. Portanto, em meio à indiferença de muitos e contra os protestos urgentes e provavelmente sinceros de Robespierre e Marat, os jansenistas, que tinham um século de perseguições por vingar, implementaram a Constituição Civil. As medidas coercitivas para tanto levaram ao impasse com o rei, à queda da monarquia, à revolta das províncias e ao fim da liberdade. Os jacobinos estabeleceram que a opinião pública não deveria vigorar e que o Estado não deveria permanecer à mercê de combinações poderosas. Mantiveram os representantes do povo sob controle do próprio povo. Atribuíram autoridade suprema à voz direta do oráculo democrático, não à indireta. Armaram-se com o poderio para esmagar qualquer força adversa e independente, e em especial para subjugar a Igreja, em cuja defesa as províncias se levantaram contra a capital. Enfrentaram as forças centrífugas do federalismo dos adeptos da Gironda com a mais resoluta centralização. A França foi governada por Paris; e Paris, por suas municipalidades e sua aglomeração de pessoas. Em obediência à máxima de Rousseau de que o povo não devia delegar seu poder, colocaram os eleitorados elementares acima de seus representantes. Como o maior contingente eleitoral, a mais numerosa reunião de eleitores primários, a porção mais significativa da soberania, estava com a população de Paris, resolveram que tal população deveria gerir os destinos da França, da mesma forma que o povo de Roma — as multidões e o Senado — haviam governado, gloriosamente, a Itália e metade das nações que cercavam o Mediterrâneo. Embora os jacobinos dificilmente fossem menos religiosos que o abade Sieyès ou madame Roland, Robespierre quisesse forçar os homens a acreditarem em Deus, Danton participasse da confissão e Barère fosse cristão professo, eles impregnaram a democracia moderna com aquele ódio implacável à religião que contrasta de forma bastante estranha com o exemplo de seus protótipos puritanos.

A causa mais profunda que tornou a Revolução Francesa tão desastrosa para a liberdade foi sua teoria de igualdade. A liberdade foi o lema da classe média, a igualdade, o das inferiores. E foram essas classes mais baixas que venceram a batalha pelo Terceiro Estado* que tomaram a Bastilha e fizeram da França uma monarquia constitucional; que conquistaram as Tulherias e tornaram a França república. E reclamaram seu prêmio. A classe média, tendo afastado as ordens superiores com a ajuda das mais baixas, instituiu uma nova desigualdade e um privilégio para si mesma. Por intermédio de uma qualificação no pagamento de taxas, privou seus confede-

---
* N.T.: O terceiro dos Estados Gerais: clero, nobreza e comuns.

rados do voto. Portanto, para os que fizeram a Revolução, a promessa não se concretizou. A igualdade não fez nada por eles. Era quase universal a opinião naquela época de que a sociedade se baseia num pacto que é voluntário e condicional, e que os vínculos dos cidadãos a ele, por razão suficiente, são finitos, como os que os sujeitam à autoridade. A partir dessas premissas populares, a lógica de Marat tirou suas sanguinárias conclusões. Ele disse ao povo faminto que as condições pelas quais assentiram em suportar suas agruras e evitaram o emprego da violência não tinham sido honradas. Era suicídio, assassinato mesmo, a submissão à fome e a visão de crianças famélicas por culpa dos ricos. Os laços da sociedade estavam rompidos pelos males que infligira. Voltara o estado de natureza, no qual cada homem tinha o direito de conseguir o que pudesse pegar. Chegara a hora de os ricos darem lugar aos pobres. Com a teoria da igualdade, a liberdade foi afogada em sangue, e os franceses se dispuseram a sacrificar todas as outras coisas pela vida e pelas posses.

Vinte anos depois da esplêndida oportunidade que se abrira em 1789, a reação triunfou em todos os cantos da Europa; pereceram tanto as antigas constituições quanto as novas; nem a Inglaterra conferiu-lhes proteção ou simpatia. O renascimento liberal, pelo menos o democrático, veio da Espanha. Os espanhóis lutaram contra os franceses por um rei que era prisioneiro na França. Outorgaram a si próprios uma Constituição e a intitularam com o nome daquele monarca. Tinham uma monarquia sem rei. Ela precisava ser concebida de tal forma a funcionar na ausência, possivelmente permanente, do monarca. Em consequência, foi uma democracia só no nome, composta, na verdade, de forças democráticas.

A Constituição de 1812 foi a tentativa de homens inexperientes de consecução da tarefa mais difícil na política. Ela resultou eivada de esterilidade. Por muitos anos, foi o padrão para as revoluções abortivas entre as chamadas nações latinas. Promulgou a noção de um rei que deveria desabrochar só no nome, que não deveria até ser desobrigado da humilde tarefa que Hegel conferira à realeza – a de colocar os pingos nos is pelo povo.

A derrubada da Constituição de Cádiz, em 1823, foi o triunfo supremo da monarquia restaurada da França. Cinco anos depois, sob a liderança de um ministro sábio e liberal, a Restauração avançava razoavelmente pelos caminhos constitucionais quando a desconfiança incurável do partido liberal causou a derrota de Martignac, levando ao poder um ministério de adeptos extremados da realeza que arruinaram a monarquia. Trabalhando para transferir o poder da classe que o conseguira pela Revolução para aqueles que ela tinha derrubado, Polignac e La Bourdonnaye teriam de bom grado chegado a um meio-termo com os trabalhadores. Quebrar a influência do intelecto e do capital por intermédio do sufrágio universal era uma ideia de há muito tempo zelosamente acalentada por alguns de seus aliados. Eles não tiveram a visão e a capacidade para dividir os adversários e foram derrotados em 1830 pela democracia unida.

A promessa da Revolução de Julho era de reconciliação entre a realeza e os democratas. O rei garantiu a Lafayette que era um republicano de coração; e Lafayette asseverou à França que a de Luís Filipe era a melhor das repúblicas. O choque dos grandes eventos foi sentido na Polônia, na Bélgica e mesmo na Inglaterra. Ele deu um impulso direto aos movimentos democráticos na Suíça.

A democracia suíça estava em estado latente desde 1815. A vontade nacional não tinha representação. Os cantões eram supremos e se mostravam tão ineficientes quanto outros governos sob o manto protetor da Santa Aliança. Não havia dúvida de que a Suíça demandava reformas amplas e era clara a direção que deveria ser seguida. O número de cantões constituía o grande obstáculo a todos os aprimoramentos. Não fazia sentido a existência de vinte e cinco governos num país com as dimensões de um estado americano e com população inferior à de uma grande cidade. Não havia a possibilidade de bons governos. Um poder central era a necessidade manifesta do país. Na ausência de um poder federal eficiente, diversos cantões formaram uma liga separada para a proteção de seus interesses próprios. Enquanto as ideias democráticas abriam caminho na Suíça, o papado caminhava na direção exatamente oposta, demonstrando hostilidade inflexível em relação às medidas que davam ânimo à vida democrática. A crescente democracia e o progressivo ultramontanismo entraram em colisão. A Sonderbund podia reivindicar com razão a não existência de segurança para seus direitos numa Constituição Federal. O outro lado podia replicar, com igual razão, que, com a Sonderbund, não havia segurança para a Constituição. Em 1847, instalou-se a guerra entre a soberania nacional e a cantonal. A Sonderbund foi dissolvida e uma nova Constituição Federal adotada, reconhecida e aparentemente encarregada da tarefa de implementar a democracia e de reprimir a influência adversa de Roma. Tratou-se de uma ilusória imitação do sistema americano. O presidente não tinha poder. O Senado não tinha poder. A Corte Suprema não tinha poder. A soberania dos cantões foi solapada e seu poder centrado na

Câmara dos Representantes. A Constituição de 1848 foi um primeiro passo para a destruição do federalismo. Um outro e quase definitivo passo na direção da centralização foi dado em 1874. As ferrovias e os vastos interesses que criavam tornaram insustentável a posição dos governos cantonais. O conflito com os ultramontanos aumentou a demanda por ação vigorosa; e a suspensão dos Direitos dos Estados consequente da Guerra Civil americana deu força aos centralistas. A Constituição de 1874 é uma das mais significativas obras da democracia moderna. Ela representa a vitória da força democrática sobre a liberdade democrática. Sobrepuja não apenas o princípio federativo como o próprio princípio da representação. Ela retira medidas importantes do Legislativo federal para submetê-las aos votos de todo o povo, separando a decisão da deliberação. A operação é tão desajeitada que em geral se torna ineficaz. Mas constitui um poder como não existe, acreditamos nós, sob as leis de qualquer país. Um jurista suíço expressou francamente o espírito do sistema vigente dizendo que o Estado é a consciência nomeada da Nação.

A mola propulsora na Suíça tem sido a democracia despojada de qualquer condicionante, o princípio de colocar em ação a maior força do maior contingente. A prosperidade do país tem evitado complicações como as que surgiram na França. Os ministros de Luís Filipe, homens capazes e talentosos, acreditaram que poderiam fazer o povo prosperar se agissem à sua maneira, silenciando a opinião pública. Agiram como se a classe média inteligente tivesse destinação divina para governar. A classe superior provara seu despreparo antes de 1789; a classe mais baixa, desde 1789. O governo de profissionais, de fabricantes e acadêmicos, com certeza seria seguro e, provavelmente, razoável e prático. O dinheiro transformou-se no objeto de uma superstição política, da mesma forma que antes fora vinculado à terra e, depois, ao trabalho. As massas da população, que haviam batalhado contra Marmont, conscientizaram-se de que não haviam lutado por seus próprios interesses. Continuavam governadas por seus empregadores.

Quando o rei rompeu com Lafayette e ficou claro que não apenas reinaria como governaria, a indignação dos republicanos encontrou uma saída na luta das ruas. Em 1836, quando os horrores da máquina infernal armaram a coroa com poderes mais vastos e silenciaram o Partido Republicano, o termo socialismo surgiu na literatura. Tocqueville, que escrevia os capítulos filosóficos que dariam fecho à sua obra, não percebeu o poder que o novo sistema estava fadado a exercer sobre a democracia. Até então, democratas e comunistas mantinham-se afastados. Conquanto as doutrinas socialistas fossem defendidas pelas melhores cabeças da França – Thierry, Comte, Chevalier e Georges Sand –, elas chamavam mais a atenção como curiosidade literária do que como causa de revoluções futuras. Por volta de 1848, no recôndito das sociedades secretas, republicanos e socialistas se amalgamaram. Enquanto os líderes liberais, Lamartine e Barrot, discursavam superficialmente sobre reformas, Ledru-Rollin e Louis Blanc cavavam uma sepultura para a monarquia, para o Partido Liberal e para o reinado da riqueza. Trabalharam tão bem, e os republicanos recuperaram tão completamente, via tal coalizão, a influência que tinham perdido em função de uma série de crimes e tolices, que, em 1848, se tornaram aptos à conquista sem combate. O fruto de sua vitória foi o sufrágio universal.

Naquela oportunidade, as promessas do socialismo supriram a melhor energia da democracia. Sua coalizão era o aspecto dominante na política francesa. Ela criou o "salvador de sociedade" e a Comuna; e ainda estorva os passos da República. Foi a única forma pela qual a democracia encontrou uma entrada na Alemanha. A liberdade perdeu o encanto; e a democracia mantém-se com a promessa de benesses substanciais para as massas dos povos.

Desde que a Revolução de Junho e a presidência de Jackson deram o impulso que fez a democracia preponderar, os mais competentes escritores políticos, Tocqueville, Calhoun, Mill e Laboulaye, levantaram, em nome da liberdade, formidáveis acusações contra ela. Mostraram a democracia, sem respeito pelo passado e consideração pelo futuro, e a despeito da fé pública e da honra nacional, como extravagante e inconstante, invejosa do talento e do conhecimento, indiferente à Justiça, mas servil para com a opinião, incapaz de organização, impaciente com a autoridade, avessa à obediência, hostil à religião e à lei estabelecida. Na realidade, as evidências abundam, mesmo que a verdadeira causa não seja provada. Porém, não é a esses sintomas que devemos imputar o perigo permanente e o conflito irreprimível. Quase tanto pode ser feito contra a monarquia, e um argumentador pouco simpático pode, nessa mesma linha de raciocínio, dizer que a religião é intolerante, que a consciência engendra covardes e que a piedade exulta com a fraude. A experiência recente adicionou pouca coisa às observações daqueles que testemunharam o declínio depois de Péricles, Tucídides, Aristófanes, Platão e do escritor cujo brilhante panfleto contra a República ateniense está impresso entre as obras de Xenofonte. A dificuldade reconhecida e patente é que a democracia, não menos que a monarquia ou a aristocracia, sacrifica qualquer coisa para se manter, e se esforça, com a energia e a plausibilidade que os reis e os nobres não conseguem, para sobrepujar a representação, para anular todas as forças de resistência ou diversionismo e para garantir, via plebiscito, referendo ou partidarismo, o livre curso da vontade da maioria. O lídimo princípio democrático de que ninguém deve ter poder superior ao do povo é interpretado como: ninguém deve estar capacitado a restringir ou frustrar esse poder. A máxima autêntica de que o povo não deve ser levado a fazer o que não quer é vista como: o povo jamais deve ser demandado a tolerar aquilo que não deseja. O verdadeiro princípio democrático de que a vontade livre de cada homem deve ser tolhida o mínimo possível é encarado como: a vontade livre da coletividade do povo não deve ser em nada coibida. A tolerância religiosa, a independência do Judiciário, o temor da centralização, a desconfiança da interferência estatal se transformam em obstáculos para a democracia, não em salvaguardas, quando a força centralizada do Estado é conduzida pelas mãos do povo. A democracia pleiteia ser não só suprema, sem autoridade acima dela, mas absoluta, sem independência abaixo dela; reivindica ser seu próprio senhor, não um tutor. Os antigos soberanos do mundo estão substituídos por um outro, que pode ser bajulado e enganado, mas a quem é impossível corromper ou resistir, e a quem devem ser outorgadas não apenas as coisas de César como também as de Deus. O inimigo a ser vencido não é mais o absolutismo do Estado, mas a liberdade da pessoa. Nada é mais significativo do que o deleite com que Ferrari, o mais poderoso escritor democrata desde

Rousseau, enumera os méritos dos tiranos e prefere os perversos aos santos no interesse da comunidade.

Pois a verdade é que as antigas noções de liberdade civil e ordem social não beneficiam as massas das pessoas. A riqueza cresceu sem aliviar suas necessidades. O progresso do conhecimento deixou-as em ignorância abjeta. A religião floresceu, porém não as alcançou. A sociedade, cujas leis foram feitas só pela classe alta, deixa claro que a melhor coisa para o pobre é não nascer; ou, como opção mais próxima, morrer na infância, e permite que vivam na miséria, no crime e na dor. Tão certo como o império dos ricos foi utilizado para a acumulação de riqueza, o advento dos pobres ao poder será seguido de esquemas para espalhá-la. Ao se constatar quão pouco foi feito pela inteligência dos tempos passados pela educação e saúde públicas, pela securidade, associações e poupanças, pela proteção do trabalho contra a lei dos autointeresses, e ao se testemunhar o que já foi feito em tais aspectos por essa geração, há razões de sobra para que se acredite que uma grande mudança era necessária, e que a democracia não lutara em vão. A liberdade, para as massas, não é felicidade.; e as instituições não são um fim, mas um meio. O que elas buscam é força suficiente para varrer os escrúpulos e os obstáculos dos interesses rivais e, em certa medida, melhorar as condições. Sua intenção é fazer com que o pulso forte que até aqui formou grandes Estados, protegeu as religiões e defendeu a independência de nações as ajude a preservar a vida, dotando-a pelo menos de algumas coisas que os homens ambicionam. Esse é o perigo notório da democracia moderna. Mas é também seu objetivo e sua força. E contra tal poder ameaçador as armas que derrubaram todos os déspotas são ineficazes. O maior dos princípios da felicidade corrobora o que foi dito. O princípio da igualdade, além de ser tão facilmente aplicável à propriedade e ao poder, opõe-se à existência de pessoas ou grupo de pessoas não sujeitas à lei comum e independentes da vontade comunitária; e o princípio de que a autoridade é uma questão de contrato pode ser bom contra reis, mas não contra o povo soberano, porque um contrato pressupõe dois lados.

Se não fizemos mais que nossos antecessores para desenvolver e examinar a enfermidade, ao menos os ultrapassamos no estudo do remédio. Afora a Constituição francesa do Ano III e a dos Confederados americanos — as tentativas mais notáveis feitas depois do arcontado de Euclides para enfrentar os malefícios democráticos com os antídotos que a própria democracia oferece –, nossa época tem sido prolífica em tal ramo da política experimental.

Muitos expedientes tentados foram burlados ou derrotados. O Executivo dividido, que foi fase importante na transformação das antigas monarquias em repúblicas, e que, mediante a advocacia de Condorcet, arraigou-se na França, provou ter fraqueza inerente.

A Constituição de 1795, obra de padres eruditos, restringiu a propriedade aos que sabiam ler e escrever; e, em 1949, tal dispositivo foi rejeitado por aqueles que desejavam que o eleitor ignorante os ajudasse a derrubar a república. Nos nossos tempos, nenhuma democracia pode subsistir por muito tempo sem educar as massas; e o esquema de Daunon é, meramente, um encorajamento indireto para a educação elementar.

Em 1799, Sieyès sugeriu a Bonaparte a ideia de um grande Conselho cuja função seria manter os atos do Legislativo em harmonia com a Constituição, uma função que os *Nomophylakes* descartaram em Atenas e que a Suprema Corte também o fez nos Estados Unidos, e que produziu o *Sénat Conservateur*, uma das implementações favoritas do imperialismo. Sieyès também contava que seu Conselho servisse como ostracismo dourado, absorvendo os políticos recalcitrantes e silenciando-os com um bom estipêndio por ano.

O plano de Napoleão III para privar os homens solteiros do voto esterilizaria as duas maiores classes conservadoras da França, os párocos e os soldados.

Na Constituição americana havia a intenção de que o chefe do Executivo fosse escolhido por um corpo cuidadosamente selecionado de eleitores. Porém, desde que, em 1825, o candidato popular sucumbiu diante de um que só teve uma minoria de votos, tornou-se prática eleger o presidente pelos delegados convencionais para o sufrágio universal.

A exclusão dos ministros do Congresso tem sido um dos condicionantes mais severos do sistema americano; e a lei que requer uma maioria de três para um permitiu que Luís Napoleão se fizesse imperador. Grandes eleitorados fazem deputados independentes; mas a experiência prova que pequenas assembleias, resultantes de grandes eleitorados, podem ser manejadas pelo governo.

Os votos composto e cumulativo têm sido quase universalmente rejeitados por frustrarem a maioria. No entanto, o princípio da divisão equitativa dos representantes pela população e pela propriedade jamais teve oportunidade justa. Ele foi introduzido por Thouret na Constituição de 1791. A Revolução o tornou inoperante; e ele foi tão conduzido de 1817 a 1848 pela destreza fatal de Guizot que tornou a opinião pública preparada para o sufrágio universal.

As constituições que proíbem a remuneração aos deputados e o sistema de instruções imperativas, que negam o poder de dissolução e que determinam um período fixo de tempo para as legislaturas, ou as renovam por reeleições parciais, e que demandam um intervalo entre os diversos debates sobre a mesma medida, evidentemente fortalecem a independência da assembleia legislativa. O veto suíço tem o mesmo efeito, já que suspende a legislação apenas com a oposição de uma maioria de todo o corpo eleitoral, não pela maioria daqueles que, efetivamente, votam sobre ela.

As eleições indiretas raramente são encontradas em regiões da Alemanha, mas têm sido um corretivo favorito da democracia entre muitos políticos conscienciosos. Onde a extensão dos distritos eleitorais faz com que os eleitores votem em candidatos desconhecidos para eles, as eleições não são livres. São manipuladas pelos que movimentam as engrenagens, pelas maquinarias partidárias, fora do controle dos eleitores. As eleições indiretas deixam a escolha nas mãos dos próprios gerentes. A objeção é que os eleitores intermediários são em geral muito poucos para preencher o espaço que medeia entre os candidatos e os votantes e que, portanto, não escolhem os representantes de melhor qualidade, mas de políticas diferentes. Se o corpo intermediário consistisse em um em cada dez de todo o eleitorado, o espaço seria bem menor, o povo seria realmente representado e o sistema de preparação de lista antecipada de candidatos ficaria depurado.

O malefício que impregna a democracia é a tirania da maioria, ou melhor, do partido, nem sempre a maioria, que consegue, pela força ou pela fraude, conduzir as eleições. Quebrar tal sistema significa afastar o perigo. O sistema comum de representação perpetua o risco. Distritos eleitorais desiguais não conferem coisa alguma às minorias. Há trinta e cinco anos, foi realçado que o remédio estava na representação proporcional. Ela é profundamente democrática, pois aumenta a influência de milhares que, de outra forma, não teriam voz no governo; e leva os homens para mais perto de uma igualdade, assegurando assim que nenhum voto será desperdiçado e que cada eleitor levará para o Parlamento um membro que se coadune com sua própria opinião. A origem da ideia é alternativamente reivindicada por Lord Grey e Considérant. O exemplo bem-sucedido da Dinamarca e a advocacia vigorosa de Mill emprestam a ela proeminência no mundo da política. Ela ganhou popularidade com o crescimento da democracia, e somos informados, por intermédio de M. Naville, de que, na Suíça, conservadores e radicais se combinaram para promovê-la.

De todos os controles da democracia, o federalismo tem sido o mais eficaz e o mais apropriado; contudo, quando associado à República Vermelha, ao feudalismo, aos jesuítas e à escravidão, levou à desordem e permitiu o centralismo. O sistema federal limita e condiciona o poder soberano mediante sua divisão. É o único método de moderar não apenas a maioria como o poder de todo o povo e proporciona a base mais forte para a segunda câmara, segurança essencial para toda democracia genuína.

A queda de Guizot desacreditou a famosa máxima dos doutrinários de que a razão é soberana, e não o rei ou o povo; e ficou ainda mais exposta ao sarcasmo pela promessa de Comte de que a filosofia positivista deveria engendrar todas as ideias políticas, as quais não poderiam ser contestadas por homem algum. Todavia, deixando de lado a lei penal e a internacional, nas quais existe alguma orientação para a uniformidade, o domínio do sistema político parece destinado a admitir a certeza rigorosa da ciência. Sempre que isso for alcançado, quando a batalha entre economistas e socialistas tiver um fim, a força maligna que o socialismo exerce sobre a democracia será desgastada. A luta vem grassando mais violenta que nunca, mas entrou em nova fase com a ascensão de um partido intermediário. Se tal movimento notável, promovido por alguns dos economistas primeiros da Europa, estiver destinado a sacudir a autoridade de sua ciência, ou a conquistar o socialismo, retirando aquilo que tem sido o segredo de sua força, ele terá que ser aqui registrado como o último e mais sério esforço para refutar a grave afirmação de Rousseau de que a democracia é um governo para os deuses, mas inadequada para os homens.

Fomos apenas capazes de arranhar alguns dos tópicos que abundam nos volumes de sir Erskine May. Conquanto ele tenha percebido com mais clareza que Tocqueville o contato da democracia com o socialismo, seu julgamento não é atingido pelo desânimo de Tocqueville, e ele contempla a direção do progresso com uma confiança que raia o otimismo. A noção de uma lógica inflexível da História não o deprime, uma vez que ele se preocupa mais com fatos e homens do que com doutrinas, e seu livro é uma história de diversas democracias, não da democracia. Existem vínculos na argumentação, existem fases do desenvolvimento que deixa despercebidas porque seu objetivo não foi realçar as propriedades e as conexões de ideias, mas explicar os resultados da experiência. Seguramente será ineficaz consultar-se suas páginas querendo a origem e a sequência dos dogmas democráticos que ditam que todos os homens são iguais, que a expressão e o pensamento são livres, que toda a geração é uma lei apenas para si mesma, que não deve haver dotes, heranças ou primogenituras, que o povo é soberano, que o povo não erra. A grande massa daqueles que, necessariamente, estão interessados em política prática não possui tal curiosidade antiquada. Eles querem saber o que pode ser aprendido dos países em que foram tentadas experiências democráticas; mas não querem explicações sobre como M. Waddington emendou o *Monumentum Ancyranum*, qual conexão existe entre Mariana e Milton, entre Penn e Rousseau, ou quem inventou o provérbio *Vox populi vox Dei*. A relutância de sir Erskine May em lidar com assuntos especulativos ou doutrinários, ou de devotar seu espaço à mera história literária da política, fez com que sua abordagem fosse algo incerta no enfoque da ação política do cristianismo, talvez a mais complexa e abrangente questão que pode embaraçar um historiador. Ele deprecia a influência da Igreja medieval sobre as nações recém-emergentes do paganismo bárbaro e a exalta quando ela se associa ao despotismo e à perseguição. Insiste na ação liberalizante da Reforma no século XVI e custa a reconhecer a ação poderosa do entusiasmo e violência das seitas do século XVII sobre a história democrática. A omissão da América cria um vácuo entre 1660 e 1789 e deixa muita coisa sem explicação no movimento revolucionário da última centena de anos, que é o problema central do livro. No entanto, se algumas coisas faltam ao projeto, se a execução não é homogênea em todas as partes, permanece o elogio a sir Erskine May como o único escritor que jamais compilou os materiais para um estudo comparativo da democracia, que evitou emoções partidárias, que demonstrou uma calorosa simpatia pelo progresso e pelo aprimoramento da humanidade, além de obstinada fé na sabedoria e no poder para conduzi-la.

Lord Acton

CAPÍTULO IV

*A Revolução Puritana**

Na morte de Elizabeth, a Inglaterra se separou do continente na política e, a partir de então, seguiu direção diferente. Muito antes, observadores políticos como Commines e Fortescue reconheceram o caráter distinto e a superioridade das instituições insulares; mas elas não foram suficientemente fortes para resistir aos Tudors, e o trabalho teve que começar de novo. Reiniciou da forma antiga, com a tradição e o precedente; e quando isso não se revelou muito convincente, buscou princípios novos, gerais e revolucionários. A combinação, ou alternância, desses métodos de política é marca singular do período que nos antecedeu.

Quando o rei James da Escócia se tornou rei da Inglaterra, o país tirou proveito de ser ilha, protegida pelo mar. Não havia mais um vizinho hostil e guerreiro, compelindo a preparação militar e a concentração do poder que resultaram no absolutismo dos governos estrangeiros. Certa vez, um oficial inglês parabenizou Moltke pelo esplêndido exército que organizara e liderara. O marechal balançou a cabeça e replicou que o exército alemão era um grande peso para o país, mas que a longa fronteira com a Rússia impunha tal necessidade.

---

* Capítulo XI de *Letters on Modern History*, de Acton (Londres, 1907).

James, que se encontrava desamparado em casa contra os nobres e contra a Kirk*, alimentava elevadas noções de autoridade, ideais superiores sobre o que um rei podia legitimamente fazer por seu país, agindo segundo seus conceitos, sua vontade e sua consciência, e não como despojos de um naufrágio na onda da opinião mutante. E chegou à Inglaterra esperando que sua riqueza e civilização, sua cultura intelectual, que então atingia o ponto culminante, proporcionassem um campo mais favorável para as teorias avançadas do Estado. Os Stuarts deviam alguma coisa às duas mais fortes e óbvias correntes do pensamento político de seu tempo. De Maquiavel, tiraram a ideia de o Estado gerir-se a si mesmo, para a consecução de seus próprios objetivos, por intermédio de *experts*, não dependente de forças da sociedade ou dos desejos de homens pouco informados sobre os problemas complexos da política internacional, da administração militar, da economia e da lei. E adotaram de Lutero seu novo e admirado dogma do direito divino dos reis. Rejeitaram consistentemente a teoria oposta, bem conhecida de James, recebida de seu professor Buchanan, derivada de Knox e seus mestres medievais e erroneamente imputada a Calvino — a teoria da revolução. Tinham os juízes com eles, ou seja, as leis da Inglaterra. Com eles estava também a Igreja estabelecida, com os guardiões da consciência e os proclamadores consagrados da vontade divina. A guiá-los, o exemplo bem-sucedido dos Tudors, mostrando-lhes que um governo podia ser a um só tempo absoluto e popular, e que a liberdade não era desejo supremo nos corações ingleses. E tinham a correnteza geral e concorrente da Europa,

---

* N.T.: Igreja presbiteriana da Escócia.

bem como o mundo intelectual doméstico de Hooker, Shakespeare e Bacon. Os melhores filósofos, os eclesiásticos mais preparados, até mesmo muitos dos juristas mais consumados do universo sustentavam sua causa. Não eram levados a acreditar que a ociosa nobreza rural ou que os ocupados corpos provinciais pudessem melhor entender o interesse nacional e as razões de estado que os administradores treinados, e pleiteavam a mesma confiança no Executivo de que desfrutavam no Judiciário. Sua força vinha do clero, e o clero anglicano professava a legitimidade e a obediência passiva, uma oposição indignada aos jesuítas e seus devotos. O rei não podia ser menos monárquico que os eclesiásticos; não podia renunciar ao suporte deles; e os vínculos entre eles eram, portanto, bem estreitos. Partindo da posição de que o soberano deveria controlar e não ser controlado, não há evidência forte de que a oposição a isso seria profunda, formidável ou sincera. O rápido crescimento da classe média, que era a sustentação do sectarismo, não tinha como ser claramente desvendado pelas receitas da taxação. Os Stuarts podiam ser facilmente persuadidos de que não só eram mais inteligentes que seus oponentes, mas também mais liberais, porque os puritanos demandavam que as ondas da heresia fossem mortas. A distinção em liberalidade entre o rei e o Parlamento fica manifesta na questão católica.

James I desejava evitar a perseguição. No debate com dois homens categorizados, Andrewes e Casaubon, desenvolveu opiniões conciliatórias que chegavam até a uma eventual reunião. Sua mãe fora defensora e mártir da monarquia católica. Sua esposa convertera-se ao jesuitismo. Ele achava que as leis penais só eram defensáveis por motivos de ameaças políticas, não de religiosas. Desejava desenvolver um processo de trabalho com Roma que assegurasse a lealdade dos católicos em troca do benefício inestimável da tolerância. O Papa Clemente VIII, Aldobrandini, não ficou satisfeito e enviou instruções para que James só fosse reconhecido se prometesse concessões maiores. Temia, disse ele, ir muito longe em favor de um herege. Suas recomendações não foram tornadas públicas, mas chegaram ao conhecimento de Catesby, para quem eram muito bem-vindas. Um rei que não pudesse ser reconhecido era um rei que poderia ser deposto. Quando suas tentativas foram rejeitadas, James I expediu uma proclamação contra os clérigos que foi a provocação determinante da conspiração. A violência com que Elizabeth defendeu sua vida contra uma multidão de conspiradores foi facilmente entendida. Porém, seu sucessor não estava sob sentença alguma de destituição, e a legitimidade de seu pleito não fora afetada pelos argumentos forjados contra a filha de Ana Bolena. Os católicos tinham razões para esperar que o tratamento melhor que receberam no início do novo reino, da nova dinastia, fosse continuar.

Alguns, chocados pelo desapontamento, sentiram-se desobrigados da fidelidade e consideraram-se abandonados à própria sorte para se autodefenderem. Encararam James como o agressor. Não temos ideia do quanto sabiam sobre a torpeza odiosa da vida privada do rei e de suas conversas com enviados estrangeiros cuja linguagem ninguém jamais teve a coragem de publicar. Em qualquer grupo, há a possibilidade de existência de homens desesperados e apaixonados capazes de conceber crimes que podem ser disfarçados pelo enfeite de um objetivo superior. Alguns deles estiveram presentes no assassinato de Riccio e na defenestração de Praga. Mas, aqui, as águas eram mais profundas. Alguns dos cúmplices, como Digby, eram homens de caráter impoluto e honrado, que não podiam ser acusados de hipocrisia. Então, alguns jesuítas de destaque foram implicados. Contudo, estavam tão longe de encorajar o esquema que buscaram em Roma uma proibição formal aos desígnios violentos. Porém, não deram nenhum sinal de perigo, e seu silêncio foi defendido com o argumento de que, embora um alerta generalizado pudesse ser dado para salvar um príncipe católico, o sigilo da confissão era tão absoluto quanto contra um protestante.

Surgiu a crença de que aquelas pessoas eram incorrigíveis. O precedente de 1572 estabelecera o direito ao assassinato. Os doutrinários da Liga e seus contemporâneos adicionaram o direito à revolução, aplicando aos príncipes a regra seguida contra protestantes menos exaltados. Como os teóricos estavam divididos, ou por meio de quais exceções sutis a teoria era qualificada, ninguém sabia ao certo. A geração de seguidores de Guy Fawkes permaneceu implacável. Mas não o rei James. Ele resolveu perpetuar uma ampla divisão entre os homens violentos e seus adversários e estabeleceu, depois disso, o juramento de fidelidade que não deu bom resultado. Os Stuarts podiam acreditar honestamente que os motivos para a perseguição de parlamentos não se inspiravam num senso genuíno de dever público e que eles próprios defendiam a causa sagrada contra opressores furiosos. As questões não ficam tão claras nem os limites tão bem definidos quanto se supõe quando o resultado é revisto. A disputa entre o rei e o Parlamento não foi entre monarquia e república, entre democracia e aristocracia, entre liberdade e o micróbio que resiste à – ou infecta a – liberdade. Em muitos pontos, a causa dos Stuarts se assemelha à da monarquia constitucional no continente, como aconteceu na França sob Luís XVIII e na Prússia sob o imperador Guilherme. Se Bismarck estivesse lá, seria a força dos adeptos da realeza, e Cromwell teria encontrado adversário à altura.

Em quase todas as ocasiões, durante o reinado de James I, a oposição se fez sentir, tornou-se importante na prática e antecipou o futuro em 1621. Então, os Comuns, liderados pelo mais famoso advogado inglês, Coke, derrubaram Bacon e privaram os Stuarts do conselheiro mais capaz que jamais tiveram. O *impeachment* e a responsabilização dos ministros persistiram.

O reinado de James foi também o início do império colonial. Virgínia foi um assentamento de cavalheiros que se seguiu à época da exploração e da procura do ouro; a Nova Inglaterra foi estabelecida por plebeus e sectários que fugiram da opressão. Não levaram consigo noções muito claras de direitos humanos; mas eles amadureceram no mando opressivo entre aqueles que perseguiram. Houve autogoverno local e federação em Connecticut, e autogoverno espiritual e tolerância em Rhode Island; e, de lá, as duas instituições se alastraram para os Estados Unidos, e, na ocasião devida, os cavalheiros da Virgínia, que saíram ao tempo de James I, ultrapassaram os fugitivos do *Mayflower*. Produziram a Declaração da Independência e legaram à América a liberdade religiosa e a função política da Suprema Corte. Dos cinco primeiros presidentes, quatro foram da Virgínia. E, em nossa própria história, os homens mais talentosos que resistiram a Cromwell estudaram política prática na baía de Massachusetts.

O terceiro evento político pelo qual o reinado do primeiro dos Stuarts influenciou profundamente o mundo moderno foi a ascensão daqueles que chamamos de congregacionalistas, quando os encaramos como uma Igreja, ou de independentes, quando queremos dizer um partido. É por causa deles que aquela época é mais corretamente chamada de Reforma Puritana do que Revolução Puritana. Pois foi por meio de seitas, inclusive a dos independentes, que o inglês acrescentou algo ao que fora feito por Lutero e Calvino e avançou além das ideias do século XVI. O protestantismo continental reagiu contra o assentamento anglicano, e nossos sectários exilados, antes de cruzarem o Atlântico, entraram em contato na Holanda com o remanescente mais original e espiritual da Reforma alemã. Lá, Robinson completou o sistema de Robert Browne, uma figura secundária e pouco inspiradora da qual se lê: "O velho pai Browne, ao ser recriminado por bater na esposa idosa, fez a distinção de que não batia nela como sua esposa, mas como velha mulher pecadora."

O poder da Independência não estava na teologia, mas no governo da Igreja. Seus adeptos não admitiam a finalidade de fórmulas doutrinárias, porém esperavam pelo desenvolvimento da verdade. Cada congregação se governava independentemente, e todos os membros da Igreja participavam de sua administração. Havia consociação, não subordinação. A Igreja era dirigida não pelo Estado, nem pelos bispos, tampouco pelos presbitérios, mas pela multidão de que era composta. Foi o ideal do autogoverno local e da democracia. As instituições saídas da História foram abolidas em favor do controle popular; e uma Igreja estabelecida, ligada ao Estado, constituía a suprema abominação, recebendo o nome de Babilônia.

As consequências políticas foram de longo alcance. A supremacia do povo, ao ser aceita no governo da Igreja, não podia ser repudiada pelo Estado. Havia um forte preconceito em seu favor. "Não estamos uns sobre os outros," disse Robinson, "mas uns ao lado dos outros." Eles se inclinaram não só pela liberdade, mas também pela igualdade, e rejeitaram a autoridade do passado, bem como o controle dos vivos pelos mortos. Como não havia Igreja estatal, não podia haver o direito de coerção sobre as consciências. A perseguição foi declarada assassinato espiritual. A era de Lutero e da Reforma fora de escuridão. Todas as seitas deveriam ser livres, como também católicos, judeus e turcos. Os independentes lutaram, como diziam, não por sua religião, mas pela liberdade de consciência, direito inato do homem. Não havia lugar em seu credo para uma prerrogativa especial do inglês sobre as outras nações, ou dos independentes sobre outras igrejas. Tudo isso era uma lógica impositiva do sistema, consequência imediata de seus dogmas sobre a constituição da Igreja, e deu ao seu liberalismo a valiosa base da religião. Nem todos viam igualmente longe, ou aplicavam os princípios com igual coragem. Na questão da tolerância, eles eram apoiados pelos batistas e, depois do aparecimento de Penn, pelos quacres, embora os historiadores destes últimos deplorem o fato como dogma não previamente conhecido. Em 1641, existia apenas uma congregação em Londres, que consistia em sessenta ou setenta membros. Dez anos antes, escreve Lord Brooke, não havia mais que duas centenas de não conformistas em toda a Inglaterra. É claro que o rápido aumento das quantidades desconcertou todos os cálculos. Os independentes não provocaram a Guerra Civil, mas foram suficientemente fortes para levá-la a uma conclusão; e quando os efeitos diretos de sua vitória se dissiparam, suas ideias sobreviveram.

Carlos, um homem melhor, mas pior rei que o pai, não possuía o discernimento do último. Quando, depois da Petição de Direito, ele governou sem um parlamento, o problema foi saber se fez isso pelo bem do poder ou da religião. Parece o problema da Guerra Civil americana, ou seja, se os confederados lutavam pelos direitos do Estado ou pela escravidão. Nós o chamamos de mártir do anglicanismo. Mas há um momento em sua carreira em que, ao preço da monarquia sem parlamento, ele poderia ter salvado o episcopado. Ele ficou nas mãos de Strafford e Laud, homens realmente fortes, e, quando se via obrigado a pensar ou agir por si mesmo, talvez suas ideias não fossem sempre claras. Era ligado à Igreja da Inglaterra, mas a controvérsia religiosa o intrigava. Existia um homem muito capaz entre os capelães da rainha que afirmava que os Trinta e Nove Artigos poderiam ser favoravelmente interpretados para Roma. "A religião de Roma e a nossa," disse Laud, "são uma só." Não é de admirar, portanto, a suspeita que recaía sobre ele quando tantos ministros do rei — Windebanke, Cottington, Weston — tornaram-se católicos, e o mesmo se sussurrava a respeito de outros. Depois de Worcester, quando o conde de Derby estava sendo conduzido a Newark para ser executado, um homem estranho se juntou ao cortejo e cavalgou por algum tempo ao lado do prisioneiro. Foi dito que se tratava de um padre, que o recebeu e o absolveu na hora da morte. Embora os emissários romanos, que negociaram com o arcebispo e lhe ofereceram o capelo carmim de cardeal, não o entendessem em absoluto, nem pudessem explicar por que estava tão próximo e, ainda assim, tão longe, não tiveram esperança em convertê-lo. Houve mesmo uma ocasião em que reportaram notícias mais promissoras a respeito de Ussher.

Mas não era com a questão religiosa que a oposição política conseguiria o apoio do país. Os agentes e núncios romanos faziam parte daquela questão, mas não era apenas o prelado que estava em jogo. Levando-se em conta a acusação de um projeto para aproximar a Inglaterra de Roma, devemos nos lembrar que a arte de conhecer os adversários é uma inovação do século presente, característica da época histórica. Antes disso, o homem se exauria pelo esforço para se fazer entender, com a ajuda dos amigos. A definição e comparação de sistemas que ocupam grande espaço em nossa literatura recente eram desconhecidas, e quem fosse considerado errado estava, de fato, muito errado.

Não podemos evitar a pergunta se as três grandes vítimas – Strafford, Laud e Charles – mereceram suas sortes. É certo que foram mortos ilegalmente e, por via de consequência, injustamente. Ao mesmo tempo, a luz e a sabedoria nem sempre estiveram ao lado do Parlamento. Todavia, não temos pistas através do emaranhado e da complexidade da política moderna, exceto a ideia de progresso para uma liberdade mais perfeita e garantida, e do direito divino dos homens livres. Julgados por esse teste, os três acusados tinham que ser condenados. Trata-se de um princípio muito profundo e de longo alcance que devemos nos preparar para ver se se aplica a milhares de outros exemplos, em outros países e noutros tempos, em especial nos que vivemos.

Quando a guerra foi deflagrada, o país estava dividido, e não igualmente. Norte e leste favoreciam o rei; mas o norte e o leste eram atrasados em comparação com o sudeste, que possuía Londres e tesouro recheado. A linha familiar de South Devon a Humber é muito simplista. Isso porque Carlos tinha consigo Oxford e Nottingham, ao passo que o Parlamento detinha os portos de mar, se bem que nem todas as regiões intercaladas entre eles, de Plymouth a Hull, alcançando o Severn em Gloucester, e o Mar da Irlanda por perto de Mersey. Os partidos não estavam sensibilizados em suas entranhas por nenhum dos lados, da mesma forma que os homens o fazem em questões de sobrevivência, e os exércitos contendores eram em geral pequenos. Por conseguinte, o embate foi frouxo e lento, e as seitas presbiterianas assumiram o comando da situação e decidiram em favor do Parlamento. No início, por falta de energia, grandes oportunidades foram perdidas. Em Montrose, a Escócia teve um soldado genial; mas, na Inglaterra, os Ironsides prevaleceram pela organização e disciplina. Os escritores alemães de história militar proclamaram Cromwell o melhor líder da cavalaria da guerra moderna, mestre e superior ao próprio Frederico, cuja fama provém exatamente de sua capacidade em tal arma. O final foi uma vitória avassaladora e uma derrota esmagadora. Mas a causa principal foi o talento de um homem extraordinário e o súbito crescimento e alastramento do partido religioso ao qual pertencia, cujo efeito não perdurou mais que seu tempo de vida. O tecido que apoiara foi destruído sem esforço, sem oferecer resistência ao destruidor. O soldado, entretanto, foi maior que o estadista. A opinião dos últimos anos tem sido muito favorável a Cromwell, graças primordialmente a mr. Gardiner. Todavia, até que o *Lives* de mr. Firth e mr. Morley fique pronto, a última palavra em nossos tempos ainda não terá sido dita.

Para aqueles que têm o grande Não Conformismo como um objeto de admiração, há certas imperfeições a considerar. Cromwell, com a aprovação que deu para o Expurgo de Pride, foi um cúmplice depois do fato. O coronel Pride expeliu a maioria para que a minoria pudesse tirar a vida do rei. Foi um ato de ilegalidade e violência, uma infração flagrante da lei, cometida com intento homicida. Em circunstâncias normais, tal ato levaria um nome horrível. Nem foi uma iniciativa de política de longo prazo porque os presbiterianos empossaram Carlos II sem fazer acordos. O *Protector** professou, então, ter visto a mão de Deus, uma intervenção especial, quando saiu vitorioso, e tudo correu bem. Não fora o braço humano que fizera aquilo. Foram Providências notáveis, e assim por diante. Não existe mais perigoso ou imoral hábito da mente do que a santificação do sucesso. A terceira imperfeição foi a oposição constante do novo rei às instituições livres. É difícil que qualquer inglês tenha registro tão ruim na história moderna. Tendo permitido tudo isso, não podemos com facilidade dizer muita coisa sobre sua capacidade em tudo que se relaciona com o sucesso prático, e nada sobre antevisão e instituições. A esse respeito e dentro daqueles limites, ele jamais foi ultrapassado por nenhum homem de nossa raça, aqui ou na América.

Como pensadores políticos, tanto Vane quanto Harrington são mais profundos. Harrington é o autor daquilo que os americanos chamam de maior descoberta desde a da imprensa. Pois deu a razão pela qual a grande Rebelião fracassou e foi seguida pela reação sob Carlos II. Diz ele que ela foi malsucedida porque se omitiu na redistribuição da propriedade do reino. As grandes propriedades constituíram uma sociedade aristocrática na qual foi impossível construir um estado democrático. Se elas tivessem sido divididas em pequenas, segundo um plano definido, a nação se teria comprometido com a nova ordem das coisas e aceitado a lei da

---

* N.T.: Chefe da *Commonwealth* da Inglaterra, Escócia e Irlanda de 1653 a 1659.

igualdade. De um lado, a pobreza teria diminuído e, do outro, a nobreza, abolida. Um conservadorismo tímido e os escrúpulos legais criaram a impossibilidade, e o governo, por lei da natureza, assumiu as formas e forças da sociedade. Não é necessário ir a tal profundidade para que se veja que o sistema cromwelliano, obra de minoria, liderado por um homem de serviços e talentos preeminentes, desmoronou quando o líder necessário se foi.

A *Commonwealth* é o segundo estágio da revolução que começou na Holanda e seguiu para a América e para a França, e é o centro da história do mundo moderno. Visto à distância, o valor daquela época não está no que criou, já que não deixou criações e sim ruínas, mas na prodigiosa riqueza de ideias que insuflou no mundo. Ela supriu de material a Revolução Inglesa, a bem-sucedida, e a Americana e a Francesa. E suas ideias se tornaram eficazes e dominadoras pela negação das origens. Pois, de início, elas eram religiosas, não teorias políticas. Quando renunciaram ao parentesco teológico e foram traduzidas para os termos científicos da política, conquistaram as nações e se espalharam como verdades gerais, e não como exportações britânicas. Por um longo tempo, não nos defrontaremos com muita coisa que vá além do conservantismo de Hobbes ou o liberalismo de Vane, de Harrington, de Milton e, nos momentos de maior lucidez, de Lilburne. Tal é nossa herança do Parlamento Longo, da Guerra Civil e da *Commonwealth*.

Temos que lidar com eventos que pertencem, essencialmente, à História constitucional, e tratá-los com toques sutis para que não deixemos de pisar em solo firme. Nosso tópico é como a monarquia absoluta, que acabara de ter sucesso tão brilhante do outro lado do Canal, foi tentada na Inglaterra, sob condições aparentemente sem risco, fracassou, e fracassou a grande custo. E como, no curso da luta, ideias foram desenvolvidas que, no final, se mostraram fortes e duradouras o suficiente para embasar estruturas inteiramente novas de governos constitucionais. É o ponto em que a história das nações envereda pela fase moderna. É também o ponto em que o inglês se torna o líder do mundo.

Lord Acton

CAPÍTULO V

*Ascensão dos Whigs**

As ideias liberais fermentadas nos círculos do sectarismo, aqui e na América, não se tornaram propriedade comum da humanidade até que se desligaram de suas raízes ideológicas e se tornaram credo de um partido. Tal é a transição que ocorre no reinado de Carlos II. É a era em que os partidos ocupam o lugar da Igreja como força política.

Um cavalheiro escreveu para lembrar-me que os independentes não renunciaram, conjunta ou corporativamente, à conexão entre Igreja e Estado, ou professaram a liberdade religiosa como um princípio de governo. Fizeram individualmente aquilo que jamais executaram como uma coletividade, e tais indivíduos agiram em conformidade com a lógica do sistema. Na Petição de 1616, eles dizem: "Negamos também que uma igreja nacional, provincial ou diocesana, à luz do Evangelho, seja uma igreja verdadeira, visível e política." John Robinson escreve: "É a Igreja da Inglaterra, ou o Estado eclesiástico, que referimos como Babilônia e da qual nos retiramos em comunhão espiritual." Em 1644, é-nos dito: "Godwin é um inimigo cáustico do presbitério e abertamente favorável a

---
* Capítulo XII de *Letters on Modern History*, de Acton (Londres, 1907).

ENSAIOS

uma total liberdade de consciência para todas as seitas, mesmo turcos, judeus ou papistas." O autor do panfleto, *What the Independents would have*, escreve que considera um pecado seguir uma consciência errada, ou ir contra ela; mas opor-se a ela é maior pecado ainda, porque aquele que comete o menor pecado contra a consciência está pronto para cometer o maior. Em consequência, ele reconhece na liberdade de consciência o maior bem da Inglaterra.

Quando eu disse que os exilados ingleses na Holanda entraram em contato com os mais espirituais remanescentes dos Reformadores, quis me referir aos anabatistas. Os batistas e quacres ingleses se opunham tanto ao princípio da perseguição quanto os independentes que citei.

Somente duas condições foram impostas a Carlos II antes que assumisse. Uma delas foi a liberdade de consciência. Cromwell morrera sem deixar uma Constituição estabelecida, e seus tenentes não se saíram melhor que seu filho. O exército se recusou a obedecer o próprio parlamento que criara, ou seja, o dos remanescentes depois que Pride expeliu a maioria. Foi um parlamento fundado pela violência, não pela lei, resultante de homens sedentos pelo sangue do rei. A solução mais simples seria restaurar o Parlamento Longo, conceder o poder à maioria presbiteriana, que fora excluída e não era responsável pelos descaminhos e pela instabilidade constitucional dos últimos onze anos. A ideia era tão óbvia que ocorreu a todo o mundo – a Monk na Escócia, a Fairfax em York e ao exército que Lambert organizou para enfrentar Monk em Newcastle, o qual se dispersou sem lutar por sua própria supremacia imperial.

Vale a pena estudar, no segundo volume do *Richard Cromwell* de Guizot, a política consumada com que Monk preparou os resultados desejados. Pois a reinstalação dos membros excluídos significava a volta ao poder de homens que persistiram em negociar com Carlos I, homens que tinham sido realistas nos momentos azados e nos inconvenientes. Não eram adeptos do governo arbitrário; mas, por certo, restaurariam a monarquia. Um levante prematuro dos realistas fora subjugado; e o objetivo de Monk era ganhar tempo, até que os mais cegos pudessem perceber o inevitável. Porém Monk se viu compelido por Fairfax, o qual, embora adoentado pela gota, agigantou-se na sela e levantou Yorkshire por um parlamento livre. Impulsionado por tal cruzada, Monk atravessou o Tweed em Coldstream no Dia de Ano Novo. Já era o senhor da Inglaterra, e não encontrou resistência no seu caminho para Westminster. Os republicanos, em seu extremismo, ofereceram-lhe a coroa, que Monk recusou. Rejeitou igualmente as ofertas do rei, que o faria chanceler e grande condestável, além de lhe dar pródigas quantias de dinheiro, do qual se dizia que o general gostava. Ele confiava em que seria recompensado na oportunidade devida. E ela chegou rapidamente. O Parlamento Longo deu lugar a um Parlamento de Convenção que renovou as leis fundamentais e aboliu, finalmente, o direito feudal à coroa. Enquanto esses atos eram votados, Carlos expediu a Declaração de Breda, proposta por Monk, e reassumiu a coroa sem luta.

A Nação ficou feliz por escapar do desgoverno da República, que pesaria demais sobre numerosas classes, e acreditou que a coroa recebera uma lição da qual não se esqueceria com facilidade. O novo governo não fora imposto por uma monarquia vitoriosa. Era uma expressão da vontade nacional. O Parlamento reteve o controle e não houve reação política.

As mudanças então introduzidas não foram para fortalecer a Prerrogativa, e sim a pequena nobreza, a classe governante. Seus membros ficaram isentos do pagamento de impostos feudais, substituídos por uma taxa que recaiu sobre outras classes; foram também levados das cidades para os distritos do interior; e a milícia, encarregada de proteger a sociedade contra o exército parlamentar, foi colocada nas mãos da pequena nobreza. A nova ordem das coisas passou a ser trabalho de uma classe, não de um partido. Os cavalheiros que dominavam a situação não se mostraram dispostos a partilhar seu poder com os velhos inimigos puritanos, e aprovaram medidas para infligir desqualificações aos não conformistas. Eles foram excluídos de todas as funções, na Igreja e no Estado, até mesmo nas municipalidades. Desta forma, por meio de um teste religioso, a classe que consistia primordialmente em clérigos assegurou toda a autoridade política para si mesma. Entretanto, acrescentou também um teste político. Foi imposto um juramento em favor da não resistência. Ninguém podia ocupar cargo na administração se não fosse o que mais tarde ficou conhecido como um Tory. Era uma doutrina anglicana; e o clero pôs mãos à obra para governar o país em conjunto com os cavalheiros conservadores do interior, com base nos princípios formulados por Hobbes, o filósofo da moda, que negava os direitos e mesmo a existência a consciência.

Clarendon era ministro; e considerava coisa bem engendrada e política a supressão dos *Roundheads** pelo ataque aos presbiterianos. Ele refletira com mais profundidade que qualquer outro sobre o problema da Igreja e do Estado; e não acreditava na rigidez sagra-

---

* N. T.: Defensores dos parlamentaristas durante a Guerra Civil na Inglaterra e na Commonwealth; denominação inspirada no cabelo cortado curto dos puritanos.

da das divisões baseadas apenas em esquemas do governo da Igreja. O arcebispo Ussher fizera grandes concessões aos presbiterianos; Baxter, o mesmo com o Prelado. A sé de Hereford foi-lhe oferecida, e chegou-se a pensar que ele aceitaria. Leighton, que era a maior divindade puritana na Escócia como Baxter o era na Inglaterra, aceitou a oferta de uma mitra e se tornou arcebispo de Glasgow. O governo restaurado revelou-se intolerante, já que pela intolerância podia exercer a repressão política. Isso não se aplicava aos católicos. Clarendon comprometeu-se a fazer com que eles se beneficiassem da indulgência, prometida depois em Breda. Quando adotou a política de coerção contra os puritanos, ficou incapaz de cumprir sua promessa. A situação não natural não poderia perdurar depois de sua queda. Os puritanos tinham guerreado contra o trono e os católicos o defendido. Com a restauração da monarquia, os católicos proclamaram seus princípios em uma série de declarações voluntárias tocando nas costumeiras suspeitas e recriminações, e satisfizeram por completo os objetivos buscados pelo juramento de fidelidade. Não poderia haver maior diferença de características pessoais do que entre as do tipo de Allen e Parsons e as dos beneditinos ingleses e dos franciscanos irlandeses, que exaltavam a monarquia revivida. Contra homens assim, as argumentações empregadas pelos perseguidores elizabetanos eram vãs.

Depois da queda de Clarendon, foi tentada uma política diferente. A rígida inacessibilidade dos puritanos legara um viés sinistro ao povo inglês. As pessoas eram presunçosas a respeito de sua insularidade e preconceituosas em relação aos estrangeiros. Viés que animou as armadas de Plate a realizar capturas e pilhar as costas; e que agora se dirigia mais fortemente contra os holandeses, perigosos rivais no mar tanto na paz quanto na guerra. Naquela ocasião, o viés era mínimo contra a França cujo grande estadista Mazarino entrou em acordo com a República e reteve a amizade do rei restaurado. Uma disputa trivial sobre a costa da Guiné foi transformada em rixa pelo duque de York, homem do mar que esperava fortalecer sua reputação doméstica com as habilitações profissionais, o que conseguiu parcialmente. Essa foi uma guerra que terminou com memorável mudança de *front* da Tríplice Aliança, unindo os ingleses, os holandeses e os suecos contra a França. Tratou-se de medida popular, porém totalmente ineficiente; e, em 1669, a Inglaterra abandonou seus aliados e passou-se para o lado da França. Luís XVI alcançou o importante sucesso diplomático com o Tratado de Dover, o primeiro no processo de eventos que derrubou a dinastia dos Stuarts e resultou no tipo moderno de Constituição.

Pouco depois de seu retorno à Inglaterra, Carlos abriu negociações com Roma, que foram conduzidas por um de seus filhos, nascido antes de Monmouth e que se tornou jesuíta. Tentou, em vão, conseguir recursos de Alexandre VII. Buscou-os mais tarde na França. Seria impossível, disse ele, readquirir a autoridade real, a menos que isso fosse feito por meio da restauração do catolicismo. O que poderia ser conseguido, se Luís o fizesse independentemente da Câmara dos Comuns. O esquema foi preparado em janeiro de 1669, com o consentimento de Arlington, mediante o suborno de £ 12.000. Ficou decidido restaurar a Igreja católica da Inglaterra com uma demonstração de força suficiente para elevar a coroa acima dos condicionantes do parlamento. Na execução do projeto, Luís adiantou £ 80.000 e comprometeu-se a fornecer uma força de 6.000 homens de modo a constituir uma guarnição francesa na Inglaterra para a repressão dos protestantes. A quantia foi bem menor que a demandada por Carlos, pois o objetivo do rei francês era enfraquecê-lo e não fortalecê-lo. O segundo ponto do Tratado foi que a Inglaterra se engajaria ao lado da França em qualquer pleito que esta última manifestasse a respeito da Espanha. Por fim, a Inglaterra teria que ajudar a aliada contra a Holanda, em troca de pagamentos ulteriores e da anexação de Walcheren. Mas foi acordado também adiar a guerra contra a Holanda para o ano de 1672. Essa foi a essência do fantasma conhecido como Trama Papista.

Era, de fato, uma conspiração sob o manto do catolicismo para instalar a monarquia absoluta e fazer da Inglaterra uma dependência da França, não só pela aceitação do dinheiro francês como também pela submissão ao exército gaulês. Carlos I e seus ministros foram executados por bem menos.

Se o fato se tornasse conhecido, ninguém poderia antever as consequências. Turenne soube dos detalhes porque seria homem necessário se houvesse luta; e Turenne contou a uma senhora conhecida, que se revelou indiscreta. O rei, furioso, perguntou-lhe como pôde ser tão tolo. O marechal, desacostumado a se ver sob ataque, replicou que não era o único homem a ser enganado por uma mulher, e o rei Luís XIV não teve como prosseguir a conversa. Seu objetivo estava atingido, mesmo que nada fosse feito na Inglaterra para cumprir o acordo. Ele tinha Carlos completamente sob seu controle. Era preciso apenas que o texto secreto fosse desvendado para que o país se levantasse contra ele. Jamais seria de novo um formidável monarca. Se todas as outras providências para separá-lo do povo fossem insuficientes, essa não fracassaria.

Muitos anos depois, Luís foi o motivo para a publicação de um livro por um aventureiro italiano no qual o segredo foi revelado. A obra foi proibida e seu autor preso, para salvar as aparências. Porém, cento e cinquenta exemplares circularam, e o acusado foi libertado após seis dias de prisão. Ficou perigosa para Carlos a relação com o Parlamento. Os fatos eram sabidos por Shaftesbury havia algum tempo e determinaram seu curso de ação depois de demitido de sua função, em novembro de 1973. O esquema arquitetado pelo Tratado de Dover era arriscado, e depois do início da guerra contra a Holanda não sobrou tropa francesa para emprego.

Carlos tentou outro modo de atingir seu propósito. Ele e o irmão desejavam implantar o catolicismo para seu próprio benefício. Não estavam convertidos, mas pretendiam estar antes de morrer. A diferença é que James se mostrava disposto a algum sacrifício por sua religião, mas Carlos não. Ambos consideravam a medida uma maneira de colocar a coroa acima da lei. Isso poderia ser feito com mais segurança pela reivindicação do direito de isenção das penalidades e desqualificações impostas pelo parlamento. A ideia, que já era considerada em 1662, amadureceu dez anos mais tarde quando as Leis Penais, bem como a legislação intolerante de Clarendon contra os puritanos, as quais eram encaradas como a salvaguarda da democracia, foram declaradas inoperantes. Os ministros, inclusive Shaftesbury, esperavam contar com o apoio dos não conformistas. Essa pretensão revelou-se ilusória. Os dissidentes, convictos de que seriam socorridos pelo Parlamento caso resistissem às ofertas do rei, não as aceitaram. O propósito da declaração do rei era por demais óbvio, na verdade, foi muito abertamente declarado. Justo naquela ocasião, o duque de York tornou-se católico, e, se bem que o fato não fosse público, havia suspeita de que acontecera. Os ministros aconselharam Carlos a manter sua oferta de indulgência e seu pleito de poder dispensador. Carlos cedeu e aceitou a derrota. Cedeu porque Luís assim recomendou e prometeu-lhe mais regimentos franceses que os estipulados, tão logo fizesse a paz com os holandeses.

A Câmara dos Comuns deu prosseguimento à sua vitória aprovando a Lei do Teste, excluindo os católicos da administração. O duque de York renunciou ao cargo de Lord do Almirantado. Foi, disse ele, o início do processo para afastá-lo da sucessão ao trono. Em novembro de 1673, Shaftesbury, que promovera a Declaração de Indulgência, foi removido da função e passou à oposição, e por isso recebeu £ 10.000 de Luís. Por intermédio de Arlington, soube das principais particularidades do Tratado de Dover, e, no mês seguinte o segredo foi tornado público em sua essência num panfleto que foi republicado no *State Tracts*. A partir de então, devotou-se à exclusão de James.

Em 1676, o duque de York deixou saber que se tornara católico. Isso foi feito de forma tão gratuita que as pessoas entenderam que seu poder vinha do apoio que o rei francês lhe proporcionava. Ele ainda se apegava à política do Tratado de Dover, que seu irmão já abandonara, e ainda buscava a oportunidade de restaurar sua Igreja. Tudo isso foi perfeitamente entendido, e seu inimigo, Shaftesbury, foi implacável.

Quando já estava há cinco anos fora da função, em setembro de 1678, surgiu Titus Oates. Quais as pessoas que fizeram com que surgisse, com os testemunhos auxiliares de Berdloe, Dangerfield e Turberville, aquele que recebeu £ 600 por seu depoimento contra

Stafford, ainda não se sabe. Shaftesbury não foi. Ele não teria esperado tantos anos. Sua parte no *affair* foi usar o alarme público para a destruição do duque de York. Portanto, a partir de 1678, houve uma segunda trama. A primeira consistiu no Tratado de Dover, formulado pelos assessores católicos Arundel, Bellasis, o historiador Belling e Leighton, irmão do grande arcebispo. A segunda foi a protestante contra os católicos, em especial contra o duque de York. A indignação contra a trama real, a de Dover, foi essencialmente política.

Em fevereiro de 1675, a oposição propusera a James sua restauração se ele abandonasse Luís. Quando o embaixador imperial, em julho de 1677, queixou-se do brado "Não ao Papismo!", eles replicaram que a questão não era religiosa e sim de liberdade. No caso de Oates e seus seguidores, a motivação política foi insignificante comparada com a religiosa. No começo, as evidências não tinham substância. Oates era um homem ignorante e só recebeu crédito pela excitação e desconfiança causadas pela descoberta de um *coup d'état* premeditado. Godfrey, o magistrado que conduziu o inquérito, alertou James de que o secretário da duquesa de York estava implicado. Seu nome era Coleman, e ele teve tempo para destruir seus documentos. Mas alguns foram apreendidos. Relatavam um grande golpe que estava sendo preparado contra os protestantes. Parecia também que o secretário estava a soldo de Luís e solicitara a seu confessor, Père La Chaise, a soma de £ 300.000 para se livrar do Parlamento. Foi argumentado que, se tais fatos tinham sido descobertos nos documentos não queimados, coisas piores deveriam estar naqueles destruídos. Estava demonstrado que o esquema de Dover ainda vigorava, que ainda havia perigo.

Naquela mesma oportunidade, o magistrado que dera o alerta desapareceu. Depois de alguns dias, seu corpo foi encontrado no sopé da Green Berry Hill, hoje Primrose Hill; e uma das mais extraordinárias coincidências, tão interessante para o estudo da crítica histórica, foi o fato de os homens enforcados pelo assassinato chamarem-se Green, Berry e Hill. É claro que se suspeitou de que Godfrey morrera porque sabia demais.

Durante algum tempo, a exaltação atingiu alto nível. No dia em que dois jesuítas foram executados, um dos enviados católicos escreveu que nada mais poderia salvar a vida de todos os católicos em Londres. Tirando partido do estado em que se encontrava o sentimento público, Shaftesbury propôs que James fosse excluído da sucessão em vista de sua religião. A coroa deveria ir para a próxima na linha, a princesa de Orange. Isso foi descartado pelos lordes. Entrementes a segunda Lei do Teste expeliu os nobres católicos da Câmara dos Lordes. James retirou-se do conselho, do palácio e, por fim, de seu reino.

A segunda Lei da Exclusão foi baseada não na religião, mas na política, ou seja, na sua traiçoeira conexão com o rei da França. Os oponentes da exclusão propuseram limitação no poder real, de uma forma que prevaleceu desde então. Carlos preferiu tal emenda na Constituição a uma lei que permitisse ao Parlamento regular a sucessão. Guilherme de Orange opôs-se vigorosamente a ela, uma vez que os mesmos condicionantes poderiam estar em vigor quando sua esposa assumisse o trono. Halifax, que derrotou a Lei da Exclusão e defendeu a Lei da Limitação, assegurou ao príncipe que ela jamais seria aplicada, já que James não teria nenhuma chance de suceder o irmão. Seu único objetivo ao propor a lei era o de preservar a sucessão, de acordo com a lei, do controle parlamentar.

Para conseguir as provas que arruinariam as pretensões de James, ficou resolvido então submeter os nobres católicos a julgamento. O primeiro foi Stafford. Ele não se envolvera com o sigilo do Tratado fatal, mas o planejamento de então foi muito bem-feito. Conquanto Lord Stafford fosse totalmente inocente, o conde Thun, enviado austríaco, ficou profundamente impressionado com o peso do caso armado contra ele e com a debilidade da defesa. Stafford teve a cabeça decepada em meio a gritos de execração e júbilo. Arundel foi o seguinte; e Arundel sabia o suficiente para comprometer o príncipe. Mas o plano fracassou. Nada foi descoberto no julgamento de Stafford que pudesse ajudar a exclusão; e seguiu-se uma mudança repentina no sentimento popular. Monmouth foi então colocado na linha de sucessão. Se James não podia ser excluído, que abrisse caminho para Monmouth, caso este último fosse legítimo. O rei recebeu pressão para reconhecê-lo. Foi dito que uma caixa-preta encerrava a prova necessária do casamento de sua mãe. Falou-se de um bispo que conhecia todos os fatos. O próprio Monmouth aceitou a ideia. Quando o duque de Plymouth morreu, ele recusou-se a usar luto. Não iria enlutar-se, disse, por um irmão ilegítimo. Depois da Lei do Teste, da Lei da Exclusão e da sucessão de Monmouth, Shaftesbury ainda tinha outro recurso. Tentou uma insurreição. Quando considerou impossível uma linha divisória entre insurreição e assassinato, conscientizou-se de que estava em posição perigosa e foi para o exterior. Russell e Sidney foram executados. Charles vencera seus inimigos. Devia sua vitória ao rei francês, o qual lhe deu £ 700.000 e permitiu que reinasse sem um parlamento por três anos.

Foi durante essa luta contra a sombria suspeita do Tratado de Dover que a Lei do *Habeas Corpus* foi aprovada e o Partido tomou forma na Inglaterra. De um modo geral, as antigas famílias de cavalheiros, lideradas pelo clero e pelos advogados, aquiesceram com as prerrogativas reais, com a doutrina da obediência passiva e com a absoluta e irrestrita autoridade daquilo que Hobbes chamou de Leviatã, querendo significar a noção abstrata de Estado. Tais famílias favoreciam a ordem, não a opressão; o bom governo tinha grande valor para elas, como para seus oponentes, e acreditavam que não estariam seguras se a autoridade suprema fosse questionada. Tal era o Partido da Corte (Court Party), constituído pelos chamados Tories. Com o passar do tempo e depois da Revolução, eles experimentaram muitos desenvolvimentos. Porém, no começo, defendiam simplesmente a autoridade real contra a agressão, sem quaisquer ideias originais.

O Partido do Interior (Country Party) foi o da reforma. Era composto por pessoas excluídas do serviço público em função do juramento em favor da não resistência. Acreditavam na correção da guerra que o Parlamento Longo fazia contra o rei e estavam dispostas a, eventualmente, lutar contra Carlos II. Essa era a principal distinção entre elas e os Tories; temiam a revolução, porém, em casos extremos achavam-na justificável. "Atos de tirania", dizia Burnet, "não justificarão a resistência dos súditos, mas a subversão total de sua constituição a justificaria." Quando Burnet e Tillotson apresentaram sua doutrina a Lord Russell, este replicou que não via diferença entre uma Constituição legal e uma turca, à luz de tal hipótese.

A história Whig exibe uma renúncia gradual à doutrina de Burnet de que a resistência só se justificava pela provocação extrema, e uma aproximação também gradual à doutrina de Russell, seguida pela Revolução americana. O objetivo final dos Whigs não diferia do dos pais do Parlamento Longo. Eles desejavam segurança contra a injustiça e a opressão. Os vitoriosos na Guerra Civil procuraram tal segurança numa República, e fracassaram redondamente. Ficou claro que cometeram um erro ao abolir a monarquia, a Igreja estabelecida e a Câmara dos Lordes. Tudo isso voltaria e seria restaurado como se fosse pela força da Natureza, e não pela força do homem.

Os Whigs levaram a sério esse abrandamento da experiência recente. Julgaram pouco científico destruir uma força política real. Monarquia, aristocracia, prelado eram coisas que poderiam ser tornadas inócuas, que poderiam ser ajustadas, limitadas e preservadas. A própria essência do novo partido era o compromisso. Viam como erro perseguir um princípio até a morte, pressionar até os extremos, focar só numa coisa, preferir abstrações à realidade, desconsiderar condições práticas. Desapontavam um pouco pelo demasiado favorecimento ao meio-termo. Sua filosofia, ou melhor, seu filósofo, John Locke, é sempre razoável e sensível, porém diluído, mediano e pobre. Eles se associaram aos grandes interesses da sociedade inglesa, ao comércio, à atividade bancária e à cidade, com elementos que eram progressistas, porém exclusivistas e devotados aos objetivos particulares, não aos nacionais. Até onde caminharam, postaram-se à direita, ética ou politicamente. Deslocaram-se lentamente para além das necessidades básicas do momento. Eram uma composição de homens em vez de uma doutrina, e a ideia de fidelidade aos camaradas sempre foi entre eles mais forte que a ideia de fidelidade à verdade. Seus princípios gerais eram tão pouco aparentes no sistema que escritores excelentes supuseram que os Whigs eram, essencialmente, ingleses não conformistas associados com a monarquia limitada, não muito apropriados para exportação mundial. Levou tempo para que eles ultrapassassem os limites estreitos da sociedade em que surgiram. Passaram-se cem anos para que o toryismo assumisse caráter universal e científico. Nos discursos americanos de Chatham e Camden, nos escritos de Burke de 1778 a 1783, em *A riqueza das nações* e nos panfletos de sir William Jones há um desenvolvimento imenso. As fronteiras nacionais são sobrepujadas. Os princípios se sagram, independentemente dos interesses. A Carta de Rhode Island vale mais que a Constituição inglesa, e estadistas Whigs brindam o general Washington, rejubilam-se com a resistência da América e insistem no reconhecimento da independência. O progresso é totalmente consistente; e o discurso de Burke aos colonizadores é o resultado lógico dos princípios da liberdade e da noção de uma lei superior, acima dos códigos e constituições municipais, com os quais o toryismo começou.

Trata-se da suprema conquista dos ingleses e de seu legado às nações; mas os patriarcas da doutrina foram os mais infames dos homens. Eles erigiram o monumento para perpetuar a crença de que os católicos incendiaram Londres. Inventaram a caixa-preta e o casamento de Lucy Waters. Prepararam, encorajaram e recompensaram o assassino Oates. Proclamaram que o príncipe de Gales surgira numa panela de aquecer camas. Associaram-se com os assassinos da Rye House*, conspiração que foi sua ruína. Charles triunfou e não poupou seus inimigos. Quando ele morreu, a despeito do Tratado de Dover, de sua subserviência à França e do

---
* N.T.: Complô para assassinar Carlos II e seu irmão James.

sistema deliberado para subverter as liberdades na Inglaterra, James, o principal acusado, assumiu o trono sem que seus poderes fossem limitados. Os prostrados Whigs ficaram à mercê de Jeffreys*, porém, quarenta anos de agitação produziram o fermento que estimulou o mundo. O sistema revolucionário foi salvo porque o rei alijou sua vantagem. O partido Whig tornou-se supremo no Estado por uma série de eventos que são os mais significativos da história inglesa.

---

* N. T.: (of Wem), barão George Jeffreys, juiz severo que muito ajudou o reinado de James II.

CAPÍTULO VI

*A Revolução Inglesa**

Três quartos de século de lutas e experimentos, da queda de Bacon à morte de Carlos II, não deram em nada, e o governo da Inglaterra acabou se alinhando com a monarquia continental quando James ascendeu ao trono.

A Câmara dos Comuns recusou-se a ouvir os alertas contidos no discurso de Seymour e aprovou, *nemine discrepanti*, uma receita que, com o crescimento do comércio, logo se aproximou dos dois milhões. Estava dentro dos poderes do rei manter aquele Parlamento leal e submisso pelo tempo que lhe aprouvesse, e não era obrigado a reunir-se com ele anualmente. O monarca controlava os eleitorados. A imprensa não era livre, e os processos legislativos eram escamoteados do conhecimento público. Os juízes podiam ser afastados à vontade até que os cargos nos tribunais fossem preenchidos com advogados detentores de regalias. Existia um exército a soldo estrangeiro que poderia ser convocado quando necessário. A obediência passiva era ensinada como um preceito pelas universidades e como dogma religioso pela Igreja.

---

* Capítulo XIII de *Lectures on Modern History*, de Acton.

Não era segredo que James decidira transformar-se em senhor e abolir os condicionantes e constrangimentos da Constituição. Penn, reportando suas intenções a Guilherme de Orange, declarou que o rei teria ou tudo ou nada e que afirmara repetidas vezes que pretendia fazê-lo por meio de um exército regular, reivindicando o direito de formular as leis. A rebelião de Monmouth deu-lhe o exército regular, que, por não receber apoio dos favoráveis à exclusão e à limitação e por ser mal administrado, correu sério perigo. Era opinião generalizada que o ataque noturno em Sedgemoor poderia ter sido vitorioso e o exército real destruído se os rebeldes, em vez de denunciarem sua aproximação com tiros de mosquetes, tivessem lutado corpo a corpo com machados e foices. O rei tirou proveito do ocorrido e conseguiu meios para pagar uma força que chegou a 14.000 homens.

Carlos sempre esteve em perpétua necessidade de dinheiro para bancar os escândalos caros de sua corte. Existia uma meia dúzia de títulos ducais a manter com receitas da coroa, o que obrigava o rei se tornar pensionista dependente da liberalidade do tesouro francês. Com sua morte, tudo isso mudou, e Catherine Sedley desapareceu de Whitehall. É verdade que sua ausência não foi prolongada e que ela tinha rivais mais obscuros. Mas uma economia de maior decoro passou a vigorar num ramo das despesas que vinham sendo profusas. Não obstante, Luís XIV apressou-se em fazer ofertas de ajuda pecuniária ao frugal James como o fizera ao extravagante Carlos. Enviou uma quantia de £60.000 ou £70.000, relativas parcialmente a dívidas já contraídas. Elas só deveriam ser reembolsadas se James enfrentasse dificuldades depois de proclamar a liberdade de consciência. Se não houvesse distúrbios, não haveria pagamento. Mas quando as sessões legislativas foram encerradas sem que fosse tomada nenhuma medida nesse sentido, Luís ordenou que o dinheiro lhe fosse devolvido. No outono de 1685, James começou a seguir seu aconselhamento. Afinal, fora vitorioso. Seu aniversário, em outubro, foi comemorado com uma profusão jamais verificada nos de seu irmão, e as atrocidades do Western Assize* não influenciaram a opinião a seu respeito.

James tornou seus planos conhecidos. Além do exército regular e a recolocação em vigor da Lei do *Habeas Corpus*, ele reivindicou o direito de administrar a lei. Ninguém supunha que o chefe do Executivo pudesse perseguir sua própria religião. Admitir seu direito de sucessão era admitir que o Código elizabetano estava inativo. Os católicos não desejavam mais nada. Era suficiente que eles não fossem mais oprimidos. Halifax, o mais capaz, embora não o mais forte dos ministros de James, concordou com a situação, e não fez objeção a um número moderado de funcionários católicos. O príncipe de Orange foi da mesma opinião. A tolerância foi, assim, assegurada, e passou a era da perseguição. A tolerância não foi utilizada por Luís XIV, que, naquele mesmo outubro, suprimiu a religião protestante na França. E não foi também muito valiosa para o próprio James, pois não acrescentou nada ao seu poder. Ele insistiu na introdução da tolerância por meio da administração da justiça, pelo direito a suas prerrogativas e pela abolição da Lei do Teste. Mas tal lei era uma segurança contra o poder arbitrário, já que o privava de auxiliar os católicos para o desempenho de fun-

---

* N. T.: Tribunais locais para julgamento dos inimigos da coroa, em especial os envolvidos no levante de Sedgemoore, no qual pontificou a crueldade de Jeffreys; mais conhecidos como "Bloody Assize".

ções públicas. Sua sede de poder autocrático era notória, e o país não acreditava que seu fervor pela liberdade de consciência fosse sincero. O povo achava, e com razão, que ele demandava mais do que o necessário para satisfazer as necessidades óbvias e justas de sua Igreja a fim de fortalecer suas prerrogativas, e que era tolerante para se tornar absoluto. Ele pregava para todos os efeitos a máxima de que a tolerância era condição necessária do absolutismo. Secretamente, instou Luís para diligenciar pelo trabalho da revogação. E se mostrou relutante em permitir coletas para os fugitivos huguenotes.

Mais tarde, quando ele próprio estava exilado e nada poderia ser mais fora de propósito que professar simpatias pela tolerância na corte francesa, James, séria e consistentemente, as proclamou. E é bem possível que estivesse sendo sincero naquela ocasião e que uma mudança tivesse ocorrido. Outra mudança teve lugar quando ele conheceu o famoso Rancé, que fizera da abadia de La Trappe a sede mais edificante da religião na França e lugar de retiro favorito para homens como Bossuet e St. Simon. James também visitou Rancé, correspondeu-se com ele, e sessenta dessas cartas ainda existem. Em Versalhes, as pessoas não entendiam como tal devoção podia se combinar com tolerância tão grande na religião. As cartas a Rancé mostram que a religião de James, quando ele se encontrava no trono, era superficial. Não há muita certeza se isso depois se modificou, como se acreditava na França. Em conexão com essa circunstância, é conveniente mencionar a trama do assassinato.

Existia um eclesiástico irlandês, Martin de Connemara, que sugeriu que, em tempo de guerra, seria perfeitamente válido que um bando selecionado se devotasse à tarefa de matar o príncipe de Orange. Seria, disse ele, um ato legítimo de guerra. Luís XIV não necessitava de tal argumentação e enviou um canalha chamado Grandval para dar conta do detestado príncipe. Berwick optou pela sugestão do teólogo e, na batalha de Landen, liderou uma tropa de 200 cavalarianos até o local onde estava seu parente, concitando aquela tropa a matá-lo. Três anos mais tarde, em 1696, ele se encontrava em Londres, em contato com os arquitetos da trama, os quais achavam que não seria assassinato atirar no rei quando ele se encontrasse a caminho de Hampton Court, cercado por seus guardas. Um sinal de fogueira direcionado para o continente a partir de Shakespeare's Cliff deveria alertar James para que viesse para as ilhas em barcos franceses. Quando a trama tomou corpo, Berwick deslocou-se sigilosamente e encontrou-se com o pai na muda de cavalos que este fazia em Clermont. Tomando conhecimento da situação, James prosseguiu para Calais e lá, enquanto perscrutava o horizonte ao norte à espera do sinal desejado, escreveu cartas edificantes ao abade de Rancé. Quando a conspiração foi traída, demonstrou a mais profunda simpatia pelos assassinos e jamais lastimou seus crimes.

A série de medidas que resultaram na perda de seu trono constituiu um drama em três atos. Em primeiro lugar, ele tentou obter a cooperação da Igreja estabelecida. Quando fracassou, voltou-se contra ela e trabalhou com os dissidentes. E então provocou aquela rixa com o clero que resultou fatal para ele. James não acreditava na realidade da religião protestante. Sunderland garantiu-lhe que no prazo de dois anos não restaria um só protestante na Inglaterra, caso cessasse a compulsão, e sua mente estava desnorteada por dois fatos muito marcantes. Um deles era a teologia dos recentes eclesiásticos carolinos. O arcebispo Bramhall dificilmente poderia ser diferenciado de um galicano. O arcebispo Leighton estava em contato cerrado com os jansenistas. Uma doutrina romana foi adotada por Montagu, outra por Thorndike, e uma terceira por Isaac Barrow. Bull recebeu os agradecimentos do clero francês por sua justificativa dos primeiros padres contra os mais doutos dos jesuítas. Para uma pessoa mais ignorante e tacanha tudo isso apontava para uma conclusão: a instabilidade e falta de solidez do sistema anglicano. Então houve o surpreendente colapso dos huguenotes franceses. Luís jactou-se de que, em poucos meses e sem violência real, ele efetuara 800.000 conversões. E James queria acreditar nisso. Perguntou a si mesmo, diz Barillon, por que não poderia fazer outro tanto na Inglaterra. Desejou que as congregações romanas examinassem a questão de se os bispos ingleses deveriam reter suas dioceses. Algumas disseram que eles seriam melhores que o clero católico, acusado de jansenismo. Uma coisa ele considerava absolutamente certa: a Igreja jamais resistiria à sua autoridade. O bispo de Winchester rogou-lhe que não acreditasse na obediência passiva dos homens da Igreja. James respondeu dizendo que o bispo perdera a coragem.

Tendo arriscado uma contenda com os anglicanos leais, ele assumiu a administração das leis. Os juízes aprovaram. Havia um precedente em seu favor. Ele teve apoio não só no passado como também no futuro, pois Guilherme III seguiu seu exemplo. Podia pleitear estar agindo por questão de estado contra o preconceito vergonhoso e a paixão sórdida. A maior figura histórica da época, William Penn, estava do seu lado e dispôs-se a explicar o princípio de sua política ao príncipe de Orange. Luís XIV incitou-o a prosseguir. E, conquanto o corpo de católicos ingleses se opusesse vigorosamente, seus auxiliares mais próximos, homens que defendiam os interesses franceses ou sobreviventes do Tratado de Dover — Arundel, Bellasis, Dover, Tyrconnel —, encorajaram sua ideia fixa. Uns poucos homens no vértice da pirâmide do mando, disse ele, fariam mais pelo catolicismo que muitos frequentando a missa sem nenhum impedimento.

O que devemos imaginar não é um tirano sinistro arquitetando esquemas de opressão, e sim um absolutista pouco inteligente nas mãos de homens, alguns capazes e alguns sinceros, manipulando-o com argumentos plausíveis. Portanto, quando o primaz e seis bispos protestaram contra a Declaração de Indulgência, James os enviou para a Torre. Sunderland aconselhou-o a exercer a cautela. Não chegara a hora, disse ele, de medidas extremadas. Os membros violentos do conselho acharam que tinham os inimigos à sua mercê, e prevaleceram.

James pensou que havia triunfado porque exatamente então nascera o príncipe de Gales. O futuro de sua política estava assegurado. A coroa não passaria para a cabeça dos interesses protestantes na Europa. Os inimigos de James, diz o enviado imperial, deram sua causa por perdida. Em desespero, inventaram de imediato a mentira da panela de aquecer camas. Chegara, então, a oportunidade de James. Ele poderia declarar uma anistia em relação ao evento que mudara tão decisivamente sua sorte. Os sete bispos poderiam ser libertados sem julgamento e a catástrofe pairante teria sido evitada. O rei, discordando de seus assessores, de Sunderland, do núncio e até de Jeffreys, determinou o prosseguimento. Queria que os bispos fossem julgados, condenados e perdoados. Com isso, sua vitória seria completa. Porém, aconteceu que os bispos foram absolvidos e o ataque do rei à Igreja terminou em derrota.

Naquele dia, o almirante Herbert, disfarçado de marinheiro da marinha inglesa, partiu com o convite para que o príncipe de Orange se deslocasse para a Inglaterra. O convite foi redigido pelo irmão de Algernon Sidney e levava a assinatura de sete homens de respeito que estavam dispostos a arriscar suas vidas. Diversos outros aquiesceram, e não se tratou de ato de um partido. Tudo ficara inevitável quando o príncipe nasceu. Foi retardado até que a questão entre a coroa e a Igreja chegasse a uma decisão. Os associados garantiram a Guilherme que o príncipe de Gales era uma impostura e que ele deveria ir à Inglaterra para assegurar seu direito de nascimento, bem como as liberdades do país. Guilherme de Orange não promovera intrigas para que a coroa passasse à sua esposa antes do tempo devido e dera ao tio conselhos muito bons. Para ele, nada era mais valioso do que a Inglaterra não se posicionar contra ele na sua luta contra Luís XIV. Para tanto, contava com o apoio dos Habsburgos, e era essencial que eles permanecessem ao seu lado, caso atendesse ao apelo dos seus amigos. Ele vinha se preparando para tal ocasião desde que enviara Dykvelt em 1687 e solicitara aos Estados da Holanda o aprestamento de vinte e sete guerreiros e 9.000 marinheiros para enfrentar a ameaça representada pela França.

James ficou alarmado e alertou a Guilherme que a sucessão não era absolutamente segura. Luís, ameaçado com a perspectiva de ter seu mais capaz e mais formidável inimigo em Whitehall, queria que a princesa Anne precedesse a irmã mais velha. Para fortalecer seu pleito junto ao pai da princesa, propôs que ela se tornasse católica e enviou-lhe livros com tal propósito. James, por outro lado, disse a Guilherme que não haveria coroa a herdar, mas uma *Commonwealth* na Inglaterra, na eventualidade de não conseguir seu intento de tornar-se senhor. Dykvelt conduziu a negociação secreta que resultou no convite de 30 de junho.

Uma negociação mais delicada tinha lugar no continente. Guilherme não podia deixar transparecer que sua expedição implicava guerra religiosa. Estaria violando sua aliança com o Imperador que era sustentáculo de sua política. Leopoldo era um homem devoto e escrupuloso, e havia incerteza sobre o modo com que encararia uma empreitada para substituir uma dinastia católica por uma protestante na Inglaterra. Só havia uma maneira de garantir sua ajuda. Para conseguir o suporte do Império, era necessário obter a concordância do papado. Numa questão religiosa, Leopoldo seguiria o Papa. Guilherme enviou um de seus generais, o príncipe de Vaudémont, a Roma; e, por intermédio do conde Dohna, abriu uma correspondência com o Vaticano. Argumentou que os católicos teriam com ele a tolerância jamais assegurada sob o mando de James. Não haveria apenas uma vantagem política séria com o afastamento da Inglaterra dos interesses franceses, mas também um benefício positivo e mensurável para a Igreja de Roma. O Papa entendeu e anuiu, levando com ele os Habsburgos para o lado do Grande Libertador (Great Deliverer). Aí está o toque de mistério da Revolução de 1688. James, o defensor da Igreja, alienou Roma.

O Papa Inocêncio XI, nascido Odescalchi, é uma figura rara e original, e James disse acertadamente que nenhum homem como ele jamais tomara assento, por séculos, na sé de Roma. Começou reformando a corte pela abolição do nepotismo. Durante todo aquele século, seus antecessores tinham fundado famílias principescas – Borghese, Ludovisi, Barberini, Pamphili, Chigi, Rospigliosi, Altieri. Tais grandes casas se tornaram opulentas com os espólios da Igreja, e como seus fundadores morreram sem fazer restituições, os oponentes do nepotismo afirmaram que eles faleceram impenitentes e deveriam ser encontrados naquelas regiões do outro mundo onde Dante se deleitava em mostrar os pontífices de seu tempo. No seu zelo por uma estrita moralidade, Inocêncio tentou retificar os ensinamentos dos casuístas e envolveu-se em problemas com os jesuítas. Na França, ele era considerado um jansenista, e, na Inglaterra, Oldmixon o chamou de papa protestante. Inocêncio se esforçou, como ninguém o fizera desde a Reforma, para encontrar remédio para as divisões na Cristandade ocidental. O movimento não cessara desde que Richelieu foi ministro e Grotius embaixador em Paris, e tornara-se ativo nos dois lados. Inocêncio sancionou o esquema de concessões que foi considerado satisfatório nas universidades da Alemanha protestante.

Quando Luís revogou o édito da tolerância, o Papa não disfarçou seu desprazer. Foi compelido a pelo menos permitir te-déuns e iluminações, mas não fez segredo de sua descrença no apostolado armado dos missionários de perneiras. Opôs-se vigorosamente ao sistema galicano, com o qual teve prosseguimento a perseguição. James II era odioso para ele por várias razões. Primeiro, como promotor das tendências francesas tanto na política como na religião, posto que James, como Luís, era galicano nas questões religiosas. Quando um inglês defendeu as proposições ultramontanas num debate em Louvain, James expressou sua indignação quanto ao fato de um tal ataque à total autoridade dos reis ter sido permitido em sua presença. Ofendeu o Papa enviando Lord Castlemaine como seu embaixador, ridículo não só como marido da duquesa de Cleveland, mas também como autor de um livro que demandava tolerância argumentando que os católicos deveriam ser tão bem tratados na Inglaterra como os protestantes na França. Com grande relutância, o Papa consentiu que seu agente D'Adda fosse nomeado núncio em Londres, mas quando James fez do jesuíta Petre seu conselheiro privado, dando-lhe seu próprio apartamento em Whitehall e enviando um requerimento a Roma com a argumentação de que Petre se ajustaria melhor à posição se fosse um bispo ou um cardeal, Inocêncio recusou.

Petre culpou o núncio, e os jesuítas perguntaram se ele deveria ser expelido do país. Ele seria forçado, disse o rei, a se haver sem a Corte de Roma. D'Adda deu o mesmo conselho que o príncipe de Orange, ou seja, que as Leis Penais não deveriam ser executadas e a Lei do Teste mantida; e foi um dos que, quando a crise chegou, sustentou que não havia nada a temer da parte de Guilherme. Depois da morte de Inocêncio, em 1689, houve uma mudança, porém Roma declarou-se a favor do juramento de Guilherme III. Perth escreveu de Roma, em 1695: "O Príncipe de Orange tem mais aliados aqui que na Inglaterra ou na Holanda, e o rei é universalmente detestado. É um escândalo ouvir o que é dito todos os dias, publicamente, quando fazem comparações entre um tirano herege, não natural e usurpador e Sua Majestade."

Nessa atmosfera, bem mais forte em 1688 que em 1695, Guilherme formulou seu plano. Luís tinha poder para, a qualquer momento, barrar a expedição. Possuía um exército pronto para a guerra. Poderia ter retido Guilherme firmemente enviando o exército contra a Holanda. Preferiu atacar o Império no Reno Superior. Por vinte anos, foi seu desejo neutralizar a Inglaterra por meio de rixas internas, e estava feliz por manter os holandeses fora do caminho enquanto desferia um golpe em Leopoldo. Era impossível que o conflito entre James e Guilherme não lhe desse uma oportunidade. De início, ele manteve-se afastado, deixando que as coisas corressem seu curso. Não houve resistência, por terra ou mar, e acabou sendo quase tão fácil destronar os Stuarts quanto restaurá-los. O equilíbrio dos partidos e a falta de convicção forte na Inglaterra permitiram que tudo se ajustasse quando a verdadeira guerra começou na Irlanda, na Escócia e no Canal. O levante dos escoceses não retardou a questão, mas é valioso para nós em virtude de uma transação ocorrida.

O feito alcançado em Glencoe é familiar a todos nós pela marca do *Tyrian purple** que imprimiu na mais esplêndida de nossas histórias. Ele proporciona uma base para julgamento do caráter de Guilherme e de seu governo. Eles quiseram que alguns *Highlanders* se destacassem, que um exemplo fosse dado; e esperaram que pudesse ser um clã católico, provavelmente os jacobitas mais perigosos. "Quem sabe," escreveu Stair, "mas, pela providência divina, lhes seja permitido cair na ilusão de que possam apenas ser extirpados." Quatro dias mais tarde, outro escreve: "O rei não se importa que alguns o façam, que ele possa estabelecer um exemplo com eles." Consequentemente, por ordens suas, um ramo dos Macdonalds foi destruído por Campbell de Glenlyon. Não há dúvida sobre a ordem. Mas não há certeza de que Guilherme sabia que o líder do clã tinha prestado juramento. As pessoas envolvidas foram recompensadas na proporção devida. Um se tornou coronel, outro, cavalheiro, um terceiro, par do reino, um quarto, conde. Era o modo de ser do rei Guilherme. Quando o assassinato de

---

* N. T.: Corante extraído dos moluscos Murex na costa de Tyre, indicador de opulência e realeza.

De Witt o tornou supremo, ele manteve-se afastado de Haia, mas providenciou para que os assassinos fossem recompensados. Oitenta anos depois, um desertor de um de nossos regimentos foi condenado ao fuzilamento. O oficial que comandava o pelotão de fuzilamento, outro capitão Campbell de Glenlyon, recebeu ordem para suspender a sentença, mas com uma instrução secreta para que só o fizesse quando o réu estivesse diante dos mosquetes apontados. Naquela ocasião, ao retirar a ordem de suspensão do bolso, seu lenço veio junto com o documento e caiu no chão. Os soldados interpretaram aquilo como ordem de fogo e atiraram. Glenlyon exclamou: "É a praga de Glencoe!" e logo deixou o serviço ativo.

Quando James escapou para a França, partiu imediatamente depois para a Irlanda com um exército francês, enquanto uma frota gaulesa dava cobertura à expedição e patrulhava o Canal. James há muito tencionava tornar a Irlanda independente da Inglaterra, de modo que, sob o mando de seus sucessores protestantes, a Irlanda se transformasse em refúgio inexpugnável para os católicos perseguidos. Estimava que isso consumiria cinco anos de preparação. Tyrconnel também contemplava a separação e preparou uma invasão francesa, na eventualidade de James morrer. Quando James se apresentou, Tyrconnel o achou irremediavelmente incompetente, e ofereceu seu país a Luís XIV. Sarsfield detestou sua traição e convidou Berwick a assumir o governo. Dos conselheiros franceses de James, um deles era Lauzun, comandante do exército auxiliar, que propôs incendiar totalmente Dublin e devastar o interior. Outro era o embaixador D'Avaux, que queria que ele acabasse com todos os protestantes da ilha.

James rejeitou o conselho com indignação. Luís também o repudiou, mas sem a repulsa que se poderia esperar de um rei muito cristão, e sem achar que o conselheiro era indigno da função. D'Avaux relata isso tudo, sem nenhuma reserva, nos seus despachos, que estão entre as curiosidades da História. Eles foram impressos no Foreign Office, mas jamais publicados. O único exemplar que jamais vi não estava ainda com as folhas cortadas quando caiu em minhas mãos.

A despeito dos conselhos discordantes, as perspectivas jacobitas na Irlanda luziram quando uma frota de setenta e oito navios partiu de Brest. "Se eles fossem comandados por De Ruyter," disse Louvois, cujo controle terminava no litoral, "existiria algo de esperança." Em vez de De Ruyter, Tourville derrotou a armada combinada anglo-holandesa em Beachy Head. Os aliados perderam dezesseis de seus cinquenta e oito navios; os franceses, nenhum. Tourville tornou-se senhor do Canal. Torrington deixou o combate aos holandeses e manteve-se o máximo afastado da cena de perigo. Teve a lamentar a morte de seu cão favorito. Foi dito que o cachorro teve morte de almirante, e que o almirante viveu vida de cão. Aquele 30 de junho foi a data mais ignóbil de nossos anais de marinha.

No dia seguinte, foi ganha a batalha de Boyne, não como conta a lenda, por Guilherme com a espada em sua mão esquerda, ou Schomberg mergulhando no rio para morrer como soldado, mas pelo Schomberg mais moço que cruzou o rio mais acima e flanqueou os franceses. A vitória de Tourville, depois disso, foi totalmente inútil. Guilherme ofereceu uma anistia, que foi frustrada pela sede inglesa em relação às propriedades irlandesas; e a capitulação de Limerick, rejeitada pelo Parlamento irlandês, forjou para a vila o nome de Cidade do Tratado Quebrado (City of the Broken Treaty).

O reinado de James chegou ao fim quando ele fugiu de Boyne para St. Germains. Ele se tornou rei dos não juramentados (Nonjurors). Em 1693, quando os franceses foram vitoriosos em Steenkerk e Landen, expediu uma Declaração, com a duvidosa aprovação dos eclesiásticos franceses, que os bispos não juramentados rejeitaram. Tais concessões, afirmaram eles, arruinariam a monarquia. Kerr foi da mesma opinião; mas James prosseguiu com a iniciativa, dizendo que, depois que a Declaração servisse ao propósito de restaurar o rei, ele não seria obrigado a observá-la. A guerra não foi profícua para os aliados em terra; mas depois da vitória em Haia, os três reinos ficaram seguros contra invasões. Essa foi a guerra à qual devemos a Dívida Nacional, o Banco da Inglaterra e o crescimento dos interesses monetários.

Mas a questão agrária, ainda em grande parte predominante, e os latifundiários, ainda classe dominante, demandaram uma retribuição por sua parcela na ascensão de Guilherme. Dezenove anos antes, as Leis do Milho foram estabelecidas para seu benefício. A proteção contra a importação do estrangeiro foi valiosa; mas, em 1689, foi adicionado um prêmio para a exportação de milho cultivado na Inglaterra, resultando na imensa prosperidade da agricultura inglesa no século XVIII, enriquecendo os grandes proprietários de terras com capital a expensas dos pequenos que não o possuíam.

Dois de nossos maiores escritores, para falar a verdade, nossos dois maiores escritores, Burke e Macaulay, esforçaram-se bastante para mostrar que a Revolução de 1688 não foi revolucionária e sim conservadora, que foi nada mais que a retificação de erros recentes e uma volta aos antigos princípios. O rei acabou reconhecido como uma necessidade para o então estado da Inglaterra. A ideia de uma *Commonwealth* não surgiu. A Revolução foi, primordialmente, trabalho dos conservadores, isto é, dos homens da Igreja que, onde os interesses dela não foram ameaçados, mantiveram estritamente a autoridade e reverteram à doutrina original quando a crise passou. Nenhuma mudança teve lugar na classe governante. A pequena nobreza, que gerenciava as questões do país, continuou administrando da mesma forma após 1688. Não houve transferência de poder do elemento aristocrático da sociedade para o democrático. Os elementos essenciais de um governo livre, da liberdade de religião, da educação nacional, da emancipação dos escravos, da liberdade de comércio, do auxílio à pobreza, da liberdade de imprensa, da solidariedade dos ministros, da publicidade dos debates não foram mencionados nas resoluções da Convenção ou na Carta dos Direitos. Nada foi feito para determinar se o futuro pertenceria aos Tories ou aos Whigs.

Contudo, ainda assim, é o maior feito da nação inglesa. Estabeleceu o estado por meio de um contrato e firmou a doutrina de que uma infração ao contrato representaria a perda da coroa — primeiro na convenção inglesa, depois na escocesa. O Parlamento concedeu a coroa, e o fez sob condições. Ele se tornou supremo na administração, bem como na legislação. O rei resultou seu servidor em termos de bom comportamento, passível de ser deposto tanto quanto seus ministros. Tudo isso não foi restituição, e sim inversão. A obediência passiva vinha sendo a lei na Inglaterra. A obediência condicional e o direito à resistência transformaram-se em lei. A autoridade foi limitada, regulada e controlada.

LORD ACTON

A teoria Tory de governo foi substituída pela Whig nos pontos fundamentais da ciência política. A grande conquista foi a consecução de tudo sem derramamento de sangue, sem vinganças, sem exclusão de partidos inteiros, com pequenas definições doutrinárias para que pudesse ser aceito, e as consequências foram deixadas para que se solucionassem por si mesmas. A própria Lei revelou-se estreita, sem vida, confusa, dócil e insatisfatória. Era perfeitamente compatível com a opressão de uma classe sobre outra, e do Estado sobre o país, já que agente de uma classe. Era estranhamente imperfeita.

As consequências amadureceram lentamente, e uma ocasião chegou, sob George III, em que pareceu que elas estavam exauridas. Foi então que uma outra e mais gloriosa Revolução, infinitamente mais definida e delineada, com mais forte base em princípios e menos dependente da conciliação e do compromisso, começou a influenciar a Inglaterra e a Europa.

CAPÍTULO VII

Ensaio sobre o History of the Commonwealth of England, *de Bisset**

O segundo volume de *History of the Commonwealth of England* de Mr. Bisset leva a narrativa até a expulsão do Parlamento Longo e fornece uma laboriosa justificativa para o Governo republicano durante os dois anos nos quais a Inglaterra ascendeu à posição de primeira entre as potências navais. Esse efervescente período de tempo entre a execução do rei e o começo do protetorado só ocupa dez páginas de Hallam e tem sido encarado como nada mais que o cenário preparatório para a usurpação de Cromwell. Mr. Bisset não exagera quando fala dos capítulos omitidos da história inglesa. O episódio republicano em tantos séculos de monarquia, durante o qual os entusiastas prevaleceram no lar do bom-senso e teóricos governaram no baluarte da tradição, é memorável em muitos aspectos. Ele não alcançou tudo o que a nação tinha o direito de esperar, pois o frescor do pensamento e a energia da determinação que conferiram tal poder à Assembleia Nacional de 1789 não estiveram presentes no Rump**.

---

* *History of the Commonwealth of England from the Death of Charles I to the Expulsion of the Long Parliament by Cromwell*, vol. 2 (Londres: John Murray, 1867). Este ensaio foi publicado no *Chronicle*, 8 de fevereiro de 1868, pp. 139-140. Ryan, p. 391; Döllinger I, p. 495.
** N. T.: O que restou do Parlamento Longo depois da expulsão dos membros favoráveis a Carlos I, em 1648.

As antiquadas e pouco harmoniosas disposições da lei inglesa não passaram por revisão à luz da razão; e os testes da ciência política e do bem público não foram aplicados aos tenazes remanescentes da civilização anterior. Os advogados, liderados por Whitelocke, foram fortes demais para os filósofos. Mas a *Commonwealth* conquistou a Irlanda e a Escócia, criou o marinha inglesa e determinou por séculos, por intermédio da Lei da Navegação, a política comercial do país. Mr. Bisset se restringe quase que inteiramente a um dos ramos do assunto e a uma fonte de informações. Ele consultou o Livro de Ordem (Order Book) do Conselho de Estado e atenta pouco para o que não encontra lá. O sistema de governo doméstico, a ação da religião na política, as aventuras românticas de Carlos e o furtivo progresso de Cromwell são matérias que ele considera pouco dignas de atenção. Prefere lidar com aquela parte da administração do Parlamento na qual foram forjadas grandes coisas e que lhe deram fama. Ele é um republicano, hostil, portanto, a Cromwell e aos Stuarts. Concebe que Vane e seus colegas governaram com sucesso e que teriam estabelecido um Estado livre se não tivessem sido privados por Cromwell, cuja traição piorou a situação e permitiu a restauração da dinastia exilada. Para mr. Bisset, eles foram mais sábios que o *Protector* porque preferiram a Espanha à França; o autor afirma também, confiantemente, mas sem melhor prova que a palavra de Scot, um dos líderes republicanos, que eles teriam feito uma paz melhor com os holandeses que a concluída por Cromwell, após novas vitórias e a morte de Tromp. Sua mente está voltada para reduzir a reputação de Cromwell; a antipatia que devota aos Stuarts não é menor, já que os descreve como babuínos, e assegura que Rupert era um covarde; no entanto, a seu ver, os Stuarts não interferiram tanto nem foram tão detestáveis quanto o infiel servidor da *Commonwealth* que se fez senhor. Nas suas páginas, os discursos de Cromwell são "emanações do reinado da escuridão"; como soldado, ele foi sobrepujado por Lambert e por Harrison: seus feitos mergulham na insignificância em comparação com os de Blake. Novas evidências são apresentadas sobre um fato já conhecido, que os republicanos tentaram se prevenir contra uma ditadura militar embarcando regimentos inteiros na armada e criando salvaguardas para eles mesmos com os interesses navais. Mr. Bisset persegue uma política análoga. Fixa sua atenção na guerra holandesa, que não lustrou a reputação dos chefes militares, e se esforça para colocar Cromwell à sombra, exaltando a glória de Blake. Reconhece que a administração doméstica do Parlamento Longo foi arbitrária, opressiva e corrupta. Não nega que seus membros eram impopulares e que seu poder era absoluto e inconstitucional. Mas não explica como a derrubada de um tal governo poderia ser um crime. Seu pleito, na realidade, é que eles combateram os holandeses com espírito intrépido.

Mr. Bisset poderia ter conseguido muita informação importante relativa à história diplomática da guerra naval caso tivesse, com menos inveja, se restringido a recorrer às autoridades inglesas. Documentos referentes a tais transações abundam nas obras dos escritores holandeses, e muitas coisas que deixam Mr. Bisset perplexo são, de fato, bastante indubitáveis. Por exemplo, gasta muito espaço inquirindo se Cornelis de Witt, o vice-almirante da Holanda derrotado por Blake em 8 de outubro de 1652, era o irmão de Johan de Witt. Ora, esse Cornelis de Witt é um dos mais famosos marinheiros holandeses; sua vida foi descrita por

De Jonge, o eminente historiador naval; e ninguém pode ter estudado seriamente os eventos daqueles anos alimentando qualquer confusão sobre a identidade do holandês. Ele era vinte e quatro anos mais velho que Cornelis, o irmão do grande De Witt; e foi ele quem declarou ante os Estados da Holanda, no verão de 1653, que a Inglaterra era senhora dos mares. Mr. Bisset faz pequena alusão à destruição da frota de pesca do arenque em julho de 1652. Diz apenas que Blake capturou uma centena de barcos holandeses e liberou suas tripulações. Parece não ter ideia da extensão do golpe desferido contra a prosperidade da Holanda. Três mil embarcações que foram destruídas por Blake eram empregadas na pesca, e cento e cinquenta mil pessoas trabalhavam na indústria. Vendo apenas o lado de seus compatriotas, Mr. Bisset se mostra bastante indiferente à justiça em relação aos seus inimigos. A motivação para os holandeses irem à guerra, diz ele, foi a rapinagem sórdida e estúpida. "Isso é afirmado no testemunho tanto dos escritores republicanos como dos partidários do realismo" – a saber, Ludlow e Hobbes. "É provável que os holandeses fossem tão sinceros nas suas tratativas de paz quando Filipe II e Alessandro Farnese o foram, sessenta e quatro anos antes, enquanto preparavam a Armada espanhola. É provável que o governo holandês de 1652 estivesse tão determinado em destruir a *Commonwealth* inglesa quanto Filipe II estava em destruir a monarquia inglesa em 1588." Mr. Bisset não produz prova, tampouco revela autoridade, para dar suporte a tais probabilidades, e não chama a atenção para as causas domésticas que levaram a Holanda a uma guerra tão impopular e desastrosa.

Guilherme II morreu em novembro de 1650, depois de malsucedido *coup d'état*, com o qual tentou tornar-se independente dos Estados da Holanda. O partido monárquico, que prevalecera durante três quartos de século sob quatro príncipes, que executara Oldenbarneveld e banira Grotius, foi deixado pela primeira vez sem um líder hereditário. O cargo de Stadtholder permaneceu vago; a administração suprema das questões de estado passou ao partido aristocrático na Holanda e foi conduzida com notável habilidade, até que o filho póstumo de Guilherme restabeleceu a influência da família. O governo republicano abriu de imediato comunicações amistosas com a *Commonwealth* inglesa. Os aliados da Casa de Orange, que mantinha relações cerradas com os Stuarts, resistiram à mudança de política. Acreditando que uma guerra contra o estrangeiro serviria a seus interesses pela concentração do poder num único magistrado-chefe e, assim, evitaria a consumação de sua ruína, eles se esforçaram para causar uma cisão com a Inglaterra. Um de seus líderes descreve suas esperanças numa carta escrita em janeiro de 1952: "Si, selon les grandes apparences, la pacience nous eschappe contre les Anglois, on em pourroit revenir plustost à nostre vieille forme de gouvernement, par où l'estat se raffermiroit et les gens de bien et d'honneur se relèveroient." Tromp pertencia ao partido Orange, e a questão da paz ou guerra estava em suas mãos, já que cabia a ele decidir se seriam ou não prestadas honras à bandeira republicana reivindicadas pelos reis da Inglaterra. O governo inglês entendeu claramente que seu inimigo era a facção Orange, e não a República da Holanda. Seus membros tentaram primeiro o esquema quimérico de uma coalizão ou união entre as duas potências marítimas; e quando o projeto fracassou, compeliram a Holanda a aceitar um artigo secreto no tratado de paz para a exclusão perpétua do governo da Casa de Nassau. Tais negociações revelam o sigilo da situação e a verdadeira característica da primeira guerra holandesa. Elas podem ser rastreadas com grandes detalhes em livros que são suficientemente bem conhecidos; porém, infelizmente, elas escaparam à atenção de mr. Bisset.

CAPÍTULO VIII

Ensaio sobre o Life and Times of Edmund Burke, *de Macknight**

Esse livro é especialmente interessante para os católicos tanto por conta do assunto como da maneira de tratá-lo; isso porque Burke foi o mais inteligente, o mais sincero e o mais desinteressado de todos os advogados da causa católica; e mr. Macknight é o mais imparcial e o menos preconceituoso de seus biógrafos. Dos muitos que o precederam, nenhum esteve à altura do biografado. A memória publicada imediatamente depois da morte de Burke, juntamente com *Observations on the Conduct of the Minority*, é um mero esboço de setenta páginas, mas contém muita informação acurada e se transformou na base para o artigo no *English Cyclopaedia*, de Knight, o mais satisfatório relato de Burke jamais publicado. O *Memoirs* de M'Cormick, escrito no interesse dissidente e revolucionário, é o repositório de todas as calúnias sempre assacadas contra ele. O *Life of Burke*, de Bisset foi um sucesso na ocasião e chegou até a ser traduzido para o francês; porém, embora Mr. Macknight declare que ele está longe de ser o pior livro sobre o assunto, certamente não é o melhor, e está agora

---

* *History of the Life and Times of Edmund Burke*, de Thomas Macknight, 2 vols. (Londres: Chapman and Hall, 1858). Este ensaio foi publicado no *Rambler* N. S. (2ª série) 9 (abril de 1858): 268-273; *Wellesley* II, p. 774; Acton-Simpson I, p. 16.

quase tão esquecido quanto o seu *History of George III*. *Life*, de mr. Peter Burke é um livro de pretensões moderadas e tem menor valor ainda. *Memoirs* do dr. Croly só se sobressai como uma tentativa de extrair um sistema político Tory dos escritos do grande estadista Whig. A popular, mas enfadonha, biografia escrita por Prior contém em sua última edição uma narrativa tolerável sobre a história pessoal de Burke. Seu principal defeito é que, no caso de um homem como Burke, isso não basta. Para que seja totalmente entendido, sua vida tem que ser revista como parte da história dos tempos dos quais ele foi o principal ornamento e sobre os quais tanto influiu. As vidas dos grandes homens públicos são inseparáveis de seus tempos, e uma biografia que recusa ser uma história é inevitavelmente imperfeita. O horizonte de mr. Macknight é muito mais amplo que o de mr. Prior; e ele não apenas escreveu bem sobre a história de George III, como também demonstrou muita diligência na coleta de fatos minuciosos relativos à vida particular de Burke. Ele refuta, por exemplo, a assertiva de que Burke foi um malsucedido candidato à cátedra de Lógica de Glasgow; e, com muito zelo, justifica seu biografado das imputações sobre ele lançadas a respeito de suas ligações com a famosa Peg Woffington. O cuidado dispensado a tais detalhes e não às muito necessárias investigações, e o hábito de falar abertamente de todas as pessoas e eventos com os quais Burke se relacionou de uma maneira ou de outra, ocasionaram uma certa dispersão excessiva que seria condenável caso fosse possível lamentar-se a extensão de uma biografia de nosso maior estadista, que é consideravelmente ultrapassada pelas das vidas de pessoas como o dr. Chalmers e Hannah More. Mas temos também que deplorar uma certa grandiloquência pomposa e alguns equívocos de gosto dificilmente esperados num escritor com tal experiência.

Mr. Macknight esforçou-se a fim de provar a autoria de Burke de diversas obras que, geralmente, não tínhamos ideia de que eram dele. Considera, por exemplo, que *Accounts of the European Settlements in America*, que foi incluído na edição americana dos trabalhos de Burke, é quase inteiramente seu. Quando a Guerra dos Sete Anos terminou, *A Complete History of the Late War* foi publicado, consistindo em extratos do *Annual Register* dos seis anos precedentes. Uma obra inquestionavelmente de Burke. Que ele foi o iniciador, e por muitos anos seu principal compilador, do *Annual Register* é bem sabido. Mr. Macknight afirma que a parte histórica na maior parte foi por ele escrita, pelo menos até o fim da guerra americana; porém, M'Cormick, que foi seu coevo, declara que a conexão de Burke com o *Register* durou até 1789, quando o trabalho passou para as mãos de seus amigos dr. Laurence e dr. King. As extraordinárias riqueza e energia da mente de Burke emprestam um valor particular a cada fragmento que restou dos seus escritos. Devemos, portanto, fazer eco à aspiração de mr. Macknight quanto a uma coleção mais completa de seus trabalhos, que iria, na nossa opinião, prestar maior serviço que a mais elaborada biografia. Ela deveria conter mais que o dobro das edições existentes. Além de uma judiciosa seleção do *Annual Register* e dos vários panfletos e ensaios que ainda não foram coligidos, deveria contemplar todos os seus discursos, dos quais muitos extratos existem na História do Parlamento e nos Debates Cavendish. Muitos desses curtos e imperfeitamente registrados discursos, como também algumas de suas cartas particulares, dão uma ideia de sua genialidade, pelo menos tão expressiva quanto a exposta em seus melhores trabalhos. Alguns de seus últimos pronunciamentos, que não foram por ele publicados, e algumas de suas cartas na coleção, que apareceu em 1844, são mais profundos que qualquer coisa que possa ser encontrada em seu *Reflections*. Tal obra, na qual repousa a maior parte de sua fama, não reflete fielmente todo o seu intelecto. Ela foi escrita num estilo calculado para produzir grande e imediato efeito e, nesse aspecto, foi eminentemente bem-sucedida. Provavelmente, seria bem menos efetiva caso fosse mais original e mais profunda. Quanto a essas qualidades, os escritos subsequentes de Burke são muito superiores ao *Reflections*.

Mr. Macknight, principalmente conhecido como panfletário, dá mais realce aos escritos políticos de Burke e confere pouca proeminência à sua produção literária mais notável, o *Abridgement of English History*. O mais letrado de todos os escritores sobre o assunto, Lappenberg, diz, falando sobre esse livro, que se Burke tivesse se dedicado com mais continuidade às pesquisas históricas, a Inglaterra poderia ter contado com uma obra-prima que ombrearia as dos historiadores áticos e toscanos. Se acreditarmos na história de que Burke desistiu da empreitada porque Hume para ela se voltou, deve-se lamentar que não tenha ocorrido o contrário, ou seja, que o filósofo não tivesse cedido o lugar ao político. Teríamos, certamente, uma melhor História da Inglaterra; pois, uma vez que Burke foi nosso maior estadista, sem sombra de dúvida seria o primeiro de nossos historiadores. Na parte do trabalho que completou, ele fala das instituições medievais com uma competência e uma apreciação que eram igualmente raras entre católicos, protestantes e ateus. Os grandes escritores eclesiásticos da era precedente, como Bossuet e Fleury, tiveram quase a mesma pouca simpatia com a Idade Média que Mosheim ou Voltaire. Só Leibnitz escreveu sobre ela num tom que hoje não seria considerado de desprezo. As vastas compilações de grandes acadêmicos como Ducange, Mabillon e Muratori ainda não tinham dado frutos no continente; e, na Inglaterra, o surgimento de uma escola melhor de historiadores ainda era mais remoto. Seguir-se-iam diversas gerações de homens que iriam auferir seus conhecimentos sobre a Idade Média da Introdução a *Charles V*, de Robertson, que estudariam a história eclesiática nas páginas de Gibbon e que admirariam Hume como o príncipe dos historiadores. Aos trinta anos de idade, Burke revelou-se superior àquele sistema de preconceito e ignorância que então era universal e que ainda não está dissipado. As observações de mr. Macknight sobre o livro, se bem que não totalmente justas, são suficientemente características para serem citadas:

"Embora quase não componha uma história, esta obra é excelente como disquisição. Escrita em 1757, ela não tem nada da liberalidade 'iliberal' que estava tão em voga à época. Os serviços da Igreja católica e mesmo do sistema monástico à causa da civilização nas eras da escuridão são totalmente admitidos. Não existem zombarias contra os monges nem lamentos em relação às superstições e preconceitos das pessoas, tampouco exaltações às luzes do século XVIII."

É notável o fato de tantos de nossos homens públicos escreverem sobre história. Nossos historiadores são mais atores históricos que escritores. Suas obras realçam por todos os aspectos, menos pela erudição. É característica da mente inglesa essa longa falta de convívio com histórias eruditas regulares. Nos atributos mais essenciais, nossos historiadores profissionais não podem competir com os de outros países; e não temos quem possa se comparar com Niebuhr, ou Hurter, ou Ranke, ainda mais com Tucídides ou Tácito. Gibbon, Lingard, Grote não se medem com os modernos em erudição: Hume e Macaulay são inferiores em arte aos antigos. Na Idade Média, grandes feitos foram consumados por homens que não sabiam escrever; e foram registrados por homens que não os tinham visto e não podiam entendê-los. Muitos de nossos maiores historiadores do presente escrevem do isolamento de seus escritórios sobre acontecimentos sobre os quais não têm experiência. Mas a característica prevalecente dos historiadores ingleses não é nem a do cronista monástico nem a do professor germânico. O catálogo está apinhado de nomes distintos em outra esfera – Bacon, Raleigh, Milton, Clarendon, Burnet, Swift, Fox e Mackintosh. Essa conexão entre estudos históricos e vida política tem sido mais benéfica para o desenvolvimento do estadista que do historiador. Nossa literatura histórica vem de há muito se emancipando das inexatidões tradicionais tão caras à imaginação popular, e, em consequência, tais estudos ainda não exerceram a poderosa influência para o bem que é tão patente no exterior. No entanto, Burke foi um homem liberto tanto do preconceito vulgar quanto do pedantismo; e homem algum foi tão qualificado para adornar a história com os dotes de um grande acadêmico e com a realidade e o vigor que derivam da experiência pessoal nas questões públicas.

Mr. Macknight merece grande crédito por ter traçado o crescimento das ideias de Burke concernentes à religião católica e por ter realçado todas as causas que contribuíram para produzir as opiniões iluminadas pelas quais ele se distinguiu de forma tão notória. Depois de traçar sua obscura linhagem, ele diz:

"Burke por certo não esqueceu que seus ancestrais foram católicos. Jamais olvidou que sua religião foi proscrita no país que tanto amou. Se bem que, por educação e pela convicção sincera, um membro da Igreja da Inglaterra, ele respeitou o credo da mãe, que tanto o estimou na infância desamparada, da sra. Garret, a ama-seca que o amparou em seus braços, e do tio Garret, que ele acredita ser o mais gentil dos seres humanos. Tão poderosa influência teve tal associação em toda a sua vida, que, a menos que seja constantemente levada em consideração, grande parte de sua história e de sua carreira política pode se tornar muito ininteligível."

A mãe de Burke era católica, e parece que ele continuou muito ligado a ela mesmo durante as desavenças que teve com o pai. Quando menino, manteve estreita relação com os tios católicos. Além dessas primeiras influências, o mesmo ódio generoso que depois demonstrou noutro campo no *impeachment* de Hastings parece ter desenvolvido nele uma fervorosa simpatia pelo irlandês oprimido; e, nos últimos anos de sua vida, não há dúvida de que sua familiaridade com muitos dos clérigos exilados da França operou da mesma forma. Circularam diversos relatos absurdos sobre os favores que dispensou aos católicos. Ao seu tempo, o duque de Newcastle suspeitou que ele fosse católico; e, de uma nota sobre o livro de mr. Macknight num periódico contemporâneo de grande circulação, constatamos que ainda existem pessoas tolas que pensam assim. O dr. Nugent, sogro de Burke, era católico, e o mesmo tem sido dito a respeito da esposa de Burke. A prova que mr. Macknight apresenta sobre tal improbabilidade é demasiadamente fraca. Todos esses relatos se originam apenas da necessidade de justificar a ausência de intolerância em Burke, que, para muitas pessoas, ainda é incompreensível. Todavia, não há razão para que se suponha que ele seria predisposto em favor da Igreja por uma mãe que não criou os filhos dentro da própria fé e que, certamente, não cumpria com seus deveres religiosos. Não há motivo para que se duvide de que a Sra. Burke foi presbiteriana como a mãe. De fato, houve muitas coisas essencialmente católicas na mente de Burke e que afloraram distintamente tanto nos seus pontos de vista políticos gerais quanto na sua conduta para com os católicos. Destacaremos mais uma passagem a esse respeito:

"Como primeiros esforços de Burke contra a opressão, seus desejos, pensamentos e intenções àquela época (1763) em favor dos católicos foram muito pouco entendidos. Já entrado nos anos, ele apelou para os que sabiam quais eram seus sentimentos enquanto estava na Irlanda, durante a administração de Lord Halifax, e declarou que eles não tinham mudado de forma alguma, mas já então estavam tão amadurecidos em sua mente quanto em qualquer período posterior. Não existiam na ocasião associações católicas, agitadores católicos ou políticos na Inglaterra preparados para condescender com a Emancipação Católica. Grattan ainda era menino de escola. William Pitt era uma criança. Charles Fox frequentava Eton e escrevia versos em francês exaltando Lord Bute. Canning ainda não tinha nascido. A Casa da Holanda, em vez de ser o baluarte do liberalismo, era o fétido repositório da corrupção política. Ao grande homem, cuja vida e obras são objetos destas páginas, é devida a honra de ter, em qualquer época, continuado a luta com mais constância, ardor e perseverança que qualquer outro estadista de seu tempo ou de geração futura. Vimos que o fragmento em leis penais, seu primeiro trabalho na política prática, foi em favor de seus compatriotas oprimidos. Veremos que as últimas cartas que ditou sobre questões políticas, reclinado num divã, com as forças exauridas pela aproximação da hora final, e nos rápidos intervalos em que as dores amainavam, têm o mesmo objetivo sagrado."

Os dois volumes de mr. Macknight, entretanto, não vão muito longe. Param em 1789. Até então Burke foi um prosélito brilhante, líder popular de uma causa popular. A tarefa de seu biógrafo Whig foi relativamente fácil. A parte mais interessante de sua vida, mas muito mais difícil, foi aquela em que de líder de um partido ele se transformou em professor da humanidade. Os escritos desses últimos anos não podem ser julgados pelos padrões estreitos da política partidária; e seu biógrafo, para se colocar à altura do biografado, terá que colocar de lado pontos de vista partidários e reconhecer os princípios universais da filosofia política que Burke sustentou com tanta eloquência no ocaso de sua vida e que levaram à secessão de 1791.

CAPÍTULO IX

Ensaio sobre o Manual of English Literature, *de Thomas Arnold**

O projeto de atravessar o mesmo caminho duas vezes com dois assuntos diferentes já foi tentado nas histórias literárias. A história dos livros difere da história dos eventos, já que se obriga a combinar o histórico geral com o elemento biográfico pessoal. Nenhum escritor jamais foi vitorioso ao apreciar os dois aspectos no mesmo texto consecutivo; por conseguinte, a ideia de tratá-los sucessiva e separadamente é tanto natural como prática. Para a escola de Hegel, isso foi particularmen-

---

* *A Manual of English Literature, historical and critical*, de Thomas Arnold (Londres: Longman, 1862). Este ensaio foi publicado na *Home and Foreign Review* 2 (janeiro de 1863): 250-254; *Wellesley* I, p. 551. *Wellesley* apresenta como sua fonte a bibliografia de W. A. Shaw. O *Wellesley Index* está bem ciente de que a bibliografia de Shaw dificilmente constitui um guia infalível. Ela contém diversos erros de atribuição que têm infernizado os bibliógrafos de Acton; entretanto, no caso deste ensaio na edição de janeiro de 1863, existem razões específicas para que se acredite firmemente que Acton é seu autor. Em primeiro lugar, a compilação de Richard Simpson sobre os contribuidores para a *Rambler* e para a *Home and Foreign Review* antes mencionada afirma que "Acton contribuiu para a *Home and Foreign* com 148 ensaios sobre obras de todos os tipos e todas as línguas"; citado em Ryan, p. 385. Este é precisamente o número de ensaios contributivos para a *Home and Foreign Review* que a bibliografia de Shaw atribui a Acton. Muito mais significativo, o próprio Acton disse que submeteu trinta e um ensaios para a edição de janeiro da *Home and Foreign Review* (Acton-Simpson III, p. 72). A bibliografia de Shaw reflete essa intensa atividade, creditando a Acton vinte e oito ensaios para aquela edição. Finalmente, o estilo e o conteúdo sugerem fortemente que Acton é o autor do ensaio.

te gratificante. Era o orgulho dos escritores hegelianos evoluir a história a partir das profundezas de suas próprias consciências, que eles sustentavam corresponder à natureza eterna das coisas. O universo moral bem como o material exibiam para eles tal evidência satisfatória de projeto, tão perfeita harmonia de partes e tão invariável regularidade de leis necessárias e inteligíveis que, no seu sistema, o conhecimento das leis implicava conhecimento dos fatos, o poder da especulação tinha a mesma extensão do da realidade, o filósofo podia suprir de antemão o astrônomo com os resultados de suas observações e o historiador com as inevitáveis instâncias das leis que governam a história. As histórias passaram a ser escritas como partes de um sistema de filosofia, e o necessário processo de ideias e eventos era demonstrado *a priori*. Depois disso, foi mostrado que, para o bem dos fracos, ou para enriquecer a memória com exemplos para a ilustração do sistema, aquilo que era afirmado com antecedência pela filosofia era também, empírica e muito externamente, conhecido pelos historiadores; e a história real do mundo foi usada como um índice no final de um livro de matemática com as respostas dos problemas propostos. A história da literatura foi também escrita como se viesse do íntimo, como necessariamente tem que ocorrer; e um homem poderia ser considerado mestre por completo da história de uma literatura nacional, mesmo que não soubesse os nomes correntes das obras de um só escritor. Então, as funções do construtor foram acrescentadas acima das do arquiteto, e o estudante podia ver, como também conhecer as particularidades do assunto. A influência desse método aparece em alguns livros excelentes como *History of French Literature since the Revolution*, de

Mager, e nas admiráveis obras de Bernhardy sobre a literatura na Grécia e em Roma.

Mr. Arnold, em sua história da literatura inglesa, por razões didáticas e históricas, seguiu o exemplo que lhe foi dado pelos metafísicos, cujas doutrinas, contudo, ele repudia. Atravessa o caminho duas vezes, tratando na primeira incursão dos escritores em sua ordem histórica natural e, depois, de suas obras numa ordem crítica, e propõe-se primeiro a instruir a memória e, depois, o gosto de seus leitores. Neste último aspecto, ele representa um guia singularmente seguro e judicioso. Eis a explanação que faz sobre a característica comum da reação poética do século XIX: "O principal movimento que permeia a sociedade pode ser descrito como de reação contra as ideias do século XVIII. Essas ideias eram, em suma, Racionalismo e Formalismo, tanto na literatura quanto na política. Pope, por exemplo, foi um racionalista, e também um formalista, nos dois aspectos. Na sua perspectiva da sociedade, não tomou como certa a excelência de nenhuma instituição – ele não admitia, por exemplo, que o fato de ser antigo era motivo de reverência; ao contrário, seu modo de pensar o levava a passar todas as coisas, velhas ou novas, pelo teste de sua racionalidade, e a ridicularizar a multiplicidade de formas e usos – alguns caracterizando ideias originalmente irracionais, outros cujo significado, que já fora claro e verdadeiro, tinha sido perdido ou obscurecido pelas circunstâncias que estorvavam a vida pública de seu tempo. Ainda assim, ele foi, ao mesmo tempo, um formalista político nesse sentido, pois não desejou mudanças radicais e achava que o sistema social devia ser mesmo aquele que vinha operando, uma vez que lhe era conveniente, e suficiente para sua filosofia algo egoísta.

Na literatura, ele foi um racionalista e também um formalista; mas, aqui, num bom sentido. Porque na literatura, como em toda arte, a *forma* tem importância crucial; e sua lógica destrutiva, ao tempo em que esmagava as más formas, conduzia-o a desenvolver seus poderes em estrita conformidade com as boas. Agora, a reação contra tais ideias teve duas vertentes. A reação conservadora, enquanto pleiteava prescrições, denunciava as aberrações da razão e esforçava-se para justificar ou ressuscitar as ideias que se encontravam na base da sociedade política existente, que o racionalismo do século XVIII havia solapado, rebelava-se ao mesmo tempo contra as regras arbitrárias com as quais, não o próprio Pope, mas seus seguidores, haviam acorrentado a literatura. A reação liberal ou revolucionária, ao passo que, aceitando o racionalismo destrutivo do século XVIII, desdenhava do formalismo político como fraco e inconsistente, juntava-se à escola conservadora na rebelião contra o reinado do arbitrário e do formal na literatura. Aí está, pois, o ponto de contato entre Scott e a escola conservadora, de um lado, e entre Coleridge, Godwin, Byron, Shelley e o resto da escola revolucionária, do outro. Todos concordavam que a literatura, em especial a poesia, havia se tornado uma matéria fria e sem vida, em conformidade com todas as regras e propriedades, mas divorciada da natureza vívida e da cálida espontaneidade do coração (...). À escola artificial, mecânica e didática, que os sucessores de Pope tornaram intolerável, opunha-se então a contrateoria da função poética, que podemos chamar de teoria do Espontâneo. Da mesma forma que a luz flui das estrelas e o perfume emana das flores – ou como os rouxinóis não podem deixar de cantar ou as abelhas de fazer mel –, de acordo com essa teoria, a poesia é a emanação

Lord Acton

espontânea de uma alma musical e bela. Tentar fazer um belo poema é como tentar construir uma árvore. Resultará alguma coisa amortecida e canhestra nos dois casos. Num poeta, o esforço equivale à condenação, pois implica ausência de inspiração (...) Posto que o que de grande valor flui de um poeta não é aquilo que ele deseja dizer, mas o que não pode evitar de dizer, aquilo que um poder superior — chame de Natureza ou do que quiser — dita através de seus lábios como se saísse de um oráculo. Essa teoria, que, por certo, tem muitos atrativos e contém muita verdade, conduziu a vários e importantes resultados (...). De um lado, causou muitos danos e gerou muitos enganos. Não silenciou poetas menores; mas eles foram de uma classe diferente da que existia anteriormente (...). O julgamento de muitas gerações vinha conferindo a palma da superioridade às formas poéticas épicas e dramáticas; porém, em nenhuma das duas, a escola poética de que falamos alcançou sucesso de momento. Provavelmente isso ocorreu em razão da teoria que estamos considerando. A verdade é que nenhum poema extenso ou complexo jamais foi composto sem grande ajuda da faculdade de construção, que foi objeto de depreciação por parte da teoria" (p. 211).

As observações iniciais sobre Byron são um bom exemplo do poder de avaliação de mr. Arnold a respeito de determinado escritor: "Byron representa a reação universal do século XIX contra as ideias do XVIII. Apreciamos a reação literária exemplificada por Scott; mas o protesto de Byron foi mais abrangente e atingiu regiões mais profundas do pensamento. Ensimesmado e misantropo, ele rejeitou toda a maneira de pensar de seus antecessores; e o ceticismo do século XVIII serviu-lhe tão pouco quanto sua crença popular. Descrentes como Hume e Gibbon não *sofreram* por conta da falta de fé; seus modos de pensar eram epicuristas; o mundo dos sentidos e da inteligência lhes proporcionava as satisfações necessárias, e eles não se batiam contra a ordem social que lhes assegurava o desfrute tranquilo dos prazeres do dia a dia. A mente de Byron, porém, era formada da têmpera audaciosa e impetuosa que, embora enveredasse pelos caminhos da dúvida sugeridos por cabeças mais assentadas, se retrai com as consequências de seu próprio ato e estremece diante do ceticismo que a desolação moral espraia por sua vida." (p. 224).

O firme tom religioso que permeia o livro de mr. Arnold não é exposto tão categoricamente que possa causar forte resistência, exceto para os inimigos de todas as religiões. Como não há intromissão da religião e o elemento estético está reservado para a segunda parte, é necessário encontrar algum outro elemento de unidade e algum outro princípio disponível de progresso para ligar a literatura inglesa à história do país. E mr. Arnold o faz por meio do desenvolvimento das ideias constitucionais. Sempre que possível, ele inculca a ideia de reverência à lei e às liberdades da Inglaterra, reconhece a verdade e a moralidade nas questões de direito político e traça com mão amistosa o crescimento do sistema inglês de governo, de sua raiz nos tempos católicos, passando por todos os perigos que o ameaçaram, do absolutismo ao republicanismo, do anglicanismo à descrença. A verdade política é identificada com o sistema dos Whigs (liberalismo), e as outras escolas consomem as várias formas de erro: os Tories cavalheiros representados por Filmer; os Tories filosóficos, por Hobbes, os Whigs puritanos, por Milton e Sidney; os republicanos filosóficos, por Harrington.

Essa exclusão de Milton e Sidney das fileiras dos Whigs autênticos mostra que mr. Arnold tem total consciência da diferença entre uma teoria do Whiggismo completamente construtiva, positiva e definida e as generalizações do liberalismo comum. Sobre mr. Pitt, ele diz: "Sua política foi, de início, puramente Whig e constitucional como a de seu pai; porém, depois de 1789, a atitude que foi compelido a tomar em relação ao liberalismo extremado e revolucionário da França mudou aos poucos a posição de seu governo a ponto de torná-lo essencialmente Tory e de receber o apoio do partido Tory no Parlamento e no país. Contudo, Pitt, em termos pessoais, permaneceu um liberal sincero e consistente até o fim" (p. 157). Falando sobre Johnson, ele associa conservantismo e Whiggismo. "Sua influência sobre a Inglaterra foi eminentemente conservadora (...). Depois de sua morte, Burke prosseguiu com a espécie de propaganda conservadora por ele iniciada" (p. 181). O autor peca quando alinha Locke com a tradição Whig. "Suas doutrinas políticas têm sido persistentemente colocadas em prática em seu próprio país desde sua morte, como recentemente em outros países, e os resultados têm sido — pelo menos na aparência externa — singularmente encorajadores" (p. 149). Agora, a essência do Whiggismo é o reconhecimento da supremacia da vontade divina ou, poderíamos dizer, caso a expressão não esteja degradada, do direito divino sobre a vontade humana, seja ele representado pelo soberano ou pelo povo, nas instituições do passado ou nas teorias especulativas. É a exclusão absoluta daquele elemento arbitrário da política que se afirma no Toryismo pela negação dos pleitos de princípios e no radicalismo pela rejeição da autoridade de fato. Ela sustenta as leis do país; mas se apega ao seu espírito, não às formas temporárias pelas quais o espírito se expressa ou é afirmado. Desta forma, Selden partilhou a Grande Rebelião, Somers justificou a Revolução e Burke defendeu a ideia constitucional nas guerras americana e revolucionárias. Mas Locke deriva a sociedade civil de um contrato voluntário e, assim, introduz um princípio tão arbitrário em sua natureza e tão perigoso para o direito em suas consequências quanto a máxima de que os reis estão acima da lei.

Podem-se observar uma ou duas pequenas inconsistências na obra. A nota sobre *History of the World*, de Raleigh não faz justiça a um livro que, embora de pouco valor na execução, é talvez o maior projeto concebido por um historiador. Um dos mais profundos historiadores ingleses é descartado com as palavras que para Hooke "sucedeu o dr. Ferguson, com seu livro murcho sobre a República romana" (p. 367). Fergusson foi um homem que, intelectualmente, esteve ao nível de Hume e Smith, e valeria a pena repô-lo, assim como outros autores esquecidos, nos lugares que merecem na memória de seus compatriotas. Mr. Arnold dá como razão para as tendências católicas de Burke "a lembrança de sua mãe católica" (p. 197). Parece, de uma carta de Burke para Shackleton, publicada pela primeira vez em *Leadbetter Papers* no ano passado, que a esposa de Burke também era católica. Não se entende bem o que autor pretende, dizendo que mr. Pitt "não foi exatamente eloquente" (p. 194); e a observação a respeito de Erskine, sobre cuja eloquência nada é dito, é muito insatisfatória. De uma passagem da p. 156, o leitor pode ser levado a supor que Lord Chatham viveu para ver a Inglaterra reconhecer a América; e existem diversas omissões que devemos relevar. Mas o objetivo do livro não é o de esmagar o leitor com detalhes ou esgotar o assunto em qualquer aspecto, e sim proporcionar "uma visão inteligível e concatenada de, pelo menos, a porção mais popular de nossa literatura"; e nisso mr. Arnold foi vitorioso, senão com maior pesquisa, ao menos com maior gosto que qualquer outro escritor.

CAPÍTULO X

Ensaio sobre o *Public Life of Lord Macaulay*, de Frederick Arnold*

A ideia de descrever a vida pública de Lord Macaulay separadamente de sua biografia literária é equívoco completo; e mr. Arnold, que tentou concretizá-la, fracassou por erro de projeto, se bem que tenha demonstrado grandes qualificações no ato de sua consecução. Isso porque a carreira política de Lord Macaulay é atraente, não por ele ter sido um estadista que conseguiu grandes feitos ou perseguiu uma grande política, mas como expressão de ideias políticas de um dos mais

---

* *The Public Life of Lord Macaulay*, de Frederick Arnold (Londres: Tinsley, 1852). Este ensaio foi publicado na *Home and Foreign Affairs* 2 (janeiro de 1863): 257-260; *Wellesley* I, p. 551. *Wellesley* apresenta como sua fonte a bibliografia de W. A. Shaw. O *Wellesley Index* está bem ciente de que a bibliografia de Shaw dificilmente constitui um guia infalível. Ela contém diversos erros de atribuição que têm infernizado os bibliógrafos de Acton; entretanto, no caso deste ensaio na edição de janeiro de 1863, existem razões específicas para que se acredite firmemente que Acton é seu autor. Em primeiro lugar, a compilação de Richard Simpson sobre os contribuidores para a *Rambler* e para a *Home and Foreign Review* antes mencionada afirma que "Acton contribuiu para a *Home and Foreign* com 148 ensaios sobre obras de todos os tipos e todas as línguas"; citado em Ryan, p. 385. Este é precisamente o número de ensaios contributivos para a *Home and Foreign Review* que a bibliografia de Shaw atribui a Acton. Muito mais significativo, o próprio Acton disse que submeteu trinta e um ensaios para a edição de janeiro da *Home and Foreign Review* (Acton-Simpson III, p. 72). A bibliografia de Shaw reflete essa intensa atividade, creditando a Acton vinte e oito ensaios para aquela edição. Finalmente, o estilo e o conteúdo sugerem fortemente que Acton é o autor do ensaio.

claros, consistentes e consumados pensadores dos tempos modernos. O interesse não reside nas ações e sim nas ideias. Tais ideias foram expostas de forma tão esplêndida e se apossaram de maneira tão poderosa das mentes da atual geração, parcialmente devido ao prestígio de Lord Macaulay, que teria sido uma empreitada válida traçar as influências e modificações através das quais elas passaram desde que ele deixou Cambridge até a publicação de seu artigo sobre Pitt. Isso requeriria um poder de análise que mr. Arnold parece não possuir; mas iria também demandar que os trabalhos literários de Lord Macaulay fossem tão cuidadosamente examinados quanto seus pronunciamentos políticos ocasionais, coisa que não está no plano do presente livro. Contudo, apesar de pobremente concebida e debilmente escrita, a obra de mr. Arnold tem algum valor, pois preserva muitas cartas e discursos produzidos em eleições, jantares oficiais e outras ocasiões que, normalmente, não resultam em nada digno de nota; e contém um amplo relato do famoso Código Indiano, o qual, praticamente um fracasso e pouco lembrado, reflete alguns dos melhores esforços da mente de Lord Macaulay. Vamos dar um exemplo favorável do estilo do autor: "Virtualmente, nosso governo não apenas aboliu a escravidão como também aboliu o trabalho. Um estado de coisas foi produzido na Jamaica que não seria tolerado por um só dia na Inglaterra. Neste país, o trabalho é obrigatório: é compulsório em virtude de toda a rede de circunstâncias e estruturas da sociedade. Se um homem física e mentalmente capaz não trabalha, nós o mandamos para a prisão e o obrigamos a trabalhos forçados de difícil distinção da própria escravidão (...) Algumas medidas graduais deveriam ter sido adotadas para que não se livrasse o negro da necessidade de obediência à ordenação divina do ganho do pão pelo suor do rosto" (p. 162). Temos também uma proposição sobre a Igreja estabelecida irlandesa tão tola como a seguinte: "Aventurar-me-ia fazer referência a um pequeno e valioso livro do professor Goldwin Smith, *Irish History and Irish Character*, e assim expressar a esperança de que o autor se esforçaria para elucidar esse assunto complexo e, acredito, chegar a um veredicto muito diferente do pronunciado por mr. Macaulay" (p. 294). Se mr. Arnold tivesse lido o livro que recomenda, dificilmente teria deixado de constatar que ele foi escrito com o propósito estrito de referendar a opinião de Macaulay relativa ao estabelecimento irlandês. Quando o autor escreve: "Acredito que a maioria dos homens será da opinião de que os discursos de Lord Brougham não têm os mesmos méritos que os de Lord Macaulay" (p. 27), provavelmente não se dá conta de que Lord Macaulay, que ouvira cada grande discurso desde Grattan, considerava Lord Brougham o mais eloquente orador que jamais ouviu, e não permitia que mr. Canning, Lord Plunket ou mr. Gladstone fossem a ele comparados.

Lord Macaulay, em razão das características de sua mentalidade, foi avesso às sutilezas da especulação política. Nenhum sistema político o escravizava ou o tornava surdo aos ditados de um sincero bom-senso humano. Todavia, ao passo que seu juízo de valor dificilmente se enganava, seu raciocínio raramente era profundo, e ele evitava os debates muito emaranhados com o horror de um estadista prático. Em consequência, suas próprias perspectivas de todas as questões públicas estiveram livres dos exageros do liberalismo absoluto; mas ele era incapaz de discernir a origem especulativa de tais erros ou de avaliar as aplicações necessárias de princípios básicos. A mais simples e mais familiar das razões a ele parecia a melhor; e não se preocupava em fundamentar seus argumentos em filosofia profunda. Portanto, nem sempre é justo ao descrever as doutrinas dos diferentes partidos; tampouco é sempre consistente em suas relações com eles. Posto que o partido a que pertencia tem *pedigree* duplo e forma sua descendência, por um lado, de Fox, Sidney e Milton até os Roundheads e, por outro, de Burke, Somers e Selden até os antigos advogados ingleses. Entre essas duas famílias sempre houve mais espaço para guerras que entre Cromwell e o rei Carlos. A divergência entre quaisquer dois sistemas que resultem em poder arbitrário não pode ser tão grande quanto a existente entre qualquer dos dois e um sistema que sujeite o soberano à lei; e existiam mais princípios comuns para Falkland e Selden, quando um era secretário de estado e o outro, colega de Pym, que para Fox e Burke quando estavam juntos no governo.

De acordo com uma teoria, o rei e o povo estavam sujeitos à lei e ambos se dispunham a prevenir ou punir qualquer infração à Constituição por parte do outro. As leis da terra não eram meramente um privilégio que as pessoas tinham o direito de defender, mas objetos da mais elevada sanção moral, que era dever delas defender. Essas pessoas não tinham justificativa para a negligência do dever e seriam acusadas de grande crime se desafiassem ou resistissem ao soberano, salvo em caso de violação das leis fundamentais. Isso tudo era bem entendido pelos antigos advogados constitucionais. "Nossos príncipes são presos às leis, como também o somos, e, com especial responsabilidade, obrigados a respeitá-la com todo o vigor, porque, se a destruírem, estarão se destruindo ao mesmo tempo, pois acabarão com as fundações de seu poder e majestade reais. Portanto, nosso governo, em não sendo arbitrário, mas legal, não absoluto, mas político, nossos príncipes jamais poderão se tornar arbitrários, absolutos ou tiranos sem se verem privados simultaneamente da característica da realeza, por violarem as condições essenciais que embasam seu poder real, que são as ações condizentes com os antigos costumes e com as leis regulares da nação" (*Somers Tracts*, x. 263). Um dos gerentes no julgamento de Sacheverell disse: "As leis são regra para ambos, para a medida comum do poder da coroa e para a obediência dos súditos (...). Não existe apenas um poder no povo que herdou a liberdade para a afirmação de seu direito a ela, mas ele tem também o dever de transmitir a mesma Constituição à sua posteridade (...). Os súditos deste reino têm não só poder e direito inerentes para opor tal resistência, mas vivem sob a obrigação indispensável de fazê-lo" (*State Trials*, xv. 61).

Os defensores da outra escola sustentavam o princípio contrário do direito de cada pessoa escolher, e portanto mudar, seus próprios governantes. Não apenas um ato revolucionário, mas também um impopular, poderia privar o rei da coroa. A legitimidade da resistência não deveria passar pelo teste das leis da terra, mas pelo do consentimento do povo; e a causa que justificasse a rebelião não seria a violação arbitrária de direitos estabelecidos e inquestionáveis, e sim a oposição a um capricho arbitrário. Macaulay começou a vida, é-nos dito (p. 21), como um Tory, e foi convertido por amigos eminentes. O Whiggismo que prevalecia àquele tempo na sociedade e ao qual foi logo introduzido era o da Casa da Holanda – a escola Foxite de Lord Grey e Lord Russell. Esta é a escola que ele sempre reconheceu como sua. Ele "defenderia até o fim com espírito inabalável os nobres princípios de Milton e Locke" (p. 260). "Na sua opinião, a finalidade de todos os governos instituídos era a felicidade da sociedade" (*History*, v. 75). Vezes sem conta, a noção utilitária de governo aparece em seus escritos, e o escritor demonstra ser tão sincero e crente em relação à soberania do povo quanto Sidney, Payne ou Lord Russell. "A teoria Whig de governo," diz ele, "é que os reis existem para o povo, e não o povo para os reis; e que o direito de um rei é divino em não outro sentido no qual o direito de um membro do Parlamento é divino, ou no qual o de um juiz, de um jurado, de um prefeito ou de um chefe de distrito é divino" (*History*, iv. 2). É evidente que ele nunca dominou a verdadeira questão entre os Whigs e os outros partidos; porque em todas essas passagens ele negligencia a distinção fundamental entre soberania e autoridade, entre direitos no sentido de poder e direitos que impliquem deveres. Ele não era familiarizado com os escritos políticos de Platão e Aristóteles, nos quais poderia ter encontrado mais da doutrina Whig do que nos homens que se deleitava em citar. Porém, ele foi orientado durante todo seu curso, e preservado de muitos erros aos quais estava exposto pelo tratamento superficial dos princípios, por uma inabalável admiração pela obra de Burke. É surpreendente que jamais tenha entendido, do exemplo de seu amigo Mackintosh, a extensão do cisma a separar as duas escolas que ele não aprendeu a distinguir. Mackintosh, depois de se tornar famoso como o mais capaz antagonista de Burke, declarou em 1804 que Burke era, em todos os aspectos, o mais sábio e o mais hábil dos seres humanos, e lamentou profundamente ter escrito contra ele.

CAPÍTULO XI

Ensaio sobre o History of England, *de Bright*[*]

O general Garfield anotou em seu diário: "Nenhum país fez progresso mais nobre contra os maiores obstáculos que esta heroica Inglaterra nos últimos cem anos." Ao mesmo tempo, Gratry descreveu o espetáculo admirável de uma nação abandonando seus sórdidos métodos carnais de modo a reparar séculos de erros proveitosos. Justamente então, também Prévost Paradol, com o mesmo cenário diante de si, disse que todos sabemos em que estágio da existência as pessoas começam a sentir remorso, acertam suas questões e tentam a remissão de seus delitos. O dr. Bright percebeu essas coisas e encontrou nelas a pedra de toque do reinado da rainha. Ele coroa a história da Inglaterra com a era da conversão e da benevolência, da crescente suscetibilidade na consciência nacional, de um senso mais profundo do certo e do errado, do muito que, na rivalidade, se deve ao sentimento, à emoção, ao idealismo e à imbecilidade. Ele mostra como a nação, a Constituição e o Império foram formados; mas sua ênfase não está no denodado e claudicante passado, no cerco de Ascalon e na coroação em Paris, com Drake e Clive, mas com

---

[*] *A History of England 1837-1880*, de James Franck Bright (Londres: Rivingtons, 1988). Este ensaio foi publicado na *English Historical Review* 3 (1888): 472-490.

aqueles que administram a herança de poder e responsabilidade, a experiência preciosa e as artes imperiais para atender às necessidades e pleitos de trezentos milhões de homens. Ele é o historiador das forças vivas e dos cuidados presentes. Sua intensa consciência dos deveres e dificuldades para o desempenho de tal tarefa torna seu livro vívido e impressionante, que ultrapassa bastante seus trabalhos anteriores, embora careça do elemento dramático. Não nos postamos na fortificação de Jellalabad vigiando cansativamente um exército que não mais existe; e quando O'Connell* é salvo por uma falha, não nos é dado saber como o erro, que escapou aos juízes e funcionários da justiça, à corte irlandesa e ao próprio prisioneiro astuto, foi detectado por um jovem advogado em Londres que nada tinha a ver com o caso e ao qual deve até hoje sua fortuna.

Gneist prazerosamente nos descreve como pairando no trânsito do socialismo. O que ele chama "Ubergang in das Jahrhundert der Socialreformem und der Socialbills," o dr. Bright designa como era democrática. Chamá-la de era liberal seria cortejar um triunfo partidário; e teríamos de definir liberdade, que se parece com o camelo, e desfruta de mais definições que qualquer outro objeto da natureza. Democracia, talvez a notação mais científica, é a que nos divide menos. As duas ideias nem sempre são mantidas separadas, e um véu desce sobre a maneira pela qual elas se apresentam em relação ao governo de classes, igualdade, imperialismo, educação, tolerância, escravidão, nacionalidade, federalismo, conquista, direitos das minorias, reinado da lei superior. Zeller considerou válido abrir seu *Archiv für Geschichte der Philosophie* com a admoestação de que a história deveria tanto

---

* N. T.: Daniel O'Connell (1775-1847) conhecido como o Libertador da Irlanda.

explicar quanto narrar. O conselho não é direcionado para o mestre da Universidade, que conhece as causas não políticas de grande parte dos efeitos políticos, e que sempre olha por baixo da superfície dos debates inexpressivos à cata de derivação, senão da raiz original das coisas. Mas ele jamais navega entre os pólos crus da teoria e faz a mínima menção possível ao dogmatismo partidário. Mostra-se um sectário como Keble quando pergunta se a separação da Igreja do Estado (Desestabelecimento) não foi justa; ou como Quesnay, quando diz: "Quand on parle pour la raison et la justice, on a bien plus d'amis qu'on se croit." Merece alto crédito por não satisfazer as mentes inferiores em relação ao seu modo de pensar ou a qualquer outro. Para o liberal sincero, ele aporta muitas lições de peso, considerando sincero aquele que conhece sua carga e seu curso, que tanto pensa como age com a mente voltada para as consequências, que pode avaliar a afirmação do filósofo de que o liberalismo deitará a Índia a perder, tanto quanto o discurso do ministro prussiano a nossos concidadãos: "Vocês deixarão de ser uma nação antes de terem tempo para enfiar as mãos nos bolsos das calças." Ele evita contrastes gritantes e definições precisas, e abstém-se, com excessiva abnegação, da declaração de opinião particular. O movimento de Oxford foi uma onda de conservantismo, e um Liberal é, por hipótese, um inimigo da Igreja, um homem que quer colocar ordem na casa dos bispos, um seguidor de Colenso. Homens como o cardeal Newman e o deão de St. Paul ainda interpretam o vocábulo dessa maneira, e os luteranos alemães, por suas próprias razões constitucionais, fazem o mesmo. O dr. Bright aceita a nomenclatura tractariana* sem

---

* N. T.: Opiniões e princípios religiosos dos fundadores do movimento de Oxford, apresentados numa série de 90 panfletos intitulada *Tracts for the Times*.

protestos, sem se importar com os homens que, por causa dela, abririam mão da terra sob seus pés e que, acreditando que as doutrinas de Laud estão para as de Bradlaugh como o céu para o inferno, ainda glorificam a Providência que enviou o primaz para a Torre e o ateu para a Câmara dos Comuns. Com a mesma reserva extrema, gosta de falar condicionalmente de países estrangeiros: "O que possa ser pensado do aspecto político do *coup d'état*", é a forma de seu julgamento a respeito dele. A falta de contornos nítidos lembra o poeta de Praga que foi ver Béranger em 1847 e teve que responder algumas perguntas. Praga ficava na Hungria ou na Polônia? Em nenhuma das duas. A Boêmia ficava na Áustria ou na Alemanha? Nas duas. A monarquia prussiana era absoluta ou constitucional? Em parte, uma e, em parte, outra. Por fim, Béranger perdeu a paciência. "Os franceses," exclamou, "gostam das coisas claras. O que não é claro não é francês." Os escrúpulos, qualificativos e optativos desta história não seriam admitidos num compêndio francês.

Toda essa cautela é abandonada com a aproximação das transações que traem os desvios do caráter nacional e ficam sujeitas a considerações às quais todos estamos vinculados, e não àquelas em que o homem não é responsabilizado perante outro homem. "Tal foi o resultado natural da posição assumida pela Inglaterra na Índia. A correção dessa posição pode muito bem ser questionada (...). Em nenhuma outra ocasião, deve ser confessado, eles demonstraram com feitio mais cruel sua crença arraigada em si mesmos e na exatidão de sua causa, e sua incapacidade de entender os direitos e os sentimentos dos que se opunham a eles (...). A contenda pareceu existir entre duas raças selvagens sem nenhum outro pensamento que o extermínio de seus inimigos, independentemente de qualquer justiça ou clemência." O direito de aplaudir, ou mesmo de exultar em determinadas oportunidades, é justificado pela integridade generosa de apreciações como a acima mencionada. História em tom mais elevado jamais foi escrita; na morte de Cavour, Doudan escreve: "Ceux qui l'appellent um scélérat ne saven guère de quel bois se sont chauffés la plupart des libérateurs des nations." O dr. Bright conhece isso bem, o que de forma alguma mitiga a gravidade de suas frases punitivas. Se existe uma exceção é em sua tendência de ser complacente na Crimeia e em partilhar algum de nosso descrédito com a França. Ele acompanha Kinglake até pelos bulevares e no seu relato do plano de Paskiewitch, que levou ao desastre em Silistria, omitindo seu aconselhamento realmente histórico para marchar sobre Constantinopla através de Viena. Mas quando Kinglake computa para os Aliados pelo menos mais 24.000 homens que o inimigo na batalha de Alma, o autor quase não consigna um excesso de 5.000. Em Inkerman, um regimento francês de linha, algo desestabilizado, é ajudado pela invencível coragem dos ingleses. Se o fato é este, o tom não é o da proclamação de um sargento saudando os franceses. "Vocês não se lembram quando os vimos surgindo por trás da colina?"

O duque de Wellington, enterrado e exaltado em 1852, é o herói convencional, com os poderes abrandados pela idade, leal, confiável e não afeito a compromissos partidários; e a oportunidade é perdida para fortalecer a impecável imagem elisabetana com as cores da prosa. Temos que estimar sua aptidão para estadista pelo encorajamento a Ferdinando VII, sua recusa em permitir a ascensão da Casa de Orleans, sua queda por Carlos X e Polignac, sua objeção ao governo constitucional na Polônia, alegando que ele colocaria em risco a tranquilidade na Europa naquela época, setembro de 1814, quando havia liberalismo demasiado. Enquanto Canning esgarçava todos os seus recursos para conter a invasão da Espanha, o duque demonstrava sua fidelidade como colega exortando o governo francês a pressionar corajosamente e a desafiá-lo; e quando os primeiros passos vacilantes foram dados para a educação popular, Wellington dá a medida de sua superioridade em relação à estreiteza do sentimento partidário com o *dictum* de "que dinheiro não seja arrecadado dos cidadãos, ou alocado pelo Parlamento, para educar o povo sobre doutrinas, práticas e rituais da Igreja Católica, sobre os dogmas dos unitaristas, ou os dos anabatistas, em seita alguma que não esteja em comunhão com a Igreja da Inglaterra; ou absolutamente, exceto sobre os dogmas da Igreja da Inglaterra". No grande governo de Peel – grande porque constituído de dez homens da medida e substância do premier –, ele deixou de ser ouvido e passou a ser tratado como um enfadonho augusto.

Mestres do expediente e do compromisso, como Peel e Palmerston, são convenientes para o historiador político que escreve para todos os leitores. Lord Palmerston, especialmente, como uma espécie de inglês mediano, sai-se bem em suas mãos. O autor considera que ele foi preconceituoso em seus julgamentos e material em seus objetivos, e, num parágrafo característico sobre a guerra para a venda de "uma droga nociva e venenosa", a moralidade austera esgrime incomodamente com o patriotismo condescendente. Não toca nos adulterados despachos português e afegão. Só a partir de 1835, ele torna Lord Palmerston proeminente como gerente de nossa política externa. "No período entre novembro de 1830 e o outono de 1834, ela foi bastante orientada pelo primeiro-ministro Lord Grey." Quando Kinglake escreveu estas palavras, viviam homens que podiam testemunhar que elas não só eram corretas como consideravelmente adequadas. Tem sido dado muito valor à queda e submissão de Mehemet Ali. Para ser mais exato, deveria ser dito que, tendo deposto o sultão, ele foi formalmente reinstalado e mesmo tornado herdeiro do paxalato do Egito. Até então, portanto, a França, sob Guizot, recuperara sua influência. O casamento da rainha Isabella dificilmente teria provocado tal clamor contra os ofensores franceses, ou ruptura tão séria, se não fosse a prévia inimizade entre Louis Philippe e Lord Palmerston. O dr. Bright a rastreia até o tratado quádruplo, e a data é confirmada pelo que o rei Leopoldo escreve, em 1840, sobre a autoridade de Melbourne: "Seit er vor vier Jahren in der spanishen Frage einen ihm empfindlichen Widerspruch von Seiten de Königs Louis Philippe erfuhr, ist er noch nicht versöhnt, uns aus Rachsucht geneigt, Frankreich schonungslos zu behandeln." O mal-estar começou quando eles eram jovens; e o raivoso memorando no qual Palmerston justifica sua atitude em relação ao *coup d'état* expressa sentimentos antigos.

Ajusta-se ao tratamento amistoso dado a Lord Palmerston a severidade em relação aos casamentos espanhóis; porém, dizer que tão escandalosa quebra de moralidade raramente ocorreu, e que a rainha estava fadada a um casamento infrutífero, é ir longe demais. A escolha era, no final, entre dois irmãos, dos quais o mais velho, por não boa razão, era o candidato dos franceses, e o mais novo, um *progesista*, era o preferido dos ingleses. Os franceses saíram vitoriosos. Eles também quiseram que a irmã da rainha se casasse com o duque de Montpensier, e a Inglaterra aquiesceu, mas ficou acertado que o segundo casamento seria postergado. Os franceses conseguiram que fossem simultâneos. Aí está a extensão da quebra de confiança que acabou com a aliança ocidental. Tendo concedido à Inglaterra que o marido da rainha da Espanha não fosse um príncipe francês, a França estipulou que, pelo menos, fosse um Bourbon e informou ao Gabinete inglês que ficaria desobrigada de seus acordos caso fosse apresentado qualquer candidato que não descendesse de Filipe V. O alerta mal chegara a Lord Aberdeen quando foram abertas negociações para um casamento com Leopoldo de Coburgo. Foi rejeitado pelo governo; Lord Aberdeen ameaçou convocar nosso ministro em Madri, e Lord Palmerston estava comprometido com os liberais espanhóis e com seu candidato Don Enrique. Tendo se mantido absolutamente fiéis, eles tinham o direito de conter a barganha francesa. Mas a França foi capaz de responder que sir Henry Bulwer era responsável pelo príncipe Leopoldo; que a corte, senão o ministério, estava interessada em seu sucesso; que era encorajada pelos reis de Portugal e da Bélgica. Depois de três meses de hesitações, Palmerston induziu o príncipe Albert a declinar da proposta da rainha Christine; mas os franceses empregaram tão bem seu material plausível que duas gerações acreditaram que o esquema que ele de fato demolira fora de sua autoria; e, até junho, M. de Mazade escrevia que a primeira providência de Lord Palmerston ao assumir a função foi a de revivificar a candidatura de Leopoldo. O duque Ernest, ao contrário, testemunha que ele era incapaz de fomentar um projeto favorável à Casa de Coburgo. A rejeição, não pela França, mas pela Inglaterra, de um príncipe ligado à família real, que era o candidato mais apropriado e o preferido pela rainha da Espanha, abriu aquele conflito entre as noções inglesa e alemã da função da monarquia nos Estados Livres que a literatura dinástica expôs. Aceitando, sem nenhuma reticência, a ação do príncipe Albert neste país, o dr. Bright passa pelas reveladoras alusões do duque de Coburgo sobre aquilo que considera fracasso na carreira do irmão: "Ob Prinz Albert in seinem Verkehr mit dieser Nation gleich von vornherein den richtigen Ton zu treffen wusste, will ich nicht entscheiden. Ich habe uber diesen Punkt oft in aller Leibe mit meinem Bruder gehadert und immer die Empfindung gehabt, dass ihn ein schweres Loos getroffen, sich dem grossen Inselvolke verständnissvoll einfungen zu mussen (…). Man hätte streben mussen ihn freundlicher zu stimmen (…). Die grösste Wärme und opferfähigste Neigung vermochten sich zuweilen in schmerzliche Kälte zu verwandeln, und oftmals sah man ihn an jener Grenze, die fur Mächtige und Hochgestelle so verfuhrerisch sein mag, in Urtheilen und Anschauungen sich gefallen, die einem gewissen Hange zur Menschenverachtung entspringen (…). Es war eine ewige Gedankengährung in ihn, darauf gerichtet, die Menschen zu beglucken, und er konnte gegen den Menschen sich so hart wie möglich zeigen (…). Man steigerte sich in abfälliger Beurtheilung der vornehmen, sowie der niedern politischen Halbwelt, welche sich vermass zu praktiziren und in das Leben einzugreifen." Esta última frase é do panegírico de Stockmar.

Mr. Ruskin chegou de Hawarden exultando por ter resolvido o grande mistério gladstoniano. O dr. Bright não tem tanta certeza e talvez suspeite de uma ilusão momentânea. Para ele, se trata de assimilação, e pensa que mr. Gladstone absorve na forma de vapor popular aquilo que distribui como banhos científicos. Consequentemente, ele demonstra alguma dificuldade e indecisão ao lidar com uma carta, presumo que para o dr. Hannah, que foi citada como prova de uma conversão demasiado rápida ao Desestabelecimento. A mudança não foi nem súbita nem devida a causa externa. Meu próprio testemunho é desnecessário, porque o conhecimento de Lord Selborne vai mais longe. Os defensores de Oxford foram devidamente alertados em 1863, e existiam Whigs que, já em abril de 1864, sabiam o que estava vindo e foram incapazes, sem a ajuda da profecia, de antever o destino do partido em muitos anos à frente. Eu mesmo questionei a cuidadosa dúvida de se o governo em 1873 estava consciente da diminuição do poder. Depois da Igreja e da terra, um dos ministros mais interessados na árvore *upas** disse: "Agora vem a educação, e isto cedo nos apagará." Segundo o dr. Bright, os Tories erraram em recusar o governo depois da vitória. É uma boa questão perguntar se a oposição deve ser preferida à administração, se é mais elevado governar ou evitar o mau governo, exercer o poder ou controlá-lo. Se o autor é um pouco rigoroso com mr. Disraeli neste ponto, o menciona com respeito depois da ocasião de seus ataques a Peel. Após falar de Lord George Bentick, ele acrescenta: "O ardor, o veneno e as táticas parlamentares incisivas foram supridos pelo menos ilustre de seus partidários." Duras palavras para com um estadista que, se deixou poucos amigos em um dos lados da política, foi honrado com um monumento público em outro, e que tinha mais direito

---

* N. T.: Árvore que produz um látex venenoso.

que o duque de Abrantes para dizer que era melhor ser um ancestral que um descendente. Aparentemente, há uma reminiscência da história de que Peel queria desafiar Disraeli, cuja violência era causada pela inconcebível negligência de sua inaptidão para o cargo público, e cuja esposa respondeu ao consolador Milnes: "O verme vai reagir." Na realidade, ele repele o tratamento simpático e amistoso que o dr. Bright esparge porque gosta de acentuar o antagonismo e de torná-lo real. Resistiu ao hábito polido de dizer "meu caro e honrado amigo" (*my right honourable friend*) quando o amigo era um inimigo, e fez enfática oposição às incongruentes amizades de Northcote. Amenidades demasiadas, temia, ensinariam à audiência que aquilo que não afeta a camaradagem não afeta o caráter, e que a contenção parlamentar é insincera e exagerada. A conciliação agradável do *History of England* não seria do seu agrado.

Os enganos verdadeiros são poucos e triviais; e, em diversas passagens duvidosas, o autor indica opiniões que, embora não sejam argumentativas ou definitivas, merecem atenção. O conde Fortescue não se tornou lord-tenente da Irlanda em 1841, mas o lord-tenente foi que se tornou conde Fortescue; mr. Bayne é sir Edward Baines; o duque d'Aumale foi o quarto filho, e não o mais velho; não existem arquiduques na Rússia; o duque de Gramont não foi ministro da Guerra, a menos que figuramente; o eleitor de Hesse, em 1850, não fugiu em virtude de uma câmara insurgente; "o filho mais moço de Paulo" deve ser "o filho mais moço de Francisco de Paula"; o tratado de 1866 foi assinado em Berlim em 8 de abril, não em 27 de março. Confunde ler que, em 1871, "Grévy foi eleito presidente e Thiers colocado à frente do ministério". Um foi presidente da Assembleia e o outro, chefe de governo.

As imprecações de sir John Hay não representam adequadamente uma grande parte da opinião em relação a Lord Palmerston, porque o indignado orador tinha motivos pessoais de uma espécie que merece respeito. Que o debate sobre a reforma de 1859 foi memorável por causa dos discursos de Bulwer e Cairns é bem-dito, em virtude da prerrogativa, para marcar a força dos argumentos, que não prejudicaram pois não persuadiram, e os direitos de uma causa que fracassou; mas está fora de proporção. Bulwer superou-se em 26 de abril do ano seguinte, quando impressionou tanto os oponentes que Ayrton se voltou, surpreso, para Bernal Osborne, dizendo que aquele fora o discurso mais notável sobre a representação do povo que jamais ouvira. Sir Hugh Cairns nunca adquiriu na Câmara dos Comuns qualquer coisa parecida com a reputação e autoridade que seu esplêndido dom para o discurso intelectual proporcionou-lhe na outra Casa, onde alguns dizem que a grande tradição herdada de Mansfield e Chatham terminou com sua morte e que, pela lei da oferta e da demanda, provavelmente não será revivida.

Uma das discutidas passagens que o dr. Bright ajusta por implicação é concernente ao casamento da rainha. Ele elogia Lord Melbourne por ter realizado um evento que envolveu sua própria renúncia e, evidentemente, não imputa nenhuma responsabilidade ao arranjo pelo qual o casamento teria de ser postergado por três anos. Diz que a Prússia, pelo tratado de Praga, obteve tudo o que desejou, rejeitando, assim, a história de que o rei queria mais, em torno de alguns milhões de almas, mas que foi restringido pela moderação do filho. Supostamente, Lord Russell, para proteger a convenção de Plombières, obteve falsas garantias de Turim e as levou ao Parlamento. Fica patente que o dr. Bright não acredita nisso. Tampouco admite que Lord Russell, ao afirmar nossa neutralidade e resistir à propensão confederada de Napoleão III, falou sem convicção, como porta-voz de um Gabinete dominante liderado, enquanto viveu, por Luís. Ele nem mesmo considera a Inglaterra culpada por um retardo evitável na questão do Alabama. Com isso, rebaixa bem as quantias dos cálculos americanos. Pelos ingleses cujas simpatias eram sulistas ele demonstra respeito insignificante. Em relação às classes mais ricas, diz: "Equivocadas como de costume sobre o verdadeiro significado da palavra, elas supuseram que os sulistas satisfizeram mais de perto a definição comum de *gentlemen* que seus irmãos nortistas." Dives talvez replicasse que o autor estava apenas adotando um dito de Burke que Pinckney, penso eu, citou no Congresso; e encontraria conforto numa crítica nortista à última afirmação de Arnold de que a distinção é correlativa de esnobismo e incompatível com a igualdade legítima. A situação não pode ser explicada pelos pensamentos suspeitos de homens pouco inteligentes para reconhecer um *gentleman* quando diante de um deles. Macaulay, pelo menos, não foi um aristocrata. Ele fez mais que qualquer escritor na literatura mundial para a propagação da fé liberal, e não foi apenas o maior, e sim o mais representativo dos ingleses que então viviam. Ainda assim, Macaulay, em 1856, fez sua notória profecia: que a união não duraria dez anos; que seria dissolvida pela escravidão e acabaria se ajustando com diversos despotismos distintos.

Nas três guerras que, entre 1860 e 1870, determinaram o isolamento da Inglaterra e geraram Jingo,* o dr. Bright faz tudo o que

---

* N. T.: Patriota chauvinista e favorável à guerra.

pode com sentenças claras para tornar as questões imparcialmente inteligíveis, se bem que cada um dos contendores possa adicionar uma palavra retificadora. Ele não é simpático à escravidão, mas chega quase a concordar com mr. Oliphant quando este diz que um cão que possui um mestre é tão bom quanto aquele que não o possui. Considera os abolicionistas fanáticos e partilha a opinião federal que foi expressa pelo presidente Buchanan: "As causas originais e conspirativas de todos os nossos futuros problemas podem ser encontradas na longa, ativa e persistente hostilidade dos abolicionistas nortistas, tanto dentro como fora do Congresso, contra a escravidão sulista, até seu triunfo final com a eleição do presidente Lincoln." Ao passo que quase não admite a força das fianças dadas por Lincoln contra a abolição, sua falta de inclinação para dar consequências práticas graves ao dogma impalpável deixa uma névoa sobre o outro lado. Que a teoria que concedeu ao povo dos Estados Unidos o mesmo direito ao último recurso contra Washington, como contra Westminster, possui uma certa força independente em si mesma, que estadistas nortistas de nomeada a mantiveram, que seu tratamento em sucessivos estágios por Calhoun e Stephens constitui parcela essencial no progresso do pensamento democrático como o dado por Rousseau ou Jefferson, não nos é dito. Os confederados são apresentados como homens que adotaram uma certa teoria política porque ela se ajustava aos seus interesses e às suas paixões. Porém, afora isso, a causa imediata da secessão, a duração da guerra, o equilíbrio de forças e sua grandeza histórica se devem em grande parte a quatro ou cinco homens, a maioria dos quais pegou em armas compelida por uma lei imperativa, em obediência ao dever em sua forma menos atraente. Para a irrefutabilidade da lei não escrita, para o poder vigoroso da ideia desinteressada pela qual homens morreram com uma paixão de um júbilo sagrado na terra do dólar todo-poderoso e do rei-algodão, justiça não é feita. O que tornou o conflito terrível e envolveu a Europa em suas complicações não foi obra de proprietários premeditados de escravos, mas de homens para os quais os direitos dos Estados, não a escravidão, eram supremos, que teriam libertado os escravos para, por meio da emancipação, alcançarem a independência. Muitos bons funcionários, antes de se demitirem de seus cargos, antes de, nas palavras de Douglas, despacharem as bagagens e comprarem uma passagem direta, hesitaram como Lee e como A. S. Johnston, que escreveu: "Suponho que, agora, as dificuldades só serão acertadas pela espada. No meu humilde julgamento, esse não era o remédio." A partir da Batalha dos Sete Dias de Appomattox e durante três anos, a defesa da capital dos confederados dependeu de Lee; e embora M'Clellan acreditasse conhecê-lo bem e pensasse que o Sul tinha homens mais valorosos, sem ele o fim teria chegado em 1862 ou 1863, tão certo como ele teria chegado para a guerra revolucionária em 1796 ou 1799, não fosse Bonaparte ou Masséna. O general Lee expôs o seguinte ponto de vista: "Além das grandes vantagens políticas que resultariam para nossa causa na adoção de um sistema de emancipação, ela exerce uma influência salutar sobre toda a população negra." O *History of England* não estima os efeitos políticos que se seguiriam caso as correções na Constituição federal adotada em Richmond fossem procedidas em correspondência adequada com este conselho; mas é preciso observar que havia outros fatores atuando além do fanatismo e da ambição, de um lado, e do orgulho provincial e da cupidez privada, do outro.

Que a Áustria deu o último passo na direção da guerra em 1866, recusando-se a considerar as alterações territoriais no Congresso, está tecnicamente correto. Mas os termos da recusa não foram tão peremptórios. O conde Mensdorff fez dela uma condição "qu'on exclura des délibérations toute combinaison qui tendrait à donner à un des états invités aujourd'hui à la réunion un agrandissement territorial ou un accroissement de puissance. Sans cette garantie préable qui écarté les prétentions ambitieuses et ne laisse plus de place qu'à des arrangements équitables pour tous au même degré, il nous paraîtrait impossible de compter sur une heureuse issue des délibérations proposées". Essa linguagem cautelosa não proíbe trocas; pois a Áustria tentou, muito tarde, neutralizar a Itália com a oferta de Veneza, com vistas a uma compensação na Silésia. O dr. Bright duvida se Bismarck foi tão inescrupuloso a ponto de usar completamente os ducados como meios para uma rixa com a Áustria. Esse estadista explicou seu propósito ao general Govone com a mesma elogiável franqueza que falou em ceder a fronteira no Reno descendo até Coblenz. Os ducados eram base muito fraca para justificar uma grande guerra aos olhos da Europa, mas serviram para irritar o rei Guilherme e para afastá-lo da legitimidade: "Ciamare l'Austria a parte della guerra danese a vedere di cementare cosi l'alleanza austro-prussiana. Questa esperienza essere completamente fallita, o direi piuttosto completamente riuscita, (...) e l'esperienza avere guarito il rè e molte persone sull'alleanza austriaca." Os despachos de Govone foram publicados por La Marmora, e sugeriram para aquele afastado concidadão de Maquiavel a interpretação pertinente: "In politica come in tutte le faccende della vita, il migliore modo di essere furbo è di non ricorrere mai alle cosi dette furberie."

Lord Acton

A teoria da guerra de 1870 não é tão sólida quanto a de 1866. A agitação na França é descrita como uma fase daquele patriotismo vulgar que protege o vizinho débil e detesta o forte, como Thiers foi contra a consolidação da Itália, e cada político francês, exceto Ollivier, desaprovou a da Alemanha. A candidatura do príncipe de Hohenzollern torna-se um mero pretexto, uma vez que ele era neto de um Murat, neto de um Beauharnais e mais próximo da corte francesa que da prussiana. A Alemanha se ressente das demandas arrogantes, e o embaixador francês é alvo de uma recepção algo áspera. Apesar de todos os erros, os procedimentos das duas potências foram mais políticos e mais razoáveis. O candidato à coroa espanhola era um oficial prussiano. Fora reconhecido como príncipe da Casa da Prússia. Seu pai fora muito recentemente primeiro-ministro do rei da Prússia e contribuíra, como assessor confiável, para a ascensão de Bismarck. Os franceses argumentaram que, com um homem como aquele na fronteira espanhola, eles teriam que guardar os Pirineus na eventualidade de uma guerra no Reno. Requereram que o príncipe desistisse e expressaram a esperança de que, com esse ato, fosse evitado o conflito. Quando o governo francês declarou que uma desistência voluntária era tudo que reivindicava, o príncipe, por aconselhamento da Prússia, recusou a coroa oferecida. Émile Ollivier de imediato proclamou que todos os motivos da contenda haviam sido removidos. O império constitucional conseguira um grande triunfo diplomático depois de o império absoluto ter suportado por dez anos a humilhação do fracasso. O sucesso dos estadistas liberais e pacifistas foi um empecilho para a tradição imperial e para os homens que desejavam que o poder de Napoleão fosse transmitido a seu filho livre de diminuições pelas condições do debate popular. Sem seu conhecimento, a questão foi reaberta. Enquanto Ollivier se declarava satisfeito, Gramont pediu mais. A candidatura Hohenzollern, considerada ofensiva para a França, vinha sendo cogitada intermitentemente por um ano e um quarto, e fora amadurecida em segredo. Eles solicitaram a garantia de que o príncipe, cuja mente vinha hesitando por tanto tempo e se alterara tão abruptamente, não mudasse ou vacilasse mais. Eles conseguiram o apoio da Europa no protesto contra sua eleição, mesmo quando, sabendo o que sabiam da opinião e preparação alemãs, pois seus agentes trabalhavam bem, as palavras de Mole ao barão Werther foram repetidas quarenta anos depois a seu filho: "La guerre esta au bout de mes paroles." Porém, até que tal despacho fosse escrito a Benedetti, a França não estava decidida pela guerra.

A Prússia não assumiu posição irremediavelmente hostil. Como os relatórios confidenciais dos oficiais franceses chegavam a Wilhelmstrasse no original, o governo não podia ignorar que a França combinava com a Áustria o lugar onde seus exércitos poderiam se reunir. Ao mesmo tempo, um homem de experiência política e sagacidade raras, sem ocupar função pública mas profundamente informado, não era visto nos chás de Berlim, pois fazia um giro pela península. Mas a coroa espanhola rendeu-se com elegância, e mesmo não houve ressentimento imediato com as demandas arrogantes. O correto ato prussiano mostrando a porta da rua ao vistoso enviado, o qual ainda pode ser visto em livro de fotografias para uso dos filisteus, não foi divulgado. As águas tumultuadas, porém, foram ainda mais açoitadas pelo ambíguo *communiqué*, instantaneamente interpretado como insulto estudado à França.

Lord Acton

O órgão líder da culta Prússia disse dele: "Die fortgesetze Insolenz hatte endlich die allerderbste Zuruckweisung erfahren. Die bisher erlitenen Beleidigungen waren reichlich wettgemacht." Autocomando não estava em falta no Ems ou em Berlim, nem a faculdade de cálculos inteiramente desapaixonados, que o debate estorva, mas que os estadistas, mesmo os de segunda linha, jamais permitem que não estejam presentes no desempenho de suas atribuições. Recuar sem demonstrar abatimento, em função da ação direta de força hostil, é uma lição da política elementar que nenhum governo civilizado acha difícil aprender. A Prússia poderia ter aceitado a repulsa diplomática como a Inglaterra suportou a demissão de Crampton, a América, a rendição dos prisioneiros, a França, a desaprovação de Drouyn de Lhuys, a própria Alemanha Setentrional, o desmantelamento de Luxemburgo. Restariam em reserva os meios de satisfazer o sentimento nacional pela demanda de explicações a respeito da insolente linguagem de Gramont. Mas a Prússia não podia perder a vantagem de ser atacada. A garantia da neutralidade da Europa e a união de todos os exércitos germânicos viriam em troca. O telegrama indicando o mau acolhimento de Benedetti deu-lhe a certeza contra o risco de uma reação pacífica da França. O dr. Bright, que relatou o acontecido com Palmerston quando recebeu em silêncio a queixa de Walewski, apoiada por um coro de coronéis, poderia falar sobre o que ocorreria se Ollivier, enquanto a Alemanha se agitava nas ondas do insulto, tivesse dito que não houvera ofensa praticada ou presumida.

Ele acha que perdemos terreno com nossa conduta durante a guerra na França, e que o perdemos injustamente. Se fôssemos censurados por fracassarmos em evitar ou reduzir as hostilidades, e por não termos feito amigos com nossa neutralidade, tal avaliação seria correta. Mas não é suficiente a defesa contra o ataque desenfreado. Mesmo na era da ciência experimental, a área comandada pela razão não é extensa, e a história, por comprimi-la ainda mais, sacrifica a si mesma. Recorremos aos historiadores em busca do razoável: paixão, insensatez e pecado encontramos melhor nos poetas. A recepção fria a Thiers ou a venda de armas para a França são declamações, nas queixas reais. Mas não demos atenção ao trem duplo de pólvora organizado depois do *plébiscite*, e nossos agentes não avaliaram as implicações de misteriosos viajantes como Lebrun, Bernhardi e Salazar. Portanto, quando a crise chegou, tínhamos perdido parte de nosso peso e de nossa competência para aconselhar, e ficamos como assistentes de um jogo com os olhos desviados do placar. O momento decisivo veio quando o imperador demandou garantia contra o reaparecimento de Hohenzollern. Quatro dias antes, Gramont nos assegurara de que a França se satisfaria com a desistência voluntária e nos solicitara ajuda para obtê-la; e quando ela foi conseguida, ele a declarou inútil, e deu azo a um protesto efetivo. Lord Lyons apenas fez com que ele soubesse que, embora pudéssemos nos sentir desapontados, enganados e até menosprezados, isso não fazia diferença, de modo que ele poderia atacar para a conquista do Reno sem arriscar nossa amizade. Mais uma vez, segundo Ferrières, quando uma boa negociação necessitou de frieza, têmpera e precisão, e o governo da defesa precisou de um judicioso suporte, nosso embaixador estava ausente.

Uma dúzia de linhas, do início ao fim, nas 570 páginas, teria satisfeito todas as queixas. Permaneceria a questão se é melhor, com dedos fugidios, fazer história com o caráter individual, interesses de classes e mudanças fortuitas de opinião, ou com o infindável conflito de formas definidas de pensamento. Começamos a ver a luz na era cromwelliana quando sabemos o que um calvinista significa, ou um arminiano, um presbiteriano, um independente, um batista e um sociniano. Haveria um momento luminoso se, em meio às constantes repetições de violência e fraqueza, de tolices e crimes, alguém apresentasse a operação dos materiais originais que supriram a Revolução Francesa, os sistemas distintos que dividiram as três assembleias e governaram as diversas constituições: a lei da natureza do século XVIII, os direitos americanos do homem, as instituições parlamentares inglesas, o constitucionalismo abstrato de Montesquieu, o código humanitário de Voltaire, a tolerância protestante, as teorias jansenistas de Igreja e de Estado, a perfectibilidade dos enciclopedistas, o Whiggismo de Holbach, a doutrina helvécia da igualdade, a democracia de Rousseau, o socialismo de Mably, a economia política de Turgot, a descuidada sentença em *A riqueza das nações* que deu ao padre provençal o fulcro para a derrubada da monarquia de Luís XIV, o contrato condicional que Marat transmudou em teoria do massacre, a política dos quatro genoveses que fermentou Mirabeau; e nossos tempos poderiam ser mais brilhantes se, em vez de utilizarmos meios próprios, o historiador explicasse realmente as coisas, em que um conservador difere de um Whig ou um Tory, em que um liberal traça a fronteira em relação ao Whig e ao radical, como se distingue um radical filosófico de um econômico, ou Manchester de Birmingham, em que ponto começa a democracia, como ela se combina com o socialismo, e por de alguns socialistas são liberais e alguns Tories são democratas. A imparcialidade permaneceria intacta porque a força de uma doutrina, que tem de ser considerada, é a verdade ou a aparência de verdade; seus erros fazem-se conhecer por suas consequências e variações. A dificuldade é que o simbolismo político implica símbolos, e um partido raramente produz ou obedece seu estatuto. Nenhum manifesto ou programa de eleições tem a autoridade definida de um Catecismo Reduzido; e os mestres políticos não são representativos no mesmo sentido que Hammond ou Chillingworth, Baxter ou Barclay. A teologia diferencia na direção do exclusivismo, enquanto a política se desenvolve para a abrangência e a afinidade. Os homens que se movimentam em linha reta, como Seward e Castelar, não são normalmente os mais eficientes; e a alquimia que pudesse condensar Thiers, ou Bismarck, ou o irmão Orban com uma fórmula, tal qual o cozinheiro francês de Bulwer colocou o Prêmio Durham num pote de pomada, é uma arte perdida. A história não trabalha com essências em frascos, mas com combinações ativas; o meio-termo é a alma, senão toda a política. Conformidade ocasional é a abordagem mais próxima para a ortodoxia, e o progresso se faz pelas diagonais. A maioria das máximas surgidas depois de 1776, diferentemente de antes, é internacional. As legislações criminal, filantrópica e agrária têm sido simultâneas em muitos países; a Lei da Reforma saiu das ruas de Paris e as compras caíram entre Metz e Sedan. A dialética pura e os dogmas bilaterais possuem menos controle que o costume, o interesse e o preconceito. Os alemães adoram abstrações, e os franceses, definições, e ambos são avessos a tudo que for inconsistente e ilógico. Mas as histórias antigas que ainda são lidas na Alemanha começam assim: "Era uma vez um conde"; e Ranke é sempre concreto, dificilmente enigmático a respeito de predestinações ou balança comercial. Quase que o único homem, na França, vitorioso com a história dedutiva é o milanês Ferrari; até o melhor historiador da Revolução, Sorel, não seguiu o método dogmático, e Renan provavelmente perderia leitores se requeresse deles o entendimento de gnosticismo.

Não obstante, o fato de se evitar um viés claramente político é um risco mesmo para o mais desapaixonado e o mais consciencioso dos escritores. Ele não vê que, em 1874, teria sido melhor não dissolver o governo em função do orçamento; ele encara a votação como remédio para a corrupção e não atenta para o grande mal da pressão que faz com que os homens votem contra suas convicções, e sempre envolve uma mentira; e não faz distinção clara entre gastos em seguro e defesa e despesas com os meios de agressão. O perigo para o estudante é que a indiferença moral no pensamento político, como Leroy Beaulieu declara homeopaticamente, pode ser tanto uma coisa boa como uma ruim: "Cette sorte de scepticisme, d'athéisme politique, est le grand péril, la grande difficulté de tous nos gouvernements, et en même temps c'en est le principal point d'appui: c'est à la fois le mal et le remède du mal."

CAPÍTULO XII

*Colônias**

A recente publicação da carta de mr. Marshall e mr. Goldwin Smith sugere muitas considerações sobre nosso Império colonial e nos conduz a inquirir sobre o caráter religioso de nosso sistema colonial.

Em primeiro lugar, devemos supor (como parte da economia divina que aparece em toda a história da religião) que a conquista do mundo pelas potências cristãs é o passo preliminar para sua conversão. No paganismo e na heresia, existe um caráter nacional e político que identifica a religião com a nação e, para isso, requer o suporte do Estado. A religião é a vida do Estado e o orgulho do povo. Todo o sistema de governo, toda a condição da sociedade, a literatura, a cultura e a língua são permeados por ela.

A Igreja não encontra aqui entrada de imediato. Se a nação é civilizada, a religião nacional tem primeiro que perder sua força, a fé nacional tem primeiro que se enfraquecer, e o desejo por alguma coisa nova tem primeiro que ser despertado. Mas se a raça é degenerada, algo de novo tem que ser feito para elevá-la e prepará-la para a Igreja. Porque esta última não pode triunfar

---

* Publicado na *Rambler* n. s. (3ª série) 6 (março de 1862): 391-400. *Wellesley* II, p. 784; Acton-Simpson II, p. 264.

seja sobre uma civilização pronta seja sobre uma de extremo barbarismo.

No mundo romano, a nacionalidade da religião foi destruída e o paganismo foi exaurido a fim de que fosse aberto o caminho para Cristo. Onde essa mudança não foi trabalhada e onde o sistema nacional pagão ainda permaneceu incólume, o cristianismo foi rapidamente extirpado. A conversão dos germânicos pareceu com a dos romanos: seus estados foram dissolvidos e suas tradições locais destruídas, e eles foram convertidos no próprio momento da migração e do assentamento.[1]

É difícil conceber como o resto do mundo pagão deva ser convertido de outra maneira. Os mesmos meios são ainda requisitos para preparar os dois extremos, barbarismo e cultivo, para a recepção do cristianismo – conquista das potências europeias. Só isso pode destruir a tenacidade das instituições antigas, das divisões sociais, dos costumes morais, dos hábitos públicos. Só com isso pode o benefício de uma civilização superior ser conferido às raças selvagens.

A Igreja, cujo berço foi um império universal, sempre reteve e venerou a ideia de uma união política da humanidade. Tal ideia foi revivida após a queda do Império ocidental e do declínio do oriental, na criação de Carlos Magno, depois nas Cruzadas, como planejadas por Hildebrando, e na divisão do mundo por um meridiano, no início dos impérios asiáticos e americanos de Portugal e Espanha. Mas a ideia ficou mais próxima da consecução pela colonização do que poderia ficar pela conquista.

---

[1] Na Saxônia, a ausência de migração foi compensada pelas guerras de extermínio e pelo proselitismo.

As colônias da Espanha e da Inglaterra são os dois grandes instrumentos pelos quais a ideia vem sendo parcialmente concretizada; entre esses dois conjuntos de colônias existe um grande contraste providencial, de modo que um deles trata mais com raças inferiores e o outro com superiores. Os espanhóis entraram em contato principalmente com raças bárbaras que precisaram receber o cristianismo sob a forma de civilização; os ingleses, com raças cuja conversão teve que ser precedida pela destruição parcial, nas quais subsistiram obstáculos insuperáveis à conversão nos tipos de vida social, e onde o pioneiro da Igreja foi o soldado, não o missionário.

No primeiro caso, o catolicismo sozinho é eficaz. No outro, ele não é requisito inicial. É indiferente o tipo de religião professada pelo conquistador, desde que animado pela ideia comum da civilização cristã. Porém, só a Igreja pode se encarregar do cuidado espiritual do selvagem e protegê-lo contra a rapacidade do invasor. Pois ela não é apenas a Igreja do invasor, pertence a ambos, e tem deveres para com ambos; a conversão dos pagãos é tanto sua responsabilidade quanto a preservação dos fiéis. Ela não permite que os nativos sejam oprimidos; nem mesmo permite que sejam negligenciados ou ignorados. Também difere do protestantismo em sua influência sobre o Estado, sobre suas leis e sobre seu clero; e possui em seus governos provinciais os meios para legislar pelo bem dos nativos selvagens.

Todas essas são vantagens peculiares quando o europeu civilizado entra em contato com o selvagem não instruído, que tem que aprender os rudimentos da moralidade com os da religião cristã. Mas elas não têm validade para o trato com a civilização hindu ou a japonesa.

Tais características da Igreja foram, além disso, particularmente úteis nas colônias espanholas, que foram fundadas em países onde os europeus não podiam trabalhar, onde os nativos não tinham instrução e onde a inexistência de manadas e rebanhos tornava a vida dependente do cultivo da terra e, portanto, de abundante suprimento de mão de obra humana. Aqui, consequentemente, os da terra se sujeitaram imediatamente ao invasor e foram compelidos a trabalhar para ele. Ainda que tivessem conseguido algum reforço pela importação de africanos, o que se deveu à humanidade de Las Casas, em geral ficaram reduzidos à condição de operários para o lucro dos espanhóis. Relações fixas surgiram entre as raças, que precisaram ser reguladas pela Igreja, em harmonia com os interesses dos fracos. Os espanhóis foram senhores cruéis e implacáveis; o orgulho da raça, seu desprezo pelos estrangeiros e pelos pagãos, tão feroz quanto o dos judeus pelos gentios e tão complacente como o dos gregos pelos bárbaros, e sua indolência natural – tudo contribuiu para torná-los bem mais intoleráveis e mais severos que quaisquer outros colonizadores europeus. Os horrores perpetrados pelos conquistadores só têm paralelo nas maravilhas conseguidas pela Igreja e pela Coroa espanhola na introdução da ordem e da felicidade entre os colonos e os nativos.

A história do inglês no continente americano foi diferente. Os nativos que eles encontraram viviam principalmente da caça (porque a América do Norte e a do Sul eram totalmente destituídas da vida pastoral). Desta forma, não foi possível fazer com que trabalhassem nas minas ou cultivassem a terra. O objetivo do inglês, portanto, foi ver-se livre deles; e, embora isso tivesse sido em geral executado sem crueldade ou injustiça, ainda assim o pleito dos peles-vermelhas à civilização superior do cristianismo foi negligenciado. Nas colônias, não era proveitoso para eles serem considerados cristãos; fora das colônias, não podiam ser católicos sem descontinuar suas vidas nômades, e, mesmo assim, não haveria lugar para eles nos assentamentos ingleses. Os colonos eram livres; pelo menos desfrutavam de mais liberdade que os nativos. Governavam-se a si próprios. Uma raça inferior não poderia existir entre eles em termos de igualdade. Tal raça teria sido rapidamente reduzida ao pauperismo, teria caído na servidão e ficaria submetida a crueldade não mitigada. Pois as colônias inglesas não tinham, a exemplo das espanholas, a proteção em casa de um poder controlador supremo do soberano.

Onde uma sociedade consiste em diversas raças, o poder soberano não pode, sem a certeza da tirania, ser colocado nas mãos de uma parte da sociedade. O poder político supremo não pode ficar exposto a interesses e influências sociais. Ele só deve se identificar com o Estado e precisa controlar as forças que movem a sociedade, como também os motivos que direcionam tais forças. Isso porque a sociedade é uma instituição para a consecução das finalidades privadas e da maior felicidade da maioria; o Estado, por sua vez, destina-se à concretização de objetivos públicos, totalmente distintos dos, e comparativamente indiferente aos, interesses de qualquer indivíduo, classe ou elemento, como a religião ou o capital. Quando o autogoverno campeia e não há um comando supremo para combinar as forças que se repelem, só pode haver igualdade entre os iguais. Por conseguinte, onde existem diversas raças desiguais numa república, o domínio político de raça sobre raça por certo ocorre. Por si só, isso é um malefício e uma ofensa monstruosa. Então, as raças requerem um poder supremo para a garantia de seus direitos diversificados. Sem tal controle supremo, o autogoverno escorrega para a independência das diversas raças e daí para a anarquia. Na América do Sul, os governos jamais foram bem-sucedidos sem o forte controle de um poder supremo, embora distante. Onde esse poder faltou, houve guerras de sangue, de cor e de raça. Os bons governos têm sido aqueles em que o despotismo é perfeito, ou seja, em que o problema do governo foi abandonado. Onde ele foi tentado, fracassou; enquanto nas colônias inglesas ele se saiu flagrantemente vitorioso.

A exclusão dos peles-vermelhas foi a segurança da América do Norte, e a introdução dos negros só deixou de ser um prejuízo fatal porque eles são escravos. Se fossem livres, haveria um objetivo de liberdade, tanto para eles quanto para os brancos. Mas tal exclusão só foi possível com os protestantes. A Igreja teria resistido a essa política e talvez então as colônias tivessem assumido forma completamente diferente.

Ao se comparar nossas colônias americanas com as da Espanha, as vantagens que o clima setentrional nos oferece não podem ser desprezadas. O suprimento moderado de produtos da natureza foi um grande benefício, porque aqueles produtos que são usados sem beneficiamento se tornam perniciosos quando em abundância demasiada. Os produtos realmente benéficos são os que encorajam e facilitam o trabalho, mas também requerem a aplicação da arte e da habilidade antes que se possa contar com eles.

Se observarmos nosso sistema colonial do ponto de vista religioso ou do político, a principal distinção que devemos fazer reside, no meu modo de ver, entre as colônias reais, onde nossos próprios emigrantes formam a nação, e nossas possessões asiáticas, onde governamos uma raça estrangeira. Os benefícios de nosso sistema, nos casos em que uma população sujeitada é governada por uma raça conquistadora, dependem da continuidade. Portanto, tais benefícios ainda não se manifestaram. Pois o surgimento de uma nova sociedade na Ásia ainda não foi proporcionado pela destruição da antiga. Esse é um processo que estamos apenas começando. Com o tempo, essas possessões exercitarão o mesmo poder de reação sobre a pátria mãe que outras já exerceram.

Porém, no momento, seria difícil achar quaisquer efeitos que nossas possessões na Índia fizeram valer sobre nós. Nossos métodos de governo local não foram afetados pelos da Companhia das Índias Orientais, e as classes que a Companhia enriqueceu, as classes médias altas e a pequena nobreza, se revelaram conservadoras como um todo. O crescimento de seu poder não constituiu elemento de mudança para a sociedade ou política inglesas. Desta forma, foi criada a possibilidade de permanência de nosso governo da Índia, sem o qual não haveria proveito ou benefício para a raça indiana.

Mas a centralização do governo indiano, consequente à abolição da Companhia, deve produzir novos fenômenos. O primeiro será o enorme fortalecimento do poder do Estado; o segundo, um agravamento da onipotência parlamentar. Mas isso, provavelmente, terá cura própria. A anomalia de uma mesma assembleia governar absolutamente num lugar e constitucionalmente noutro não pode durar. Sua característica constitucional e legal seria enodoada pelo poder arbitrário. Um soberano pode combinar os dois porque tem possibilidade de entregar os governos diferenciados a órgão distintos – um responsável apenas perante ele, como o Conselho das Índias em Sevilha, e outro responsável também perante a nação, como nosso Parlamento. Havia tal distinção na França entre os *parlements* e os *états provinciaux*. Mas um corpo legislativo não pode dividir seu poder. O absurdo da situação sinaliza para a promessa de cura, e os sintomas já são favoráveis; a Câmara dos Comuns não dá atenção aos debates indianos, e está sempre vazia quando eles surgem. Talvez, na ocasião oportuna, seja formulado algum esquema para o autogoverno independente de nossas Presidências indianas que prive nosso Parlamento de seu poder de iniciativa e o deixe como um *deus ex machina*, só intervindo quando uma *dignus vindice nodus* requeira sua interferência.

Aconteça o que acontecer, e seja qual for a solução para o dificílimo problema da conciliação da liberdade com o governo de uma dependência povoada por uma variedade de raças inferiores e distintas, o que temos que desejar, para o bem da religião, é que a carreira oriental de nosso país não se limite à destruição das políticas orientais, ou mesmo à demolição da sociedade oriental.

Com nossas colônias reais, que são habitadas primordialmente por nosso próprio povo, o caso é exatamente o contrário. Sua liberdade evitou que fizessem muito pela conversão dos pagãos e pelo refinamento da vida selvagem. Porque a liberdade é o objetivo final de todo governo, não seu princípio e fundação. Ela deve estar presente sob a forma de germe na base do Estado, e crescer com o crescimento deste último. O teste para um bom governo é o desenvolvimento salutar da liberdade, não o presente estado de coisas. Ela deve progredir harmoniosamente com a situação da sociedade, com a relação das classes umas com as outras, e com os hábitos, costumes e legislação da comunidade.

Lord Acton

Nas nossas relações com outras raças, temos que nos adaptar a uma sociedade diferente. Temos que chegar a um balanceamento entre nossa maturidade e sua minoria; não podemos ser tão livres a respeito do controle do Estado em nossas relações com elas, como o somos nas relações com os homens de nosso próprio país. O Estado tem que se fazer presente para a proteção delas com regulamentações que não seriam toleradas aqui. O moto da antiga colônia de Massachusetts, "Venha e nos ajude", deveria ter sido o de nosso império colonial.

É muito difícil determinar como deve ser o tratamento dos nativos selvagens. Se eles permanecem caçadores e pescadores, acabam perecendo à proporção que nossa civilização avança; isto porque os novos assentamentos coloniais os vão desalojando e fazendo com que ocupem terras de outras tribos, o que causa guerras mortais. Caso eles se estabeleçam ao nosso lado para cultivar a terra, nossa superioridade os condena à miséria. Eles só podem ser salvos por um sistema semelhante ao dos espanhóis, que determina estritamente seus direitos e não deixa que se transformem em meros burros de carga. O governo espanhol das Índias foi pelo bem do Estado; o inglês, pelo bem dos colonos; o primeiro teve propósitos fiscais; o outro, comerciais. A coroa pode formular suas próprias leis, mas o comércio não se submete a ditados. Portanto, nenhuma proteção é possível e nada de bom deve resultar para os nativos pobres de nossas colônias em países selvagens. Ademais, a prática espanhola da conversão dos nativos e do seu uso como mão de obra é tão completamente contrária às ideias inglesas que Bacon não via alternativa a não ser expelir os nativos ou assentá-los em terras desabitadas.

Por características próprias, as leis do comércio e da economia têm que arruinar os nativos tão logo eles entram em contato conosco e estabelecem trocas. A promoção de nosso comércio faz com que despertemos novos desejos neles; na verdade, esses novos desejos são consequências inevitáveis do novo conhecimento e das novas ideias. Seus hábitos antigos de vida não são mais suficientes para satisfazer estas novas ideias – comprar bebidas, armas, pólvora, animais domésticos e remédios. Como caçadores, eles não têm o hábito do depósito e da poupança. A avidez por novos artigos, independentemente de suas características imorais ou perigosas, tem que, gradualmente, exaurir seus meios. Aí estão os motivos pelos quais os missionários temem, com razão, os contatos. Mas não podem evitá-los sem a mais cerrada aliança e com o apoio do poder civil. Contudo, como pode o comércio tolerar tais restrições, ou o missionário manter seus princípios contra o comerciante? "A primeira visão do cavalo e de seu cavaleiro," diz o governador de Queensland, sir George Bowen, "choca uma tribo de negros, ainda ignorante da existência do branco, com terror sobrenatural (...). Mas o temor supersticioso é logo sucedido pela amarga hostilidade. Provocações mútuas entre as raças levam a represálias mútuas. O vigoroso espírito dos combatentes nativos é vencido pela superioridade das armas e das capacitações dos europeus, ou compelido a se internar ainda mais no ermo inexplorado. As naturezas mais cordatas logo se afundam na dependência bem-alimentada dos colonizadores" (*Papers relative to the Affairs of Queensland*, p. 28).

Mas essas colônias, por perniciosas que sejam para os nativos, têm provocado reações muito vantajosas no estado colonizador. Todas as colônias fortalecem o elemento do qual se originam neste estado: na Espanha, a coroa; na Inglaterra, a classe média. No primeiro caso, por conseguinte, a influência foi monárquica; no outro, liberal. Essa é a característica natural da vida colonial. Pois, numa colônia, o indivíduo tem que contar com ele mesmo, já que o poder social é menos organizado e existe menos divisão de trabalho; consequentemente, o indivíduo é uma unidade maior, é elemento de mais peso na massa, que na pátria-mãe. Daí o fato de a colonização requerer o hábito da independência local, da autoconfiança e do autogoverno; e o fato de o hábito contrário, de se esperar tudo do governo e de se submeter à condição de só ser considerado *en masse*, ser tão fatal aos colonos. Eis a razão do sucesso dos ingleses e alemães, e do fracasso dos franceses, exceto quando, como os canadenses, eles florescem sob governo britânico. O francês é tão pouco independente, tão extremamente social, que mergulha ao nível da sociedade que o envolve quando vive num país selvagem. Os franceses, então, só se estabelecem em cidades.

Mais uma vez: a força das antigas associações e tradições é perdida numa colônia; e o caráter nacional é modificado pelas novas circunstâncias, tão diferentes daquelas que ajudaram a moldá-lo em casa, e especialmente pela mistura de raças. Assim, os elementos conservadores, poéticos e reverenciais da sociedade que coloniza deixam de existir. Nos países antigos, há hábitos, costumes, leis, até instituições e formas políticas, cujas origens estavam claras quando nasceram, mas que agora são esquecidas. Tais costumes, portanto, se assemelham a anomalias, e não têm razão para se mostrarem por si próprios, mas só continuam por causa do hábito. Nas colônias, não existe nada semelhante. Nenhuma admiração envolve as instituições que todos os colonos viram nascer e muitos ajudaram a fazer. Não existe obscuridade na lei externa, nada é inconsciente no hábito interno. Todas as coisas têm propósito e razão, inteligíveis e distintos. Disso nascem uma uniformidade da lei e um certo racionalismo, uma vez que as raízes espirituais da lei têm que ser abandonadas em função da ausência de um instinto nacional comum, de hábitos primitivos, preconceitos, superstições e fé.

Em consequência, as colônias são naturalmente liberais. Se começam de outra forma, cedo são levadas para essa tendência pela mistura de raças. O produto de tal mistura é sempre um elemento dissolutivo e perturbador na sociedade colonial. A revolução, que depois se estendeu à Espanha, começou na América espanhola. Ela estourou na Isla de Loon (Cádiz), no exército que estava pronto para embarcar a fim de restaurar as colônias, e daí se alastrou pela Espanha. Na América espanhola, os meios-sangues foram com frequência líderes contra os espanhóis puros.

Uma colônia passa pelo mesmo processo político-fisiológico que o país colonizador, só que muito mais rápida e completamente; isso porque as formas extremas de tirania e de democracia são mais distinta e absolutamente desenvolvidas onde não há a tradição consuetudinária, classes privilegiadas, reminiscências do passado, para se contrapor a elas e modificá-las. Por via de consequência, a aristocracia é contrária à natureza da vida colonial. É essencialmente oposta ao absolutismo, à igualdade, à equiparação e, na maioria dos casos, ao empreendimento, porque tenta isentar a propriedade do efeito desenvolvimentista, mas possivelmente dissolutivo, da especulação e das trocas. Assim, a Inglaterra jamais conseguiu criar uma aristocracia colonial. Todavia, Burke considerou da maior importância para o Canadá uma aristocracia como esta. Ela entrelaça a sociedade, é equivalente à organização, é forte poder conservador — a fomentadora da reverência, do respeito, do orgulho da submissão e da dignidade da obediência; é um lembrete de todas as lições morais que a sociedade política ensina, um pregador do amor pela pátria-mãe, um vínculo da influência da família sobre seus integrantes e de respeito pela reputação ancestral; é o repositório das forças invisíveis da sociedade; e, desta forma, supre exatamente aquilo que é deficiente nas colônias — exalta seu caráter e prolonga sua existência.

Apesar disso, auferimos grande benefício pela ausência de uma aristocracia nas colônias. Elas nos influenciaram por progredirem muito rápido, por excederem a velha nação, por desenvolverem princípios que entre nós são obstaculizados por impedimentos naturais, por desvendarem diante de nossos olhos um quadro de para onde estamos caminhando e por entenderem tendências que aqui somos incapazes de entender. Tem havido uma conexão bem estreita, embora externa, entre nossa relação com a América do Norte e o desenvolvimento de nossa indústria. A América do Norte tem, consequentemente, influenciado o progresso de nossa democracia, pelo menos nosso livre comércio. Existe a mesma conexão entre a guerra americana e a emancipação irlandesa, já que os voluntários, por meio dos quais a tirania foi pela primeira vez abalada, surgiram naquela guerra. Mas existe uma conexão bem mais forte noutro sentido.

Em nossas colônias, aprendemos a tolerar a Igreja católica. A conquista do Canadá produziu uma fenda no sistema de leis penais. Havia uma grande população francesa recém-conquistada de fidelidade duvidosa, que seria uma loucura oprimir em termos de religião. Portanto, a liberdade religiosa foi concedida aos canadenses, e, enquanto as colônias americanas se revoltavam dois anos depois, conseguimos que, pela tolerância, o restante permanecesse fiel. Seguiram-se imediatamente as primeiras concessões na Inglaterra e na Irlanda. É fora de dúvida que a influência natural da vida colonial sobre a liberdade religiosa teve as maiores consequências. Essa influência ainda é sentida, mas quase que se exauriu por si mesma. No que respeita à sua ação sobre o governo imperial, as colônias fizeram tudo o que podiam em nosso benefício.

Não temos, por conseguinte, muita razão para lamentar a existência de duas leis que a história das colônias parece revelar — emancipação gradual e declínio prematuro. Nossas colônias começaram sob James I, quando nosso poder era pequeno, quando nosso país era superpovoado pela prevalência do pasto sobre o cultivo da terra, quando os salários eram aviltados pelo barateamento dos metais preciosos e quando a opressão civil e religiosa estava no seu ápice. Elas cresceram com o crescimento da pátria-mãe, e contribuíram bastante para o progresso dela. Desde os dias de Raleigh e Bacon, elas têm um caráter comercial; não foram fundadas, como as colônias espanholas, simplesmente por causa do ouro; foram alimentadas, povoadas e desenvolvidas em obediência às pressões de considerações econômicas — para que se conseguissem terras novas e férteis, novos objetos de trocas, novos mercados, aumentos no transporte marítimo e no comércio e um refúgio para os excessos de população. As leis da economia política predominaram na determinação de todo o seu destino, e devem ser os primeiros elementos a se estudar na preparação de seu horóscopo. A Lei da Navegação original foi aprovada pelo Parlamento Longo com o objetivo de proteger e encorajar o transporte marítimo da Inglaterra e das colônias, em oposição aos holandeses. Foi uma taxa imposta pela nação sobre si mesma, a ser paga com juros depois de certa carência. Tal proteção pode ser desejável para a educação e fomento do comércio. No presente é uma perda, mas pode ser facilmente um ganho futuro. É uma semeadura na esperança de colheita. John de Witt prevê que ela colocará muito do comércio holandês nas mãos inglesas.[2] Child chama a Lei da Navegação de Magna Carta, Anderson, de Paládio do poderio naval inglês. Novas regulamentações foram formuladas para benefício da Inglaterra a expensas das colônias, mas isso aconteceu principalmente depois de 1688; e foi natural, porque uma política de interesses é executada de forma bem mais implacável por um governo parlamentar do que por um monárquico, uma vez que tem o apoio egoísta das classes interessadas. De um modo geral, as dependências ficam mais felizes sob a monarquia absolutista que a pátria-mãe, porque a autoridade é necessariamente dividida e interceptada quando repassada para elas. Foi isso que aconteceu com as províncias do Império Romano e com as Índias espanholas. Não surpreende, portanto, que as colônias americanas, florescentes e leais sob os Stuarts, que as fundaram em virtude da mágoa e da opressão domésticas, ficassem menos satisfeitas sob os Georges, quando

---

[2] "Permitam-me conduzir sua atenção para bem antes – para a Lei da Navegação, a pedra de toque da política deste país em relação às suas colônias. Senhores, desde o início tal política foi puramente comercial; e o sistema comercial era totalmente restritivo. Era o sistema de um monopólio (...). A Lei da Navegação ajudou as colônias desde sua infância, cresceu com sua juventude e fortaleceu-se com seu fortalecimento (...). Nada na história da humanidade se iguala a seu progresso" (Discurso de Burke sobre taxação americana, *Works*, iii, 193-4).

tínhamos a garantia de um bom governo em casa. Quando dois males se combinaram, quando a monarquia constitucional pôde ser arbitrária, por meio da corrupção que George III e Lord North sustentaram em obediência a um Parlamento subserviente, mas onipotente, a rebelião das colônias foi natural.

O benefício econômico das colônias perdura enquanto o estado excepcional de proteção pode ser lucrativamente mantido. A Lei da Navegação desenvolveu nosso comércio numa ocasião, mas prejudicou-o noutra, desviando nossos comerciantes de outros ramos do comércio com países estrangeiros. Foi exatamente na oportunidade em que a América achou que não era mais do seu interesse permanecer dependente e abjurou sua subserviência que Adam Smith expôs sua doutrina do livre comércio e recomendou a emancipação das colônias e que Tucker, que condenava os pleitos americanos, recomendou sua emancipação para o bem da Inglaterra. Townsend, o viajante, mais ou menos na mesma ocasião, deu idêntico conselho à Espanha, e Arthur Young, à França. O dinheiro gasto em suas colônias, disse ele, se alocado para o cultivo do próprio território, produziria dez vezes mais.

Devemos às colônias: (1) o desenvolvimento de nosso comércio; (2) o estabelecimento de nossa supremacia naval; (3) o surgimento das verdadeiras noções de economia política; (4) a instituição da liberdade de consciência. No entanto, aquilo que elas mostraram tanta força para efetivar não necessita delas para preservação. Nenhuma dessas coisas sofreria com a perda das colônias, se bem que tais coisas deixariam de existir se não fossem elas. Nosso encorajamento para a emancipação das colônias espanholas, para a abolição da escravatura (em algumas delas) e para a remoção do sistema de proteção deve levar à gradual separação das colônias. No nosso curso atual, não podemos mais conceder privilégios comerciais a elas; e se não pudermos dar nada a elas, não devemos continuar extraindo coisa alguma delas. "Além do comércio que igualmente poderia desfrutar depois da separação, a Inglaterra usufrui de pouca vantagem, exceto *prestige*, de suas dependências; e o pouco que usufrui é bastante superado pelas despesas que elas custam e pela dispersão que demandam de sua força militar e naval."[3]

Mas não é da natureza das coisas que devamos emancipá-las por iniciativa nossa. Isso ocorrerá provavelmente por iniciativa delas. Mas as colônias emancipadas não têm um futuro longo e brilhante diante de si. Elas esvaem seu capital político mais rapidamente que a pátria-mãe, porque não começam do começo; partem de um período avançado na vida da nação, com uma vitalidade política já consideravelmente consumida; vivem, tal qual progridem, muito rapidamente; não têm em si mesmas as forças retardadoras, equilibradoras e restritivas cuja ação prolonga a existência dos estados antigos. O declínio social e político é, consequentemente, mais rápido nas colônias que nos estados colonialistas, ao mesmo tempo em que elas retêm o caráter colonial, ou seja, continuam parte do povo antigo.

Para dar início a um novo desenvolvimento, com toda a vida natural diante delas, é preciso que se dispam do caráter colonial e se tornem, pela mistura de raças, uma nova nacionalidade. Aí, sim, elas poderão pôr em prática todas as formas naturais de vida política e nacional e progredir através das fases naturais da juventude à

---

[3] J. S. Mill sobre Governo Representativo, p. 325.

maturidade. Essa formação de novos estados só começou na Califórnia e nos estados do Leste da América. Poucos são os sinais de tal formação em nossas colônias como um todo, e ela foi tentada, mas fracassou, nas da Espanha.

Seja qual for seu destino, as colônias europeias povoaram a América e a Austrália com uma população cristã e quebraram a intolerância europeia. Para o futuro, o interesse religioso está centrado primordialmente em nosso império asiático.

CAPÍTULO XIII

A Revolução Americana

O iluminismo racional e humanitário do século XVIII fez muito pelo bem-estar da humanidade, mas pouco para promover as garantias da liberdade. O poder foi mais bem-empregado que antes, porém não abdicou.

Na Inglaterra, o país mais avançado politicamente, o ímpeto que a Revolução imprimiu ao progresso se esvaiu, e as pessoas começaram a dizer: agora que o perigo jacobino passou, não existe problema entre os partidos que torne válido a fato de os homens ficarem cortando os pescoços uns dos outros. O desenvolvimento da filosofia Whig foi prejudicado pela tendência prática ao compromisso. Foi o compromisso que fez a distinção entre o Whig e o Roundhead, entre o homem vitorioso e o que fracassou, entre o homem que foi o professor de política do mundo civilizado e o que deixou a cabeça em Temple Bar*.

A Guerra dos Sete Anos renovou a marcha interrompida ao envolver a América nas preocupações da Europa e fazer com que as colônias reagissem contra o estado colonizador. Essa foi a consequência que se seguiu à conquista do Canadá e à ascensão de George III.

---

* N. T.: Um dos portões que assinalavam os limites da antiga Londres onde, no século XVIII, fincadas no alto do portal, ficavam expostas as cabeças degoladas dos traidores.

Os dois eventos, ocorrendo em rápida sucessão, levantaram a questão americana. Um viajante que visitou a América alguns anos antes reportou que havia muito descontentamento e que a separação era esperada para breve. Tal descontentamento estava inerte enquanto um grande poder militar mantinha o Canadá. Duas considerações compensavam os colonos pelas desvantagens da conexão com a Inglaterra: a frota inglesa guardava o mar contra piratas e o exército britânico protegia a terra contra os franceses. A primeira situação era desejável, a segunda, essencial à existência deles. Quando desapareceu o perigo do lado francês, surgiu a grande dúvida se a patrulha do Atlântico valia o preço que a América tinha que pagar por ele. Portanto, Montcalm previu que, se os ingleses conquistassem as colônias francesas, perderiam também as suas. Muitos franceses encaravam tal fato com satisfação, e a probabilidade era tão manifesta que os ingleses a viram também. Era do seu interesse fortalecer suas posições com novas seguranças, no lugar daquela segurança suprema que haviam perdido com a vitória em Quebec. Essa vitória e a consequente e vasta aquisição de território não representariam aumento do poder imperial caso se afrouxasse a manutenção das colônias atlânticas. Por conseguinte, a política vigente era impor os pleitos existentes e obter reconhecimento inequívoco da soberania inglesa. O método mais lucrativo de fazer isso tinha a forma da taxação mais pesada; mas as taxas eram um problema menor em comparação com o estabelecimento de uma autoridade inconteste e de uma submissão inquestionável. A taxa podia até ser nominal, se o princípio fosse sólido. Meios e maneiras não faltariam num império que se estendia da Baía de Hudson até o Golfo do México. A necessidade do momento não era dinheiro e sim fidelidade. O problema era novo, pois a era da expansão viera muito subitamente, no Leste e no Oeste, pela ação de Pitt; e Pitt não ocupava mais cargo público para prover a solução.

Entre os Whigs, um partido então enfraquecido e desacreditado, existiam homens que já conheciam a política pela qual desde então o império vinha sendo sustentado – Adam Smith, Dean Tucker, Edmund Burke. Mas a massa foi pela opinião corrente naqueles tempos e sustentou que o objetivo da política era o poder e que, quanto mais o domínio fosse estendido, mais deveria ser mantido pela força. A razão pela qual o livre comércio era melhor que o domínio permanecia um segredo obscuramente enterrado no peito dos economistas.

Enquanto a expulsão dos franceses de seu império transatlântico governou a situação, a dificuldade imediata foi provocada pelo novo reinado. O direito de investigar contrabandos dentro de casas e navios era garantido pelas chamadas Ordens de Confisco, que não necessitavam de designação específica, prova ou mesmo indicação de ilícito, resultando em revistas inopinadas a qualquer hora do dia ou da noite. Tais ordens foram introduzidas por Carlos II, mas tinham que ser renovadas no prazo de seis meses após a queda da coroa. A última renovação ocorrera com a morte de George II e pretendia-se que fossem eficazes protegendo a receita contra os contrabandistas. Entre 1727 e 1761, muitas coisas haviam mudado, e as colônias tinham ficado mais ricas, mais confiantes e mais orgulhosas. Elas reivindicavam se estender até o Mississippi, sem franceses ou espanhóis em suas fronteiras. Praticamente não existiam vizinhos a não ser a Inglaterra, e os colonos estavam de posse de patrimônio que inglês algum jamais sonhou ter. A letra da lei e a prática da geração passada não eram argumentos para os herdeiros de riqueza e poder ilimitados, e não os convenciam de que deveriam perder em função da ajuda que deram contra a França. Os juristas americanos argumentavam que o que era bom para a lei inglesa não podia ser aplicado com justiça na América, onde não existiam as mesmas salvaguardas constitucionais – onde os casos seriam julgados por juízes sem corpo de jurados, por juízes que poderiam ser removidos à vontade, por juízes com comissões financeiras que aumentavam proporcionalmente à propriedade confiscada e tinham interesse em decidir contra o importador americano e a favor da receita. Tratava-se de uma argumentação técnica e trivial que qualquer advogado podia entender sem ferir os limites do pensamento em vigor.

Então James Otis se pronunciou e elevou a questão a um nível diferente, num dos discursos memoráveis da história política. Supondo, mas não admitindo, que os funcionários da aduana de Boston agiam legalmente e dentro do estatuto, ele disse, então, que o estatuto estava errado. A ação dos funcionários poderia estar autorizada pelo Parlamento; porém, nesse caso, o Parlamento teria extrapolado sua autoridade, como Carlos com seu *ship-money** e James com sua distribuição de poder. Existem princípios que sobrepujam precedentes. As leis da Inglaterra podem ser coisas muito boas, mas existe aquilo que é lei superior.

A corte decidiu pela validade das Ordens; e John Adams, que testemunhara o julgamento, escreveu depois que aquela foi a hora em que nasceu a criança Independência. O ponto de vista inglês triunfou momentaneamente, e o governador escreveu a Londres dizendo que os murmúrios logo cessariam. Os Estados e, final-

---

* N.T.: Taxa imposta às cidades e vilas costeiras inglesas para a construção de navios de guerra.

mente, os Estados Unidos rejeitaram ordens gerais e, desde 1817, se puseram de acordo com a lei da Inglaterra. Naquele ponto, portanto, as colônias estavam certas.

Veio, em seguida, a questão maior da taxação. A regulamentação do comércio externo era admitida. A Inglaterra patrulhava os mares e protegia a América contra piratas e contrabandistas. Alguma remuneração poderia ser razoavelmente reivindicada; mas deveria ser conseguida de tal forma a não prejudicar ou impedir o crescimento da riqueza. As restrições contra a indústria e o comércio destinavam-se ao benefício da Inglaterra e ao prejuízo de suas colônias. Os colonos demandaram que as disposições trouxessem vantagens mútuas. Não chegaram ao extremo de afirmar que tais disposições deveriam ser vantajosas apenas para eles, sem considerar as nossas, fato aliás que vem constituindo nossa política colonial atual. O pleito não era, originalmente, excessivo. Acabou sendo base para a imputação de que a disputa era, nos dois lados, uma questão de interesses sórdidos. Achamos mais justo dizer que a motivação era: império de um lado e autogoverno do outro. Era uma questão entre liberdade e autoridade, governo por consentimento e governo pela força, controle do indivíduo pelo Estado e controle do Estado pelo indivíduo. A contenda jamais foi definida nesses termos. Na Inglaterra, ela já fora ajustada havia muito tempo. Ficara acertado que a Legislatura poderia, sem infringir nenhuma lei ética ou constitucional, sem abalar sua autoridade ou ficar exposta à revolta justa, formular leis que prejudicassem o indivíduo em benefício da religião inglesa ou do comércio inglês. Se tal princípio fosse abandonado na América, não poderia ser mantido na Irlanda, e a bandeira verde poderia tremular sobre o Castelo de Dublin.

Não se tratava de herança da Idade Média. Tanto a opressão da Irlanda como a da América eram trabalhos da escola moderna, de homens que executavam um rei e expeliam outro. Era obra do Parlamento, dos parlamentos de Cromwell e de Guilherme II. E o Parlamento não renunciaria à sua política específica, ao seu direito de impor taxas. A coroa, o clero, a aristocracia eram hostis aos americanos; mas o inimigo verdadeiro era a Câmara dos Comuns. As velhas seguranças europeias para o bom governo foram consideradas proteções insuficientes contra a opressão parlamentar. A própria nação, agindo por meio de seus representantes, tinha que ficar sujeita ao controle. O problema político suscitado pelo Novo Mundo era mais complicado que as questões simples lidadas, até então, pelo Velho. Foi necessário fazer voltar a corrente do desenvolvimento da política, amarrar, limitar e confinar o Estado, que os modernos tinham tanto orgulho em exaltar. Surgiu uma nova fase da história política. A Revolução Americana inovou em relação à Revolução Inglesa, da mesma forma que esta última tinha inovado em relação à política de Bacon ou de Hobbes. Não havia tirania da qual houvesse queixa. Os colonos eram, em muitos aspectos, mais livres que seus próprios mestres na Inglaterra. Não se viam ameaçados pelo senso do erro intolerável. A questão em jogo era sutil e refinada e exigiria bastante má administração para que a disputa se tornasse irremediavelmente irreconciliável.

Governos ingleses sucessivos foram alterando a posição. Primeiro, tentaram a Lei do Selo (Stamp Act); depois, a taxação do chá e de diversos outros artigos; em seguida, só a do chá; e, finalmente algo bem menor que a taxação do chá. Numa coisa foram consistentes: jamais abandonaram o direito de impor taxas. Quando os colonos, instigados por Patrick Henry, resistiram ao uso dos selos, e Pitt deleitou-se com tal resistência, o Parlamento cedeu em relação a tal ponto, declarando que detinha o direito em disputa; Townshend propôs uma série de impostos sobre importações que produziriam cerca de trezentas libras, mas foram recusados por Lord North. Foi formulado então um plano engenhoso que ratificaria o direito de taxação, mas que não seria sentido nos bolsos americanos; na realidade, colocaria dinheiro neles sob a forma de um suborno. Comerciantes das Índias Orientais teriam permissão para transportar chá para os portos americanos sem pagar taxas na Inglaterra. As Leis da Navegação foram suspensas, seria mais barato para as pessoas tomarem chá na Nova Inglaterra, sem necessidade de contrabando. O imposto na Inglaterra seria de um *shilling* por libra; na América, três *pennies* por libra. A libra seria desvalorizada, de modo que os colonos pagassem apenas três *pence* em vez de quinze. O tomador de chá de Boston passaria a consegui-lo por menor preço que o de Bristol. A receita seria sacrificada, incorreria em perda, para satisfazer os colonos descontentes. Se havia queixa de se pagar mais por determinado artigo, como poderia tal queixa ser mantida se o preço do artigo fosse menor? Para dourar ainda mais a pílula, foi proposto que os três *pence* fossem pagos nos portos ingleses, de forma que os americanos só percebessem o presente, só vissem o fato de que seu chá era mais barato, e não experimentassem de modo algum o amargor embutido nele. Isso teria revolucionado todo o esquema. O governo não o toleraria. A América podia conseguir o chá mais barato, mas tinha que admitir a taxa. O objetivo mesquinho era a rendição de nosso lado, com a manutenção do motivo constitucional, na crença de que só o elemento sórdido prevalecia nas colônias.

Aqueles três *pence* quebraram o império britânico. Doze anos de contenção renovada, mesmo de formas alteradas por ministros distintos, deixaram claro que a decisão do grande Estado já estava tomada e que todas as variações eram ilusórias. Os americanos se tornaram mais obstinados à medida que refinavam a questão abjeta dos interesses com a qual tinham começado. De início, concordaram com as restrições impostas pelas Leis da Navegação. Agora, as rejeitavam. Um dos navios de chá no porto de Boston foi abordado à noite e as caixas de chá lançadas no Atlântico. Tal foi o brando começo da maior Revolução jamais irrompida entre homens civilizados. A disputa foi reduzida à sua expressão mais simples, tornando-se mera questão de princípios. Os argumentos das Cartas e da Constituição foram descartados. O choque foi travado com base na Lei da Natureza, ou, falando com mais precisão, no Direito Divino. Naquela noite de 16 de dezembro de 1773, houve pela primeira vez o reinado da força na História. Pelas regras do direito, a melhor causa era a da Inglaterra; pelo princípio então posto em prática, ela estava no lado errado, e o futuro pertencia às colônias.

O espírito revolucionário fora repassado das seitas do século XVII por meio das cartas coloniais. Já em 1638, um pregador de Connecticut dizia: "A escolha dos magistrados públicos pertence ao povo, por consentimento do próprio Deus. É o povo que tem o poder de selecionar funcionários e magistrados como também o de estabelecer amarras e limites para as prerrogativas e funções para os que foram por ele escolhidos." Em Rhode Island, onde a Carta Real era tão liberal que perdurou até 1842, todo o poder revertia anualmente ao povo, e as autoridades tinham que passar por reeleições. Connecticut possuía um sistema tão acabado de autogoverno das cidades que serviu de modelo para a Constituição federal. Os quacres da Pensilvânia administravam suas questões sem privilégios, intolerância, escravidão ou opressão. Não foi para imitar os ingleses que eles se internaram no deserto. Diversas colônias eram, em diversificados aspectos, muito afastadas da pátria-mãe; e o mais destacado estadista da *Commonwealth*, Vane, teve sua formação na Nova Inglaterra.

Depois da refrega ocorrida a bordo do *Dartmouth*, no porto de Boston, o governo decidiu coagir Massachusetts, e um Congresso continental reuniu-se a fim de conceber meios para sua proteção. Tropas do rei foram enviadas para destruir os depósitos militares organizados em Concord e em Lexington; no deslocamento para a operação e em todo o caminho de volta, elas foram acossadas por milícias. O *affair* em Lexington, em 19 de abril de 1775, marcou o início da Guerra da Independência, cuja abertura foi o cerco de Boston. Dois meses mais tarde, o primeiro embate militar ocorreu em Bried's Hill, ou Bunker Hill, elevações baixas a cavaleiro da cidade, e os colonos foram rechaçados; as perdas foram poucas.

A guerra que se seguiu e durou seis anos não tem muito destaque nos anais militares, mas nos interessa principalmente pelo resultado. Depois da primeira batalha, as colônias se declararam independentes. Virgínia, agindo de moto próprio, liderou o caminho. O grande revolucionário de então, o líder virginiano Jefferson, redigiu a Declaração de Independência, que foi adotada pelos demais estados; ela era muito retórica para ser científica; porém recitava a série de ideias que a controvérsia conduzira para o *front*.

Trinta mil soldados germânicos, a maioria de Hesse Cassel, foram deslocados e, de início, saíram-se parcialmente vitoriosos, pois eram apoiados pela armada que se internou bastante pelo continente graças aos estuários. Onde o exército europeu não contou com tal vantagem, as coisas não foram nada bem. Os americanos atacaram o Canadá esperando uma boa recepção por parte dos habitantes franceses recentemente transformados em súditos ingleses. O ataque fracassou dramaticamente com a morte do general Montgomery, sob as muralhas de Quebec, e os colonos franceses permaneceram fiéis. Nova York, sob o comando de Burgoyne, malogrou. Ele mal tinha chegado ao Hudson quando foi obrigado a render-se em Saratoga. O Congresso dos Estados, que dirigia debilmente as operações, desejou que os termos da rendição não fossem obedecidos e que os 5.000 prisioneiros ingleses e germânicos não fossem enviados de volta às suas pátrias, mas que permanecessem detidos até que pudessem ser instrumentos de trocas. Washington e seus oficiais deixaram saber que, se isso fosse feito, eles se demitiriam.

A derrota inglesa em Saratoga determinou o destino do conflito. Ela pôs um fim nas hesitações francesas. O governo francês tinha que recuperar a posição perdida na última guerra e observava a marcha dos acontecimentos em busca de uma prova de que a resistência americana não estava prestes a entrar em colapso. No final de 1777, a vitória de Saratoga proporcionou tal evidência. Foi permitida a partida de voluntários, e muito material bélico fornecido por intermédio do agenciamento de um poeta cômico. Foi então concluído um tratado de aliança, um pequeno exército enviado por via marítima, e em março de 1778 a Inglaterra foi informada de que a França estava em guerra contra ela. A França foi seguida pela Espanha e depois pela Holanda.

Ficou claro desde o início que tal combinação era mais forte do que aquilo que a Inglaterra podia enfrentar. Lord North cedeu de imediato. Ofereceu a satisfação das demandas americanas e solicitou que Chatham participasse do governo. Desde o momento em que a velha inimiga França entrara em cena, Chatham assumira postura apaixonadamente guerreira. O rei concordou com a solicitação para que ele se juntasse ao ministério, mas recusou recebê-lo. A América declinou as aberturas inglesas, coerente com seu tratado com a França. A negociação com Chatham tornou-se impossível, fato não de todo danoso porque ele faleceu duas semanas mais tarde, denunciando governo e oposição.

Veio então uma fase da guerra em que a marinha da França, sob o comando de d'Orvilliers no Canal, de Suffren no leste, e de d'Estaign e De Grasse no oeste, provou estar à altura da marinha inglesa. Foi por causa da armada francesa, e não de suas forças terrestres, que resultou a independência americana. Mas foi por intermédio dos oficiais do exército que as ideias americanas, suficientes para subverter cada Estado europeu, foram transplantadas para a França. Quando De Grasse expulsou a armada inglesa das águas da Virgínia, Cornwallis rendeu-se com o exército do sul em Yorktown e Burgoyne fez o mesmo com o exército do norte em Saratoga.

Os Whigs assumiram e reconheceram a independência das colônias, coisa que North deveria ter feito quatro anos antes, quando a França interveio. Os termos de paz com as potências europeias tornaram-se favoráveis em função do sucesso final de Rodney em São Domingos e de Eliot em Gibraltar; contudo, a reputação guerreira da Inglaterra caiu a nível menor que qualquer outro desde a Revolução.

Os americanos esforçaram-se por formular uma Constituição que os unisse mais efetivamente que o Congresso que os liderara na guerra; para tanto, organizaram uma Convenção na Filadélfia durante o verão de 1787. A dificuldade foi a de encontrar ideias comuns aos três grandes estados – Virgínia, Pensilvânia e Massachusetts – e os estados menores, que incluíam Nova York. Os grandes não queriam conceder direitos iguais aos outros; os menores não desejavam ser engolidos como meros números. Em consequência, uma Câmara foi organizada proporcionalmente à população, e outra, o Senado, em termos iguais para todos os estados. Todo cidadão ficou enquadrado pelo governo federal, mas também por seu próprio estado. Os poderes dos estados foram limitados. Os poderes do governo federal foram verdadeiramente listados, e, assim, os estados e a União passaram a se controlar mutuamente. Tal princípio de divisão constituiu o mais eficaz condicionante da democracia jamais concebido, já que a têmpera da Convenção Constitucional mostrou-se tão conservadora quanto revolucionária fora a Declaração de Independência.

A Constituição Federal não tocou na questão da liberdade religiosa. As regras para a eleição do presidente e do vice-presidente foram um fracasso. A escravidão foi deplorada, denunciada e mantida. A ausência de uma definição dos Direitos dos Estados conduziu à mais sangrenta das guerras civis dos tempos modernos. Pesada na balança do liberalismo, o instrumento, como se apresentava, foi uma fraude monstruosa. E ainda assim, com o desenvolvimento do princípio do federalismo, produziu uma comunidade mais poderosa, mais próspera, mais inteligente e mais livre que qualquer outra que o mundo jamais testemunhou.

Lord Acton

CAPÍTULO XIV

*A influência da América**

As diversas estruturas de pensamento político que surgiram na França, e colidiram no processo da revolução, não foram diretamente responsáveis pela eclosão. As doutrinas pairavam como uma nuvem nas alturas, e, em momentos críticos do reinado de Luís XV, os homens sentiram que uma catástrofe era iminente. Ela despencou sobre seu sucessor quando a provocação era pequena; e a centelha que inflamou o pensamento em ação foi suprida pela Declaração Americana de Independência. Foi um sistema Whig internacional, extraterritorial e universal que de longe transcendeu o modelo inglês por sua simplicidade e rigor. Ultrapassou em força todas as especulações em Genebra e Paris, pois passou pelo teste da experiência, e seu triunfo foi a coisa mais memorável já vista pelos homens.

A expectativa de que as colônias americanas se separariam era antiga. Um século antes, Harrington escrevera: "Elas ainda são bebês, que não podem viver sem sugar o seio de suas cidades-mães; porém, como tal, estarei enganado se, quando crescerem, não desmamarem; e fico surpreso com os príncipes que gostam de se exaurir

---

* Capítulo II de *Lectures on the French Revolution*, de Acton (Londres, 1910). Reproduzido em *Liberal Interpretation of History*, de Acton, pp. 378-395.

desta forma." Quando, em 1759, o velho Mirabeau anunciou a possibilidade, ele queria dizer que a conquista do Canadá envolvia a perda da América, porque os colonos se apegariam à Inglaterra enquanto a França estivesse por trás deles, não por muito tempo mais. Ele chegou bem perto da verdade, porque a guerra no Canadá deu o sinal. As colônias inglesas tinham contemplado a anexação à França e se ressentiram com o fato de o governo do rei ter empreendido a expedição, privando-as da oportunidade da ação unificada. Cinquenta anos mais tarde, o presidente Adams disse que o tratamento dispensado pelos ingleses aos oficiais americanos fez seu sangue ferver.

A agitação começou em 1761 e, pelas ideias inovadoras que lançou para o exterior, foi tão importante quanto a própria Declaração ou o grande debate constitucional. As colônias estavam mais avançadas que a Grã-Bretanha em termos de instituições livres e existiam apenas para escapar dos vícios da pátria-mãe. Não possuíam resquícios do feudalismo para estimar ou resistir. Tinham constituições escritas, algumas marcantemente originais, raízes adequadas de um desenvolvimento imenso. George III achava estranho que devesse ser o soberano de uma democracia como Rhode Island, onde todo o poder revertia anualmente para o povo, e as autoridades tinham que ser eleitas de novo. Connecticut recebeu dos Stuarts um caráter liberal, e concebeu um esquema tão elaborado de governo local, que ele serviu de base para a Constituição Federal. Os quacres tinham um plano fundamentado na igualdade de poder, sem opressão, privilégio, intolerância ou escravidão. Declararam que seu experimento sagrado não valeria a pena tentar se não oferecesse vantagem legítima sobre a Inglaterra. Foi para desfrutar da liberdade, da autonomia da consciência, do direito de impor taxas a si mesmos, que eles se internaram no deserto. Existiam pontos pelos quais esses homens anteciparam as doutrinas de uma democracia mais irrestrita, porque estabeleceram seu governo não por convenções, mas pelo direito divino, que eles clamavam infalível. Um pregador de Connecticut disse em 1638: "A escolha dos magistrados públicos pertence ao povo, por consentimento do próprio Deus. É o povo que tem o poder de selecionar funcionários e magistrados, como também o de estabelecer amarras e limites para as prerrogativas e funções dos que foram por ele escolhidos." As seguintes palavras, escritas em 1736, aparecem nas obras de Franklin: "O julgamento de um povo qualquer, em especial de um povo livre, é considerado infalível. E esta é uma verdade universal, enquanto permanece dentro da esfera apropriada, sem a polarização de facções, sem as artimanhas de homens ardilosos. Um conjunto de pessoas em tal situação não pode fazer julgamentos errados sobre quaisquer pontos essenciais; pois, se elas decidem a seu favor, o que é extremamente natural, sua decisão é justa, na medida em que aquilo que contribui para o benefício delas concorre para o benefício geral e faz progredir o verdadeiro bem público." Um comentarista acrescentou que essa noção da percepção infalível das pessoas a respeito de seus reais interesses, e a segura perseguição dela, era bastante prevalente nas províncias e, por certo tempo, nos estados depois do estabelecimento da independência americana.

A despeito de seu espírito democrático, essas comunidades concordaram com as regulamentações e restrições ao seu comércio, em detrimento próprio e para vantagem dos mercadores ingleses. Protestaram, mas acabaram cedendo. Agora, Adam Smith diz que proibir que um grande povo faça o que lhe aprouver com qualquer parte de sua própria produção, ou que empregue seus estoques e indústria da maneira que julgue mais vantajosa para si mesmo, é uma violação manifesta dos direitos mais sagrados da humanidade. Existia um sentimento latente de injustiça que explodiu quando, além de interferir na liberdade de comércio, a Inglaterra exerceu o direito de taxação. Um americano escreveu mais tarde: "A razão verdadeira do descontentamento que levou à Revolução foi o esforço da Grã-Bretanha, começado em 1750, para evitar a diversidade da ocupação, para atacar o crescimento dos fabricantes e dos ofícios mecânicos, e a causa final antes da tentativa de taxar sem representatividade foi o esforço para colocar em prática as leis da navegação." Quando a Inglaterra argumentou que os apuros da regulamentação seriam maiores que os da taxação e que aqueles que se submetessem a uma delas estariam, em princípio, se submetendo à outra, Franklin replicou que os americanos não tinham essa opinião, mas que, na oportunidade em que a situação fosse colocada diante deles, de bom grado rejeitariam ambas. No entanto, ele sabia que a argumentação de seus concidadãos era bem pouco consistente. Escreveu ao economista francês Morellet: "Nada pode ser mais bem-expresso que seus sentimentos sobre esse ponto, pelos quais o senhor prefere a liberdade de comércio, de cultivo, de manufatura etc. até mesmo à liberdade civil, a qual é raramente afetada, mas as outras o são a cada hora."

Os primeiros autores da independência americana eram, em geral, entusiastas da Constituição inglesa e precederam Burke na tendência a canonizá-la e a engrandecê-la como exemplo ideal para as nações. John Adams disse, em 1776: "Aqui reside a diferença entre a Constituição Inglesa e as outras formas de governo, a saber, a liberdade é sua finalidade, seu emprego, sua denotação, meta e propósito, da mesma forma que o milho moído é o emprego de um moinho." Outro celebrado bostoniano identificou a Constituição como a Lei da Natureza, tal como Montesquieu classificou a Lei Civil como Razão escrita. Disse ele: "A glória dos príncipes ingleses e a felicidade de todos os seus súditos são que sua constituição tem fundações nas imutáveis leis da Natureza; são como o legislador supremo e o executivo supremo derivam sua autoridade de tal Constituição, resulta que algumas leis podem ser formuladas ou executadas contradizendo qualquer lei essencial da Natureza." Quem escreveu tais palavras, James Otis, foi o fundador da doutrina revolucionária. Descrevendo um de seus panfletos, o segundo presidente diz: "Analise a declaração de direitos e agravos expedida pelo Congresso em 1775; examine a Declaração de Independência de 1776; examine os escritos do dr. Price e do dr. Priestley; examine todas as Constituições francesas de governos; e, para enfeixar tudo, estude os *Common Sense, Crisis* e *Rights of Man*, de Thomas Paine. O que é possível se encontrar lá que não esteja com substância sólida no seu 'Vindication of the House of Representatives'?" Quando esses homens descobriram que o apelo à lei e à Constituição não adiantava, que o rei, ao subornar os representantes do povo com dinheiro do próprio povo, era capaz de fazer valer sua vontade, buscaram um tribunal mais elevado e se voltaram para a lei da Natureza no lugar da lei da Inglaterra e para o Rei dos reis no lugar do rei dos ingleses. Otis, em 1762, 1764 e 1765, diz: "A maioria dos governos é, de fato, arbitrária e, consequentemente, a praga e o escândalo da natureza humana; ainda assim, nenhum deles é, por direito, arbitrário. Pelas leis de Deus e da natureza, os governos não devem taxar a propriedade do povo sem consentimento desse povo ou de seus deputados. Não há prescrição suficientemente antiga para substituir a lei da Natureza e a outorga de Deus Todo-Poderoso, que deu a todos os homens o direito de ser livres. Se um homem tem pouca propriedade para proteger e defender, mesmo assim sua vida e sua liberdade são coisas de importância." Pela mesma ocasião, Gadsden escreveu: "Uma confirmação de nossos direitos essenciais e comuns como ingleses pode ser invocada com bastante clareza nas cartas; mas qualquer dependência ulterior a elas pode ser fatal. Devemos nos posicionar a favor do argumento comum desses direitos naturais que todos sentimos e sabemos como homens e como descendentes de ingleses."

Os patriarcas primitivos dos Estados Unidos começaram preferindo o princípio moral abstrato à letra da lei e ao espírito da Constituição. Mas foram além. Não apenas sua queixa era difícil de substanciar em lei, como era trivial em termos de valor da taxação. O pleito da Inglaterra não foi desaprovado abertamente, pois, apesar de injusto, a injustiça não era, na prática, difícil de suportar. O sofrimento que seria causado pela submissão era incomensuravelmente menor que o que se seguiria à resistência, e era mais incerto e remoto. O argumento utilitário era gritante em favor da obediência e da lealdade. Porém, se o interesse estava num lado, havia um princípio manifesto no outro — um princípio tão sagrado e tão claro que estava a demandar, imperativamente, o sacrifício das vidas dos homens, de suas famílias e de suas posses. Eles decidiram abrir mão de tudo, não para escapar da opressão real, mas para honrar um preceito de lei não escrita. Esta foi a descoberta transatlântica na teoria do dever político, a luz que atravessou o oceano. Ela representou a liberdade, não como uma desobrigação comparativa da tirania, mas como uma coisa tão divina que a existência da sociedade deveria ser colocada em jogo para evitar a mínima infração construtiva a seu direito soberano. "Um povo livre," disse Dickinson, "não pode ser muito rápido em observar o, nem muito firme em se opor ao, início da alteração seja da forma seja da realidade. O primeiro tipo de alteração leva ao segundo. Como as violações dos direitos dos governados são, normalmente, não apenas plausíveis, como no começo pequenas, elas se espraiam pela multidão de tal maneira a só tocar levemente nos indivíduos. Todos os estados livres devem observar incessantemente e soar o alarme de imediato contra qualquer adição que seja feita ao poder exercido sobre eles." O que é um povo livre? Não aquele governado razoável e equitativamente; mas o que vive sob um governo com tantos controles e verificações constitucionais que provisões apropriadas existem contra o exercício do poder de outra forma. A contenda foi patentemente uma contenda de princípio, e conduzida inteiramente como tal pelos dois lados. "O valor da proposta de aumento das taxas," disse Marshall, o maior dos advogados constitucionais, "era muito insignificante para despertar interesse nas pessoas dos dois países." Acrescentarei as palavras de Daniel Webster, o grande intérprete da Constituição, que é o mais eloquente dos americanos e se coloca, em termos políticos, próximo a Burke: "O Parlamento da Grã-Bretanha insistiu, de qualquer forma, em taxar as Colônias; e foi precisamente nessa questão que provocou a Revolução. O valor da taxação era trivial, mas o pleito em si se mostrava incompatível com a liberdade, coisa que estava bastante clara aos seus olhos. Foi contra a apresentação de um ato do Parlamento, e não contra qualquer sofrimento que sua promulgação poderia proporcionar, que as Colônias pegaram em armas. Elas entraram em guerra contra um preâmbulo. Lutaram sete anos contra uma declaração. Viram na reivindicação do Parlamento Inglês um princípio seminal da injúria, o germe do poder injusto."

O objetivo daqueles homens era a liberdade, não a independência. Seus sentimentos foram expressos por Jay no pronunciamento ao povo inglês: "Permitam-nos ser tão livres quanto vocês, e estimaremos para sempre nossa união com vocês como nossa maior glória e nossa maior felicidade." Antes de 1775, não existia a questão da separação. Durante toda a Revolução, Adams declarou que daria tudo para restaurar com segurança as coisas como antes; e tanto Jefferson quanto Madison admitiram na presença do ministro inglês que uns poucos assentos nas duas Câmaras dariam um fim a toda a questão.

No seu apelo à lei superior, os americanos professaram o mais puro dos Whiggismos, e pleitearam que sua resistência à Câmara dos Comuns e à jurisprudência de Westminster só dava prosseguimento ao conflito eterno entre Whig e Tory. Pela análise acurada que fizeram e pela ausência de medo das consequências lógicas, eles transformaram a doutrina e modificaram o partido. O Whig erradicado, despojado dos pergaminhos e precedentes, de suas famílias de proa e das condições históricas, exibiu novas qualidades; e a era do compromisso deu lugar a uma era do princípio. Enquanto a diplomacia francesa via o braço longo da oposição inglesa nos levantes do chá em Boston, Chatham e Camden sentiam a influência de Dickinson e Otis, sem reconhecer a diferença. Aparece numa das passagens do discurso de Chatham em 1775: "Essa oposição universal ao seu sistema arbitrário de taxação deveria ter sido prevista. Ela era óbvia, levando-se em conta a natureza das coisas, a natureza do homem e, sobretudo, os hábitos confirmados do pensamento e do espírito florescente do Whiggismo na América. O espírito que agora permeia a América é o mesmo que antes se opôs aos empréstimos, às benevolências e ao *ship-money* neste país, é o mesmo que levou toda a Inglaterra à Revolução e que estabeleceu, em era remota, a liberdade de vocês, com base na grande e fundamental máxima da Constituição que nenhum súdito da Inglaterra deve ser taxado, senão com seu próprio consentimento. Manter tal princípio é a causa comum dos Whigs do outro lado do Atlântico, e deste também. É a aliança de Deus com a Natureza, imutável, eterna, fixa como o firmamento no céu. A resistência a seus atos foi tão necessária quanto justa; e suas declarações vãs sobre a onipotência do Parlamento, bem como suas imperiosas doutrinas sobre a necessidade da submissão, provarão ser impotentes para convencer ou escravizar seus cidadãos-companheiros na América."

O exemplo mais significativo da ação da América sobre a Europa é Edmund Burke. Pensamos nele como um homem que, no início da vida, rejeitou todas as generalidades e proposições abstratas e que se tornou o mais vigoroso e o mais violento dos conservadores. Mas há um intervalo em que, enquanto a querela com as Colônias prosseguia, Burke foi tão revolucionário quanto Washington. A inconsistência não é tão flagrante quanto parece. Ele fora projetado pelo partido da propriedade comedida, da moderação imperativa, do compromisso e dos pensamentos inconclusos, que reivindicava o direito à taxação, mas se recusava a empregá-lo. Quando solicitou com insistência as diferenças em cada situação e cada problema, e evitou os denominadores comuns e princípios determinantes, entrou em compasso com seus amigos. Como irlandês e casado também com irlandesa de família católica, era conveniente que não adotasse teorias na América que pudessem agitar a Irlanda. Ele aprendera a ensinar o governo pelo partido como quase dogma sagrado, e o partido proíbe a sublevação como infração às regras do jogo. Seus escrúpulos e protestos, e seu desafio da teoria, eram a política e a precaução de um homem consciente dos condicionantes e não inteiramente livre para exercer o poder que fazia com que sobressaísse no ambiente mais dócil que o cercava. Com o acirramento da contenda e os americanos ganhando terreno, Burke se deixou levar e desenvolveu pontos de vista que jamais abandonou, mas que são difíceis de conciliar com aquilo que escreveu quando a Revolução se alastrou para a França.

No seu discurso aos colonos, ele diz: "Não sabemos como qualificar os milhões de nossos compatriotas que atacam vigorosamente com nomes odiosos e imerecidos o acesso a privilégios que sempre pensamos ser nossa felicidade e nossa honra. Pelo contrário, reverenciamos os princípios em nome dos quais vocês agem. Preferiríamos vê-los totalmente independentes desta coroa e reinado do que unidos a eles por uma combinação tão pouco natural como esta de liberdade e servidão. Encaramos o estabelecimento das Colônias inglesas sob princípios de liberdade como aquele que conferirá ao nosso reino respeito e dignidade nas eras futuras. Em comparação com tal pensamento, consideramos todas as vitórias e conquistas de nossos ancestrais guerreiros, ou mesmo de nossos tempos, como bárbaras, como distinções vulgares, que muitas nações, às quais não concedemos consideração ou respeito, igualaram ou mesmo nos ultrapassaram. Os que possuem tais fundações de liberdade comum ou a elas aderem, seja deste seja do seu lado do oceano, consideramos os verdadeiros – e os únicos verdadeiros – ingleses. Os que se afastam delas, quer aqui quer aí, estão desacreditados, com o sangue corrompido e totalmente afastados de suas posições e valores originais. São os que realmente se rebelam contra a constituição justa e a lídima supremacia da Inglaterra. Um longo curso de guerra contra a administração deste país só pode ser um prelúdio de uma série de conflitos e contendas entre vocês, que terminará (como tais cenários têm frequentemente terminado) numa espécie de trégua humilhante em que tão somente as calamidades precedentes entrarão em acordo com os poucos e desanimados que sobreviverão a tais embates. Concordamos que até esse malefício vale a pena arriscar quando a liberdade racional está em jogo, como no presente caso confessamos e lamentamos que está."

Noutra ocasião, falou assim: "Nada menos que uma convulsão, que abale as estruturas do globo, poderá restaurar para as nações europeias a liberdade pela qual tanto se distinguiram. O mundo ocidental constituiu a moradia da liberdade até que outro, mais ocidental, foi descoberto; e este outro será o refúgio de tal liberdade quando ela for caçada em todas as outras regiões. A sorte é que no pior dos tempos ainda haverá um abrigo para a humanidade. Se os irlandeses resistiram ao rei Guilherme, foi pelo mesmo princípio pelo qual ingleses e escoceses resistiram ao rei James. Os católicos irlandeses teriam sido os piores e mais desnaturados rebeldes se não tivessem apoiado um príncipe que viram atacado, não por motivo de atos contra a religião ou a liberdade dos atacantes, mas por causa da extrema parcialidade de sua seita. Príncipes louváveis em outros aspectos violaram as liberdades do povo e foram depostos dentro da lei por tal violação. Não conheço ser humano desobrigado de cumprir a lei. Considero o Parlamento o próprio juiz dos reis, e é necessário que eles sejam obedientes a esse Parlamento. Não existe o governo de todo um povo que seja contrário às inclinações de tal povo. Sempre que o povo manifesta um sentimento, normalmente está certo. Cristo amou as pessoas menos favorecidas e estabeleceu como princípio firme e predominante que o bem-estar delas tem que ser o objetivo de todos os governos.

"Em todas as formas de governo, o povo é o lídimo legislador. A causa remota e eficiente é o consentimento do povo, seja real seja implícito, e tal consentimento é absolutamente essencial para sua validade. O Whiggismo não consiste na defesa do poder do Parlamento ou de qualquer outro poder, mas na defesa dos direitos do povo. Se o Parlamento se transforma num instrumento que os invade, não é melhor em qualquer aspecto, e muito pior em outros, que instrumento algum de poder arbitrário. Os que requerem que você integre o povo como um todo são os que desejam que você faça parte do seu próprio lar, da sua própria esfera de deveres, do seu próprio posto de honra. Deixemos que os Comuns reunidos no Parlamento sejam uma só e a mesma coisa que os súditos comuns em geral. Não vejo outro caminho, que não pela representatividade, para a preservação de uma atenção decente em relação ao interesse público, mas com a interposição desse próprio corpo de pessoas sempre que parecer, por ato flagrante e notório, por alguma inovação capital, que esses representantes se dispõem a pular as cercas da lei e a introduzir um poder arbitrário. Tal interposição é um remédio por demais desagradável; mas se é remédio legal, seu objetivo é ser usado em determinada ocasião – e ser usado apenas quando fica evidente que nada mais pode sustentar os princípios verdadeiros da Constituição. Não é só no Parlamento que o remédio para as desordens parlamentares pode ser aplicado; na verdade, dificilmente ele pode começar lá. Uma origem popular não pode, portanto, ser característica distinta de um representante do povo. Tal origem deve estar também em todas as parte do governo e em todas as suas formas. A virtude, o espírito e a essência de uma Câmara dos Comuns estão no fato de ela expressar a imagem dos sentimentos da nação. Ela não foi instituída para ser um controle sobre o povo. Foi concebida como controle para o povo. Os privilégios da Coroa e do Parlamento são apenas privilégios enquanto forem exercidos para o benefício do povo. A voz do povo é a que tem que ser ouvida, e não os votos e as resoluções da Câmara dos Comuns. A Casa tem que preservar todos os privilégios do povo porque eles são conhecidos e escritos na lei da terra; e tem que apoiá-los, não apenas contra a coroa e o segmento aristocrático, mas contra os próprios representantes do povo. Este não foi um governo de equilíbrios. Seria uma coisa estranha se duzentos pares do reino tivessem poder para derrotar, por meio de sua negativa, aquilo que tivesse sido feito pelo povo. Já participei de conexões políticas e de contendas também políticas com o propósito de fazer avançar a justiça e o domínio da razão, e espero jamais preferir os meios, ou quaisquer sentimentos que derivem do uso destes meios, em vez do grande e substancial fim em si. Os legisladores podem fazer o que os advogados não podem, pois não têm outras regras a guiá-los que não os grandes princípios da razão e equidade, e o sentimento geral da humanidade. Todas as leis humanas são, falando adequadamente, apenas declarativas; elas podem modificar o modo e a aplicação, mas não têm poder sobre a substância, de justiça original. Uma conservação e um desfrute seguro de nossos direitos naturais são o objetivo maior e definitivo da sociedade civil.

"A grande brecha pela qual um matiz de opressão penetrou no mundo foi a pretensão de um homem determinar aspectos concernentes à felicidade de outro. De minha parte, eu daria proteção civil completa, na qual incluo uma imunidade contra todas as perturbações relativas às suas crenças religiosas públicas e um poder para ensinar nas escolas, bem como nos templos, para judeus, muçulmanos e mesmo pagãos. A religião cristã em si cresceu sem ser estabelecida, surgiu até sem ser tolerada, porém, enquanto seus próprios princípios eram combatidos, ela conquistou todos os poderes envoltos na escuridão, conquistou todos os poderes do mundo. No momento em que começou a se desviar desses princípios, ela converteu o estabelecido em tirania, subverteu suas fundações exatamente a partir daquela ocasião. Está dentro do poder do governo evitar muitos malefícios; ele pode fazer pouca coisa de boa a tal respeito, talvez até em qualquer outra coisa. Não se trata apenas do Estado e dos estadistas, mas de todas as classes e descrições dos ricos; eles são os pensionistas dos pobres, e são mantidos por sua superfluidade; vivem sob uma dependência absoluta, hereditária e irrevogável dos que trabalham e são incorretamente chamados de pobres. A classe de dependentes pensionistas chamada de rica é tão extremamente pequena que, se as gargantas de seus integrantes fossem cortadas e fosse feita uma distribuição de tudo o que eles consomem num ano, não daria para se conseguir um naco de pão ou de queijo para o jantar dos que trabalham e que, na verdade, alimentam tanto os pensionistas como a si próprios. Não é com a quebra das leis do comércio, que são as leis da natureza e, consequentemente, as leis de Deus, que iremos colocar nossas esperanças na aplacação das contrariedades divinas. Estou falando na lei da natureza, que é a lei de Deus."

Não posso evitar as conclusões de tais passagens que Burke, depois de 1770, sofreu outras influências que não as de seus reputados mestres, os Whigs de 1688. E se achamos esse estilo de pensamento desusado num homem que, depois, dourou a antiga ordem e oscilou entre a tolerância e o tráfico de escravos, é possível que as mesmas causas tenham operado na França.

Quando *Letters of a Pennsylnanian Farmer* se tornou conhecido na Europa, Diderot disse que era uma loucura se permitir que os franceses lessem tais coisas, pois não poderiam fazê-lo sem se intoxicarem e se transformarem em homens diferentes. Mas a França estava mais impressionada com os eventos que com a literatura que os acompanhava. A América se fizera independente sob a pressão de menos provocação do que aquela que sempre foi motivo de revolta, e o governo francês julgara correta a causa da América e fora à guerra por ela. Se o rei estava certo na América, estava absolutamente errado em casa, e se os americanos agiram corretamente, a argumentação era mais forte, a causa cem vezes melhor, na própria França. Tudo o que justificava a independência americana condenava os governos dos aliados da França. Pelo princípio de que a taxação sem representatividade é roubo, não havia governo tão ilegítimo quanto o de Luís XVI. A força da demonstração era irresistível, e produziu seu efeito onde o exemplo da Inglaterra fracassou. A doutrina inglesa foi repelida no próprio estágio inicial da Revolução, e a americana, adotada. O que os franceses tiraram dos americanos foi sua teoria de revolução, não sua teoria de governo — o que cortaram, não o que costuraram. Muitos nobres franceses serviram na guerra e voltaram republicanos para casa, e mesmo democratas por convicção. Foi a América que converteu a aristocracia para a política reformadora e supriu líderes para a Revolução. "A Revolução Americana", diz Washington, "ou a luz peculiar da era, parece que abriu os olhos de quase todas as nações na Europa, e um espírito de liberdade igualitária parece ganhar terreno em todos os lados." Quando os franceses se retiravam, Cooper, em Boston, dirigiu-se a eles numa linguagem de alerta: "Não deixem que suas esperanças se inflamem com nossos triunfos neste solo virgem. Vocês carregarão nossos sentimentos, mas, se tentarem transplantá-los num país que tem sido corrupto por séculos, encontrarão obstáculos mais formidáveis que os nossos. Nossa liberdade foi ganha sem sangue; vocês terão que derramá-lo em torrentes antes que a liberdade possa criar raízes no velho mundo." Adams, depois de ter sido presidente dos Estados Unidos, lamentou amargamente a Revolução que os tornara independentes, porque dera o exemplo para a França, embora acreditasse que eles não tinham um só princípio em comum.

Nada, ao contrário, é mais certo que a profunda influência que os princípios americanos tiveram sobre a França, e determinaram o curso da Revolução. Da América, Lafayette derivou o dito que causou tanta comoção à época: a resistência é o mais sagrado dos deveres. Havia também a teoria de que o poder político provém daqueles sobre os quais tal poder é exercido, e depende da vontade deles; de que toda autoridade não constituída é ilegítima e precária; de que o passado é mais um alerta que um exemplo; de que a terra pertence aos que estão sobre ela, não aos que estão embaixo dela. Essas foram características comuns a ambas as Revoluções.

Em dada oportunidade, os franceses também adotaram e aclamaram a noção americana de que a finalidade do governo é a liberdade, não a felicidade, a prosperidade, o poder ou a preservação de uma herança histórica, ou a adaptação da lei nacional ao caráter nacional, ou o progresso do esclarecimento e a promoção da virtude; que o indivíduo não deve sentir a pressão da autoridade pública, e conduzir sua vida segundo influências que estão dentro dele, não as de seu entorno.

E houve outra doutrina política que os americanos transmitiram aos franceses. Nos primeiros dias coloniais, os poderes executivo e judiciário derivavam de fonte estrangeira, e o propósito comum era diminuí-los. As assembleias eram populares na origem e no caráter, e tudo que concorria para o aumento do seu poder parecia acrescentar segurança aos direitos. James Wilson, um dos autores e comentaristas da Constituição, nos informa que, "na Revolução, existiam e prevaleciam a mesma predileção afetuosa e a mesma antipatia invejosa. A autoridade executiva, bem como a judiciária e a legislativa, eram agora filhas do povo, mas para as duas primeiras as pessoas do povo se comportavam como madrastas. O legislativo ainda era discriminado por excessiva parcialidade". Tal preferência, histórica, mas irracional, levou naturalmente à Câmara única. O povo da América e seus delegados eram da opinião de que uma só Assembleia era o modo adequado de gerenciar suas preocupações federais, e quando o Senado foi inventado Franklin objetou veementemente, "Quanto às duas Câmaras," escreveu, "sou de opinião de que uma só seria melhor; porém, caro amigo, nada nas questões e esquemas humanos é perfeito, e talvez seja esse o caso de nossas opiniões."

Alexander Hamilton foi o mais capaz, e também o mais conservador, dos estadistas americanos. Aspirava à monarquia, e desejou estabelecer um governo nacional, acabando com os direitos dos estados. O espírito americano, como penetrou na França, não pode ser mais bem descrito do que por ele mesmo: "Considero a liberdade civil, num sentido genuíno e não adulterado, a maior benesse terrestre. Estou convencido de que toda a raça humana tem direito a ela, e de que não pode ser retirada pela força sem que se incorra na mais sombria e inoportuna das culpas. Os sagrados direitos da humanidade não devem ser pesquisados em velhos pergaminhos ou arquivos bolorentos. Eles foram escritos, como raios de sol, em todo o volume da natureza humana pela própria mão da Divindade, e jamais podem ser apagados ou obscurecidos pelo poder mortal."

Mas quando apreciamos a Revolução Americana como um todo, combinamos coisas diferentes e discordantes. Da primeira agitação de 1761 até a Declaração de Independência e, então, até o fim da guerra em 1782, os americanos foram agressivos, violentos na linguagem, amantes de abstrações, prolixos a respeito de doutrinas universalmente aplicáveis e universalmente destrutivas. Foram as ideias desses primeiros dias que despertaram a atenção da França e foram importadas por Lafayette, Noailles, Lameth e pelos líderes da revolução futura que presenciaram o arriamento da bandeira inglesa em Yorktown. A América de sua experiência foi a América de James Otis, de Jefferson, de *The Rights of Man*.

Sobreveio uma mudança em 1787 quando a Convenção formulou a Constituição. Tratou-se de um período de construção, e todo o esforço foi feito, todos os esquemas engendrados, para refrear a inevitável democracia. Os integrantes daquela assembleia, como um todo, foram homens eminentemente cautelosos e sensíveis. Não possuíam talentos extraordinários, e o gênio de Hamilton não os impressionou em absoluto. Algumas de suas mais memoráveis ideias não procederam de um projeto, mas eram meramente meias-medidas de concessões mútuas. Seward destacou a distinção entre a época revolucionária e a constituinte que se seguiu: "Os direitos asseverados por nossos patriarcas não foram peculiares a eles, e sim direitos comuns da humanidade. A base da Constituição foi estabelecida bem mais ampla que a superestrutura que os interesses e preconceitos conflitantes sofreram para erigir. A Constituição e as leis do governo federal praticamente não estenderam tais direitos por todo o sistema de governo; mas eles foram claramente promulgados na Declaração de Independência".

Agora, se bem que a França estivesse profundamente tocada pela Revolução Americana, ele não foi afetada pela Constituição americana. A França vivenciou a influência perturbadora, não a conservadora.

A Constituição, concebida no verão de 1787, entrou em vigor em março de 1789, e ninguém sabia como ela operava quando a crise se instalou na França. Os debates, que explicam cada intenção e cada combinação permaneceram por longo tempo encobertos para o mundo. Ademais, a Constituição se transformou em algo mais que o documento original impresso. Além das emendas, foi interpretada pelas cortes, modificada pela opinião, desenvolvida em algumas direções e tacitamente alterada em outras. Algumas de suas cláusulas mais valiosas foram alcançadas dessa forma e ainda não estavam visíveis quando os franceses necessitaram de lições orientadoras de outras experiências do homem. Restrições ao poder do governo não foram totalmente estabelecidas no início.

 A mais importante dessas restrições é a ação da Corte Suprema na anulação de leis inconstitucionais. O duque de Wellington disse a Bunsen que, com tal providência, os Estados Unidos tinham compensado todos os defeitos de seu governo. Desde o presidente Marshall, que chefiou a alta corte de justiça, o judiciário obteve indubitavelmente imensa autoridade, que Jefferson, além de outros, acreditava ser inconstitucional; pois a própria Constituição não atribui tal poder. A ideia surgiu nos Estados, principalmente, acho eu, na Virgínia. Em Richmond, em 1782, o juiz Wythe disse: "A tirania foi solapada, os poderes mantiveram-se dentro de suas esferas próprias, os cidadãos viram-se protegidos e a liberdade geral foi preservada. Mas esse resultado benéfico atinge maior perfeição quando aqueles que detêm o tesouro e a espada, diferindo quanto aos poderes que cada um pode exercer, os tribunais, que não detêm nem um nem outro, são chamados para determinar, imparcialmente, a lei entre eles. Se todo o legislativo – numa atitude que deve ser condenada – tentar extrapolar os limites prescritos pelo povo, eu, na administração da justiça do país, reunirei os poderes unificados pelo meu cargo neste tribunal e, apontando para a Constituição, direi a eles: 'Eis o limite de sua autoridade; até aqui vocês podem ir, mas não além.'" O legislativo de Virgínia recuou e repeliu a lei.

LORD ACTON

Depois que a Constituição Federal ficou pronta, Hamilton, no septuagésimo oitavo número da *Federalist*, argumentou que o poder estava com o judiciário; o que não foi constitucionalmente reconhecido até 1801. "Isso," disse Madison, "torna o poder judiciário superior ao legislativo, que jamais tencionou ser, e nunca será, absoluto. Num governo cujo princípio vital é a responsabilidade, jamais será permitido que os poderes executivo e legislativo se sujeitem completamente ao judiciário, no qual tal característica é tão debilmente vista." Wilson, por outro lado, justificou a prática do princípio da lei superior: "O Parlamento pode, inquestionavelmente, ser controlado pela lei natural ou revelada procedente da autoridade divina. Será que tal autoridade superior não enquadra as cortes de justiça? Quando tais cortes obedecem a autoridade superior não se pode dizer, com propriedade, que elas controlam a inferior; elas apenas declaram, como é seu dever declarar, que essa inferior é controlada por aquela outra, que é superior. Elas não rejeitam um ato do Parlamento; só o proclamam inválido, uma vez que contrário a uma lei dominante." Desta forma, a função do judiciário de ser uma barreira contra a democracia, o que, segundo Tocqueville, estava destinado a ser, não ficou aparente. Da mesma forma, a liberdade religiosa, que se tornou tão identificada com os Estados Unidos, é algo que cresceu por degraus, e não foi totalmente imposta pela letra da lei.

O verdadeiro controle sobre a democracia absoluta é o sistema federativo, que limita o governo central por meio dos poderes reservados, e os governos estaduais, pelos poderes que cederam. Esse é o tributo imortal da América à ciência política, já que os poderes estaduais são ao mesmo tempo a consumação e a guarda da democracia. Tanto que um funcionário escreveu, poucos meses antes da batalha de Bull Run: "As pessoas no Sul são evidentemente unânimes na opinião de que a escravidão está ameaçada pela marcha dos acontecimentos, e não há como tentar mudar tal opinião. Como nosso governo se fundamenta na vontade do povo, quanto tal vontade fica fixada, nosso governo perde seu poder." Essas são palavras de Sherman, o homem que, com sua marcha através da Geórgia, cortou a Confederação em dois pedaços. Ao mesmo tempo, o próprio Lincoln escreveu: "Declaro que a manutenção da inviolabilidade dos direitos dos estados, em especial do direito de cada estado para ordenar e controlar suas instituições domésticas segundo julgamentos exclusivamente próprios, é essencial para o equilíbrio dos poderes, do qual dependem a perfeição e a resistência de nosso tecido político." Essa era a força dos direitos dos estados que estava na mente dos abolicionistas nas vésperas da guerra que os pôs por terra.

Na Revolução, existiram muitos franceses que viram no federalismo a única maneira de compatibilizar liberdade e democracia, de estabelecer governo por pacto e de libertar o país da esmagadora preponderância de Paris e das massas parisienses. Não me refiro aos girondinos, mas a homens de pontos de vista diferentes dos deles, sobretudo Mirabeau. Ele planejou salvar o trono separando as províncias do desvario da capital, e declarou que o sistema federativo era o único capaz de preservar a liberdade em qualquer grande império. A ideia não cresceu sob influência americana, porque nenhum homem se opunha tanto a ela quanto Lafayette; e Morris, a testemunha americana da Revolução, denunciou o federalismo como um perigo para a França.

LORD ACTON

Afora a Constituição, o pensamento político da América influenciou bastante pela proximidade com o francês. E nem tudo foi especulação, e sim um sistema pelo qual homens morreram, que provou ser totalmente prático, com força suficiente para sobrepujar todas as resistências, e que contou com a sanção e o encorajamento da Europa em geral. Ele desvendou para a França um modelo acabado de revolução, tanto em pensamento quanto em ação, e mostrou que o que parecia extremado e subversivo no velho mundo era compatível com o governo bom e sábio, com o respeito à ordem social e com a preservação do caráter e dos costumes nacionais. As ideias que capturaram e convulsionaram o povo francês estavam, em sua maioria, predeterminadas para ele, e grande parte do que hoje é familiar para vocês, muito do que coloquei diante de todos a partir de fontes outras que não francesas, terá novo encontro conosco na próxima semana quando chegarmos aos Estados Gerais.

CAPÍTULO XV

*A Guerra Civil na América: seu lugar na História**

Por muitos anos antes do irromper da Guerra Civil, os Estados Unidos se tornaram objeto de ansiedade ou de inveja para muitos, e de admiração e curiosidade para toda a humanidade. Sua prosperidade, ligada por milhares de vínculos benéficos à prosperidade da Inglaterra, pareceu ainda mais esplêndida e mais segura. O rápido crescimento de sua população unira as maravilhas de Lancashire às maravilhas da Austrália; criou cidades enormes e povoou vasto território com o transbordamento das áreas urbanas. A acumulação de riquezas foi tão grande como na Europa, enquanto tais posses se difundiram tanto que a pobreza e a ociosidade quase não eram conhecidas. Todas as fontes de prosperidade agrícola e mineral desfrutadas pelo velho mundo foram multiplicadas dez vezes no novo, e estavam isentas do dreno das causas políticas que estorvam o empreendimento comercial e dos gastos em objetos que não proporcionam retorno adequado para os recursos do povo. O dinheiro assim resgatado ao gasto improdutivo foi reservado para expandir e equalizar a educação.

---

* Palestra pronunciada na Literary and Scientific Institution, Bridgnorth, 18 de janeiro de 1866, publicada no *Bridgnorth Journal* de 20 de janeiro de 1866. Republicada em *Historical Essays*, de Acton, pp. 123-142.

Numa sociedade organizada como a nossa, é necessário que a educação se ajuste, em natureza e grau, ao caráter e à ocupação especiais das diversas camadas da vida a que as pessoas pertencem, mas num país em que não há distinção de classes uma criança não nasce para permanecer na posição dos pais, mas com o direito a pleito indefinido por todos os prêmios que possam ser alcançados pela mente e pelo trabalho. Está conforme com a teoria da igualdade controlar todas as causas que possam perturbar tal estado de coisas e conceder ao máximo possível igual partida na vida para todos os jovens. Todo americano é um *self-made man* e não deseja que ninguém seja privado na infância dos meios de competição. Desta forma, em diversos Estados, foi introduzido um sistema de ensino que permite a um aluno progredir dos primeiros rudimentos do conhecimento até um curso universitário e se preparar para as profissões que exigem instrução sem o pagamento de um único centavo. A taxação é muito pouco sentida. Não existe exército regular; uma marinha que pesa pouco no orçamento; e uma dívida pública insignificante. Nenhuma potência vizinha ameaça a segurança do país. Não há desavença pública que perturbe o reinado pacífico da lei. E esse progresso material, embora prejudicado por sérios fracassos, não foi obtido à custa de nenhum princípio elevado da civilização.

Pelo menos na literatura, discordo completamente da opinião que nega aos americanos um lugar de honra entre as nações europeias. Pode ser dito que eles não possuem poetas e escritores de primeira linha e que pouco fizeram pelo academicismo e pelas relíquias antigas. Mas a mim parece injustiça negar que eles se assemelham a nós em eloquência política e filosofia, ou que nos ultrapassam como escritores sobre a história do continente e sobre a arte do governo. Na política prática, eles resolveram com sucesso surpreendente e sem precedentes dois problemas que até então desafiavam a capacidade das nações mais iluminadas: projetaram um sistema de governo federal que, prodigiosamente, aumentou o poder nacional e, mesmo assim, respeitou as autoridades e liberdades locais; e o fundamentaram no princípio da igualdade, sem abrir mão das garantias à propriedade e à liberdade. Considero sem paralelo o sucesso que alcançaram, não porque se trate de uma expressão pomposa, mas porque indica exatamente o caráter peculiar da Constituição americana e de sua significação especial para nós.

E isso me faz lembrar da regulamentação sábia e salutar que força que eu me abstenha aqui de tópicos que possam causar uma ocasião de discórdia. Para que estimemos, em sua natureza e causas, o assunto que temos diante de nós, devemos nos guiar pela luz daquela ciência política que reside nas regiões serenas, distantes dos conflitos da opinião partidária; uma ciência cujos princípios são claros, definidos e certos, e não mais difíceis de aplicar do que o código moral. É dentro desse espírito que quero falar do valor exemplar dos eventos na América. O exemplo tem a maior importância na política porque os cálculos políticos são tão complexos que não podemos confiar na teoria se ele não estiver amparado pela experiência.

A experiência dos americanos é, agora, uma lição necessariamente importante para a Inglaterra. Nossas instituições assim como nosso caráter nacional vêm das mesmas raízes, e as soluções que eles encontraram têm que servir como faróis que nos guiem ou como alarmes que sirvam para que as rejeitemos. Até então, o mundo jamais testemunhara uma democracia que combinasse civilização tão avançada com território tão vasto. As democracias coexistiram com os mais elevados refinamentos social e intelectual, porém não sobrepujaram a dificuldade do espaço. Aquelas que estenderam seus domínios pereceram entre os perigos cognatos da anarquia e do despotismo. Acima de tudo, uma democracia jamais tentou adotar a sistema do governo representativo que é característica suprema e invenção da monarquia inglesa. Por conseguinte, tornou-se quase um axioma da ciência política que aquilo que a antiga Roma e a moderna França tentaram e fracassaram em concretizar é realmente impossível; que a Democracia, para ser condizente com a liberdade, tem que existir em solução e combinação com outros princípios qualificativos, e que a igualdade completa é a ruína da liberdade e muito prejudicial aos valiosos interesses da sociedade, da civilização e da religião. Esse era, até uma geração atrás, o veredicto da história, cuja decisão os americanos se dispuseram a reverter. Nenhuma tentativa tão memorável jamais foi empreendida pelo homem. Se eles foram vitoriosos em sua momentosa reivindicação – se provaram pela experiência que uma comunidade enorme, rica, intelectual e civilizada como as da Europa, orientada pela experiência acumulada no hemisfério mais antigo e sem suas dificuldades, preconceitos e perigos específicos, podia ser governada pelos princípios da Democracia pura, sem nenhum sacrifício daqueles objetivos mais elevados que as formas políticas existem para servir, inevitavelmente teriam que exercer avassaladora pressão sobre a antiga sociedade da Europa. Se puderam demonstrar ser possível aquilo que era considerado quimera porque contestado pela experiência de eras – e se a nós mostraram que os propósitos objetivados por nossos sistemas sociais e políticos podem ser desfrutados ainda mais amplamente sem a penalidade que a Europa sempre pagou, sob a forma de tanta iniquidade e de tanto sofrimento, por parte de autoridades irresponsáveis, guerras sangrentas e injúria devassa, sem a opressão de classe sobre classe, de raça sobre raça, de religião sobre religião — na degradação elaborada, deliberada e intencional do lado mais fraco, por razões de estado, zelo religioso, ou orgulho de sangue, ou pela cega e irresistível ação da riqueza e força superiores — se foram capazes de exibir para o mundo um país tão extenso quanto a Rússia, tão seguro contra a agressão quanto a França, tão intelectual quanto a Alemanha, tão livre e respeitador da lei quanto a Grã-Bretanha, sem a praga das restrições à liberdade pessoal, sem armadas ou exércitos, sem pobreza ou dívida nacional —, se, em suma, a América deu luz sem sombra à vida política, então acredito que as veneráveis instituições políticas europeias se curvarão ante argumento tão irrefutável.

Essas instituições ficaram idosas, mas permanecem vigorosas na maturidade porque acreditamos que passarão pelo teste da conveniência e da correção, já que são quer vantajosas quer contribuintes para o benefício geral. Porém, se a América destruir a validade dessa defesa, a única persuasão pela qual as massas da humanidade tolerarão os males e injustiças inerentes ao nosso sistema de sociedade será o argumento efêmero da força. Muitos acreditam que os problemas gigantes foram resolvidos e que a América fez o trabalho; e essa convicção já exerceu influência perturbadora sobre as questões europeias. Os historiadores afirmam que a Revolução Francesa foi em parte causada pela bem-sucedida revolução que fundou os Estados Unidos. Se isso tivesse ocorrido numa ocasião em que nada acontecera a não ser a independência e em que sua Constituição começava a percorrer a brilhante carreira, é fácil estimar-se quanto sua influência teria crescido com a permanência de seu sucesso. Não surpreendeu que a América exercesse um poder de atração sobre a Europa, do qual a grande migração é apenas um sinal subordinado. Além dos milhões que atravessaram o oceano, quem pode calcular os milhões cujos corações e esperanças estão nos Estados Unidos, para quem o sol nascente está no Ocidente e cujos movimentos são controlados pelo ímã distante, embora ele ainda não os tenha puxado?

Chegou a hora de todos os homens perceberem que tais julgamentos eram prematuros. Cinco anos provocaram tantas mudanças, que a imagem que tracei com tanta certeza dos Estados Unidos da época do presidente Pierce não poderia ser reconhecida em função das terríveis realidades dos dias presentes. A dívida do país impõe agora uma carga mais pesada que a contraída pela Inglaterra durante a grande guerra. E ela não foi resultado de esforço para repelir invasão ou para derrotar inimigo nacional, mas para massacrar os cidadãos e para levar o fogo e a espada aos campos de milho e às fazendas do próprio país. Os exércitos que organizaram e perderam foram maiores em proporção à população que os do imperador Napoleão ou do imperador Alexandre. Suas prisões ficaram abarrotadas de cidadãos desafetos. Partes do território se tornaram desoladas, porque os que cultivariam o solo foram levados para a guerra; em parte também porque os exércitos as devastaram. A União, que foi fundada e preservada pelo afeiçoamento das pessoas, teve que ser restaurada pela força, e a Constituição, que era idolatrada pelos americanos, é respeitada por milhões de homens humilhados e indignados, cujas famílias foram por ela dizimadas, suas propriedades, arrasadas, e suas perspectivas para o futuro, arruinadas para sempre.

Sem dúvida, nessa crise de sua existência política, a nação exibiu muitas qualidades nobres: patriotismo, coragem na adversidade, respeito pela autoridade e, em alguma medida, as difíceis artes da subordinação e da disciplina. O poder civil jamais foi ameaçado ou enfraquecido pela resistência de um comandante popular; diferenças de situação social não interferiram na organização do exército; o posto militar não perturbou o nível superficial da vida comum: o oficial e o soldado resultaram em cidadãos pacíficos. Entre os muitos líderes, surgiram homens de grande capacidade, e pelo menos um deles destacou-se entre os nomes que nunca morrerão. Entretanto, a sentença imposta à União americana não foi imerecida. Convulsões como essa decorrem de causas de importância proporcional e não podem ser obra de curto período de tempo ou de poucos homens. Os próprios americanos admitiriam isso, porém suas explanações se contradizem mutuamente. Alguns diriam que a culpa foi da escravidão, outros acusariam a tirania do Norte. A solução da questão depende do lugar que será assinalado para a Guerra Civil americana na história do mundo.

É notável o fato de que a Constituição foi alvo de pequena confiança e pouca admiração pelo mais sábio e mais ilustre de seus formuladores, e que seus críticos mais severos e mais desalentados foram aqueles que os americanos idolatram como Patriarcas Fundadores do país. Washington explicou, numa conversa registrada por Jefferson, seus receios com a permanência da nova forma de governo. Afirmou que, em dado momento, as deliberações da convenção prometeram satisfazer suas ideias, mas os grandes princípios pelos quais batalhou foram modificados nos últimos dias do conclave. Ele se referia à lei que demandava uma maioria de dois terços naquelas matérias que afetassem diferentemente os interesses de diversos Estados. Essa cláusula, que teria dado proteção às minorias, foi revogada em virtude de uma coalizão entre os Estados do Sul e do Leste, para o benefício dos proprietários de escravos no Sul e dos interesses comerciais e manufatureiros no Leste. Ele disse "que não gostou de jogar coisas demais nas mãos democráticas; que se eles não fizessem o que a Constituição os convocava a fazer, o governo chegaria ao fim e deveria então assumir outra forma". Parou de falar, diz Jefferson, "e eu me mantive calado na esperança de que ele dissesse mais alguma coisa na mesma linha, ou adicionasse qualquer expressão qualificativa para abrandar o que acabara de dizer, mas ele não fez nem uma coisa nem outra". Houve um estadista maior que Washington entre os que o cercavam – Alexander Hamilton; e seus prognósticos foram ainda mais sombrios. Disse: "Minha opinião é que o governo presente não responderá às necessidades da sociedade e, provavelmente, será julgado conveniente caminhar para a forma inglesa." "Uma dissolução da União, afinal de contas, parece ser o resultado mais provável." Numa fase mais avançada da vida, ele chamou a Constituição de tecido frágil e inútil, e de vínculo temporário. O primeiro presidente depois de Washington, John Adams, disse que "não via possibilidade de continuação para a União dos Estados; que sua dissolução necessariamente teria lugar". Numa outra ocasião, apontou de onde esperava que o perigo viria. "Nenhuma República".

LORD ACTON

disse, "pode durar se não tiver um Senado firme e profundamente enraizado, suficientemente forte para resistir às paixões e tempestades populares. Confiar a uma assembleia popular a preservação de nossas liberdades não passa de mera quimera imaginável; ela jamais teve nenhuma regra para a decisão que não sua própria vontade."

Se eu pudesse continuar fazendo citações, mostraria claramente que os autores da mais celebrada Democracia da história estimaram que os perigos mais formidáveis que ameaçavam a estabilidade de sua obra advinham dos próprios princípios da Democracia. Com eles, o estabelecimento de um governo republicano não foi o resultado de uma teoria, mas da necessidade. Não possuíam aristocracia nem rei, mas herdaram nossas leis inglesas e se esforçaram para adaptá-las o mais fielmente possível a uma sociedade constituída muito diferentemente daquela em que tais leis se originaram. Os primeiros intérpretes da Constituição e das leis diligenciaram para que se orientassem pelos precedentes britânicos e para que se aproximassem ao máximo possível do modelo inglês. Hamilton é o principal expositor dessas ideias: "Tem sido observado que uma democracia pura, caso praticável, seria o governo mais perfeito. A experiência tem provado que nenhuma posição na política é mais falsa que essa. As antigas Democracias, nas quais o próprio povo deliberava, jamais possuíram uma só característica de bom governo. Sua característica própria foi a tirania; sua aparência, a deformidade. Se nos inclinarmos demais pela Democracia, em breve estaremos numa monarquia. Os que desejam formar um governo republicano sólido têm que prosseguir para as limitações de outro governo. Existem certas conjunturas em que pode ser necessário e apropriado desconsiderar as opiniões que a maioria do povo formou. Tem que haver um princípio no governo capaz de resistir à corrente popular. O princípio primordialmente a ser estabelecido é este: tem que haver uma vontade permanente."

Estas não são opiniões individuais. Elas foram partilhadas por um partido poderoso, que cuidou do berço e orientou os primeiros passos da República americana, e elas demonstram o espírito inglês moderado e sábio que imperou em seus primeiros conselhos. Nessa combinação havia uma inconsistência que o tempo necessariamente desenvolveu. As leis da Inglaterra não fluem de um só princípio, elas derivam de muitas influências, reconhecem a autoridade e a tradição, balanceiam um conjunto de interesses com outro e objetivam servir a direitos diversificados, ao passo que são determinadas por muitas considerações de conveniência. De todas as coisas concebíveis, a que é mais estranha ao seu espírito é sacrificar qualquer interesse distinto ou direito particular aos requisitos de uma abstração vaga qualquer. Mas era difícil para os reis normandos e para os parlamentos feudais legislarem de forma a satisfazer as necessidades da sociedade americana. Modificações eram necessárias, e elas foram naturalmente direcionadas por aquele elemento que as demandava: um princípio puramente democrático.

O advogado mais eminente desse princípio e a quem Tocqueville chamou de mais poderoso apóstolo que a Democracia jamais teve foi Jefferson. Uma ou duas sentenças tiradas de seus escritos fornecerão as mais gritantes ilustrações dos contrastes que então coexistiam e cujas batalhas pela supremacia iriam ocupar a história e decidir o destino da Constituição americana. Jefferson diz que "seu objetivo era restringir a administração a formas e princípios republicanos, e não permitir que a Constituição fosse interpretada como monárquica ou afetada desfavoravelmente, na prática, pelos princípios e poluições do modelo inglês preferido. Todo povo pode estabelecer que forma de governo lhe agrada; a vontade da nação é a única coisa essencial. Subscrevo o princípio de que a vontade da maioria, honestamente expressa, deve ser lei. Suponho ser autoevidente que a terra pertence aos que nela vivem; que os mortos não têm poderes nem direitos sobre ela. Nenhuma sociedade pode fazer uma Constituição perpétua, ou mesmo uma lei perpétua. A terra pertence sempre à geração vivente. Toda Constituição então, e toda lei, expiram naturalmente ao fim de trinta e quatro anos." Entre essa doutrina revolucionária e as ideias derivadas da Inglaterra existia um antagonismo irreconciliável. Era intolerável para Jefferson que os compromissos de uma geração amarrassem a próxima, que quaisquer direitos fossem considerados por demais sagrados para não serem confiscados pelo voto da maioria. Ele desejou que a lei estivesse em constante estado de flutuação e que cada mudança representasse mais e mais os desejos momentâneos do povo. Por conseguinte, nenhum homem e nenhum interesse gozariam de segurança contra o sentimento popular, e os homens seriam compelidos a batalhar permanentemente não só por influência como também por segurança.

Ainda assim, Jefferson foi um daqueles que perdeu a esperança na União. Quando a grande controvérsia da extensão da escravidão surgiu pela primeira vez, ele escreveu para um amigo particular: "Considerei-a de imediato o toque de alerta para a União. Ela está silenciosa no momento, mas é só um alívio, não a sentença final. Uma linha geográfica que coincidisse com um princípio demarcado, moral e político, jamais seria obliterada, e a cada nova irritação se aprofundaria mais e mais."

Mas a mim parece claro que, se a escravidão jamais tivesse existido, uma comunidade dividida por princípios tão opostos como os de Jefferson e Hamilton seria perturbada por tal antagonismo até que um dos lados prevalecesse; e que uma teoria que identifica a liberdade com um único direito, o direito de se fazer aquilo que se tem poder para tanto, e uma outra que garante a liberdade por meio de certos direitos imutáveis e a encontra em verdades que o homem não inventa e não pode abjurar, são duas teorias que não podem ser princípios formativos da mesma Constituição. O poder absoluto e as restrições ao seu exercício não podem existir juntos. Isso nada mais é que uma forma nova da antiga contenda entre o espírito da liberdade autêntica e o despotismo em seu disfarce mais hábil.

Com frequência recordo-me de uma cena porque a mim parece que contém a chave daquilo que se seguiu. Por algumas vezes estive presente aos debates de uma convenção organizada em Boston, depois de um intervalo de trinta anos, para rever a constituição do mais avançado Estado da União. Lá foram tratados alguns dos princípios capitais da política, e uma das questões foi a nomeação de membros do judiciário. É uma verdade bastante elementar que um juiz deve ser independente e ficar a salvo do perigo de ser influenciado pelo favor seja do tribunal seja do povo. Mas um orador renomado e altamente instruído, hoje estadista americano de proa e talvez o de maior fama na Europa, falou em favor de mandatos curtos, creio que anuais, e da eleição dos juízes pelo povo. Ele não discordou de que as leis seriam mais honrada e fielmente administradas por juízes independentes. Mas insistiu que a consistência era melhor que a justiça, que o povo, como fonte de toda a autoridade, deveria controlar aqueles para os quais a delegava e que não deveria ser permitido que argumento algum de conveniência atrapalhasse o princípio democrático. Não posso deixar de lembrar que existe também o princípio da monarquia absoluta que faz da Coroa a única fonte de autoridade e do judiciário um agente da corte. A civilização moderna se vangloria de ter desfeito esse sistema e o substituído por aquilo que a experiência prova que é mais vantajoso para a justiça. Mas os absolutistas da Democracia e da monarquia colocam seus princípios de governo em nível mais elevado que os propósitos da sociedade e da civilização, e criam um ídolo ao qual estão dispostos a sacrificar as salvaguardas da propriedade, a proteção da virtude e a santidade da vida privada. Todos os governos nos quais domina um princípio degenera pelos exageros. A unidade da monarquia gravita em torno do despotismo de uma só vontade. A aristocracia, que é governada por uma minoria, se inclina por transformar tal minoria numa oligarquia. Na democracia pura, o mesmo curso é seguido, e o domínio da maioria se afirma cada vez mais extensiva e irresistivelmente. Entendemos que a liberdade consiste em isenção do controle. Na América, ela veio a significar o direito de exercer o controle.

Para descrever a intromissão desse princípio tirânico e não liberal, seria necessário passar em revista toda a história dos últimos setenta anos. Só posso ilustrar meu significado com o linguajar que os próprios americanos eminentes usaram. O presidente Madison escreveu: "Quando uma maioria é incluída numa facção, a forma de governo popular permite que ela sacrifique a seus interesses e paixões correntes tanto o bem público como os direitos de outros cidadãos. Se uma maioria se une em torno de interesses comuns, os direitos da minoria se tornam inseguros." O juiz Story diz que o povo deve ser lembrado da verdade fundamental num governo republicano, "que a minoria tem direitos incontestes e inalienáveis; que a maioria não é tudo, nem a minoria, nada; que as pessoas não podem fazer o que lhes aprouver". Channing diz: "A doutrina de que a maioria deve governar é como uma intuição para as massas. E elas jamais pensaram sobre a extensão em que foi modificada na prática, e sobre a medida em que deve ser controlada por outros princípios." Finalmente, deixem-me citar as palavras escritas em recente publicação que saíram da pena do chefe do estado-maior de Sherman, de um homem, portanto, que não pode ser considerado insano. "Como pode haver justificativa para revolução sob um governo em que existe o sufrágio universal? De minha parte, eu diria, como é possível que homens ilustrados tenham tolerado por tanto tempo um sistema que é a um só tempo tão opressivo e tão extremamente estúpido?"

Temos que levar em conta um contraste decisivo entre Europa e América, que a sociedade desta última não está protegida pelas tradições e influências de uma civilização antiga. As nações da Europa Ocidental estão tão ligadas umas às outras por suas origens, por seus cerrados relacionamentos e por uma similaridade de interesses e características sociais, que uma opinião pública abrangente se estende além de suas fronteiras e sustenta os hábitos, ideias e constituições que são comuns a todas. O protesto da opinião europeia reagiria poderosamente em favor de tais hábitos e ideias contra qualquer Estado europeu que os rejeitasse. Mas os americanos não gozam de tais influências protetoras, e nada é seguro que não seja apoiado pelo favor popular. Lá, não é permitido partilhar as ideias das gerações passadas e de contemporâneos civilizados ou limitar a autoridade absoluta do momento presente. O princípio revolucionário introduzido por Jefferson separa Europa e América tão completamente quanto o Atlântico o faz fisicamente. A voz da civilização europeia, da mesma forma que a voz do passado, chega aos americanos como se viesse de outro mundo. A história está repleta de registros de resistência provocada pelo abuso do poder. Porém, enquanto no velho mundo as pessoas fizeram o remédio, na América foi produzida a causa da doença. Não há como o povo apelar para ele mesmo. Depois de ser ensinado por anos que sua vontade deve ser lei, ele não pode aprender a lição da autonegação e da renúncia ao exercício do poder de que tem desfrutado. Em consequência, vem sendo afirmado como regra universal por escritores políticos que um republicanismo degenerado termina na total falta de liberdade. Muitos têm profetizado que este será o fim da República americana.

Mas uma confederação possui o recurso contra tal catástrofe que é negado ao Estado sozinho. A centralização encontra barreira natural nos diversos governos estaduais. "Esse equilíbrio," diz Hamilton, "entre governo federal e estaduais é da maior importância; ele dá uma segurança dupla para o povo. Se um se intromete nos direitos das pessoas, elas encontram proteção poderosa no outro." Esse é, com efeito, o mérito peculiar das instituições americanas. Ele altera, mas não resolve os problemas. Dá à liberdade, na sua luta contra a centralização, um auxiliar valioso no sistema feudal, mas não decide a questão. Aquele estilo agressivo e absoluto que é o veneno das Democracias puras prevaleceu bem mais cedo e mais completamente em alguns Estados do que em outros, e aqueles Estados por ele animados se esforçaram para dar a ele a direção suprema do governo central da União. Eles não levaram em conta que outras parcelas do país poderiam estar isentas do tipo de poder a que eles próprios estavam submetidos. Todavia, tão logo os diferentes Estados se tornaram advogados de princípios opostos de governo, a União passou a correr risco.

Existe agora uma larga faixa de demarcação entre os Estados, que os dividem tanto em princípios políticos quanto em interesses financeiros, e, além do mais, a faixa coincide com as diferenças de clima e modos de cultivo, bem como com certas diversidades anteriores de raça. É evidente que estou me referindo à causa imediata da revolução recém-passada, a qual, podem os senhores dizer, venho mantendo oculta por tanto tempo: a divisão entre os Estados escravocratas e o Norte.

Se meu tema presente fosse a instituição da escravatura em geral, eu me esforçaria por mostrar que ela tem sido um formidável instrumento não apenas para o mal, mas para o bem, na ordem providencial do mundo. Deus Todo-Poderoso, a Seu modo misterioso, lançou bênçãos até sobre a servidão, despertando o espírito de sacrifício em uns e o espírito de caridade em outros. Mas a escravidão dos negros na América tem características próprias, muito fortemente arraigadas para admitirem observações gerais. Argumentos têm sido apresentados em favor da moderação, histórias foram publicadas para provar a extensão do sofrimento real. O julgamento que devo pedir que os senhores aceitem não se fundamenta na existência de grandes abusos nem na de senhores gentis e cristãos, mas nas provisões da lei da servidão. A legislação mais sugestiva que posso aduzir para ilustrar a ideia da personalidade do negro é que, se a vida de um escravo é reconhecida por lei, seu proprietário recebeu seu valor em dinheiro do tesouro do Estado. Nenhum escravo poderia celebrar um contrato válido; portanto, não poderia celebrar um contrato legal de casamento, nem com o consentimento de seu senhor. Todas as salvaguardas da virtude, todas as penalidades relativas à infração da lei do casamento, ou daquelas leis que são anteriores a toda legislação humana, são consideradas inaplicáveis à família negra. Estou certo de que a voz da natureza e da humanidade sempre mitigou a lei da terra, mas estou seguro também de que a jurisprudência sulista nega que o negro seja vinculado ao mesmo código moral que o nosso, e tal crença foi partilhada pelos líderes da secessão.

Num grande discurso do início do movimento, mr. Stephens, vice-presidente da Confederação, pronunciou as seguintes palavras: "A pedra de toque de nosso governo repousa sobre a grande verdade de que o negro não é igual ao homem branco; a escravidão, a subordinação à raça superior, é sua condição normal e natural. Nosso novo governo é o primeiro na história do mundo baseado nessa grande verdade física, filosófica e moral." Ali, então, estava uma sociedade que adotava a desigualdade, não como produto natural da propriedade, descendência ou mérito, mas como sua própria fundação – uma sociedade, portanto, mais aristocraticamente constituída que aquelas dos tempos feudais. O proprietário sulista de escravos estava em contradição com os dois princípios que animavam a Democracia dos Estados do Norte. Ele negava a igualdade absoluta essencial de todos os homens na questão dos direitos humanos; e negava a justiça da doutrina de que a minoria não possui coisa alguma que a isente do controle da maioria, porque sabia que isso era incompatível com a instituição doméstica que era tão sagrada para ele quanto os direitos de propriedade. Por conseguinte, os próprios efeitos de seu sistema social os protegeram dos erros políticos que estavam transformando as características originais das Repúblicas nortistas. A decomposição da Democracia foi interrompida no Sul pela influência indireta da escravidão.

Passou-se, então, que o Sul, para se proteger, procurou restringir o poder central, enquanto o Norte desejou fazê-lo superior a todos os condicionantes. Para um dos lados, a escravidão foi o escudo, para o outro, a espada. Aconteceu, no entanto, que o longo reinado da política sulista em Washington, até o ano de 1860, não provocou ruptura, já que os do Sul desejavam o autogoverno e não o império; ao passo que a vitória do Norte, com a eleição de mr. Lincoln, sinalizou de imediato a dissolução da União. A Constituição fracassou em proporcionar os meios para evitar as consequências de consideráveis diversidades de características, de interesses materiais e de espírito político que tornavam estranhos diversos Estados entre si. Por causa disso, certos Estados aceitaram-na com relutância e juntaram-se à União em condições que traíam a apreensão de que talvez a barganha pudesse dar errado. A Virgínia, no ato de ratificação, declarou "que os poderes garantidos pela Constituição, por derivarem do povo dos Estados Unidos, devem ser retomados por ele sempre que lhe causarem injúria ou opressão". Nova York e Rhode Island disseram o mesmo. De tempos em tempos esses receios renasceram, e os Estados isolados mediaram revogando a Lei da União. Ao fim de certo tempo, algumas medidas para a proteção dos fabricantes do Leste provocaram oposição unificada dos Estados agrícolas, que deveriam pagar em benefício de outros. Essa foi a primeira ameaça da tempestade que não iria desabar por trinta anos.

Lord Acton

Dois grandes homens se destacaram como defensores das duas causas, e a contenda derivou todo o interesse de uma batalha pessoal da eminente capacidade dos contendores. O filósofo do Sul, mr. Calhoun, de quem foi dito, para descrever sua influência, que, tão logo inspirava uma pitada de rapé, toda a Carolina do Sul espirrava, apresentou aquela que foi chamada teoria da nulificação. Ele sustentou que, se uma maioria interessada aprovasse uma lei prejudicial aos interesses estabelecidos de qualquer Estado, este Estado tinha o direito de interpor um veto. A réplica à sua proposta partiu de Daniel Webster, o mais eloquente dos americanos, que asseverou o direito absoluto de uma legislatura, em que todos eram justamente representados, de legislar para todos. Então Calhoun afirmou que, se um Estado não pudesse evitar a execução de uma lei considerada inconstitucional e injuriosa, ele tinha o direito de se separar da União à qual se juntara condicionalmente.

O Norte evitou chegar a tal extremo e fez concessões que pacificaram o povo do Sul. Porém, ao mesmo tempo, Webster argumentou, em discursos imortais, que a União não era um pacto entre Estados, mas uma lei fundamental, não mais sujeita a escolhas, e cada Estado se vinculava ao restante por cordas que não podiam ser legalmente cortadas. A partir de então, a opinião de Webster prevaleceu entre os juristas americanos. O direito de revisão foi retirado do Sul, e as Repúblicas nortistas, tirando proveito da vitória constitucional, embarcaram naqueles cursos violentos que acabaram tornando a União intolerável para os que se opunham a elas. Naquela ocasião, os abolicionistas começaram sua cruzada, que foi direcionada tanto contra a União, que eles denunciavam como "um acordo com o inferno e um pacto com a morte", quanto contra a escravidão em si. Tornou-se doutrina estabelecida entre eles que o Norte e o Sul não poderiam continuar juntos, e eles tornaram familiar entre o povo a ideia da dissolução. "Não vale a pena apoiar a União" disse mr. Horace Greeley, editor do *The Tribune*, "junto com o Sul." Contudo, a parte mais forte dos republicanos resolveu tornar-se senhora do governo central, de modo a coagir o Sul a se submeter às suas opiniões políticas. O tenente-governador de Massachusetts confessou que "o objetivo a ser alcançado era este: os Estados livres assumirem o governo".

O espírito com o qual eles se propuseram a exercitá-lo está expresso, com a força e sinceridade características da linguagem americana, pelo representante do mesmo Estado no Congresso: "Quando elegermos um presidente — como elegeremos — que não será presidente de um partido, nem de uma seção, mas porta-voz do povo, e depois de exterminarmos mais uns poucos pusilânimes do Norte, se o Senado escravagista não ceder, nós o trituraremos com as mós de cima e de baixo de nosso poder." Um panfleto, que circulou amplamente e foi lido no Congresso, contém a seguinte sentença: "Ensinem os escravos a incendiar os prédios de seus senhores, a matar seus bois e porcos, a esconder e destruir implementos agrícolas, a abandonar o trabalho nas épocas de semeadura e de colheita, e a deixar que as safras se estraguem." Mr. Chase disse em 1859: "Não quero a abolição porque amo o escravo, mas porque odeio seu senhor." Um senador por Ohio afirmou, com muita razão: "Realmente não há agora união entre o Norte e o Sul; não existem duas nações na terra que alimentem rancor tão amargo de uma contra a outra quanto o dessas duas nações da República."

Nesse estado de espírito público e com essa divisão política, o candidato dos abolicionistas e dos republicanos foi eleito presidente. Quatro anos antes, um ex-presidente, mr. Fillmore, profetizou a catástrofe que iria se seguir: "Estamos vendo um partido político apresentando candidatos à presidência e à vice-presidência selecionados pela primeira vez apenas entre os Estados Livres, com o manifesto propósito de eleger tais candidatos só com os sufrágios de uma parte da União e governar sobre todos os Estados Unidos. Será possível que os engajados em tal medida não refletiram seriamente sobre as consequências que inevitavelmente resultarão em caso de seu sucesso? Será que são tolos ou loucos para acreditar que nossos irmãos sulistas se submeterão ao governo de tal Magistrado Chefe?"

A opinião que devemos formar sobre a revolução que se seguiu tem de ser orientada pelos eventos que a ela levaram, e não pelas motivações dos líderes. Para falar a verdade, eles estavam divididos, como a União, pela questão da escravidão. Para uma facção, ela era o objetivo real da guerra; seus integrantes acreditavam que não poderiam estar seguros contra os ataques dos políticos do Norte, quaisquer que fossem os pleitos do governo federal. Outra facção desejava a secessão para estabelecer uma nova União com os antigos princípios que o Norte havia repudiado. A grande questão entre elas era a de armar os escravos. Os que consideravam tal ato um preço muito alto a pagar pela independência conseguiram evitá-lo com maiorias por demais apertadas até a véspera da queda de Richmond. Quando a Lei foi aprovada, pela qual os negros obtiveram o benefício sem os riscos da emancipação, era muito tarde, e o fim já estava próximo.

A escravidão não foi a causa da secessão, mas a razão de seu fracasso. Em quase todas as nações e em todas as regiões chegara a hora da extinção da escravatura. O mesmo problema, mais cedo ou mais tarde, forçou uma solução para muitos governos, e todos emprestaram a ele suas melhores capacitações legislativas, temendo que, ao curarem os males do trabalho forçado, porém seguro, produzissem malefícios incuráveis de outra espécie. Eles tentaram, pelo menos, moderar os efeitos de uma mudança súbita e incondicional, com o objetivo de salvar os que seriam espoliados até a ruína e os que seriam libertados da destruição. Mas nos Estados Unidos parece que nenhum projeto como esse esteve presente na obra de emancipação. Foi um ato de guerra, não de estadismo ou humanitário. Eles trataram os proprietários de escravos como inimigos e usaram os servis como instrumento para sua destruição. Não protegeram os brancos contra a vingança dos bárbaros, nem os negros contra a crueldade impiedosa de uma civilização egoísta.

Se, então, a escravidão é o critério pelo qual deve ser determinada a significação da guerra civil, nosso veredicto, penso eu, deve ser que, por uma parte da nação, ela foi perniciosamente defendida, e por outra, perniciosamente extirpada. Diferente, de fato, deve ser nosso juízo de valor, se examinarmos o valor da secessão como uma fase na história da doutrina política. Quando a Confederação foi estabelecida com base no direito de secessão, o reconhecimento de tal direito implicava não surgimento jamais de ocasião para seu exercício. Dizer que contingências particulares justificam a separação é o mesmo que dizer que o governo confederado está circunscrito a certos limites, certas condições e certas leis. Trata-se de um repúdio distinto à doutrina de que a minoria não pode forçar direitos e de que a maioria não pode cometer enganos. É como passar do domínio de um déspota capaz para um reinado constitucional.

Ademais, salvaguardas definidas foram proporcionadas contra os abusos que minavam a liberdade na União. Uma delas foi a imposição de taxas para benefício de interesses confinados a certos Estados, e a expensas de outros. Assim, a legislação estabeleceu que "nenhuma subvenção deve sair do tesouro, nem devem taxas ou deveres ser impostos sobre a importação para promover ou fomentar qualquer ramo da indústria". Um dos meios importantes para jogar influência nas mãos do governo central vinha sendo através das melhoras locais. Ficou estabelecido em lei que elas não poderiam ser executadas pelo governo confederado. Finalmente, o abuso do clientelismo proporcionava ao presidente tais oportunidades de corrupção, que ouvi que cerca de 60.000 cargos públicos mudavam de mãos ao fim de um mandato. A legislação então firmou que só o Gabinete dos Ministros poderia ser substituído sem que a causa da remoção fosse submetida ao Senado. Essas foram as ideias políticas da Confederação, e elas me justificam, acredito, quando digo que a história não tem exemplo de um esforço tão grande feito pelos republicanos para remediar os erros dessa forma de governo. Se eles tivessem adotado os meios que garantissem e justificassem sucesso, se tivessem convocado os negros como parceiros para os perigos da guerra e para os frutos da vitória, creio que a generosa solução conferiria às eras futuras benesses incalculáveis para a raça humana.

Eles teriam suprido os advogados da liberdade, dali por diante, com modelo insuperável. Teriam concretizado os ideais dos amigos e desarmado a resistência dos inimigos. A causa que iria triunfar emergiu do conflito com força renovada e foi confirmada nos princípios que deverão reagir perigosamente em outros países do mundo. A liberdade espúria dos Estados Unidos é duplamente amaldiçoada, porque engana tanto os que atrai quanto os que repele. Ao exibir o espetáculo de um povo que reivindica ser livre, mas cujo amor à igualdade significa ódio à desigualdade, desconfiança das limitações do poder e crença no Estado como instrumento para moldar e para controlar a sociedade, eles convocam seus admiradores a odiar a aristocracia e ensinam seus adversários a temer o povo. O Norte usou as doutrinas da Democracia para destruir o autogoverno. O Sul aplicou o princípio da federação condicional para curar os males e para corrigir os erros de uma falsa interpretação de Democracia.

Depois de prestar tributo à genialidade do general Lee, o palestrante concluiu assim: É uma visão nobre apreciar esse valoroso soldado, o maior dos compatriotas de Washington, exortando seu povo a obedecer aos conquistadores e dando o exemplo da aposentadoria e submissão pacíficas. Mas é também visão nobre perceber o chefe de uma nação poderosa e vitoriosa que não foi preparado para a grandeza, mas tirado da oficina de alfaiate e alçado ao alto cargo quando as paixões se encontravam inflamadas por um triunfo que causava intoxicação e por crime terrível, detendo a mão da vingança, perdoando punições, desmobilizando exércitos e tratando como igual o homem que fora por tanto tempo e até bem pouco o mais terrível dos inimigos, e cujos talentos esplêndidos infligiram ao povo da União uma perda gigantesca em recursos financeiros, sangue e fama. Ainda é cedo para que se perca a esperança em uma comunidade que tem entre seus cidadãos destacados homens como esses.

LORD ACTON

CAPÍTULO XVI

Extratos do Diário de Acton sobre sua viagem à América em 1853*

Mr. Sedgwick deu-me muitos conselhos para minhas viagens e prometeu-me cartas de apresentação para diversas pessoas em Charleston. Ele também vai providenciar para mim uma recomendação de mrs. March, uma idosa senhora católica que aqui vive e é dona de uma das maiores plantações da Carolina do Sul, onde os escravos são tratados como num

---

* Publicado como "Diários Americanos de Lord Acton" na *Fortnightly Review* 110 (novembro de 1921): 727-742, (dezembro de 1921): 917-934, e na *Fortnightly Review* 111 (janeiro de 1922): 63-83. Republicado como *Acton in America: The American Journal of sir John Acton 1853*, S. W. Jackman, ed. (Shepherdstown, 1979).
As notas bibliográficas de Jackman identificam os numerosos americanos, alguns famosos, alguns bastante obscuros, mencionados por Acton em seus diários. Essa visita, a única de Acton à América, foi feita em conexão com a Mostra Industrial de Nova York de 1853. Lord Ellesmere, um primo do padrasto de Acton, foi como Chefe da Representação Britânica à Mostra. Sua comitiva incluiu sir Charles Lyell (1797-1875), geólogo inglês que repassou suas impressões da América para Acton em um dos extratos aqui reproduzidos. O Mr. Sedgwick com o qual nossos extratos começam é Theodore Sedgwick (1811-1959), advogado e autor, que foi o presidente da Mostra Industrial. Durante a visita de Acton a Harvard, descrita nestes extratos, ele foi guiado por Francis James Child (1825-1896), que era o catedrático de Retórica em Harvard e é mais conhecido por seu trabalho pioneiro na compilação e edição de baladas inglesas e escocesas. O Norton que acompanhou Acton na Assembleia Legislativa de Massachusetts, e que Acton achou companhia tão agradável e inteligente, é Charles Eliot Norton (1827-1908), mais tarde professor em Harvard, distinto homem de letras e "oráculo de humanidades".

Ensaios

patriarcado. Ele prometeu-me também cartas para Ticknor e uma para Felton, professor de grego em Harvard – um grande alemão. mr. Livingstone igualmente apalavrou-se com cartas de apresentação para o Sul. Não existem plantações na Virgínia; ela é uma região de trigo, e foi errada a decisão de se permitir que constituísse um Estado com escravos. No entanto, lá há grande quantidade de mão de obra branca que substituiu a negra. Um homem branco trabalha bem melhor que um negro. Não leva a nada expressar opiniões no Sul sobre a escravidão. Mrs. Stowe esboçou a melhor imagem do negro que jamais foi pintada.

Não existe primogenitura na América. Ela é estritamente proibida. É possível legar a propriedade por testamento, e todos fazem testamentos. Não há herança inalienável. Se não é deixado testamento, a lei divide igualmente a propriedade entre filhos e filhas. Desta forma, não subsistem grandes tratos de terra. Mr. Wadsworth, supostamente, é proprietário da maior extensão de terra do Norte, mas isso não lhe rende mais que 4.000 libras por ano. Ao mesmo tempo, a pessoa não é obrigada a dividir igualmente a propriedade e, de fato, isso não é feito, porque os filhos geralmente seguem profissões diversificadas em busca de seus próprios destinos. Por conseguinte, não acontece aquela minuciosa subdivisão da propriedade que existe na França. Prolifera uma grande quantidade de pequenos proprietários independentes, com 2 a 300 acres, e esses homens, juntamente com os que labutam na mecânica, formam o núcleo e a fundação do povo americano. É um povo inteligente, honesto e diligente, e bem mais amoldado para o autogoverno do que os imigrantes germânicos e irlandeses. A estes últimos, mr. Sedgwick se refere com desdém, como se eles fossem nocivos ao país.

Lord Acton

Clay quase que se ombreia a Washington na estima popular. Durante o último ano de sua vida, encolheu-se bastante, mas foi homem extraordinário. Como líder de partido, foi admirável. Webster foi estadista notável, porém menos fascinante e menos popular. Só ultimamente é que homens de segunda linha têm sido escolhidos para presidente. Adams e Jefferson foram homens fora de série de sua época e Madison, bastante importante. Estou curioso para saber a razão da mudança de tendência.

Os Whigs são agora os sucessores dos antigos federalistas — aqueles que buscaram fortalecer o governo central opondo-se aos que desejavam o poder independente dos Estados. Essa diferença constitui o âmago da questão de todos os partidos políticos, mas não vem claramente à tona. O último problema em que ela exerceu influência total e que acabou ajustando foi o do Banco dos Estados Unidos, ao tempo de Jackson, quando foi destroçado pelo partido, que nele viu, indevidamente, uma tendência de fortalecimento do governo central.

O jornal de Greeley, *N.Y. Tribune*, é um jornal Whig, porém ultrademocrático em todas as matérias, sem ser democrático. Greeley pratica diversos *hobbies*, como a moderação, que leva à extravagância. Ele defende seus pontos de vista resolutamente. É sincero, embora suspeito, pois existe tanto método em seu furor que faz com que pareça um embusteiro. O *N.Y. Herald*, corresponde, em escala um pouco inferior, ao *Times*. Ele descobre para onde a opinião pública se inclinará e, desviando convenientemente o curso, parece direcionar quando na verdade acompanha. A pergunta que faz é: O assunto tem apelo popular? Se for, escrevamos à exaustão sobre ele; se não for, vamos atacá-lo ou deixá-lo passar despercebido, ou então condená-lo com o elogio desanimado. É um jornal sem princípios, diferentemente do de Greeley, que defende corajosamente suas opiniões mesmo quando impopulares. Bennett, o editor do *Herald*, foi um aventureiro escocês que começou editando um jornal de segunda categoria, no qual se fez notar, e progrediu na carreira por seu estilo de escrever. No momento, em sua ausência, um tal de mr. Hudson dirige o jornal com igual sucesso. Ao mesmo tempo, não é uma publicação venal. Tenho curiosidade em saber se o mesmo pode ser dito a respeito do restante da imprensa.

O edifício da Mostra é muito elegante. A localização é que não é boa, já que é próxima a um grande reservatório e longe da cidade, mas espaço é o que não falta. A Mostra abrangerá cinco acres e parece bastante adiantada. Eles têm mais produtos a exibir do que espaço, de modo que poderão fazer uma boa seleção. Esperam que a Mostra tenha o efeito benéfico de elevar o gosto do público pela beleza da arte. Até agora ele só se impressiona com a beleza do emprego. O *leasing* é de cinco anos. De início, eles enfrentaram muita oposição e foram ridicularizados.

(...). Depois disso, caminhamos até a Broadway e embarcamos. A Broadway é a rua principal e centro de todo o tráfego. Consiste principalmente em lojas e hotéis. Alguns dos prédios são muito pobres, piores que qualquer um da Oxford Street; alguns são enormes, embora sem grande beleza arquitetônica. Muitas construções estão em curso nesta rua, o que lhe confere uma aparência de inacabado e é bastante desagradável. A prática de derrubar as velhas casas para construir outras mais novas vem sendo executada audaciosamente. As pessoas finas não moram na Broadway. Ela é um bom lugar para passear. No começo, as senhoras a frequentavam, mas o aumento do tráfego levou-as para uma das extremidades da rua. O tropel das carruagens é muito grande. As pessoas finas moram na 5ª Avenida, que é elegante e quieta. Há pouca coisa para se ver em Nova York; não é uma cidade bonita; ela está se estendendo para o norte, ilha acima, e as ruas dessa região são ladeadas por boas casas particulares; as casas têm aspecto regular e são numeradas, em vez de terem nomes. A paixão pela regularidade e pelos ângulos retos nos prédios prevalece na maioria das cidades americanas. Isso parece incoerente com o sentimento de independência do povo, mas é levado a tal extremo que o mapa do Brooklyn faz a região parecer quatro vezes maior, porque ruas perfeitamente regulares já estão traçadas e constam do mapa, embora talvez só venham a existir daqui a um século e não tenham no momento uma só casa. Presumo que, se a cidade se estender, esse plano será rigorosamente seguido, já que a parte até aqui concretizada está de completo acordo com ele. Muito poucas igrejas quebram a linha monótona do terreno perfeitamente plano; como não há elevações, pouco existe de pitoresco no entorno da cidade. Algumas partes são extremamente desvalidas, e não é seguro andar por lá. Não existem realmente meios elegantes de transporte na Broadway. Há estranhos coches com rodas estreitas e grandes muito separadas entre si. Tampouco existem cavaleiros.

Reconheci muitos espécimes do autêntico tipo de aparência ianque. Numerosas faces parecem ter saído do mesmo molde. Não é um rosto muito inteligente, aparenta até um certo egoísmo. Eles são geralmente magros e o cabelo se torna branco prematuramente, talvez em parte pela quantidade de bebida e pela profusa transpiração. Não são, como um todo, homens de fino trato, mas são altos. Gostam de muitos pelos em torno do queixo ou então de uma barbicha de bode. Nos dois casos, deixam bigodes que caem nos dois lados da boca. Nos grã-finos que passaram pela porta do hotel, não notei roupas que pudessem ser consideradas fantásticas. Nesse particular, parece haver grande uniformidade. É claro que não existe nada parecido com um traje nacional em parte alguma do país. Chapéus de palha e chapéus brancos são universalmente usados na estação quente. Fuma-se bastante. Não fiquei muito surpreso, talvez por acaso, com o hábito de mascar e cuspir em NY, como, a partir de então, passei a ficar noutros locais. Não se veem policiais nas ruas. Existe um corpo de homens que usam uma estrela para diferenciá-los, mas que são bastante insuficientes e, em breve, deverão ser mais bem-organizados.

(...) Fui ao Clarendon e me encontrei com sir Charles Lyell, que me deu uma carta para Prescott. Ele falou com grande admiração das escolas de Boston onde as crianças irlandesas mais pobres liam muito bem. Disse que mrs. Stowe fez a melhor descrição dos negros, embora o livro dela seja injusto. Ele acha que mais foi feito no Sul para abrir as mentes dos negros do que pelos pobres no Norte. Os negros tiveram que ser tirados de um estado inferior e degradado, com inúmeros terrores e superstições. Comparando aquela com a condição em que, de um modo geral, agora estão, ele pensa que muito foi feito pelos negros com o passar do tempo. Apesar de eles não poderem ser instruídos, seus filhos geralmente são encontrados lendo com as crianças da propriedade, e os senhores toleram tal fato porque sabem que assim terão melhores serviçais. Sir C. acha que, na Inglaterra, podemos aprender muito com os americanos, e que não existe obstáculo para que incorporemos em nossas instituições o que há de bom nas deles. Disse-me que, se não estivesse tão ocupado em pensar no que ocorrera há mil anos, consideraria a contemplação do estado político da América mais interessante e instrutiva. Faz-se necessário voltar aqui a intervalos regulares para que se acompanhe o maravilhoso progresso que vem sendo feito. Ele acha que não está de modo algum claro que o fortalecimento do governo central no plano dos federalistas é seguro; isso porque à proporção que os Estados do Oeste forem crescendo eles continuarão enviando representantes que são todos violentamente democráticos, e suas influências se tornarão muito perigosas para toda a União no Congresso. Se a independência dos Estados for preservada, os maus não terão influência sobre os bons. Fiquei muito satisfeito com a conversa que mantive com sir Charles Lyell. Ele é sagaz e agradável. Não sei se seus estudos geológicos conferem-lhe uma maneira filosófica de ver as coisas numa grande escala e por períodos geológicos, o que deve ser útil.

Boston, 6 de julho

(...) Na quarta-feira pela manhã, dia 23 [22], viajei de ônibus para Cambridge. Tivemos que atravessar um longo elevado, e a primeira coisa que vimos no outro lado foram as ruínas de diversas casas que tinham sido recém-incendiadas. Continuamos por cerca de três quilômetros e meio entre residências e jardins, numa estrada bem pouco movimentada, até a Universidade de Harvard. Cambridge é uma cidade considerável, mas tão esparramada que não há nada nela que possa ser chamado de rua.

Cercadas por umas poucas árvores, surgem algumas edificações em tijolo vermelho com aparência algo dilapidada e dois pequenos prédios de pedra. Este é a Universidade de Harvard, a principal e mais antiga dos Estados Unidos, fundada ao tempo do rei Carlos I. Enquanto passava pela grama sob as árvores, não vi vivalma. Achei os aposentos de mr. Child em um dos prédios de tijolos. Ele é um homem baixo e cortês, que usa óculos e tem aparência muito germânica. Parece estar em seus 28 anos. Nasceu no seio de família pobre, mas chamou a atenção dos diretores da escola comunitária quando menino e eles lhe proporcionaram uma melhor educação. Estudou em Harvard e, depois de passar um ano em Göttingen, foi nomeado professor de retórica daqui. Ele estava examinando as lições de um menino, e o tratava, a meu ver, com muita amabilidade, porque o pupilo parecia ser bastante obtuso. Conversamos durante uma hora sobre a universidade, Alemanha etc. Seu salário é de cerca de 350 libras por ano, o que, considerando-se a vida cara na América, não é muita coisa. Ele me explicou a natureza da Instituição, e, desde então, venho coligindo alguns fatos mais. A Universidade de Harvard deve seu nome a um benfeitor liberal do tempo de sua fundação. Ela é totalmente financiada com recursos privados. O Estado, em vez de contribuir com alguma coisa, cobra uma taxa de 700 dólares por ano. Suas receitas, considerando-se que não tem dois séculos de idade, são comparativamente elevadas. Ainda assim, não há recursos suficientes para a organização de uma boa biblioteca, para remunerar adequadamente os professores nem para fazer da literatura uma ocupação rentável. O que seria chamado na Alemanha só de faculdade filosófica aqui existe, mas de maneira muito imperfeita. Anexas ao College e constituindo a universidade há três faculdades: de direito, de medicina e de teologia. Os estudantes são cerca de 600. Pagam 80 dólares de anuidade e vivem em sua maioria em alojamentos espalhados pela cidade. São considerados os estudantes mais esbanjadores na União. Permanecem em Harvard por quatro anos.

Nos primeiros dois anos, são chamados calouros (*freshmen*) e (*sophomores*), e desfrutam de pouca liberdade. No primeiro ano, travam contato com livros e seleções de autores clássicos, e um pouco de Horácio e Cícero. A matemática é muito estudada nos trabalhos do eminente professor Pierce. Para a história, é muito utilizada a última obra de Arnold sobre história romana. No ano seguinte: dois livros de Homero, duas ou três peças, algum Horácio, Cícero. A história é estudada em apenas um período de cada um dos dois primeiros anos. A retórica é agora bastante estudada. Também alguma ciência. No terceiro ano, Reid se transforma no livro de texto; palestras de Smythe e algumas ciências. Vêm depois os cursos eletivos; matemática, clássicos, idiomas modernos e diversas ciências; duas línguas ou ciências são obrigatórias. Uma dosagem de grego e latim, caso escolhidos, é prescrita para esses dois anos: duas comédias gregas, duas comédias em latim, Górgias, crônicas de Tácito, discursos de Lucrécio (..) *pour tout potage*. Para a filosofia, Stewart, Whatley, Whewell, Paley e Butler sucedem Reid. A história só é estudada em dois períodos no total. São programadas também algumas palestras sobre matérias secundárias, mas normalmente não dão bom resultado.

Nada é estudado sem um propósito, mas apenas para produzir um homem prático; dessa forma, a retórica é cultivada porque todos os homens podem ser chamados a fazer algum pronunciamento no curso de suas vidas e, na verdade, é bem provável que venham a pronunciar-se mesmo sem ser convocados. A matemática e determinadas ciências estão nos currículos porque correspondem à característica utilitária do país. Existe pouca demanda pela erudição; assim, dificilmente o latim e o grego são ministrados, daí a razão de serem matérias optativas de poucas consequências. Para a história, é utilizado o manual de Worcester, sobre o qual me foi dito que vale pouca coisa ou quase nada. As palestras de Smythe estão envolvidas com o trabalho principal; Hallam para os mais profundos e talvez Gibbon possa fechar essa lista para os de mais longo desenvolvimento. Os idiomas modernos são cultivados. Todo o sistema é uma intercessão entre os da Inglaterra e o da Alemanha. Os estudos se processam de forma tão lânguida como na Inglaterra, e a disciplina é tão frouxa como na Alemanha. Isso, por certo, é consequência do caráter e das instituições do país. A erudição pode se tornar desejável em algum dado momento. Eu não me surpreenderia se isso viesse a acontecer por vaidade; pode ser que mais homens venham a contar, depois de certo tempo, com horas disponíveis para o lazer e então se devotem a ocupações que sejam para sua própria gratificação. Nos dias atuais, esse é dificilmente o caso, uma vez que o dinheiro é o grande objetivo da vida. Tais deficiências são bem conhecidas pelos membros da universidade, muitos dos quais estudaram na Alemanha. A mim parece que a esperança é grande na circunstância de que uma sociedade literária está crescendo em Boston, consistindo parcialmente em pessoas jovens, todas elas ex-estudantes em Cambridge. O progresso que a literatura fará em suas mãos, espero, forçará a autodefesa da universidade, a fim de que não se veja ultrapassada. Ele criará, pelo menos, uma demanda parcial por maior erudição. Contudo, nada pode ser feito, a não ser que o Estado ofereça assistência. O fato de isso não estar acontecendo mostra o pouco valor que é dado à literatura. Frequentemente, ocorre que um homem é nomeado professor de alguma matéria sobre a qual tem pouco conhecimento; ele é então enviado ao exterior para se qualificar.

O reitor é o dr. Walker, dizem que muito bom. Everett não se saiu bem nessa função. Sparks ficou a meio caminho entre os dois. Ele era também professor de história, mas abandonou o magistério para se dedicar às suas obras sobre história americana. Conhece bem o período da Revolução. Está publicando a correspondência trocada naquele período. Tenho seu livro sobre a vida de Washington. É um volume árido, pesado, longe de abrangente ou completo, sem outro mérito que não o esforço para compô-lo. Este é o melhor atributo de Sparks. Não tem talento, é laborioso e honesto, mas sua pesquisa é muito diferente da dos alemães. Seus princípios de edição fizeram chover uma tempestade de críticas sobre ele. Foi dito que falsificou as cartas de Washington, mas existem dois manuscritos incongruentes, e suas aulas foram consideradas as melhores. No cômputo geral, ele não goza de grande reputação por aqui.

(...) Então retornamos, às doze, para assistir a um exame de alemão que estava prestes a começar. Fui apresentado a Longfellow, o qual, como professor de línguas modernas, preside a banca examinadora. Ele me recebeu bem e posicionou-me no comitê com um livro na mão. Cerca de 20 estudantes estavam presentes. Constituíam a fina flor do corpo discente porque os outros não optaram pelo alemão. O livro era *Guilherme Tell* em alemão. Cada aluno traduziu perto de uma página. O orientador de alemão é um homem alto e de barba, Rölker, que detesta a Alemanha porque ela não é livre, e se mostra ávido por cortar a cabeça dos tiranos. Todos os alunos leram muito mal na língua alemã. Por vezes, traduziram com alguma elegância. Noutras, também, conferiram a determinadas palavras significado totalmente errado. Mesmo assim, a banca deixava passar ou corrigia brandamente. Pequena era a pompa ou o conteúdo. Depois de uma hora, seguiu-se outra aula, e, então, saí. Longfellow convidou-me para uma refeição às duas.

Na hora combinada, Child e eu chegamos à estalagem, que é recente e foi construída com o objetivo de atrair os amigos dos estudantes. No caminho, passamos pelo College Hall, que algumas vezes é utilizado para concertos e espetáculos do gênero. Parece um espaço antiquado apoiado em pilares. Porém, na verdade, nada é antigo por aqui. A antiguidade só tem cem anos. Existe uma boa quantidade de retratos pintados que fiquei satisfeito em ver. Diversos são de autoria do pai de Lord Lyndhurst, um ou dois dos quais são bem melhores que o restante.

Na estalagem, reunimo-nos com Longfellow e os integrantes do comitê. A maioria deles era de idosos e cansativos senhores que não pertenciam à universidade. Um deles deu graças fastidiosas. Longfellow sentou-se no lugar central; fiquei à sua direita; Child, a meu lado. Não é permitido o consumo de vinho no College. A refeição foi mais copiosa que boa. A conversa com Longfellow foi menos interessante do que eu esperava. Ele falou sobre os poetas modernos. Prefere Uhland a Rückert e a todos os alemães vivos. Negou a obscuridade de *Fausto*. Afirmou que ele tem uma elevada tendência moral. Acho que Child saiu-se muito bem no combate a tal opinião. Para dar suporte ao seu ponto de vista,

Longfellow disse que uma senhora certa vez declarou que era incapaz de entender algumas linhas de Tennyson, as quais repetiu, asseverando que eram perfeitamente claras para ele, e que a ideia não poderia ser posta em linguagem mais inteligível. Para mim, as linhas foram tão ininteligíveis quanto para a senhora. Longfellow mostrou-se pouco tendente a admitir a superioridade de Goethe sobre Schiller. Ele tinha muita coisa a falar sobre a Alemanha. Convidou a mim e a Child para tomar café em sua casa. A casa era muito boa e já servira como quartel-general de Washington. Com o magistério e a fortuna da esposa, ele vive muito bem. A sra. Longfellow estava sentada numa biblioteca excelentemente bem-mobiliada. Ela é muito bonita, porém desanimada. A primeira sra. Longfellow faleceu em Heidelberg. Ela é filha de um dos homens mais ricos de Boston, que talvez seja possuidor de 5 milhões, dos quais ele provavelmente consegue 6 por cento. Vi dois garotos feios, por perto dos 7 anos de idade, que são filhos dela. Longfellow mostrou-me seu exemplar dos poemas de Lord Ellesmere e elogiou a tradução que ele fez do *Fausto* pelo tom cavalheiresco que imprimiu. Ficamos sentados no jardim por cerca de meia hora; eles fumaram. Nada de interessante foi dito. Na realidade, aprendi singularmente pouca coisa da conversa com Longfellow. Na volta para o ônibus, lá pelas 5 da tarde, passamos por um olmo sob cuja copa que a tradição diz que Washington desembainhou a espada. Fomos a uma livraria, mas Child não pôde me dizer muita coisa sobre os livros que lá estavam. Concordei em voltar na sexta-feira, dia de aulas, com várias cerimônias previstas.

(...) No sábado pela manhã, por volta das dez horas, Norton conduziu-me, juntamente com mr. Maclagan, à Convenção. A última vez que esse órgão se reuniu foi em 1820. O povo de Estado seleciona seus membros para reformar a Constituição estadual. Cada procedimento com essa finalidade é, necessariamente, um passo para democracia mais completa. Todo o *affair* é condenado pelos conservadores, mas os convencionais são unânimes na convicção sobre a necessidade da reforma. Há cerca de 400 delegados na Convenção que ocorre na Assembleia Legislativa. Norton chamou Dana, autor de *Two Years Before the Mast*. Ele nos posicionou num dos bancos mais baixos entre os delegados; os delegados se acomodaram num anfiteatro em semicírculo, de modo que ficamos próximos do Presidente. Dana explicou-me como as coisas se passavam. Ele é um homem baixo, com cerca de 35 anos, cabelos longos e barba pontuda. Parece com Lord Malmesbury, mas tem aparência muito inteligente e usa óculos. Mostra-se muito gentil comigo. Conhece bastante sobre a Inglaterra e expressou-se com muitos elogios sobre Lord Granville, sem saber do meu parentesco com ele. É um *free-soiler*, ou seja, um abolicionista, e nega que seja democrata. Perto de 270 membros são fazendeiros; muitos são advogados e alguns religiosos e médicos. Existe pouco talento entre eles; aparentemente, só uns poucos homens inteligentes. Comportam-se muito bem e jamais aplaudem. Muitos leem jornais. Um par de meninos andrajosos e impertinentes corre de lá para cá fazendo o serviço de estafeta. Os assentos são distribuídos por sorteio. Se líderes resultam em assentos ruins, compram melhores de delegados mais rústicos ou os de sua facção lhes cedem os lugares. O presidente, como eu disse, tem cerca de 35 anos e acabou de ser eleito para o Congresso; um homem proeminente; sua aparência é bastante notável. O grande tema foi a representação. Se os representantes deveriam ser eleitos por cidades ou de acordo com o número de habitantes. Parece que a votação por quantidade dá uma grande influência para Boston, que é conservadora, e os democratas são favoráveis às corporações, o que soa estranho. Quarenta homens falaram durante o debate. Ouvi cerca de uma dúzia. Nenhum se alongou demais. Uma hora foi o limite máximo permitido. Nem um só discurso mereceu ser classificado de bom. Um idoso fazendeiro se pronunciou; homem venerável, vesgo e austero. Dana diz que, provavelmente, aquele próprio homem trabalha em sua fazenda auxiliado por uns poucos outros, e que todos fazem juntos as refeições, inclusive com a família do fazendeiro. Estes são os homens, diz ele, que fizeram a Revolução. Um sapateiro que amealhou cem mil dólares foi ouvido com atenção, embora mau orador, porque tem alguma influência como homem de negócios: meio louco, fez um veemente discurso pela igualdade em todas as coisas. Outro fez um pronunciamento violento. mr. Greene, doutrinador de aspecto horroroso, mostrou a Dana passagens de Aristóteles sobre escravidão que copiara de uma tradução. Advogava o voto das mulheres e coisas parecidas. Conheci mr. Hillard, que dizem ser um bom orador e dado a floreios; goza de algum realce como literato e tem um emprego na imprensa da Itália (passou um ano na Europa). Mr. Butler, um senhor de Lowell, adotou a linha da sedição. Homem alto, encorpado e corajoso, é um dos chefes dos democratas e oponente pessoal formidável. Dana diz que só a polidez será capaz de derrotá-lo. Os discursos foram todos muito fracos, mas eu estava interessado em ver do que era composta uma assembleia como aquela e como ela exercitava seu poder. Todas as suas resoluções serão levadas à apreciação popular.

Uma das mudanças propostas é a eleição dos membros do judiciário, porque os juízes, nomeados que são, se transformam em homens de partidos. O padrão da política é muito mais baixo que o da Inglaterra ou de quase qualquer outro local da Europa; isso porque em nenhuma assembleia europeia opiniões tão democráticas passariam sem censura. Lembrou-me bastante uma assembleia suíça, mas os discursos não são tão bons, tampouco tão violentos. Existe muito decoro, mas nada é solene. Poucos aparentam ser *gentlemen*. Os partidos são um tanto misturados, como no Congresso, sem líderes destacados. Surpreendi-me com a atenção que todos pareceram dar a princípios abstratos. Isso dificilmente poderia ser esperado num conclave constituído de pessoas práticas e pouco cultas. Dana diz que a Democracia é muito diferente aqui e na Europa. Todo americano acha que deve ser taxado. Dana pensa que a Revolução mudou pouca coisa por aqui. As velhas instituições continuaram, só que sem um Rei. As cartas antigas eram republicanas demais. Existe alguma verdade, acredito, nessa observação. Logo depois da Revolução foi assim, mas grandes mudanças tiveram lugar desde então. Dana é um puseyista,* sua irmã é católica. Seu pai é um dos mais eminentes literatos da América. Dana parece muito otimista. Há grande independência nessa assembleia; pouco conhecimento sobre outros países e pouca referência. Observei que, de um modo geral, a Inglaterra é muito conhecida na América. Os estadistas, os homens de letras e os juízes ingleses são lembrados, e todos falam sobre eles. Em particular, não há referência à história, pelo menos não além da Revolução.

---

* N. T.: Edward Bouverie Pusey (1800-82), teólogo inglês que fundou o Movimento de Oxford juntamente com John Henry Newman e John Keble.

Mandei minha carta de apresentação a Sumner, e ele veio para falar comigo. Um homem elegante, com olhos avermelhados que o tornam vistoso. Sua conversa é a melhor que ouvi por aqui, apesar de não ser tão isenta dos americanismos como algumas outras. Estimo muito elevados os seus talentos. Ele aprecia bastante as teorias abstratas. Levou tão longe seu abolicionismo que chegou a ser rejeitado por alguns dos melhores da sociedade de Boston. Parece-me que isso não é grande desgraça para ele. Possui boa dose de conhecimento, mais elegante que profundo. Viajou pela Europa e fez boa medida de sucesso na Inglaterra. Lord Carlisle disse-me que ele foi o americano mais capaz que conheceu. Seus pontos de vista comuns devem ter contribuído para tal avaliação. Suponho que a mesma razão que faz com que Sumner seja antipatizado aqui faz também com que seja subestimado. Sua popularidade em Boston é pequena, onde a "algodãocracia" é suprema e invejosa dos escravos que produzem o material. Sua influência é grande na Convenção. Os advogados aqui, que se mantêm à custa dos litígios do algodão, falam de seus interesses em benefício próprio. Sumner não é um puseysta, mas é grande amigo do bispo, que já tentou fazer com que confessasse e tem esperança em convertê-lo. Certa vez, enquanto viajavam no mesmo vapor vindos de Nova York, na hora de dormir o bispo disse-lhe: "Muitos em nossas posições jamais deixaram vivos suas cabines, portanto, se alguma coisa acontecer, lembre-se do número de minha cabine." Sumner ficou impressionado e foi atrás do bispo para gravar aquele número. Ele é um bom advogado e foi escolhido para o Senado dos EUA. Sentado entre ele e Dana, percebo que este último absorve toda a conversa. Acredito que não são muito bons amigos. Sumner elogiou bastante Lord Carlisle. Disse-me que Thackeray evitou mencionar quando esteve neste país e quando levou-o certa vez ao Congresso ele jamais lá voltou.

Essa cena foi uma das mais interessantes que vivenciei nos EUA. Deixou-me fortes impressões na mente que não posso agora recordar, escrevendo doze anos depois de transcorrida.

À uma hora, encontrei-me com Norton, como combinado, na Little and Brown's, a maior importadora de livros ingleses. Havia uma coleção de livros idêntica à que pode ser encontrada em qualquer livraria britânica. Norton deu-me um pequeno volume que acabara de publicar sobre *Recent Social Theories*. Acho o livro muito bom. É escrito em tom elevado e estilo apreciável. Não discuto sobre as conclusões, mas penso que, como católico, ele tem mais dificuldade de chegar a elas. Brownson fez uma boa resenha sobre a obra. Ele não conhecia o autor até que lhe falei sobre ele. Demos uma passada pela Burnham's, o grande e antigo vendedor de livros. Ele tem imensa coleção e boas barganhas, porém não possui catálogo. É um completo descrente. Eu estava à procura do *Witchcraft in America*, de Upham, que Dana recomendara como melhor obra sobre o assunto. Upham fora prefeito de Salem e estava na Convenção. Não consegui o livro, que é raro. Norton elogiou bastante *History of the Indian War*, de Parkman, que foi seu contemporâneo na universidade e sempre gostou de estudos históricos. Passou, depois, algum tempo entre os índios, e o resultado foi esse livro. Eu já estivera antes na Burnham's e lá comprara o *Washington*, de Sparks, e o *American Authors*, de Griswold.

CAPÍTULO XVII

Ensaio sobre a
*The New American Cyclopaedia**

Enciclopédias e dicionários de biografias se tornaram tão numerosos que já não é tão difícil escrever novos. É necessário apenas fazer uma seleção dos artigos entre os já existentes, e umas poucas adições e omissões facilmente acomodará tal seleção às necessidades locais. A principal parte dessas obras é a propriedade compartilhada. Um certo lastro passa de uma para outra; e um vasto número de enganos, que apareceram pela primeira vez na bem conhecida *Biographie Universelle*, continua sendo fielmente copiado em cada nova compilação da espécie. O volume em foco é necessariamente endereçado para um público bastante extenso e, ao mesmo tempo, trabalho de muitas mãos. Portanto, pode-se considerá-lo representando a espécie de conhecimento e tom de opinião adequados para a grande massa de americanos instruídos. Parece ser muito mais vantajoso nesse último aspecto do que no primeiro. Seu espírito é bem mais respeitável que seu conteúdo. Ele reverte a velha máxima que aprendemos na escola: *non multum, sed multa*. Dever-se-ia esperar que, num trabalho

---

* George Ripley e Charles A. Dana, eds., *The New American Cyclopaedia*, vol. I (Nova York, Appleton, 1858; Londres, Trubner, 1858). Este ensaio foi publicado na *Rambler*, n. s. (2ª ed.) 10 de julho de 1858. *Wellesley* II, p. 775: Acton-Simpson I, p. 26.

destinado a preencher cerca de vinte enormes volumes, os artigos mais importantes sobre aprendizado geral seriam total e satisfatoriamente tratados e que, nas questões de interesse universal, a ciência e o saber americanos esforçar-se-iam para competir com os da Europa. Mas não é esse o caso. A popularidade é transformada em padrão da importância. Os únicos artigos elaborados são aqueles sobre assuntos americanos. O major André, por exemplo, preenche quase tanto espaço quanto a ciência da anatomia. O artigo sobre "Antracito" é a metade do destinado à "Antropologia". O dr. Anthon ocupa mais espaço que Santo Antônio, e Alexandre, o Grande, suplanta Alexander Humphreys por apenas meia coluna. Essas proporções singulares, entretanto, devem ser deixadas na porta das pessoas para as quais a obra se destina. Os próprios autores objetivaram rigorosa imparcialidade tanto em política quanto em religião. Nisso, foram reconhecidamente bem-sucedidos; mas se trata de uma espécie de mérito negativo que, usando palavras deles próprios, "induziu certa docilidade e falta de precisão". Como especulação, talvez fosse imperativo não ofender lado algum ou provocar competição. Na Inglaterra, a mera ausência da censura sobre certos pontos resultaria em ofensa infinita. Os principais artigos políticos dessa obra são sobre a família Adams. Deve-se admitir que os membros da família são livres daquele espírito de democracia degenerada que, nos últimos anos, ameaçou degradar uma Constituição nobre abaixo do nível da democracia revolucionária da Europa; e não são desfigurados por aquela ridícula autoglorificação com a qual os americanos disputam a palma com os chineses. Nas questões religiosas, existe quase igual reserva. Por exemplo, nem o artigo sobre Anselmo nem o sobre Santo Tomás de Aquino contêm uma única palavra ofensiva. Os tópicos mais melindrosos são tratados, inegavelmente, ao estilo de Tácito. Assim, nas contendas de Anselmo com Guilherme e Henrique, obtemos a interessante informação de que ele "estava, alternadamente, aliado e em luta com os reis da Inglaterra". A precisão com a qual tal regra foi aplicada em nenhum lugar é tão evidente quanto no artigo "Achilli". Ele demonstra sinais bastante suspeitos de que se trata de trabalho autêntico do próprio herói antipapado; contudo, o autor se esforça em se mostrar interessante de forma bastante inofensiva, sem se queixar das acusações que, como todos sabem, foram vitoriosamente refutadas, ou discorrer, mesmo que por um momento, sobre as corrupções da Igreja. Os artigos clássicos são ambiciosos, e a originalidade da seguinte estimativa de Ésquilo deve ser reconhecida: "Menos polido, ele é maior que Sófocles, e com o efeminado, sofista e não religioso Eurípedes ele não pode ser comparado, da mesma forma que um filho de Anak, com sua armadura metálica, não o pode com um *petit-maître* de Luís XV da França." Existem acadêmicos de fama nos Estados Unidos e, sem dúvida, eles contribuíram para essa enciclopédia. Todavia, é evidente que suas vocações os isolam dos movimentos de seu país; visto que a maneira de tratar o que é antigo se torna deficiente em virtude das qualidades peculiares da mente americana. Fica claro que os americanos, de um modo geral, não têm interesse em tais estudos, e não se preocupam em afirmar discernimento num campo tão obsoleto. "Alguns dias mais tarde," lemos no artigo "Aécio", "uma tremenda batalha decisiva foi travada no campo de Challons, na qual trezentos mil homens tombaram em ambos os lados." As pessoas para as quais se pode contar uma história como esta sem receio de correção ou ridículo claramente se importam muito pouco em se deixar levar por história tão antiga. Temos dúvidas se uma anedota contemporânea, no mesmo estilo, seria vista de modo favorável pelos olhos de raça tão incrédula. A impostura histórica, bem como humana, ainda tem uma chance, depois de descobertas na Europa, de conseguir novo crédito ao cruzar o Atlântico. Agamenom é tratado do mesmo modo que Átila. "A rixa entre Agamenom e Aquiles compõe a característica mais importante na história da guerra de Troia. Ele foi assassinado pela esposa enquanto vestia a camisa depois do banho" etc. etc. Um acadêmico europeu dificilmente se daria ao trabalho de nos informar que as leis "dos godos e dos teutônicos são singularmente concordantes". Como provavelmente o são as dos americanos e ianques. Não há notas literárias, nem recebem os leitores referências sobre outras obras. Evidentemente, não se espera que eles aprofundem suas pesquisas além do exposto no próprio livro. Na realidade, pode-se conjeturar sobre o estilo do público esperado com a seguinte definição científica de um aventureiro: "Micawber, em *David Copperfield*, seria um grande aventureiro, se não estivesse destinado a ser o grande Micawber. Ele estava sempre esperando que alguma coisa grande acontecesse. Esse estado peculiar de expectativa é, de fato, o estado normal da mente de um aventureiro."

No entanto, o mais curioso e sugestivo de todos é o artigo sobre "americanismos". Em primeiro lugar – e isso, acreditamos, não é incomum – os escritores cometem injustiça aos seus próprios compatriotas com noção imperfeita e arbitrária sobre o emprego inglês das palavras. "Venison", nos dizem, "nos Estados Unidos significa carne de veado; na Inglaterra, é aplicado à carne selvagem de modo geral." *Pantaloons,* no sentido de calças, dificilmente é um americanismo genuíno. E nos decepcionamos ao descobrir o verdadeiro feminino americano: *pantalet*. A palavra autêntica (geralmente, masculino) é *pants*. Temos de admitir, por outro lado, que *koolsla* não é comumente usada na Inglaterra para repolho; e estamos prontos para a rendição de considerarmos *gallowses* sinônimo de *brace*; nem *pipeclaying* ou *gerrymander* são entre nós termos políticos abusivos. Ao mesmo tempo, é notável como o autor desse artigo, depois de considerar perfeitamente natural a existência de americanismos, se esforce para atenuar e desculpar o uso deles: "Pode ser dito com segurança que, como um povo, os americanos falam melhor o inglês do que os próprios ingleses." Apesar disso, "o padrão da língua correta ainda permanece no uso das pessoas cultas e educadas da Inglaterra". Confessamos que, a esse respeito, estamos dispostos a ser mais generosos com os americanos do que eles são para com eles mesmos. Sem desenvolvimento, nada pode viver. O crescimento é essencial à vida. Nenhuma língua viva, por conseguinte, pode permanecer estacionária, ou independente do povo que a fala. Seu progresso será diferente sob circunstâncias diversificadas, tanto de lugar quanto de tempo; e ela tem que se adaptar e se vincular indissoluvelmente às características da nação cujos pensamentos e sentimentos tem que expressar. Foi o mais sábio dos antigos quem disse: οἷος ὁ βίος, τοιοῦτος ὁ λόγος, ou, como Sêneca colocou (Epíst. 114): "Talis hominibus fuit oratio, qualis vita: quem admodum autem uniuscujusque actio dicenti similis est, sic genus dicendi aliquando imitatur publicos mores." Ora, em paralelo com a ascensão da nação americana, foi formado um caráter nacional que cada vez se torna mais definido e mais distinto do nosso; e já é suficientemente forte para absorver e neutralizar os elementos estrangeiros que fluem da Irlanda e Alemanha. Suas instituições públicas são de autoria própria; e a sociedade de suas grandes cidades difere mais da nossa do que a maioria das cidades do continente europeu. Não poderíamos esperar que o linguajar de Oxford e Cambridge permanecesse imutável, dentro dos limites da vida civilizada, no interior e nas plantações da América. A linguagem coloquial não pode se manter distinta da escrita, onde a imprensa está nas mãos de homens de pequena educação e é dirigida quase que exclusivamente para as massas. Nosso idioma tem que pagar com a perda da uniformidade a pena por sua universalidade. Como língua falada, nenhuma outra experimentou tantas modificações e adaptações às mentes e leis dos homens em todas as regiões do mundo. Nesse aspecto, sua flexibilidade até agora se mostrou extraordinária. Os peles-vermelhas de Cooper falam uma espécie de inglês, e os negros da sra. Stowe, outra. O correspondente do *Times* nos familiarizou com o inglês de Hong Kong; e outra variedade surgiu naquilo que Sydney Smith chama de quinto quarto do globo ou quarto batedor de carteira. Da mesma forma, muitas boas histórias são contadas sobre o latim húngaro (hoje quase extinto). Mas o declínio da antiga latinidade na literatura do império representa a analogia mais próxima com as modificações que o inglês vem experimentando nos Estados Unidos. O tom nasalado e cantado e a pompa vernacular do discurso americano não poderiam ser mais bem descritos do que nas palavras com que Sêneca reprova a presunção de seus contemporâneos: "Ut aliquando inflata explicatio vigeret, aliquando infracta, et in morem cantici ducta."

LORD ACTON

Esse desprezo pela prosódia, revelado no modo com que os americanos pronunciam *"epicurean," "territory," "legislative,"* era um galicismo na Roma mais avançada. Ausônio analisa metricamente *Citheron, Pheaces*; e Sidônio é responsável pelo hexâmetro,

> Quicquid Pythagoras, Democritus, Heraclitusque.

Mas é especialmente o africano, de todos os provinciais romanos, cuja latinidade nos faz lembrar os americanismos. Já no segundo século sua linguagem era peculiar. Tertuliano, diz Vives, perturbatissime loquitur, ut Afer; e diz de Santo Agostinho: Multum habet Africitatis in contextu dictionis, non perinde in verbis. Os superlativos exagerados, corriqueiros nas bocas dos americanos, são encontrados exatamente assim nos escritores africanos, tais como *minimissimus, postremissimus, poenissime*. Da mesma forma que os americanos se deliciam com a terminação *"ate"* para verbos, como em *locate, eventuate, approbate, obligate, necessitate, captivate* (tornar cativo), os africanos o fazem com *"are"*: *latinirare, inducare, mediare* etc. são de sua invenção. Mesmo as formas exacerbadas como *salvagerous, cantankerous,* encontram paralelo nos *famigerabilis congermanescere* etc. do africano Apuleio.

O *Glossarium mediae Latinitatis* indubitavelmente contém muitas palavras que teriam horrorizado Cícero da mesma forma que aturdiram os ciceronianos do século XVI. Mesmo assim, o latim medieval foi um resultado perfeitamente natural e legítimo de circunstâncias alteradas e novos requisitos. O desdém pela forma seguiu-se normalmente à importância absorvente do assunto. O novo mundo de ideias demandou uma forma adequada de expressão. A língua dos filósofos medievais teve seguramente lugar tão importante na história do mundo quanto a dos poetas e advogados da antiga Roma. Esses homens celebrados, que, com a revivificação das cartas, retornaram às antigas formas clássicas, e se limitaram a seus alcances, tiveram, para falar a verdade, muito pouco a dizer. Eles desfrutariam de pequena fama só pela substância de seus escritos. Logo pareceu que, ou o latim da era de ouro se sacrificava às ideias cristãs, ou as ideias do século XVI cediam em prol da antiga latinidade. O novo vinho não era apropriado ao antigo receptáculo. Nenhum dos grandes escritores ou mesmo dos grandes acadêmicos daquela época cedeu lugar às superstições ciceronianas. Não iremos, portanto, negar que algumas novidades com as quais os americanos enriqueceram seu vocabulário tenham valor ou concorram para a felicidade de expressão por si próprias – *abundant dulcibus vitiis*. Devemos ser tão pouco inclinados a negar-lhes a latitude que supõem quanto a tirarmos vantagens, mesmo de suas mais felizes invenções. Existe um dito no *Noctes Atticae* que vem a calhar: Vive moribus praeteritis, loquere verbis praesentibus.

CAPÍTULO XVIII

*Nacionalidade**

Sempre que o grande cultivo intelectual se combinou com o sofrimento que é inerente às extensas mudanças na condição do povo, homens de gênio especulativo e inventivo buscaram na contemplação de uma sociedade ideal um remédio, ou pelo menos um consolo, para os malefícios que foram praticamente incapazes de remover. A poesia sempre preservou a ideia de que em certo tempo distante e em algum lugar remoto, nas ilhas ocidentais ou na região da Arcádia, um povo inocente e feliz, livre da corrupção e dos condicionantes da vida civilizada, concretizou a lenda da era dourada. A função dos poetas é quase sempre aproximadamente a mesma, e as características de seu mundo ideal pouco variam; mas quando os filósofos tentam censurar ou reformar a humanidade mediante a concepção de um estado imaginário, sua motivação é mais definida e imediata, e a *Commonwealth* imaginada é tanto uma sátira quanto um modelo. Platão e Plotino, More e Campanella construíram suas sociedades fantasiosas com aqueles materiais que tinham sido omitidos nas comunidades

---

* Publicado na *Home and Foreign Review* I (julho de 1862): 1-25. *Wellesley* I, p. 550; Döllinger I, p. 262; Acton-Smpson II, p. 278. Republicado em *History of Freedom*, pp. 270-300; *Freedom and Power*, pp. 166-195; *Liberal Interpretation of History*, pp. 131-159.

reais, em função dos defeitos que as haviam inspirado. A República, a Utopia e a Cidade do Sol foram protestos contra o estado de coisas que a experiência de seus autores os ensinou a condenar, e contra cujos defeitos procuraram se defender nos extremos opostos. Eles permaneceram sem influenciar e jamais passaram da história literária para a política, porque algo mais que descontentamento e engenhosidade especulativa é necessário para que se invista uma ideia política de poder sobre as massas da humanidade. O esquema de um filósofo só pode despertar a fidelidade prática de fanáticos, não de nações; e, embora a opressão possa provocar sublevações violentas e repetidas, como as convulsões de um homem que experimenta a dor, ela não pode maturar um propósito estabelecido e um plano de regeneração, a menos que uma nova noção de felicidade seja juntada ao senso de malefício presente.

A história da religião fornece uma ilustração completa. Entre as últimas seitas medievais e o protestantismo existe uma diferença essencial que excede em valor aqueles pontos de analogia encontrados nos sistemas considerados arautos da Reforma, e basta explicar a vitalidade desta última em comparação com os outros. Enquanto Wycliffe e Hus expressaram oposição à instrução católica, Lutero rejeitou a autoridade da Igreja e proporcionou consciência e independência ao indivíduo que, por certo, levariam a uma resistência incessante. Existe uma diferença similar entre a Revolta da Holanda, a Grande Rebelião, a Guerra da Independência e a ascensão de Brabante de um lado, e a Revolução Francesa de outro. Antes de 1789, as insurreições eram provocadas por iniquidades particulares e se justificavam em função de queixas definidas e por um apelo a princípios que todos os homens reconheciam. Novas teorias, algumas vezes, tomavam corpo no meio da controvérsia, mas eram acidentais, e o grande argumento contra as tiranias era a fidelidade às antigas leis. Desde a mudança produzida pela Revolução Francesa, aquelas aspirações, que eram despertadas pelos malefícios e defeitos do estado social, passaram a agir como forças permanentes e enérgicas em todo o mundo civilizado. Elas são espontâneas e agressivas e não necessitam de profeta para proclamá-las, de advogado para defendê-las, mas são populares, desarrazoadas e quase irresistíveis. A Revolução efetuou tal mudança, em parte por sua doutrina e em parte pela influência indireta dos eventos. Ela ensinou o povo a considerar seus desejos e necessidades como critério supremo do direito. As rápidas vicissitudes experimentadas pelo poder, em função das quais os diversos lados recorreram ao favor das massas como árbitros do sucesso, acostumou essas massas com o arbítrio e com a insubordinação. A queda de muitos governos e a frequente redistribuição de território privaram todos os assentamentos da dignidade da permanência. A tradição e a prescrição de regras deixaram de ser as guardiãs da autoridade; e os acordos que se seguiram às revoluções, aos triunfos da guerra e aos tratados da paz também não levaram em conta direitos estabelecidos. O dever não pode ser dissociado do direito, e as nações se recusam a ser controladas por leis que não suprem proteção.

Nessa condição do mundo, a teoria e a ação seguem muito próximas uma da outra, e os danos práticos dão fácil pretexto para o nascimento de sistemas oponentes. No reino da vontade livre, a regularidade do progresso natural é preservada pelo conflito de extremos. O impulso da reação leva os homens de um extremo ao outro. A perseguição de um objetivo ideal e remoto, que cativa a imaginação por seu esplendor e a razão por sua simplicidade, evoca uma energia que não poderia ser inspirada por finalidade racional e possível, limitada por muitos pleitos antagônicos e confinada ao razoável, ao exequível e ao justo. Um excesso ou exagero é o corretivo de outro, e o erro promove a verdade, no que concerne às massas, contrabalançando o erro contrário. Os poucos não têm força suficiente para conseguir, sem ajuda, grandes mudanças; os muitos não têm sabedoria para se sensibilizar, sem que se misturem, pela verdade. Onde as enfermidades são diversificadas, nenhum remédio particular pode atender as necessidades de todos. Somente a atração e uma ideia abstrata, ou a de um estado ideal, podem unir numa ação comum multidões que buscam uma cura universal para muitos males especiais e um restaurador comum aplicável a muitas condições diferentes. Daí a razão de os falsos princípios, que têm correspondência com as más e as justas aspirações da humanidade, serem um elemento normal e necessário na vida social das nações.

Teorias desse tipo são justas, desde que provocadas por males definitivamente avaliados, e se proponham a removê-los. São úteis em oposição, como alerta e como ameaça, para modificar as coisas existentes e para manter acesa a consciência sobre o errado. Não podem servir como base para a reconstrução da sociedade civil, da mesma forma que o remédio não é alimento; mas podem influenciá-la vantajosamente, porque apontam para a direção, embora não para a medida, na qual a reforma é necessitada. Elas se opõem a uma ordem de coisas que é o resultado de um abuso do poder egoísta e violento por parte da classe governante, e de uma restrição artificial ao progresso natural do mundo, destituído de um elemento ideal ou de um propósito moral. Os extremos práticos diferem dos extremos teóricos que provocam porque os primeiros são arbitrários e violentos, enquanto os últimos, se bem que revolucionários, são ao mesmo tempo terapêuticos. Num caso, o erro é voluntário, no outro, inevitável. Essa é a característica geral da contenda entre a ordem existente e as teorias subversivas que negam sua legitimidade. Existem três teorias principais dessa espécie, impugnando a distribuição atual do poder, da propriedade e do território, e atacando, respectivamente, a aristocracia, a classe média e a autoridade suprema. São as teorias da igualdade, do comunismo e da nacionalidade. Embora provenham da mesma origem, se oponham a males cognatos e se conectem por muitos vínculos, elas não apareceram simultaneamente. Rousseau proclamou a primeira, Babeuf a segunda e Mazzini a terceira; e esta última teve surgimento mais recente, é a mais atraente no tempo presente e a mais rica em promessas de poder futuro.

No antigo sistema europeu, os direitos das nacionalidades não eram nem reconhecidos pelos governos nem afirmados pelos povos. Os interesses das famílias reinantes, não os das nações, regulavam as fronteiras; e a administração era geralmente conduzida sem nenhuma referência às vontades populares. Onde todas as liberdades eram suprimidas, os pleitos de independência nacional se viam necessariamente ignorados, e uma princesa, nas palavras de Fénelon, carregava uma monarquia em seu dote de casamento. O século XVIII aquiesceu com esse esquecimento dos direitos corporativos no Continente porque os absolutistas só se preocupavam com o Estado, e os liberais, apenas com o indivíduo. A Igreja, os nobres e a nação não tinham lugar nas teorias populares da época, e o povo não concebeu nenhuma em sua defesa própria, já que não era abertamente atacado. A aristocracia reteve seus privilégios, e a Igreja, sua propriedade; e os interesses dinásticos, que sobrepujavam a inclinação natural das nações e destruíam sua independência, apesar disso, mantiveram sua integridade. O sentimento nacional não era ferido em sua parte mais sensível. Despojar um soberano de sua coroa hereditária e anexar seus domínios significaria infligir uma injúria sobre todas as monarquias e proporcionar a seus súditos um exemplo perigoso ao se privar a realeza de seu caráter inviolável. Em tempo de guerra, como não havia causa nacional em jogo, não se tentava incitar um sentimento nacional. A reverência entre mandantes era proporcional ao desprezo que demonstravam pelas ordens inferiores. Cumprimentos eram trocados entre comandantes de exércitos hostis; não havia amargor, tampouco excitação; as batalhas eram travadas com a pompa e o orgulho de um desfile. A arte da guerra se tornou um jogo lento e acadêmico. As monarquias eram unidas não apenas pela comunidade natural dos interesses, mas também por alianças de famílias. Um contrato de casamento muitas vezes sinalizava uma guerra interminável, ao passo que os laços familiares com frequência estabeleciam barreiras para a ambição. Depois que as guerras religiosas terminaram em 1648, os únicos conflitos foram os travados por uma herança ou uma dependência, ou contra países cujos sistemas de governo isentavam da lei comum aos Estados dinásticos e, por conseguinte, os tornavam não só desprotegidos como odiáveis. Esses países eram Inglaterra e Holanda, até que a Holanda deixou de ser uma república e até que, na Inglaterra, a derrota dos jacobitas em 45 deu um fim à luta pela Coroa. Contudo, havia um país que ainda continua sendo exceção; um monarca cujo lugar não era reconhecido na comitiva dos reis.

A Polônia não possuía aquelas garantias de estabilidade que eram supridas pelas ligações dinásticas e pela teoria de legitimidade, sempre que uma coroa podia ser alcançada por casamento ou por herança. Um monarca sem sangue real e uma coroa conferida pela nação constituíam anomalia e irritação na era do absolutismo dinástico. O país foi excluído do sistema europeu em virtude da natureza de suas instituições. Ele excitava uma cobiça que não podia ser satisfeita. Não proporcionava às famílias reinantes da Europa esperança de se fortalecerem permanentemente pelo casamento com seus mandantes, ou de o obterem por legado ou herança. Os Habsburgos haviam contestado as posses da Espanha e as Índias com os Bourbons franceses, da Itália, com os Bourbons espanhóis, do império com a Casa de Wittelsbach, da Silésia com a Casa de Hohenzollern. Houve guerras entre casas rivais por cerca da metade dos territórios da Itália e da Alemanha. Mas ninguém poderia esperar o resgate de suas perdas ou o aumento de seu poder num país no qual o casamento e a descendência não admitiam reivindicações. Onde não era possível herdar permanentemente tentava-se, por meio de intrigas, prevalecer em cada eleição, e, depois de batalharem em apoio a candidatos que eram seus aliados, os vizinhos finalmente indicaram um instrumento para a demolição final do Estado polonês. Até então, nenhuma nação tinha sido privada de sua existência política pelas Potências Cristãs, e, apesar da desconsideração demonstrada pelos interesses e simpatias nacionais, algum cuidado foi tomado para esconder o erro com uma perversão hipócrita da lei. Mas a partição da Polônia foi um ato de violência temerária, cometido ao arrepio não só do sentimento popular como também da lei pública. Pela primeira vez na história moderna, um grande Estado foi suprimido, e toda uma nação, dividida entre seus inimigos.

Esta medida famosa, o ato mais revolucionário do antigo absolutismo, acordou a teoria da nacionalidade na Europa, convertendo um direito adormecido em aspiração, e um sentimento em pleito político. "Nenhum homem sábio e honesto," escreveu Edmund Burke, "pode aprovar tal partição, ou contemplá-la sem prognosticar grandes males para todos os países em algum tempo futuro."[1] Daquele momento em diante, havia uma nação demandando ser unida num Estado – como se fosse uma alma vagando à procura de um corpo para recomeçar a viver; e, pela primeira vez, um brado foi ouvido de que o acerto dos Estados era injusto – que seus limites não eram naturais, e que todo um povo era privado de seu direito de constituir uma comunidade independente. Antes que a reivindicação pudesse ser eficientemente asseverada contra o avassalador poder de seus oponentes – antes que ganhasse energia, depois da última partição, para sobrepujar a influência de longos hábitos de submissão e a desgraça que as desordens anteriores tinham infligido à Polônia – o velho sistema europeu estava em ruínas e um novo mundo surgia em seu lugar.

A antiga política despótica que fizera a Polônia de sua presa tinha dois adversários – o espírito inglês de liberdade e as doutrinas daquela revolução que destruíra a monarquia francesa com suas próprias armas; e os dois contradisseram, de modos diversificados,

---

[1] "Observações sobre a Conduta da Minoria," *Works*, v. 112.

a teoria de que as nações não tinham direitos coletivos. Nos dias de hoje, a teoria da nacionalidade não é apenas a mais poderosa aliada da revolução, mas sua substância real nos movimentos dos últimos três anos. Todavia, isso é uma aliança recente, desconhecida para a primeira Revolução Francesa. A teoria moderna de nacionalidade surgiu em parte como consequência legítima e em parte como reação contra ela. O sistema que negligenciava a divisão nacional recebeu oposição do liberalismo de duas formas, a francesa e a inglesa, com duas fontes distintas que exibem características seja de 1688 seja de 1789. Quando o povo francês aboliu as autoridades sob as quais vivia e se tornou seu próprio senhor, a França correu o risco da dissolução: porque a vontade comum é difícil de avaliar e não atinge o consenso com facilidade. "As leis," disse Vergniaud, no debate sobre a sentença do rei, "são obrigatórias apenas como presumível vontade do povo, que detém o direito de aprová-las ou condená-las. No momento em que ele manifesta sua vontade, o trabalho da representação nacional, a lei, tem que desaparecer." Essa doutrina separava a sociedade em seus elementos naturais, e ameaçava dividir o país em tantas repúblicas quantas fossem as comunas. Porque o verdadeiro republicanismo é o princípio do autogoverno no todo e em suas partes. Num país extenso, ele só pode prevalecer pela união das diversas comunidades independentes numa única confederação, como na Grécia, na Suíça, na Holanda e na América; desta forma, uma grande república não fundamentada no princípio federal tem que resultar no governo de uma cidade singular como Roma e Paris e, em menor grau, Atenas, Berna e Amsterdam, ou, em outras palavras, uma grande democracia tem que sacrificar o autogoverno à unidade, ou preservá-lo pelo federalismo.

A França da história caiu junto com o Estado francês, que era crescimento de séculos. A antiga autoridade suprema foi destruída. As autoridades locais foram encaradas com aversão e alarme. A nova autoridade central precisou ser estabelecida sobre um novo princípio de unidade. O estado de natureza, que era o ideal de sociedade, foi considerado fundamento da nação; a descendência ocupou o lugar da tradição, e o povo francês foi visto como um produto físico: uma unidade etnológica, não histórica. Foi presumido que existia uma unidade separada da representação e do governo, totalmente independente do passado e capaz, a qualquer momento, de expressar ou de mudar suas ideias. Nas palavras de Sieyès, não era mais a França, mas um país desconhecido para o qual a nação foi transportada. O poder central possuía autoridade, desde que obedecesse ao todo, e não era admitida divergência do sentimento universal. Esse poder, outorgado pela volição, era personificado na República. Una e Indivisível. O título significava que uma parte não podia falar em nome do todo – que existia um poder superior ao do Estado, distinto e independente dos seus membros; e expressou, pela primeira vez na história, a noção de uma nacionalidade abstrata. Desta maneira, a ideia de soberania do povo, não controlada pelo passado, deu nascimento à ideia de nacionalidade independente da influência política da história. Ela emergiu da rejeição às duas autoridades – do Estado e do passado. O reino da França era, geográfica e politicamente, produto de uma longa série de eventos, e as mesmas influências que construíram o Estado formaram o território. A revolução repudiou tanto as agências às quais a França devia suas fronteiras quanto aquelas às quais devia seu governo. Cada vestígio e cada lembrança destrutíveis da história nacional foram cuidadosamente varridos – o sistema de administração, as divisões físicas do país, as classes da sociedade, as corporações, os pesos e medidas, o calendário. A França não estava mais contida nos limites que recebera da influência condenada de sua história; ela só reconhecia então aqueles limites impostos pela natureza. A definição de nação foi tomada emprestada do mundo material, e, para evitar perda de território, ela se tornou não apenas uma abstração, mas uma ficção.

Houve um princípio de nacionalidade no caráter etnológico do movimento, que é a fonte da observação corriqueira de que a revolução é mais frequente nos países católicos que nos protestantes. Ela é, de fato, mais usual no mundo latino que no teutônico, porque depende parcialmente de um impulso nacional, que só é despertado onde existe um elemento estranho, o vestígio de uma dominação estrangeira, a expulsar. A Europa Ocidental tinha experimentado duas conquistas – uma pelos romanos e outra pelos germânicos, e, por duas vezes, acatou leis dos invasores. Nas duas ocasiões, ela se rebelou contra a raça vitoriosa; e as duas grandes reações, enquanto se diferenciaram de acordo com as características distintas das duas conquistas, tiveram em comum o fenômeno do imperialismo. A república romana esforçou-se por esmagar as nações subjugadas numa massa homogênea e obediente; mas o crescimento que a autoridade proconsular obteve no processo subverteu o governo republicano, e a reação das províncias contra Roma ajudou o estabelecimento do império. O sistema cesarista deu uma liberdade sem precedente às dependências e levou-as a uma igualdade civil que deu fim ao domínio de raça sobre raça e de classe sobre classe. A monarquia foi exaltada como um refúgio contra o orgulho e a cupidez do povo romano; e o amor pela igualdade, o ódio pela nobreza e a tolerância com o despotismo implantados por Roma tornaram-se, pelo menos na Gália, atributos principais do caráter nacional. Porém, entre as nações cuja vitalidade foi demolida pela república severa, nem uma só reteve os materiais necessários para desfrutar da independência, ou para desenvolver uma nova história. A faculdade política que organiza estados e coloca a sociedade numa ordem moral estava exausta, e os médicos cristãos procuraram em vão nas ruínas por um povo com cuja ajuda a Igreja poderia sobreviver ao declínio de Roma. Um novo elemento de vida nacional foi trazido para este mundo decadente pelos inimigos que o destruíram. A inundação de barbarismo estabeleceu-se por uma estação e então arrefeceu; e quando os marcos da civilização apareceram de novo, descobriu-se que o solo estava impregnado com influência fertilizadora e regenerativa, e que a inundação deixara os germes dos futuros estados e de uma nova sociedade. O sentido político e sua energia vieram com o sangue novo, e foram exibidos no poder exercitado da raça mais jovem sobre a mais velha e no estabelecimento de uma liberdade gradual. Em vez dos direitos universais iguais, cujo desfrute real é necessariamente dependente do poder – e proporcional a ele –, os direitos do povo ficaram subordinados a uma variedade de condições, a primeira das quais foi a distribuição da propriedade. A sociedade civil se tornou um organismo classificado, no lugar da informe combinação de átomos, e o sistema feudal paulatinamente surgiu.

A Gália romana adotou tão completamente as ideias da autoridade absoluta e da igualdade indistinta durante os cinco séculos entre César e Clóvis, que o povo jamais se adaptou ao novo sistema.

Lord Acton

O feudalismo permaneceu sendo uma importação estrangeira, a aristocracia rural, uma raça alienígena, e o povo comum da França buscou proteção contra ambos na jurisprudência romana e no poder da coroa. O desenvolvimento da monarquia absoluta com a ajuda da democracia é uma constante no caráter da história francesa. O poder real, de início feudal, e limitado pelas imunidades e grandes vassalos, ficou mais popular à proporção que se tornou mais absoluto; enquanto a supressão da aristocracia, a remoção das autoridades intermediárias, foi um objetivo tão particular da nação que foi concretizado com mais energia depois da queda do trono. A monarquia, que esteve engajada desde o século XIII em refrear os nobres, foi, por fim, colocada de lado pela democracia, já que se revelara demasiado dilatória nessa tarefa e incapaz de negar sua própria origem, arruinando efetivamente a classe da qual emergiu. Todas essas coisas, que constituíram a característica peculiar da Revolução Francesa – a demanda por igualdade, a aversão à nobreza e ao feudalismo, e à Igreja que estava ligada a eles, a constante referência aos exemplos pagãos, a supressão da monarquia, o novo código da lei, a quebra com a tradição e a substituição de tudo que procedia da mistura e da ação mútua das raças por um sistema ideal – todas exibiam o tipo comum de uma reação contra os efeitos da invasão franca. O ódio pela monarquia era menor que o ódio pela aristocracia; os privilégios eram mais detestados que a tirania; e o rei pereceu por causa da origem de sua autoridade, e não em virtude do abuso dela. A monarquia não ligada à aristocracia tornou-se popular na França, mesmo quando mais incontrolável; enquanto a tentativa de restaurar o trono, e de limitá-lo e isolá-lo com seus nobres, fracassou porque os antigos elementos teutônicos em que se baseava – nobreza hereditária, primogenitura e privilégio – não eram mais tolerados. A substância das ideias de 1789 não é a limitação do poder soberano, mas a ab-rogação dos poderes intermediários. Tais poderes, e as classes que deles gozavam, vêm na Europa latina de uma origem bárbara; e o movimento que se autodenomina liberal é essencialmente nacional. Se a liberdade fosse seu objetivo, seus meios seriam o estabelecimento de grandes autoridades independentes não derivadas do Estado, e seu modelo seria a Inglaterra. Mas seu propósito é a igualdade; e ele busca, como a França em 1789, expelir os elementos de desigualdade que foram introduzidos pela raça teutônica. Esse é o objetivo que Itália e Espanha tiveram em comum com a França, e daí vem a liga natural das nações latinas.

Esse elemento natural no movimento não foi entendido pelos líderes revolucionários. No começo, sua doutrina pareceu completamente contrária à ideia de nacionalidade. Eles ensinaram que certos princípios gerais de governo eram absolutamente corretos em todos os Estados; e asseveraram, em teoria, a liberdade irrestrita do indivíduo e a supremacia da vontade sobre qualquer necessidade ou obrigação externa. Isso está em aparente contradição com a teoria nacional de que certas forças naturais devem determinar o caráter, a forma e a política do Estado, pela qual uma espécie de destino é colocada no lugar da liberdade. Consequentemente, o sentimento nacional não foi diretamente desenvolvido da revolução na qual estava envolvido, mas foi exibido em primeiro lugar na resistência a ela, quando a tentativa de emancipar foi absorvida no desejo de subjugar, e a república foi sucedida pelo império. Napoleão deu existência a um novo poder atacando a nacionalidade na Rússia, resgatando-a na Itália e governando a despeito dela da Alemanha e na Espanha. Os soberanos desses países ou foram depostos ou degradados; e foi introduzido um sistema de administração que era francês em sua origem, seu espírito e seus instrumentos. Os povos resistiram à mudança. O movimento contra ela foi popular e espontâneo, porque os mandantes estavam ausentes e incapacitados; e foi nacional., porque dirigido contra instituições estrangeiras. No Tirol, na Espanha e, depois, na Prússia, o povo não recebeu impulso do governo, mas encarregou-se por iniciativa própria de expulsar os exércitos e as ideias da França revolucionária. Os homens tomaram consciência do elemento nacional da revolta por meio de suas conquistas, não na sua eclosão. As três coisas que o Império mais ostensivamente oprimiu — religião, independência nacional e liberdade política — se uniram numa liga de curta duração para incentivar a grande rebelião pela qual Napoleão caiu. Sob a influência dessa memorável aliança, foi evocado um espírito político no Continente que se apegou à liberdade e abominou a revolução e procurou restaurar, desenvolver e reformar as decaídas instituições nacionais. Os homens que proclamaram essas ideias, Stein e Görres, Humboldt, Müller e De Maistre,[2]

---

[2] Existem alguns pensamentos notáveis sobre nacionalidade nos Papéis de Estado do conde de Maistre: "En premier lieu les nations sont quelque chose dans le monde, il n'est pas permis de les compter pour rien, de les affliger dans leurs convenances, dans leurs affections, dans leurs intérêts les plus chers (...). Or le traité du 30 mai anéantit complètement le Savoie; il divise l'indivisible; il partage en trois portions une malheureuse nation de 400,000 hommes, une par le langue, une par la religion, une par la caractère, une par l'habitude invétérée, une enfin par les limites naturelles (...). L'union des nations ne souffre pas de difficultés sur la carte géographique; mais dans la realité, c'est autre chose; il y a des nations *immiscibles* (...). Je lui parlai par occasion de l'esprit italien qui s'agite dans ce moment; il (Count Nesselrode) me répondit: "Oui, Monsieur; mais cet

eram tão hostis ao bonapartismo quanto ao absolutismo dos antigos governos, e insistiram nos direitos nacionais, que tinham sido prejudicados por ambos, e que eles esperavam restaurar com a destruição da supremacia francesa. Com a causa que triunfou em Waterloo, os amigos da Revolução não eram simpáticos porque tinham aprendido a identificar sua doutrina com a causa da França. A Holland House Whigs na Inglaterra, os Afrancesados na Espanha, os Muratistas na Itália e os partidários da Confederação do Reno, combinando patriotismo em suas afeições revolucionárias, lamentaram a queda do poder francês e viram com apreensão as novas e desconhecidas forças que a Guerra de Libertação estimulara e que eram ameaças tanto ao liberalismo francês quanto à supremacia francesa.

Mas as novas aspirações por direitos nacionais e populares foram esmagadas na restauração. Os liberais daqueles dias preocupavam-se com a liberdade, não sob a forma de independência nacional, mas de instituições francesas; e se combinaram contra as nações com as ambições de governos. Eles estavam tão dispostos a sacrificar a nacionalidade ao seu ideal quanto a Santa Aliança aos interesses do absolutismo. Talleyrand, na realidade, declarou em Viena que a questão polonesa deveria ter precedência sobre todas as outras, porque a partição da Polônia fora uma das primeiras e

---

esprit est um grand mal, car il peut gêner les arrangements de l'Italie'" (*Correspondance Diplomatique de J. de Maistre*, ii. 7, 8, 21, 25). No mesmo ano, 1815, Görres escreveu: "In Italien wie allerwärts ist das Volk geweckt; es will etwas grossartiges, es will Ideen haben, die, wenn es sie auch nicht ganz begreift, doch einen freien unendlichen Gesichtskreis seiner Einbildung eröffnen (...). Es ist reiner Naturtrieb, dass ein Volk, also scharf und deutlich in seine natürlichen Gränzen eingeschlossen, aus der Zerstreuung in die Einheit sich zu sammeln sucht" (*Werke*, ii. 20).

grandes causas dos males que a Europa vinha sofrendo; mas os interesses dinásticos prevaleceram. Todos os soberanos presentes em Viena recuperaram seus domínios, menos o rei da Saxônia, que foi punido por sua fidelidade a Napoleão; mas os Estados que não eram representados pelas famílias reinantes – Polônia, Veneza e Gênova – não seriam revividos, e mesmo o papa teve grande dificuldade para recuperar as Legações das garras da Áustria. A nacionalidade, que o antigo *régime* havia ignorado, que tinha sido ultrajada pela revolução e pelo império, recebeu, depois de sua primeira demonstração ostensiva, o mais forte dos golpes no Congresso de Viena. O princípio que a primeira partição gerara, para o qual a revolução dera uma base teórica, que fora açoitado pelo império num esforço convulsivo momentâneo, foi maturado numa doutrina consistente pelo longo erro da restauração, e alimentado e justificado pela situação na Europa.

Os governos da Santa Aliança devotaram-se a suprimir com igual atenção o espírito revolucionário, pelo qual tinham sido ameaçados, e o espírito nacional, pelo qual tinham sido restaurados. A Áustria, que nada devia ao movimento nacional e que evitara seu renascimento depois de 1809, assumiu naturalmente a liderança para reprimi-lo. Cada perturbação nos assentamentos finais de 1815, cada aspiração por mudanças ou reformas, foi condenada como sedição. Esse sistema reprimiu as boas e as más tendências da época; e a resistência que provocou; durante a geração que foi da restauração à queda de Metternich, e, de novo, sob a reação que começou com Schwarzenberg e terminou com as administrações de Bach e Manteuffel, procedeu de várias combinações de formas opostas de liberalismo. Nas fases sucessivas de tal luta, a ideia de que os pleitos nacionais estavam acima de quaisquer outros direitos gradualmente ascendeu à supremacia que agora possui entre os corpos revolucionários.

O primeiro movimento liberal, o de Carbonari no sul da Europa, não teve caráter nacional específico, mas foi apoiado pelos bonapartistas tanto da Espanha como da Itália. Nos anos seguintes, as ideias opostas de 1813 vieram à baila, e um movimento revolucionário, em muitos aspectos hostil aos princípios da revolução, começou em defesa da liberdade, da religião e da nacionalidade. Todas essas causas se uniram na agitação irlandesa e nas revoluções grega, belga e polonesa. Aqueles sentimentos que haviam sido insultados por Napoleão e que tinham se levantado contra ele se insurgiram contras os governos de restauração. Eles tinham sido oprimidos pela espada e, depois, pelos tratados. O princípio nacional acrescentou força, mas não justiça, a esse movimento, que em todos os casos, salvo na Polônia, saiu vitorioso. Seguiu-se um período em que ele degenerou numa ideia puramente nacional, quando a agitação pela revogação sucedeu a emancipação, e surgiram o pan-eslavismo e o pan-helenismo sob os auspícios da Igreja Oriental. Essa foi a terceira fase da resistência ao acordo de Viena, que era fraco porque falhou na satisfação das aspirações nacionais e constitucionais, cada uma das quais seria uma salvaguarda para a outra, por justificativas morais, talvez até populares. No começo, em 1813, os povos se levantaram contra seus conquistadores em defesa de seus lídimos mandantes. Recusaram-se a ser governados por usurpadores. No período entre 1825 e 1831, resolveram que não seriam mal governados por estranhos. A administração francesa em geral foi melhor do que aquela que substituiu, mas havia pleiteantes anteriores à autoridade exercida pelos franceses, e, no início, a contenda nacional foi pela legitimidade. No segundo período, esse elemento não existiu. Não houve príncipes desalojados a liderar gregos, belgas ou poloneses. Os turcos, os holandeses e os russos foram atacados não como usurpadores, mas como opressores — porque governavam mal, não porque fossem de raça diferente. Começou então um período em que o texto simplesmente estabelecia que as nações não seriam governadas por estrangeiros. O poder legitimamente alcançado e exercido com moderação foi declarado inválido. Os direitos nacionais, como a religião, tinham tomado parte nas combinações prévias e tinham funcionado como auxiliares nas lutas pela liberdade, porém agora a nacionalidade se tornara pleito supremo, que deveria se afirmar por si mesma, que deveria apresentar como pretextos os direitos dos mandantes, as liberdades do povo, a segurança da religião, mas que, caso tal vinculação não pudesse ser estabelecida, precisava prevalecer às expensas a qualquer outra causa pela qual as nações fazem sacrifícios.

Metternich é, depois de Napoleão, o principal promotor dessa teoria; pois o caráter antinacional da restauração foi mais distinguível na Áustria, e foi em oposição ao governo austríaco que a nacionalidade desenvolveu-se num sistema. Napoleão, que, amparado em seus exércitos, desprezou as forças morais na política, foi derrubado pelo crescimento delas. A Áustria cometeu o mesmo erro no governo de suas províncias italianas. O reino da Itália tinha unido toda a parte norte da península num único Estado; e os sentimentos nacionais, que os franceses reprimiram em todos os lugares, foram encorajados como segurança para o poder na Itália e na Polônia. Quando a maré da vitória virou, a Áustria invocou contra a França a ajuda do novo sentimento que havia fomentado. Nugent anunciou, na sua proclamação aos italianos, que eles deveriam se tornar uma nação independente. O mesmo espírito serviu a mestres diferentes e contribuiu, primeiro, para a destruição dos antigos Estados, depois, para a expulsão dos franceses e, de novo, sob Carlos Alberto, para uma nova revolução. Houve apelo a ele em nome dos mais contraditórios princípios de governo e serviu a todos os lados em sucessão, já que todos podiam se unir em torno dele. Começando como protesto contra o domínio de raça sobre raça, sua forma mais branda e menos desenvolvida, cresceu para uma condenação de todo o Estado que abrangesse raças diferentes e, finalmente, transformou-se na teoria completa e consistente de que Estado e Nação devem ser coextensivos. "É," diz mr. Mill, "em geral uma condição necessária das instituições livres a coincidência ao máximo dos limites dos governos com os das nacionalidades."[3]

O constatado progresso histórico dessa ideia de aspiração indefinida a uma pedra de toque de um sistema político pode ser retraçado na vida do homem que lhe deu o elemento em que reside sua força – Giuseppe Mazzini. Ele achou o carbonarismo impotente contra as medidas dos governos e resolveu conferir nova vida ao movimento liberal transferindo-o para o campo da nacionalidade. O exílio é o berço da nacionalidade, da mesma forma que a opressão é a escola do liberalismo; e Mazzini concebeu a ideia da Jovem Itália enquanto estava refugiado em Marselha. Igualmente,

---

[3] *Considerations on Representative Government*, p. 298.

os exilados poloneses são os campeões de todos os movimentos nacionais; posto que, para eles, todos os direitos políticos estão absorvidos na ideia de independência, a qual, por mais que aqueles direitos difiram uns dos outros, é a aspiração comum a todos. Por volta do ano de 1830, a literatura também contribuía para a ideia nacional. "Foi o tempo," diz Mazzini, "do grande conflito entre a escola romântica e a clássica, que pode ser convenientemente chamado de conflito entre os defensores da liberdade e da autoridade." A escola romântica foi herege na Itália e católica na Alemanha; mas em ambas ela teve o efeito comum de encorajar a história e a literatura nacionais, e Dante foi uma grande autoridade tanto entre os democratas italianos quanto entre os líderes do reflorescimento medieval em Viena, Munique e Berlim. Todavia, nem a influência dos exilados nem a dos poetas e críticos do novo partido estenderam-se para as massas. Tratava-se de uma seita sem apelo ou encorajamento popular, uma conspiração que não tinha base em reivindicação, mas em doutrina; e quando a tentativa de levante ocorreu em Savoia, em 1834, sob a bandeira que levava o lema "Unidade, Independência, Deus e Humanidade," o povo ficou intrigado com seu propósito e indiferente ao seu fracasso. Contudo, Mazzini continuou sua propaganda, desenvolveu seu *Giovine Italia* em *Giovine Europa* e estabeleceu em 1847 a liga internacional das nações. "O povo," disse ele em seu discurso de abertura, "só é penetrado com apenas uma ideia, a da unidade e nacionalidade (...). Não existem questões internacionais quanto a formas de governo, mas só uma questão nacional."

A revolução de 1848, malsucedida em seu propósito nacional, preparou de duas formas as vitórias subsequentes da nacionalidade.

A primeira delas foi a restauração do poder austríaco na Itália, com uma nova e mais enérgica centralização que não deu esperança de liberdade. Enquanto esse sistema prevaleceu, o direito ficou ao lado das aspirações nacionais, e elas foram revividas de uma maneira mais completa e cultivada por Manin. A política do governo austríaco, que fracassou durante os dez anos de reação em converter o mandato pela força num mandato de direito, e de estabelecer com instituições livres a condição de fidelidade, deu um encorajamento negativo à teoria. Ela privou Franz Joseph de todo suporte ativo e simpatia em 1859, porque ele estava mais claramente errado com sua conduta que seus inimigos com suas doutrinas. Entretanto, a causa real da energia que a teoria nacional adquiriu foi o triunfo do princípio democrático na França e seu reconhecimento pelas Potências Europeias. A teoria da nacionalidade está envolvida na teoria democrática da soberania da vontade geral. "Dificilmente se sabe o que qualquer divisão da raça humana está livre para fazer, se não determinar com qual dos vários corpos coletivos de seres humanos ela opta por se associar."[4] É por esse ato que uma nação se constitui. Para ter vontade coletiva, a unidade é necessária, e a independência se faz mister para asseverá-la. A unidade e a nacionalidade são ainda mais essenciais à noção de soberania do povo do que a derrubada de monarcas ou a revogação de leis. Atos arbitrários dessa espécie podem ser evitados pela felicidade do povo ou pela popularidade do rei, mas uma nação inspirada pela ideia democrática não pode com coerência permitir que parte dela pertença a um Estado estrangeiro, ou que o

---

[4] *Considerations*, de Mill, p. 296.

todo seja dividido em diversos Estados nativos. Por conseguinte, a teoria da nacionalidade procede dos dois princípios que dividem o mundo político – da legitimidade, que ignora seus pleitos e da revolução, que os assume; e, pela mesma razão, é a arma principal desta última contra a primeira.

Ao procurarmos o crescimento externo e visível da teoria nacional, nos preparamos para um exame de seu valor e caráter políticos. O absolutismo, que a criou, nega igualmente que o direito absoluto é um produto da democracia e que a reivindicação da liberdade nacional pertence à teoria da liberdade. Essas duas visões de nacionalidade, correspondentes aos sistemas francês e inglês, só são ligadas pelo nome e, na realidade, são opostos extremos do pensamento político. Num dos casos, a nacionalidade se fundamenta na supremacia perpétua da vontade coletiva, da qual a unidade da nação é a condição necessária, à qual qualquer outra influência deve se dobrar e contra a qual nenhuma obrigação goza de autoridade e toda resistência é tirânica. A nação é aqui uma unidade ideal baseada na raça, a despeito da ação modificadora de causas externas, da tradição e dos direitos existentes. Ela sobrepuja os direitos e desejos de seus habitantes, absorvendo seus interesses divergentes numa unidade fictícia; sacrifica suas diversas inclinações e deveres ao pleito mais elevado da nacionalidade, e esmaga todos os direitos naturais e todas as liberdades estabelecidas com o propósito de justificar-se a si mesma.[5] Sempre que um único obje-

---

[5] "Le sentiment d'indépendance nationale est encore plus général et plus profondément gravé dans le coeur des peuples que l'amour d'une liberté constitutionnelle. Les nations les plus soumises au despotisme éprouvent ce sentiment avec autant de vivacité que les nations libres; les peuples les plus barbares le sentent même encore plus vivement que les nations policées" (*L'Italie ai Dix-neuvième Siècle*, p. 148, Paris, 1821).

tivo definido se torna finalidade suprema do Estado, seja vantagem para uma classe, segurança ou poder para o país, a maior felicidade para a maioria ou o apoio a qualquer ideia especulativa, o Estado se torna por algum tempo inevitavelmente absoluto. Só a liberdade demanda para sua concretização a limitação da autoridade pública, já que essa liberdade é o único objetivo que beneficia a todos por igual e só provoca oposição que seja interesseira. Ao apoiar os pleitos de unidade nacional, os governos podem subverter demandas sem mácula ou políticas benéficas e equitativas, enquanto os indivíduos podem ser compelidos a transferir sua fidelidade para uma autoridade em relação à qual não possuem vínculo algum, como por exemplo uma dominação estrangeira na prática. Ligada a essa teoria apenas pela inimizade comum ao Estado absoluto está a teoria que apresenta a nacionalidade como elemento essencial, mas não supremo, para a determinação das formas do Estado. Essa teoria se distingue da outra porque tende à diversidade e não à uniformidade, à harmonia e não à unidade; pois ela não objetiva uma mudança arbitrária e sim o respeito cuidadoso às condições existentes da vida política, e obedece às leis e aos resultados da história, não às aspirações de um futuro ideal. Enquanto a teoria da igualdade transforma a nação em uma fonte de despotismo e revolução, a teoria da liberdade a encara como bastião do autogoverno e mais notável limitador do poder excessivo do Estado. Os direitos particulares, que são sacrificados à unidade, acabam preservados pela união das nações. Nenhum poder pode resistir tão eficientemente às tendências de centralização, de corrupção e de absolutismo quanto essa comunidade que é a mais ampla que pode ser incluída no Estado, que impõe a seus membros uma similaridade constante de caráter, interesse e opinião e que embarga a ação do soberano pela influência de um patriotismo dividido. A presença de diferentes nações sob a mesma soberania é semelhante em seus efeitos à independência da Igreja no Estado. Ela evita a servidão, que floresce sob a sombra de uma autoridade única, ao balancear interesses, multiplicar associações e dar ao indivíduo a restrição e o apoio de uma opinião combinada. Da mesma forma, promove a independência ao formar grupos definidos de opinião pública e proporcionar grande fonte e centro de sentimentos políticos e de noções de dever não derivados da vontade soberana. A liberdade provoca diversidade, e a diversidade preserva a liberdade suprindo os meios de organização. Todas essas parcelas da lei que governa as relações entre os homens e regula a vida social são resultados variáveis do costume nacional e da criação da sociedade privada. Nesses aspectos, portanto, as diversas nações diferirão umas das outras porque foram elas mesmas que os produziram e não os devem ao Estado que a todas governa. Essa diversidade no mesmo Estado é firme barreira contra a intrusão do governo além da esfera política que é comum a todos, no departamento social que escapa à legislação e é gerido pelas leis espontâneas. Essa espécie de interferência é característica de um governo absoluto que seguramente provoca uma reação e, no final, um remédio. A intolerância com a liberdade social, que é natural no absolutismo, por certo encontra corretivo nas diversidades nacionais, que nenhuma outra força poderia suprir com eficiência. A coexistência de diversas nações sob o mesmo Estado é um teste, como também garantia de sua liberdade. É igualmente um dos principais instrumentos de civilização; e, como tal, está na ordem natural e providencial, além de indicar um estado de maior avanço que a unidade nacional, que é o ideal do liberalismo moderno.

A combinação de diferentes nações num Estado é condição tão necessária de vida civilizada quanto a combinação dos homens em sociedade. As raças inferiores são aprimoradas ao viverem em união política com raças intelectualmente superiores. Nações exauridas e decadentes revivem em contato com vitalidade mais jovem. Nações em que foram perdidos os elementos de organização e a capacidade de governo, quer pela influência desmoralizadora do despotismo, quer pela ação desintegradora da democracia, são restauradas e novamente educadas sob a disciplina de uma raça mais forte e menos corrupta. O processo fertilizador e regenerativo só pode ser alcançado pela vida sob um governo. É no caldeirão do Estado que a fusão tem lugar, pela qual o vigor, o conhecimento e a capacidade de uma parcela da humanidade podem ser comunicados a outra. Onde as fronteiras políticas e nacionais coincidem, a sociedade deixa de progredir e as nações recaem numa condição correspondente à dos homens que renunciam ao relacionamento com seus iguais. A diferença entre as duas fronteiras une a humanidade não só pelos benefícios que confere aos que vivem juntos, mas também por ligar a sociedade por vínculo político ou nacional, conceder a cada pessoa interesse pelo seu vizinho, seja por estarem sob o mesmo governo, seja por serem da mesma raça, e, assim, promover os interesses da humanidade da civilização e da religião.

A cristandade rejubila-se com a mistura de raças, da mesma forma que o paganismo se identifica com suas diferenças, porque a verdade é universal, e os erros, vários e particulares. No mundo antigo, a idolatria e a nacionalidade caminhavam juntas, e o mesmo termo é usado nas Escrituras para ambas. Foi missão da Igreja sobrepujar as diferenças nacionais. O período de sua supremacia incontesse foi aquele em que toda a Europa Ocidental obedecia as mesmas leis, toda a literatura estava contida numa só língua e a unidade política da cristandade era personificada num único potentado, enquanto sua unidade intelectual devia-se a uma só universidade. Da mesma forma que os antigos romanos completaram suas conquistas com o afastamento dos deuses dos povos conquistados, Carlos Magno só venceu a resistência nacional dos saxões com a destruição forçada de seus ritos pagãos. Do período medieval e da ação combinada da raça germânica e da Igreja surgiram um novo sistema de nações e um novo conceito de nacionalidade. A natureza foi sobrepujada tanto na nação quanto no indivíduo. Nos tempos pagãos e incultos, as nações se distinguiam umas das outras pela mais vasta diversidade, não só na religião como nos costumes, línguas e características. Sob a nova lei, elas tiveram muitas coisas em comum; as antigas barreiras que as separavam foram removidas, e o novo princípio do autogoverno, que a cristandade impôs, permitiu que elas vivessem juntas sob a mesma autoridade, sem abrir mão, necessariamente, de seus estimados hábitos, costumes e leis. A nova ideia de liberdade abriu espaço para diferentes raças num só Estado. Uma nação não era mais o que fora no mundo antigo — a descendência de um ancestral comum ou o produto aborígine de determinada região —, resultado de causas meramente físicas e materiais, mas uma entidade moral e política; não a criação de unidade geográfica ou fisiológica, mas o fruto do desenvolvimento no curso da história pela ação do Estado. Ela derivara do Estado e não era superior a ele. O Estado pode, no fluxo do tempo, produzir uma nacionalidade; mas a nacionalidade constituir um Estado contraria a natureza da civilização moderna. A nação deriva seus direitos e seu poder da memória de uma independência anterior.

A Igreja concordou nesse particular com a tendência do progresso político e desencorajou onde pôde o isolamento das nações, acautelando-as quanto aos deveres de umas para com as outras e considerando a conquista e a investidura feudal meios naturais para a elevação das nações bárbaras e atrasadas a níveis superiores. Porém, embora jamais tenha atribuído à independência nacional uma imunidade às consequências acidentais da lei feudal, dos pleitos hereditários ou dos acordos testamentários, ela defende a liberdade nacional contra a uniformidade e a centralização com uma energia inspirada pela comunhão perfeita de interesses. Porque o mesmo inimigo ameaça ambos; e o Estado, que é relutante em tolerar diferenças e em fazer justiça à característica peculiar das várias raças, tem de, pela mesma causa, interferir no governo interno da religião. A conexão da liberdade religiosa com a emancipação da Polônia e da Irlanda não é mero resultado acidental de causas locais; e o fracasso do convênio entre o Estado e a Igreja (Concordat) para unir os súditos na Áustria é consequência natural de uma política que não desejou proteger as províncias em sua autonomia e diversidade e procurou subornar a Igreja com favores, em vez de fortalecê-la com independência. Dessa influência da religião na história moderna resultou uma nova definição de patriotismo.

A diferença entre nacionalidade e Estado se revela na natureza da ligação patriótica. Nosso vínculo com a raça é simplesmente natural ou físico, ao passo que nossos deveres para com a nação política são éticos. Um é a comunidade de afeições e instintos, infinitamente importante e poderosa na vida selvagem, porém mais pertinente ao homem animal que ao civilizado; o outro é uma autoridade que governa mediante leis, que impõe obrigações e que imprime caráter e sanções morais às relações naturais da sociedade. O patriotismo é para a vida política o que a fé é para a religião, e está para os sentimentos domésticos e para as saudades do torrão natal como a fé está para o fanatismo e a superstição. Ele tem um aspecto resultante da vida privada e da natureza, porque é uma extensão das afeições familiares, da mesma forma que a tribo é uma extensão da família. Contudo, em seu caráter político real, o patriotismo consiste no desenvolvimento do instinto de autopreservação em um dever moral que pode contemplar o autossacrifício. A autopreservação é tanto um instinto quanto um dever, natural e involuntário em dado respeito e, ao mesmo tempo, uma obrigação moral. Pelo primeiro, ele produz a família, pela segunda, o Estado. Se a nação pudesse existir sem o Estado, sujeita apenas ao instinto de autopreservação, ela seria incapaz de negar-se, controlar-se ou sacrificar-se; seria um fim e uma regra para si mesma. Todavia, na ordem política, os propósitos morais são realizados e as finalidades públicas perseguidas, aos quais os interesses privados e mesmo a existência têm que ser sacrificados. O grande sinal do verdadeiro patriotismo, o desenvolvimento do egoísmo em sacrifício, é o produto da vida política. Esse senso de dever, que é suprido pela raça, não é de todo separado de sua base egoísta e instintiva; e o amor ao país, como o amor no casamento, coloca-se ao mesmo tempo numa fundação material e moral. O patriota tem que distinguir as duas causas ou objetos de sua devoção.

A ligação dedicada apenas ao país é como a obediência devotada só ao Estado – uma submissão a influências físicas. O homem que dá preferência a seu país antes de qualquer outro dever mostra o mesmo espírito que aquele que oferece todos os direitos ao Estado. Ambos negam que o direito é superior à autoridade.

Existe um país moral e político, nas palavras de Burke, distinto do geográfico, que pode até estar em colisão com este último. Os franceses que pegaram em armas contra a Convenção são tão patriotas quanto os ingleses que fizeram o mesmo contra o rei Carlos, porque reconhecem um dever mais elevado que a obediência ao soberano verdadeiro. "Ao nos dirigirmos à França," disse Burke, "numa tentativa de lidar com ela, ou de considerar um esquema qualquer em relação a ela, é impossível considerar a geográfica, temos sempre que atentar para o país político e moral (...). A verdade é que a França está fora de si mesma – a França moral está separada da geográfica. O dono da casa foi expulso e os ladrões se apossaram dela. Se procurarmos pelas pessoas corporativas da França, que existam como corporativas aos olhos e às intenções da lei pública (por pessoa corporativa quero dizer aquela que é livre para deliberar e decidir e que tem a capacidade de tratar e concluir), elas estão em Flandres e na Alemanha, na Suíça, Espanha, Itália e Inglaterra. Lá estão todos os príncipes de sangue, lá estão todas as ordens do Estado, lá estão todos os parlamentos do país (...) Estou certo de que, se metade das pessoas com essas característica fosse tirada deste país, dificilmente restaria qualquer coisa que pudesse ser chamada de povo da Inglaterra."[6] Rousseau

---

[6] "Remarks on the Policy of the Allies," de Burke (*Works*, v. 26, 29. 30).

faz praticamente a mesma distinção entre o país ao qual pertencemos e aquele que preenche em relação a nós as funções políticas do Estado. No *Emile*, ele usa uma frase de difícil tradução para que entendamos a ideia: "Qui n'a pas une patrie a du moins un pays." E, no seu tratado sobre Economia Política, escreve: "Por que devem os homens amar seu país se para eles não existe nada de diferente dos estrangeiros, e que a eles é conferido apenas o que não pode ser recusado aos outros?" É com o mesmo sentido que diz mais adiante: "La patrie ne peut subsister sans la liberté."[7]

A nacionalidade formada pelo Estado, então, é a única à qual devemos deveres políticos e é, por conseguinte, a única que tem direitos políticos. Etnologicamente, os suíços são franceses, italianos ou alemães; mas nenhuma dessas nacionalidades pode demandar coisa alguma deles, exceto a nacionalidade puramente política da Suíça. O Estado toscano ou o napolitano constituíram uma nacionalidade, mas os cidadãos de Florença e de Nápoles não formam comunidade política uns com os outros. Existem outros Estados que não conseguiram absorver raças distintas numa nacionalidade política nem separar um determinado distrito de uma nação maior. Áustria e México são exemplos de um lado, Parma e Baden, de outro. O progresso da civilização dificilmente lida com a última descrição de Estados. Para manter sua integridade, eles

---

[7] *Oeuvres*, i. 593, 595, ii. 717. Bossuet, numa passagem de grande beleza sobre o amor ao país, não se limita à definição política da expressão: "La societé humaine demande qu'on aime la terre où l'on habite ensemble, on la regarde comme une mère et une nourrice commune (...). Les hommes en effect se sentent liés par quelque chose de fort, lorsqu'ils songent que la même terre qui les a portés et nourris étant vivants, les recevera dans son sein quand ils seront morts" ("Politique tirée de l'Écriture Sainte," *Oeuvres*, x. 317).

têm que se ligar por confederações ou alianças familiares às Potências maiores e perdem assim alguma coisa de suas independências. A tendência é por isolar e confinar seus habitantes, estreitar o horizonte de suas perspectivas e apequenar em alguma medida a proporção de suas ideias. A opinião pública não pode manter sua liberdade e pureza em dimensões tão pequenas, e as correntes que provêm das comunidades maiores varrem o território contratado. Numa população pequena e homogênea dificilmente existe espaço para uma classificação natural da sociedade, ou para grupos internos de interesses que estabeleçam limites para o poder soberano. O governo e os governados lutam com armas emprestadas. Os recursos de um e as aspirações do outro vêm de fontes externas, e a consequência é que o país se torna instrumento e cenário de contendas nas quais não está interessado. Esses Estados, como as minúsculas comunidades da Idade Média, servem a um objetivo, ao constituírem partições e garantias de autogoverno nos Estados maiores; mas são obstáculos para o progresso da sociedade, que depende da mistura de raças sob os mesmos governos.

A presunção e o perigo das reivindicações nacionais sem fundamento na tradição política, mas apenas na raça, aparecem no México. Lá, as raças são divididas pelo sangue, sem serem grupadas em regiões diferentes. Portanto, não é possível nem uni-las nem convertê-las em elementos de um Estado constituído. Elas são fluidas, informes, desconectadas, e não podem ser condensadas ou constituir a base de instituições políticas. Como não podem ser usadas pelo Estado, não podem ser por ele reconhecidas; e suas qualidades, possibilidades, paixões e ligações específicas não são úteis e, em consequência, não recebem consideração. Elas são necessariamente ignoradas e, assim, vivem sempre enraivecidas. Dessa dificuldade de raças com pretensões políticas, mas sem posição para alcançá-las, o mundo oriental escapou pela instituição das castas. Quando só existem duas raças, há o recurso da escravidão; mas quando raças diferentes habitam territórios distintos de um Império composto de diversos Estados menores, é de todas as combinações possíveis o meio mais favorável para o estabelecimento de um sistema de liberdade altamente desenvolvido. Na Áustria, há duas circunstâncias que agravam o problema, mas também aumentam sua importância. As diversas nacionalidades estão em graus bastante diferentes de progresso, e não existe uma nação com predominância suficiente para sobrepujar ou absorver outras. Essas são as condições necessárias para o mais alto grau de organização que o governo é capaz de receber. Elas suprem a maior variedade de recurso intelectual; o incentivo perpétuo ao progresso, que é proporcionado não só pela competição, mas pelo espetáculo de um povo mais avançado; os mais abundantes elementos do autogoverno combinados com a impossibilidade de o Estado governar todos por sua própria vontade; e a mais completa garantia para a preservação dos costumes locais e direitos antigos. Num país como esse, a liberdade atingiria seus resultados mais gloriosos, enquanto a centralização e o absolutismo representariam destruição.

O problema enfrentado pelo governo da Áustria é maior que o resolvido pela Inglaterra por causa da necessidade de reconhecer os pleitos nacionais. O sistema parlamentar não proporciona a solução, já que pressupõe unidade do povo. Daí o fato de, nos países onde diferentes raças convivem no mesmo território, o sistema não satisfazer os desejos delas e ser considerado forma imperfeita de liberdade. Ele faz aflorar com mais clareza que antes as diferenças que não reconhece e, assim, dá continuidade à obra do antigo absolutismo e parece uma nova fase da centralização. Em consequência, nesses países o poder do parlamento imperial tem que ser limitado com tanta atenção quanto o poder da coroa, e muitas de suas funções têm que ser desempenhadas por dietas provinciais e por séries inferiores de autoridades locais.

A grande importância da nacionalidade no Estado reside no fato de que ela é a base da capacidade política. O caráter de uma nação determina em grande medida a forma e a vitalidade do Estado. Certos hábitos e ideias políticas pertencem a determinadas nações e variam de acordo com o curso da história nacional. Um povo recém-saído do barbarismo e um povo esgotado pelos excessos de uma civilização suntuosa não podem possuir os meios para se autogovernar. Um povo devotado à igualdade, ou à monarquia absoluta, é incapaz de produzir uma aristocracia; um povo avesso à instituição da propriedade privada não possui o primeiro elemento da liberdade. Cada um dos exemplos acima só pode ser convertido em membro eficiente de uma comunidade livre pelo contato com uma raça superior, em cujo poder repousarão os futuros prospectos do Estado. Um sistema que ignore essas coisas e não conte para seu apoio com o caráter e a aptidão do povo não pode ter a intenção de administrar suas questões próprias, mas tem que ser, simplesmente, obediente ao comando supremo. A negação da nacionalidade, portanto, implica negação da liberdade política.

A maior inimiga dos direitos de nacionalidade é a teoria moderna dessa mesma nacionalidade. Tal teoria, ao afirmar que Estado e nação devem cobrir a mesma extensão, está reduzindo praticamente a uma condição de sujeição todas as outras nacionalidades que possam existir dentro das fronteiras. Ela não admite uma igualdade entre essas outras nacionalidades e a nação mandante que constitui o Estado, porque então o Estado deixaria de ser nacional, o que seria uma contradição com o princípio de sua existência. Consequentemente, segundo o grau da natureza humana e da civilização do órgão dominante que reivindica todos os direitos da comunidade, as raças inferiores são exterminadas, reduzidas à servidão, proscritas ou colocadas numa situação de dependência.

Se tomarmos o estabelecimento da liberdade para a realização dos deveres morais como finalidade da sociedade civil, temos que concluir que os Estados considerados, substancialmente, os mais perfeitos são os que, a exemplo dos impérios britânico e austríaco, abarcam várias nacionalidades distintas sem as oprimir. Aqueles em que a mistura de raças ocorreu são imperfeitos; e aqueles em que seus efeitos desapareceram são decrépitos. Um Estado que é incompetente para satisfazer raças diferentes se condena a si mesmo; um Estado que labuta para neutralizar essas raças, absorvê-las ou expeli-las destrói sua própria vitalidade; um Estado que não as inclui é destituído da principal base do autogoverno. Portanto, a teoria da nacionalidade é um passo retrógrado na história. Ela é a forma mais avançada de revolução, e tem que reter seu poder até o fim do período revolucionário, do qual ela anuncia a aproximação. Sua grande importância histórica depende de duas causas principais.

A primeira é a quimera. O ajuste que ela objetiva é impossível. Como ela jamais pode ser satisfeita e exaurida, e continua sempre a se asseverar a si mesma, evita que o governo venha a cair na condição que provocou seu surgimento. O perigo é por demais ameaçador, e o poder sobre as mentes dos homens, muito grande para permitir que qualquer sistema aguente aquilo que justifica a resistência à nacionalidade. Ela tem que contribuir, por conseguinte, para a concretização daquilo que, na teoria, condena – a liberdade de diferentes nacionalidades como membros de uma comunidade soberana. Esse é um serviço que nenhuma outra força pode consumar; porque é um corretivo semelhante à monarquia absoluta, à democracia e ao constitucionalismo, tanto quanto à centralização, que é comum a todos os três. Nenhum dos sistemas – monárquico, revolucionário ou parlamentar – pode fazer isso; e todas as ideias que despertaram entusiasmo em tempos passados são impotentes para esse propósito, salvo apenas a nacionalidade.

Em segundo lugar, a teoria nacional assinala o fim da doutrina revolucionária e sua exaustão lógica. Ao proclamar a supremacia dos direitos de nacionalidade, o sistema da igualdade democrática vai além de sua fronteira extrema e cai em contradição com ele mesmo. Entre a fase democrática e a nacional da revolução, o socialismo interveio e já levou as consequências do princípio ao absurdo. Mas essa fase passou. A revolução sobreviveu à sua criatura e produziu outro resultado adicional. A nacionalidade é mais avançada que o socialismo por ser sistema mais arbitrário. A teoria social esforça-se por abastecer a existência do indivíduo sob as terríveis cargas que a sociedade moderna impõe sobre o trabalho. Ela não é meramente o desenvolvimento da noção de igualdade, mas um abrigo contra a miséria verdadeira e a fome. Por falsa que fosse a solução, era razoável a demanda de salvar o pobre da destruição; e se a liberdade do Estado foi sacrificada à segurança do indivíduo, o objetivo mais imediato, pelo menos na teoria, foi alcançado. Mas a nacionalidade não tem por fim a liberdade ou a prosperidade, ambas imoladas em presença da necessidade imperiosa de fazer da nação molde e medida do Estado. Seu curso será marcado com a ruína moral e a material para que uma nova invenção prevaleça sobre a obra de Deus e os interesses da humanidade. Não existe princípio de mudança, nenhuma fase concebível de especulação política mais abarcante, mais subversiva ou mais arbitrária que isso. É uma refutação da democracia porque estabelece limites para o exercício da vontade popular e coloca no seu lugar um princípio mais elevado. Evita não só a divisão como também a extensão do Estado, e proíbe o término da guerra com conquista e a celebração da paz por segurança. Assim, depois de subjugar a vontade individual à coletiva, o sistema revolucionário torna essa vontade coletiva sujeita a condições que são independentes dela e rejeita toda a lei para ser apenas controlado por um acidente.

Contudo, se bem que a teoria da nacionalidade seja mais absurda e mais vergonhosa que a do socialismo, ela tem importante missão no mundo e sinaliza o conflito final e, portanto, o fim de duas forças que são as piores inimigas da liberdade civil – a monarquia absoluta e a revolução.

CAPÍTULO XIX

*Cavour**

Cavour foi o mais completamente prático dos estadistas italianos. Característica única de sua carreira foi o fato de que o sucesso se deveu à sua própria capacidade, não à ideia ou ao partido que representava; não aos seus princípios, mas à sua habilidade. Ele não nasceu para o poder na onda do entusiasmo público, nem pela energia de uma opinião incorporada nele, tampouco pelas ligações pessoais de uma massa de seguidores. Não foi um homem representativo no domínio do pensamento, nem um grande militante no domínio da ação, nem mesmo um líder popular treinado na agitação ou sustentado pelo prestígio de grandes conquistas. Mesmo assim, adquiriu e manteve uma posição que homens de maior genialidade, caráter e eloquência – Balbo, Gioberti, Azeglio – fracassaram repetidamente em alcançar; na qual homens identificados com as principais lembranças e esperanças do patriotismo italiano – Manin, Mamiani, Farini La Farina – se contentaram em ser seus subordinados e seus assistentes; e onde todos os seus rivais sacrificaram ou deixaram pendentes seus próprios princípios, animosidade e aspirações para aumentar seu

---

* Publicado na *Rambler*, n. s. (2ª Ser.) 5 (julho de 1861): 141-165. *Wellesley* II, p. 782; Döllinger I, p. 216. Republicado em *Historical Essays*, de Acton, pp. 174-203.

poder e sua fama. O estadista capaz de mesclar tais materiais e fazer deles instrumentos de sua grandeza; que pôde aguentar, simultaneamente, a animosidade da Áustria e a ambição da França; que pôde restringir de imediato os católicos, a quem injuriou e insultou, e os republicanos, a quem condenou; e que, posicionando-se entre inimigos tão poderosos e aliados tão formidáveis, quase concretizou a unidade da Itália até o rio Mincio e aumentou quatro vezes os domínios de seu reino — tem que permanecer para sempre em posição proeminente, como, de fato, ele se coloca entre as figuras destacadas da história de seu país.

Por descendência, ele tinha ligações com a família de São Francisco de Paula. Sua mãe, que era de família aristocrata de Gênova, foi originalmente protestante, e o calvinismo político fora de moda de Gênova, que moldou o caráter de Guizot, exerceu desde muito cedo profunda influência sobre Cavour. Os eventos ligados com a posição de sua família inspiraram nele uma aversão precoce pelo clero; e enquanto seu irmão, o marquês Gustave de Cavour, transformou-se em ardente defensor da religião, Camillo foi duramente tratado pelo pai, um político da escola antiga, enquanto as autoridades o encaravam com suspeita devido à sua inteligência e petulância. Tal posição era intolerável para um homem com seu temperamento, e ele deixou o país tão logo assumiu o comando de sua vida, levando consigo e dois sentimentos já profundamente arraigados na alma — animosidade contra a hierarquia católica e contra o sistema político, que haviam se combinado na reverência ao povo e no ódio aos liberais. O tempo e a experiência parece que não forjaram mudanças, para o bem ou para o mal, nessas opiniões. Ele se vingou da Igreja sem jamais exibir descrença e consumou uma grande revolução sem jamais aceitar doutrinas revolucionárias. Mas confessou nos dias de grandeza, coerentemente com toda a sua carreira, que o impulso de sua política derivou de motivações pessoais, e não de princípios públicos.

Contudo, indubitavelmente, suas opiniões amadureceram e se harmonizaram durante o período que precedeu sua entrada na vida pública. Ele passou diversos anos na França e na Inglaterra, atento às coisas de interesse material prático e adicionando à têmpera cosmopolita de sua criação estima e simpatia entusiasmadas pelas sociedades dos dois países. Retornou a Turim em 1842, onde o espírito do governo manteve-o afastado das questões públicas, e onde se devotou ao desenvolvimento e à prosperidade de seu país por intermédio da Sociedade Agrícola, que ajudou a estabelecer e a conduzir. Da mesma forma que associações semelhantes de outros países, onde a ausência de liberdade, que obriga o governo a substituir por espionagem a opinião pública e o povo a procurar tal liberdade nas sociedades secretas, confere a toda sociedade reconhecida um caráter político, a Associazione Agraria se transformou, por força de sua organização, num importante instrumento e canal de influência política. Quando o movimento italiano começou, ela se tornou centro de ação política; "e," diz Brofferio em sua autobiografia, "em mais de uma discussão sobre corte de árvores, os germes de uma democracia imperfeitamente entendida se revelaram".

Além dos artigos sobre questões econômicas e agrícolas no jornal da sociedade, Cavour publicou durante aqueles dias diversos ensaios sobre matérias políticas, não brilhantemente escritos, mas notáveis pelos pensamentos expressos e porque foram memoriais autênticos dos pontos de vista que iriam guiá-lo em sua carreira.

No documento sobre teorias comunistas, existe uma descrição de Pitt que se parece muito com a feita por Macaulay, alguns toques da qual poderiam ser aplicados ao próprio Cavour. "Ele não foi um daqueles que procuraram reconstruir a sociedade a partir de suas fundações com a ajuda de teorias gerais e filantrópicas. Um intelecto frio e profundo, livre de preconceitos, só foi incitado pelo amor à glória e ao seu país." E, na conclusão de seu ensaio, há uma passagem que o distingue favoravelmente daqueles economistas modernos cujas abstrações inflexíveis outorgam fácil vitória aos comunistas:

> A cada um, seu próprio trabalho. O filósofo e o economista, no isolamento de seus escritórios, refutarão os erros do comunismo; mas seus esforços não darão frutos a menos que os homens pratiquem o grande princípio da benevolência universal, e ajam levados pelos corações, enquanto a ciência opera levada pelos intelectos.

Não é de pouco mérito o entendimento de que a economia política é tanto uma ciência ética como material, numa era em que os filantropos e os economistas concordam em condenar os esforços uns dos outros, e quando ambos parecem ter esquecido que as mesmas doutrinas sagradas que ensinam o preceito da caridade suprem a base da ciência econômica, ao inculcar, de igual modo, os deveres da benevolência nos ricos e da independência diligente nos pobres; isso porque "os pobres os temos sempre conosco", mas "se algum homem não trabalhar, nem deixemos que se alimente".

Em 1847, as reformas de Pio IX produziram uma reação contra o absolutismo por toda a Itália, que logo foi sentida no Piemonte; e, em setembro, Carlos Alberto começou a seguir as pegadas do papa no caminho da concessão. No fim do ano, Cavour, em conjunto com Balbo e outros, tirou proveito da nova liberdade de imprensa e fundou o jornal *Il Risorgimento*, que dirigiu com grande capacidade. Enquanto outros demandavam reformas, ele foi o primeiro a insistir numa Constituição, e, em janeiro de 1848, fez uma petição ao rei "para transferir a controvérsia da perigosa arena da agitação irregular para um cenário de discussão legal, pacífica e regular". Em 5 de fevereiro, seu amigo Santa Rosa provocou uma votação similar no Conselho Municipal de Turim; e, no dia 6, uma Constituição, com base na Carta Francesa de 1814, foi outorgada pelo rei. De início, Cavour não foi eleito; quando conseguiu um assento na Câmara, seus amigos Balbo e Boncompagni eram ministros, e ele juntou-se à Direita. A guerra contra a Áustria foi promovida pelo Ministério, com a condição de que a Itália devesse sua libertação a si mesma. A França era uma República àquela época, e sua ajuda, foi entendido pelos assessores monárquicos de Carlos Alberto, causaria o triunfo dos republicanos em Milão e em outros lugares, e privaria a monarquia sardenha de todas as vantagens. O embaixador em Paris, marquês Brignole, declarou em palavras o que eventos posteriores tornaram ainda mais notável:

> O caráter essencial do movimento que agita a Itália, que o distingue de tudo que antes aconteceu, é que objetiva ser, sobretudo, italiano. Cada partido se julga chamado a dirigi-lo e a concentrar numa última tentativa todos os esforços dispersos que não dariam frutos separadamente; mas não existe ninguém que queira substituir a Áustria pela França. É necessário que seja bem-compreendido na França que, se o exército da República atravessar os Alpes sem ser convocado pelos eventos, apenas por seus interesses e por seus desejos, a influência da França e das

ideias francesas será perdida na Itália por muito tempo. Ao longo de todo o norte da Itália, assim como em Florença, em Roma e em Nápoles, em todos os lugares, exceto entre os republicanos de Milão, não será desejada a ajuda militar da França até o dia em que uma tremenda derrota provar que a Itália é incapaz de, sozinha, expulsar os austríacos para trás dos Alpes.

Cavour se opunha ao partido republicano, que simpatizava com a França, mas condenou a política da máxima *L'Italia farà da sé*. "As Repúblicas," disse ele, "sempre perseguiram uma política de egoísmo e nunca foram promotoras da civilização." Suas esperanças se voltaram para a Inglaterra. "Minha confiança na Inglaterra repousa parcialmente no caráter honrado dos estadistas em cujas mãos foram entregues as rédeas do poder – em Lord John Russell e em Lord Palmerston. Lord John Russell, digo abertamente, mesmo correndo o risco de ser considerado cada vez mais anglomaníaco, é o mais liberal dos ministros da Europa." Com o prosseguimento da guerra, o partido democrático ganhou poder, e Cavour foi desbancado nas eleições de janeiro de 1849. Em dezembro, recuperou seu assento. Azeglio foi ministro, e Cavour o apoiou, afastando-se cada vez mais de seu antigo líder Balbo. Este grande homem opôs-se às leis propostas por Siccardi sobre a condição civil do clero, que Cavour apoiou num discurso pelo qual granjeou enorme popularidade, e que o colocou em conexão mais aproximada com a Centro-Esquerda, o partido de Ratazzi, do que com seus amigos originais.

Até então, ele ainda não tinha se mostrado nas fileiras dianteiras. O período revolucionário não proporcionava abertura para um homem de seu temperamento. Estava muito distante dos conservadores para se aliar à sua resistência, e dos democratas para se juntar ao seu movimento. Na revolução, os extremos prevalecem, e

Cavour detestava os dois extremos. Mas o novo reinado abriu carreira nova para homens do Centro, depois que Balbo foi colocado de lado pela Revolução, Gioberti, pela reação, e os candidatos à liderança do novo partido foram Azeglio e Cavour. Menos escrupulosos que os conservadores tanto em relação aos direitos políticos quanto aos direitos eclesiásticos, mas decididamente hostis à democracia e à desordem, os dois homens praticamente concordavam nas opiniões, enquanto diferiam amplamente em caráter. A energia, a coragem e a ambição de Cavour colocaram-no inevitavelmente em posição de vantagem em relação ao seu honrado, descuidado e algo indolente rival. Ele se tornou Ministro do Comércio em outubro de 1850 e Ministro das Finanças em abril de 1851. Sua primeira administração foi devotada primordialmente às reformas no sistema fiscal, que para ele sempre tiveram um caráter político. "A regeneração política de uma nação," ele disse, "nunca é separada da regeneração econômica. As condições dos dois tipos de progresso são idênticas."

As reformas comerciais de sir Robert Peel encheram-no de esperança e admiração, e ele escreveu um ensaio sobre as consequências que adviriam para a Itália. A lição que aprendeu foi a mesma que ocorreu desde que posta em prática na Inglaterra pelo mais capaz dos discípulos de Peel — fazer as leis da ciência econômica subservientes às considerações da política. Convenientemente, ele concluiu uma série de tratados comerciais, tanto por razões financeiras como com o propósito de fazer amigos para a Sardenha em outros Estados. Num aspecto, sua posição diferiu consideravelmente da de mr. Gladstone. Os principais oponentes de suas reformas comerciais estavam no partido democrático. No Piemonte, as finanças são instrumento para objetivos democráticos; na Inglaterra, as questões de finanças erigiram a democracia.

O governo recebeu, então, oposição da extrema Esquerda e também da extrema Direita em consequência de sua legislação eclesiástica. Azeglio confiava no apoio da Centro-Direita e buscou conciliar a Esquerda com reformas nas questões da Igreja. A Centro-Esquerda, liderada por Ratazzi, se preocupava menos com reforma interna do que com engrandecimento externo; eles constituíam o partido agressivo no Parlamento. Durante a guerra de 1848, Ratazzi, então em cargo público, demandou a suspensão de todas as garantias de liberdade, dizendo que não haveria maior perigo de abuso do poder na ausência daquelas leis do que com elas. Naquela oportunidade, Cavour declarara que a Esquerda queria governar no Piemonte como o imperador Nicolau governara em Petersburgo. Mas quando atingiu posição de liderança, os princípios desses homens serviram à sua mente ativa e corajosa. Um partido que, pela avidez de poder, estava disposto a fazer o sacrifício da liberdade era o aliado natural de um homem disposto a alcançar o poder por meios heroicos; Cavour ofereceu-lhes a destruição da lei internacional; e eles aceitaram a sedução mais elevada. Até então, sob Azeglio, as reformas religiosas estavam na ordem do dia; sob Cavour, elas se tornaram secundárias e subsidiárias para a questão do engrandecimento nacional. A aliança foi concluída por ocasião do *coup d'état*. O novo despotismo parecia ameaçar seus débeis vizinhos, e uma lei sobre liberdade de ação da imprensa foi proposta pelo Governo em Turim:

> "A Sardenha," disse o Primeiro-Ministro, "ganhou grande renome; agora deve ser nosso objetivo permanecer obscuros (...).

> Estamos passando ao lado de um leão adormecido e devemos pisar suavemente. Se alguém entre nós se recusar a tomar as devidas precauções, temos que compeli-lo a permanecer quieto; se o leão nos ataca, temos que nos defender."

A Direita queria ir além dos Ministros – introduzir no Piemonte o sistema de 2 de dezembro, restringir liberdades, alterar a lei eleitoral e abolir a Guarda Nacional. Tais eventos determinaram a brecha entre Cavour e a reação, e a aliança com Ratazzi – uma aliança similar àquela pela qual, desde a Lei da Reforma, os Whigs obtiveram suas maiorias. Em 5 de fevereiro, sem consultar seus colegas, Cavour, num discurso em defesa da proposta deles, convidou Ratazzi a se combinar com ele, prometendo como prêmio uma política nacional. A excitação foi extrema; mas não se seguiu nenhum racha até que, em 11 de maio, Cavour propôs e levou adiante a eleição de Ratazzi como Presidente da Câmara.

Com essa manobra, ele se tornou o líder do partido mais poderoso no Parlamento, mas perdeu seu lugar no Governo, e Azeglio formou nova administração sem ele. Não houve evento em sua vida pública, disse ele depois, do qual se orgulhasse tanto.

> Enquanto a República perdurasse na França, enquanto o destino daquela nação parecesse incerto e o fantasma da Revolução não fosse derrubado, eu poderia estar seguro de que a reação em casa não faria nada para a destruição de nossa liberdade constitucional. Mas quando o 2 de dezembro removeu o perigo da desordem na França, quando o fantasma vermelho desapareceu, achei que, daquela hora em diante, a Constituição estava mais seriamente ameaçada pelo partido do que o era anteriormente pela facção revolucionária. Por esta razão, considerei a formação de um grande Partido Liberal não apenas correta, mas necessária e essencial; e invoquei para tal propósito o patriotismo

de todos que concordassem com os grandes princípios do progresso e da liberdade e só discordassem uns dos outros sobre questões subordinadas.

Ele já ganhara a boa vontade do Imperador Napoleão por sua conduta nos debates sobre a liberdade de imprensa. Durante sua aposentadoria, visitou Paris e apareceu com Ratazzi nas Tulherias. Aquele foi o início da liga entre os dois amigos que projetaram uma política nacional e o aliado que iria se beneficiar com a empreitada dos dois. O temor de Cavour de uma aliança com a França Republicana não se aplicava à aliança com a França Imperial. A diferença em princípio desaparecera. Entrementes, Azeglio tentou prolongar seu mandato no poder com novas mudanças eclesiásticas e introduzindo uma lei sobre casamento civil; mas a demissão de Cavour o privara do apoio vigoroso dos Radicais, e ele não conseguiu vencer a resistência da Santa Sé e do partido católico. Persistiu, mesmo depois que o enviado da Sardenha em Roma veio a Turim, sem autorização, para pressionar os ministros sobre a necessidade de modificar sua política. Afinal, em 26 de outubro, renunciou. A condição de acesso ao novo ministério era um tom diferente em relação a Roma. Charvaz, arcebispo de Gênova, era nesse momento crítico conselheiro-chefe do rei. Ele queria que Balbo sucedesse Azeglio, mas quando tal esperança se desvaneceu, uma tentativa vã foi feita por Alfieri di Sostegno. Veio então a vez de Cavour. Antes de qualquer coisa, foi tentado um entendimento entre ele e o arcebispo. A iniciativa fracassou, e a dificuldade da crise pareceu insuperável. Mas Cavour era dono da situação e, em 4 de novembro, montou uma administração desimpedida de qualquer condição, à qual veio se juntar Ratazzi doze meses mais tarde. O programa de seu famoso ministério foi o uso do movimento italiano e da amizade com Napoleão III para proveito da Sardenha. A política eclesiástica de Azeglio e Siccardi seria adotada ou suspensa, segundo as exigências que pudessem surgir na perseguição daquele objetivo mais ambicioso. Na realidade, existia uma forte conexão interna entre agressão externa e opressão da Igreja; e, na mente de Cavour, como na de muitos italianos, havia estrita união entre Roma e Áustria. Dos pronunciamentos e dos escritos dos ministros podemos discernir como as duas eram ligadas em sua política.

Um de seus biógrafos e admiradores afirma que as noções de Cavour sobre governo e liberdade eram inglesas, não francesas; mas acrescenta que ele jamais as explicitou em sua política, porque as circunstâncias impediam que ele as executasse além do departamento de finanças — *quantunque le questioni ora di finanze, ora di politica gli abbiamo preoccupato l'animo, ed impedito di attuerlo in altro che nelle sue conseguenze economiche*. Na verdade, sua política foi dirigida para a grandeza do Estado, não para a liberdade do povo; ele buscou a maior quantidade de poder compatível com a manutenção da constituição monárquica, não a maior quantidade de liberdade compatível com a independência nacional. A essa questão de Estado, sua *ragion di stato*, tudo tinha que ser sacrificado, menos as formas de governo.

Tocqueville havia mostrado que a Revolução Francesa, longe de reverter o espírito político do antigo Estado, apenas executara os mesmos princípios com energia mais intensa. O Estado, que antes era absoluto, tornou-se ainda mais absoluto, e os órgãos da vontade popular se tornariam os agentes mais eficientes para o exercício do poder absoluto. Isso foi a obra, não do Reino do Terror e do período de convulsão, que não deram frutos políticos, mas das ideias de 1789, incorporadas naquela Constituição de 1971 que deu continuidade por setenta anos ao modelo de todas as constituições estrangeiras, até que a Áustria voltou aos originais medievais que só a Inglaterra havia preservado. O propósito de todos os governos continentais, emoldurado por tal padrão, não é o de que o povo tenha que conseguir segurança para a liberdade, mas participação no poder. O aumento no número dos que partilham a autoridade torna essa autoridade ainda mais irresistível; e como o poder está associado à riqueza, aqueles que são interessados no aumento do poder não podem se preocupar com a diminuição dos gastos: e, desta forma, o governo parlamentar geralmente resulta em administração aprimorada e recursos aumentados, mas também em adição às pressões e aos gastos do Estado. Tudo isso foi singularmente constatado na administração de Cavour no Piemonte.

Como a maioria dos liberais continentais, e como a maioria dos homens que não são religiosos, ele considerava o Estado dotado de poder indefinido, e os direitos individuais sujeitos à autoridade suprema deste Estado; ao passo que, como os revolucionários na França, aceitava o legado do absolutismo deixado pelo antigo *régime*, e procurava preservar sua força sob formas contrárias. As sociedades são realmente divididas, não em monarquias e repúblicas, mas em democracias e aristocracias; qualquer que seja a forma de governo, existem de fato apenas dois tipos, sociedades atomizadas e organizadas, e o sinal mais comum e mais visível dos dois é a igualdade ou a desigualdade. A base real da desigualdade é o privilégio de uma parte em contraste com os direitos do todo, e a mais simples das formas essenciais é o privilégio não de classe, mas de era — isto é, herança e primogenitura. Nada mais é requerido para uma aristocracia; nada diferente pode criar uma aristocracia. Cavour, apesar de nobre e inimigo da democracia, era decidido defensor de seu princípio fundamental. "A igualdade civil," escreveu no *Il Risorgimento*, "é o grande princípio da sociedade moderna." O estatuto outorgava a nomeação dos senadores ao rei; ele queria fazê-los eletivos. "Frequentemente acusado de cega admiração pela Inglaterra e de secretamente alimentar o projeto culposo de introduzir entre nós a porção aristocrática de suas instituições," ele declarou de viva voz:

> que imitar a Grã-Bretanha a este respeito seria um erro fatal e seguramente introduziria na Constituição os germes da futura revolução. Tentar instituir uma nobreza semelhante à da Inglaterra seria o auge da tolice.

Por outro lado, ele se opunha ao sequestro da propriedade da Igeja; porque tinha aprendido das teorias de Lamennais, talvez das experiências dos países que estudara, que um clero dependente do suporte do povo é emancipado da influência do Estado e diretamente subordinado à autoridade da Santa Sé. Desejou que a liberdade de religião fosse um dos fundamentos da Constituição e, nisso, aproximou-se mais do tipo francês que do inglês, pois entendeu com isso não que uma religião devesse ser favorecida e as outras toleradas, mas que o Estado deveria ser indiferente às diversidades religiosas.

A Constituição, ao alterar a posição e a distribuição da autoridade, tornava necessário que as relações entre Estado e Igreja passassem por uma revisão e obtivessem a garantia do consentimento da nação. A passagem de um Estado do absolutismo ao constitucionalismo envolve uma grande alteração em sua posição para com a Igreja, e a maneira pela qual seus direitos são respeitados é o teste pelo qual podemos determinar se a Constituição é um passo na direção da liberdade, ou uma nova e popular forma de absolutismo. Isso porque a Igreja é afetada não só pela forma de governo, mas por seu princípio. Ela não está interessada em monarquia ou republicanismo, mas na liberdade e segurança contra o absolutismo. Os direitos e deveres que sustenta são sagrados e invioláveis, e não mais podem ficar sujeitos ao voto de uma maioria do que o decreto de um déspota. Em muitos casos, as constituições têm sido sua proteção contra a tirania; mas em muitos casos também as constituições têm forçado sobre ela uma nova tirania. O período imediatamente seguinte à Revolução de 1848 foi rico em conflitos entre a Igreja e os Estados, porque a liberdade que ela tentava obter era entendida de duas formas diferentes. Os católicos viam nela o triunfo da liberdade religiosa e da independência para a Igreja; os liberais, na maioria dos casos, usavam tal liberdade como transferência de poder para suas mãos; entre essas interpretações contrárias do movimento e de suas instituições, conflitos frequentes foram inevitáveis. Na Áustria, na Holanda e em Wirtemberg, a opinião católica prevaleceu. Em Baden e no Piemonte, a Revolução somente adicionou poder ao Estado. A teoria da liberdade insiste na independência da Igreja; a teoria do liberalismo insiste na onipotência do Estado como órgão da vontade popular. Foi convenientemente afirmado por Azeglio que não havia necessidade de tratar com Roma, e que as reformas eclesiásticas, que tinham se tornado necessárias em função das reformas civis, eram da exclusiva competência do poder civil. Ele reverteu a antiga teoria de que só a Igreja decide sobre todas as coisas que tocam as raias do domínio da consciência e da vida religiosa, e declarou que apenas o Estado poderia determinar todas as questões que afetavam a sociedade civil. A pendência que se seguiu não se deveu tanto às reformas em si como aos princípios sobre os quais eram realizadas. A Igreja resistiu não tanto às alterações que foram introduzidas quanto ao princípio da autoridade arbitrária. Porém, entre as leis propostas pelo ministério de Azeglio havia uma que introduzia o casamento civil, e ela estava em discussão quando ocorreu a mudança de governo. Cavour jamais insistiu naquela medida e quando o Senado resolveu modificar a Lei, ele consentiu em retirá-la. O espírito da legislação eclesiástica permaneceu imutável em Turim, mas não foi, de início, forçado à frente pelos novos ministros porque eles tinham uma isca mais popular para apresentar ao partido liberal.

Para os patriotas conservadores de 1848, a guerra contra a Áustria era de libertação, não de princípios. Balbo queria que os austríacos fossem expelidos, não por ódio a eles, mas pelo bem da Itália; e desejava que a Áustria obtivesse no Baixo Danúbio e nos domínios turcos um equivalente às perdas de suas províncias italianas. Com Cavour, a causa patriótica tornou-se antagonista dos princípios políticos. O sistema austríaco era diametralmente oposto às suas ideias, não apenas quando opressor sob Metternich, mas quando as grandes mudanças internas foram iniciadas com o Convênio* que foi colocado em vigor por Schmerling na Constituição do Império. As noções austríacas de liberdade eram tão

---

* N. T.: Concordat, acordo formal entre Igreja e Estado.

odiosas para ele, à sua maneira, quanto o absolutismo austríaco tinha sido; e a força de seu ódio cresceu quando o imperador deu prosseguimento às suas reformas. "Graças ao nosso sistema político," disse ele no Parlamento, em 6 de maio de 1856, "que o rei Victor Emmanuel introduziu e manteve, e que os senhores apoiaram, estamos mais afastados da Áustria que nunca." Em oposição à política de Balbo, ele escreveu em favor da união dos Principados danubianos:

> A Áustria tem há muito tempo o olhar fixado nas margens do Danúbio (...). Pode-se acreditar que dois pequenos Estados, enfraquecidos pela separação, serão capazes de resistir à sua política agressiva e ambiciosa? A influência do Gabinete de Viena produzirá nos Principados, especialmente em Bucareste, efeitos semelhantes àqueles que são exibidos nos Estados secundários da Itália.

As relações entre a Áustria e o Piemonte se tornaram cada vez mais inamistosas e ásperas quando irrompeu a Guerra da Crimeia e as Potências Ocidentais ficaram ávidas pelas armas da Áustria. No curso das negociações, a condição para a aliança com a Áustria foi que seus domínios italianos fossem garantidos enquanto os exércitos austríacos marchassem contra os russos. A Sardenha teria sido assim derrotada por ter ido longe demais; e a proposta de Lord Clarendon para que ela se juntasse às Potências Ocidentais foi extremamente bem-vinda. O acordo com a Áustria foi concluído em 22 de dezembro de 1854, e o com a Sardenha, em 26 de janeiro de 1855. A aliança ocidental, disse Lord Palmerston, tornou-se desta forma uma liga contra a tirania. Como a primeira proposta partiu das Grandes Potências, o Piemonte, que não tinha perspectivas de vantagens imediatas, foi capaz de fazer estipulações tácitas para uma recompensa posterior. As mesmas condições que foram garantidas para a Áustria foram também concedidas à Sardenha, e então uma aliança defensiva foi formada.

Em conexão imediata com a pressão que essa política ambiciosa fez sobre as finanças, veio a secularização das Ordens religiosas. O debate começou em 9 de janeiro de 1855, em meio às negociações com as Potências Ocidentais. "O orçamento," disse Cavour, "não poderia mais proporcionar apoio à religião." Razões financeiras tornaram necessária uma medida extrema, a fim de que os gastos do Estado diminuíssem e seus recursos aumentassem, enquanto um grande número de padres pobres e ativos enriquecia com as propriedades das Ordens inúteis e com a superfluidade do clero mais abastado. A ocasião também era perigosa em virtude da combinação dos democratas com os conservadores contra a Guerra da Crimeia. Brofferio declarou que teria sido preferível que eles tivessem se aliado à Rússia, que era a única Potência da Europa que representava a independência nacional. O ato da espoliação era um instrumento contra a aliança.

> "Se não apresentarmos," disse o ministro, "uma medida demandada pela opinião pública, poderemos perder num momento crítico o apoio tanto dos liberais quanto dos reacionários. O adiamento de tal medida alienaria os primeiros sem conciliar os segundos. Apresentando a lei, garantimos o suporte dos liberais e o país estará unido e poderoso contra qualquer provação."

É óbvio que, sempre que se repetissem conjunturas similares, a mesma política seria perseguida contra todas as propriedades da Igreja. A proposta transformou-se em lei em 25 de maio de 1855;

e em 26 de julho o papa declarou que todos que a haviam proposto, aprovado ou sancionado eram passíveis de excomunhão. O ideal de Cavour era o sistema francês de dependência do clero ao Governo como seu pagador. Ele estava com o rei em sua jornada através da Savoia quando o arcebispo de Chambéry concluiu um discurso com as seguintes palavras:

> Vossa Majestade tem visto na França um exemplo nobre de união íntima entre as autoridades e o clero, e acreditamos que Vossa Majestade concederá este grande benefício ao seu país dando um fim à perseguição à Igreja pelo Governo.

Victor Emmanuel, em sua resposta, tirou proveito da oportunidade apresentada por aquele imprudente discurso:

> O senhor está certo em citar as relações entre a Igreja e o Estado na França como um bom exemplo. Estou tão completamente convencido disso que me disponho a colocar o clero de meu reino em pé de igualdade com o da França.

A união entre a questão eclesiástica e a austríaca foi tornada mais estreita com a conclusão do Concordat austríaco. O clero oprimido do Piemonte encarou a Áustria como aliada da Igreja e, portanto, duplamente inimiga do Piemonte. Por outro lado, o governo acreditou que a Santa Sé, fortalecida pelo triunfo recente, não se disporia a recuar ante o Piemonte e que se comprometeria menos que antes. Por conseguinte, enquanto o abandono do sistema josefino em Viena alargava a brecha com um país que seguia as pegadas de José II, ao mesmo tempo intensificava o antagonismo entre Turim e Roma. Boncompagni foi a Florença com a missão de evitar a conclusão de um Concordat toscano e de reviver as leis leopoldinas. Cavour disse:

> Temos que esperar até que uma melhora no governo romano concilie as mentes do povo com o Soberano desses Estados, confundido pela opinião popular como Chefe da Igreja. Tal opinião é partilhada por eminentes homens da França e de outros países, que antes censuraram, mas agora aprovam, nossa conduta nessas questões. Tal resultado devemos ao Concordat austríaco e, por esta razão, temos que nos rejubilar com o ato.

O descontentamento na Romagna provocou um desvio conveniente na contenda com Roma que foi engenhosamente explorado no Congresso de Paris. O plenipotenciário da Sardenha não tomou parte nas negociações de paz; ele esperava por uma oportunidade para obter a recompensa pela qual o reino participara da guerra. Quando a oportunidade surgiu, ele a usou apenas para debater o estado da Romagna. Era ali que os interesses do papa e dos austríacos se combinavam e onde ele poderia atingir a ambos com o mesmo golpe. Minghetti enviou-lhe de Bolonha os materiais para seu memorando, no qual recomendou coisas gratas aos ouvidos franceses — administração secular, conscrição e Código Napoleônico. Deve ser lembrado que, naquela oportunidade, ganhava terreno na Romagna, e era partilhada pelos informantes de Cavour, a crença de que a região seria em breve anexada aos domínios austríacos. No seu retorno a Turim, ele falou de sua missão em Paris:

> Podemos nos alegrar com o grande resultado. A questão italiana tornou-se para o futuro uma questão europeia. A causa da

Itália não foi defendida por demagogos, revolucionários ou homens de partido, mas foi debatida diante do Congresso pelos plenipotenciários das Grandes Potências.

Mamiani declarou que a Santa Aliança estava no fim e que a nacionalidade italiana fora reconhecida, já que um ministro do Estado italiano fora ouvido no Congresso reivindicando para a Itália.

Enquanto as reformas na Áustria faziam crescer o amargor com que ela era encarada pelos ministros liberais no Piemonte, sua posição em relação à Rússia tornava-se extremamente amistosa. Nenhuma incompatibilidade de ideias políticas era então sentida entre eles. A intensidade do ódio do príncipe Gortschakoff pela Áustria fez com que ele reconhecesse um aliado no Gabinete de Turim; e uma marcante diferença aconteceu em Moscou, depois da paz, na consideração demonstrada para com os da Sardenha, em comparação com a posição anterior, bem como na demonstrada para com seus colegas ingleses e austríacos. Contudo, não foi apenas o ódio à Áustria que recomendou o Piemonte aos olhos da Rússia.

O período que se seguiu ao Congresso de Paris foi marcado por um grande aumento no partido católico de Turim. Eles rejeitaram, em maio de 1856, um projeto de lei que colocava a educação sob o controle do Estado; e, para diminuir sua oposição, Ratazzi renunciou ao cargo. Em 1858, o crime de Orsini obrigou Cavour a apresentar uma proposta de lei sobre a conspiração, semelhante à nossa, para a qual enfrentou oposição da Esquerda, mas que fortaleceu os vínculos de união com Napoleão.

Tal medida evoca uma carta de Mazzini para Cavour, datada de junho de 1858, na qual o remetente exibe seus próprios caráter e sistema tão completamente quanto descreve os de seu antagonista, e que constitui um dos mais expressivos documentos do movimento italiano:

> "De há muito tempo o sei," começa ele, "mais solícito para com a monarquia piemontesa do que com nosso país comum, um venerador materialista do evento mais do que qualquer princípio sagrado ou eterno, um homem de mente mais poderosa que engenhosa (...). Ao partido cuja extraordinária vitalidade é agora admitida até por você, na boca de seus amigos que a todo momento o declaram morto e enterrado, Piemonte deve a liberdade de que desfruta e você deve a oportunidade de se tornar o inútil e enganador defensor da Itália."

Isso era tanto verdade que a noção de unidade italiana pertencia originalmente a Mazzini, não aos liberais da Itália; e que o sucesso do movimento romano, que a seita encorajou e depois desprezou, deu o impulso para as reformas de Charles Albert. O tom de Cavour, ao falar das práticas sanguinárias da seita, provocou uma apaixonada, mas elaborada, justificativa de sua teoria:

> Não gostei antes de você, mas agora o desprezo. Até então, você era apenas um inimigo; agora é, descarada e abjetamente, meu inimigo (...). Acho que, em princípio, toda sentença de morte – não importa se aplicada por um indivíduo ou pela sociedade – é um crime e, se estivesse dentro de minhas possibilidades, consideraria meu dever aboli-la (...). A abolição da pena capital é dever absoluto num país livre (...). Porém, enquanto a guerra para a libertação do país de alguém pode ser uma coisa sagrada, ou a proteção armada do fraco contra o tirano poderoso que sobre ele pisoteia, ou a defesa com todos os meios de um irmão contra o qual a faca assassina é levantada, a inviolabilidade da vida é uma mentira (...). Vejo entre seus aliados, entre os que bradam contra a recém-inventada teoria da espada, homens que, antes de 1848, eram líderes ativos da Carbonaria. Mas a Jovem

Itália baniu a espada e condenou até o que comete o perjúrio, para o horror de seus irmãos (...). Tem que haver ou lei ou guerra, e deixemos que conquiste quem puder. Onde é quebrado todo o vínculo entre a lei e o povo do Estado, a força é sagrada onde se pretende, por qualquer meio disponível, religar uma com o outro. Quando é perdido o contrapeso entre o poder de um e o poder de todos, todo indivíduo tem o direito e a missão de cancelar, se for capaz, a ocasião do defeito mortal e de restaurar tal contrapeso. Diante da soberania coletiva, o cidadão pleiteia reverentemente sua própria causa; diante do tirano, surge o tiranicida — *divanti al tiranno sorge il tirannicida* (...). Não existe entre o tirano e a vítima de sua opressão uma natural e continuada guerra? (...) Despachar o tirano, se de sua morte dependem a emancipação de um povo, o bem-estar de milhões, é um ato de guerra, e se o matador está livre de qualquer outro pensamento e dá sua vida em troca, é um ato de virtude (...). Se a maldição de um povo torturado, milagrosamente concentrada em veneno, pudesse, instantaneamente e sem tempo para resistência, destruir todos aqueles que contaminam com sua estúpida tirania, com as lágrimas das mães, com o sangue de homens honestos, o solo que Deus nos deu, a maldição seria santificada diante de Deus e dos homens.

Esta teoria, de que um tirano é um fora da lei, é uma adaptação engenhosa da velha doutrina do tiranicídio, que foi tomada emprestado da antiguidade pagã e judaica e mantida nas escolas de John of Salisbury até Mariana. A distinção entre as duas teorias é que, enquanto os eclesiásticos condenam o tirano pela lei real e, implicitamente, o sentenciam com um tribunal visível, Mazzini, por intermédio de sua doutrina da soberania popular, não invoca decisão superior à da vontade subjetiva do povo. Infelizmente, atos culposos podem ser facilmente justificados por uma teoria obscura; e os crimes de Clément, Ravaillac, Guy Fawkes, foram tão horríveis quanto os de Milano, Pianori ou Orsini, e não é fácil para a mente comum distinguir entre matar e assassinar, entre o assassinato de Guilherme, o Silencioso, ou o de Wallenstein e o de Henrique IV ou o de Rossi. A doutrina, no mínimo, é perniciosa e perigosa; como Mazzini a define, é inatingível porque fundamentada no princípio democrático. Um fora da lei pode ser morto; e pode ser dito que um soberano que associa a culpa da usurpação com a culpa da tirania é um fora da lei em guerra com a sociedade; mas ele tem que ser julgado pela lei pública, não pelo juízo privado, e o ato tem que ser executado em estrita obediência às leis às quais a sociedade se vincula, não a um código arbitrário. A vingança particular numa comunidade selvagem é o início da guerra civil; numa sociedade civilizada, é a introdução do barbarismo. O crime de Mazzini está não tanto na teoria da adaga quanto no princípio pelo qual tal teoria é aplicada, e ele sacrifica até mesmo a base especulativa de sua opinião ao negar, com Robespierre, que a sociedade tenha qualquer jurisdição sobre a vida e a morte:

> "Victor Emmanuel," declara ele, "é protegido, primeiro pelo estatuto, depois, por sua insignificância — *prima dallo statuto poi dalla nessuna importanza*. Mesmo mutilado e frequentemente traído por você, a liberdade de Piemonte é proteção suficiente para os dias do rei. Onde a liberdade pode encontrar expressão no discurso, onde mesmo, embora com sacrifícios, o exercício do dever de alguém é possível, o regicídio é um crime e uma bobagem."

Ele define a diferença entre si mesmo e o partido de Cavour, dos revolucionários monárquicos, de forma extremamente notável.

> Se a vida é sagrada, o que dizer da guerra? (...) Você não mandou duas mil das vidas de nossos soldados — para serem

perdidas nos campos da Crimeia, em batalhas que não eram nossas, só porque visualizou nesse sacrifício a probabilidade de aumentar na Europa o lustro da coroa da Sardenha? (...) Enquanto eu encarar suas leis formuladas para proteger a vida do homem que está em guerra com seu país e com a liberdade da Europa, e que chegou ao trono graças a milhares de mortes, e não pelo bem do povo sacrificado – enquanto eu vir você calado e inerte diante de cada crime coroado com sucesso, e sem ousar por nove anos dizer uma só vez ao invasor de Roma, "Em nome dos direitos da Itália, tire as mãos de terra que não é sua" –, irei considerá-lo um hipócrita, e nada mais (...). Eles não conspiraram comigo, durante dez anos, em nome de uma fé regeneradora – os homens que em sua Câmara citam Maquiavel para provar que a política não conhece princípios, mas apenas cálculos de conveniência e oportunidade? Não recitaram os jornalistas de seu partido as exaltações diárias a Bonaparte, o tirano no poder, a quem menosprezaram quando era um mero pretendente? Não está você pronto para trair seu país e ceder a Itália Meridional para Murat, para que o Império garanta a você uma compensação em terra que está além da fronteira? Partido de oportunistas, você não tem o direito de invocar princípios – *partito d'opportunisti, voi non avete diritto d'invocare principii*; adoradores de *fait accompli*, você não pode envergar as vestes de padre da moralidade. Sua ciência vive no mundo dos fenômenos, no evento do dia – você não tem ideal. *La vostra scienza vive sul fenomeno, sull'incidente dell'oggi; non avete ideale.* Suas alianças não são com os livros, mas com os fortes; elas resultam não de noções de certo ou errado, mas de noções de utilidade material imediata. Materialistas, com o nome de Deus nos lábios, inimigos no coração, porém aparentemente veneradores das palavras do papa, tentando, na avidez do engrandecimento, quebrar aqueles tratados de 1815 dos quais se vale para privar o povo de seu direito de insurreição – entre mim e você há só a seguinte diferença: eu digo, santa é toda guerra contra o estrangeiro, e reverencio o que tenta, mesmo que sucumba; você diz, santa é toda guerra vitoriosa, e insulta os derrotados. Você cobriu de insultos o corajoso povo de Milão em 6 de fevereiro; você o teria classificado de salvador magnânimo do país se ele tivesse prevalecido. Por certo você não conceberia que um povo sujeitado a estrangeiros, mas capaz de se libertar, talvez não o faça porque as armas deixadas em suas mãos não têm determinado comprimento (...). Se o povo da Itália brandisse suas facas aos gritos de *Viva il re Sardo!* e consumasse conquistas, você o abraçaria como irmão. E se ele realizasse conquistas mesmo sem aquele grito, você o abraçaria no dia seguinte para tirar vantagem do seu sucesso.

E, então, naquele tom de profecia de sua predileção costumeira, mas que raramente foi expresso com tanto sucesso, diz:

> O Piemonte não é um Estado definido, limitado, vivendo de sua própria vitalidade. É a Itália no germe. É a vida da Itália, concentrada temporariamente ao pé dos Alpes (...). A Itália, aconteça o que acontecer, não pode ser só o Piemonte. O centro do organismo nacional não pode ser transferido para a extremidade. O coração da Itália está em Roma, não em Turim. Nenhum monarca piemontês jamais conquistará Nápoles; Nápoles se dará por inteiro à nação, nunca ao príncipe de outra província italiana. O princípio monárquico não pode destruir o papado e anexar aos seus próprios domínios os Estados do Papa.

Em toda essa declamação não é pequena a verdade. É difícil mostrar o erro nas conclusões tiradas por Mazzini de premissas que ele tem em comum com Cavour. Existe uma vasta diferença entre o vulto da miséria infligida pela Revolução Francesa e o do absolutismo da antiga monarquia; mas há uma similaridade intensa de naturezas e características entre os crimes dos revolucionários e os dos legitimistas. A antiga monarquia não se coloca em posição superior à da república em termos de ética política, e é só pelos hábitos e simpatias de uma sociedade acostumada com a monarquia que julgamos com mais brandura a partição da Polônia, a supressão dos jesuítas, as *lettres de cachet* e a polícia real — que fez cumprir, como o mestre na fábula, um tributo perpétuo de filhas da indefesa classe dos franceses – do que o julgamento que fazemos dos horrores do período de vingança. Não podemos nos rejubilar muito com o fato de o mesmo malefício ter que ser cometido por um ministro constitucional em vez de o ser por um republicano, pelo bem da monarquia no lugar da democracia. A monarquia não é essencialmente ligada à ordem, nem a democracia à desordem, tampouco o constitucionalismo à liberdade. Cegos por nossas supersticiosas crenças nas formas, esquecemos que a destruição da fé nos tratados, a obliteração dos marcos do Estado, a espoliação e a opressão da Igreja, a corrupção da religião, a proclamação de guerras injustas, a conquista de posses estrangeiras, a subversão dos direitos dos de fora – todas elas são crimes e calamidades maiores que o estabelecimento de instituições republicanas – e que tudo isso foi feito por um ministro constitucional; e Mazzini, que viu a maior parte de seus propósitos alcançados para ele por aqueles que o denunciavam como criminoso e fanático, acaba sem instrumento algum de agitação a não ser a República. Cavour o deixou impotente, simplesmente tornando-o supérfluo, por não permitir que realizasse coisa alguma ao fazer o trabalho por ele. Triunfou enquanto viveu porque os governos são tão corruptos quanto os demagogos, e porque a revolução foi sua arma em vez de sua inimiga. Mas não salvou a Itália de mal algum, exceto da República, e o maior elogio que os homens podem fazer a Mazzini é que morreu como Mirabeau, quando só ele podia ainda preservar a monarquia. Mazzini destruiu coisas mais preciosas que a monarquia e pisou sobre direitos mais sagrados que as coroas dos reis.

Lord Acton

O crime de Orsini foi ardilosamente imputado aos refugiados italianos que cercavam o Imperador. No seu retorno da ópera, ele viu o prefeito de polícia, Pietri, que desde então tem sido bastante útil para o avanço dos propósitos de seu mestre na Itália. Pietri foi recebido com uma tempestade de furor frenético; e a calma que o Imperador exibiu no momento de perigo e durante o tempo que permaneceu em público deu lugar a uma paixão raivosa que só o terror pode inspirar. Pietri, um velho conspirador, percebeu nesse humor inusitado uma oportunidade para a consecução daqueles esquemas para os quais ele e o príncipe Luís Napoleão antes maquinaram, e pelos quais Orsini acabara de expor a vida. Não haveria segurança para o Imperador, disse, até que ele conseguisse alguma coisa para a Itália. Assim, o espírito de autopreservação e de ambição juntaram-se com os projetos de Cavour, e Napoleão resolveu prometer a ajuda que fora tão avidamente e por tanto tempo demandada. O ministro piemontês foi bem-sucedido em preparar seu país para a guerra, erigindo novas fortificações e persuadindo o mais político de seus amigos de que o perigo de trazer os exércitos franceses para a Itália seria contrabalançado pela resistência da Inglaterra e de outras Potências. Em julho, ele aceitou o convite do Imperador para ir a Plombières e, no seu retorno, deu a seus concidadãos o sinal para a ação. Começou então aquela vasta intriga do partido da união nacional na Itália Central pela qual insurreições populares foram organizadas, irromperam simultaneamente com a guerra, e pelas quais uma parte dos propósitos da França foi adequadamente frustrada. O serviço na Guarda Nacional foi tornado obrigatório para todos os homens com menos de trinta e cinco anos de idade e um severo sistema de disciplina foi introduzido. Por ocasião do casamento da princesa Clotilda, o deputado Sineo fez uma declaração de princípios políticos que eram os de seu líder;

> Ao aceitar essa união, a antiga dinastia de Savoia presta uma nova homenagem aos princípios consagrados na França em 1789 que constituem, até os dias de hoje, a base da lei pública daquela nação (...). Esforcemo-nos para selar novamente o solene e indelével pacto pelo qual Charles Albert uniu sua dinastia com a causa da liberdade e independência das nações.

Mamiani falou quase tão sugestivamente;

> Se há provocação, ela existe dos dois lados; e não só nos fatos, mas na ordem moral. Neste lado do Ticino existe liberdade; além dele, a escravidão. Aqui, tudo é feito para garantir a dignidade de nosso país; lá, para oprimi-lo. Esta é a provocação verdadeira que não pode ser evitada.

Para identificar-se totalmente com o evento, Cavour tomou tudo nas próprias mãos; no início das hostilidades, ele foi Presidente do Conselho, Ministro do Interior, das Relações Exteriores e da Guerra. Sua renúncia depois da Paz de Villafranca aumentou bastante sua popularidade, e ele voltou depois à função com redobrado poder, mas numa ocasião de maior dificuldade ainda. Era agora sua função terminar o trabalho que a França tinha deixado por fazer; terminar sozinho, e desafiando seu aliado, aquilo que Napoleão declarara impossível; concluir a revolução sem permitir o triunfo do partido revolucionário, que tinha sido considerado tão formidável no dia seguinte a Solferino; preparar para o tratado de Zurique o destino que tinha surpreendido os tratados de Viena.

Lord Acton

Um documento circulou entre as Grandes Potências, sem nenhuma assinatura, apelando para seus interesses em relação à independência da Itália da França, para justificar a anexação dos Ducados. Foi a última tentativa de salvar Nice e Savoia, que os princípios da anexação pelo sufrágio popular e da unidade nacional demandavam como uma penalidade pela Revolução Italiana. Por uma retribuição justa, aconteceu que a conduta do ministério no curso das negociações em que esse sacrifício foi feito foi tão ignominiosa e desonrosa quanto aquela pela qual eles conseguiram seus ambiciosos objetivos na Itália. As circunstâncias tornaram insustentável sua posição; eles mesmos a tornaram infame. Em 10 de janeiro de 1860, o novo governador de Savoia recebeu a Municipalidade de Chambéry, com a garantia de que "em Turim, nunca houve a questão de entregar a Savoia à França". Em 18 do mesmo mês, o órgão dos anexionistas, o *Avenir de Nice*, declarou:

> Repetimos com confiança ainda maior que a anexação de Nice à França é certa: a ocasião em que isso vai ocorrer não é uma questão de meses, e sim de dias.

O editor recebeu ordem de deixar o país, mas foi então perdoado. No dia 29, o Governador de Savoia disse:

> A política do Governo é suficientemente conhecida: jamais cogitou na hipótese de entregar Savoia. Quanto ao partido que levantou a questão da separação, nem é preciso dar uma resposta.

Em 3 de fevereiro, sir James Hudson escreve que viu o conde Cavour, o qual expressou sua admiração com a notícia sobre a anexação de Savoia e declarou que não sabia como ela tinha surgido.

Surpreendia-se, disse ele, com a mudança de opinião de muitas pessoas da Savoia que queriam se juntar à França antes da guerra, mas que agora eram contra a anexação. A Sardenha, asseverou, jamais teve a menor intenção de entregar, vender ou trocar a Savoia. No dia 24, o Governo francês escreveu a Turim dizendo que, se a Sardenha incorporasse aos seus domínios parte da Itália Central, a posse de Savoia tornar-se-ia uma necessidade geográfica para a proteção da fronteira francesa. A Sardenha não perdeu tempo em responder:

> 2 de março: Sentimos profundamente ter que solicitar ao Imperador que não considere em demasia uma demanda que se fundamenta no princípio do respeito às vontades do povo. No momento em que veementemente insistimos nos direitos dos habitantes da Itália Central de decidir sobre seu próprio destino, não podemos recusar aos súditos do rei que se situa além dos Alpes o direito de expressarem livremente seu desejo, e não podemos deixar de reconhecer a importância de sua demonstração, expressa numa forma legal e condizente com as diretrizes do Parlamento.

As últimas palavras foram omitidas no *Moniteur* porque a França não desejava que a transação fosse deixada às Câmaras, às quais Cavour via como último recurso para evitar a perda ou compartilhar a culpa.

Tais questões não estavam ainda acertadas quando se abriu uma perspectiva de compensação na Itália Meridional. No início daquele ano, Mazzini oferecera a Victor Emmanuel criar um levante nos domínios napolitanos com a condição de receber assistência indireta. O Governo de Turim não estava preparado para incorrer nas chances de uma nova guerra; era necessário tempo para reorganizar o Estado e consolidar o exército. Mas era do interesse da

França que a entrega do Sul não fosse obra da Sardenha, e que ela não desfrutasse dos frutos de tal entrega. Cavour não poderia resistir às pressões dos republicanos, apoiados pela conivência da França, então decidiu por conduzir-se de tal forma a virar a empreitada em seu próprio benefício. Isso ele conseguiu de uma maneira que foi o triunfo do estadismo inescrupuloso. Garibaldi partiu como o instrumento de um partido que desejava uma Itália Republicana e de um poder que queria uma Itália Federal, e ele fez o trabalho de monarquia e unidade. Quando Palermo caiu, o partido piemontês insistiu na anexação. Garibaldi recusou abrir mão da ditadura, de que necessitava para conquistar o continente. "Garibaldi," disse La Farina, "queria que a anexação ocorresse depois da libertação de toda a Itália, inclusive Roma e Veneza." Ele achou que retendo o poder em suas mãos seria capaz de, no fim, compelir o Governo de Turim a segui-lo contra o papa e a Quadrilateral; e seus aliados mazzinistas o apoiaram, de modo que a libertação fosse conseguida apenas pela revolução, e que a revolução pudesse ser a senhora da Itália. La Farina, agente de Cavour junto a Garibaldi, e chefe do partido nacional organizado por Manin, que objetivava a unidade sem democracia, foi forçado a ceder.

> "Eu aparente e quietamente informei ao General," disse ele, "as razões de meu descontentamento. De início, ele me tratou amavelmente; mas censurou-me por minha amizade com Cavour, por minha aprovação ao tratado de cessação e por minha oposição ao seu projeto sobre a Itália Central."

Garibaldi o enviou a Gênova e declarou que se afastaria se tivesse que anexar a Sicília à Sardenha antes que seu trabalho estivesse feito. "Vim para lutar pela causa da Itália, não apenas pela da Sicília." Se a anexação da Sicília tivesse sido conseguida, Cavour poderia ter adiado o ataque a Nápoles e a rixa iminente com o Poder que detinha Roma. Em Nápoles, Garibaldi ficou totalmente nas mãos dos Republicanos, em franca oposição ao Ministério de Turim, e declarou que estava disposto a ir a Roma e libertar a Itália a despeito deles – *piaccia o non piaccia ai potenti della terra*.

Nessas circunstâncias extremas, com os mazzinistas senhores da situação por causa de sua influência sobre Garibaldi, com a perspectiva de um racha com a França, de um ataque sobre Roma – o que tornaria impossível para sempre a paz com os católicos –, de um grande movimento democrático e de uma guerra intempestiva, Cavour tomou aquela desesperada resolução que, depois da introdução dos franceses na Itália, foi a mais importante de sua carreira. Desafiando os significativos protestos de todas as Grandes Potências e as tradições e formas da lei das nações em tempo de guerra, ele decretou a invasão dos domínios romanos e napolitanos.

> "Se não chegarmos a La Cattolica antes de Garibaldi," escreveu em 11 de setembro, "estamos perdidos; a revolução se espalharia por toda a Itália. Somos compelidos a agir."

No mesmo dia, Cialdini entrou na região de Marches, e Cavour finalmente se viu senhor da Itália, colhendo o que Mazzini e Napoleão haviam semeado. Seu triunfo foi completo quando Garibaldi cessou a oposição nas Câmaras.

Nosso objetivo não foi fazer um relato biográfico da vida de Cavour, mas realçar as palavras e atos mais ilustrativos de seu caráter. Ele conduziu a revolução italiana com consumada habilidade, e seus meios foram, no todo, melhores que seus fins. A grande censura que pode ser feita a ele em termos de política externa é a de ter sido o autor da guerra italiana com a qual procurou libertar a Itália da opressão estrangeira. E, ainda assim, grande parte da Itália foi impiedosamente mal governada, e o desgoverno se deveu à presença dos austríacos. Uma enorme pressão rebaixou a religião e a literatura; a sociedade foi invadida pela corrupção; o autogoverno era quase desconhecido. Até 1848, tudo isso aconteceu por causa dos austríacos. A política tem que responder pela degradação da Itália e pelos perigos passados pela Igreja. Nem a mudança que se processou no Império durante o reinado de Francisco José trouxe qualquer melhora considerável para as condições da Itália. E por isso, só os italianos são responsáveis, porque rejeitaram qualquer avanço e nada temeram tanto quanto as concessões austríacas. A guerra de 1859 não teve a desculpa moral da de 1848. A justificativa de um levante contra o antigo *régime* não se aplica ao novo. Na guerra recente, a Áustria foi atacada, não por causa do desgoverno, mas pelo antagonismo nacional. O primeiro pleito foi vigorosamente repudiado pelos patriotas italianos, e o substituto foi absolutamente revolucionário e criminoso. Seguiu-se a queda dos outros tronos, pela lei da gravidade, quando a supremacia austríaca foi removida; e a razão invocada contra o governo do Papa e do Rei de Nápoles, se certa ou erradamente aplicada, foi sólida no princípio; enquanto a Toscana e a Lombardia foram tiradas dos austríacos por motivos falsos em todos os casos. A acusação verdadeira contra a Áustria foi que ela não permitiu reformas nos Estados que influenciava; o mau governo desses Estados foi a principal arma pela qual ela foi expelida. Se acontecesse apenas a expulsão da Áustria, e os outros soberanos permanecessem, teria sido uma inversão tanto das ideias como das coisas. Os eventos dos dois últimos anos são secundários para a guerra italiana e não possuem a importância de princípio, tampouco a mesma proporção de culpa, que deram a tais eventos sua falsa preeminência na história moderna.

Mas a política de Cavour foi revolucionária em casa e no exterior; e foi sua noção de governo e da posição do Estado, mais do que sua ambiciosa política, que o levou à rota de colisão com a Igreja; Ele não era, intencionalmente, um perseguidor ou, conscientemente, um inimigo da religião. Nada em toda a sua vida poderia justificar a suspeita sobre a sinceridade de seu lado cristão, ou nos levar a imaginar que ele se retrataria. Os escritos de Gioberti mostram quão amargamente o ódio a um clérigo, nos países católicos, coexiste com a fé ardorosa. Tais sentimentos, nos anos que precederam a Reforma, eram comuns entre os homens que rechaçavam com horror a heresia de Lutero. Na mente de um estadista ambicioso e perspicaz, inspirado apenas pelas ideias e conhecimentos de seu próprio tempo e consciente das aspirações e sentimentos desse tempo; que descobre que em todas as grandes questões de interesse secular, sobre as quais sabe que entende, ele recebe oposição de quase todo o clero e é apoiado pelos homens mais capazes de fora da Igreja; que foi acostumado desde a juventude a correlacionar o clero com um sistema de governo que excita sua justa e honesta indignação – não é necessariamente um incrédulo aquele que não pode distinguir entre o partido e a causa, e fracassa na descoberta da verdadeira solução do grande problema no qual homens melhores se perderam. Ele achou que poderia conciliar religião e sociedade moderna sem causar dano a nenhuma das duas, mas estava enganado; mas não mais dolosa e fatalmente enganado que a maioria daqueles pelos quais foi denunciado. Sua ignorância sobre religião foi uma grande calamidade, porém não maior que sua ignorância sobre a natureza verdadeira da liberdade. A Igreja tem mais a temer dos erros políticos do que do ódio religioso. Num Estado realmente livre, a paixão é impotente contra ela. Num Estado sem liberdade, ela corre tanto perigo dos amigos quanto dos inimigos. A anexação de toda a Itália sob a Coroa da Sardenha não teria sido, talvez, tanto um malefício quanto uma bênção para a religião se o sistema político da Sardenha fosse sólido. A incompatibilidade das leis e governo piemonteses com a liberdade da Igreja é o perigo real para a perda do poder temporal. Se Cavour tivesse sido o que acreditava ser, um estadista liberal, a questão romana teria perdido muito de sua complicação. Um Estado no qual os direitos são sagrados, no qual a independência das duas ordens é um princípio fundamental e essencial, no qual a propriedade é garantida e no qual o governo não usurpa funções sociais; no qual, em suma, o Episcopado está livre para o desempenho de seus deveres e para o desfrute de seus direitos, da intromissão de um soberano hostil ou condescendente, e das mudanças e caprichos da vontade popular; e no qual a esfera da religião está afastada da interferência dos poderes executivo e legislativo; nesse Estado, se é que existe, seria possível para a Santa Sé gozar de perfeitas imunidade e independência até mesmo da suspeita de influência, apoiada por um sistema de domínios e garantida pela fé pública da Europa.

Mas o Piemonte estava mais afastado que muitos países do caráter da liberdade. O espírito de suas instituições era profundamente hostil à Igreja, e elas causaram maior dano com suas leis do que com suas políticas, das quais Cavour não foi o autor; Azeglio e outros são tão responsáveis quanto ele. É a política comum dos liberais estrangeiros, fundamentados nas ideias de 1789, que estão em oposição irreconciliável com a liberdade e com a religião. Infelizmente, aqueles entre o clero italiano que, considerando os interesses religiosos, desejam ardentemente uma mudança ampla quase não se dão conta da natureza verdadeira daquele governo constitucional que promete muito, mas que, comumente, cumpre de maneira imperfeita sua promessa; e há tanto a deplorar na parcialidade de um partido de católicos pela política interna de Cavour quanto na injustiça de outros em relação aos seus sentimentos de religião.

Cavour viu o clero em aliança com um governo tirânico e temeu sua influência sobre o Estado. Considerou que a supremacia austríaca e o poder temporal tinham que se posicionar e cair juntos, e os uniu no mesmo ataque. Ele era um estranho para aquela vigorosa animosidade que inflama tantos de seus concidadãos, especialmente aquele partido ao qual se opunha resolutamente. Mas fez a maior parte de seu trabalho para eles, impelido por motivos muito diferentes e objetivando propósitos bastante distintos. Em certa oportunidade, se mostrou disposto a sacrificar direitos eclesiásticos e outros, se fossem obstáculos à consecução de suas metas. Já era ministro por alguns anos quando Gallenga escreveu sobre sua administração:

> Uma vez que o poder legislativo foi retirado das mãos da Coroa, o jogo, o roubo, o furto e outros crimes aumentaram consideravelmente. O governo joga e brinca com a moralidade pública. Enquanto bandos completos de ladrões roubam com impunidade, o ministério diz que a polícia ainda não está organizada.

LORD ACTON

> Um ministro propõe friamente sacrificar os monges gordos e poupar os magros por algum tempo, e faz de cada princípio sagrado uma mera questão de finanças (...). Nossa Constituição foi ditada pela pressa e pela incerteza, para não dizer pela confusão, desesperança e desordem. Nunca antes houve uma tirania verdadeira na terra.

Seu entusiasmado biógrafo, escrevendo no último ano de sua vida, diz:

> Por certo, a administração interna não prossegue com ordem e rapidez em nenhuma das províncias italianas. Seguramente, em todas as partes dela há muitos erros, antigos e novos, a corrigir (...). Sem dúvida, o declínio das finanças é assustador e torna necessário solicitar ao povo que faça sacrifícios pela liberdade, antes que ele sinta e descubra de seus benefícios que ela é uma deusa.

As ideias políticas que levaram a tantos malefícios são comuns à maioria dos liberais como Cavour. Porém, enquanto poucos possuíam sua habilidade e sua coragem, ele estava mais livre que muitos da paixão e da inimizade contra aqueles que tirou do seu caminho; e, ao mesmo tempo em que se mostrava resoluto na perseguição de certas finalidades práticas às quais se devotava com entusiasmo, não gostava de extremos e jamais se deixava levar pelo desejo de concretizar uma teoria e completar um sistema consistente. Em tudo isso, ele foi muito superior aos homens que têm que dar continuidade ao seu trabalho, por isso sua falta é muito lamentada por todos os lados. Enquanto os revolucionários têm a temer que a causa da unidade nacional caia em mãos menos poderosas, os católicos podem recear que muitas paixões violentas, que ele restringia, sejam desencadeadas e que princípios sejam conduzidos aos seus piores resultados, coisa que não tinha o menor poder sobre a mente prática de Cavour.

CAPÍTULO XX

"Burocracia", de Richard Simpson*

Pode parecer estranho para alguns de nossos leitores que, enquanto professamos grande hostilidade à burocracia, ou à interferência de um governo centralizado nas questões de família e na vida individual, peguemos ao mesmo tempo o cajado em favor de uma sindicância governamental em nossa educação que, provavelmente, resultará numa tal interferência.

E aqui, com toda a certeza, se achássemos que podíamos passar sem governo algum, definitivamente preferiríamos que assim fosse, mas todas as nossas mentes mais sensíveis chegaram à conclusão de que isso é impossível, tanto por conta da pobreza e da fraqueza quanto pelo poder e intenção do governo. O problema, portanto, é chegar ao melhor acerto possível; e nossa defesa da cooperação com a Comissão se baseia inteiramente nessa conclusão.

Isso porque achamos que qualquer sistema generalizado de educação tem tendência perigosa, que se inclina para a burocracia que tanto tememos e encoraja princípios burocráticos tanto nos professores como nos instruídos. A burocracia é inerente às capacitações, não reside nas classes. Não poderia haver uma burocracia de meros fazendeiros, ou

---

* Publicado na *Rambler*, n. s. (2ª Ser.) II (fevereiro de 1859):113-125. *Wellesley* II, p. 776; Acton-Simpson I, pp. 101, 125, 128, 150.

de proprietários de terra, ou de mercadores; não basta a similaridade de empregos; nem são suficientes a organização, a dependência mútua e a inteligência mútua. Um governo militar não é uma burocracia. Os homens de uma burocracia têm que ter suficiente cultura literária e científica para permitir que se estabeleçam como críticos e guias da vida e, portanto, fiquem capacitados a dirigir a vida da nação. Nada na burocracia é produzido artificialmente, nada é imposto de fora; é um crescimento natural, produzido pela criação e organização de uma massa de *employés* educados. É a expressão de sua vida social.

Em todos os governos pode haver tirania odiosa, monopólios, extorsões e abusos abomináveis de quase todas as espécies; mas a ideia de uma burocracia não é concretizada até que adicionemos o elemento pedante de uma pretensão de dirigir nossa vida, de saber o que é melhor para nós, de mensurar nosso trabalho, de superintender nossos estudos, de prescrever nossas opiniões, de ficar em condições de responder por nós, de nos pôr na cama, de ajeitar nossas cobertas, de colocar nossa touca de dormir, de nos dar de comer. Tal elemento não parece possível sem uma persuasão da parte do poder governante de que ele está de posse do segredo de nossa vida, de que ele tem um conhecimento autêntico de toda a abarcante ciência política que deveria dirigir a conduta de todos os homens, ou pelo menos de todos os cidadãos. Por conseguinte, qualquer governo que declaradamente coloca diante dos próprios olhos o *summum bonum* da humanidade, o define e dirige todos os seus esforços para essa finalidade, tende a se transformar numa burocracia.

O mundo já assistiu a muitas concretizações – e a muito mais tentativas – de todos os tipos de burocracia: a dos advogados, dos eclesiásticos, dos fisiologistas, dos economistas políticos, dos professores, dos filósofos dos administradores paternais – todos eles exibindo seu *nostrum* particular, sua *panacea*, para a humanidade adoecida, remédio que, segundo eles, a humanidade estava compelida a sorver, quisesse ou não.

A burocracia dos advogados é o padrão universal de todas. A lei, segundo os gregos, os romanos e as clássicas definições revividas, estende-se a cada ação do homem: os direitos legais dos legisladores vinculam-se a cada ato possível; o que o sujeito faz pode ser questionado; eles podem abusar do poder, mas jamais excedê-lo. A autoridade do governo é ilimitada, visto que não existem fronteiras prescritas para ela. "O que a lei não domina, ela proíbe," diz Aristóteles, e "as leis cobrem todos os assuntos possíveis".[1] E, de novo, "A lei deve governar todas as coisas."[2] A tão longe se estendeu esse princípio que se achou que uma sociedade em que a lei não se desenvolveu assim não merece o nome de estado, de comunidade organizada. A Inglaterra teria sido bárbara, apolítica, não científica enquanto considerou todas as coisas legítimas e a liberdade dos indivíduos sem peias, até que uma lei fosse produzida para proibi-las. Na Grécia e em Roma, a lei veio primeiro, e o homem teve que provar seu direito. Na Inglaterra, o homem vem em primeiro lugar, e o ônus da prova da ilegalidade de suas ações cabe à lei; não existe *droit administratif*, nenhum poder é outorgado ao governo como tal, salvo o que a lei concede; não há personificação do Estado, nenhum sacrifício do constituinte ao todo ideal. A Inglaterra não tem as XII Tabelas* para declarar a *salus populi*

---
[1] *Ética*, v. 1 1 e 2.
[2] *Política*, iv. 6.
* N. T.: *Duodecim Tabulae*, Lei das Doze Tabelas, mais antiga fundação da Lei Romana, peça central da Constituição da República Romana.

suprema lex, mas se aferra aos princípios medievais e cristãos, *jus cujusque suprema lex*; a lei suprema é encontrada nos direitos dos indivíduos, não na suposta conveniência do Estado.

Porém a lei civil toma o homem todo sob sua tutela e se coloca a si mesma como providência mundana. E os advogados, imbuídos desse espírito, são as próprias encarnações da burocracia. Jamais isso foi exibido com tanta clareza na Convenção dos Rábulas Franceses, em que Robespierre declarou: "Teremos uma ordem das coisas em que todas as paixões básicas e desumanas são agrilhoadas e as paixões generosas e benéficas são estimuladas *pelas leis*"; e em que St. Just pretendeu mudar, com uma violenta dose de legislação, a moral e os costumes de uma nação, e reformar o coração humano.

Agradavelmente livre dessa inoportuna praga de advogados, a Inglaterra sofreu muito com a burocracia dos eclesiásticos: como na espionagem religiosa estabelecida pela leis penais; na pretensão puritana de identificar Igreja com Estado, de deduzir suas regras Igreja-Estado apenas das Escrituras, de abolir a lei canônica, civil, dos tribunais e comum, e as cortes de justiça, em favor da disciplina dos mais velhos e das cortes escriturais de consciência — uma pretensão levada a efeito pelas investigações inquisitoriais, e pela ameaçadora atenção por parte dos eclesiásticos de peso às mais triviais *minutiae* dos ornamentos femininos e dos divertimentos masculinos; e no califado de Carlos I, com seus vizires Laud, Juxon e Spotswood, e suas cortes de altos comissários e de sessões secretas (Star-Chamber), e as centenas de atos do governo, motivados apenas pelo desejo de colocar cada homem, passivamente, em seu devido lugar e de manter em cada um deles o sentimento de que todos estavam sob a responsabilidade de pessoas paternais que podiam julgar melhor sobre o que os indivíduos deveriam comer, beber e evitar.

Mas essa é a burocracia fisiológica, como a que Bacon sonhou em seu *New Atlantis*. Basta dizer que a grande característica da burocracia autêntica é a convicção íntima de seus condutores de que as disposições por eles criadas cobrem toda a área da vida e do pensamento humano, ou, pelo menos, as partes mais importantes deles; e que, portanto, todas as outras disposições são supérfluas, que, se contrárias às suas ideias, perniciosas e, como tais, têm que ser descartadas o mais breve possível, a fim de que deixem um campo claro para a ação regeneradora de sua influência benéfica. Daí o caráter intolerante, monopolizador e intrometido de toda burocracia verdadeira, e sua distinção da tirania militar vulgar e simples, ou do mando do policial. Esses só se preocupam com o aspecto externo das coisas, com atos ostensivos; a burocracia, quando totalmente desenvolvida, busca os corações e mentes por intermédio de sua polícia secreta. Tome-se, porém, o soldado ou o policial e os eduquemos para tomar conta da nossa moral, para relatar sobre nossas opiniões, para interferir em nossas questões familiares, e cedo os teremos ensinado a ser burocratas autênticos. Não existe burocracia nos expedientes curtos e grossos dos destacamentos de recrutamento, ou no do sargento do alistamento que adula o rapaz operador de arado para que receba os *shillings* da rainha. No entanto, quanto toda a população é cadastrada, seus empregos e posses registrados, suas capacitações físicas anotadas e todos ficam sujeitos à máquina da conscrição em intervalos regulares, então começamos a perceber a presença de um órgão da burocracia, misturando-se com a família e dirigindo a vida nacional.

Mas esse órgão não se torna muito intolerável até que se desenvolva mais e comece a se meter com a locomoção, a comunicação, a associação, a opinião e a fé. Então se transforma numa espécie de tutela ou pedantismo, aplicável tanto a meninos quanto a homens e mulheres crescidos. Todo o seu tipo é pedagógico; seu símbolo é o professor, não o mestre dos velhos tempos, quando a vara de marmelo tornou-se refúgio de mordomos decaídos, de falidos desanimados, de eternos fracassados, que não conseguiam sucesso em todas as outras ocupações, e de ociosos preguiçosos que não tinham crédito para levantar o capital necessário a empreendimentos mais ambiciosos — num conjunto de tais materiais, não havia nem organização, nem ambição, tampouco inquietação e, por conseguinte, nenhum germe burocrático.

Mas esse tipo de mestre de escola está desaparecendo rapidamente sob influência do governo; considerada tanto interna como externamente, a vida do "preceptor" é agora coisa diferente do que era. Tomada em si, a vocação do professor tem três elementos: a grandeza da confiança — formar um intelecto que floresce e dirigir hábitos iniciais; o cansaço da operação, em suas enjoativas repetições, nas contradições, amolações e desapontamentos com estudantes impudentes, e na impropriedade do material de trabalho — a mente infantil, não em suas manifestações amáveis, mas numa rotina tão desagradável para ela quanto para o professor — alfabetos, rudimentos, ideias e palavras simples, aritmética elementar e outras coisas muito desinteressantes tanto para as cabeças mais comuns quanto para as mais extraordinárias. Então, no que tange à sua posição externa, a trivialidade dos requisitos necessários mantém o mercado do magistério muito bem, se não abundantemente, suprido e, em consequência, avilta o valor de mercado mesmo para a melhor classe de professores. Todas essas coisas tendem a manter em nível baixo a capacitação média dos professores primários; ou a confinar a profissão a uma classe de homens que, mesmo que não adequada à tarefa, não estaria, de qualquer forma, preparada para nenhuma outra. Existe uma contradição nos elementos necessários do caráter; a grandeza religiosa da confiança requer uma alma elevada ou religiosa para a apreciá-la: por outro lado, essa mente aberta é muito apta a ficar desgostosa tanto com a maçante aridez do trabalho quanto com os detalhes insignificantes do alfabeto, dos ditados e das somas; e uma mente que poderia ficar facilmente absorvida com tais matérias dificilmente teria uma visão inteligente sobre a grandeza de sua vocação. Portanto, o bom mestre-escola era, normalmente, uma pessoa obtusa de princípio elevado que trabalhava duro por julgar seu dever e que era capaz de se apegar à ocupação por não ter a capacidade de perceber o tédio da rotina eterna que estava fadado a desempenhar; enquanto o mau professor era em geral a pessoa deprimida acima descrita, que entrou na profissão sem consciência, sem pensar na grandeza do ideal da convocação, levada pela necessidade de conseguir teto e alimentação, e atraída pelo fácil caráter elementar dos pequenos recursos para dar início à profissão.

Mas os dias desse tranquilo e pouco excitante sistema estavam contados quando o governo começou a patrocinar escolas e a pagar os professores segundo os resultados de um exame competitivo. Tal exame prova apenas a esperteza ou o poder dos mestres, não sua paciência ou vontade de economizar tais poderes. No entanto, para um professor primário modelo, a paciência, e não a esperteza, é o requisito primeiro. O professor primário perde os alunos assim que eles captam os rudimentos, e tem que recomeçar com nova turma. Suas chances de conseguir uma oportunidade legítima para exibir suas excelsas virtudes são de fato pequenas; em pouco tempo, ele cansa, fica extremamente entediado e perde a paciência; então, começa a testar novas teorias e a tentar esquemas novos, a menos que compense sua enfadonha maçada intelectual com apaixonada indulgência; porém, pelo menos, ele rejeita a ideia de abrir mão da vida em função dessa insossa disciplina; e começa a ansiar pela emancipação, ou em se promover, senão na profissão, ao menos com a ajuda dela; entra em conluio com outros da classe, com os quais agita teorias e esquemas; torna-se mais e mais alienado do dever cansativo e repetitivo de instruir uma sucessão rápida de crianças sobre os mesmos rudimentos; começa a sentir desgosto por essa quase convocação divina, que constitui a vida ascética de muitas pessoas devotamente religiosas, e se liga cada vez mais ao governo que enfraqueceu sua ambição intelectual por meio de seus exames competitivos, e que detém a bolsa com os recursos financeiros da qual especificamente depende: então começa a se encarar a si próprio como um membro da classe de funcionários — como um *employé* do governo, e passa a desprezar toda a autoridade, salvo aquela que detém os prêmios para suas ambições. Eis então formada uma organização, ampla, influente, pedante; ferramenta pronta para a intervenção do governo, caso surja algum Ledru-Rollin que a deseje utilizar.

Todos os jovens formados no princípio competitivo constituem outro elemento de perigo na mesma direção. O mestre, naturalmente, fica ávido por apresentar ao inspetor uma escola respeitável; ele fez o que pôde para aprimorar seus alunos e para despertar neles um tipo de entusiasmo literário; e os jovens adquiriram um conhecimento superficial que os torna descontentes em relação ao trabalho não intelectual, e a eles confere esperanças de uma tarefa mais letrada. O filho do pedreiro, que estudou latim e o emprego dos globos, despreza o trabalho manual do pai e decide não ser um artesão: busca um lugar — escriturário, empregado de loja, funcionário ferroviário, policial, carteiro — algo "literário" ou alguma coisa no governo, onde sua caligrafia e seu aprendizado dos livros sejam levados em conta. Portanto, a influência do sistema competitivo em si substitui o respeito e os sentimentos amáveis que fazem do mestre uma espécie de pai dos jovens pela ambição, e leva os alunos a valorizar suas conquistas, não por qualquer excelência substancial intrínseca, mas pelo poder que lhe conferem para triunfar sobre outros e para elevá-los acima no nível original. Ademais, as matérias especiais nas quais a competição tem lugar são assuntos que não possuem valor de mercado inerente, que não resultam em alimentos ou vestuário, mas simplesmente preparam a ajuda da mente para a vida futura de negócios. Mas tais preparações mentais vêm sendo até aqui tratadas nas escolas como negócios substanciais da vida, e existe uma vida na qual elas são realmente tais negócios substanciais, a saber, a vida do *bureau*. A educação competitiva, por conseguinte, está gradualmente formando uma classe de jovens cujo interesse seria a remodelação da sociedade com base na burocracia e a multiplicação de escritórios, de forma que ganhem seu sustento com o que aprenderam na escola.

Agora, num país como o nosso, onde o poder na Constituição é o elemento democrático, a difusão do conhecimento entre as pessoas deve trazer mais e mais dessas pessoas para a quantidade nas quais o exercício do poder político é investido, e a mera multiplicação dos eleitorados de um estado é um passo para a burocracia; ela quase que necessita dos dois: da multiplicação dos *employés* e do aumento de seu poder para espreitar a vida de todos os cidadãos. Por exemplo, quando a Revolução Francesa concedeu o direito ao sufrágio universal, foi preciso, é claro, tomar cuidado para que a mesma pessoa não votasse, fraudulentamente, diversas vezes na mesma urna ou em urnas diferentes. Portanto, cada eleitor – cada adulto homem – teve que receber uma espécie de passaporte e tíquete de identificação, no qual a polícia tinha que certificar todas as mudanças de domicílio ou, pelo menos, todos os deslocamentos. O homem era descrito no documento, que ficava em sua posse, e se obrigava a mostrá-lo sempre que solicitado, a qualquer hora e lugar. Eis aqui o sistema abominável do passaporte decorrente do resultado lógico do sufrágio universal e do voto; e a burocracia provou ser um servente tão natural da multiplicação e intensificação do elemento democrático da sociedade quanto na autocracia. E quando essa numerosa classe de *employés* consiste em jovens homens ensinados em escolas competitivas, ela tem que ser do tipo que tais escolas estão preparadas para formar. Um conhecimento entulhado, uma passagem superficial por todas as ciências não é suprimento do qual se deva depender: seu resultado é uma ignorância pretensiosa, uma aguçadura dos poderes lógicos comuns da mente, adaptando-a para o mais comum de todos os processos lógicos, o desenvolvimento de princípios até suas consequências mais distantes, mas deixando-a bastante desguarnecida para o verdadeiro propósito da razão – pesar probabilidades, permitir a interferência de princípios contrários e apreciar todos os fatos em que a indução pode ser encontrada. A mente jovem, ardente e desguarnecida, insiste nos princípios *a priori*. Os *direitos do homem* de um lado e o *direito divino dos reis* do outro dividem entre eles intelectos não formados. Cabeças mais velhas, velhas seja em anos seja em julgamento, logo veem a total futilidade de se tentar aplicar métodos matemáticos e metafísicos às questões práticas da moral e da política. Contudo, infelizmente, o método *a priori* tem grandes atrativos: sua infalibilidade não hesitante, sua confiante universalidade, seu total menoscabo pelos contraditórios e a facilidade de seus arranjos, tudo isso cativa os jovens estudantes. Está ao nível de suas possibilidades, pois a lógica requer pouca ajuda externa; é interno, já que seus princípios são inatos; é tão perfeito em juventude quanto em idade – cedo captado, facilmente usado; dê-se um princípio geral prolífico e, como o couro bovino de Tiro, a lógica logo o recortará em tiras suficientes para circundar uma cidade. Mas o aprendizado, esse desejo cauteloso e hesitante de estar certo, e receio de estar errado que testa a validade de cada passo pelos exemplos e experimentos, é longo, difícil e desagradável; é recomendado ao jovem estudante sem nenhum ornamento; traz impressa a marca do trabalho prosaico e entediante.

No entanto, é a característica de todo grande estadista. Selden assevera que ele e seus assistentes não deixaram um só documento por examinar na concepção da Declaração dos Direitos. Burke, a despeito de seus vastos poderes filosóficos, e a facilidade e brilhantismo com que argumenta sobre princípios gerais, é o grande profeta da política prosaica. Todos os estadistas e advogados realmente grandes se caracterizam por tal amor aos fatos, pela cuidadosa avaliação de autoridades, por tais rogos especiais, que parecem cinicamente indiferentes ao desenvolvimento lógico dos princípios, à oratória, à filosofia, às maiores e mais admiráveis erupções de natureza e de sentimento. Nas esferas da lei e da política, o homem de julgamento frio e mente informada rejeita tais floreios, ridiculariza os retóricos e só respeita os fatos.

E tais considerações permitem-nos apreciar em seu justo valor o aplauso reivindicado pelos franceses e a eles dispensado por todas as cabeças imparciais. "Somos lógicos," dizem eles, "levamos os princípios ao seu desenvolvimento completo e sacrificamos os fatos à razão; somos sobretudo racionais": ao passo que "os ingleses são mais práticos, porém menos razoáveis; eles não pensam nem põem em prática seus princípios; mas estão em perpétua hesitação quanto a sistemas racionais, e jamais chegam a uma conclusão simples, sem misturas; a sorte os favorece, mas suas mentes são de ordem inferior". Podemos notar a característica francesa na mente irlandesa. Sem esquecer que o irlandês Burke se coloca na primeira fileira dos representantes do espírito inglês, não podemos esconder de nós mesmos que muito do mesmo espírito impera na Irlanda como na França, e com os mesmos resultados políticos. Tanto uma nação como a outra são levadas a personificar o governo, a olhá-lo como mandante pessoal, animado por sua própria razão e vontade, agindo segundo seus sentimentos e impulsos, e esperam que ele guie, direcione e governe todas as coisas. Em vez de encará-lo como um comitê temporário — uma espécie de conselho paroquial, eleito para executar por algum tempo as questões nacionais de acordo com os sentimentos nacionais, até que uma alteração no estado de espírito público o substitua por outro conjunto de homens a fim de representarem outra política, elas consideram o governo uma providência, onipotente, e, portanto, resposta para todos os males. Como o governo é o grande mestre dos suprimentos, nada é tão desejado quanto um lugar sob suas asas. A ambição nacional é transformar-se em *employé*: sem nenhuma consideração sobre o que aconteceria com o Estado se todos fossem empregados por ele, se todos se colocassem a seu serviço e fossem por ele sustentados. Raciocinam logicamente com a ideia mais simples de governo; não cogitam sobre tal noção, a analisam e modificam seus sentimentos a seu respeito. Esta é a lógica; é isso que tem que ser meio repassado num grande sistema nacional de aprendizado pouco profundo e pomposo – para que se tenham intelectos aguçados sem julgamentos práticos; essa deve ser a qualificação quase natural para jornalistas, para ensaístas brilhantes e unilaterais, para correspondentes especiais, para repórteres, para *"penny-a-liners"** para quase todas as ocupações secundárias da literatura: mas não servem para uma grande visão imperial das coisas, para comando, para combinação, para justiça, para os caminhos mais elevados da filosofia, até que o defeito seja erradicado pelo trabalho autêntico e pelo pensamento demorado e paciente. A decantada superioridade de nossos vizinhos intelectuais é, na realidade, uma inferioridade, porque a educação prática do inglês não preparado é, em seus resultados, muito mais próxima do aprendizado bastante desenvolvido que a cultura literária francesa, só pela metade, que apenas torna um homem lógico e consistente se ele toma a parte pelo todo, se adota meias-verdades maltrapilhas e não vê limite para sua própria capacidade. Não que esse meio de ver as coisas seja peculiar aos franceses; proporcione-se ao inglês não preparado a cultura francesa e ele logo ficará possuído pela ideias francesas.

* N.T: Colaboradores de jornais sensacionalistas.

Só entre pessoas assim a burocracia em sua forma mais pura e intensa é possível; quando o mecanismo do governo é considerado a finalidade de todas as coisas — o bem maior do homem; quando o homem é um mero animal governável e descartável, fadado a ser dirigido pelos mistérios profundos de relatórios, ordens, admoestações e regulamentos da polícia. O homem meio-educado jamais conhece sua ignorância; acha que sabe de tudo; em outras palavras, faz do pouco que sabe o equivalente de todas as coisas.[3] Deixe-se que esse pouco se familiarize com os procedimentos da burocracia e tais procedimentos seguramente se apresentarão à sua imaginação como as maiores e mais importantes coisas do mundo. Eles serão sua religião, e mais do que isso: quando sua função também lhe proporciona alimento e vestuário, então todas as paixões do interesse se aliam; os administradores se congregam para proteção e defesa mútuas e para exaltarem suas funções na grande e profética instituição do mundo.

E pessoas com tal admiração por suas funções são sempre os melhores funcionários; desempenham suas atribuições com o zelo e o fervor religioso que são garantias da atividade mais entusiasta. Portanto, o espírito burocrático é muito favorecido nos secretários do Estado; estes têm seu trabalho facilitado e simplificado pela diligência dos subordinados. A facilidade com que ele se comunica com as engrenagens da política é admirável. Os administradores conhecem tão bem seus próprios departamentos que os desajeitados

---

[3] Dessa forma, Selden, aborrecido com a burocracia laudiana, disse: "Os bispos não são agora adequados para governar por causa do seu conhecimento. Foram criados sob outra lei; percorrem os textos sobre algo feito entre os judeus que nada têm a ver com a Inglaterra. É como se um homem que possuísse o metal não fosse à nossa caldeira para fazer sua panela; preferiria trabalhar como Hiram o fez no seu trabalho no metal para o Templo de Salomão."

LORD ACTON

mecanismos de nossos estúpidos e antigos membros amadores dos conselhos paroquiais, supervisores, juízes, corregedores e legisladores não têm a menor chance de comparação. Pense-se no poder com o qual um comissário da lei dos mendigos repreende um obstinado conselho de guardiões que *proporcionaria* assistência ao ar livre em vez de pôr abaixo a casa do pobre. Ele chega com o tríplice prestígio da posição superior, do mais elevado conhecimento da lei e da perfeita familiaridade com os detalhes da prática administrativa. Ele se põe como um especialista em meio a um bando de amadores, como um lobo do mar perante marinheiros sem experiência, como um homem viajado em presença de um grupo de rudes matutos. Todos os homens têm direito a respeito nas questões atinentes à sua profissão. A divisão dos departamentos permitiu que nosso comissário enfeixasse em suas mãos todas as rédeas das diversas subdivisões de seu *métier*; ele conhece de cor suas estatísticas; cedo chega a um entendimento com o servidor do conselho, ou com qualquer outro funcionário pago e permanente, e, com um pouco de habilidade, consegue fazer com que as coisas saiam como quer. Nada se contrapõe a ele, exceto, de vez em quando, o conhecimento profundo de leituras de algum filósofo aposentado, o qual, além de ter uma visão geral de todos os departamentos políticos e de reduzir as pretensões do comissário às suas reais dimensões, é capaz de se engalfinhar com ele no seu próprio terreno e de manter a argumentação malgrado a preparação especializada do oponente; seguem-se então discussão e publicidade, com a consequente emenda dos procedimentos odiosos.

Porém, com o aumento do Estado, em sua maior parte nos aspectos que necessitam de administração, esta última aumenta também; a quantidade de *employés* tem de crescer cada vez mais; eles têm de ser organizados, e, decorrente de tal organização, a classificação das pessoas cujos problemas eles têm de administrar precisa também ser desenvolvida. Em cada departamento, forma-se gradualmente poderosa fraternidade que investiga, registra e relata: em primeiro lugar, meramente sobre nossas possibilidades de contribuir com as taxas; depois, sobre nossos nascimentos, mortes e casamentos; logo eles estão inquirindo sobre nossa religião – e podemos estar certos de que, se ousarem, se intrometerão naquilo que pesquisam – e eles o fazem sempre que ousam. Perguntam sobre a religião do soldado, do mendigo ou do prisioneiro quando pela primeira vez chegam ao quartel, ao abrigo ou à prisão. Estará esse homem, dali por diante, livre para mudar de religião ao seu bel-prazer, com a liberdade garantida a cada cidadão por nossa Constituição e nossas leis? Ou será ele administrado pelo *employé* que o compeliria a manter a religião em vez de causar problema com a alteração dos registros? As classes mais pobres já são administradas burocraticamente. A pequena extremidade da cunha já está enfiada, e um estadista sistemático e especulador encontrará, numa ocasião qualquer, razão para aprofundá-la mais.

É um grande erro supor-se que um sistema burocrático só é possível quando o governo é monárquico; ele pode se desenvolver paulatinamente sob qualquer forma de política e torna despótico seja qual for o governo. Um homem com autoridade é o que é, independentemente de como chegou lá – por título hereditário, pela baioneta de seus soldados ou pelo sufrágio universal; a estrada de seu progresso é um acidente, sua posição é que é o elemento positivo, sua essência é que ele manda. As mesmas salvaguardas necessárias em relação a qualquer autoridade são necessárias para todas; não corremos menos risco com a ampliação do poder de um democrata quanto com a de um monarca ou de um aristocrata; a intromissão é da natureza humana de todos eles, como também a união máxima possível do controle com o poder executivo, de modo que não exista ninguém capaz de interferir em sua intromissão. O que pode ser mais claro do que o poder supremo do controle? O que pode ser mais lógico do que a ativa afirmação de sua supremacia pelo supremo controle? Uma população lógica, ou seja, preparada pela metade, transferirá, por via de consequência, seu poder nominal para o lugar em que ele realmente existe e acumulará todo ele nas pessoas ou no monarca. Desta forma, por intermédio da burocracia, as pessoas ou o monarca se tornam despóticos; ela proporciona poder despótico a qualquer governo a que sirva. As repúblicas suíças ou as constituições da Alemanha ou da Sardenha são tão despóticas em suas administrações quanto o império francês, porque em todos a administração é burocrática.

A burocracia, quando poderosa, é essencialmente revolucionária porque é lógica; isto é, porque caminha no desenvolvimento literal de princípios gerais, não na estrada prática das experiências e dos fatos e, portanto, tende a introduzir mudanças radicais incompatíveis com os costumes das pessoas para as quais legisla. Tanto nos interesses quanto nas condições, os funcionários formam uma classe à parte, cuja função é classificar o resto de uma forma que dê o menor problema e, ao mesmo tempo, multiplique seus deveres para com tais funcionários de modo que encontrem mais motivos para pagamento e desculpas para multiplicar sua quantidade. A classe assim formada vive mudando as pessoas segundo linhas arbitrárias de uma classificação artificial em princípios aritméticos, não humanos; ela não leva em consideração a história e os hábitos das pessoas – o que deveria ela saber de hábitos e história das pessoas? Seu único objetivo é descobrir incessantemente novos modos de interferência, a fim de conseguir mais trabalho para o *bureau* e sujeitar as pessoas cada vez mais completamente aos seus exercícios.

A burocracia é revolucionária para o chefe do governo porque seu poder não está em pessoa alguma, mas no sistema; o *bureau*, o órgão complexo, é supremo e funciona bem com ou sem um líder. O chefe depende dela, e não ela do chefe; se ele cai, outro aparece em seu lugar; mas quem sobe tem de utilizar a organização que já está pronta – não pode governar sem ela, não tem tempo para organizar um sistema novo e é obrigado a se adaptar ao que está disponível. Em consequência, o chefe que manifesta qualquer tendência reformista tem de temer a burocracia como seu inimigo mais letal e revolucionário.

Agora, como se prevenir contra a aproximação insidiosa do sistema detestável? Em primeiro lugar, temos de restringir ao máximo possível a esfera de intromissão do Governo e manter nossa independência em quantos departamentos da vida pudermos; jamais permitir que o Governo tenha poder sobre determinada classe que não gostaríamos que tivesse sobre outra. Nunca aplaudir uma lei injusta contra outros, porque um dia ela pode se voltar contra você. Ser paciente com os necessários despreparo e lentidão de um sistema independente em que cada parte é

Lord Acton

controlada por verificações; e opor-se firme e constantemente a qualquer tentativa de centralização, tais como taxa de pobreza equalizada e administração central dos deveres do conselho de guardiões, quaisquer que sejam os benefícios e conveniências prometidos em troca. A classe de funcionários deve ser mantida baixa. Por causa disso, lamentamos os exames competitivos como conquistas encorajadoras, que não encontram saída legítima no trabalho a ser executado e nos proporcionam um inquieto corpo de usurpadores constituído de jovens pedantes; ao passo que o antigo sistema nos deixava em paz, com a consciência de que não tínhamos nada a temer da segura incapacidade e do conteúdo pouco ambicioso daqueles aos quais eram cometidos os deveres rotineiros permanentes do Estado. Os funcionários têm sempre que se sujeitar ao povo e receber punição por qualquer descortesia ou descumprimento de dever para com aqueles cujos negócios têm que administrar. E, nas disputas, a lei deve sempre supor *prima facie* que o funcionário está errado ou, pelo menos, manter a balança perfeitamente equilibrada. Esses funcionários, evidentemente, são responsáveis perante seus superiores, mas não nas questões entre eles e as pessoas do povo: quando o público não possui poder para acionar o funcionário, exceto com o consentimento de seu superior, está lançada a fundação de uma burocracia autêntica. Mais uma vez: todas as queixas e todas as ações contra eles têm que ser públicas; enquanto não se permitir que os funcionários constituam sociedades secretas, eles não podem causar muito dano. Finalmente, nunca estaremos seguros contra a burocracia até que exorcizemos de nossos homens públicos aquele espírito *doutrinário* que impera nos revolucionários como Bentham,

Buckle e Bright[4] — aquele positivismo que ameaça o homem estatisticamente e emassados, não como indivíduos; aritmeticamente, não de acordo com interesses. O primeiro resultado de se colocar tudo em fórmulas é abstrair a personalidade, como mostramos num ensaio de Mr. Buckle em julho passado. Temos, portanto, de suspeitar de qualquer escola que trate os homens como cifras a serem somadas, subtraídas, multiplicadas ou reduzidas a frações vulgares.

---

[4] É de admirar que ninguém tenha notado a absoluta identidade, não apenas nos princípios, mas também nos caprichos, entre o programa de Birmingham de mr. Bright e os manifestos dos clubes revolucionários ingleses em 1791, citados por Burke em seu "Appeal from the New to the Old Whigs". Esses clubes ensinaram que, "embora se fale muito a respeito, não existe essa coisa chamada Constituição, ou jamais existiu; o povo ainda tem uma Constituição a formular; desde Guilherme, o Conquistador, o país jamais se regenerou e está, portanto, sem uma Constituição: onde ela não pode ser produzida de forma visível, não existe (...). A guerra é a safra comum dos que participam da divisão e gasto do dinheiro público (...). Onde tenhamos visto a aristocracia antes, por trás, do lado, ou de qualquer forma, doméstica ou publicamente, ela ainda é um monstro; (...) a ideia de um legislador hereditário é tão absurda quando a de um matemático hereditário; (...) a lei da primogenitura é contra qualquer lei da natureza, e a própria natureza exige sua extinção." A Câmara dos Comuns foi "zombaria, insulto, usurpação; não surgidos dos direitos inerentes do povo, como a Assembleia Nacional o faz na França" — e assim por diante, exatamente na linha de Bright, frequentemente com as mesmas palavras. Burke, depois de Time, o grande demolidor da teoria política, é portanto depreciado por nossos escritores revolucionários como *louco*; até 1790, mr. Buckle sustenta que ele foi o maior estadista jamais visto pela Inglaterra; a partir de então, seus pensamentos imortais não passaram de jorros de um maníaco, seus argumentos, de loucura metodizada, seus princípios políticos, de alucinação.

CAPÍTULO XXI

*Expectativas da Revolução Francesa**

Nada distingue tão favoravelmente os historiadores modernos dos antigos quanto a importância que eles emprestam aos agentes metafísicos imateriais nas questões humanas e sua tentativa de retraçar o progresso das ideias, bem como a sucessão dos eventos, e as reações de uns sobre os outros. Entre essas ideias, que são a um só tempo causas e efeitos, que influenciam uma série de eventos refletindo outros, as mais importantes, porém mais difíceis de estimar, são aquelas que uma nação nutre sobre sua história. Na interpretação de sua experiência própria, ela forma e expressa a noção de seu caráter e destino, de sua participação no mundo e nos desígnios de Deus, e as lições, alertas e tendências pelos quais permite ser orientada. Tais noções se tornam parte assim como resultado de sua natureza e de sua história e, irresistivelmente, direcionam sua conduta. Portanto, não é sem razão que um historiador vivo tenha reproduzido com todos os seus ornamentos lendários e poéticos a história da antiga Roma, não tanto em oposição às conclusões dos críticos modernos, mas porque, para que se entenda a história de um povo, temos

---

* Publicado no *Rambler* n. s. 5 (julho de 1861): 190-213. *Wellesley* II: 782; Döllinger I: 216; Acton-Simpson II: 149.

de conhecer as ideias que faziam de si mesmo e temos de dar o peso justo às fábulas, não como verdades, mas como forças. Há muito de certo no ditado que afirma que um povo estaria sob o poder do homem que determinasse a feitura de suas baladas.

O presente deriva suas explicações do passado, da mesma forma que o passado se torna inteligível do presente; as causas têm de ser examinadas em seus efeitos, e os efeitos entendidos por suas causas. Os dois não são inteligíveis quando apreciados isoladamente.

> O que é o presente senão a sombra lançada
> Em parte pelo futuro, e em parte pelo passado?

Existe uma função profética na história, e nossas noções do futuro são conformadas de acordo com nossa experiência do passado. Um povo que tem visão consistente de sua caminhada e de sua posição forma inevitavelmente, em harmonia com tal visão, alguma ideia das coisas que estão por vir. Discerne seu ideal na direção que previamente buscou, e suas lembranças justificam a antecipação. Tudo isso é parte das influências que formam seu caráter e espírito, e modificam profundamente a maneira com que se conduz. O passado age sobre nossa conduta particularmente por meio das visões de futuro que sugere e das expectativas que cria. Influencia o presente em função do futuro antevisto. Em suas próprias lembranças gloriosas e pesarosas, as nações encontram as esperanças, as aspirações e os temores que guiam seu curso. Não porque os homens ajam em conformidade inconsciente com suas expectativas e modifiquem a conduta em função de suas noções de destino, mas sim, como a história não é produto de projeto humano, porque há alguma coisa mais profunda que o interesse e a conjectura

Lord Acton

no instinto popular, porque a paciência e a resignação são atributos da Providência que levam pela segura, mas longa, preparação a grandes resultados e conduzem numerosos córregos pela mesma corrente ao mesmo objetivo, porque os alertas inteligíveis precedem grandes catástrofes, e as nações leem como se estivessem em sua consciência os sinais dos tempos; por conseguinte, há um aprendizado pela história que é equivalente à profecia e no qual o historiador reconhece tanto um poder quanto um indício.

Ainda assim, esse é um elemento de sua ciência que os historiadores modernos negligenciaram por completo. Muitos dos capítulos da famosa história do erro humano foram escritos, e os imponderáveis e curiosidades da história foram especialmente cultivados; mas nenhum deles se preocupou em retraçar a influência da profecia sobre os eventos ou, ao contrário, dos eventos sobre a profecia, e a realidade de ideias desse tipo não foi admitida. Temos tido escritores que se deliciam com portentos e prodígios, e outros que não acreditam em nada diferente de leis fixas; porém não houve os que adotaram em sua inquirição a espécie de presciência e predição que poderiam ter sido atraentes para os dois porque constituem um grande exemplo da mercê divina e, ao mesmo tempo, o esforço maior da sabedoria humana. Pregoeiros das maravilhas têm desencorajado a pesquisa dos homens sóbrios nos exemplos razoáveis de uma faculdade que degenera facilmente no maravilhoso, e profecias têm sido realçadas e relembradas em proporção direta à sua falta de razoabilidade e à sua incredulidade. Mas elas são tanto instrutivas e características quando baseadas nos sinais dos tempos e asseveradas por homens capazes de discernir e de exibir, nas circunstâncias e condições de suas próprias épocas, as sementes e as causas de mudanças iminentes. E essa antevisão, privilégio inicial das mentes elevadas, gradualmente se estende, à proporção que o desenvolvimento das coisas converte a especulação de uns poucos em instinto de muitos; aquilo que foi no começo uma predição se transforma num provérbio e lugar-comum, e a verdade, que os mais sábios pressagiaram, cresce de poder quando acreditada pelas massas.

Nenhum exemplo disso pode ser tão notável quanto o paulatino aumento de uma expectativa quase generalizada na Revolução, que teve perto de cem anos de crescimento da preparação, amadureceu e foi anunciada para todas as esferas da sociedade e em cada região do pensamento na França. Isso porque ela não foi prosseguimento de nenhuma causa isolada, mas veio como resultado de todo o progresso político, social, religioso e intelectual da época; como um julgamento na Igreja e no Estado, na Corte e no Parlamento, na administração da justiça e das finanças, nos erros da filosofia e na política, ética e literatura; e em cada departamento em que a grande convulsão foi preparada podemos descobrir, ao lado do germe, a antecipação do que estava por vir; em cada passo daquele caminho descendente, em cada período daquele século de declínio, do tempo de Leibnitz ao de Burke, enquanto as consequências se tornavam mais inevitáveis, as perspectivas ficavam mais distintas e os pressentimentos, mais positivos.

"O que pode parecer mais estranho," diz Tocqueville, "a nós que temos diante de nossos olhos os destroços de tantas revoluções, é que mesmo a noção de uma revolução violenta estava ausente dos pensamentos de nossos pais. Não foi discutida, nem mesmo concebida (...). Naquela sociedade francesa do século XVIII, que estava prestes a cair no abismo, nada dera ainda o alerta do declínio."¹ Surpreende que um escritor tão afamado tivesse incorrido em tal erro. A verdade é que a cegueira e a ignorância de muitos foram uma das estranhezas e uma das calamidades daquela oportunidade; mas surpreende, não tanto se considerarmos o perigo que se aproximava, mas o alarme com que era esperado.

> A thousand horrid prophecies foretold it:
> A feeble government, eluded laws,
> A factious populace, luxurious nobles,
> And all the maladies of sinking states —
> When public villany, too strong for justice,
> Shows his bold face, the harbinger of ruin.*

Na ocasião da maior prosperidade de Luís XIV, quando a monarquia francesa alcançara o momento de seu máximo esplendor, as consequências do absolutismo começaram a ser antevistas. Elas se fizeram sentir em cada aspecto no final do século XVII e, por todos os lados, criaram os instrumentos da reação que viria. A Igreja estava oprimida, o protestantismo, perseguido ou exilado, o jansenismo convertido pela severidade de congraçamento em seita, de adversário em enfermidade; os aristocratas estavam degradados, o povo exaurido pelos impostos e guerras, a sociedade corrompida, a literatura tornada improdutiva por um patrocínio egoísta e arrogante. Em todas essas coisas os homens viram augúrios

---

¹ *L'ancien Regime et la Révolution*, p. 219.
* Mil profecias horrendas a prenunciaram:
Um governo fraco, leis enganadoras,
Massas sediciosas, nobres suntuosos,
E todas as enfermidades de estados declinantes —
Quando a vileza pública, forte demais para a justiça,
Mostra sua dura face, precursora da ruína.

Ensaios

da ruína. Racine, em 1698, perdeu os favores do rei por causa de um relato que fez a madame de Maintenon sobre o estado da nação. "Será que ele pensa," vociferou Luís, "que tudo conhece porque sabe fazer versos admiráveis? E porque, sendo um grande poeta, deseja ser ministro?" Uma centena de anos mais tarde, Napoleão, que não era patrono da literatura, declarou que se Corneille fosse vivo ele o faria ministro; mas Luís estava acostumado a ver nos poetas apenas objetos de patronato. Duclos relata que o bispo de Limoges (Charpin) escreveu ao rei com tanta intensidade sobre o sofrimento do povo, que Luís ficou tocado a ponto de cair doente. Logo depois, outro apelo foi feito pela nação por um homem de proa em outro campo. Em 1707, Vauban publicou seu *Dîme Royal*, no qual descreve a miséria do povo e demanda uma revolução total no sistema de governo. Dez por cento da população vivia de esmolas; cinquenta por cento era pobre demais para dar esmolas; trinta por cento era *fort malaisée, embarrassée de dettes et de procès;* e cerca de um por cento ele reconhecia *fort à leur aise*. Mesmo assim, àquela época, não havia sinais de comunismo, ou mesmo de sedição, entre os pobres. As ideias revolucionárias não haviam saído do palácio e do estúdio para as cabanas, de modo que não ocorria aos homens questionar o fato pelo qual eles sofriam. Próximo de Vauban, o mais imponente membro do exército era um huguenote, o marechal Catinat, e ele foi o primeiro a perceber que os males do Estado estavam levando à revolução. "A França," disse ele, "está podre da cabeça aos pés; pode, e vai, acontecer que ela seja virada de cabeça para baixo."

Porém, o mais vigoroso dos protestos proféticos contra o sistema de Luís XIV foi o de Fénelon. Na guerra da Sucessão espanhola, a ambição do rei o conduziu a uma empreitada bem além dos recursos do país e elevou a um nível tirânico as solicitações e a autoridade do Estado. Depois de nove anos de guerra malsucedida, a derrota de Malplaquet deixou o Estado à beira da ruína, e Luís abriu negociações em Gertruydenberg para a paz. Ofereceu a Alsácia à Espanha como condição para um tratado; concordou mesmo em pagar subsídios aos aliados com o objetivo de expelir seu neto do trono da Espanha; e as conferências só se desfizeram quando seus inimigos insistiram que ele deveria também mandar seus exércitos contra a causa que sustentara por tantos anos. Em meio a tão extremada situação, o arcebispo de Cambray, caído em desgraça, preparou uma declaração sobre o estado do país e sobre os meios para salvá-lo. "De minha parte, eu me dispusesse a julgar o estado da França pelos traços de governo que vejo de minha ótica, eu concluiria que ele só existe por milagre; que é uma velha máquina enguiçada que só continua funcionando pelo impulso inicial que recebeu, e que será completamente destruído ao primeiro choque (...). O povo não vive mais uma existência de seres humanos, e sua paciência chegou a tal extremo que não se pode mais confiar nele (...). Como as pessoas não têm mais nada a perder, também nada têm a temer (...). A nação está sendo desonrada e se tornando objeto do desprezo público. Não existe mais no povo, em nossos soldados, em nossos oficiais, seja afeição ou estima, confiança ou esperança de recuperação, ou respeito pela autoridade."

O remédio que ele propôs foi a restauração do governo constitucional pela convocação dos Notáveis; remédio ao qual se recorreu oitenta anos depois, mas quando já era muito tarde. "Eu deixaria aos homens mais sábios e mais ponderados da nação a busca dos recursos necessários à sua salvação (...). Seria necessário que cada órgão soubesse como são aplicados os fundos, de modo que todos ficassem convencidos de que nada seria empregado a expensas da Corte. Admito que tal mudança possa perturbar as mentes dos homens e levá-los subitamente de uma extrema dependência a um perigoso excesso de liberdade. É por receio de tal retrocesso que não proponho que os Estados Gerais sejam convocados, os quais, caso contrário, seriam necessários e de restauração muito importante." Porém, dois anos mais tarde, Fénelon insistiu na imperiosa necessidade de sessões trienais dos Estados Gerais.

Lançando mão de uma inquirição mais ampla que aquela que seu grande contemporâneo confinou ao seu próprio país, Leibnitz considerou a preferência que já era dada às ciências naturais e exatas sobre os estudos históricos como o início de uma vasta revolução. Ele está falando sobre a crítica histórica e prossegue: "Acredito que essa arte, de há muito esquecida, reapareceu com efeito brilhante, e tem sido tão cuidadosamente cultivada nos últimos dois séculos, (...) é um ato da Providência Divina que tem principalmente em vista a difusão de mais luz sobre a verdade da religião cristã (...). A história e a crítica são realmente apenas necessárias para estabelecer a verdade do cristianismo. Pois não posso duvidar que, se a arte da crítica viesse a perecer totalmente, os instrumentos humanos da fé divina, ou seja, os motivos da credibilidade, pereceriam ao mesmo tempo (...). Acredito que o maior obstáculo ao cristianismo no Oriente é que aquelas nações são completamente ignorantes sobre a história universal e, portanto, não sentem a força daquelas demonstrações pelas quais a verdade de nossa religião é estabelecida (...). Vejo, com pesar, que a classe dos acadêmicos críticos diminui dia a dia, de maneira que se pode esperar seu desaparecimento completo (...). As discussões sobre religião encorajam e excitam essa espécie de estudo, pois não existe mal que não resulte em algum bem (...). Porém, de um modo geral, essas discussões, tendo degenerado para guerra aberta e resultado na visão dos grandes homens de que, depois de debates tão longos e de grandes derramamentos de sangue, nada foi ganho, aconteceu que eles começaram a fazer a paz e muitas pessoas passaram a desgostar de tais estudos e, como um todo, do estudo das épocas passadas. Foi assim que se seguiram uma revolução e uma nova era para o aprendizado. Escritores notáveis por descobertas esplêndidas e por sistemas bem-sucedidos viraram a mente das pessoas para o estudo da natureza, dando-lhes a esperança de que, com a ajuda da matemática, elas conseguiriam entender tal natureza (...). A partir daquela época, o aprendizado antigo e a erudição sólida passaram a receber uma espécie de menoscabo; a tal ponto que alguns autores evitam o emprego de citações em seus escritos, não insinuam sua genialidade, nem escondem sua indolência (...). É no interesse da religião que o conhecimento sólido deve ser preservado. Casaubon deu um alerta em seus escritos ingleses, onde ele diz com razão que teme pela piedade se o estudo da antiguidade e da literatura clássica é negligenciado em prol da ciência natural." Alhures, ele fala da "revolução geral que ameaça a Europa com a destruição de tudo o que resta no mundo dos sentimentos generosos dos antigos".

Tais opiniões foram amplamente confirmadas pelos eventos de tempos posteriores. La Harpe, um dos poucos incrédulos manifestos que a Revolução converteu, disse certa vez em suas palestras no Lycée: "O ateísmo é uma doutrina perniciosa, o inimigo da ordem social e de todo governo." Ele foi denunciado por Lalande, o grande geômetra, que declarou que esperava que tal abominação fosse afirmada não "par scélératesse mais par imbécillité". Condorcet diz da álgebra: "Ela inclui os princípios de um instrumento universal aplicável a toda combinação de ideias." E, noutra passagem, ele mostra de forma contundente a verdade do que Leibnitz disse em relação à influência política e social da matemática e da filosofia natural: "Todos os erros na política e na moral se baseiam em erros filosóficos, os quais, por sua vez, são aliados dos erros físicos. Não existe sistema religioso ou extravagância sobrenatural que não se fundamente na ignorância das leis da natureza."[2]

Foi em referência à mesma classe de fenômenos que Du Bos escreveu em 1719: "O espírito filosófico em breve fará com grande parte da Europa o que antes foi feito a ela pelos godos e pelos vândalos, desde que continue avançando ao mesmo ritmo dos últimos setenta anos." Todavia, poucos foram os que conseguiram distinguir naquele período anterior as tendências perigosas de uma espécie de literatura que apenas começava e que ainda era ofuscada pela Era Augusta*, e muitos anos se passaram antes que as ideias do século XVIII manifestassem ao mundo seu caráter destrutivo. No decorrer da Regência, outros receios predominaram, e o descontentamento generalizado foi demonstrado por um apelo ao rei da Espanha para que libertasse a França dos males que a ameaçavam com o despotismo exercido por Dubois em nome do duque de Orleans.

---

[2] *Esquisse d'un Tableau historique des Progrès de l'Esprit humain*, pp. 285, 313.
* N. T.: Característica da literatura inglesa durante o início do século XVII.

A conspiração, que foi descoberta e suprimida, objetivava a união das coroas francesa e espanhola. Os Estados-Gerais deveriam ser convocados; e no memorial a Filipe V a intenção era que eles se expressassem da seguinte forma: "Não nos incensamos futilmente, sire, restando persuadidos de que deveríamos ouvir de vossa boca estas palavras consoladoras – 'Sinto pelo sofrimento de vocês, mas que remédio posso aplicar?' (...) Ireis ver, sire, essa união, que é tão necessária para ambas as coroas, concretizada de uma forma que a tornará irresistível. Mas isso significa que vós restaurareis a tranquilidade para um povo que vos encara como pai, e que não pode vos ser indiferente. Desta forma, vós evitareis infortúnios que não ousamos contemplar e que vós sois compelidos a antever. Como vossa majestade se autorrecriminaria caso venha a acontecer aquilo que temos muitas razões para perceber!" A longa e pacífica administração de Fleury adiou o dia fatídico e o alarme arrefeceu; ao mesmo tempo em que o marechal Saxe deu um lustre transitório no reino com a vitória de Fontenoy. Porém, enquanto acontecia uma aparente interrupção na decadência do Estado, o declínio da religião era evidente; e, de tempos em tempos, o clero chamava a atenção para ele, ressaltando o perigo que corria todo o tecido da sociedade com o crescimento da descrença. Durante os cinquenta anos que antecederam a revolução, seus alertas foram constantes.

Num panegírico a Santo Agostinho, pronunciado em 1736, padre Neuville disse: "Deixemos que esses sistemas detestáveis continuem a se estender e a se fortalecer, e seu veneno devorador terminará consumindo os princípios, as escoras e os suportes que são necessários ao Estado (...). Então, por mais florescente que seja o império, ele cairá em pedaços, afundará e perecerá. Para destruí-lo não serão necessários os trovões de Deus. O Céu pode delegar à Terra o cumprimento de sua vingança. Levado pelo frenesi da nação, o Estado desaparecerá num abismo de anarquia, confusão, entorpecimento, inação, declínio e decrepitude." Vinte anos depois, Caveirac escreveu: "A revolução de que falo já fez grande progresso, e rogo a atenção do leitor para ela (...). O inimigo está às nossas portas, e ninguém o vê. Já posicionou cúmplices, e todos os homens estão adormecidos. Bispos e magistrados, qual será a surpresa de vocês quando acordarem e virem a revolução consumada!" Poucos anos antes de isso ser publicado, Lord Chesterfield fez a mesma observação: "Todos os sintomas que sempre percebi na história que antecedeu as grandes mudanças e revoluções no governo existem agora na França e crescem todos os dias." Isso foi em 1753. Em 1763, Labat pronunciou um sermão em Paris no qual falou sobre o declínio da religião e o progresso da filosofia, em consequência do caráter do governo, a cujo respeito disse: "uma revolução deve acontecer mais cedo ou mais tarde, e não está muito distante".

Em muitas ocasiões, mas especialmente na Conferência de 1770, o clero invocou a proteção do governo contra o progresso da descrença; e seus integrantes mostraram, com grande justiça, que a Igreja não seria livre enquanto não houvesse restrição à publicação da maioria dos livros perigosos. "É essa liberdade fatal," disseram eles, "que introduziu entre os vizinhos de nossa ilha tal multidão confusa de seitas, opiniões e associações, esse espírito de independência e rebelião que tem balançado o trono com tanta frequência ou o manchado de sangue. Entre nós, ela pode produzir consequências ainda mais fatais; porque encontraria, na inconstância da nação, na sua atividade, no seu amor à mudança e no seu ardor impetuoso e imprudente, meios adicionais para causar as revoluções mais estranhas e precipitar tudo nos horrores da anarquia." Foi por solicitação dos bispos que Séguier, o Procurador-Geral, pronunciou seu célebre discurso no Parlamento demandando a condenação de certos livros. Em diversas partes ele se assemelha, quase literalmente, ao documento recém-citado. Mas Séguier mencionou tantas das passagens mais poderosas das obras que acusava e confrontou-as com argumentos tão débeis, que se supôs que tudo aquilo não passou de um ato de ironia pérfida. As seguintes frases mostram quão claramente a posição foi entendida: "Uma espécie de confederação une diversos escritores contra a religião e o governo (...). Com uma das mãos eles tentaram abalar o trono, com a outra, derrubar o altar (...). O governo deveria estremecer com a tolerância a uma seita de ímpios ardentes, que parece querer excitar o povo para a sedição, sob o pretexto de o esclarecer (...). Seus desejos só serão satisfeitos quando eles colocarem os poderes legislativo e executivo nas mãos da multidão; quando tiverem destruído a desigualdade necessária de posições e condições; quando tiverem degradado a majestade do rei, tornando precária sua autoridade e a subordinando ao capricho de uma turba ignorante; e quando, finalmente, por meio de alterações estranhas, tiverem lançado todo o mundo na anarquia, juntamente com os males que são inerentes a ela. Talvez, em meio às dificuldades e confusões que levaram às nações, esses pretensos filósofos e espíritos independentes pretendam se elevar acima do nível comum, e dizer às pessoas que aqueles pelos quais foram esclarecidos só são capazes de governar a si mesmos." Séguier viveu para testemunhar o 17 de julho de 1789, quando Luís XVI foi levado para o Hôtel de Ville, e disse, "Esses são seus primeiros passos na direção do patíbulo."

Quando a grande escola da eloquência de púlpito foi definhando com Mascaron na França, o abade Poullé se tornou o pregador mais popular no Sul. Ao falar sobre os deveres da vida civil, disse: "Sofram pacientemente, e a decência e a moralidade serão ultrajadas, e vocês introduzirão uma licenciosidade sem limites que destruirá a sociedade. Aqueles que, com audácia, quebram as leis de Deus não temem quebrar as leis humanas; e os maus cristãos serão sempre maus cidadãos." Nesse seu último sermão, ele disse: "Tudo está perdido, religião, moralidade, sociedade civil. Antes vocês acharam que nossas profecias eram exageros que se deviam a excesso de zelo. Até nós não imaginamos que elas iriam se concretizar tão cedo."[3] O abade de Boulogne, que se tornou bispo na Restauração, disse no *Éloge du Dauphin* que publicou em 1779: "Vimos a revolução fatal se preparando; a invasão dos ímpios, mais fatal que a dos bárbaros; e, em consequência, o espírito nacional danificado e degradado."

O bispo de Lescar publicou uma Pastoral no ano de 1783 na qual repreendeu tanto o clero quanto os nobres, e previu a reação que se aproximava. "Vocês querem que, armados com a lei e liderados pelos magistrados que são seus depositários, os pobres

---

[3] La Harpe cita as seguintes sentenças com justo louvor (*Cours de Litérature*, xiv. 86, 112, 113): "La piété est si méprisée qu'il n'y a plus d'hypocrites." "Nous savons que toute ignorance volontaire et affectée, loin d'être une excuse, est elle-même un crime de plus." "Nos instructions ont dégénéré; elles se ressentent de la corruption des moeurs qu'elles combattent; elles ont perdu de leur première onction en perdant de leur ancienne simplicité. Nous nous le reprochons en gémissant, vous nous le reprochez peut-être avec malignité; mais ne vous em prenez qu'à vous-mêmes."

demandem de vocês, os homens ricos do mundo, as parcelas da herança que vocês tiraram deles? Vocês querem que eles entrem em seus templos – porque o templo foi feito para o homem, não para Deus, que não precisa dele – e despojem o santuário de seus ornamentos mais preciosos, enquanto os ministros do altar não têm o direito de evitar ou se queixar? Vocês querem que eles passem da casa do Lord para a do padre e do levita e, ao encontrá-las repletas de abundâncias e luxos, fiquem indignados com a visão, esbravejem recriminações e os coloquem em julgamento como rapinantes dos bens a vocês entregues para uso de maior mérito? (...) Vejo os reformadores deitando a mão sacrílega sobre os ornamentos do santuário, locupletando-se avidamente com os despojos, fechando as portas da casa de Deus, ou mudando sua destinação; destruindo nossos templos e deles arrancando os padres empregados no sacrifício; perseguindo fora de suas paredes sua vitória ímpia; insultando nosso pesar por seus triunfos e festejos; e profanando com suas libações impuras os copos consagrados para a celebração de nossos mais venerados mistérios (...). E vocês solicitarão sinais e preságios da revolução que o Espírito Santo deseja que temam? Vocês querem mais que a própria revolução, que, de há muito preparada, avança a passos largos e se concretiza diante dos seus olhos?"

A repulsa ao reinado de Luís XV era tal que os homens se admiravam menos com a consciência geral do perigo do que com a duração do Estado. "Não sei," disse Benedito XIV, "qual o poder que sustenta a França acima do precipício no qual está pronta para cair." E Clemente XIV disse: "Será necessária outra prova da existência de uma Providência do que a de se ver a França florescendo sob Luís XV?"

Houve uma pessoa que não temeu expressar diante do rei a indignação e ódio generalizados. Este foi o abade de Beauvais, depois bispo de Sénez, que pregou em Versalhes durante a Quaresma de 1774. A audácia e a severidade de seu primeiro sermão surpreenderam e ofenderam a corte; mas Luís *a declaré qu'il fasait son métier*. Ele falou, disse o *Mémoires Secrets*, que agora citamos, dos infortúnios do Estado, da ruína das finanças e do abuso da autoridade.[4] Na Quinta-Feira Santa, seu sermão aterrorizou o rei. Ele falou sobre as dificuldades dos pobres, a corrupção dos ricos, sobre o amor que o povo devotara ao rei quando ele esteve em perigo trinta anos antes; e lhe disse que aquele amor esfriara, que o povo, oprimido pelos impostos, não podia fazer nada senão gemer com suas próprias aflições. O sermão causou profunda impressão em Luís XV; ele conversou amavelmente com o pregador e lembrou-lhe o compromisso de pronunciar o sermão para a corte na Quaresma de 1776. Poucas semanas depois, estava morto, e Beauvais pregou no seu funeral. Ele havia obtido, por sua coragem em Versalhes, o direito de falar sem fingimento em St. Denis, em que declarou que o dia da punição da nação estava próximo. "Não haverá mais superstição porque não existirá mais religião; nenhum heroísmo falso porque não haverá honra; quaisquer preconceitos porque não existirão princípios; nenhuma hipocrisia porque não haverá virtudes! Espíritos audaciosos, vejam a devastação causada por seus sistemas, e tremam com seu sucesso! Revolução mais fatal que as heresias que mudaram em torno de nós a face de diversos estados! Elas deixaram pelo menos uma adoração e moral, mas nossas infelizes crianças não terão veneração ou Deus."

---

[4] vi. 293.

A Pastoral do bispo de Alais, na ocasião, pinta um quadro impressionante da miséria da França. "Deixemos que o monarca ame Deus e ele amará seu povo; e do pé de seu trono, derramará seu olhar beneficente nas províncias, onde os miseráveis habitantes por vezes não têm pão e com frequência o molham em suas lágrimas (...). E não mais veremos o reino dividido em duas classes, numa das quais os espólios das províncias servem como troféus para o luxo e o esplendor de umas poucas famílias, tão desprezíveis em suas origens quanto em suas vidas, que jamais veem superfluidade em suas opulências, enquanto, na outra classe, milhares de famílias dificilmente obtêm o necessário por intermédio de penoso esforço, e parecem censurar a Providência com tão humilhante iniquidade." Entrementes, La Luzerne, o bispo de Langres, pronunciou um panegírico do rei morto em Notre Dame no qual comparou os vários reinados da França e concluiu que o povo jamais fora tão feliz quanto sob o mando de Luís XV.

No reinado de Luís XVI, nenhum pregador foi mais renomado que Beauregard, que parece ter sido mais aquinhoado que os outros com a premonição de calamidades definitivas. "O machado e o martelo," disse em certa oportunidade, "estão nas mãos dos filósofos; eles só esperam pelo momento favorável para destruir o altar e o trono." Uma passagem num de seus sermões em Notre Dame ficou famosa pela concretização literal, no mesmo lugar e poucos anos mais tarde, da profecia que continha: "Sim, lord, Seus templos serão pilhados e destruídos. Suas comemorações, abolidas. Seu nome, coberto de blasfêmias. Sua adoração, proscrita. Mas, o que escuto? Grande Deus. O que noto? Os hinos santos que ressoaram nestas colunas sagradas em Sua honra são sucedidos por canções profanas e licenciosas! E você, divindade infame do paganismo, obscena Vênus, vem aqui para ocupar ousadamente o lugar de Deus vivo, para se sentar no trono do Santo dos Santos e para receber o pecaminoso incenso de seus novos adoradores." No Domingo da Paixão de 1789, ele pregava ante o rei quando, interrompendo por um instante seu sermão, subitamente exclamou: "França! França! Chegou tua hora. Serás convulsionada e ficarás perplexa!"

Em paralelo com esses vaticínios do clero da França e os justificando plenamente, encontramos expectativas semelhantes nos escritos dos descrentes, e um desejo constante de realizar aquilo que seus adversários tanto temiam. Tem sido muito questionado se eles realmente queriam uma revolução como a que se seguiu. Muitos deles se tornaram vítimas; e Rousseau, o mestre dos jacobinos, tinha horror a derramamento de sangue: o estabelecimento da liberdade, disse ele, teria um preço muito alto se custasse uma só vida humana. Tem sido dito também que, se Voltaire tivesse vivido para observar o efeito de seus escritos, teria pegado de uma cruz e orado contra si mesmo; ainda assim, ele bem sabia, e se alegrava em saber, que ao derrubar a Igreja da França ele estava destruindo o Estado. Em 2 de abril de 1764, Voltaire escreve: "Tudo o que vejo é o plantio das sementes de uma revolução que inevitavelmente virá e a que talvez eu não tenha a felicidade de assistir. Os franceses chegam muito devagar às coisas, mas pelo menos chegam. A luz foi tão amplamente espalhada que haverá um explosão na primeira oportunidade, e então ocorrerá um distúrbio famoso." Em 5 de abril do ano seguinte, ele escreve para D'Alembert: "O mundo está ficando menos verde a um ritmo furioso. Uma grande revolução na mente dos homens se anuncia por todos os lados." E em 15 de outubro de 1766, escreve ao mesmo correspondente: "Será que você não pode me dizer o resultado em trinta anos da revolução que passa pelas mentes dos homens de Nápoles a Moscou?"

Rousseau não tinha têmpera tão feroz; era animado por ideais, não pela paixão; e quando escreveu, "Estamos nos aproximando de um estado de crise e de uma era de revolução," não sabia que ela seria o fruto de suas próprias doutrinas. O *Contrato Social* foi imediato sucesso na França. A notícia na revista de Bachaumont foi a seguinte: "3 de setembro de 1762. O *Contrato Social* está gradualmente se tornando conhecido: é da maior importância que um livro desse tipo não fermente nas cabeças facilmente excitáveis; ele conduziria a desordens muito sérias (...). No entanto, ele meramente desenvolve as máximas que todos os homens têm gravadas em seus corações." No início do mesmo ano, ele diz que a *Gazette de France* deveu a popularidade não à sua veracidade, mas ao seu tom republicano. Por conseguinte, é fácil entender o sucesso do livro de Rousseau na França. Em Genebra, as autoridades seculares o condenaram, e se seguiu uma grande desordem. Os ministros da Igreja Reformada declararam que o governo agira com espírito partidário, porque o *Contrato Social* mantinha os princípios democráticos reais em oposição ao sistema aristocrático, que ele estava procurando introduzir. É-nos dito que o delfim francês censurou o *Émile* porque ele ataca a religião, perturba a sociedade e a ordem civil; e só pode servir para tornar os homens miseráveis. Alguém disse que o *Contrato Social* foi também considerado muito perigoso. "Este é uma coisa diferente," disse o príncipe, "ele ataca apenas a autoridade dos soberanos, assunto que provoca discussões. Há muito a ser dito; é mais aberto à controvérsia."

Raynal expressou os sentimentos de Rousseau, com o cinismo que lhe era peculiar, no seu *História das Índias*: "Quando chegará esse anjo exterminador que cortará tudo o que levantar sua cabeça e reduzirá todas as coisas a um nível comum?" Helvetius, desgostoso por encontrar seu país tão desgraçadamente distante de seu estado ideal, augura o seguinte no prefácio de sua obra *De l'Homme*: "Esta nação degradada é o escárnio da Europa. Nenhuma crise salutar restaurará sua liberdade; ela perecerá de consunção; a conquista é o único remédio para seus infortúnios." Condorcet, que pode ter mudado de opinião antes de destruir a si mesmo no meio da Revolução, cujo advento o encheu de alegria, foi mais otimista que Helvetius: "Não está esta nação destinada, pela própria natureza das coisas, a dar o primeiro impulso na revolução que os amigos da humanidade anseiam com tanta esperança e impaciência? Ela não pode deixar de começar pela França."[5] Em outro lugar, ele descreve a influência e a posição dos filósofos descrentes na França. "Com frequência, o governo os recompensou com uma das mãos enquanto pagava seus caluniadores com a outra; proscreveu-os, e se orgulhava de o destino ter feito do território francês local de nascimento deles; puniu-os por suas opiniões, e se envergonhava com a suspeita de não as partilhar."[6]

O *Système Social* de Mustel, publicado em 1773, é uma elaborada sátira à França e um pleito pela revolução: "A condição de um povo, que começa a ser instruído, de desejar preparo, de se ocupar

---

[5] *Esquisse*, p. 279.
[6] *Ibid.*, p. 263.

com coisas grandes e úteis, não é de modo algum desesperada. Enquanto a tirania faz esforço continuado para desviar as mentes dos homens da reflexão, seus golpes levam, a todo momento, de volta a ela; e essa reflexão, ajudada pelas circunstâncias, tem de, mais cedo ou mais tarde, se sair vitoriosa na destruição da tirania. Ela não pode sobreviver por muito tempo no meio de um povo que raciocina (...). Se um povo for totalmente degenerado, a opressão o incita à fúria; sua ignorância não permite que raciocine; e, tão logo perde a paciência, destrói sem pensar aqueles que considera os instrumentos de seus males. Os servos não instruídos exterminam sem presciência ou reflexão os que os oprimem."[7] Em outro livro,[8] que foi condenado pelo Parlamento em 1773, ele diz: "Um povo que se dispõe a acabar com a submissão do despotismo não arrisca nada, pois a escravidão é, por certo, o último grau de miséria. Ele não só tem o direito de recusar o recebimento de tal forma de governo como tem o direito de derrubá-lo."

As opiniões fanáticas de Diderot são bem conhecidas. Ele não apenas desejou a destruição da Igreja e do Estado como acreditou que tal destruição não estava distante. Broglie, vendo-o de luto, perguntou-lhe se o usava por causa de seus amigos os russos. "Se eu tivesse de usar luto por uma nação," disse Diderot, "não precisaria ir tão longe para encontrar uma." D'Alembert era menos político e só entendia as mudanças que ocorriam na ciência e na literatura. "É difícil," diz ele, "não perceber que uma alteração notável teve lugar em muitos aspectos de nossas ideias; uma

---
[7] Pp. 60, 61.
[8] *Réflexions philosophiques sur le Système de la Nature.*

alteração que parece prometer, por sua rapidez, uma outra ainda maior. O tempo fixará a natureza e os limites dessa revolução, sobre a qual a posteridade conhecerá melhor que nós as vantagens e as desvantagens."

Depois da partição da Polônia, não houve evento que gratificasse tanto o lado dos descrentes e preparasse os homens para a revolução quanto a supressão dos jesuítas. Quando chegaram as notícias da Espanha, Frederico, o Grande, escreveu para Voltaire: "Cruel revolução! O que não pode esperar a geração que sucederá a nossa? A cunha foi enfiada bem na raiz da árvore (...). Aquele edifício, solapado em sua fundação, está para cair; e as nações inscreverão em seus anais que Voltaire foi o autor dessa revolução." Havia um autêntico vínculo de união e amizade entre o rei despótico e os escritores revolucionários. O objetivo de Voltaire e seus amigos não era a destruição de toda a monarquia, mas de toda autoridade ligada à lei divina. Eles eram os aristocratas e os cortesãos, e odiavam o antigo *régime* por causa de sua aliança com a Igreja. A escola democrática de Rousseau recebeu os encômios de Frederico, José e Catarina, e assumiu uma austeridade republicana. Ainda assim, os horrores dos anos posteriores foram devidos menos às especulações de Rousseau do que à ribaldaria de Voltaire. Existiram outros da escola dos descrentes que pressentiram a aproximação de grandes desastres públicos sem desejá-los.

Condillac, o único gênio metafísico entre eles, publicou em 1775 o seu *Cours d'Étude pour l'Instruction du Prince de Parme*, no qual encontramos passagens que provam que ele viu a tempestade chegando: "As revoluções nunca acontecem de repente, porque não mudamos num dia a nossa maneira de pensar e de sentir (...). Se um povo, subitamente, altera seus hábitos, seu gênio e suas leis, esteja certo de que essa revolução foi preparada bem antes, por uma longa série de eventos e por uma longa fermentação de paixões (...). o desconforto que sentimos na sociedade é um alerta a nos informar sobre nossas faltas e a nos convidar a repará-las (...). Quando um governo entra em decadência porque a moral foi corrompida; quando novas paixões não podem mais tolerar as antigas leis; quando a *commonwealth* é infectada pela mesquinhez, pelo esbanjamento e pelo fausto; quando as mentes só se ocupam com divertimentos; quando a riqueza é mais preciosa que a virtude e a liberdade – a reforma é impraticável." Sua visão se estende além das explosões da revolução e abarca suas consequências: "As dificuldades de um povo geralmente excitam a ambição dos vizinhos, que desdenham dele, insultam-no e, por fim, declaram guerra a ele porque esperam conquistá-lo e subjugá-lo. Se os estranhos o poupam, ele cairá sob o domínio de um inimigo doméstico. O sucesso dos intrigantes, que obtêm cargos mas não desempenham suas atribuições, faz com que logo surjam homens ambiciosos que aspiram ostensivamente ao poder soberano. Ainda não existe tirano, porém a tirania já está estabelecida. Exaustos pelo movimento, pela agitação, pelas dificuldades e pela inquietação que acompanham a liberdade que expira, os homens desejam repouso, e, para escapar do capricho e da violência de uma agitada e tumultuada oligarquia, eles concedem a si mesmos um senhor."[9]

O que foi anunciado pelos clérigos e antevisto pelos filósofos estava também presente na mente dos estadistas que observavam o

---

[9] Vol. xvi, pp. 272, 284, 304, 305.

curso das questões públicas em meados do século. No ano de 1757, o arcebispo de Paris expediu uma Pastoral sobre o crime de Damiens. Apareceu uma resposta com as seguintes palavras: "Abramos nossos olhos para as presentes condições do reino. Não vemos por todos os lados uma inquietação que trai um plano de subversão a ponto de ser executado?"[10] Quatro anos mais tarde, em 1761, uma carta anônima chegou para o rei e deixou profunda impressão. "Vossas finanças, sire, estão em grande desordem, e a maior parte dos Estados pereceu por causa disso (...). Uma chama sediciosa surgiu no próprio seio de vosso parlamento; tentastes corrompê-los, mas o remédio foi pior que a doença (...). Todos os diferentes tipos de liberdade estão ligados; os filósofos e os protestantes tendem para o republicanismo, como também os jansenistas: os filósofos atacam as raízes, ao passo que os outros podam os ramos; e seus esforços, mesmo sem coordenação, acabarão um dia derrubando a árvore. Adicione-se a isso os economistas, cujo objetivo é a liberdade política, como a dos outros, que é a liberdade de adoração, e o governo pode vir a se encontrar, no prazo de vinte a trinta anos, solapado em todas as direções, e então cairá com um grande estrondo."[11] Choiseul, que, por diversos anos, exerceu um poder ilimitado na França, escreveu sobre o caráter do Delfim e disse: "Se esse príncipe permanecer o que é, devemos temer que sua imbecilidade, com o ridículo e o menosprezo consequentes, produzirá neste império um declínio que impedirá a posteridade de sua majestade no trono."[12] Quando Choiseul foi demitido, o

---

[10] *Lettre d'un Solitaire*, in *Recueil de Pièces sur Damiens*, 1760, p. 146.
[11] *Mémoirs de Mme. Hausset*, p. 37.
[12] Soulavie, *Mémoirs de Louis XVI*, i. 95.

duque de Chartres visitou-o e expressou seu pesar pelo que tinha acontecido, declarando que o monarca estava perdido. Depois da desgraça de Choiseul, seu sucessor Maupeou aboliu o Parlamento de Paris e destruiu o último remanescente da autoridade independente e da liberdade na França. O efeito na mente pública foi imenso. Seguiu-se uma guerra de panfletos, e em poucos meses noventa e cinco foram publicados em defesa do ministro. Um dos argumentos em favor do *coup d'état* foi que os juristas eram os autores do despotismo do governo francês: "Tous les jurisconsultes français avaient érigé la monarquie en despotisme." Lemos em um dos numerosos escritos do outro lado, chamado *Le Mairie du Palais*: "Isso é uma adulação bárbara que custará muitas lágrimas à França, e talvez sangue. Porque todos os homens não são igualmente submissos aos decretos da Providência. Os ensinamentos sediciosos dos descrentes se desenvolvem nas serpentes no Estado, que podem ser facilmente irritáveis pela fome, e logo a bandeira da revolução será desfraldada (...). Milhares já sucumbiram aos horrores da fome (...). Quando o povo se crê forte, se rebela; caso contrário, resmunga e pragueja contra os tiranos. Daí as muitas revoluções nos estados despóticos."[13]

Esse ato de tirania veio se somar à execração dos últimos anos do reinado de Luís XV. No ano em que ela ocorreu, a impopularidade do rei era tão grande que quando ele apareceu em Neuilly ninguém o saudou, e uma testemunha disse: "Quando o rei é surdo, o povo emudece." O efeito da medida de Maupeou foi o de transformar a magistratura de um instrumento de despotismo num

---

[13] Vide a coleção *Les Efforts de la Liberté contre le Despotisme de Maupeou*, 1772, pp. 70, 75, 83.

Ensaios

de revolução; isso porque, quando seus membros foram reconvocados no reinado seguinte, tinham se tornado inimigos do trono. Isso foi entendido pelo conde de Provence, o integrante mais inteligente da família real; e ele endereçou uma nota a Luís XVI contra a reconvocação proposta: "Quando eles tiverem recuperado seus assentos," disse, "serão leões em vez de cordeiros; usarão como pretexto os interesses do Estado, do povo e de nosso lorde o rei. No ato de desobediência, eles declararão que não desobedecerão, e a autoridade real cairá em determinado dia, esmagada pelo peso da resistência deles."[14]

O primeiro-ministro de Luís XVI foi Maurepas, que fora secretário de Estado de Luís XIV mas que caíra em desgraça no reinado de seu sucessor. No primeiro ano de sua administração ele recebeu uma carta anônima sobre o estado da nação, na qual lhe foi dito: "Você sabe que todo o reino está em chamas, que a administração da justiça está quase suspensa em todos os lados, (...) que as mentes dos homens estão exasperadas além da possibilidade de reconciliação, e que a guerra civil está nos corações de todos."

Maurepas foi perguntado se ele ou o ministro do Exterior, Vergennes, tinham preparado o projeto para a guerra americana. Sua resposta demonstra quão pequena era a prudência em ministros daquela escola e o pouco que se esforçaram para combater os malefícios que anteviam: "Nenhum de nós dois," respondeu; "na minha idade, não se fazem planos, ocupamo-nos apenas com o presente, porque não se pode contar com o futuro (..). Vergennes e eu vivemos o dia a dia, e, se não fossem as ameaças de Franklin,

---

[14] Soulavie, ii. 45.

ainda estaríamos nos entretendo com a Inglaterra e não teríamos concluído nenhum tratado com os Estados Unidos (...). Espero viver o suficiente para ver a independência da América reconhecida e a Inglaterra humilhada; foi isso que prometi ao rei."[15]

Turgot considerou que a guerra seria a ruína da França. Escreveu ao rei em abril de 1776: "Devemos confessar que ela tem de ser evitada como o maior dos infortúnios, como se fosse tornar impossível por um longo tempo, talvez para sempre, uma reforma que é absolutamente necessária para a prosperidade do Estado e para o alívio do povo."[16] A demissão de Turgot ao fim de dois anos foi considerada por muitos uma grande lástima. Lacretelle diz: "Le parti philophique s'alarme, et prédit une révolution; la guerre en retarda l'explosion."[17] Nenhum pronunciamento daqueles tempos é mais característico que o escrito por Vergennes ao rei depois da guerra americana, em 1786: "Não há mais um clero, ou uma nobreza, ou um terceiro estado na França; a distinção é fictícia, puramente representativa e sem consequência verdadeira. O monarca fala; todo o restante é o povo, e todos obedecem. Não está a França, nessa posição, sendo árbitra de seus direitos no estrangeiro e florescendo em casa? O que mais ela pode querer?"[18] Essas eram as ideias de governo que orientavam um dos mais influentes ministros nos últimos anos antes da queda da monarquia. Elas não são uma predição da revolução, mas uma antecipação do estado de coisas que ela iria introduzir — soberania absoluta de um lado e igualdade de submissão do outro.

---

[15] *Moniteur*, i. 45
[16] *Oeuvres de Turgot*, iii. 195.
[17] *Art de vérifier les Dates depuis 1770*, 1821, i. 18.
[18] Montgaillard, *Histoire de France*, 1827, i. 345.

Luís XV dissera: "Sou eu quem nomeio os ministros das Finanças, mas é o povo que os demite." Necker foi por duas vezes alçado ao cargo pela opinião pública contra o desejo do rei e da corte. Quando ele foi pela primeira vez proposto a Maurepas, o ministro disse: "Ele é um republicano; *il voudra nous républicaniser.*" A falta de cuidado nas maneiras e sua ignorância da etiqueta revelaram pela primeira vez à rainha a iminência de alguma temível mudança. Na primeira audiência, ele tomou da mão da rainha e a beijou sem pedir permissão para tanto. Isso, soubemos depois, foi considerado uma circunstância mais significativa e alarmante que os ataques à autoridade real."[19] E a esposa do marechal de B. fez a mesma descoberta quando o advogado T. cheirou rapé em sua presença, "*sans aucune politesse préalable*". A reconvocação de Necker, depois que caiu em desfavor pela primeira vez, foi extremamente desconfortável para o rei. "Então," disse ele, "devo entregar meu trono a ele." Depois de ceder, disse à sua família: "Eles me compeliram a reconvocar Necker, o que eu não queria fazer; mas não demorará muito para que se arrependam. Farei tudo o que ele me disser, e vocês verão as consequências."[20] Ele relutou mais ainda em nomear Brienne, mas, no final, concedeu, dizendo: "Vocês estão determinados; mas pode acontecer que venham a lamentar o fato." Aquele ministro leviano tinha uma inquietante antevisão das dificuldades, ridiculamente inadequada para a ocasião. Na morte do cardeal de Luynes, ele se apossou do máximo que podia do que pertencia ao

---

[19] "Cette familiarité impertinente du Genevois fit sentir à cette princesse, plus que les infractions des droits du roi, que le trône était ébranlé." *Observations sur les Ministres des Finances*, 1812, p. 216.
[20] Sallier, *Annales Françaises*, 1813, p. 199.

cardeal. "Tomo minhas precauções," disse, "porque temo que não está longe o dia em que o clero pagará a penalidade por tudo que está acontecendo, e eu terei sorte se conseguir ficar com metade do que estou pegando."[21] Escreveu ao arcebispo de Lyons: "Nunca fui um partidário dos Estados-Gerais; esta resolução será a ocasião para uma discussão sobre as três ordens, e das dificuldades sem remédio em todo o Estado (...). Eu não me surpreenderia se surgissem a desordem e a anarquia, em vez do acordo e da união." Seu amigo abade de Vermond viu ainda mais fundo quando lhe escreveu: "As varas estão sendo preparadas para o clero e podem constituir açoite sangrento."[22]

Malesherbes disse ao rei em setembro de 1787: "Não se trata de apaziguar uma crise momentânea, mas de extinguir a chama que pode produzir uma grande conflagração."[23] Mais ou menos na mesma época, Lamoignon disse: "O Parlamento, os nobres e o clero ousaram resistir ao rei; em dois anos, não existirão mais Parlamento, nobres ou clero."[24] Em 22 de dezembro de 1788, o primeiro presidente do Parlamento, D'Ormesson, pronunciou um discurso para o rei no qual falou sobre o estado da união: "Os partidários de ideias opostas já se ressentem uns com os outros; parecem temer e evitar uns aos outros, e se preparar para a discórdia aberta; eles se lançam impensadamente no começo de associações mais perigosas do que imaginam; acham que estão conduzindo o Estado para a reforma, mas só o estão levando para a ruína (...).

---

[21] Montgaillard, i. 424.
[22] *Ibid.*, p. 428.
[23] *Ibid.*, p. 373.
[24] Sallier, p. 186.

Aquilo que estão dispostos a destruir, eles não mais respeitam (...). Onde está a obediência que Vossa Majestade tem o direito de esperar? Um choque fatal a faz cambalear para todos os lados. As consequências se fazem sentir das fundações ao topo do Estado. Essa comoção geral é aumentada com as ideias de igualdade, que os homens se esforçam por erigir em sistema, como se a igualdade pudesse realmente subsistir. Essas especulações, por mais vãs que sejam, semeiam entre os cidadãos os germes da anarquia; elas representam a destruição da autoridade real e, ao mesmo tempo, a destruição da ordem civil e da monárquica. É isso, sire, que alarma seu Parlamento." Tais considerações, soubemos, foram recebidas com uma indiferença que consternou bastante o Parlamento.

À medida que a trama evoluía, o alarme se tornou mais generalizado, e a antecipação deixou de ser privilégio lúgubre de homens de visão. Na assembleia dos Notáveis, o príncipe de Conti falou nos seguintes termos ao conde de Provence: "A monarquia se encontra atacada; os homens desejam sua destruição e o momento fatal está próximo (...). Aconteça o que acontecer, eu não me recriminarei por lhe ter deixado na ignorância sobre os excessivos males que nos sobrecarregam e sobre os maiores ainda que nos ameaçam." Em dezembro de 1788, ele se juntou a D'Artois, Condé e Bourbon para a assinatura de uma memória na qual era dito ao rei: "Sir, o Estado está em perigo; sua pessoa é respeitada; as virtudes do monarca garantem a ele a homenagem da nação; mas está sendo preparada uma revolução contra os princípios do governo. Das viagens de Arthur Young, sabemos que a mesma espécie de linguagem era comum na sociedade francesa. Uma opinião permeou toda a companhia de que estávamos às vésperas de alguma grande revolução no governo; de que tudo apontava nessa direção; (...) uma grande fermentação entre todas as camadas dos homens, que estão ávidos por alguma mudança, sem saber para onde olhar e o que esperar."[25]

Pouco depois de sua demissão, Calonne escreveu ao irmão: "Olho para a França como para um corpo ulcerado em diversas partes que se teme operar porque seriam necessárias várias amputações; a doença progride e o corpo fenece, enquanto se discute o remédio. Esteja certo de que isso será o resultado dos Estados-Gerais (...). O Estado, sem conseguir uma mudança útil, será apenas convulsionado."[26]

Marmontel relata uma conversa com Chamfort, algum tempo depois da reunião dos Estados-Gerais, na qual fica claro que o que aconteceu não apenas foi antevisto, mas preparado pelo Partido popular. "Reparações," disse Chamfort, "quase sempre provocam ruínas: se investimos contra uma parede antiga, não podemos ter certeza de que ela cairá sob os golpes da marreta; e, com toda a certeza, o edifício aqui está tão decaído que eu não me admiraria que fosse necessário derrubá-lo totalmente (...). E por que não o reconstruiu com novo projeto, menos gótico e mais popular? Seria, por exemplo, um grande inconveniente se ele não tivesse tantos andares e tudo ficasse no andar térreo? (...). A nação é um grande rebanho que só pensa em se alimentar e que, com bons cães, os pastores o conduzem ao seu bel-prazer (...). E isso é uma vergonha e uma pena numa época como a nossa; e, para formular um novo plano, nada mais justo do que limpar a área (...). E o

---

[25] *Travels in France in 1787*, p. 66.
[26] Montgaillard, i. p. 358.

trono e o altar cairão juntos; eles são dois pilares se apoiando mutuamente; e quando um for quebrado o outro não resistirá (...). Existem no clero algumas virtudes sem talentos, e alguns talentos degradados e desonrados pelo vício (...). A vantagem do lado de um povo sublevado é que ele não se preocupa com moralidade. Como se pode resistir a homens para os quais todos os meios são bons?"[27] Marmontel repetiu essas palavras naquela mesma noite para Maury: "Não deixa de ser verdade," replicou ele, "que, em suas especulações, eles não estão muito errados e que a facção escolheu bem a ocasião para se defrontar com poucos obstáculos. Estou decidido a morrer na trincheira, mas tenho ao mesmo tempo a melancólica convicção de que eles tomarão de assalto a posição e de que tudo será uma pilhagem." A mais significativa declaração de todas é a de um bispo a quem Maury comunicou o que tinha ouvido: "Não fomos tão longe quanto se supõe; e, com uma espada numa das mãos e o crucifixo na outra, o clero defenderá seus direitos." O próprio Marmontel foi ao ministro Montmorin, falou sobre o perigo e conclamou-o a colocar o rei em segurança numa das fortalezas. Montmorin objetou que não havia dinheiro, que o Estado estava falido e que não podia incorrer na chance de uma guerra civil. "Você acha," disse ele, "que o perigo é tão premente que temos de partir imediatamente para extremos?" "Tão premente," foi a resposta, "que no prazo de um mês eu não me responsabilizaria pela liberdade do rei, nem pela cabeça dele, tampouco pela sua." O escritor observa com justeza que, embora as questões de Estado e a excitação generalizada ameaçassem a aproximação de uma crise,

---

[27] Marmontel, *Mémoires*, iv. P. 77 sqq.

ela no entanto só ocorreu por causa da imprudência daqueles que estavam obstinadamente determinados a considerá-la impossível. Pitt escreveu em 6 de setembro de 1788: "O estado da França, seja o que for que possa produzir, nos parece prometer, mais do que nunca, um considerável alívio quanto a projetos perigosos."

Os maus presságios tinham lançado suas sombras sobre o infeliz rei desde o nascimento. Ele nasceu em Versalhes enquanto a corte estava em Choisy, e nenhuma das princesas de sangue estava presente. Não foi boa coisa, na visão que então prevalecia; porém, pior ainda, o mensageiro despachado para levar a notícia à corte caiu do cavalo e morreu a caminho. O grande desastre que ocorreu nas festividades de sua posse foi ainda mais agourento. "Vi," disse um contemporâneo, "esse evento sinistro perturbar todas as imaginações dos homens com a noção de um futuro horrível."[28] Num notável trabalho militar, escrito no início de seu reinado, existem algumas reflexões impressionantes sobre o estado do país. "O desconforto e a ansiedade das nações sob muitos governos são tais que elas vivem desgostosa e mecanicamente; e, se elas tivessem o

---

[28] Fantin Desodoards, *Histoire de France*, xxiii, 224. Nesse mesmo ano, 1775, Delille fez circular uma profecia em rimas sobre os bons tempos que se aproximavam. Citaremos uns poucos versos:

> Des biens on fera des lots
> Qui rendront les gens égaux....
> Du même pas marcheront
> Noblesse et roture;
> Les Français retourneront
> Au droit de nature.
> Adieu parlemens et lois,
> Ducs et princes et róis!....

Les Français auront des dieux à leur fantaisie.

poder de quebrar os vínculos que as unem, dariam a si mesmas outras leis e outros homens para governá-las (...). Suponha-se que emergisse na Europa um povo vigoroso, com índole, recursos e um governo — um povo que combinasse com as virtudes austeras e uma milícia nacional um plano fixo de engrandecimento, que não perdesse de vista esse sistema e, sabedor de como fazer a guerra a custo baixo e de como subsistir às suas vitórias, não fosse compelido a depor as armas em função de cálculos financeiros — e o veríamos subjugar seus vizinhos e derrubar nossos débeis governos, da mesma forma que o vento norte enverga o junco (...). A França é agora o país que declina mais rapidamente. O governo não a sustenta; e os vícios, que em todos os demais lugares só se espalham pela imitação, nascem aqui, são os mais inveterados, os mais destrutivos, e acabarão primeiro com ela (...). O sistema monstruoso e complicado de nossas leis, nossas finanças e nosso poderio militar será despedaçado."[29]

Nenhum escritor daquela época parece ter tido maior antevisão nem induzido mais para a formação de sua opinião do que Linguet, um panfletário de grande atividade mas de não muita autoridade enquanto viveu. No primeiro volume de seu *Annales Politiques*, publicado no ano de 1777, ele escreve assim: "É uma tendência comum a todos, dos príncipes aos mais humildes dos súditos, considerar o sucesso um direito e achar que é inocente aquele que não fracassou.[30] (...) Conquistas injustas já foram vistas antes, mas até aqui os usurpadores têm sido suficientemente escrupulosos para

---

[29] Guibert, *Essai géneral de Tactique*, tome i. *Discours préliminaire*, pp. ix, xiii, xix, xliv.
[30] O Mirabeau velho diz no *Ami des Hommes* (iii. 33): "La loi des plus forts fait de la révolte le droit des gens."

esconder suas espadas atrás de manifestos (...). Mas agora as coisas acontecem à vista de todos, em meio à paz, sem que haja uma queixa; foi com um pretexto aparente que a coroa da Sarmácia foi despedaçada por mãos amigas. A fraqueza de um, o poder de outros, têm sido as únicas razões invocadas ou reconhecidas. O terrível princípio de que a força é o melhor argumento dos reis, colocado em prática com tanta frequência, mas sempre tão diligentemente disfarçado, tem sido pela primeira vez apresentado e abertamente praticado sem nenhum encobrimento. Pode ser que alguma coisa se filtre imperceptivelmente disso e se torne hábito geral. Nunca talvez, em presença de uma aparente prosperidade, a Europa esteve tão próxima de uma subversão total, mais terrível ainda porque o desespero será a causa (...) Chegamos por uma estrada exatamente oposta onde estava a Itália quando a guerra servil a inundou de sangue e levou a carnificina e a conflagração aos portais da amante do mundo."[31]

Na importância que esse escritor capaz empresta à partição da Polônia, ele é apoiado por Burke, que a considerou "a primeira grande brecha no moderno sistema político da Europa". Ela fez mais que qualquer outro evento, salvo a supressão dos jesuítas, para obscurecer a consciência política da humanidade e para preparar os homens a fim de que desprezassem as obrigações do direito, em obediência aos exemplos estabelecidos para eles por seus reis. As consequências foram previstas e inevitáveis, e a Revolução foi apregoada e anunciada a cada passo de sua aproximação pelos observadores mais competentes. O sentimento de sua aproximação

---

[31] pp. 76, 78, 80, 85.

final foi forte na antiga sociedade; e tanto da parte dos autores da grande catástrofe quanto da dos que foram suas vítimas houve acordo quanto às expectativas, que eram as esperanças dos primeiros e os temores dos outros. "As revoluções," diz Bonald, "têm causas materiais imediatas que impressionam os olhos menos atentos. Elas são, na realidade, apenas as ocasiões. As causas verdadeiras, as causas eficientes e profundas, são morais, que as mentes mesquinhas e os homens corruptos não entendem (...). Pode-se pensar que um déficit financeiro foi a causa da Revolução: mas se pensarmos com mais profundidade descobriremos um déficit em todos os princípios da ordem social." Um dos observadores mais capazes da Revolução mescla talvez alguma vaidade com muita verdade quando diz: "Não conheço nada de importante que tenha acontecido desde que nasci, na Igreja ou no Estado, que eu não tenha previsto. Deus não permite que os homens adotem um princípio e restrinjam aquilo que flui naturalmente dele."

Lord Acton

CAPÍTULO XXII

Ensaio sobre o Friedrich II, *de Carlyle*[*]

A maioria das resenhas que apareceram sobre este livro mais o defende das críticas do que o elogia. São tão poucos os autores de hoje que não experimentaram maior ou menor influência dos escritos anteriores de mr. Carlyle que quase todos estão interessados em preservar sua fama. No entanto, não existe historiador inglês que mereça ser julgado com maior severidade e por tribunal tão elevado, porque nenhum falou mais profunda e verdadeiramente sobre o caráter e a dignidade da história. "Toda a história," escreve ele, num dos intervalos lúcidos do seu *Latter-Day Pamphlets*, "é uma Bíblia não articulada e, de uma maneira intrincadamente turva, revela a Aparição Divina neste mundo inferior (...). Não existe biografia de um homem, muito menos qualquer história ou biografia de uma nação, mas sim envolta nelas uma mensagem dos céus endereçada aos que podem ou não ouvi-la." Do seu conceito de história, *Past and Present* e *The French Revolution* não são totalmente injustificados. A desafeição que mr. Carlyle sente pelos homens e coisas de seu próprio tempo pa-

---

[*] Thomas Carlyle, *History of Friedrich II of Prussia, called Frederick the Great*, vols. I e 2 (Londres: Chapman and Hall, 1858). Este ensaio foi publicado na *Rambler* 10 (dezembro de 1858): 429-431. *Wellesley* II: 776; Döllinger I: 159; Acton-Simpson i: 80.

rece lhe dar uma visão mais clara do passado que a daqueles que a possuem distorcida pelos preconceitos de suas épocas. Ele demonstrou um entendimento das coisas que nenhum outro historiador inglês teve. Lidou com as forças impessoais que agem na história e apreciou, normalmente com rara sagacidade, o verdadeiro significado e a sequência dos eventos. Mas foi incapaz de seguir o rumo que apontou e fracassou até mesmo em se manter na alta posição que alcançou. Não pôde distinguir na história aquilo que desconhecia na religião: assim, limitou-se à exclusiva contemplação de certos indivíduos típicos, cuja grandeza parecia suprir o de que ele necessitava, um objeto de adoração e elementos invisíveis personificados em homens visíveis. Logo, as posses de seus heróis assumem importância tão grande que distraem sua atenção do homem; ele investe de uma dignidade absurda não só suas relações, mas também seus haveres, e permite que coisas meramente materiais obscureçam o interesse humano do indivíduo em tela. É uma história feita de excentricidades. Essa é a maneira com que mr. Dickens escreve seus romances; para quem os óculos de um *gentleman* idoso, um par de meias cor de amora ou um perambulante porco americano têm maior atrativo que qualquer problema psicológico. Mr. Carlyle nos disse já há algum tempo: "Tenho que falar em linguagem crua, se os tempos desditosos são surdos e mudos." Porém, caso a história da Casa de Brandemburgo valesse a pena relatar, como prólogo da vida de Frederico, em dois volumes quase tão grossos quanto o *History of England* de Hume, seria melhor fazê-lo em suas cores naturais. Em vez disso, no entanto, eventos, pessoas e as menos sugestivas das ideias humorísticas são convertidos numa lista de extravagâncias curiosas. Temos um agradável episódio referente a uma "muito estimada fivela de sapato", engolida pelo pai de Frederico em "31 de dezembro de 1692"; e somos informados com precisão farmacêutica de que "alguns grãos de ruibarbo fizeram com que a fivela voltasse em segurança à luz do dia". O príncipe, que por pouco escapou de fim intempestivo, era "um sujeito teimoso que não deveria ser deixado próximo a cerâmicas"; "um urso sólido, honesto e algo explosivo", a quem Leibnitz, "com sua longa peruca negra e grande nariz paciente" e "pernas arqueadas", provavelmente não lecionaria metafísica. O par para tão lisonjeadora descrição do filósofo é "Príncipe Eugênio", com um "nariz não desacostumado ao rapé e, em consequência, com lábios bem abertos". No tempo de Alberto, o Urso, "os Wends são finalmente reduzidos ao silêncio; sua anarquia, bem enterrada, e saudável couve-de-bruxelas plantada por cima dela". Há uma sucessão de imagens agradáveis de "a velha e pobre anatomia, ou inclinado junco humano"; "meros militares envelhecidos cheios de distintivos e galões, sem qualidades especiais, (...) adornados com títulos e, sem dúvida, possuidores de estômagos"; "um sólido homem obtuso, amante da bebida, entre outras coisas, não mais inteligente do que deveria ser"; e "um verdadeiro e horroroso dragão de mulher". É-nos dito como um "simples Orson de majestade prussiana" se deixou levar "por majestoso, colorido, condecorado e insultuoso ator" e como ele, "subsequentemente, encarou como um rinoceronte todas aquelas urdiduras". Com isso, o inteligente mr. Carlyle tapeia o prodigioso tédio de seu biografado e se reconforta depois do estudo de "insípidos volumes". Ele insulta em diversas passagens, com sentenças tão humoradas e epigramáticas quanto injustas, os historiadores germânicos, que ficarão muito surpresos com a maneira pela qual ele fez o trabalho deles. O que mais o provoca nos livros de tais historiadores é a ausência de curiosidade. Ele dá muito valor a uma arma antiga chamada *Lazy Peg* e a distingue entre todas as armas daquele tempo. "Tenho com frequência perguntado sobre o destino da Lazy Peg em diversas ocasiões; mas jamais consegui alguma coisa clara sobre a arma. O pedante alemão é um cão estúpido que parece não carregar nada de humano naquela sua pasta." Julgado por tais padrões, que tipo de cão estúpido ele não deve considerar o pedante ático Tucídides! Todavia, a pretensão demonstrada é pequena em consultar as verdadeiras autoridades para mitigar a insipidez da primeira parte da história. Esses absurdos são por vezes compensados por trechos da antiga e turbulenta eloquência e por passagens apropriadas como a descrição do imperador Carlos IV: "Ele ficou principalmente em Praga, pronto para receber o dinheiro, mas bem afastado do caminho do perigo; (...) impelido para lá e para cá, pobre pequeno vilão, pelos ventos caóticos do Tempo — sem se direcionar para estrela alguma." O julgamento da filosofia de Bayle faz jus aos seus melhores tempos: "Vamos admitir que ela é profícua; pelo menos, que é inevitável; vamos ter piedade dela, ser gratos a ela e rejubilarmo-nos por estar bem fora dela. O cepticismo que está lá bem no topo da árvore do mundo e que tem que descer por toda a ramagem, com resultados terríveis para a humanidade, é, no entanto, agradável, tingindo as folhas com o suave vermelho do outono."

Num livros desses, dificilmente é justo anotar os erros na questão dos fatos; porém, a certa altura, mr. Carlyle, contrariando seu hábito, proporciona um espetáculo desajeitado ao citar uma autoridade para estabelecer a verdade de uma história que, de há muito, não é recomendável repetir. Ele confina judiciosamente sua pesquisa a um escritor que morreu há cem anos. O imperador Henrique VII, diz ele, "morreu subitamente, pelo veneno colocado nos vinhos consagrados" por um "dominicano de olhos de rato"; (...) "um dos maiores representantes da vileza humana que dolorosamente nos vem à mente". "Ptolomeu de Lucca, ele mesmo um dominicano, é um dos espíritos *acusadores*." Tão afastado de tudo, Ptolomeu diz apenas em determinada passagem, "viam universae carnis ingressus est" (Muratori Scriptores, xi, 1208) e, noutro lugar, adiciona "a fide dignis accepi qui fuerunt presentes", "Moritur autem xxiii Augusti morte naturali, quamquam aliqui malevoli dixerunt quod fuit datum sibi venenum in eucharistia" (ibid. 1240). Agora, bem antes de o trabalho de Ptolomeu ser impresso, ele foi citado, com a prova dos manuscritos, como um dos acusadores de sua ordem. Quando o texto foi publicado, em primeiro lugar como um extrato de Bozius, e depois inteiro por Muratori, foi constatado que a acusação estava contida numa interpolação com o título "additio". Por causa disso, é claro, os historiadores católicos foram acusados de fraude; e na época da principal autoridade de mr. Carlyle, Köhler, os protestantes triunfavam com mais alarde que nunca. Finalmente, a obra original foi encontrada, da qual a passagem interpolada fora tirada. Ela provou ter sido de Henrique, cônego de Constance, que a maioria dos cronistas germânicos tirou depois ao conto do veneno. A origem da calúnia é fácil de encontrar, mas aqui só quisemos expor a maneira de mr. Carlyle adotá-la.

CAPÍTULO XXIII

*A Teoria Protestante da Perseguição**

A maneira pela qual a religião influencia a política do Estado é mais facilmente avaliada no caso do protestantismo que no da Igreja Católica: pois, enquanto a expressão das doutrinas católicas é peremptória e invariável, os grandes problemas sociais não surgem todos de imediato, e, em ocasiões diversas, receberam soluções diferentes. Os reformadores fracassaram na construção de um código de doutrina completo e harmonioso; mas foram compelidos a suplementar a nova teologia com um corpo de regras novas, a fim de orientarem seus seguidores quanto às inumeráveis questões para as quais a prática da Igreja crescera da experiência de eras. E, embora o sistema dogmático do protestantismo não ficasse pronto à época deles, ainda assim o espírito protestante animou-os com mais pureza e força do que o fez com qualquer geração posterior. Agora, quando uma religião é aplicada às esferas social e política, seu espírito geral tem que ser considerado, em vez de seus preceitos particulares. De modo que, ao estudarmos os pontos dessa aplicação no caso do protestantismo,

---

* Publicado em *Rambler* n. s. 6 (março de 1862): 318-351. *Wellesley* II: 784; Döllinger I: 237; Acton-Simpson II: 266. Republicado em *History of Freedom*, pp. 150-187, e em *Freedom and Power*, de Acton, pp. 88-127.

devemos consultar com maior confiança os escritos dos reformadores do que faríamos com uma exposição da teologia protestante; e aceitá-los como autoridade maior, porque concordam mais completamente entre si. Podemos estar mais seguros de que temos a verdadeira opinião protestante sobre uma questão política e social em que todos os reformadores concordem do que sobre uma questão teológica em que divergem, pois a opinião corrente tem que ser fundamentada num elemento comum a todos e, portanto, essencial. Se depois fosse descoberto que essa opinião era injuriosa a seus interesses reais, e mantida com sacrifício por eles, deveríamos então ter segurança adicional para a necessária conexão com suas opiniões fundamentais.

O exemplo mais importante dessa lei é a teoria protestante da tolerância. As opiniões dos reformadores sobre liberdade religiosa não são fragmentárias, acidentais, desligadas de suas doutrinas ou sugeridas pelas circunstâncias em meio às quais viviam, mas são produto de seu sistema teológico e de suas ideias de governo político e eclesiástico. As liberdades civil e religiosa são tão comumente associadas nas bocas das pessoas, e são tão raras de fato, que suas definições são evidentemente muito pouco entendidas quanto os princípios de sua conexão. O ponto no qual se unem, a raiz comum da qual derivam seu sustento, é o direito ao autogoverno. A teoria moderna, que varreu qualquer autoridade exceto a do Estado, e tornou o poder soberano irresistível ao multiplicar o número daqueles que o partilham, é a inimiga dessa liberdade comum na qual a liberdade religiosa está incluída. Ela condena, como um Estado dentro do Estado, qualquer grupo ou comunidade interna, classe ou corporação, que administre suas próprias questões; e, ao proclamar a abolição dos privilégios, emancipa os indivíduos de cada autoridade dessas de modo a transferi-los exclusivamente para a sua própria. Ela reconhece a liberdade apenas no indivíduo, porque é só no indivíduo que a liberdade pode ser separada da autoridade, e o direito da obediência condicional é privado da segurança de um comando limitado. Sob seu manto, portanto, cada homem pode professar sua própria religião mais ou menos livremente; mas sua religião não é livre para administrar suas próprias leis. Em outras palavras, a profissão da religião é livre, mas o governo da Igreja é controlado. E onde a autoridade eclesiástica é restringida, a liberdade religiosa é virtualmente negada. Posto que a liberdade religiosa não é o direito negativo de não professar qualquer religião em particular, da mesma forma que o autogoverno não é anarquia. É o direito das comunidades religiosas à prática de seus deveres próprios, o desfrute de sua própria Constituição e a proteção da lei, que assegura igualmente a todos a posse de sua própria independência. Longe de implicar tolerância generalizada, ela é mais bem garantida por uma limitada. Num Estado indiferente, ou seja, num Estado sem característica religiosa definida (se é que tal coisa é concebível), nenhuma autoridade eclesiástica pode existir. Uma organização hierárquica não seria tolerada pelas seitas que não possuem nenhuma, ou pelos inimigos de todas as religiões definidas; isso porque estaria em contradição com a teoria preponderante da liberdade atomizada. Nem pode uma religião ser livre quando se encontra sozinha, a menos que torne o Estado sujeito a ela. Porque os governos restringem a liberdade da Igreja favorecida remunerando-se pelo serviço que prestam para preservar a unidade dela. Os conflitos mais violentos e prolongados pela liberdade religiosa ocorreram na Idade Média entre uma Igreja, que não era ameaçada por rivais, e os Estados, muito atentos para a preservação de sua predominância exclusiva. Frederico II, o mais tirânico opressor da Igreja entre os imperadores germânicos, foi o autor daquelas leis sanguinárias contra a heresia que imperaram por muitos anos em diversas partes da Europa. A Inquisição, que sustentou a unidade religiosa na nação espanhola, impôs as restrições mais severas à Igreja daquele país; e, na Inglaterra, a conformidade foi exigida com mais rigor por aqueles soberanos que exerceram a tirania mais completamente sobre a Igreja Estabelecida. A liberdade religiosa, portanto, só é possível onde a coexistência de diferentes religiões é admitida. A tolerância ao erro é requisito para a liberdade; mas a liberdade será mais completa onde não houver diversidade real a ser resistida e unidade teórica a ser mantida, mas onde a unidade existir como triunfo da verdade, não da força, por meio da vitória da Igreja, não pela promulgação de atos do Estado.

Tal liberdade só é alcançada em comunidades em que os direitos são sagrados e onde a lei é suprema. Se o primeiro dever for obediência à autoridade e preservação da ordem, como no caso das aristocracias e monarquias do tipo patriarcal, não há garantia para as liberdades, seja a individual seja a religiosa. Onde as considerações mais elevadas dizem respeito ao bem-estar público e à vontade popular, como nas democracias e nas monarquias constitucionais, segundo o padrão francês, a maioria toma o lugar da autoridade; um princípio irresistível substitui o poder idólatra, e todos os direitos privados se tornam também inseguros. A verdadeira teoria da liberdade exclui todo o poder absoluto e toda ação arbitrária, e requer que um governo tirânico ou revolucionário seja refreado pelo povo; mas ela ensina que a insurreição é criminosa, salvo se corretiva para a revolução e a tirania. Para que se entendam as opiniões dos reformadores protestantes sobre a tolerância, eles têm que ser considerados em relação a esses pontos.

Como a Reforma foi um ato de resistência individual e não um sistema, e enquanto os Poderes seculares estavam engajados no apoio à autoridade da Igreja, os autores do movimento foram compelidos a reivindicar impunidade para seus pontos de vista, e mantiveram linguagem relativa ao direito de os governos interferirem na crença religiosa, semelhante àquela dos amigos da tolerância. Qualquer facção religiosa, independentemente de quão exclusiva ou servil sua teoria é, se estiver em contradição com um sistema geralmente aceito e protegido por lei, tem de, em sua primeira aparição, assumir necessariamente a proteção da ideia de que a consciência é livre.[1] Antes que uma nova autoridade possa se estabelecer no lugar de outra estabelecida, existe um intervalo em que o direito de divergir tem de ser proclamado. No início da contenda de Lutero com a Santa Sé, não existia autoridade rival para a qual ele pudesse apelar. Não havia organismo eclesiástico, o poder civil não estava ao seu lado, nem mesmo um sistema definido tinha ainda evoluído pela controvérsia da doutrina original da absolvição. Seus primeiros esforços foram atos de hostilidade, suas exortações, totalmente

---

[1] "Le vrai principe de Luther est celui-ci: La volonté est esclave par nature (...). Le libre examen a été pour Luther un moyen et non un principe. Il s'en est servi, et était contraint de s'en pour établir son vrai principe, qui était la toute-puissance de la foi et de la grâce (...). C'est ainsi que le libre examen s'imposa au Protestantisme. L'accessoire devint le principal, et la forme dévora plus ou moins le fond." (Janet, *Histoire de la Philosophie Morale*, ii. 38, 39.)

agressivas, e seu apelo foi às massas. Quando a proibição do seu Novo Testamento lhe deu a certeza de que não deveria esperar favor dos príncipes, ele publicou seu livro sobre o Poder Civil, que considerou superior a tudo que já havia sido escrito sobre governo desde os dias dos Apóstolos, e no qual afirma que a autoridade é apenas concedida ao Estado contra os pecadores, não podendo coagir os pios. "Os príncipes," diz ele, "não devem ser obedecidos quando ordenam submissão a erros supersticiosos, mas sua ajuda não deve ser invocada em apoio à Palavra de Deus."[2] Os hereges devem ser convertidos pelas Escrituras, não pelo fogo, caso contrário o carrasco seria o melhor dos médicos.[3] Ao tempo em que isso foi escrito, Lutero esperava a bula da excomunhão e o banimento do império, e, por diversos anos, pareceu duvidoso se ele escaparia ao tratamento que condenava. Ele viveu com constante receio de ser assassinado, e os amigos se divertiam com seus temores. Em dada ocasião, acreditou que um judeu havia sido contratado pelos bispos poloneses para acabar com ele; que um médico invisível estava a caminho de Wittenberg para matá-lo; que o púlpito de

---

[2] "Se eles proíbem a verdadeira doutrina e punem seus súditos por receberem todo o sacramento, como Cristo ordenou, compelem o povo a práticas idólatras, com missas para os mortos, indulgências, invocações de santos e coisas parecidas; e nisso excedem suas funções e buscam privar Deus da obediência a Ele devida. Porque Deus requer de nós, acima de tudo, que ouçamos Sua Palavra e que ela seja seguida; porém, onde o Governo desejar evitar isso, os indivíduos têm que saber que não são obrigados a obedecer" (*Werke*, de Lutero, xiii. 2244). "Non est, mi Spalatine, principium et istius saeculi Pontificum tueri verbum Dei, nec ea gratia ullorum peto praesidium" (*Briefe*, de Lutero, ed. De Wette, i. 521, 4 de novembro de 1520). "Não compelirei ou instarei homem algum pela força. Pois a fé tem que ser voluntária e não compulsória, e tem que ser adotada sem violência" ("Sermonen an Carlstadt," *Werke*, xx. 24, 1522).

[3] "Schrift an den christlichen Adel" (*Werke*, x. 574, junho de 1520). Sua proposição *Haereticos comburi esse contra voluntatem spiritus* foi uma das condenadas por Leão X como pestilenta, escandalosa e contrária à caridade cristã.

onde pregava estava impregnado de veneno sutil.⁴ Tais alarmes ditaram suas palavras durante aqueles primeiros anos. Não eram a expressão verdadeira de suas opiniões, que ainda não se mostravam suficientemente fortes para serem proclamadas abertamente.⁵

O cisma zwingliano, a ascensão dos anabatistas e a Guerra dos Camponeses alteraram esse aspecto da questão. Lutero neles reconheceu os frutos da teoria do direito ao julgamento privado dos dissidentes,⁶ e que chegara o momento de proteger sua Igreja contra a aplicação dos mesmos princípios separatistas que tinham lhe servido para romper sua fidelidade a Roma.⁷ Os excessos da guerra

---

⁴ "Nihil non tentabunt Romanenses, nec potest satis Huttenus me monere, adeo mihi de veneno timet" (De Wette, i. 487). "Etiam inimici mei quidam miserti per amicos ex Halberstadio fecerunt moneri me: esse quemdam doctorem medicinae, qui arte magica factus pro libito invisibilis, quemdam occidit, mandatum habentem et occidenti Lutheri, venturumque ad futuram Dominicam ostensionis reliquiarum: valde hoc constanter narratur" (De Wette, i. 441). "Est hic apud nos Judaeus Polonus, missus sub pretio 2000 aureorum, ut me veneno perdat, ab amicis per litteras mihi proditus. Doctor est medicinae, et nihil non audere et facere paratus incredibili astutia et agilitate" (De Wette, ii. 616). Vide também Jarcke, *Studien zur Geschichte der Reformation.* p. 176.

⁵ "Multa ergo premo et causa principis et universitatis nostrae cohibeo, quae (si alibi essem) evomerem in vastatricem Scripturae et Ecclesiae Romanae (...). Timeo miser, ne forte non sim dignus pati et occidi pro tali causa: erit ista felicitas meliorum hominum, non tam foedi peccatoris. Dixi tibi semper me paratum esse cedere loco, si qua ego principi illi, viderer periculo hic vivere. Aliquando certe moriendum est, quanquam jam edita vernacula quadam apologia satis aduler Romanae Ecclesiae et Pontifici, si quid forte id prosit" (De Wette, i. 260, 261). "Ubi periculum est, ne iis protectoribus tutus saevius in Romanenses sim grassaturus, quam si sub principis imperio publicis militarem officiis docendi (...). Ego vicissim, nisi ignem habere nequeam damnabo, publiceque concremabo jus pontificium totum, id est, lernam illam haeresium; et finem habebit humilitatis exhibitae hactenusque frustratae observantia qua nolo amplius ainflari hostes Evangelii" (*Ibid.*, pp. 465, 466, 10 de julho de 1520).

⁶ "Do Evangelho e da verdade divina saem as mentiras diabólicas; (...) do sangue de nosso corpo vem a corrupção; e de Lutero vêm Müntzer e rebeldes, anabatistas, sacramentários e falsos irmãos" (*Werke*, i. 75).

⁷ "Habemus," escreveu Erasmo, "fructum tui spiritus (...). Non agnoscis hosce seditiosos, opinor, sed illi te agnoscunt (...) nec tamen efficis quominus credant homines per tuos

social ameaçaram privar o movimento da simpatia das classes mais elevadas, especialmente do governo; e com a derrota dos camponeses, a fase popular da Reforma chegou ao fim no continente. "O diabo," disse Lutero, "tendo fracassado em derrubá-lo com a ajuda do Papa, procurava sua destruição por intermédio dos pregadores da traição e do sangue."[8] Instantaneamente, ele voltou-se do povo para os príncipes;[9] imprimiu ao seu grupo aquela característica de dependência política e o hábito da obediência passiva ao Estado que passaram a ser retidos desde então e proporcionaram a estabilidade que, de outra forma, jamais conseguiria. Em assim buscando refúgio nos braços do poder civil, comprando a segurança de sua doutrina com o sacrifício de sua liberdade e conferindo ao Estado, juntamente com o direito de controle, o poder de impô-lo pela ponta da espada, Lutero, na verdade, reverteu ao seu ensinamento original.[10] A noção de liberdade, quer civil quer religiosa, era odiosa para sua natureza despótica e contrária à sua interpretação da Escritura. Já em 1519, ele dizia que até mesmo o muçulmano deveria ser reverenciado como uma autoridade.[11] A servidão desmoralizante e a opressão sem leis que os campone-

---

libellos (...) pro libertate evangelica, contra tyrannidem humanam, hisce tumultibus fuisse datam occasionem." "E quem negará," acrescenta um clássico protestante, "que a culpa se deve em parte a eles?" (Planck, *Geschichte der protestantischen Kirche*, ii. 183).

[8] "Ich sehe das wohl, dass der Teufel, so er mich bisher nicht hat mögen umbringen durch der Pabst, sucht er mich durch die Blutdürstigen Mordpropheten und Rottengeistern, so unter euch sind, zu vertilgen und auffressen" (*Werke*, xvi. 77).

[9] Schenkel, *Wesen des Protestantismus*, iii. 348, 351; Hagen, *Geist der Reformation*, ii. 146, 151; Menzel, *Neuere Geschichte der Deutschen*, i. 115.

[10] Vide o melhor de seus biógrafos, Jürgens, *Luther's Leben*, iii, 601.

[11] "Quid hoc ad me? qui sciam etiam Turcam honorandum et ferendum potestatis gratia. Quia certur sum non nisi volente. Deo ullam protestatem consistere" (De Wette, i. 236).

ses sofriam não lhes deram, a seus olhos, direito algum ao alívio; e quando eles correram a pegar em armas, invocando seu nome como libertador, ele exortou os nobres a assumirem uma vingança impiedosa.[12] Seu crime foi o de serem animados pelo espírito sectário que Lutero tinha o maior interesse em suprimir.

As autoridades protestantes em toda a Alemanha Meridional ficaram perplexas com a vitória deles sobre os anabatistas. Não era fácil mostrar que seus preceitos políticos eram revolucionários e que a única porção subversiva de sua doutrina era que sustentavam, juntamente com os católicos, que o Estado não era responsável pela religião.[13] Por conseguinte, eles foram punidos porque ensinaram que nenhum homem deveria sofrer por causa de sua fé. Em Nuremberg, os magistrados não souberam como proceder contra eles. Não pareciam piores que os católicos contra os quais não havia pleito de extermínio àquele tempo. O célebre

---

[12] "Imploro primeiro a todos vocês que não ajudem a apaziguar o conde Alberti nesses assuntos, mas deixem-no prosseguir como começou (...). Encorajem-no a ir vivamente, a deixar as coisas nas mãos de Deus e a obedecer Seu comando divino para manejar a espada até onde possa." "Não se permitam ser muito perturbados, pois isso redundará em benefício das muitas almas que seriam aterrorizadas por ela, e preservadas." "Se existirem pessoas inocentes entre eles, Deus com certeza as preservará e salvará, como Ele o fez com Lot e Jeremias. Se Ele não o fizer, é porque elas por certo não eram inocentes (...). Temos que rezar para que obedeçam, caso contrário não haverá tempo para compaixão; deixemos que as armas cuidem deles." "Sentio melius esse omnes rusticos caedi quam principes et magistratus, eo quod rustici sine auctoritate Dei gladium accipiunt. Quam nequitiam Satanae sequi non potest nisi mera Satanica vastitas regni Dei, et mundi principes etsi excedunt, tamen gladium auctoritate Dei gerunt. Ibi utrumque regnum consistere potest, quare nulla misericordia, nulla patientia rusticis debetur, sed ira et indignatio Dei et hominum" (De Wette, ii. 653, 655, 666, 669, 671).

[13] "Wir lehren die Christliche Obrigkeit möge nicht nur, sondern solle auch sich der Religion und Glaubenssachen mit Ernst annehmen; davon halten die Wiederspiel, welches sie auch zum Theil gemein haben mit den Prälaten der römischen Kirche." (Declaração dos protestantes citada por Jörg, *Deutschland von 1522 bis 1526*, p. 709.)

Osiander considerou inconsistentes tais escrúpulos. Os papistas, disse ele, também têm de ser suprimidos; e se isso não fosse feito seria impossível chegar a extremos com os anabatistas, que eram piores que eles. Lutero foi também consultado e decidiu que eles não deveriam ser punidos, salvo se rejeitassem o ajuste ao comando do governo.[14] O margrave de Brandenburgo foi também alertado pelos eclesiásticos de que um herege que não pudesse ser convertido pela Escritura deveria ser condenado; mas que, na sua sentença, nada deveria ser dito sobre heresia, apenas sobre intenção de sedição e de assassinato, embora o herege pudesse não ser culpado de nada disso.[15] Com a ajuda de tal artifício, muitos foram mortos.

O espírito orgulhoso e ardente de Lutero desprezou tais pretextos. Despiu-se de todas as reservas e falou francamente sobre direitos e deveres do Estado para com a Igreja e seus integrantes. O primeiro passo foi proclamá-los através da administração do poder civil para evitar desgostos.[16] Ele não deu garantia de que, no desempenho de tal atribuição, o soberano deveria ser orientado

---

[14] "Quando à sua pergunta sob a forma com que eles devem ser punidos, não os considero blasfemadores, mas os encaro à luz dos muçulmanos ou dos cristãos iludidos, a quem o poder civil não deve punir, pelo menos fisicamente. Contudo, caso eles se recusem a reconhecer e obedecer a autoridade civil, então perderão tudo o que têm e que são, porque então a sedição e o assassinato seguramente estarão em seus corações." (De Wette, ii. 622; opinião de Osiander em Jörg, p. 706.)

[15] "Dass in dem Urtheil und desselben öffentlicher Verkündigung keines Irrthums oder Ketzereien (...) sondern allein der Aufruhr und fürgenommenen Mörderei, die ihm doch laut seiner Ursicht nie lieb gewesen, gedacht werde." (Jörg, p. 708).

[16] "Principes nostri non cogunt ad fidem et Evangelion, sed cohibent externas abominationes" (De Wette, iii. 50) "Wenn die weltliche Obrigkeit die Verbrechen wider zweite Gesetzestafel bestrafen, und aus der menschilichen Gesellschaft tilgen solle, wie vielmehr denn die Verbrachen wider die erste?" (Lutero, apud Bucholtz, *Geschichite Ferdinands I*, iii. 571).

pelo aconselhamento dos eclesiásticos ortodoxos,[17] mas asseverou que o dever era em si imperativo. Na observância ao princípio fundamental de que a Bíblia é o único guia de todas as coisas, ele defendeu a administração e a justificou por precedente escritural. O Código de Moisés, argumentou, outorgou a falsos profetas a punição da morte, e a majestade de Deus não é para ser menos profundamente reverenciada ou menos rigorosamente justificada sob o Novo Testamento do que sob o Antigo; numa revelação mais perfeita, a obrigação é mais forte. Aqueles que não ouvirem a Igreja têm que ser excluídos da comunhão; mas o poder civil tem que intervir quando a excomunhão eclesiástica for pronunciada, e os homens têm de ser compelidos a entrar. Isso porque, de acordo com a definição mais acurada de Igreja que é dada na Confissão de Schmalkald e na Apologia da Confissão de Augsburgo, a excomunhão envolve danação. Não se pode esperar salvação fora da Igreja, e o teste de ortodoxia contra o Papa, o demônio e todo o mundo é o dogma da absolvição pela fé.[18]

A defesa da religião tornou-se, na sua teoria, não apenas dever do poder civil, mas o objetivo de sua instituição. Sua missão era tão somente coagir os que estivessem fora da Igreja. Os fiéis não podiam ser objetos de sua ação; eles faziam por conta própria mais do que quaisquer leis requeriam. "Uma boa árvore," diz Lutero, "dá bons frutos por natureza, sem compulsão; não é loucura prescrever leis para uma macieira que dê maçãs e não espinhos?"[19] Essa

---

[17] Planck, iv. 61 explica por que isso não foi pensado.
[18] Linde, *Staatskirche*, p. 23. "Der Papst sammt seinem Haufen glaubt nicht; darum bekennen wir, er werde nicht selig, das ist verdammt werden." (*Table-Talk*, ii. 350).
[19] Kaltenborn, *Vorläufer des Grotius*, 208.

opinião derivou naturalmente do axioma da certeza da salvação para todos os que acreditam na Confissão de Augsburgo.[20] É o elemento mais importante no sistema político de Lutero porque, enquanto fez todos os governos protestantes despóticos, levou à rejeição da autoridade dos governos católicos. Esse é o ponto em que as intolerâncias protestante e católica se encontram. Se o Estado fosse instituído para promover a fé, nenhuma obediência seria devida a um Estado de fé diferente. Os protestantes não poderiam ser, em sã consciência, fiéis súditos de Potências Católicas e, por conseguinte, não poderiam ser tolerados. Os descrentes não teriam direitos sob um Estado ortodoxo, e um príncipe herege não teria autoridade sobre súditos ortodoxos. Portanto, quanto mais Lutero expunha a culpa da resistência e a sanção divina da autoridade, mais subversiva se tornava sua influência sobre os países católicos. Seu sistema era também revolucionário, quer no desafio às Potências Católicas quer na promoção da tirania protestante. Ele não tinha noção de direito político. Não encontrava autoridade no Novo Testamento para tal reivindicação, e sustentava que a correção não precisa se exibir em atos ou feitos morais.

Foi a mesma dependência sem esperança na Escritura que levou os reformadores a consequências mais subversivas da moralidade cristã que suas opiniões em questões de política. Quando Carlstadt citou a Lei de Moisés em defesa da poligamia, Lutero ficou indignado. Se tal lei tiver que governar tudo, disse ele, seremos compelidos a adotar a circuncisão.[21] Contudo, como não há proibição à poligamia no

---

[20] Möhler, *Symbolik*, 428.
[21] "Quodsi unam legem Mosi cogimur servare, eadem ratione et circumcidemur, et totam legem servare oportebit (...). Nunc vero non sumus amplius sub lege Mosi, sedi

Novo Testamento, os reformadores ficaram incapacitados de condená-la. Eles não a proibiram como uma questão da lei divina e a deixaram inteiramente a critério do legislador civil.[22] Essa, convenientemente, foi a perspectiva que guiou Lutero e Melanchthon no trato do problema, cuja solução final foi a separação da Inglaterra da Igreja.[23] Quando o landcgrave Philip apelou depois alegando tal declaração e comentários anteriores de Lutero, os reformadores se viram obrigados a aprovar suas duas esposas. Melanchthon foi uma testemunha do casamento da segunda, e a única reserva foi que não se deixasse o assunto transpirar para o

---

subjecti legibus civilibus in talibus rebus" (Lutero para Barnes, 5 de setembro de 1531. De Wette, iv. 296).

[22] "Todas as coisas que encontramos feitas pelos patriarcas no Antigo Testamento têm de ser livres e não proibidas. A circuncisão é abolida, mas não que seria um pecado consumá-la, e sim opcional, nem expressão de pecado nem aceitável (...). Da mesma forma, não é proibido a um homem ter mais de uma esposa. Mesmo no dia de hoje, eu não poderia proibir isso, mas não posso recomendar que assim seja (Comentário sobre o Gênese, 1528; vide Jarcke, *Studien*, p. 108). "Ego sane fateor, me non posse prohibere, siquis plures velit uxores ducere, nec repugnat sacris literis: verum tamen apud Christianos id exempli nollem primo introduci, apud quos decet etiam ea intermittere, quae licita sunt, pro vitando scandalo, et pro honestate vitae" (De Wette, ii. 459, 13 de janeiro de 1524). "Desses exemplos de bigamia (Lamech, Jacob) nenhuma lei pode ser derivada para nossos tempos; e tais exemplos não têm influência sobre nós cristãos, porque vivemos sob as autoridades e estamos sujeitos às nossas leis civis" (*Table-Talk*, v. 64).

[23] "Antequam tale repudium, probarem potius regi permitterem alteram reginam quoque ducere, et exemplo patrum et regum duas simul uxores seu reginas habere (...). Si peccavit ducendo uxorem fratris mortui, peccavit in legem humanam seu civilem; si autem repudiaverit, peccabit in legem mere divinam" (De Wette, iv. 296). "Haud dubio rex Angliæ uxorem fratris mortui ductam retineri potest (...) docendus quod has res politicas commiserit Deus magistratibus, neque nos alligaverit ad Moisen (...). Si vult rex successioni prospicere, quanto satius est, id facere sine infamia prioris conjugii. Ac potest id fieri sine ullo periculo conscientiae cujuscunque aut famae per polygamiam. Etsi enim non velim concedere polygamiam vulgo, dixi enim supra, nos non fere legis, tamen in hoc casu propter magnam utilitatem regni, fortassis etiam proper conscientiam regis, ita pronuncio: tutissimum esse regi, si ducat secundam uxorem, priore non abjecta,

exterior.²⁴ Foi a mesma porção da teologia de Lutero e a mesma oposição ao espírito da Igreja no tratamento da Escritura que o induziram a acreditar na astrologia e a ridicularizar o sistema de Copérnico.²⁵

Sua visão da autoridade da Escritura e sua teoria da absolvição não deixaram que ele apreciasse a liberdade. A "liberdade cristã," disse ele, "consiste na crença de que não precisamos de atos morais para atingir a piedade e a salvação."²⁶ Dessa forma, ele se tornou o inventor da obediência passiva, segundo a qual nenhuma provocação ou motivo podem justificar uma revolta; e a facção

---

quia certum est polygamiam non esse prohibitam jure divino, nec res est omnino inusitata" (*Melanchthonis Opera*, ed. Bretschneider, ii. 524, 526). "Nolumus esse auctores divortii, cum conjugium cum jure divino non pugnet. Hi, qui diversum pronunciant, terribiliter exaggerant et exasperant jus divinum. Nos contra exaggeramus in rebus politicis auctoritatem magistratus, quae profecto non est Levis, multaque justa sunt propter magistratus auctoritaten, quae alioqui in dubium vocantur" (Melanchthon para Bucer, Bretschneider, ii. 552).

[24] "Suadere non possumus ut introducatur publice et velut lege sanciatur permissio, plures quam unam uxores ducendi (...). Primum ante omnia cavendum, ne haec res inducatur in orbem ad modum legis, quam sequendi libera omnibus sit potestas. Deinde considerae dignetur vestra celsitudo scandalum, nimirum quod Evangelio hostes exclamaturi sint, nos similes esse Anabaptistis, qui plures simul durexunt uxores" (De Wette, v. 236. Assinado por Lutero, Melanchthon e Bucer).

[25] "Aquele que quer parecer sábio não se satisfaz com coisa alguma que os outros façam; ele tem que fazer alguma coisa própria e que seja melhor que qualquer outra. Esse tolo (Copérnico) quer derrubar toda a ciência da astronomia. Mas como as Escrituras Sagradas nos contam, Josué disse que o Sol ficava parado, não a Terra" (*Table-Talk*, iv. 575).

[26] "Das ist die christliche Freiheit, der einige Glaube, der da macht, nicht dass wir müssig gehen oder übel thun mögen, sondren dass wir keines Werks bedürfen, die Frömmigkeit und Seligkeit zu erlangen" (*Sermon von der Freiheit*). Um historiador protestante, que cita essa passagem, prossegue dizendo: "Por outro lado, o corpo tem que ser disciplinado de todas as maneiras para que possa obedecer e não inflamar o homem por dentro. A servidão externa, portanto, ajuda a progredir na direção da liberdade interna." (Bensen, *Geschichte des Bauernkriegs*, 269.)

contra a qual a revolta é direcionada deve ser preferida à facção que se rebela, por mais justa que seja a causa desta última.[27] Em 1530, ele, por conseguinte, declarou que os príncipes germânicos não tinham direito de resistir ao Imperador em defesa de suas religiões. "Era dever de um cristão," disse ele, "sofrer iniquidades, e nenhuma quebra de juramento ou de dever poderia privar o Imperador do direito da incondicional obediência de seus súditos."[28] Até mesmo o império a ele parecia despotismo, o que vinha de sua crença na Escritura de que ele era uma continuação da última das quatro monarquias.[29] Ele preferia a submissão, na esperança de ver um futuro imperador protestante, a uma resistência que poderia despedaçar o império se fosse bem-sucedida e cujo fracasso poderia ser fatal para os protestantes; e ficava sempre temeroso em tirar consequências lógicas de sua teoria do dever dos protestantes para com os soberanos católicos. Em decorrência desse fato, Ranke afirma que o maior dos reformadores foi também o maior dos conservadores que jamais viveu; e seu biógrafo Jürgens faz a observação discriminatória de que a história não conhece homem que foi a um só tempo um tão grande insurgente e um mantenedor da ordem tão expressivo.[30] Nenhum dos

---

[27] *Werke*, x. 413.

[28] "De acordo com a Escritura, não é correto para quem se diz cristão rebelar-se contra seus superiores, caso, com a permissão de Deus, aja justa ou injustamente. Mas um cristão tem que sofrer a violência e a iniquidade, especialmente de seus superiores (...). Como o imperador continua imperador, e os príncipes, príncipes, embora transgridam as leis de Deus, é isso, mesmo que sejam pagãos, e assim permanecem mesmo quando não observam seus juramentos e seus deveres (...). O pecado não tira a autoridade nem pressupõe desobediência" (De Wette, iii. 560).

[29] Ranke, *Reformation*, iii. 183.

[30] Ranke, iv. 7; Jürgens, iii. 601.

dois escritores entendeu que o mesmo princípio reside na raiz tanto da revolução quanto da obediência passiva, e a diferença está apenas na têmpera da pessoa que o aplica e nas circunstâncias externas.

A teoria de Lutero se mostra, aparentemente, em oposição aos interesses protestantes porque dá direito ao catolicismo de proteção das Potências Católicas. Ele disfarça de si mesmo tal inconsistência e concilia sua teoria com uma conveniência quando calcula que a imensa vantagem que seu sistema oferece aos príncipes talvez os induza a adotá-lo. Pois, além da doutrina consoladora da absolvição – "uma doutrina original, plausível, persuasiva, poderosa contra Roma e maravilhosamente adaptada, como de forma profética, à genialidade daquele tempo que deveria ser seguida"[31] –, ele subornou os príncipes com a riqueza da Igreja, com a independência da autoridade eclesiástica, com a facilitação para a poligamia e com o poder absoluto. Disse aos camponeses que não pegassem em armas contra a Igreja a menos que pudessem persuadir o governo a dar a ordem; porém, achando provável que, em 1522, o clero católico iria ser, apesar de seu aconselhamento, exterminado pela fúria do povo, ele instou o governo a reprimi-lo, porque aquilo que era feito pela autoridade constituída não podia estar errado.[32] Persuadido de que o poder soberano ficaria a seu lado, não colocou limites à sua atuação. É absurdo, diz, imaginar que, mesmo com a melhor das intenções, os reis possam evitar cometer ocasionais injustiças; eles, por conseguinte, necessitam não de salvaguardas contra abuso do poder mas de perdão pelos

---

[31] Newman, *Lectures on Justification*, p. 386.
[32] "Was durch ordentliche Gewalt geschieht, ist nicht für Aufruhr zu halten" (Bensen, p. 269; Jarcke, *Studien*, p. 312; Janet, ii. 40).

pecados.³³ Ele queria que o poder assim concentrado nas mãos dos governantes para a guarda da fé fosse usado com a maior severidade contra os homens pecaminosos, nos quais não havia nem virtude moral nem direitos civis, e dos quais não poderia vir bem algum até que fossem convertidos. Portanto, demandou que todos os crimes fossem cruelmente punidos e que o braço secular fosse empregado para converter onde não destruísse. A ideia da clemência mesclando a justiça foi por ele denunciada como superstição papal.³⁴

O principal objetivo da severidade assim recomendada era, é evidente, promover com eficiência a finalidade para a qual o governo fora instituído. O clero tinha autoridade sobre a consciência, mas se considerava necessário que ele fosse apoiado pelo Estado com as penalidades absolutas contra os fora da lei, de modo que o erro pudesse ser exterminado, embora fosse impossível banir o pecado.³⁵ Era sustentado que nenhum governo poderia tolerar a heresia sem ser responsável pelas almas que

---

[33] "Os príncipes, e todos os mandantes e governos, por mais pios e tementes de Deus que sejam, não podem deixar de praticar pecados em seus governos e administrações temporais (...). Eles não podem ser sempre tão exatamente justos e bem-sucedidos como alguns pretensiosos supõem; em conseqüência, necessitam, sobretudo, de perdão para os pecados" (vide Kaltenborn, p. 209).

[34] "Antigamente, sob o papado, príncipes e lordes, e todos os juízes, eram muito tímidos em derramar sangue e em punir ladrões, assassinos, assaltantes e todos os tipos de malfeitores; isso porque não sabiam como distinguir o indivíduo privado encarregado da responsabilidade de punir que estava em cargo público daquele que não estava (...). O executor tinha sempre que dar penitência e desculpar-se de antemão perante o criminoso condenado por aquilo que estava prestes a lhe fazer, como se ele fosse o pecador e o errado." "Assim, eles foram persuadidos pelos monges a ser benevolentes, indulgentes e pacíficos. Mas as autoridades, príncipes e lordes não devem ser misericordiosos" (*Table-Talk*, iv. 159, 160).

[35] "Den weitlichen Bann sollten Könige und Kaiser wieder ufrichten, denn wir können ihn jetzt nicht anrichten (...). Aber so wir nicht können die Sünde des Lebens bannen und strafen, so bannen wir doch Sünde der Lehre" (Bruns, *Luthers Predigten*, 63).

fossem por ela conquistadas;[36] e como Ezequiel destruiu a serpente de bronze para evitar a idolatria, a missa deveria ser suprimida, porque ela era a pior espécie de idolatria.[37] Em 1530, quando foi proposto deixar todas as questões em disputa à decisão do futuro Conselho, Lutero declarou que a missa e a vida monástica não podiam ser toleradas no meio-tempo, porque era ilegal ser conivente com o erro.[38] "Será um peso muito grande para sua consciência," escreveu ao duque da Saxônia, "se tolerardes a adoração católica, pois nenhum príncipe pode permitir que seus súditos sejam divididos por professarem doutrinas opostas. Os católicos não têm direito à queixa, porque não provam a verdade de sua doutrina a partir da Escritura e, portanto, não acreditam conscientemente nela."[39] Ele só os toleraria se se reconhecessem, como os judeus, inimigos da Igreja e do Imperador, e consentissem existir como proscritos da sociedade.[40] "Com os hereges," disse ele, "não se deve discutir, e sim condená-los sem audiência, e, enquanto perecem na fogueira, os fiéis devem perseguir o mal

---

[36] "Wo sie solche Rottengeister würden zulassen und leiden, so sie es doch wehren und vorkommen können. würden sie ihre Gewissen gräulich beschweren, und vielleicht nimmermehr wieder stillen können, nicht allein der Seelen halben, die dadurch verführt und verdammt werden (...) sondern auch der ganzen heiligen Kirchen halben" (De Wette, iv. 355).

[37] "Nur ist alle Abgötterey gegen die Masse ein geringes" (De Wette, v. 191; seç. Iv. 307).

[38] Bucholtz, iii. 570.

[39] "Sie aber verachten die Schrift muthwilliglich, darum wären sie billig aus der einigen Ursach zu stillen, oder nicht zu leiden" (De Wette, iii. 90).

[40] "Wollen sie aber wie die Juden sein. Nicht Christen heissen, noch Kaisers Glieder, sondern sich lassen Christus und Kaisers Feinde nennen, wie die Juden; wohlan, so wollen wir's auch leiden, dass sie in ihren Synagogen, wie die Juden, verschlossen lästern, so lang sie wollen" (De Wette, Iv. 94).

até sua morada e banhar suas mãos no sangue dos bispos católicos e do Papa, que é o diabo disfarçado."[41]

Os princípios da perseguição que estavam envolvidos no sistema de Lutero, mas que ele não se preocupou em desenvolver, em aplicar, nem em defender, foram organizados numa teoria definida pelo gênio mais frio de Melanchthon. Destituído da confiança de Lutero em sua própria força e na infalibilidade do sucesso de sua doutrina, ele se apegou mais avidamente à esperança de chegar à vitória com o emprego da força física. Da mesma forma que o mestre, ele também inicialmente hesitou e se opôs ao uso de medidas severas contra os profetas de Zwickau; mas quando percebeu o desenvolvimento desse primeiro germe da dissidência e a gradual dissolução da unidade luterana, arrependeu-se de sua clemência inoportuna.[42] Ele não se deteve em asseverar o direito à perseguição em função do risco de colocar armas nas mãos de inimigos da Reforma. Reconheceu o perigo, mas negou o direito. As potências católicas podiam com justiça perseguir, mas apenas perseguir o erro. Elas deveriam aplicar o mesmo critério que os luteranos utilizavam, e então estariam justificados para perseguir aqueles que os luteranos também proscreveram, posto que o poder civil não tem o direito de proscrever uma religião para se salvar dos perigos de uma população confusa e dividida. O juiz do fato e do perigo

---

[41] Riffel, *Kirchengeschichte*, ii. 9; *Table-Talk*, iii, 175.

[42] "Ego ab initio, cum primum coepi nosse Ciconiam et Ciconiae factionem, unde hoc totum genus Anabaptistarum exortum est, fui stulte clemens. Sentiebant enim et alii haereticos non esse ferro opprimendos. Et tunc dux Fridericus vehementer iratus erat Cociniae: ac nisi a nobis tectus esset, fuisset de homine furioso et perdite malo sumptum supplicium. Nunc me ejes clementiae non parum paenitet (...). Brentius nimis clemens est" (Bretshneider, ii. 17 de fevereiro de 1530).

tem que ser o clérigo e não o magistrado.⁴³ O crime não está na dissensão e sim no erro. Aqui, portanto, Melanchthon repudiou a teoria e a prática dos católicos cuja ajuda invocou; porque toda a intolerância nos tempos católicos se fundamentava na combinação de duas ideias – a criminalidade da apostasia e a incapacidade de o Estado manter sua autoridade onde o sentido moral de uma parte da comunidade estava em oposição a ele. Os reformadores, por conseguinte, aprovaram a prática católica da intolerância e até a encorajaram, se bem que seus próprios princípios de perseguição fossem destituídos tanto de conexão quanto de analogia com a intolerância católica. Ao aceitarem simplesmente a herança da teoria medieval da unidade religiosa do império, eles seriam suas vítimas. Ao afirmarem que a perseguição só se justificava contra o erro, isto é, quando puramente religiosa, estabeleceram um escudo para si mesmos e criaram uma espada contra as seitas que, com mais avidez que os católicos, pretendiam destruir. Quer façamos referência à doutrina ou aos interesses da Reforma como origem da intolerância protestante parece totalmente sem conexão com a tradição das eras católicas, ou com a atmosfera do catolicismo. Tudo de severo praticado pelos católicos antes desse tempo teve um motivo prático; mas a perseguição protestante se fundamentou em base puramente especulativa e se deveu em parte à influência

---

⁴³ "Sed objiciunt exemplum nobis periculosum: si haec pertinent ad magistratus, quoties igitur magistratus judicabit aliquos errare, saeviet in eos. Caesar igitur debet nos opprimere, quoniam ita judicat nos errare. Respondeo: certe debet errores et prohibere et punire (...). Non est enim solius Caesaris cognitio, sicut in urbibus haec cognitio non est tantum magistratis prophani, sed est doctorum. Viderit igitur magistratus ut recte judicet" (Bretscheneider, ii. 712). "Deliberent igitur pincipes, non cum tyrannis, non cum pontificibus, non cum hypocritis, monarchis aut aliis, sed cum ipsa Evangelii voce, cum probatis scriptoribus" (Bretscheneider, iii. 254).

dos exemplos da Escritura e, em parte, aos supostos interesses da facção protestante. Ela jamais admitiu que a exclusão do dissidente fosse um direito político do Estado, mas asseverou que a supressão do erro era um dever político. Dizer, por exemplo, que os protestantes aprenderam sobre perseguição com os católicos é tão falso quanto dizer que eles a utilizaram como vingança. Isso porque a fundamentaram em motivos muito diferentes e contraditórios e admitiram até mesmo o direito de os católicos perseguirem seitas protestantes.

Melanchthon ensinou que as seitas deveriam ser derrubadas pela espada, e que qualquer indivíduo que desse origem a novas opiniões deveria ser punido com a morte.[44] Ele especificou cuidadosamente que essa severidade era um requisito, não em consideração do perigo para o Estado, nem do ensinamento imortal, nem mes-

---

[44] "Quare ita sentias, magistratum debere uti summa severitate in coercendis hujusmobi spiritubus (...). Sines igitur novis exemplis timorem incuti multitundi (...) ad haec notae tibi sint causae seditionum, quas gladio prohiberi oportet (...). Propterea sentio de his qui etiamsi non defendunt seditiosos articulos, habent manifeste blasphemos, quod interfici a magistratu debeant" (ii, 17, 18). "De Anabaptistis tulimus hic in genere sententiam: quia constat sectam diabolicam esse, non esse tolerandam: dissipari enim ecclesias per eos, cum ipsi nullam habeant certam doctrinam (...). Ideo in capita factionum in singulis locis ultima supplica constituenda esse judicavimus" (ii. 549). "Está claro que é dever do governo secular punir a blasfêmia, a falsa doutrina e a heresia, nos corpos daqueles que são culpados delas (...). Como é evidente que esses são grandes pecados nos artigos da seita anabatista, concluímos que nesse caso o obstinado deve ser punido com a morte" (iii. 199). "Propter hanc causam Deus ordinavit politias ut Evangelium propagari possit (...) nec revocamus politiam Moysi, sed lex moralis perpetua est omnium aetatum (...) quandocumque constat doctrinam esse impiam, nihil dubium est quin sanior pars Ecclesiae debeat malos pastores removere et abolere impios cultus. Et hanc emendationem praecipue adjuvare debent magistratus, tanquam potiora membra Ecclesiae" (iii. 242, 244). "Thammerus, que Mahometicas seu Ethnicas opiniones spargit, vagatur in dioecesi Mindensi, quem publicis suppliciis adficere debeant (...). Evomuit blasphemias, quae refitandae sunt non tamtum disputatione aut scriptis. Sed etiam justo officio pii magistratus" (ix, 125, 131).

mo de tais diferenças que enfraqueceriam ou tolheriam a ação da organização eclesiástica, mas meramente levando em conta uma diferença, por pequena que fosse, nos princípios teológicos do protestantismo.[45] Thamer, que detinha a possibilidade de salvação entre os pagãos; Schwenkfeld, que ensinou que não era a Palavra escrita mas a luz interna da graça na alma o canal da influência de Deus sobre o homem; os zwinglianos, com seus erros sobre a Eucaristia, todos esses não tiveram mais favores que os fanáticos anabatistas.[46] O Estado recebia autoridade para cumprir a primeira tabela da lei com a mesma severidade dos mandamentos dos quais a sociedade civil dependia para sua existência. O governo da Igreja, sendo administrado pelos magistrados civis, tinha também por dever a colocação em vigor das ordenanças da religião; e o mesmo poder cuja voz proclamava a lei e a ortodoxia civis mantinha em suas mãos a espada com as quais elas eram impostas. Nenhuma autoridade religiosa existia exceto por intermédio do poder civil.[47] A Igreja

---

[45] "Voco autem blasphemos qui artículos habent, qui proprie non pertinent ad civilem statum, sed continent –ὑῶϊῦάἰ ut de divinitate Christi et similes. Etsi enim gradus quidam sunt, tamen huc etiam refero baptismus infantum (...). Quia magistratui commissa est tutela totius legis, quod attinet ad externam disciplinam et externa facta. Quare delicta externa contra primam tabulam prohibere ac punire debet (...). Quare non solum concessum est, sed etiam mandatum est magistratui, impias doctrinas abolere, et tueri pias in suis dictionibus" (ii. 711) "Ecclesiastica potestas tantum judicat et excommunicat haereticos, non occiditi. Sed potestas civilis debet constituere poenas et supplicia in haereticos, sicut in blasphemos constituit supplicia (...). Non enim plectitur fides, sed haeresis" (xii. 697).
[46] "Notum est etiam, quosdam tetra et dixisse de sanguine Christi, quos puniri oportuit, et propter gloriam Christi, et exempli causa" (viii. 553). "Argumentatur ille praestigiator (Schwenkfeld), verbum externum non esse medium, quo Deus est efficax. Talis sophistica principum severitate compescenda erat" (ix. 579).
[47] "A missão do pregador é diferente da do governante, ainda assim ambas têm que concorrer para a exaltação de Deus. Os príncipes não existem apenas para proteger as

foi imergida no Estado; mas as leis do Estado, por seu turno, foram identificadas com os mandamentos da religião.[48]

De acordo com esse princípio, a condenação de Miguel Servet por um tribunal civil, que não tinha autoridade sobre ele e nenhuma jurisdição em relação ao seu crime – portanto, o ato concebivelmente mais agressivo e revolucionário na casuística da perseguição –, foi intensamente aprovado por Melanchthon. Ele declarou que o ato fora o exemplo mais útil para as eras futuras e que não podia entender como havia pessoas que não o encaravam sob essa perspectiva favorável.[49] É verdade que Servet, ao negar a divindade de Cristo, se expôs à acusação de blasfêmia num sentido mais estrito que o normalmente aplicado pelos protestantes. Mas esse não era o caso com os católicos. Eles não representavam, como as seitas, um elemento de dissolução do protestantismo, e o corpo de

---

posses e a vida física de seus súditos, mas sua principal função é promover a honra de Deus e evitar a idolatria e a blasfêmia" (iii. 199). "Errant igitur magistratus, qui divellunt gubernationem a fine, et se tantum pacis ac ventris custodes esse existimant (...). At si tantum venter curandus esset, quid differrent principes ab armentariis? Nam longe aliter sentiendum est. Politias divinitus admirabili sapientia et bonitate constitutas esse, non tantum ad quaerenda et fruenda ventris bona, sed multo magis, ut Deus in societate innotescat, ut aeterna bona quaerantur" (iii. 246).

[48] "Neque illa barbarica excusatio audienda est, leges illas pertinere ad politiam Mosaicam, non ad nostram. Ut Decalogus ipse ad omnes pertinet, ita judex ubique omnia Decalogi officia in externa disciplina tueatur" (viii. 520).

[49] "Legi scriptum tuum, in quo refutasti luculenter horrendas Serveti blasphemias, ac filio Dei gratias ago, qui fuit ,ἴαεὐxἠύὑ hujus tui agonis. Tibi quoque Ecclesia et nunc et ad posteros gratitudinem debet et debebit. Tuo judicio prorsus adsentior. Affirmo etiam, vestros magistratus juste fecisse, quod hominem blasphemum, re ordine judicata, interfecerunt" (Melanchthon para Calvino, Bretschneider, viii.362). "Judico etiam Senatum Genevensem recte fecisse, quod hominem pertinacem et non omissurun blasphemias sustulit. Ac miratus sum, esse, qui severitatem illam improbent" (viii. 523). "Dedit vero et Genevensis reip. magistratus ante annos quatuor punitae insanabilis blasphemiae adversus filium Dei, sublato Serveto Arragone pium et memorabile ad omnem posteritatem exemplum" (ix. 133).

sua doutrina era admitido pelos reformadores. Eles não se revoltavam contra a autoridade constituída; não requeriam inovações especiais para sua proteção; demandavam apenas que uma mudança de religião não deveria ser compulsória. Ainda assim, Melanchthon sustentou que eles também deveriam ser proscritos porque sua veneração era idólatra.[50] Ao fazer isso, ele adotou o princípio da intolerância agressiva, que era àquele tempo nova para o mundo cristão; e que o Papa e Conselhos da Igreja Católica tinham condenado quando o zelo dos leigos ultrapassara a medida do legal. Na Idade Média, houve perseguição bem mais sanguinária do que qualquer outra que tenha sido infligida pelos protestantes. Vários motivos a ocasionaram, e diversos argumentos foram usados em sua defesa. Porém, o princípio segundo o qual os protestantes oprimiram os católicos foi novo. Os católicos jamais admitiram a teoria da tolerância absoluta, como defendida de início por Lutero e depois por algumas das seitas. Em princípio, sua tolerância diferia tanto da dos protestantes quanto sua intolerância. Eles haviam exterminado seitas que, como a dos albigenses, ameaçaram destruir o tecido da sociedade cristã. Proscreveram diferentes religiões em que o Estado era fundado na unidade religiosa, e em que tal unidade constituía parte integral de suas leis e administração. Deram um passo adiante e puniram aqueles que a Igreja condenou como apóstatas, dessa forma não justificando, como no primeiro caso, a base moral da sociedade, nem, como no segundo, o fundamento

---

[50] "Abusus missae per magistratus debet tolli. Non aliter, atque sustulit aeneum serpentem Ezechias, aut excelsa demolitus est Josias" (i. 480). "Politicis magistratibus severissime mandatum est, ut suo quisque loco manibus et armis tollant, ad quas fiunt hominum concursus et invocationes, et puniant suppliciis corporum insanabiles, qui idolorum cultum pertinaciter retinent, aut blasphemias serunt" (ix.77).

religioso do Estado, mas a autoridade da Igreja e a pureza de sua doutrina, para eles pilares e bastiões da ordem política e social. Onde uma parcela dos habitantes de qualquer país preferiu um credo diferente, judeu, muçulmano, pagão ou cismativo, ela foi normalmente tolerada e desfrutou da propriedade e da liberdade pessoal, mas não com autonomia e poder políticos. Todavia, a liberdade política foi a ela negada porque os integrantes de tal parcela não admitiam a ideia comum do dever que era sua base. Contudo, tal posição não era sustentável e foi a fonte de grandes desordens. Os protestantes, de forma semelhante, podiam dar motivos para diversas espécies de perseguição. Eles classificaram os adeptos do socianismo na categoria dos blasfemadores; e a blasfêmia, como a ridicularização das coisas sagradas, destrói a reverência e o respeito e tende a arruinar a sociedade. Os anabatistas – eles podem argumentar – eram fanáticos revolucionários cujas doutrinas se mostravam subversivas da ordem civil; e as seitas dogmáticas ameaçavam danificar a unidade eclesiástica dentro da própria comunidade protestante. Entretanto, ao posicionarem a necessidade da intolerância em função do motivo do pecado religioso e a direcionarem para a Igreja que eles mesmos tinham abandonado, acabaram introduzindo um teste puramente subjetivo e um sistema meramente revolucionário. É por conta disso que *tu quoque*, ou argumento retaliativo, é inadmissível entre católicos e protestantes. A intolerância católica vem de uma era em que a unidade subsistia e quando sua preservação, essencial para aquela sociedade, tornou-se tanto uma necessidade do Estado como resultado das circunstâncias. A intolerância protestante, ao contrário, foi fruto peculiar de um sistema dogmático em contradição com os fatos e princípios nos quais se fundamentava a intolerância realmente existente entre os católicos. A intolerância espanhola foi infinitamente mais sanguinária que a sueca; mas na Espanha, independentemente dos interesses da religião, havia fortes razões políticas e sociais que justificavam a perseguição, sem se procurar nenhuma teoria para escorá-la; ao passo que, na Suécia, todas essas considerações práticas ou faltaram ou se colocaram em oposição à perseguição, a qual, consequentemente, não tinha justificativa, salvo a teoria da Reforma. O único exemplo em que a teoria protestante foi adotada pelos católicos é a revogação do Édito de Nantes.

Pelo fim de sua vida, Melanchthon, tendo deixado de ser um luterano estrito, recuou um pouco de sua posição intransigente e lutou contra o escrutínio rigoroso de pequenas diferenças teológicas. Formulou uma distinção entre os pecados que requeriam punição e as variações que não eram de importância prática.[51] Os calvinistas ingleses, que buscaram refúgio na Alemanha ao tempo do reinado de Maria Tudor, foram recebidos com rudeza pelos que eram luteranos mais rigorosos que Melanchthon. Ele foi consultado sobre a atitude a ser tomada em relação aos refugiados e recomendou tolerância. Mas tanto em Wesel como em

---

[51] "Se as comunidades francesa e inglesa em Frankfurt compartilhassem os erros de Servet e Thamer, ou de outros inimigos dos Símbolos, ou os erros dos anabatistas contra o batismo das crianças, contra a autoridade do Estado etc., eu, fiel e decididamente, recomendaria que eles deveriam ser cedo afastados; já que o poder civil tem que evitar e punir a blasfêmia e a sedição provadas. Mas acho que essa comunidade é ortodoxa nos artigos simbólicos do Filho de Deus e em outros artigos do Símbolo (...) Se a fé dos cidadãos de todas as cidades fosse investigada, que problemas e confusões não surgiriam em muitos países e em muitas cidades!" (ix. 179).

Frankfurt o conselho, para grande desapontamento dele, não foi seguido.[52]

As severidades dos protestantes foram principalmente provocadas pelos anabatistas, que negavam a legitimidade do governo civil e lutavam para concretizar o reino de Deus na terra pela absorção do Estado na Igreja.[53] Ninguém protestou tão alto quanto eles contra a intolerância luterana ou sofreu mais severamente que eles. Porém, enquanto negavam a autoridade espiritual do Estado, reivindicavam para sua comunidade religiosa um direito ainda mais absoluto para punir os pecados com a morte. Embora sacrificassem o governo à religião, o efeito foi o mesmo que o da absorção da Igreja no Estado. Em 1524, Münzer publicou um sermão no qual requisitou urgentemente que os príncipes luteranos extirpassem o catolicismo. "Não tenham remorsos," diz ele, "porque Ele,

---

[52] Schmidt, *Philipp Melanchthon*, p. 640. Suas exortações ao landgrave para que derrubasse os zwinglianos são típicas: "Os zwinglianos, sem esperar pelo Conselho, perseguem os papistas e os anabatistas; por que é errado para os outros proibir sua indefensável doutrina independente do Conselho? Philip respondeu: "Proibir pela força uma doutrina que nem contradiz os artigos da fé nem encoraja a sedição a mim parece errado (...). Quando Lutero começou a escrever e a pregar, admoestou e instruiu o governo de que ele não tinha o direito de censurar livros ou de evitar a pregação e de que sua missão não ia tão longe, mas que ele apenas tinha que governar corpos e posses (...). Não ouvi antes que os zwinglianos perseguem os papistas; mas se eles acabam com os abusos, não é injusto, porque os papistas querem merecer o céu com sua obra e, assim, blasfemam contra o Filho de Deus. Deveriam também perseguir os anabatistas porque a doutrina deles é em parte sediciosa." Os eclesiásticos responderam: "Se, pela graça de Deus, nossa doutrina verdadeira e necessária é tolerada como vem sendo até agora pelo imperador, embora relutantemente, cremos que não devemos pô-la em risco assumindo a defesa da doutrina dos zwinglianos, caso ela venha a não ser tolerada (...). Quanto ao argumento de que devemos poupar as pessoas enquanto perseguimos os líderes, nossa resposta é que não se trata de uma questão de pessoas, mas apenas de doutrina, seja ele falsa ou verdadeira." (Correspondência de Brenz e Melanchthon com o landgrave Philip de Hesse, Bretschneider, ii. 95, 98, 101.)

[53] Hardwicke, *Reformation*, p. 274.

a quem todo o poder é concedido no céu e na terra, pressupõe governo isolado."[54] Demandou a punição de todos os hereges, a destruição de todos os que não participavam da mesma fé e a instituição da unidade religiosa. "Não julguem," afirma, "que o poder de Deus concretizará isso sem a ajuda da espada de vocês, ou que ela enferrujará na bainha. A árvore que não dá bons frutos deve ser derrubada e lançada ao fogo." E, numa outra passagem, "os descrentes não têm o direito de viver, salvo até quando o eleito garanta isso a eles".[55] Quando os anabatistas eram supremos em Münster, exibiram a mesma intolerância. Às sete da manhã de sexta-feira, 27 de fevereiro de 1534, percorreram as ruas bradando, "Fora com os descrentes!" Invadindo as casas dos que recusavam seu batismo, expulsaram os homens da cidade e rebatizaram as mulheres que ficaram para trás.[56] Portanto, enquanto os anabatistas eram punidos por questionarem a autoridade dos luteranos em questões religiosas, praticamente justificavam sua perseguição em virtude de suas próprias doutrinas intolerantes. Na realidade, eles levaram a extremos os princípios protestantes da perseguição. Pois, mesmo que os luteranos encarassem a defesa da verdade e a punição dos pecados como sendo, em parte, objetivos da instituição do governo civil, reconheciam isso como uma vantagem pela qual o Estado era recompensado por suas dificuldades; mas os anabatistas repudiavam o elemento político por completo e asseveravam que o pecado deveria ser exterminado apenas pelo bem da verdade e a expensas de todos os Estados existentes.

---

[54] Seidemann, *Thomas Münzer*, p. 35.
[55] Schenkel, iii. 381.
[56] Heinrich Grosbeck, *Bericht*, ed. Cornelius, 19.

Bucer, cuja posição na história da Reforma foi muito peculiar, e que diferia em muitos pontos importantes dos líderes saxões, concordava com eles quanto à necessidade da perseguição. Estava tão ansioso pelo sucesso do protestantismo, que se dispunha a sacrificar doutrinas importantes ou a elas renunciar para salvar a aparência de unidade;[57] mas estava decidido a defender pela força aquelas opiniões sobre as quais tinha pouco interesse dogmático. Mostrava-se muito insatisfeito com a relutância do Senado de Estrasburgo em adotar medidas severas contra os católicos. Seu colega Capito era singularmente tolerante; porque o sentimento dos habitantes não era decididamente em favor da mudança.[58] Mas Bucer, nos conta seu biógrafo, não demonstrava ser, a despeito de sua inclinação para mediar, muito amistoso em relação a esse sistema contemporizador; em parte porque possuía uma mente organizada que confiava grandemente na disciplina prática, para preservar o que fora conquistado, e na restrição à liberdade, como a garantia mais certa para sua manutenção; em parte porque tinha profundo discernimento sobre a natureza das várias tendências religiosas e, com razão, se alarmava com as consequências para a Igreja e para o Estado.[59] Tal aspecto do caráter de Bucer provocou poderosa resistência ao seu sistema de disciplina eclesiástica, pois temia-se que ele concedesse ao clero um poder tirânico.[60] É verdade que a desmoralização que se seguiu à destruição da antiga autoridade eclesiástica tornou altamente necessária uma atenção cerrada do Estado

---

[57] Herzog, *Encyclopädie für protestantische Theologie*, ii. 418.
[58] Bussierre, *Establissement du Protestantisme en Alsace*, p. 429.
[59] Baum, *Capito und Butzer*, p. 489.
[60] Baum, p. 492; Erbkam, *Protestantische Sekten*, p. 581.

às questões da religião.⁶¹ As comunicações privadas e confidenciais dos reformadores germânicos dão uma imagem mais horrenda da condição moral da geração que seguiu a Reforma do que a revelada pelos seus escritos publicados que a precederam. Foi por causa disso que Bucer insistiu com tanta veemência na necessidade da interferência do poder civil em apoio à disciplina da Igreja.

Os reformadores suíços, para cuja ligação entre eles e os saxões Bucer serviu como elo, diferem dos reformadores germânicos num aspecto, o qual influiu substancialmente em suas noções de governo. Lutero viveu numa monarquia que foi quase absoluta e na qual o povo comum, de origem eslava, estava na condição da mais abjeta servidão; mas os divinos de Zurique e Berna eram republicanos. Não partilhavam, portanto, as exaltadas opiniões daqueles sobre o poder irresistível do Estado; e, em vez de demandarem como absoluta uma teoria do dever de resistência do poder civil como Bucer o fez, se satisfaziam com a obtenção de uma influência preponderante para eles mesmos. Como o poder estava em mãos menos favoráveis à sua causa, eles eram menos induzidos a exagerar seus direitos.

Zwinglio abole tanto a distinção entre Igreja e Estado quanto a noção de autoridade eclesiástica. No seu sistema, os mandantes civis possuem funções espirituais; e, como a principal missão deles é a preservação e a promoção da verdadeira religião, sua tarefa é pregar. Como os magistrados se veem muito ocupados com outras coisas, têm que delegar o ministério da palavra aos pregadores,

---

⁶¹ Ursinus escreve para Bullinger: "Liberavit nos Deus ab idolatria: succedit licentia inifinita et horribilis divini nominis, ecclesiae doctrinae purioris et sacramentorum prophanatio et sub pedibus porcorum et canum, conniventibus atque utinam non defendentibus iis qui prohibere suo loco debebant, conculcatio (Sudhoff, *Oleviannus und Ursinus*, p. 340).

cuja ortodoxia têm que sustentar. Inclinam-se por estabelecer a uniformidade de doutrina e a defendê-la contra os papistas e os hereges. Isso não apenas é seu direito como seu dever; e não só seu dever, mas condição imprescindível para que retenham seus cargos.[62] Os governantes que não procederem assim deverão ser destituídos. Dessa forma, Zwinglio combinou perseguição e revolução na mesma doutrina. Mas ele não foi um perseguidor fanático, e sua severidade foi menos direcionada contra os católicos do que contra os anabatistas,[63] cuja proibição de acesso a todos os cargos públicos foi mais subversiva da ordem numa república que numa monarquia. Entretanto, mesmo no caso dos anabatistas, a provocação especial foi não o perigo para o Estado, nem o escândalo de seus erros, mas o cisma que enfraqueceu a Igreja.[64]

A punição da heresia para a glória de Deus era quase incompatível com a teoria de que não havia poder eclesiástico. E não foi tanto provocada em Zurique quanto em outros lugares porque, numa pequena comunidade republicana, onde o corpo governante era supremo sobre as questões civis e as religiosas, a unidade religiosa era coisa natural. A necessidade prática da manutenção da unidade afastou a questão especulativa da culpa e da penalidade para o pecado.

Logo depois da morte de Zwinglio, Leo Jud demandou medidas mais severas contra os católicos, declarando expressamente, contudo, que eles não mereciam a morte. "A excomunhão," disse,

---

[62] "Adserere audemus, reminem magistratum recte gerete ne posse quidem, nisi Christianus sit" (Zwingli, *Opera*, iii. 296). "Se eles prosseguirem nessa forma indigna de um irmão e contra os mandamentos de Cristo, que sejam depostos em nome de Deus" (Schenkel, iii. 362).
[63] Christoffel, *Huldrych Zwingli*, p. 251.
[64] Conselho de Zwinglio aos protestantes de St. Gall, em Pressel, *Joachim Vadiam*, p. 45.

"era uma punição muito leve a ser infligida pelo Estado que empunha a espada, e as faltas em questão não são suficientemente grandes para envolverem o perigo da morte."[65] Depois, ele teve dúvidas quanto à propriedade de medidas severas contra os dissidentes, mas seus amigos Bullinger e Capito conseguiram acabar com seus escrúpulos e obter sua aquiescência para que a intolerância, segundo seu biógrafo, fosse considerada uma questão de vida ou morte para a Igreja Protestante.[66] Bullinger assumiu, como Zwinglio, posição mais prática sobre uma questão que era comum na Alemanha. Ele achava mais seguro excluir as diferenças religiosas que acabar com elas pelo fogo e pela espada; "porque nesse caso," diz ele, "as vítimas se comparam aos primeiros mártires e fazem de sua punição um instrumento de defesa".[67] Todavia, ele não proibiu a pena capital para os casos de heresia. No ano de 1535, ele formou uma opinião sobre o tratamento do pecado religioso, que está escrito num tom de grande moderação. Nesse documento, diz "que todas as seitas que introduzem divisão da Igreja têm que ser destruídas, e não apenas aquelas que, como os anabatistas, ameacem subverter a sociedade, porque a destruição da ordem e da unidade frequentemente começa de forma aparentemente inofensiva ou imperceptível. O acusado deve ser investigado com gentileza. Se sua índole for boa, ele não recusará os ensinamentos; caso não seja, a paciência deverá ainda ser exercida até que não haja esperança de convertê-lo. Então, ele deverá ser tratado como todos os outros malfeitores e conduzido ao tortu-

---

[65] Pestalozzi, *Heinrich Bullinger*, p. 95.
[66] *Ibid.*, *Leo Judä*, p. 50.
[67] Pestalozzi, *Heinrich Bullinger*, p. 146.

rador e ao carrasco."[68] Depois dessa época, não houve execução por causa de religião em Zurique, e a quantidade das mortes, mesmo ao tempo de Zwinglio, foi menos expressiva que em muitos outros lugares. Porém, ainda era entendido que a heresia comprovada seria punida com a morte. Em 1546, em resposta ao convite do Papa para o Conselho de Trento, Bullinger repudiou com indignação a insinuação de que os cantões protestantes eram hereges, "porque, pela graça de Deus, sempre punimos os vícios da heresia e da sodomia com o fogo, e os temos encarado, e ainda os encararemos, com horror".[69] Essa acusação inflamou o zelo dos reformadores contra os hereges, de modo a provar para os católicos que eles, os reformadores, não simpatizavam com a heresia. Foi com base nessa posição que Bullinger recomendou a execução de Servet. "Se o Conselho inflige a ele o destino devido a um blasfemador desprezível, o mundo todo verá que o povo de Genebra odeia os blasfemadores e pune com a espada da justiça os hereges que teimam em sua heresia (...). São necessárias estritas fidelidade e justiça, porque nossas igrejas não gozam ainda de boa reputação no exterior, como se fôssemos hereges e amigos da heresia. A santa providência de Deus nos proporcionou agora uma oportunidade para nos livrarmos dessa diabólica suspeita."[70] Depois do evento, ele aconselhou Calvino a justificá-lo porque algumas pessoas tinham ficado chocadas. "Por todos os cantos," disse ele, "existem homens excelentes que estão convencidos de que os descrentes e os blasfemadores não só têm que ser censurados e

---

[68] *Ibid.*, p. 149.
[69] Pestalozzi, *Heinrich Bullinger*, p. 270.
[70] *Ibid.*, p. 426.

aprisionados, como também mortos (...). Não vejo como Servet poderia ter sido poupado."⁷¹

A posição de Oecolampadius com referência a essas questões foi totalmente singular e excepcional. Ele temia a absorção das funções eclesiásticas pelo Estado, e procurou evitá-la com a introdução de um conselho de doze anciãos veneráveis, em parte magistrados e em parte clérigos, para dirigir as questões eclesiásticas. "Muitas coisas," disse ele, "são punidas pelo poder secular com menos severidade do que a dignidade da Igreja demanda. Por outro lado, ele pune o penitente para o qual a Igreja mostra misericórdia. Portanto, ou ele cega o fio de sua espada não punindo o culpado ou provoca ódio ao Evangelho pela severidade."⁷² Mas o povo da Basileia se fez de surdo aos argumentos do reformador, e lá, como noutros lugares, o poder civil usurpou a missão da Igreja. Coerente com a inquietação a respeito da interferência política, Oecolampadius foi muito benevolente em relação aos anabatistas. "Penalidades rigorosas," disse, "provavelmente agravarão o mal; o perdão acelerará a cura."⁷³ Poucos meses mais tarde, contudo, arrependeu-se de tal leniência. "Percebemos," escreveu a um amigo, "que por vezes fomos indulgentes demais; mas isso é melhor do que proceder tiranicamente, ou entregar as chaves da

---

⁷¹ No ano de 1555, ele escreve para Socinus: "Também sou de opinião de que os homens hereges têm que ser barrados pela espada espiritual (...). De início, os luteranos não entenderam que os sectários deveriam ser restritos e punidos, mas depois da queda de Münster, quando milhares de pobres homens mal orientados, muitos deles ortodoxos, pereceram, eles foram compelidos a admitir que era mais sábio e melhor para o governo não só restringir os obstinados como também matar uns poucos que o merecessem, para proteger milhares de habitantes" (*Ibid.*, p. 428).
⁷² Herzog, *Leben Oekolampads*, ii. 197.
⁷³ *Ibid.*, p. 189.

Igreja."⁷⁴ Enquanto, de um lado, ele se rejubilava com a expulsão dos católicos, engenhosamente justificava a prática dos perseguidores católicos. "Nos primeiros tempos da Igreja, quando a divindade de Cristo manifestou-se para o mundo por intermédio de milagres, Deus incitou os Apóstolos a tratarem os descrentes com severidade. Quando cessaram os milagres, e a fé foi universalmente adotada, Ele conquistou os corações de príncipes e governantes, de modo que estes se dispuseram a proteger com a espada a gentileza e a paciência da Igreja. Resistiram com rigor, no desempenho das responsabilidades de seus cargos, aos que desprezavam a Igreja."⁷⁵ "O clero," continua ele, "tornou-se tirânico porque usurpou para si um poder que deveria ter partilhado com outros; e como as pessoas temem o retorno dessa tirania da autoridade eclesiástica, é mais inteligente para o clero protestante não fazer uso do poder semelhante da excomunhão que lhe foi outorgado."

Calvino, como súdito de um monarca absoluto, e espírito reinante numa república, diferiu dos reformadores germânicos e suíços na sua ideia de Estado, tanto em seu objetivo quanto em seu dever para com a Igreja. Exilado por seu próprio país, perdeu as associações e hábitos da monarquia, e suas opiniões sobre disciplina, bem como sobre doutrina, foram amadurecidas antes que fixasse residência na Suíça.⁷⁶ Seu sistema não se fundamentou em fatos existentes; não tinha raízes na história, mas era puramente

---

⁷⁴ *Ibid.*, p. 206.
⁷⁵ Herzog, *Leben Oekolampads*, ii. 195. Herzog encontra uma desculpa para o tratamento severo dos luteranos na Basileia na maior severidade ainda das Igrejas Luteranas contra os seguidores da reforma suíça (*Ibid.* 213).
⁷⁶ Hundeshagen, *Conflikte des Zwinglianismus und Calvinismus*, 41.

idealizado, especulativo e, por conseguinte, mais consistente e inflexível que qualquer outro. As ideias políticas de Lutero foram limitadas pelo horizonte do absolutismo monárquico sob o qual viveu. As de Zwinglio foram influenciadas pelas formas democráticas de seu país natal, que davam a toda a comunidade o direito de nomear o corpo governante. Calvino, livre de tais considerações, estudou apenas como sua doutrina poderia ser mais bem concretizada, fosse por meio da instrumentalidade das autoridades existentes, ou à sua custa. Aos seus olhos, os interesses da doutrina eram soberanos, sua promoção, dever supremo, a oposição a eles, crime imperdoável. Nada existia nas instituições dos homens, nenhuma autoridade, nenhum direito, nenhuma liberdade, que se preocupasse em preservar, ou em relação aos quais alimentasse quaisquer sentimentos de reverência ou obrigação.

Sua teoria fazia do apoio à verdade religiosa a finalidade e a missão do Estado,[77] e, portanto, tendia a proteger a Igreja, consequentemente, a obedecê-la, e não tinha controle sobre ela. Na religião, a primeira e mais elevada coisa era o dogma: a preservação da moral era missão importante do governo; mas a manutenção da pureza da doutrina era a superior. O resultado dessa teoria é a instituição de uma teocracia pura. Se o eleito estivesse sozinho na terra, ensinou Calvino, não haveria necessidade de or-

---

[77] "Huc spectat (politia) (...) ne idolatria, ne in Dei nomen sacrilegia, ne adversus ejus veritatem blasphemiae aliaeque religionis offensiones publice emergant ac in populum spargantur (...). Politicam ordinationem probo, quae in hoc incumbit, ne vera religio, quae Dei lege continetur, palam, publicisque sacrilegiis impune violetur (*Institutio Christianae Religionis*, ed. Tholuck, ii. 477). "Hoc ergo summopere requiritur a regibus, ut gladio quo praediti sunt utantur ad cultum Dei asserendum" (*Praelectiones in Prophetas Opera*, v. 233, ed. 1667).

dem política, e os anabatistas estariam certos em rejeitá-la;[78] mas o eleito está em minoria; e existe uma massa de malvados que têm que ser corrigidos pela espada, para que todo o mundo se torne súdito da verdade, com os conquistadores impondo sua fé sobre os derrotados.[79] Ele queria estender a religião pela espada, mas reservar a morte como punição para a apostasia; e como essa lei incluiria os católicos, que eram aos olhos de Calvino apóstatas da verdade, ele a estreitou mais ainda para os que eram apóstatas da comunidade. Desta forma, disse ele, não seria dado aos católicos pretexto para retaliarem.[80] Para eles, assim como para os judeus e os muçulmanos, a vida deveria ser preservada: a morte seria apenas penalidade para os protestantes que reincidissem no erro; mas para eles se aplicava igualmente caso fossem convertidos pela Igreja ou se juntassem às seitas e caíssem na descrença. Apenas nos casos em que não houvesse perigo de as palavras dele serem usadas contra os protestantes, e em cartas não direcionadas à publicação, demandava

---

[78] "Huic etiam colligere promptum est, quam stulta fuerit imaginatio eorum qui volebant usum gladii tollere e mundo, Evangelii praetextu. Scimus Anabaptistas fuisse tumultuatos, quase totus ordo politicus repugnaret Christi regno, quia regnum Christi continetur sola doctrina; deinde nulla futura sit vis. Hoc quidem verum esset, si essemus in hoc mundo angeli: sed quemadmodum jam dixi, exiguus est priorum numrus: ideo necesse est reliquam turbam cohibere violento freni: quia permixti sunt filii Dei vel saevis belluis, vel vulpibus et fraudulentis hominibus" (*Pr. in Michaeam*, v. 310). "In quo non suam modo inscitiam, sed diabolicum fastum produnt, dum perfectionem sibi arrogant; cujus ne centesima quidem pars in illis conspicitur" (*Institutio*, ii. 478).

[79] "Tota igitur excellentia, tota dignitas, tota potentia Ecclesiae deber huc referri, ut omnia subjaceant Deo, et quicquid erit in gentibus hoc totum sic sacrum, ut scilicet cultus Dei tam apud victores qual apud victos vigeat" (*Pr. in Michaeam*, v. 317).

[80] "Ita tollitur offensio, quae multos imperitos fallit, dum metuunt ne hoc praetextu ad saeviendum armentur Papae carnifices." Calvino foi alertado pela experiência da imprudência para a linguagem de Lutero. "In Gallis proceres in excusanda saevitia immani allegant auctoritatem Lutheri" (Melanchthon, *Opera*, v. 176).

que os católicos sofressem as mesmas penalidades dos acusados de sedição, pelo fato de que a majestade de Deus tinha que ser estritamente vingada como o trono do rei.[81]

Se a defesa da verdade era o propósito pelo qual o poder era dado aos príncipes, natural que fosse também a condição para que o mantivessem. Bem antes da revolução de 1688, Calvino decidira que os príncipes que negassem a fé autêntica, "abdicavam" às suas coroas e não deveriam ser mais obedecidos;[82] e que juramento algum era válido se estivesse em contradição com os interesses do protestantismo.[83] Ele pintou os príncipes de seu tempo com as cores mais sombrias,[84] e rezou a Deus por sua

---

[81] "Vous avez deux espèces de mutins qui se sont eslevez entre le roy et l'estat du royaume: Les uns sont gens fantastiques, qui soubs couleur de l'évangile vouldroient mettre tout em confusion. Les autres sont gens obstinés aux superstitions de l'Antéchrist de Rome. Tous ensemble méritent bien d'estre réprimés par le glayve qui vous est commis, veu qu'ils s'attachent non seulement au roy, mais à Dieu qui l'a assis au siège royal" (Calvino para Somerset, 22 de outubro de 1540; *Lettres de Calvin*, ed. Bonnet, i. 267. Vide também Henry, *Leben Calvins*, ii. Apêndice 30).

[82] "Abdicant enim se potestate torreni principes dum insurgunt contra Deum: imo indigni sunt qui censeantur in hominum numero. Potius ergo conspuere oportet in ipsorum capita, quam illis parere, ubi ita proterviunt ut velintetiam spoliare Deum jure suo, et quase occupare solium ejus, acsi possent eum a coelo detrahere" (*Pr. in Danielem*, v. 91).

[83] "Quant au serment qu'on vous a contraincte de faire, comme vous avez failli et offensé Dieu en le faissant, aussi n'estes-vous tenue de le garder" (Calvino para a Duquesa de Ferrara, *Bonnet*, ii. 338). Ela tinha feito o juramento, por ocasião da morte de seu marido, de não se corresponder com Calvino.

[84] "In aulis regum videmus primas teneri a bestiis. Nam hodie, ne repetamus veteres historias, ut reges fere omnes fatui sunt ac bruti, ita etiam sunt quase equi et asini brutorum animalium (...). Reges sunt hodie fere mancipia" (*Pr. in Danielem*, v. 82). "Videmus enim ut hodie quoque pro sualibidine commoveant totum orbem principes; quia produnt alii aliis innoxious populos, et exercent foedam nundinationem, dum quisque commodum suum venatur, et sine ullo pudore, tantum ut augeat suam potentiam, alios tradit in manum inimici" (*Pr. in Nahum*, v. 363). "Hodie pudet reges aliquid prae se ferre humanum, sed omnes gestus accomodant ad tyranniden" (*Pr. in Jeremiam*, v. 257).

destruição;[85] embora ao mesmo tempo condenasse todas as rebeliões da parte de seus amigos, desde que houvesse grandes dúvidas sobre seus sucessos.[86] Todavia, seus princípios frequentemente eram mais fortes que suas exortações, e ele teve dificuldade para evitar assassinatos e movimentos sediciosos na França.[87] Quando Calvino morreu, ninguém os evitou, e ficou claro que seu sistema, ao sujeitar o poder civil ao serviço da religião, era mais perigoso para a tolerância do que o plano de Lutero de dar ao Estado supremacia sobre a Igreja.

Calvino foi tão positivo quanto Lutero ao afirmar o dever da obediência aos governantes independentemente de suas formas de governo.[88] Ele constantemente declarou que não se deveria resistir

---

[85] "Sur ce que je vous avais allégué, que David nous instruict par son exemple de haïr les ennemis de Dieu, vous respondez que c'estoit pour ce temps-là duquel sous la loi de rigueur il estoit permis de haïr les ennemis. Or, madame, ceste glose seroit pour renverser toute l'Escriture, et partant il la fault fuir comme une peste mortelle (...). Combien que j'aye tousjours prié Dieu de luy faire mercy, si est-ce que j'ay souvent désiré que Dieu mist la main sur luy (Guise) pour en deslivrer son Eglise, s'il ne le vouloit convertir" (Calvino para a Duquesa de Ferrara, *Bonnet*, ii. 551). A esse respeito, Lutero foi igualmente inescrupuloso: "Neste anos, rezaremos pela morte do duque Maurice, temos que matá-lo com nossas preces; pois ele será um homem diabólico" (MS citado em Döllinger, *Reformation*. iii. 266).

[86] "Quod de praepostero nostrorum fervore scribis, verissimum est, neque tamen ulla occurrit moderandi ratio, quia sanis consilis non obtemperant. Passim denuntio, si judex essem, me non minus severe in rabiosos, istus impetus vindicaturum, quam rex suis edictis mandat. Pergendum nihilominus, quando nos Deus voluit stultis esse debitores" (Calvino para Bessa; Henry, *Leben Calvins*, iii. Apêndice 164).

[87] "Il n'a tenu qu'à moi que, devant la guerre, gens de faict et d'exécution ne se soyent efforcez de l'exterminer du monde (Guise) lesquels ont est retenus par ma seule exhortation" – *Bonnet*, ii. 553.

[88] "Hoc nobis si assidue ob animos et oculos obversetur, eodem decreto constitui etiam nequissimos reges, quo regum auctoritas statuitur. Nunquam in animum nobis seditiosae ilae cogitationes venient, tractandum esse pro meritis regem nec aequum esse, ut subditos ei nos praestemus, qui vicissim regem nobis se non praestet (...). De privatis hominibus semper loquor. Nam si qui nunc sint populares magistratus as

à tirania por motivos políticos; que alguns direitos civis poderiam sobrepujar a sanção divina ao governo; salvo nos casos em que uma missão especial fosse criada com esse objetivo. Onde não houvesse tal missão – onde, por exemplo, os estados do reino tivessem perdido sua independência – não haveria proteção. Essa foi uma das mais importantes e essenciais características da política dos reformadores. Ao fazerem da proteção de sua religião a missão principal do governo, eles colocaram em segundo plano seus deveres mais imediatos e universais, e fizeram com que os objetivos políticos do governo desaparecessem por trás do propósito religioso. De acordo com sua perspectiva, um governo só deveria ser julgado à luz de sua fidelidade à Igreja Protestante. Se ele cumprisse com essas obrigações, não se poderia alimentar nenhuma outra queixa contra ele. Não poderia haver resistência a um príncipe tirano caso ele fosse ortodoxo; um príncipe justo poderia ser destronado caso falhasse na condição de fé mais essencial. Dessa maneira, o protestantismo tornou-se de imediato favorável ao despotismo e à revolução, e estava sempre disposto a sacrificar o bom governo aos seus interesses. Ele subverteu monarquias e, ao mesmo tempo, denunciou aqueles que, por motivos políticos, procuraram sua subversão; porém, apesar do fato de as monarquias que subverteu serem por vezes tirânicas, e as sedições que evitou, serem por vezes revolucionárias, a ordem que defendeu e buscou estabelecer jamais foi legítima e livre, já que sempre investida com a fun-

---

moderandam regum libidinem constituti (quales olim erant (...) ephori (...) tribuni (...) demarchi: et qua etiam forte potestate, ut nunc res habent, funguntur in singulis regnis tres ordines, quum primarios conventus peragunt) (...) illos ferocienti regum licentiae pro officio intercedere non veto" (*Institutio*, ii. 493, 495).

ção do proselitismo religioso[89] e com a obrigação de remover qualquer direito ou poder – tradicional, social ou político – que pudesse se opor ao cumprimento dessa missão essencial.

O papel que Calvino desempenhou na morte de Servet obrigou-o a desenvolver mais completamente suas opiniões sobre a punição da heresia. Ele esceveu um relato resumido do julgamento,[90] e argumentou que os governos propendem a suprimir a heresia, e que aqueles que negam a justiça da punição também a merecem.[91] O livro foi assinado por todo o clero de Genebra como testemunhas a favor de Calvino. De modo geral, foi considerado um fracasso; e surgiu uma refutação a ele tão habilidosa, que produziu grande sensação no mundo protestante.[92] Esse panfleto famoso, hoje em dia muito raro, não contém, como tem sido dito, "o vigor daqueles argumentos que finalmente triunfaram em quase

---

[89] "Quum ergo ita licentiose omnia sibi permittent (Donatistae), volebant tamen impune manere sua scelera: et in primis tenebant hoc principium: non esse poenas sumendas, si quis ab aliis dissideret in religionis doctrina: quemadmodum hodie videmus quosdam de hac re nimis cupide contendere. Certum est quid cupiant. Nam si quis ipsos respiciat, sunt impii Dei contemptores: saltem vellent nihil certum esse in religione; ideo labfactare, et quantum in se est etiam convellere nituntur omnia pietatis pincipia. Ut ergo liceat ipsis evomere virus suum, ideo tantopere litigant pro impunitate, et negant poenas de haereticis et blasphemis sumendas esse" (*Pr. in Danielem*, v. 51).

[90] "Defensio Orthodoxae Fidei (...) ubi ostenditur Haereticos jure gladii coercendos esse," 1554.

[91] "Non modo liberum esse magistratibus poenas sumere de coelestis doctrinae corruptoribus, sed divinitus esse mandatum, ut pertiferis erroribus impunitatem dare nequeant, quid descicant ab oficii sui fide (...). Nunc vero quisquis haeretics et plasphemis injuste poenam infligi contenderet, sciens et volens se obstringet blasphemiae reatu (...). Ubia a suis fundamentis convellitur religio, detestandae in Deum plasphemiae proferuntur, impiis et pestiferis dogmatibus in exitium rapiuntur animae; denique ubi palam defectio ab unico Deo puraque doctrina tentatur, ad extremum illud remedium descendere necesse" (Vide Schenkel, iii. 389; Dyer, *Life of Calvin*, p. 354; Henry, iii. 234).

[92] *De Haereticos na sint persequendi*, Magdeburgi, 1554. Chatallion, a quem normalmente se atribui a autoria, não foi realmente quem o escreveu (Vide Heppe, *Theodor Beza*, p. 37).

todas as partes da Europa;" nem prega uma tolerância incondicional.[93] Mas ataca Calvino fortemente ao citar uma passagem da primeira edição de seu *Institutes,* depois omitida, na qual ele fala sobre tolerância. "Alguns desses que citamos," diz o autor, "subseqüentemente escreveram com espírito diferente. Apesar disso, consideramos a opinião anterior como verdadeira, já que expressa sob a pressão da perseguição."[94] A primeira edição, nos informa o próprio Calvino, foi escrita com o propósito de justificar os protestantes que tinham sido mortos, e de pôr um fim à perseguição. Ninguém a assinou, e ela discorreu, naturalmente, sobre os princípios da tolerância.

Embora o livro não denunciasse toda a intolerância e apesar de ser extremamente moderado, Calvino e seus amigos estavam de fato horrorizados. "O que resta da cristandade," exclamou Beza, "se admitimos silenciosamente o que esse homem escarrou em seu prefácio? (...) Blasfêmia igual jamais foi ouvida desde o início do cristianismo."[95] Beza decidiu defender Calvino num trabalho elaborado,[96] no qual foi fácil para ele citar a autoridade de todos os

---

[93] "Multis piis hominibus in Gallia exustis grave passim apud Germanos odium ignes illi excitaverant, sparsi sunt, ejus restinguendi causa, improbi ac mendaces libelli, non aliios tam crudeliter tractari, quam Anabaptistas ac turbulentos homines, qui perversis deliriis non religionem modo sed totum ordinem politicum convellerent (...). Haec mihi edendae Institutionis causa fuit, primum ut ab iniusta contumelia vindicaren fratres meos, quorum mors pretiosa erat in conspectu Domini; deinde quum multis miseris eadem visitarent supplicia, pro illis dolor saltem aliquis et sollicitudo exteras gentes tangeret" (*Praefatio in Psalmos,* Veja "Historia Litteraria de Calvini Institutione," em *Scrinium Antiquarium,* ii. 452).

[94] Baum, i. 206. "Telles gens," diz Calvino, "seroient contents qu'il n'y eust ne loy, ne bride au mond. Voilà pourquoy ils ont basti ce beau libvre *De non comburendis Haereticis,* où ils ont falsifié les noms tant des villes que des personnes, non pour autre cause sinon pource que le dit livre est farcy de blaphèmes insupportables" (*Bonnet,* ii. 18).

[95] *De Haereticis a civili Magistratu puniendis,* 1554.

reformadores de ponta em favor da prática de levar os hereges à morte, e no qual reproduziu todos os argumentos daqueles que tinham escrito sobre o assunto antes dele. Mais sistemático que Calvino, Beza, em primeiro lugar, exclui aqueles que não são cristãos – os judeus, muçulmanos e pagãos – sobre os quais sua inquirição não toca; "entre os cristão," prossegue ele dizendo, "alguns são cismáticos, que pecam contra a paz da Igreja, ou descrentes, que rejeitam sua doutrina. Entre estes últimos, alguns erram pela simplificação, e se o erro deles não é muito grave, se não seduzem outros, não precisam ser punidos."[97] "Mas os hereges obstinados são muito piores que os parricidas e merecem a morte, mesmo que se penitenciem."[98] "É dever do Estado puni-los porque toda a ordem eclesiástica é sustentada pela política."[99] "Nos primeiros tempos, esse poder era exercido pelos soberanos temporais; eles convocavam concílios, puniam hereges, promulgavam dogmas. Depois cresceu o pontificado, em tempos terríveis, e foi uma grande calamidade; mas ele era cem vezes preferível à anarquia defendida em nome da tolerância misericordiosa."

---

[97] "Absit autem a nobis, ut in cos, qui vel simplicitate peccant, sine aliorum pernicie et insigni plasphemia, vel in explicando quopiam Scripturae loco dissident a recepta opinione, magistratum armemus" (*Tractatus Theologici*, i. 95).

[98] Essa foi, por vezes, a prática nos países católicos, onde a heresia equivalia à traição. O duque Guilherme da Baviária ordenou que os anabatistas obstinados fossem queimados; os que se penitenciassem deveriam ser decapitados. "Welcher revocir, den soll man köpfen; welcher nicht revocir, den soll man brennen" (Jörg, p. 717).

[99] "Ex quibus omnibus una conjunctio efficitur, istos quibus haeretici videntur non esse puniendi, opinionem in Ecclesiam Dei conari longe omnium pestilentissimam invehere et ex diametro repugnantem doctrinae primum a Deo Patre proditae, deinde a Christo instaurate, ab universa denique Ecclesia orthodoxa perpetuo consensu usurpate, ut mihi quidem magis absurde facere videantur quam so sacrilegas aut parricidas puniendos negarent, quum sint istis omnibus haeretici infinitis partibus deteriores" (*Tract. Theol.* i. 143).

As circunstâncias da condenação de Servet transformaram-na no mais perfeito e característico exemplo da intolerância abstrata dos reformadores. Servet não era culpado de crime político algum; não era um habitante de Genebra e estava prestes a deixar a cidade, e nada de imoral poderia a ele ser atribuído. Não era nem um advogado da tolerância absoluta.[100] A oportunidade para sua prisão foi uma disputa entre um católico e um protestante sobre que lado era mais diligente na supressão dos pecados manifestos. Calvino, que de há muito havia declarado que se Servet viesse para Genebra jamais deveria sair de lá vivo,[101] fez de tudo para conseguir sua condenação pela Inquisição em Viena. Em Genebra, estava ávido para que a sentença fosse de morte,[102] e nisso foi encora-

---

[100] "Verum est quod correctione non exspectata Ananiam et Sapphiram occidit Petrus. Quia Spiritus Sanctus tunc maxime vigens, quem spreverant, docebat esse incorrigibiles, in malitia obstinatos. Hoc crimen est morte simpliciter dignum et apud Deum et apud homines. In allis autem criminibus, ubi Spiritus Sanctus speciale quid non docet, ubi non est inveterata malitia, aut obstinatio certa non apparet aut atrocitas magna, correctionem per alias castigationes sperare potius debemus" (Servet, *Restitutio Christianismi*, 656; Henry, iii. 235).

[101] "Nam si venerit, modo valeat mea authoritas, vivum exire nunquam patiar" (Calvino para Farel, em Henry, iii. Apêndice 65; Audin, *Vie de Calvin*, ii. 314; Dyer, 544).

[102] "Spero capitale saltem fore judicium: poenae vero atrocitatem remitti cupio" (Calvino para Farel, Henry, iii. 189). O Dr. Henry não tenta livrar Calvino da acusação de ter causado a morte de Servet. Apesar disso, propôs, alguns anos mais tarde, que o tricentésimo aniversário da execução fosse celebrado na Igreja de Genebra com uma manifestação. "Ela tem que se declarar univocamente, numa forma condizente com nossos princípios, admitindo que em tempos passados as autoridades de Genebra se enganaram, proclamando em voz alta a tolerância, que é na verdade a coroação de nossa Igreja, e pagando o devido tributo a Calvino porque ele nada teve a ver com a questão (parce qu'il n'a pas trempé dans cette affaire), da qual injustamente arcou com todo o ônus." A coragem de tal declaração é ultrapassada pela do editor do periódico francês do qual a extraímos. Ele adiciona às palavras em nosso parêntese a seguinte nota: "Frisamos isso para chamar a atenção para essa opinião do Dr. Henry, que tem profundo conhecimento de todo o assunto" (*Bulletin de la Societé de l'Histoire du Protestantisme Français*, ii. 114).

jado pelas igrejas suíças, mas especialmente por Beza, Farel, Bullinger e Peter Martyr.[103] Todas as autoridades protestantes, portanto, concordaram em mandar para a morte um escritor em cujo caso faltavam todos os elementos secundários da intolerância. Servet não era líder de facção. Não tinha seguidores que ameaçassem transtornar a paz e a unidade da Igreja. Sua doutrina era especulativa, sem poder ou atrativo sobre as massas, como o luteranismo, e sem consequências subversivas para a moralidade, ou que pudesse afetar de forma direta a existência da sociedade, como os anabatistas.[104]

---

[103] "Qui scripserunt de non plectendis haereticis, semper mihi visi sunt non parum errare (Farel para Blaarer, Henry, iii. 202) Durante o julgamento, ele escreveu a Calvino: "Se você desejar diminuir a horrível punição, agirá como amigo de seu inimigo mais perigoso. Se eu seduzisse alguém contra a verdadeira fé, considerar-me-ia digno da morte; não posso fazer julgamento diferente para outra pessoa daquele que faço para mim mesmo" (Schmidt, *Farel und Viret*, p. 33).
Antes que a sentença fosse pronunciada, Bullinger escreveu a Beza: "Quid vero amplissimus Senatus Genevensis ageret cum blasphemo illo nebulone Serveto. Si sapit et officium suum facit, caedit, ut totus orbis videat Genevam Christi gloriam cupere servatam" (Baum, i. 204). Referindo-se a Socinus, escreveu: "Sentio ego spirituali gladio abscindendos esse homines haereticos" (Henry, iii. 225).
Peter Martyr Vermiglio também deu sua adesão à política de Calvino: "De Serveto Hispano, quid aliud dicam non habeo, nisi eum fuisse genuinum Diaboli filium, cujus pestifera et detestanda doctrina undique profliganda est, neque magistratus, qui de illo supplicium extremum sumpsit, accusandus est, cum emendationis nulla indicia in eo possent deprehendi, illiusque blasphemiae omnino intolerabiles essent" (*Loci Communes*, 114. Vide Schlosser, *Leben des Beza und des Peter Martyr Vermili*, 512).
Zanchi, que, instigado por Bullinger, também escreveu um tratado, *De Haereticis Coercendis*, diz sobre a obra de Beza: "Non poterit non probari summopere piis omnibus. Satis superque respondit quidem ille novis istis academicis, ita ut supervacanea et inutilis omino videatur mea tractatio" (Baum, i. 232).
[104] "O julgamento de Servet," diz um ardente calvinista, "é ilegal apenas num ponto – o crime, se crime é, não foi cometido em Genebra; mas muito antes de o Conselho ter usurpado o privilégio injusto de julgar estrangeiros de passagem por Genebra, embora os crimes de que fossem acusados não tivessem sido lá cometidos" (Haag, *La France Protestante*, iii. 129).

Ele não tinha nada a ver com Genebra, e seus perseguidores se teriam rejubilado se ele fosse morto em outro lugar. "Bayle," diz Hallam,[105] "tem uma observação excelente sobre essa controvérsia." A observação de Bayle é a seguinte: "Sempre que os protestantes se queixam, a resposta vem do direito que Calvino e Beza reconheceram nos magistrados; e, até o dia de hoje, não houve ninguém que não tivesse fracassado lamentavelmente contra esse *argumentum ad hominem*."

Nenhuma questão sobre o mérito da Reforma ou da perseguição está envolvida numa inquirição sobre a fonte e a conexão das opiniões sobre tolerância sustentadas pelos reformadores protestantes. Nenhum sentimento humano sobre a correção da perseguição religiosa será afetado pelas teorias que acabamos de descrever, e elas não têm nenhuma relação com a controvérsia doutrinária. Aqueles que — em harmonia com o princípio da Igreja antiga de que todos os homens são livres nas questões de consciência — condenam toda a intolerância censurarão igualmente católicos e protestantes. Aqueles que perseguem o mesmo princípio um passo mais à frente e praticamente o invertem, insistindo no direito e dever não só de professar, mas de expandir a verdade, têm que aprovar, como a nós parece, a conduta tanto dos protestantes quanto dos católicos, a menos que façam a justiça da perseguição depender da verdade da doutrina defendida, caso em que se dividirão pelos dois lados. Aquelas pessoas, repito, que se impressionarem mais fortemente com a crueldade das execuções reais do que com o perigo das teorias falsas poderão concentrar sua indignação nos

---

[105] *Literature of Europe*, ii. 82.

católicos do Languedoc e da Espanha; enquanto aquelas que julgarem os princípios não por detalhes acidentais de sua realização prática, mas pelo racional no qual se fundamentam, chegarão a um veredicto adverso aos protestantes.

Essas inquirições comparativas, no entanto, têm poucos interesses sérios. Se dermos nossa admiração para a tolerância, teremos que nos lembrar que os mouros espanhóis e os muçulmanos na Europa formam mais tolerantes que os cristãos; e se admitirmos o princípio da intolerância, e julgarmos sua aplicação por condições particulares, teremos que tender a reconhecer que os romanos possuíam melhores razões para perseguir do que qualquer Estado moderno, uma vez que seu império se viu envolvido no declínio da antiga religião, com a qual estava ligado, enquanto nenhuma política cristã foi subvertida pela mera presença de dissidentes religiosos. Ademais, a comparação é totalmente fora de propósito porque não há nada em comum entre as intolerâncias católica e protestante. A Igreja começou com o princípio da liberdade, tanto como sua reivindicação quanto como sua regra; e as circunstâncias externas forçaram sobre ela a intolerância, depois que seu espírito de unidade triunfou, a despeito não só da liberdade que proclamava como da perseguição que sofria. O protestantismo estabeleceu a intolerância como um preceito imperativo e como parte de sua doutrina, e foi compelido a admitir a tolerância pelas necessidades de sua posição, depois que as penalidades rigorosas que impôs fracassaram em interromper o processo de dissolução interna.[106]

---

[106] Esse é o argumento assumido por dois eclesiásticos holandeses em resposta à consulta de João de Nassau em 1579: "Neque in imperio, neque in Galliis, neque in Belgio speranda esset unquam libertas in externo religionis exercicio nostri (...) si non diversarum

Na ocasião em que essa mudança involuntária ocorreu, as seitas que a causaram eram as inimigas mais ferozes da tolerância que demandavam. Na mesma época, puritanos e católicos buscaram refúgio no outro lado do Atlântico para a perseguição que sofriam juntos por parte dos Stuarts. Fugindo pela mesma razão e da mesma opressão, eles foram incapazes de executar seus próprios pontos de vista nas colônias que fundaram, respectivamente, em Massachusetts e em Maryland, e as histórias desses dois Estados exibem fielmente o contraste entre as duas Igrejas. Os emigrantes católicos estabeleceram, pela primeira vez na história moderna, um governo no qual a religião era livre e com o germe daquela liberdade religiosa que agora prevalece na América. Os puritanos, por outro lado, reviveram com maior severidade as leis penais da pátria mãe. Com o correr do tempo, a liberdade de consciência na colônia católica foi abolida à força pelos protestantes vizinhos da Virgínia; enquanto nas fronteiras de Massachusetts, no novo Estado de Rhode Island, foi formada nova facção pelos fugitivos da intolerância praticada pelos companheiros de colônia.

---

religionum exercitia in una eademque provincia toleranda (...). Sic igitur gladio adversus nos armabimus Pontificios, si hanc hypothesin tuebimur, quod exercitium religionis alteri parti nullum porsus relinqui debeat" (*Scrinium Antiquarium*, i. 335).

CAPÍTULO XXIV

*Ranke**

No período de poucos meses, Ranke publicou a quinta edição do seu *Popes*, um grosso volume sobre Guilherme III e os dois primeiros volumes de uma coleção revisada de suas obras. Toda a literatura não registra historiador cuja fama repouse em tantas obras-primas separadas. Seus primeiros escritos deram um impulso ao estudo da história, a qual produziu, numa abundância não sonhada por ninguém, informação inacessível à época em que foram preparados. Elevá-los ao nível que agora é esperado seria sobrecarregar as energias de um homem já passado dos setenta. A última edição do *Popes* foi feita com tão pouca preparação que os enganos, de há muito revelados ao autor por seus estudos posteriores, foram deixados como estavam quando o conhecimento a respeito do século XVI vivia sua infância. Cinquenta anos de trabalho incessante amadureceram sua mente, mas sem nada adicionar às faculdades por meio das quais foram conquistados os triunfos de sua juventude. A prática ensinou-o a confiar mais em seu tato que em suas regras; ele vaticina muito

---

* Leopold von Ranke, *Englische Geschichte vornehmlich im sechszehnten und siebzehnten Jahrhundert*, vol. 6 (Leipzig: Düncker und Humboldt, 1866). Este ensaio foi publicado na *Chronicle* 20 (julho de 1867): 392-394. Ryan p. 389.

daquilo que não prova; e o peso de sua própria opinião o torna despreocupado em relação às suas autoridades. O *Popes* não pode ser um clássico para sua era como o foi para a última. O tempo torna mais evidentes seus defeitos. E perseverança alguma pode acrescentar as qualidades que agora buscamos aos méritos originais que lhe conferiram importância num ramo destacado do conhecimento como nenhum livro até então conseguiu.

Muito do sucesso deveu-se à feliz escolha do assunto. Tópicos definidos e familiares não podem ser vantajosamente tratados a menos que o historiador não só esgote o conhecimento existente, mas acrescente algo a ele. Existem competidores a vencer; os títulos dos sucessivos capítulos, as autoridades a consultar, já são do conhecimento público; e o escritor tem de se engalfinhar com a carga acumulada por uma centena de antecessores. A novidade não inerente à matéria tem que ser importada pelo autor. No *Popes*, o próprio assunto, como Ranke o viu, foi quase uma descoberta. O historiador vagou por campos agradáveis, cruzando em diagonal os caminhos batidos que outros escritores haviam palmilhado. Não é exatamente a história de Roma, ou da Itália, ou da Igreja, ou da Europa moderna; mas a quantidade exata de cada uma delas de acordo com o material disponível. Não proporciona descrição apresentável de um só pontificado, e sim fragmentos e ilustrações de muitos deles. Não há uma corrente principal, mas um fluxo assinalado por uma fieira de lagos. Testemunha-se uma série de escaramuças, mas não uma batalha principal. Num assunto que é verdadeira miscelânea, as fontes consultadas, se bem que bastante comuns em suas respectivas áreas, não parecem óbvias e sugerem muita pesquisa. A vida de Palestrina não é muito desconhecida; mas o método tortuoso de Ranke leva-o a consultá-la para o Conselho de Trento, e ele exulta com o prêmio improvável. Existe uma espécie de presunção por meio da qual, depois que um livro proporcionou determinado extrato, ele é descartado com cerimônia como se fosse de outra forma inútil. É essa a maneira com que Ranke trata Daru, Capefigue e Van der Vynckt; e ele não se livrou dos hábitos da sua história da Inglaterra. No segundo volume, emprega aquela carta maravilhosa com a qual James I, rechaçando a presunção de Somerset, descreve com força e vigor, e quase com dignidade, sua teoria dos favoritos reais. Mas imediatamente acrescenta que o livro de Mr. Halliwell, no qual isso aparece, nada mais tem que o recomende. Comparado com as últimas *performances* do autor, o *Popes* não é, na verdade, um livro de força ou de grande pesquisa; mas ele ensinou com seu exemplo o uso crítico de fontes publicadas e o valor de não publicadas. Antes do surgimento de Ranke, a história moderna estava nas mãos de Robertson e Roscoe, Coxe e Sismondi, bons homens cujos méritos consistiam principalmente em tornar mais acessíveis as coisas que já eram bem conhecidas. Mas já estava sendo percebido que a obra histórica requer preliminares literárias complexas e metódicas, sobre as quais os escritores da história moderna não sabem mais que Hooke, Hume ou Mitford. Quando o texto de um cronista é avaliado, existe muito a ser feito antes que suas assertivas sejam aceitas. Seu caráter, posição e oportunidades têm que ser investigados; seu projeto e motivações, questionados; sobretudo, é necessário examinar os materiais com os quais sua narrativa é construída, e separá-la em suas partes componentes. Esses princípios, depois de terem causado uma revolução no estudo da antiguidade, tinham sido aplicados por Stenzel à Idade Média quando Ranke adotou-os na história moderna. Inicialmente, ele se fez conhecido como crítico de histórias publicadas; e não parece que tenha sido induzido a recorrer aos arquivos por insuficiência de material impresso. O afamado John Müller, na sua forma sonhadora, chamou a atenção para uma coleção de documentos italianos da biblioteca de Berlim, e lá Ranke abriu essas investigações que perseguiu em Viena e, então, com maior seriedade em Veneza e Roma. Tratava-se de um novo veio, e uma pequena produção levou a ampla estrada. Os relatórios que os embaixadores venezianos fizeram no encerramento de uma estada de três anos no estrangeiro tiveram a atenção despertada pela primeira vez por ele; mas não demorou para que qualquer historiador só se contentasse com o todo da correspondência dos embaixadores, dia a dia. Há trinta anos, o emprego de uns poucos relatórios desconexos, ou de algumas instruções casuais, implicava milagre de pesquisa. De início, Ranke empregou seus manuscritos como seus livros, para dar escopo e não solidez à sua narrativa. Quando chegou a terreno bem cultivado, a Reforma Germânica, achou tão pouca matéria nova que Eichhorn incorreu no erro de concluir, da pobreza de sua colheita, que o solo estava exaurido, e que nosso conhecimento daquele período pleno de eventos estava destinado a não experimentar novos acréscimos. Ranke não queria admitir que a história moderna estava enterrada numa miríade de documentos ainda não vistos, e que a composição de livros fadados a vingar deveria ser precedida pelo trabalho subterrâneo de uma outra geração. Os manuscritos serviram-lhe mais como uma revista de curiosidades do que como base essencial de uma história concatenada; e ele foi acusado de indiferença em relação à publicação de documentos ulteriores, pelo menos quando eles eram retirados de arquivos que já tinha consultado. No seu *Traité de Législation*, Mably profetizou vida longa para a Constituição da Suécia de 1720: antes de o livro aparecer, a Constituição já tinha sido revogada. Mably exclamou: "Le roy de Suède peut changer son pays, mais il ne changera pas mon livre." As histórias contadas sobre a impaciência de Ranke com aqueles que respigavam atrás dele parodiam tal declaração. Apesar disso, ele estabeleceu o exemplo daquele emprego ocasional e misturado de materiais não publicados como auxílio subsidiário à história, que foi seguido pela escola agora predominante na Bélgica, na Alemanha e na França, e que tem difundido muita luz, mas concentrado pouca. No *Popes*, existem mesmo trechos do texto que quase possuem o valor da autoridade original direta: tais como, por exemplo, as descrições da ocupação de Ferrara por Clemente VIII, que se baseia nas lembranças da ocasião do Thuanus veneziano, Nicholas Contarini, e que podem ser encontradas entre os manuscritos em diversas bibliotecas europeias. E o primeiro volume do seu *História da Reforma*, que abre a série de suas obras coligidas, lucrou consideravelmente com as pesquisas feitas desde sua primeira aparição.

O novo volume da *História da Inglaterra* é escrito em contraste gritante em relação ao *Popes*. A chama se apagou, mas há muito mais substância. A busca pelo efeito desapareceu. O *Constitutional History*, de Hallam, e o *Memoirs*, de Guizot, são menos sólidos e não mais sérios. Não se trata de uma história de vista de olhos ou de instantâneos, mas uma narrativa paciente e consecutiva que oferece uma cadeia sem interrupção de causas e efeitos, na qual a importância relativa dos eventos é considerada com um cuidado e um julgamento que seriam impossíveis num escrito pictórico. Ranke preocupou-se em evitar comparações. O cerco de Londonderry, o socorro a Limerick, a vitória e morte de Dundee, cenas que Macaulay tornou bem vívidas com a poesia épica, são descritos com enfado elaborado. O livro padece não só de falta de colorido, mas também de simpatia. Com exceção de Guilherme III, não há outros personagens vivazes. Marlborough, Seymour, Somers, Montague e Shrewsbury são expressões que se posicionam com alguma força ou talento, ou com certa dose de opinião. São efígies, não são homens. É difícil imaginar-se uma posição mais notável que a de Russell em La Hogue. Ele desejou que os franceses pudessem escapar e que James pudesse recuperar o trono, e com tal estado de espírito foi sorte sua ter esmagado a armada francesa. Ranke conhece minúcias particularíssimas; ele vê o interesse das coisas; diz que isso é muito curioso, mas seu relato é incrivelmente irreal e refletido. Essa falta de interesse nos personagens contribui para torná-lo muito reservado em seus julgamentos morais. Sua descrição do massacre de Glencoe é mais exata e não se deixa levar pela menor tentação para diminuir a culpa de Guilherme. Talvez a acusação contra ele jamais tenha sido feita de maneira tão danosa. Mas não há uma só palavra de crítica à sua pessoa. Foi uma ação (*eine Handlung*), um incidente (*eine Begebenheit*), que a posteridade transformou em matéria de reprovação à memória do rei Guilherme. Porém, dizer que foi um crime não tornaria o fato mais inteligível, não ajudaria a avançar a narrativa. A desconsideração de uma questão que diverte rapazes engenhosos e homens desocupados, ou seja, se as pessoas são boas ou más, estende-se dos seres humanos para as ideias, das questões da virtude moral para as da verdade intelectual.

Lord Acton

Os problemas debatidos no reinado de Guilherme quanto à limitação do poder real pelo Parlamento, e o controle do Parlamento pela nação, estão na raiz de toda a agitação política da Europa moderna. Os debates foram o berço da filosofia política, e são tão interessantes quanto os experimentos que precederam as descobertas das ciências naturais. Ranke mostra fielmente o conflito dos sistemas, mas não pergunta se qualquer um deles é o correto e não percebe em meio ao caos aparente a verdade tentando abrir caminho contra as influências resistentes do hábito ou do lucro. Ele descreve os procedimentos do julgamento: não diz que o veredicto foi promulgado há muito tempo. É como se alguém devesse escrever uma biografia de Galileu ou de Harvey sem admitir que alguma coisa é definitivamente conhecida sobre as hipóteses do movimento da Terra ou sobre a circulação do sangue. A história, na concepção de Ranke, é uma ciência completa em si mesma, independente, sem subordinação a nenhuma outra, que não pede instrumentos emprestados nem supre instruções além de seu próprio domínio. Esse isolamento nobre envolve uma certa pobreza de reflexões e uma certa inadequação para generalizações. O escritor raramente ilustra seus fatos a partir do estado de antigo ou de aprendizado geral, ou pela investigação de problemas legais e constitucionais. Não explica os fenômenos por leis políticas, o ensino da observação e da comparação; e não se preocupa com a literatura ou com as coisas, salvo a política, que manifestam a vida e o pensamento das nações. Ele não é mais familiarizado com as cambiantes relações de gabinetes e facções do que com convicções, erros, preconceitos e paixões que impelem as massas da humanidade e balançam seus governantes. Mantém essas coisas afastadas, temeroso de que elas turvem a clareza de sua visão. Elas não o comovem e ele não as contempla. Daí o porquê de suas últimas obras, especialmente elas, serem mais mansas e gélidas quando comparadas com livros de homens que não têm um décimo de seu preparo ou nenhuma concepção sobre a energia disciplinada e inquisitiva que o elevou à posição de Niebuhr, quase de Colombo, da história moderna.

Ranke não define em lugar algum o que concebe como essência verdadeira do conflito entre Guilherme e James, e a causa de sua importância na história geral. Em uma ou duas passagens características, invoca a deusa Necessidade, o destino fixado, a força inexorável, com uma admiração digna de Ésquilo. Mas existe uma corrente subterrânea que se contrapõe às suposições de que os homens são usados para julgar a grande batalha e tomar partido nela. O relato da política doméstica prova que Guilherme não era simpático às liberdades populares; o relato das questões externas mostra que ele não foi um defensor da religião protestante. De todas as cortes estrangeiras, a mais interessada no sucesso de sua expedição foi a Corte de Viena. O imperador teve a guerra turca em suas mãos, enquanto Luís XIV fazia intrigas para eleger seu filho rei dos romanos e para conseguir a sucessão da coroa espanhola. A Revolução, que afastou a Grã-Bretanha da aliança francesa, foi um imenso alívio para Leopoldo, e ele respondeu à petição de James por auxílio dizendo-lhe que ele havia provocado o desastre para si mesmo em função do zelo inoportuno. Os enviados austríaco e espanhol se viram, convenientemente, em imediatos termos confidenciais com o príncipe de Orange, e ele assegurou a Ronquillo que era confiável como um bom castelhano. Àquela época, os Habsburgos representavam a causa católica. Luís XIV estava a ponto de fazer guerra ao Papa, o qual recusara dinheiro para apoiar James, alegando necessitar de todos os recursos para proteger seus domínios contra os franceses. Falou da França como uma potência anticatólica e armada como se fosse para travar uma guerra religiosa. Foi a primeira vez desde a Reforma na qual, por consentimento comum, a Europa abandonou até mesmo a aspiração de guiar a política pela religião. A ajuda do príncipe que governava os dois grandes estados marítimos era necessária às Potências Católicas, e sua amizade era essencial para a estabilidade de seu trono. Em sua política doméstica, ele não era um soberano liberal, e as melhores partes do volume de Ranke são as que descrevem seus esforços para manter o poder que pertencera aos reis Stuarts. Seus concidadãos na Holanda acusaram-no de atos arbitrários; e a traição calculada de homens como Russell foi provocada pela descoberta de que Guilherme era adversário mais ágil e mais formidável das liberdades populares que James. Era uma necessidade de sua posição observar a capitulação de Limerick, porque, até a pacificação da Irlanda, ele fora privado de muito do seu poder militar. Isso foi evitado pela violência do Parlamento irlandês, com diligência unificada contra os católicos e ardor contra a Prerrogativa. A situação sugeriu o famoso argumento de Molyneux – de que a Irlanda, sendo um país conquistado, estava sujeita à discrição real. Todas essas coisas apontavam para uma direção. Guilherme requereu todos os recursos do seu reino e da sua coroa para travar a guerra que era objetivo e paixão de sua vida. A oposição e a intolerância do Parlamento eram obstáculos para sua ação. Richard Temple, um dos porta-vozes populares, foi o primeiro a reviver as antigas leis penais. A autoridade de Guilherme estava tão estritamente vinculada à tolerância quanto a de James estivera à administração do Poder. Ele não pertencia à Igreja Estabelecida, em cujo nome os atos penais foram promulgados. Suas doutrinas eram tão odiosas aos membros da Igreja anglicana e, pelo menos, tão temidas por eles quanto as de James. Foi para excluir os sucessores de sua fé que a cláusula limitante da sucessão protestante foi incluída na Lei de 1701. Ele chamou o cerimonial anglicano de comédia. Quando os escoceses demandaram que prometesse exterminar os hereges, ele replicou dizendo que não seria um perseguidor. No Parlamento irlandês, foi violentamente denunciado o favorecimento que ele aventurou demonstrar aos católicos. Ranke afirma que os eventos fizeram da tolerância uma necessidade política, e que Guilherme a manteve bem elevada em sua bandeira durante todo o tempo. E, se seu livro tem um tema mais altaneiro que as intrigas provocadas pela ambição e os julgamentos forçados, este é o estabelecimento da liberdade religiosa no país que se tornou o baluarte da liberdade civil.

É verdade que a posição pessoal de Guilherme III e sua política internacional requereram que tanto católicos quanto presbiterianos não fossem molestados. Mas o Parlamento obstou o processo e a opressão religiosa manteve correspondência, durante seu reinado, com o crescimento da influência parlamentar. O poder da coroa foi efetivamente restringido, e um poder parlamentar o substituiu, igualmente absoluto, igualmente ambicioso e menos fácil de resistir. A Revolução não estabeleceu os princípios da liberdade; e é uma liberdade reconhecida como um princípio, não liberdades obtidas por compromisso e concessão, que gera tolerância. A conexão inerente às liberdades civil e religiosa não foi entendida na

Inglaterra até a extinção do partido jacobita. Somers e Locke foram homens de liberalidade mais iluminada que Guilherme, e menos ciosos da manutenção do poder do Estado; e foram homens eminentemente preparados para perseguir o princípio até suas consequências. Ainda assim, eles não se mostraram simpáticos à liberdade de consciência. Alguma coisa da mesma confusão que iludiu aqueles homens ilustres desnorteia o intelecto agudo, claro e frio do grande historiador prussiano. Durante os últimos anos de sua vida, James, e não Guilherme, representou a causa da tolerância. No trono, ele foi animado pelo desejo de alcançar, não a liberdade, mas a vitória para sua Igreja – ou seja, por um motivo religioso, não político ou filosófico. Ele levantou uma questão entre dois interesses religiosos, não entre dois princípios de governo, e esse erro custou-lhe o trono. Alguns anos mais tarde, quando sua sorte começou de novo a prosperar, Middleton induziu-o a declarar que ele manteria o Teste; e Ranke se mostra persuadido de que essa concessão resultaria na sua restauração. No último momento, James revogou a promessa, e o esquema desmoronou de pronto. Agora, entre aqueles que insistiram no Teste e James que o rejeitou, a causa da tolerância está do lado de James. Naquela ocasião, a questão da autoridade real não causava dificuldade. Os ingleses, finalmente, se recusaram em ter James como rei, não por causa de sua impopularidade, de sua fé ou de suas máximas arbitrárias, mas porque ele não manteria as incapacidades religiosas. Ranke afirma que, nesse particular, ele desempenhou papel de fanático. No nosso julgamento, é o mais honroso ato na vida pública de James II e concede uma dignidade ao seu exílio que faltou nos seus dias de grandeza e no momento de sua queda.

Nesse livro, como em todos os trabalhos do autor, há muita matéria nova. Ele examinou nos arquivos franceses a correspondência do marechal Tallard durante sua missão diplomática em Londres, e os despachos de Lauzun e D'Avaux sobre a expedição à Irlanda. A Holanda supre material publicado e não publicado que não se concebe que escritores anteriores tenham descurado. A correspondência entre Guilherme e Heinsius tem sido parcialmente usada; mas os extratos recentemente tornados públicos por Noorden provam que existe muito mais do que isso nos documentos de Heinsius, e que se pode esperar de sua publicação vasto acesso a conhecimento importante. Os manuscritos do British Museum foram, suspeitamos nós, consultados muito apressadamente. Os despachos de Melfort a partir de Roma lançariam luz adicional nas negociações da corte banida. A adição mais valiosa tem sido a descoberta da correspondência dos enviados de Brandenburgo, que se estendeu por muitos anos. O Eleitor era representado por dois irmãos suíços de sobrenome Bonnet. Eles eram bem-informados e imparciais, e suas cartas proporcionam uma narração ininterrupta dos eventos na corte e no parlamento. Permitem que o historiador recupere debates perdidos; e foi devido a elas que Ranke ultrapassou seus predecessores sobre política interna, e não apenas nas questões internacionais, em que ele é sempre supremo.

Lord Acton

CAPÍTULO XXV

O massacre de São Bartolomeu*

O modo pelo qual Coligny e seus adeptos encontraram a morte tem sido transmitido por uma imensidão de testemunhas confiáveis, e poucos eventos na história são conhecidos em detalhes tão minuciosos. Mas a origem e os motivos, e a maneira pela qual ela foi recebida pela opinião da Europa cristã, ainda despertam controvérsias. Algumas das evidências são de difícil acessibilidade, parte foi perdida e muito foi deliberadamente destruído. Nenhuma carta escrita de Paris naquela ocasião foi encontrada nos arquivos austríacos. Na correspondência de treze agentes da Casa de Este e da Corte de Roma, todos os documentos que relatavam o evento desapareceram. Todos os papéis de 1572, tanto de Roma quanto de Paris, estão faltando nos arquivos de Veneza. Nos anais de muitas cidades francesas, as folhas que continham os registros de agosto e setembro daquele ano foram arrancadas. Os primeiros relatos enviados à Inglaterra por Walsingham e pelo governo francês não foram recuperados. Os relatórios publicados em Roma, quando os fatos

---

* Publicado na *North British Review* 51 (outubro de 1869): 30-70. *Wellesley* I, p. 693; Döllinger I, pp. 562, 564; Acton-Simpson III, pp. 276, 285. Republicado em *History of Freedom*, de Acton, pp. 101-149.

ainda eram recentes, se tornaram rapidamente tão raros que foram esquecidos. A Bula de Gregório XIII não foi incorporada às coleções oficiais; e a resposta a Muretus não foi notada até hoje. As cartas de Carlos IX para Roma, com a importante exceção daquela que ele escreveu em 24 de agosto, se dispersaram e se perderam. As cartas de Gregório XIII para a França jamais foram vistas por pessoas que desejariam torná-las públicas. Na ausência desses documentos, a informação mais autêntica é a fornecida pelo embaixador francês e pelo núncio. Os despachos de Ferralz, descrevendo a atitude da corte romana, sobreviveram, mas não foram usados. Os de Salviati são conhecidos há muito tempo. Chateaubriand fez uma cópia deles quando os arquivos papais estavam em Paris e projetou um trabalho sobre os eventos com os quais tais despachos têm relação. Alguns extratos foram publicados, com seu consentimento, pelo continuador de Mackintosh; e uma grande seleção, dos originais do Vaticano, apareceu no *Annals of Gregory XIII*, de Theiner. As cartas escritas sob Pio V estão além do escopo daquela obra; e Theiner, além disso, omitiu o que lhe pareceu irrelevante para seu trabalho. O critério da relevância é incerto; e temos que nos valer em grande medida das porções não publicadas da correspondência de Salviati que foram transcritas por Chateaubriand. Tais manuscritos, com outros de igual importância não previamente consultados, determinam diversas questões duvidosas de política e de intento.

Os protestantes jamais ocuparam posição tão triunfante e suas perspectivas nunca foram tão brilhantes quanto naquele verão de 1572. Por muitos anos, o progresso de sua religião vinha sendo incessante. As conquistas mais valiosas estavam feitas, e o período de reveses ainda não começara. A grande divisão, que depois ajudou o catolicismo a recuperar muito terreno perdido, ainda não era confessada abertamente; e a unidade efetiva das Igrejas Reformadas ainda não fora dissolvida. Na teologia controversa, a defesa era mais fraca que o ataque. As obras às quais a Reforma devia seu sistema e sua popularidade estavam nas mãos de milhares, enquanto os melhores autores da restauração católica ainda não tinham começado a escrever. A imprensa continuava favorecendo mais as novas opiniões que as antigas; e na literatura o protestantismo era supremo. Perseguido no sul e estabelecido pela violência no norte, ele tinha sobrepujado a resistência dos príncipes na Europa Central e conquistara a tolerância sem deixar de ser intolerante. Na França e na Polônia, nos domínios do imperador e sob os prelados germânicos, a tentativa de barrar seu avanço pela força física fora abandonada. Na Alemanha, cobria uma área duas vezes maior do que a que restaria para ele na geração posterior, e, exceto na Baviera, o catolicismo esmaecia rapidamente. O governo polonês não tinha força para perseguir, e a Polônia tornou-se refúgio para as seitas. Quando os bispos perceberam que não podiam evitar a tolerância, resolveram que não iriam restringi-la. Confiando na máxima "Bellum Haereticorum pax est Ecclesiae", insistiram em que a liberdade deveria ser estendida àqueles que a Reforma teria exterminado.[1] Os protestantes poloneses, a despeito de suas dissensões, formavam uma grande associação. Quando a morte do último dos Jagellons, em 7 de julho de 1572, tornou a monarquia

---

[1] Satius fore ducebam, si minus profligari possent omnes, ut ferrentur omnes, quo mordentes et comedentes invictem, consumerentur ab invicem (Hosius para Karnkowsky, 26 de fevereiro de 1568).

eletiva, eles eram suficientemente fortes para fazer valer suas condições sobre os candidatos; e se supunha que eram capazes de decidir a eleição e conseguir um rei de sua escolha própria. O Reino do Terror de Alva fracassou na pacificação dos Países Baixos, e ele quase abdicou da tarefa desesperançada para um sucessor incapaz. A tomada de Brill, em abril, foi a primeira das vitórias marítimas que levaram à independência dos holandeses. Mons caiu em maio; e, em julho, a importante província da Holanda foi declarada para o príncipe de Orange. Os católicos acreditaram que tudo estaria perdido se Alva continuasse no comando.[2]

A luta decisiva ocorreu na França. Durante a minoridade de Carlos IX, a perseguição dera lugar à guerra civil, e a Regente, sua mãe, tinha se esforçado em vão para não se tornar submissa a nenhum dos lados, a fim de manter a autoridade da Coroa. Ela controlou os vitoriosos católicos ao garantir termos para os huguenotes que faziam com que constituíssem, apesar das derrotas no terreno, um vasto e organizado poder no Estado. Para escapar à influência deles seria necessário invocar a ajuda de Felipe II e aceitar a proteção que tornaria a França subordinada à Espanha. Felipe trabalhou para estabelecer tal aliança. E foi para promover esse esquema que enviou sua rainha, Elisabeth de Valois, ao encontro da mãe dela em Bayonne. Em 1568, Elisabeth morreu. E um rumor chegou a Catarina sobre a forma do falecimento da filha, o que tornou difícil fazer com que se inclinasse pelas aberturas amistosas do genro. Antonio Perez, então instrumento inescrupuloso da vontade de seu mestre, depois o

---

[2] O Secretário de Medina Celi para Çayas, 24 de junho de 1572 (*Correspondance de Philippe II*, ii. 264).

acusou de ter envenenado a esposa. "On parle fort sinistrement de sa mort, pour avoir été advancée," diz Brantôme. Depois do massacre dos protestantes, o embaixador em Veneza, um homem que se destacava como jurista e estadista, recriminou Catarina por ter lançado a França nos braços dele, no qual o mundo reconhecia o assassino da filha dela. Catarina não negou a verdade do relatório. Replicou que "se inclinava a pensar nos filhos de preferência às filhas, que a perfídia não ficara totalmente provada e, se o fosse, não poderia ser vingada caso a França ficasse enfraquecida pela discórdia religiosa".[3] Ela escreveu como não poderia ter escrito se estivesse convencida de que a suspeita era injusta.

Quando Carlos IX se tornou seu próprio mestre, pareceu determinado a seguir a hostilidade do pai e do avô ao poder espanhol. Escreveu a um auxiliar de confiança dizendo que todos os seus pensamentos se direcionavam para o aniquilamento de Felipe.[4] Enquanto os navios cristãos lutavam em Lepanto, o rei da França confabulava com os otomanos. Sua atitude ameaçadora no ano seguinte manteve Don Juan em águas sicilianas e tornou sua vitória infrutífera para a cristandade. Encorajada pela proteção francesa,

---

[3] Quant à ce qui me touche à moy en particulier, encore que j'ayme unicquement tous mes enffans, je veulx préférer, comme il est bien raysonnable, les filz aus filles; et pour le regard de ce que me mandez de celluy qui a faict mourir ma fille, c'est chose que l'on ne tient point pour certaine, et ou elle le seroit, le roy monsieur mondit filz n'en pouvoit faire la vengeance en l'estat que son royaulme estoit lors; mais à présent qu'il est tout uni, il aura assez de moien et de forces pour s'en ressentir quant l'occasion s'en présentera (Catarina para Du Ferrier, 1º de outubro de 1572; Bibl. Imp. F. Fr. 15, 555). Os despachos de Fourquevaulx de Madrid, publicados pelo marquês Du Prat no *Histoire d'Elisabeth de Valois*, não confirmam o rumor.

[4] Toutes mes fantaisies sont bandées pour m'opposer à la grandeur des Espagnols, et je delibere m'y conduire de plus dextrement qu'il me sera possible (Carlos IX para Noailles, 2 de maio de 1572; Noailles, *Henri de Valois*, i. 8).

Veneza retirou-se da Liga. Mesmo na Córsega, houve um movimento que os homens interpretaram como prelúdio da tempestade que a França armava contra o império da Espanha. Roma tremeu diante da expectativa de uma invasão huguenote da Itália; pois Carlos estava ativo na conciliação com os protestantes, tanto no exterior como em casa.

Ele se casou com a filha do tolerante imperador Maximiliano II e promoveu negociações para o casamento de seu irmão com a rainha Elizabeth, sem nenhuma esperança de sucesso, mas para impressionar a opinião pública.[5] Fez tratados de alianças, em rápida sucessão, com a Inglaterra, com os protestantes alemães e com o príncipe de Orange. Determinou que seu irmão Anjou, o defensor dos católicos, de quem se diz que prometera desenraizar os protestantes até o último homem,[6] deveria ser banido para o trono da Polônia. Desconsiderando as ameaças e as súplicas do Papa, deu sua irmã em casamento a Navarra. Pela Paz de St. Germains, os huguenotes garantiram, dentro de certos limites, liberdade da perseguição e liberdade para perseguir; de modo que Pio V declarou que a França ficara refém dos hereges. Coligny passou a ser então o homem mais poderoso do reino. Seu esquema para dar um fim à guerra civil com uma expedição para a conquista da Holanda começou a ser posto em movimento. Forças auxiliares francesas

---

[5] Il fault, et je vous prie ne faillir, quand bien il seroit du tout rompi, et que verriés qu'il n'y auroit nulle esperance, de trouver moyen d'en entrettenir toujours doucement le propos, d'ici à quelque temps; car cella ne peut que bien servir à establir mes affaire set aussy pour ma réputation (Carlos IX a La Mothe, 9 de agosto de 1572, *Corr. De la Mothe*, vii, 311).

[6] Isso é afirmado tanto por sua mãe quanto pelo cardeal de Lorraine (Michelet, *La Ligue*, p. 26).

seguiram Luís de Nassau em Mons; um exército de huguenotes já tinha ido em seu auxílio; outro estava sendo reunido próximo à fronteira, e Coligny se preparava para assumir o comando de uma guerra que poderia se tornar uma cruzada protestante e que não deixava aos católicos nenhuma esperança de vitória. Entrementes, muitas centenas de oficiais o seguiram até Paris para presenciar o casamento que iria reconciliar as duas facções e sedimentar a paz religiosa.

Em meio a tais projetos grandiosos e esperançosos, Coligny foi atacado. Na manhã de 22 de agosto, ficou gravemente ferido num atentado a tiros. Dois dias depois, foi morto; e ocorreu um ataque generalizado aos huguenotes em Paris. Durou algumas semanas e foi imitado em cerca de vinte outros locais. As principais cidades provinciais francesas estavam entre tais locais.

Julgado por seus resultados imediatos, o massacre de São Bartolomeu foi uma medida fracamente planejada e executada sem determinação que privou o protestantismo de seus líderes políticos e o deixou por algum tempo sob o controle de fanáticos. Não há evidências da possibilidade de morte de mais de setecentas vítimas. Julgado pelos eventos posteriores, o massacre foi o começo de uma grande alteração no conflito entre as igrejas. No início, supunha-se que cem mil huguenotes tinham caído. Foi dito que os sobreviventes estavam abjurando a religião às centenas,[7] que os filhos dos trucidados foram tornados católicos e que mesmo aqueles que os padres tinham concedido absolvição e comunhão esta-

---

[7] In reliqua Gallia fuit et est incredibilis defectio, quae tamen usque adeo non pacavit immanes illas feras, ut etiam eos qui defecerunt (qui pene sunt innumerabiles) semel ad internecionem una cum integris familiis trucidare prorsus decreverint (Beza, 3 de dezembro de 1572; *Ill. vir. Epp. Sel.*, p. 621, 1617).

vam sendo mortos.⁸ Os homens que se encontravam longe do controle do governo francês perderam a fé numa religião em que a Providência tinha intervindo com um julgamento tão tremendo;⁹ e os príncipes estrangeiros foram encorajados a não empregar severidades que pudessem causar as cenas de horror vistas na França.

Os contemporâneos foram persuadidos de que os huguenotes haviam sido adulados e que sua política fora adotada apenas para sua destruição, e de que o assassinato de Coligny e de seus seguidores fora um crime premeditado havia muito tempo. Católicos e protestantes competiram entre si para coligir provas daquilo que, respectivamente, encaravam como inspiração sobrenatural e depravação diabólica. Nos últimos quarenta anos, prevaleceu opinião diferente. Foi considerado mais provável, mais condizente com os testemunhos e com as questões daquele tempo, que Coligny adquirira extraordinária capacidade de influir sobre a mente de Carlos, que seu assessoramento realmente predominava e que a solução sangrenta foi subitamente acatada por seus adversários como último recurso para readquirir o poder. Essa opinião torna-se plausível por muitos fatos. É apoiada por diversos escritores que então viviam e pelo documento conhecido como Confissão de Anjou. As melhores autoridades dos dias de hoje são unânimes em rejeitar a premeditação.

A evidência do lado contrário é mais forte do que eles supunham. O fatídico destino que esperava os huguenotes era acalenta-

---

⁸ Languet para o duque da Saxônia, 30 de novembro de 1572 (*Arcanca*, sec. xvi. 183).
⁹ Vidi et cum dolore intellexi lanienam illam Gallicam perfidissimam et atrocissimam plurimos per Germaniam ita offendisse, ut jam etiam de veritate nostrae Religionis et doctrinae dubitare incoeprint (Bullinger para Wittgenstein, 23 de fevereiro de 1573; Freidländer, *Beiträge zur rel. Gesch.*, p. 254).

do há muito tempo e, com frequência, antevisto. Pessoas distantes, Monluc em Languedoc e o protestante Mylius na Itália, intuíram dessa forma as notícias que chegavam da corte. Reuniões de estranhos nas estradas discutiam a louca paixão do almirante.[10] Cartas trouxeram de Roma para o imperador a significativa insinuação de que os pássaros estavam todos na gaiola e se tratava então de agarrá-los.[11] Duplessis-Mornay, futuro chefe dos huguenotes, ficou tão assaltado pelo sentimento da desgraça que estava por vir, que não se aventurou a sair à rua no dia do casamento. Alertou o almirante sobre a crença generalizada de que o casamento escondia uma trama para sua ruína e que as festividades terminariam com uma terrível surpresa.[12] Coligny resistiu à suspeita. Alguns de seus adeptos deixaram Paris, mas ele permaneceu irredutível. A certa altura, a excessiva disposição em atender todas as vontades do almirante chegou a abalar a confiança de seu genro Téligny; mas a dúvida desapareceu tão completamente que o próprio Téligny evitou a fuga dos partidários de Coligny depois que ele foi morto. Na manhã do dia fatídico, Montgomery enviou uma nota a Walsingham dizendo que Coligny estava seguro sob a proteção dos Guardas do Rei e que não se deveria recear mais agitação alguma.[13]

Por muitos anos, assessores estrangeiros demandaram que Catarina se visse livre desses homens. No começo, calculou-se que uma

---

[10] De Thou, *Mémoires*, p. 9.
[11] Il me dist qu'on luy avoist escript de Rome, n'avoit que trois semaines ou environ, sur le propos des noces du roy de Navarre en ces propres termes; Que à ceste heure que tous les oiseaux estoient en cage, on les pouvoit prendre tous ensemble (Vulcob para Carlos IX, 26 de setembro de 1572; Noailles, iii. 214).
[12] *Mémoires de Duplessis-Mornay*, i. 38; Ambert, *Duplessis-Mornay*, p. 38.
[13] Digges, *Compleat Ambassador*, pp. 276, 255.

meia dúzia de vítimas bastaria.[14] Essa foi a estimativa inicial de Alva em Bayonne.[15] Quando o duque de Ferrara esteve na França em 1564, propôs uma medida mais ampla e repetiu seu conselho pela boca de todos os agentes que enviou à França.[16] Depois do evento, tanto Alva como Alfonso lembraram a Catarina que ela nada mais fizera que seguir o conselho deles.[17] A carta de Alva confirma explicitamente a versão popular que liga o massacre à conferência de Bayonne; e não se pode mais duvidar agora que La Roche-sur-Yon, no seu leito de morte, informou que decisões assassinas tinham sido tomadas naquela ocasião.[18] Mas o núncio, Santa Croce, que estava presente, escreveu ao cardeal Borromeo que a rainha tinha de fato prometido punir a infração ao Édito da Pacificação, mas isso era coisa bem diferente do que buscar extirpar a heresia. Catarina afirmou que, dessa forma, a lei poderia alcançar todos os ministros huguenotes; e Alva professou acreditar nela.[19] Qualquer que fosse a ambiguidade de linguagem por ela

---

[14] Correr, *Relazione*; Tommaseo, ii. 116.

[15] Ele disse a Catarina: "Que quando quisiesen usar de outro y averlo, con no mas personas que con sinc o seys que son el cabo de todo esto, los tomasen a su mano y les cortasen las cabezas" (Alva para Felipe II, 21 de junho de 1565; *Papiers de Granvelle*, ix. 298).

[16] Ci rallegriamo con la maestà sua con tutto l'affeto dell' animo, ch' ella habbia presa quella risolutione cosi opportunamente soppra la quale noi stesso l' ultima volta che fummo in Francia parlammo con la Regina Madre (...). Dipoi per diversi gentilhuomini che in varie occorenze habbiamo mandato in corte siamo instati nel suddetto ricordo (Alfonso II para Fogliani, 13 de setembro de 1572; Arquivos de Modena).

[17] Muchas vezes me ha accordado de aver dicho a Su Mag. esto mismo em Bayona, y de lo que mi offrecio, y veo que ha muy bien desempenado su palabra (Alva para Zuñiga, 9 de setembro de 1572; Coquerel, *La St. Barthélemy*, p. 12).

[18] Kluckhohn, *Zur Geschichte des angeblichen Bündnisses von Bayonne*, p. 36, 1868.

[19] Il signor Duca di Alva (...) mi disse, che come in questo abboccamento negotio alcuno non havevano trattato, ne volevano trattare, altro che della religione, cosi la lor differenza era nata per questo, perchè non vedeva che la regina ci pagliasse risolutione

empregada, a ação de 1572 não foi influenciada por deliberações tomadas sete anos antes.

Durante a primavera e o verão, os agentes da Toscana prepararam diligentemente seu mestre para o que estava por vir. Petrucci escreveu em 19 de março que, por razões que ele não poderia colocar no papel, o casamento certamente teria lugar, mas só quando os huguenotes entregassem seus pontos fortes. Quatro dias mais tarde, Alamanni anunciou que o piedoso projeto da rainha para restaurar a unidade da fé seria, com a graça de Deus, rapidamente cumprido. Em 9 de agosto, August Petrucci estava em condições de reportar que o plano concebido em Bayonne estava prestes a ser executado.[20] Todavia, ele não estava totalmente informado. Depois, a rainha assegurou-lhe que não tinha confidenciado o segredo a estrangeiro residente algum, exceto o núncio,[21] e Petrucci, muito ressentido, se queixou de que ela também tinha consultado o embaixador da Savoia. Veneza, como Florença e Savoia, não foi pega de surpresa. Em fevereiro, o embaixador Contarini explanou ao Senado a ilusória tranquilidade na França, dizendo que o governo contava com a morte do almirante, ou que a rainha de Navarra promovesse uma mudança momentosa.[22] Cavalli, seu sucessor,

---

a modo suo ne de altro, che di buone parole ben generali (...). È stato risoluto che alla tornata in Parigi si farà uma ricerca di quelli che hanno contravenuto all' editto, e si castigaranno; nel che dice S. M. che gli Ugonotti ci sono talmente compresi, che spera com questo mezzo solo cacciare i Ministri de Francia (...). Il Signor Duca di Alva si satisfa più di questa deliberatione di me, perchè io non trovo che serva all' estirpation dell' heresia il castigar quelli che hanno contravenuto all' editto (Santa Croce para Borromeo, Bayonne, 1º de julho de 1565, MS.).

[20] Desjardins, *Négociations avec la Toscane*, iii. 756, 765, 802.

[21] Io non fatto intendere cosa alcuna a nessuno principe; ho ben parlato al nunzio solo (Desp. 31 de agosto; Desjardins, iii. 828).

[22] Alberi, *Relazioni Venete*, xii, 250.

julgou que uma empreitada tão grosseiramente mal dirigida não demonstrava sinais de deliberação.[23] Existia outro veneziano mais bem informado em Paris. A República buscava afastar-se da Liga contra os otomanos; e seu estadista mais ilustre, Giovanni Michiel, foi enviado para solicitar ajuda da França na negociação da paz.[24] O relato que ele fez de sua missão foi considerado por um consumado analista dos Documentos do Estado Veneziano o relatório mais valioso do século XVI.[25] Quase que diariamente, era-lhe permitido participar de conferência secreta com Anjou, Nevers e o grupo de italianos, onde residia o ódio principal, e não havia conselheiro ao qual Catarina se dispunha a dar mais ouvidos.[26] Michiel afirma que a intenção de há muito era tida em conta, e que o núncio tinha sido instruído a revelá-la privadamente a Pio V.[27]

Salviati tinha boa relação com Catarina e fora alvo de boa opinião da parte dela como núncio no ano de 1570. O Papa o enviou de volta porque ninguém parecia mais capaz que ele para dissuadi-la e a seu filho da política que causava tanta inquietação em Roma.[28] Ele faleceu muitos anos mais tarde, com a reputação de ter sido um dos cardeais mais eminentes numa ocasião em que o Sagrado Colégio era inusitadamente rico em talentos. Pessoalmente, ele sem-

---

[23] Alberi, xii, 328.

[24] Son principal but et dessein estoit de sentir quelle esperance ilz pourroient avoir de parvenir à la paix avec le G. S. dont il s'est ouvert et a demandé ce qu'il en pouvoit espérer et attendre (Carlos IX para Du Ferrier, 28 de setembro de 1572; Charrière, *Négociations dans le Levant*, iii. 310).

[25] Ranke, *Französische Geschichte*, v. 76.

[26] Digges, p. 258; Cosmi, *Memorie di Morosini*, p. 26.

[27] Alberi, xii. 294.

[28] Mitti eo Antonium Mariam Salviatum, reginae affinem, eique pergratum, qui eam in officio contineat (Cardela de Vercelli, *Comment. de Rebus Gregori XIII*; Ranke, *Päpste*, Apend. 85).

pre foi favorável a medidas rigorosas de repressão. Quando a condessa de Entremont se casou com Coligny, Salviati declarou que ela se fez merecedora de penalidades severas ao aceitar propostas matrimoniais de herege tão notório e demandou que o duque de Savoia providenciasse, por todos os meios à sua disposição, o afastamento de consorte tão pecaminosa.[29] Quando a paz de St. Germains foi concluída, ele garantiu a Carlos e Catarina que suas vidas corriam risco, já que os huguenotes tencionavam destruir tanto o trono quanto o altar. Acreditava que toda a relação com eles era pecaminosa, e que o único remédio era o extermínio total pela espada. "Estou convencido," escreveu, "de que se chegará a isso." "Se fizerem a décima parte do que aconselhei, será bom para eles."[30] Depois de uma audiência de duas horas, na qual ele apresentou uma carta de Pio V profetizando a ira do Céu, Salviati percebeu que suas exortações tinham causado alguma impressão. O rei e a rainha sussurraram para ele que esperavam que a paz desse tal fruto e que o fim iria mais que contrabalançar a maldade do começo; e o rei acrescentou, em estrita confiança, que seu plano era um dos que, uma vez revelado, jamais poderia ser executado.[31] Isso pode ter sido dito para iludir o núncio; mas, no todo, ele estava inclinado a acreditar que significava a verdade. A impressão foi confirmada pelo arcebispo de Sens, cardeal Pellevé, que lhe informou que os líderes huguenotes eram afagados na corte para que se afastassem da facção e que, depois da perda de seus líderes, não seriam necessários mais de três dias para lidar com o

---

[29] Desp. 30 de agosto de 1570.
[30] 14 de outubro de 1570.
[31] 24 de setembro de 1570.

restante.³² Salviati, em seu retorno à França, se conscientizou de que suas esperanças de há muito adiadas estavam por pouco para se concretizar. Ele repassou sua impressão de forma disfarçada nos despachos. Reportou que a rainha permitira que os huguenotes penetrassem em Flandres, acreditando que o almirante se tornasse cada vez mais presunçoso até que desse a ela a oportunidade da retribuição; isso porque ela era excelente nesse tipo de intriga. Alguns dias mais tarde, ele soube de mais coisas e escreveu que esperava ter em breve boas notícias para Sua Santidade.³³ No último momento, seu coração o traiu. Na manhã de 21 de agosto, o duque de Montpensier e o cardeal de Bourbon falaram com tanta despreocupação, em sua presença, sobre o que estava tão próximo, que ele achou muito difícil que o segredo pudesse ser mantido.³⁴

O mais notável dos prelados franceses era o cardeal de Lorraine. Ele teve posição de destaque no Conselho de Trento e por muitos anos manejou a influência da Casa de Guise sobre os católicos da França. Em maio de 1572, ele foi para Roma, e estava ainda lá quando chegaram as notícias de Paris em setembro. De imediato, fez saber que a resolução tinha sido tomada antes de ter deixado a

---

[32] 28 de novembro de 1570.

[33] Quando sacrissi ai giorni passati allá S. V. Illma. in cifra, che l' ammiraglio s' avanzava troppo et che gli darebbero sur l' unge, già mi erro accorto, che non lo volevano più tollerare, et molto più confermai nell' opinione, quando con caratteri ordinari glie scrivevo che speravo di dover haver occasione di dar qualche buona nova a Sua Beatitudine, benchè mai havrei creduto la x. parte di quello, che al presente veggo con gli occhi (Desp. 24 de agosto; Theiner, *Annales*, i. 329).

[34] Che molti siano stati consapevoli del fatto è necessario, potendogli dizer che a 21 la mattina, essendo col Cardinal di Borbone et M. de Monpensier, viddi che ragionavano si domesticamente di quello che doveva seguire, che in me medesimo restando confuso, conobbi che la prattica andava gagliarda, e piutosto disperai di buon fine che altrimente (mesmo Desp.; Mackintosh, *History of England*, ii. 355).

França, e que ela se devia a si próprio e a seu sobrinho, o duque de Guise.³⁵ Como porta-voz no ano seguinte da Igreja Gálica, ele enviou uma arenga a Carlos IX na qual declarou que Carlos eclipsara a glória dos reis precedentes por ter matado os falsos profetas, em especial pelo engodo sagrado e dissimulação piedosa com que especificou seus planos.³⁶

Houve um homem que não adquiriu seu conhecimento por meio dos rumores e que não podia ser enganado por mentiras. O confessor do rei, Sorbin, depois bispo de Nevers, publicou em 1574 uma narrativa sobre a vida e morte de Carlos IX. Ele faz inequívoco testemunho de que aquele ato de clemência e magnanimidade, como o considera, foi resolvido de antemão, e exalta o sigilo como também a justiça de seu herói.³⁷

Bem cedo naquele ano, uma missão de extraordinária solenidade apareceu na França. Pio V, que estava seriamente alarmado com a conduta de Carlos, enviou o cardeal de Alessandria como legado aos reis da Espanha e de Portugal e orientou-o, no retorno, a visitar a corte em Blois. O legado era sobrinho do Papa e um homem em quem muito confiava.³⁸ Sua ascendência era tão forte, que a

---

³⁵ Attribuisce a se, et al nipote, et a casa sua, la morte dell' ammiraglio, gloriandosene assai (Desp. 1º de outubro; Theiner, p. 331). O Imperador disse ao embaixador francês "que depuis les choses avenues, on lui avoit mandé de Rome que Mr. le Cardinal de Lorraine avoit dit que tout le fait avoit este délibéré avant qu'il partist de France (Vulcob para Carlos IX, 8 de novembro; Groen von Prinsterer, *Archive de Nassau*, iv. Apend. 22).

³⁶ Marlot, *Histoire de Reims*, iv. 426. Essa linguagem despertou surpresa em Dale, sucessor de Walsingham (Mackintosh, iii. 226).

³⁷ *Archives Curieuses*, viii, 305.

³⁸ Egli solo tra tutti gli altri è solito partocolarmente di sostenere le nostre fatiche (...). Essendo partecipe di tutti i nostri consigli, et consapevole di segreti dell' intimo animo nostro (Pio V a Felipe II, 20 de junho de 1571; Zucchi, *Idea del Segretario*, i. 544).

acusação de nepotismo jamais foi levantada pela promoção do familiar. Diversos prelados, que mais tarde se destacariam, o serviram. Seu principal assessor foi Hipolito Aldobrandini, que, vinte anos mais tarde, ascenderia à cadeira papal como Clemente VIII. O acompanhante cuja presença conferiu o maior lustre à missão foi o general dos jesuítas, Francesco Bórgia, o mais santo dos sucessores de Inácio e o mais venerado dos homens que então viviam. A austeridade o havia levado aos últimos estágios da fraqueza física; e ele definhava em função da doença que o levaria à morte. Porém, acreditava-se que as palavras de um homem dessa estirpe poderiam balançar a opinião do rei. A missão aparente da jornada do legado era a de quebrar a promessa de casamento com Navarra e levar a França para a Santa Liga. Não conseguiu nenhum dos objetivos. Quando convocado de volta a Roma, ficou entendido na França que ele não colhera coisa alguma, a não ser recusas, e que partiu desapontado.[39] As zombarias dos protestantes o acompanharam.[40] Mas já estava suficientemente certo que a França não poderia mergulhar numa guerra turca.[41] O objetivo real do legado, além de propor um marido católico para a princesa, era o de assegurar o propósito da expedição que se aprestava em portos ocidentais. Nos dois assuntos, ele teve alguma coisa favorável a reportar. No seu último despacho, de Lyons, em 6 de março, escreveu

---

[39] Serranus, *Commentarii*, iv. 14; Davila, ii. 104.
[40] Digges, p. 193.
[41] Finis hujus legationis erat non tam suadere Regi ut foedus cum aliis Christianis principibus iniret (id nempe notum erat impossibile illi regno esse); sed ut rex ille praetermissus non videretur, et revera ut sciretur quo tenderent Gallorum cogitationes. Non longe nempe a Rocella naves quasdam praegrandes instruere et armare coeperat Philippus Strozza praetexens vela ad Indias a Gallis inventas navigare (*Relatio gestorum in Legatione Card. Alexandrini MS.*).

que fracassou em evitar o compromisso com Navarra, mas que tinha algo a dizer sigilosamente ao Papa, fato que não tornava totalmente infrutífera a sua jornada.[42] O segredo foi cedo divulgado na Itália. O rei foi alvo de admoestações do legado por assegurar-lhe que o casamento proporcionava a única perspectiva de vingança sobre os huguenotes: o evento mostraria isso; não podia dizer mais nada, mas desejava que sua promessa fosse levada ao Papa. Foi acrescentado que o rei ofertara um anel ao legado como prova de sinceridade, porém o legado o havia recusado. O primeiro a publicar essa história foi Capilupi, escrevendo apenas sete meses mais tarde. Ela foi repetida por Folieta,[43] e é contada com todos os detalhes pelos historiadores de Pio V — Catena e Gabuzzi. Catena era secretário do cardeal de Alessandria já em julho de 1572 e submeteu seu trabalho ao chefe antes da publicação.[44] Gabuzzi escreveu a pedido do mesmo cardeal que o supriu com material; e seu livro foi examinado e aprovado por Borghese, depois Paulo V. Ambos, portanto, o cardeal de Alessandria e Paulo V, serviram para proclamar que o legado tinha conhecimento, em fevereiro de 1572, da intenção que o rei consumou em agosto.

O testemunho de Aldobrandini foi dado ainda mais distintamente e com definição e autoridade maiores. Quando lhe foi demandado, como Papa, que se pronunciasse sobre a dissolução do malfadado casamento, ele relatou para Borghese e outros cardeais

---

[42] Con alcuni particulari che io porto, de' quali ragguaglierò N. Signore a bocca, posso dire di non partirmi affatto mal espedito (Ranke, *Zeitschrift*, iii, 598). Les temps et les effectz luy témoigneront encores d'avantage (*Mémoire baillé au légal Alexandrin*, fevereiro de 1572; Bibl. Imp. F. Dupuy, 523).

[43] *De Sacro Foedere, Graevius Thesarus*, i. 1038.

[44] Catena, *Vita di Pio V*, p. 197; Gabutius, *Vita Pii V*, p. 150 e a Dedicação.

o que se passara naquela audiência entre o legado e o rei, acrescentando que, quando o relato do massacre alcançou Roma, o cardeal exclamou: "Deus seja louvado! O rei da França manteve a palavra." Clemente citou a D'Ossat uma narrativa que ele próprio escrevera e onde aquelas coisas podiam ser encontradas.[45] A pista assim fornecida tem sido negligenciada vezes sem conta, embora a existência do Relatório fosse conhecida. Uma cópia é mencionada por Giorgi; e Mazzuchelli sabia de outra. Nenhum deles o leu; pois ambos o atribuem a Michele Bonelli, o cardeal de Alessandria. A primeira página teria mostrado a eles que não se tratava de trabalho do cardeal. Clemente VIII descreve a missão a Blois com as seguintes palavras: "Quae rationes eo impulerunt regem ut semel apprehensa manu Cardinalis in hanc vocem proruperit: Significate Pontifici certum reddite me totum hoc quod circa id matrimonium feci et facturus sum, nulla alia de causa facere, quam ulciscendi inimicos Dei et hujus regni, et puniendi tam infidos rebelles, ut eventus ipse docebit, nec aliud vobis amplius significare possum. Quo non obstante semper Cardinalis eas subtexuit difficultates quas potuit, objiciens regi possetne contrahi matrimonium a fidele cum infidele, sitve dispensatio necessaria; quod si est nunquam Pontificem Inductum iri ut illam concedat. Re ipsa ita in suspenso relicta discedendum esse putavit, cum jam rescivisset qua de causa naves parabantur, qui apparatus contra Rocellam tendebant."

---

[45] D'Ossat para Villeroy, 22 de setembro de 1599; *Lettres*, iii. 503. Um relato da jornada do legado foi encontrado por Mendham entre os manuscritos de Lord Guildford e é descrito no Suplemento do seu *Vida de Pio V*, p. 13. O *Relatio* já citado, que corresponde à descrição feita por Clemente VIII do seu próprio trabalho, está entre os manuscritos do marquês de Capponi, nº 164.

A opinião de que o massacre de São Bartolomeu foi um ato súbito e não premeditado não pode ser sustentada; e ela não condiz com o fato de que a única alternativa é acreditar que se tratava do objetivo de todas as medidas do governo nos dois anos que antecederam o evento. Catarina o contemplava de há muito como último recurso extremado; mas tinha decidido que não recorreria a ele enquanto seu filho fosse virtualmente um menor.[46] Ela sugeriu a ideia ao rei em 1570. Naquele ano, ele ordenou que os huguenotes fossem massacrados em Bourges. A carta em que La Chastre refuta o comando é preservada: "Se o povo de Bourges descobrir que Sua Majestade se compraz com tais tragédias, irá repeti-las com mais frequência. Se esses homens têm que morrer, que sejam julgados primeiro. Não recompense meus serviços nem manche minha reputação com tal nódoa."[47]

No outono de 1571, Coligny foi a Blois. Walsingham suspeitou e, mais tarde, se convenceu de que a intenção de matá-lo já existia. O Papa ficou muito desgostoso com sua presença na corte; mas recebeu do embaixador explicações que o satisfizeram. Foi dito na ocasião que, de início, ele acreditou que Coligny ia ser assassinado, mas logo descobriu que não havia o louvável propósito.[48]

---

[46] Vuol andar con ogni quiete et dissimulatione, fin che il Rè suo figliolo sia in età (Santa Croce, Desp. 27 de junho de 1563; *Lettres du Card. Santa Croce*, p. 243).

[47] La Chastre para Carlos IX, 21 de janeiro de 1570; Raynal, *Histoire du Berry*, iv. 105; Lavallée, *Histoire des Français*, ii. 478. Tanto Raynal quanto Lavallée tiveram acesso ao original.

[48] Il Papa credeva che la pace fatta, e l' aver consentito il Rè che l'Ammiraglio venisse in corte, fusse con disegno di ammazzarlo; ma accortosi come passa il fatto, non ha creduto che nel Rè Nostro sai quella brava resoluzione (Carta de 28 de novembro de 1571; Desjardins, iii. 732). Pour le regard de M. l'Admiral, je n'ay failly de luy faire entendre ce que je devois, suyvant ce qu'il a pleu à V. M. me commander, don til est demeuré fort satisfaict (Ferralz para Charles IX, 25 de dezembro de 1571; Bibl. Imp.).

Em dezembro, o rei sabia que, quando chegasse a ocasião, os cidadãos de Paris não o deixariam na mão. Marcel, o Prévôt des Marchands, disse-lhe que a riqueza estava sendo levada para fora do país pelos huguenotes: "Os católicos não vão aguentar isso por muito tempo (...). Que Sua Majestade atente para o fato. Sua coroa está em jogo. Só Paris pode salvá-la."[49] Pelo mês de fevereiro de 1572, o plano assumiu forma prática. A ideia política na mente de Carlos foi a mesma pela qual Richelieu, depois, fez da França a primeira Potência do mundo a reprimir os protestantes em casa e a encorajá-los no exterior. Nenhum outro meio restou para a repressão efetiva que não o assassinato. Mas a ideia de fomentar inimigos da Espanha por meio do protestantismo foi plenamente entendida. Foi permitido que os huguenotes organizassem uma expedição para auxiliar Guilherme de Orange. Se eles tivessem conseguido sucesso substancial, o governo teria de lhe dar continuação, e o esquema de Coligny se transformaria, por certo tempo, na política da França. Mas o comandante huguenote Genlis foi derrotado e aprisionado. Coligny tivera sua oportunidade. Não fazia sentido, então, propor sua grande empreitada contra o rei da Espanha.[50]

Felipe II entendeu claramente que esse evento era decisivo. Quando as notícias chegaram de Hainaut, ele enviou o núncio Castagna para dizer que o rei da França ganharia mais que ele próprio com a perda de tantos bravos protestantes e que chegaria a hora de ele se ver livre, com a ajuda do povo de Paris, de Coligny e do restante

---

[49] Marcel para Carlos IX, 20 de dezembro de 1571: *Cabinet Historique*, ii. 253.
[50] Le Roy estoit d'intelligence, ayant permis à ceux de la Religion de l'assister, et, cas advenant que leurs entreprises succédassent, qu'il les favoriserait ouvertement (...) Genlis, menant un secours dans Mons, fut défait par le duc d'Alve, qui avoit comme investi la ville. La journée de Saint-Barthélemi se résolut (Bouillon, *Mémoires*, p. 9).

de seus inimigos.⁵¹ Depreende-se das cartas de Salviati que ele também achava que a resolução fora finalmente tomada depois da derrota de Genlis.

A corte tinha determinado a imposição da unidade de fé na França. Um édito de tolerância foi expedido para aquietar os huguenotes; mas se sabia muito bem tratar-se de um fingimento.⁵² Prescrições estritas foram enviadas às províncias para que ele não fosse obedecido,⁵³ e Catarina disse claramente ao enviado inglês: "Meu filho exercerá apenas uma religião em seu Reino." No dia 26, o rei explanou seu plano a Mondoucet, seu agente em Bruxelas: "Uma vez que é da vontade de Deus o ponto agora atingido, pretendo usar a oportunidade para conseguir descanso perpétuo em meu reino e fazer qualquer coisa pelo bem da cristandade. É provável que a conflagração se espalhe para cada cidade da França, e que elas sigam o exemplo de Paris, deitando mão nos protestantes (...). Escrevi aos governadores para que reúnam forças de modo a cortar em pedaços os que resistirem."⁵⁴ O grande objetivo era consumar a extirpação dos protestantes, porém manter intacta ao mesmo tempo a amizade com os Estados protestantes. Cada passo era governado por essa consideração; e a dificuldade da tarefa

---

⁵¹ Si potria distruggere il resto, maxime che l'ammiraglio si trova in Parigi, populo Catholico et devoto del suo Rè, dove potria se volesse facilmente levarselo dinnanzi per sempre (Castagna, Desp. 5 de agosto de 1572; Theiner, i. 327).

⁵² *Mémoires de Claude Haton*, 687.

⁵³ En quelque sorte que ce soit ledict Seigneur est résollu faire vivre ses subjectz en sa religion, et ne permettre jamais ny tollérer, quelque chose qui puísse advenir, qu'il n'y ait aultre forme ny exercice de religion en son royaulme que de la catholique (Instrução para o Governo da Normandia, 3 de novembro de 1572; *Compte Rendu de la Commision Royale d'Histoire*, 2ª Série, iv. 327).

⁵⁴ Carlos IX para Mondoucet, 26 de agosto de 1572; *Compte Rendu de la Commission Royal de d'Histoire*, 2ª Série, iv. 327.

causou as inconsistências e vacilações que se seguiram. Ao se assassinar apenas Coligny, esperava-se que fosse provocada tal agitação entre seus seguidores, que pareceria que eles seriam mortos pelos católicos em legítima defesa. Circularam imediatamente relatórios com esse propósito. Uma carta escrita no dia 23 declara que, depois que o almirante foi ferido no dia anterior, os huguenotes se reuniram no portal do Louvre para vingá-lo, caindo sobre os Guises à medida que saíssem.[55] E a primeira explicação dada pelo governo no dia 24 foi que a antiga rixa entre as Casas dos Guises e as de Chantillon tinha se manifestado com tanta fúria, que foi impossível dominá-la. Essa fábula só durou vinte e quatro horas. No dia 25, Carlos escreve que começara a descobrir vestígios de uma conspiração huguenote;[56] e, no dia seguinte, isso substituiu a história original. Nem a vendeta dos Guises nem a conspiração de Paris poderiam explicar os massacres nas províncias. Era preciso que o evento fosse administrado sem que houvesse responsabilidade do rei. Salviati descreve o plano de ação; era a intenção que os huguenotes fossem massacrados sucessivamente por uma série de sublevações espontâneas em diferentes partes do país. Enquanto La Rochelle resistisse, era perigoso dar prosseguimento a um método tão abarcante.[57] Convenientemente, não há instruções escritas do rei; e os governadores foram expressamente alertados de

---

[55] Li Ugonotti si ridussero alla porta del Louvre, per aspettare the Mons. Di Guise e Mons. D'Aumale uscissero per ammazzarali (Borso Trotti, Desp, 23 de agosto. Arquivos de Módena).

[56] L'on a commencé à descouvrir la conspiration que ceux de la religion prétendue réformée avoient faicte contre moy mesmes, ma mère et mes frères (Carlos IX para La Mothe, 25 de agosto; La Mothe, vii. 325).

[57] Desp. 19 de setembro; La Mothe, vii. 325.

que não as receberiam.⁵⁸ Mensageiros partiram para as províncias com cartas demandando que as ordens verbais das quais eram portadores fossem obedecidas.⁵⁹ Muitos governadores se recusaram a agir, com base em diretrizes tão vagas e de verificação tão difícil. Burgundy foi preservada por causa disso. Dois cavalheiros se apresentaram com cartas de recomendação do Rei e anunciaram seus comandos. Foram requisitados a colocá-los no papel, mas se recusaram a escrever aquilo que receberam oralmente. Mandelot, o governador de Lyons, o mais ignóbil dos instrumentos daquele ato infrator, queixou-se de que os desejos reais a ele enviados eram obscuros e insuficientes.⁶⁰ Ele não desempenhou a tarefa completamente e incorreu no desprazer do rei. As ordens não só eram complicadas como nebulosas. Era solicitado que as autoridades públicas reunissem os huguenotes em alguma prisão ou local seguro a fim de que pudessem ficar ao alcance de bandos contratados de assassinos voluntários. Para resguardar o nome do rei, se fazia necessário que os funcionários não superinten-dessem a atividade em pessoa. Mandelot, tendo trancado os portais de Lyons e aprisionado os huguenotes em conjunto, afastou-se enquanto os protestantes eram massacrados. Carouge, em Rouen, recebeu uma comissão para visitar outras cidades de sua província. Os magistrados imploraram para que ele

---

[58] Il ne faut pas attendre d'en avoir d'autre commandement du Roy ne de Monseigneur, car ils ne vous en feront point (Puygaillard para Montsoreau, 26 de agosto de 1572; Mourin, *La Réforme en Anjou*, p. 106).

[59] Vous croiez le présent porteur de ce que je luy ay donné charge de vous dire (Carlos IX to Mandelot, 24 de agosto de 1572; *Corr. de Charles IX avec Mandelot*, p. 42).

[60] Je n'en ay aucune coulpe, n'ayant sceu quelle estoit la volonté que par umbre, encores bien tard et à demi (Mandelot para Carlos IX, 17 de setembro, p. 73).

permanecesse, já que ninguém, em sua ausência, poderia deter o povo. Depois que o Rei repetiu pela segunda vez o comando, Carouge obedeceu, e quinhentos huguenotes pereceram.[61]

Foi considerado inseguro, mesmo para o irmão do rei, expedir ordens de próprio punho. Ele escreveu a seu tenente em Anjou dizendo que tinha comissionado Puygaillard para se comunicar com ele sobre uma matéria que se relacionava com o serviço ao rei e a ele próprio, e que desejava que as ordens fossem recebidas como se tivessem partido de sua pessoa. E tais ordens eram para que todos os huguenotes em Angers, Saumur e nas regiões vizinhas fossem mortos sem retardo e sem exceção.[62] O duque de Montpensier enviou ele mesmo ordem idêntica à Bretanha, que foi repelida com indignação pela municipalidade de Nantes.

Quando chegaram relatórios sobre a maneira com que o evento havia sido recebido nos países estrangeiros, o governo começou a vacilar, e as ordens sanguinárias foram suspensas. Schomberg escreveu da Alemanha que os aliados protestantes estavam perdidos, a menos que se pudesse satisfazê-los com a afirmação de que o rei não ordenara o extermínio de seus irmãos.[63] Ele foi instruído a explicar o tumulto nas províncias pelas animosidades legadas pelas guerras de religião.[64] O bispo de Valence fazia intriga na Polônia em prol de Anjou. Escreveu que seu sucesso se tornara bastante duvidoso e que, se mais crueldade fosse perpetrada, dez milhões

---

[61] Floquet, *Histoire du Parlement de Normandie*, iii. 121.
[62] Anjou para Montsoreau, 26 de agosto; Mourin, p. 107; Falloux, *Vie de Pie V*, i. 358; Port, *Archives de la Mairie d'Angers*, pp. 41, 42.
[63] Schomberg para Brulart, 10 de outubro de 1572; Capefigue, *La Réforme*, iii. 264.
[64] Instruções para Schomberg, 15 de fevereiro de 1573; Noailles, iii. 305.

de peças de ouro não subornariam os venais poloneses. Aconselhou que pelo menos um édito falsificado deveria ser publicado.[65] Carlos percebeu que teria que abandonar sua empreitada e começar a aplacar o ressentimento das Potências protestantes. Prometeu que um inquérito seria instalado e as provas da conspiração comunicadas aos governos estrangeiros. Para dar um aspecto jurídico aos procedimentos, dois huguenotes proeminentes foram cerimoniosamente enforcados. Quando o novo embaixador da Espanha elogiou o longo sigilo do plano, Carlos ficou indignado.[66] Foi repetido por todos os cantos que a trama tinha sido arranjada com Roma e Espanha; e que ele tomara especial cuidado para que não houvesse sintoma de um entendimento particular com nenhuma das duas Potências.[67] Carlos conseguiu convencer a si próprio de que, pelo menos parcialmente, fora bem-sucedido. Se não exterminou os súditos huguenotes, preservou seus aliados protestantes. Guilherme, o Silencioso, continuou solicitando seu auxílio; Elizabeth aceitou ser madrinha de sua filha nascida em outubro; foi permitido que contratasse mercenários na Suíça; e os protestantes poloneses concordaram com a eleição de seu irmão. A prometida prova da conspiração huguenote foi esquecida; e o rei tratou de dar sumiço aos materiais que poderiam ser usados na história oficial do evento.[68]

---

[65] Monluc para Brulart, 20 de novembro de 1572; 20 de janeiro de 1573; para Carlos IX, 22 de janeiro de 1573; Noailles, iii. 218, 223, 220.
[66] Carlos IX para St. Goard, 20 de janeiro de 1573; Groen, iv. App. 29.
[67] Carta de Paris no *Life of Parker*, de Strype, iii. 110; "Tocsain contre les Massacreurs," *Archives Curieuses*, vii. 7.
[68] Afin que ce que vous avez dressé des choses pasées à la Saint-Barthélemy nu puisse être publié parmi lê peuple, et mêmement entre les étrangers, comme il y en a plusieurs

O zelo pela religião não foi o motivo que inspirou os principais autores desse crime extraordinário. Eles foram treinados para encarar a segurança da monarquia como lei soberana, e o trono como ídolo que justificava os pecados cometidos por sua veneração. Em todos os tempos, existiram homens, resolutos e incansáveis na perseguição de seus objetivos, cujo ardor era demasiado forte para ser restringido por barreiras morais ou pelo instinto de humanidade. No século XVI, além do fanatismo da liberdade, havia uma idolatria abjeta ao poder; e as leis, tanto humanas quanto divinas, eram concebidas para permitir a intoxicação da autoridade e o reino da vontade. Estava estabelecido que os reis podiam dispor da vida de seus súditos e podiam dispensar as formas de justiça. A própria Igreja, cujo pontífice supremo era então um monarca absoluto, foi infectada por tal superstição. Os escritores católicos descobriram um argumento oportuno para sua religião na afirmativa de que ela fazia o príncipe mestre das consciências bem como dos corpos das pessoas e implicava submissão mesmo para a mais vil das tiranias.[69] Os homens cujas vidas eram preciosas para a causa católica poderiam ser assassinados por ordem real, sem protesto de Roma. Quando o duque de Guise juntamente com o cardeal seu irmão foram assassinados por Henrique III, ele era o mais poderoso e devotado defensor do catolicismo na França. Sisto V vociferou contra o sacrílego tirano que se manchara com o sangue de

---

qui se mêlent d'écrire et qui pourraient prendre occasion d'y répondre, je vous prie qu'il n'en soit rien imprimé ni en français ni en Latin, mais se vous en avez retenu quelque chose, le garder vers vous (Carlos IX para o presidente de Cély, 24 de março de 1573; *Revue Rétrospective*, 2ª Série, iii. 195).

[69] Botero, *Della Ragion di Stato*, 92. Um contemporâneo diz que os protestantes eram cortados em pedaços por economia, "pour afin d'éviter le coust des exécutions qu'il eust convenu payer pour les faire prendre"; e que isso era feito "par permission divine" (*Relation des troubles de Rouen par um témoin oculaire*, ed. Pottier, 36, 46.)

um príncipe da Igreja; mas deixou bem claro que a morte do duque causou-lhe bem pouca preocupação.[70]

Catarina era filha daquele Médici a quem Maquiavel dedicou seu *O Príncipe*. Tão pouco a religião atuou sobre sua conduta que ela desafiou Elizabeth a fazer com os protestantes da Inglaterra o que ela própria fizera com os protestantes da França, prometendo que, se eles fossem destruídos, não haveria perda de sua boa vontade.[71] A frivolidade de seus sentimentos religiosos aparece na resposta que deu quando lhe foi perguntado por Gomicourt que mensagem deveria levar ao duque de Alva. "Devo dar-lhe a resposta de Cristo aos discípulos de São João, 'Ite et nuntiate quae vidistis et audivistis; caeci vident, caludi ambulant, leprosi mundatur.'" E acrescentou: "Beatus qui non fuerit in me scandalizatus."[72]

Se o fanatismo tivesse sido o mero motivo, os homens que estiveram mais ativos no massacre não teriam poupado tantas vidas. Enquanto Guise galopava atrás de Ferrières e Montgomery, que tinham montado antes e se dirigiam para a costa, sua casa em Paris estava apinhada de famílias que professavam a fé proscrita e que eram estranhas para ele. Uma jovem que estava entre aquelas pessoas descreveu seu retorno e disse que ele mandou chamar as crianças, falou-lhes gentilmente e deu ordens para que fossem bem tratadas enquanto estivessem na proteção do seu teto.[73] Até os

---

[70] Del resto poco importerebbe a Roma (cardeal Montalto para cardeal Morosini; Tempesti, *Vida di Sisto V*, ii. 116).
[71] Quand ce seroit contre touts les Catholiques, que nous ne nous en empescherions, ny altérerions aucunement l'mitié d'entre elle et nous (Catarina para La Mothe, 13 de setembro de 1572; La Mothe, vii. 349).
[72] Relatório de Alva; *Bulletins de l'Académie de Bruxelles*, ix. 564.
[73] Jean Diodati, *door Schotel*, 88.

protestantes falaram dele como um inimigo cavalheiro e humano.[74] Nevers foi considerado caído em desgraça pela quantidade daqueles que permitiu que escapassem.[75] O núncio ficou chocado com sua generosidade fora de hora. Reportou a Roma que fora o único que agira com espírito de um cristão e não se deixara levar pela misericórdia foi o rei; enquanto os outros príncipes, pretensamente bons católicos e merecedores dos favores do Papa, se esforçaram todos para salvar quantos huguenotes puderam.[76]

Os piores criminosos não foram aqueles que executaram a ação. O crime das turbas e dos cortesãos, enfurecidos pela lascívia da vingança e do poder, não é um fato tão estranho quanto a exultação de homens pacíficos, não influenciados por injúria presente ou raiva momentânea, mas pela permanente e incurável perversão do senso moral forjada por uma piedade distorcida.

Felipe II, que de há muito suspeitava da corte da França, foi de pronto aliviado do temor que o oprimia e traía um excesso de alegria estranha à sua natureza fleumática.[77] Imediatamente, enviou seis mil coroas para o assassino de Coligny.[78] Ele convenceu a

---

[74] *Oeuvres de Brantôme*, ed. Lalanne, iv. 38.

[75] Otros que salvo el duque de Nevers com harto vituperio suyo (Cabrera de Cordova, *Felipe II*, p. 722).

[76] Il Re Christianissimo in tutti questi accidenti, in luogo di giudicio e di valore ha mostrato animo Christiano, con tutto habbia salvato alcuno. Ma li altri principi che fanno gran profesione di Cattolici et di meritar favori e gratie del papa hanno poi con estrema diligenza cercato a salvare quelle più di Ugonoti che hanno potuto, e se non gli nomino particolarmente, non si maravigli, per che indifferentemente tutti hanno fatto a um modo (Salviati, Desp. 2 de setembro de 1572).

[77] Estque dictu mirum, quantopere Regem exhilaravit nova Gallica (Hopperus para Viglius, Madrid, 7 de setembro de 1572; *Hopperi Epp.* 360).

[78] Ha avuto, con questa occasione, dal Rè di Spagna, sei mila scudi aconto della dote di sua moglie e a richiesta di casa di Guise (Petruci, Desp. 16 de setembro de 1572;

si próprio de que o racha entre a França e seus aliados era irreparável, que Carlos seria então compelido a buscar sua amizade e que a Holanda não corria mais risco.[79] Ouviu prontamente o embaixador francês, que lhe assegurou que sua corte jamais teve dúvida quanto à linha da política católica, mas que tinha a intenção há muito tempo de efetuar essa grande mudança.[80] Ayamonte foi o portador de suas congratulações a Paris e fez passar a ideia de que seu mestre não conhecia o segredo. Era conveniente a Felipe que essa fosse a crença dos príncipes protestantes, para que se alienassem ainda mais da França; mas anotou na margem das instruções a Ayamonte que era incerto quanto tempo previamente o propósito tinha subsistido.[81] Juan e Diego de Zuñiga, seus embaixadores em Roma e Paris, respectivamente, estavam convictos de que a longa demonstração de inimizade à Espanha era genuína, que a morte de Coligny fora decidida no último momento e que o resto não era efeito da intenção.[82] Tal opinião encontrou, de início, adeptos na Espanha. O general dos franciscanos dispôs-se a explodi-la. Asseverou a Felipe que vira o rei e a rainha-mãe dois anos antes e pressentira que os dois já estavam muito inclinados ao massacre, e que se surpreendia que alguém pudesse deslustrar o mérito deles ne-

---

Desjardins, iii. 838). Em 27 de dezembro de 1574, o cardeal de Guise pede a Felipe mais dinheiro para o mesmo homem (Bouillé, *Histoire des Ducs de Guise*, ii. 505).

[79] Siendo cosa clara que, de hoy mas, ni los protestantes de Alemania, ni la reyna de Inglaterra se fiaram dél (Felipe para Alva, 18 de setembro de 1572; *Bulletins de Bruxelles*, xvi. 255).

[80] St Goard para Carlos IX, 12 de setembro de 1572; Groen. v. App. 12; Raumer, *Briefe aus Paris*, i. 19t.

[81] *Archives de l'Empire*, K. 1530, B. 34, 299.

[82] Zuñiga para Alva, 31 de agosto de 1572: No fue caso pensado sino repentino (*Archives de l'Empire*, K. 1530, B. 34, 66).

gando o fato.⁸³ Esse ponto de vista vigorou de um modo geral na Espanha. Mendoça não sabia a quem mais admirar, se aos leais e católicos habitantes de Paris, ou se a Carlos, que justificara seu título de o mais cristão dos reis ao ajudar com as próprias mãos o massacre de seus súditos.⁸⁴ Mariana testemunhou a carnificina e imaginou que ele deveria ter alegrado todos os corações católicos. Outros espanhóis ficaram gratificados com o fato de ela vir ao encontro dos desígnios de Alva em Bayonne.

O próprio Alva não julgou o evento sob a mesma perspectiva de Felipe. Ele também não confiava no governo francês; mas não o temera durante a ascendência dos huguenotes. A queda deles pareceu a Alva que fortaleceu a França. Em público, rejubilou-se como os demais. Cumprimentou Carlos por seu valor e por sua religião, e reivindicou sua própria parcela de mérito. Contudo, alertou Felipe que as coisas não tinham mudado favoravelmente para a Espanha, e que o rei da França passara então a ser um vizinho formidável.⁸⁵ De sua parte, disse, jamais teria cometido ato tão desprezível.

Os sete cantões católicos tinham suas próprias razões para congratulações. Seus concidadãos haviam sido atores bem ativos na cena; e três soldados da guarda suíça de Anjou foram citados como os assassinos do almirante.⁸⁶ Em 2 de outubro, eles concordaram

---

⁸³ St. Goard para Catarina, 6 de janeiro de 1573; Groen, iv. App. 28.
⁸⁴ *Comment. de B. de Mendoça*, i. 344.
⁸⁵ Alva para Felipe, 13 de outubro de 1572; *Corr. De Philippe II*, ii. 287. No dia 23 de agosto, Zuñiga escreveu a Felipe dizendo que esperava que Coligny se recuperasse de seus ferimentos porque, se ele morresse, Carlos ficaria em condições de conseguir obediência de todos os homens (*Archives de l'Empire*, K. 1530, B. 34, 65).
⁸⁶ *Bulletins de la Societé pour l'Histoire du Protestantisme Français*, viii. 292.

em convocar 6.000 homens para o serviço do rei. Na Dieta seguinte, demandaram a expulsão dos huguenotes fugitivos que tinham se refugiado em regiões da Confederação. Fizeram propostas ao Papa para uma aliança secreta contra os Confederados.[87]

Na Itália, onde a vida de um herege era barata, sua destruição por atacado foi considerada um ato altamente político e engenhoso. Até mesmo os prudentes venezianos foram constrangidos a celebrá-lo com uma procissão. O grão-duque Cosmo tinha realçado dois anos antes que uma paz insidiosa criaria excelentes oportunidades para a extinção do protestantismo; e foi assaltado por indescritível consolo em virtude da heroica empreitada.[88] O vice-rei de Nápoles, cardeal Granvelle, recebeu friamente as novidades. Surpreendeu-se com o adiamento por tanto tempo do evento e reprovou o cardeal de Lorraine pelo retardo impróprio para um estadista.[89] Os italianos, de uma maneira geral, se excitaram com sentimentos calorosos. Não viram nada a lamentar, a não ser a morte de certos católicos sacrificados à vingança particular. Os homens profanos aprovaram o modo hábil com que a armadilha foi armada; e os homens piedosos reconheceram a presença de um espírito religioso autêntico na corte francesa.[90] Os nobres e a populaça parisienses foram admirados por seu valor na obediência aos comandos santificados de seu bom rei. Um fervoroso entusiasta exalta Deus pelas

---

[87] *Eidgenössische Abschiede*, iv. 2, 501, 503, 506, 510.
[88] Cosmo para Camaiani, 6 de outubro de 1570 (Cantù, *Gli Eretici d'Italia*, iii. 15); Cosmo para Carlos IX, 4 de setembro de 1572 (Gachard, *Rapport sur les Archives de Lille*, 199).
[89] Grappin, *Mémoire Historique sur le Card. de Granvelle*, 73.
[90] Bardi, *Età del Mondo*, 1581, iv. 2011; Campana, *Histoire del Mondo*, 1599, i. 145; B. D. da Fano, *Aggiunte all' Histoire di Mambrino Roseo*, 1583, v. 252; Pellini, *Storia di Perugia*, vol. iii. MS.

novas celestiais e também São Bartolomeu por ter emprestado sua faca extremamente penetrante para o sacrifício salutar.[91] Um mês depois do evento, o renomado pregador Panigarola pronunciou do púlpito um panegírico ao monarca que conseguira o que ninguém ouvira ou lera antes, ao banir a heresia num só dia e com uma simples palavra da terra cristã da França.[92]

As igrejas francesas sempre ressoaram com orações veementes e furiosas, e, depois do acontecido, reverberaram com cânticos de alegria profana. Mas o clero francês não figurou de forma destacada na concepção ou na execução do ato disciplinar e sanguinário. Conti, um verdadeiro contemporâneo, mas muito distante para um conhecimento adequado, relata que o sacerdote paroquial saiu marcando com uma cruz branca as residências das pessoas que estavam condenadas.[93] Ele foi contestado pelos registros municipais de Paris.[94] Morvilliers, bispo de Orleans, embora tivesse renunciado aos certificados de l'Hôpital, ainda ocupava o primeiro lugar no conselho real, e se diz que quase desmaiou horrorizado. Recuperou-se e seguiu a opinião do restante. Ele é o único prelado francês, salvo os cardeais, cuja cumplicidade parece ter sido confirmada. Mas em Orleans, o banho de sangue, em termos proporcionais, foi mais horroroso que o de Paris, e a aquiescência não partiu do bispo e sim do pregador do rei, Sorbin.

Sorbin é o único padre da capital claramente associado ao ato do governo. Foi sua a opinião de que Deus ordenara a não

---

[91] Si è degnato di prestare alli suoi divoti il suo taglientissimo coltello in così salutifero sacrificiom (Carta de 26 de agosto; Alberi, *Vita de Caterina de' Medici*, 401).
[92] Labitte, *Démocratie chez les Prédicateurs de la Ligue*, 10.
[93] Natalis Comes, *Historiae sui tempori*, 512.
[94] Capefigue, iii. 150.

demonstração de misericórdia para com os hereges, de que Carlos estava vinculado pela consciência a fazer o que fez e de que a leniência teria sido tão censurável nesse caso como a precipitação o fora no caso de Teodósio. O que os calvinistas classificaram como perfídia e crueldade foi por ele visto como nada mais que generosidade e gentileza.[95] Esses foram os sentimentos do homem de cujas mãos Carlos IX recebeu os últimos lenitivos de sua religião. Diz-se que ele foi torturado em seus últimos momentos pelo remorso causado pelo sangue que derramou. Mas seu confessor espiritual foi adequado no descarte de tais escrúpulos. Ele nos diz que ouviu a última confissão do rei moribundo e que o pesar mais profundo do monarca foi por ter deixado o trabalho incompleto.[96] Em toda a história manchada de sangue, nada há de mais trágico que a cena na qual as últimas palavras para o julgamento final de uma alma tivessem sido pronunciadas por um confessor como Sorbin e por um penitente como Carlos.

Emond Auger, um dos jesuítas mais capazes e eloquentes, estava àquela época atraindo multidões com seus sermões em Bordeaux. Ele denunciou os hereges com tanta violência, bem como as pessoas

---

[95] Pourront-ils arguer de trahison le feu roy, qu'ils blasphèment luy donnant le nom de tyran, veu qu'il n'a rien entrepris et exécuté que ce qu'il pouvoit faire par l'expresse parole de Dieu (...) Dieu commande qu'on ne pardonne en façon que ce soit aux inventeurs ou sectateurs de nouvelles opinions ou hérésies (...). Ce que vous estimez cruaté estre plutôt vraye magnanimité et doulceur (Sorbin, *Le Vray resveille-matin des Calvinistes*, 1576, pp. 72, 74, 78).

[96] Il commanda à chacun de se retirer au cabinet et à moy de m'asseoir au chevet de son lict, tant pour ouyr as confession, et luy donner ministérialement absolution de sés péchez, que aussi pour le consoler durant et après la messe (Sorbin, *Vie de Charles IX*; *Archives Curieuses*, viii, 287). Est très certain que le plus grand regret qu'il avoit à l'heure de sa mort estoit de ce qu'il voyoit l'idole Calvinesque n'estre encores du tout chassé (*Vray resveille-matin*, 88).

com autoridade que os protegiam, que os magistrados, temendo um brado por sangue, propuseram silenciar ou moderar o pregador. Montpezat, tenente de Guienne, chegou a tempo de evitar que isso fosse feito. Em 30 de setembro, escreveu ao rei para dizer que fizera isso e que existiam muitos habitantes que poderiam ser despachados vantajosamente. Três dias mais tarde, depois que ele havia partido, mais de duzentos huguenotes foram assassinados.[97]

Afora esses dois exemplos, não há conhecimento de outra interferência do clero em nenhuma parte da França para encorajar os assassinos.

A crença comum naquele tempo – e ainda não extinta – era de que o massacre fora promovido e sancionado pela Corte de Roma. Nenhuma prova de tal cumplicidade, anterior ao evento, jamais foi produzida; mas parece condizente com o supostamente ocorrido

---

[97] A acusação contra o clero de Bordeaux é levantada por D'Aubigné (*Histoire Universelle*, ii. 27) e por De Thou. De Thou era muito hostil aos jesuítas, e sua linguagem não é positiva. D'Aubigné era um fanático furioso. A verdade da acusação não seria provada sem as cartas do presidente L'Agebaston e do tenente Montpezat: "Quelques prescheurs se sont par leurs sermons (ainsi que dernièrement j'ai escript plus amplement à votre majesté) estudié de tout leur pouvoir de troubler ciel et terre, et conciter le peuple à sédition, et en ce faissant à passer par le fil de l'espée tous ceulx de la prétendue religion reformée (...). Après avoir dès le premier et deuxième de ceste mois fait courrir un bruit sourd que vous Sire, aviez envoié nom par nom un rolle signé de votre propre main au Sieur de Montferaud, pour par voie de fait et sans aultre forme de justice, mettre à mort quarante des principaulx de cette ville..." (L'Agebaston para Carlos IX, 7 de outubro de 1572; Mackintosh, iii. 352). "J'ai trouvé que messieurs de la cour de parlement avoyent arresté que Monsieur Emond, prescheur, seroit appellé en ladicte court pour luy faire des remonstrances sur quelque langaige qu'il tenoit en ses sermons, tendant à sédition, à ce qu'ils disoyent. Ce que j'ay bien voullu empescher, craignant que s'il y eust esté appellé cella eust animé plusieurs des habitants et estre cause de quelque émotion, ce que j'eusse voluntiers souffert quant j'eusse pansé qu'il n'y en eust qu'une vingtaine de déspéchés" (Montpezat para Carlos IX, 30 de setembro de 1572; *Archives de la Gironde*, viii. 337).

na questão das dispensações. O casamento de Marguerite de Valois com o rei de Navarra foi inválido e ilícito aos olhos da Igreja; e era sabido que Pio V jurou que nunca o permitiria. Quando ele foi celebrado por um cardeal na presença de esplêndida corte, e não mais se ouviu de resistência por parte de Roma, o mundo concluiu que a dispensação fora conseguida. De Thou diz, numa nota manuscrita, que a dispensação foi enviada e depois suprimida por Salviati; e o bispo francês, Spondanus, assinala as razões que fizeram com que Gregório XIII cedesse.[98] Outros afirmaram que ele cedeu quando soube que o casamento era um ardil, de modo que o massacre era o preço da dispensação.[99] O cardeal de Lorraine fez com que tal história ganhasse curso, já que deixou entender que conhecia o segredo e era provável que o tivesse repassado ao Papa porque eram velhos amigos.[100] Na inscrição comemorativa que colocou na igreja de São Luís, falou da gratidão do rei à Santa Sé por sua assistência e aconselhamentto na matéria – "consiliorum ad eam rem datorum". É possível que tenha inspirado a narrativa que mais contribuiu para sustentar a alegação.

Entre os italianos da facção francesa que acharam seu dever glorificar o ato de Carlos IX, a família Capilupi sobressaiu-se. Ela provinha de Mântua e parecia estar ligada aos interesses franceses por meio de Luís Gonzaga, que se tornara, por casamento, duque de Nevers e um dos personagens mais influentes na França. Hippolyto Capilupi, bispo de Fano e ex-núncio em Veneza, resi-

---

[98] *Annal. Baronii Contin.* ii. 734; Bossuet diz: "La dispense vint telle qu'on la pouvait désirer" (*Histoire de France*, p. 820).
[99] Ormegregny, *Réflexions sur la Politique de France*, p. 121.
[100] De Thou, iv. 537.

dia em Roma, onde esteve atarefado com política francesa e poesia latina. Quando Carlos recusou juntar-se à Liga, o bispo de Fano justificou sua neutralidade numa carta ao duque de Urbino.[101] Quando este massacrou os huguenotes, o bispo escreveu-lhe em versos:

> Fortunate puer, paret cui Galliva tellus,
>   Quique vafros ludis pervigil arte viros,
> Ille tibi debet, toti qui praesidet Orbi,
>   Cui nihil est cordi religione prius....
>
> Qui tibi saepe dolos struxit, qui vincla paravit,
>   Tu puer in laqueos induis arte senem....
>
> Nunc florent, tolluntque caput tua lilia, et astris
>   Clarius hostili tincta cruore micant.[102]

Camillo Capilupi, sobrinho do bardo mantuano, desempenhou cargos relacionados à pessoa do Papa e foi empregado em missões de relevância.[103] Tão logo as notícias de Paris chegaram a Roma, ele preparou o relato que se tornou tão famoso sob o título de *Lo Stratagemma di Carlo IX*. A dedicatória é datada de 18 de setembro de 1572.[104] Esse tratado sumiu e logo se tornou tão raro que sua existência era desconhecida em 1574 do tradutor francês da segunda edição. Capilupi republicou seu livro com alterações e um prefá-

---

[101] Charrière, iii. 154.
[102] *Carmina III. Poetarum Italorum*, iii. 212, 216.
[103] Tiepolo, Desp. 6 de agosto de 1575; Mutinelli, *Storia Arcana*, i. 111.
[104] Parendomi, che si cosa, la quale possa apportar piacere, e utile al mondo, si per la qualità del soggetto istesso, come anco per l'eleganza, e bello ordine com che viene cosi leggiadramente descritto questo nobile, e glorioso fatto (...) a fine che una cosi egregia attione non resti defraudata dell' honor, che merita. (O editor, Gianfrancesco Ferrari, para o leitor.)

cio datado de 22 de outubro. A substância e o objetivo das duas edições são os mesmos. Capilupi não é o órgão oficial da corte romana: não lhe foi permitido ver as cartas do núncio. Ele escreveu para proclamar os elogios ao rei da França e ao duque de Nevers.

Àquela altura, a facção francesa em Roma estava dividida pela disputa entre o embaixador Ferralz e o cardeal de Lorraine, que tinha conseguido colocar a administração das questões francesas em suas próprias mãos.[105] Capilupi estava do lado do cardeal e recebeu informações daqueles que gravitavam no seu entorno. A principal ansiedade desses homens era que a versão oficial que atribuía o massacre a uma conspiração huguenote não prosperasse em Roma. Se os inimigos do cardeal fossem derrubados sem sua participação, isso confirmaria o relatório de que ele se tranformara num número para o Estado. O cardeal desejava reivindicar para si próprio e para sua família a autoria da catástrofe. Catarina não toleraria um pleito de um mérito que era dela; e havia competição entre eles pela primeira e maior parcela da gratidão da Santa Sé. Lorraine prevaleceu junto ao Papa, que não só o cobriu com honrarias, mas também o recompensou com benefícios no valor de 4.000 coroas anuais para seu sobrinho e um presente de 20.000 coroas para seu filho. Mas ele achou que caíra em desgraça em Paris e temeu por sua posição em Roma.[106] Nessas circunstâncias,

---

[105] Huc accedit, Oratorem Ser^{mi} Regis Galliae, et impulsu inimicorum saepedicti Domini Cardinalis, et quia summopere illi displicuit, quod superioribus mensibus Illma Sua Dominatio operam dedisset, hoc sibi mandari, ut omnia Regis negotia secum communicaret, nullam praetermisisse occasionem ubi ei potuit adversari (Cardeal Delfino para o Imperador, Roma, 29 de novembro de 1572; Arquivos de Viena).
[106] Fà ogni favor et gratia gli addimanda il Cardinale di Lorena, il consiglio del quale usa in tutte le più importanti negotiationi l'ocurre di haver a trattar (Cusano para o

o livro de Capilupi apareceu e enumerou uma série de fatos provando que o cardeal era conhecedor da intenção real. Ele acrescenta pouco à evidência da premeditação. Capilupi relata que Santa Croce, retornando da França, assegurou a Pio V, em nome de Catarina, que ela tencionava um dia fazer uma cilada para Coligny e realizar uma matança emblemática dele e de seus adeptos, e que as cartas em que a rainha renovava a promessa ao Papa tinham sido lidas por testemunhas confiáveis. Santa Croce vivia na ocasião e não refutou a declaração. O *Stratagema* tinha originalmente asseverado que Lorraine informara Sermoneta sobre o projeto assim que chegara a Roma. Na republicação, essa passagem foi omitida. O livro, portanto, passara por uma revisão de censura, o que reforça a autenticidade da narrativa final.

Imperador, Roma, 27 de setembro de 1572), – Conscia igitur Sua Dominatio Illma quorundam arcanorum Regni Galliae, creato Pontifice sibi in Concilio Tridentino cognito et amico, statuit huc se recipere, ut privatis suis rebus consuleret, et quia tunc foederati contra Thurcam, propter suspicionem Regi Catholico injectam de Orangio, et Gallis, non admodum videbantur concordes, et non multo post advenit nuncius mortis Domini de Colligni, et illius asseclarum; Pontifex justa de causa existimavit dictum Ill^{mum} Cardinalem favore et gratia sua merito esse complectendum. Evenit postmodum, ut ad Serenissimam Reginam Galliarum deferretur, bonum hunc Dominum jactasse se, quod particeps fuerit consiliorum contra dictum Colligni; id quod illa Serenissima Domina iniquo animo tulit, quae neminem gloriae socium vult habere; sibi enim totam vendicat, quod sola talis facinoris auctor, et Dux exiterit. Idcirco commorationem ipsius Lotharingiae in hac aula improbare, ac reprehendere aggressa est. Haec cum ille Illustrissimus Cardinalis perceperit, oblata sibi occasione utens, exoravit a Sua Sanctitate gratuitam expeditionem quattuor milliascutorum reditus pro suo Nepote, et 20 millia pro filio praeter sollicitationem, quam prae se fert, ut dictus Nepos in Cardinalium numerum cooptetur (...). Cum itaque his de causis authoritas hujus Domini in Gallia imminuta Videatur, ipseque praevideat, quanto in Gallia minoris aestimabitur, tanto minori etiam loco hic se habitum iri, statuit optimo judicio, ac pro eo quod suae existimacioni magis conducit, in Galliam reverti. (Delfino, *ut supra*, ambos nos Arquivos de Viena.)

Duas outras peças sobreviveram, que foram impressas na Stamperia Camerale, mostrando qual era a crença em Roma. Uma tem a forma de carta escrita em Lyons em meio a cenas de mortes, descrevendo o que o autor testemunhara *in loco* e o que ouvira de Paris.[107] Relata que o rei positivamente ordenara que nenhum huguenote deveria escapar e que ficara jubiloso com o cumprimento de suas determinações. Acredita que o evento foi premeditado, e inspirado pela justiça divina. A outra peça é notável porque se esforça para compatibilizar a pretendida conspiração com a hipótese da premeditação.[108] Para ela, existiram duas tramas que correram paralelas por meses. O rei sabia que Coligny planejava sua morte e o enganou simulando entrar no plano do almirante para a invasão dos Países Baixos; e Coligny, deixando-se enganar, convocou seus amigos a Paris com o objetivo de assassinar o rei em 23 de agosto. O escritor espera que logo não existam mais huguenotes na França. Capilupi, no começo, valeu-se de diversos de seus fatos, os quais depois corrigiu.

Os detalhes reais do casamento são apresentados minuciosamente na correspondência de Ferralz; e eles contradizem absolutamente a suposição de cumplicidade de Roma.[109] Ele foi celebrado desafiando abertamente o Papa, que persistiu em recusar as dispensações e, por conseguinte, agiu de forma que só poderia servir para frustrar a trama. A acusação foi mantida viva por sua conduta depois do evento. O jesuíta que descreve a vida do Papa por solicitação de seu filho diz que Gregório agradeceu a Deus em

---

[107] *Intiera Relatione della Morte dell'Ammiraglio.*
[108] *Ragguaglio degli ordini et modi tenuti dalla Majestà Christianissima nella distrutione dellaa setta degli Ugonotti Con la morte dell'Ammiraglio*, etc.
[109] Bib. Imp. F. Fr. 16, 139.

particular, mas que em público só deixou transparecer uma alegria contida.[110] Mas as iluminações e procissões, o canto do te-déum e o disparo dos canhões do castelo, o jubileu, a medalha e as pinturas cujas cores desbotadas ainda preservam vividamente em nossa era as paixões daquele dia quase que exaurem os modos pelos quais um Papa podia manifestar seu deleite.

Tanto Carlos IX quanto Salviati escreveram a Roma sobre o Dia de São Bartolomeu; e o sobrinho do embaixador, Beauville, partiu com as notícias. Mas elas já eram conhecidas antes que ele chegasse. No dia 27, o secretário de Mandelot despachou uma mensagem secreta de Lyons com ordens para informar ao Papa que os líderes huguenotes tinham sido massacrados, e que seus adeptos estavam sendo presos em toda a França. O mensageiro chegou a Roma em 2 de setembro e foi imediatamente conduzido à presença do Papa pelo cardeal de Lorraine. Gregório gratificou o mensageiro pelas boas novas com um presente de cem coroas e desejou que Roma fosse prontamente iluminada. Isso foi evitado por Ferralz, que testou a paciência dos romanos por declinar suas congratulações enquanto não fosse oficialmente informado.[111]

---

[110] Maffei, *Annali de Gregorio XIII*, i. 34.
[111] La nouvelle qui arriva le deuxième jour du présent par ung courrier qui estoit despeché secrètement de Lyon par ung nommé Danes, sécretaire de M. de Mandelot (...) à ung commandeur de Sainct Anthoine, nommé Mr. de Gou, il luy manda qu'il allast advertir le Pape, pour en avoir quelque présant ou bienfaict, de la mort de tous les chefs de ceulx de la religion prétendue reformée, et de tous les Huguenotz de France, et que V. M. avoit mandé et commandé à tous les gouverneurs de se saisir de tous i ceulx huguenotz em leurs gouvernements; ceste nouvelle, Sire, apporta si grand contentement a S. S., que sans ce que je luy remonstray lors me trouvant sur le lieu, en présence de Monseigneur le Cardinal de Lorraine, qu'elle devoit attendre ce que V. M. m'en manderoit et ce que son nonce luy en escriroit, elle en vouloit incontinent faire des feux de joye (...). Et pour ce que je ne voulois faire ledict feu de joye la première nuict que ledit courrier

Beuaville e o correio do núncio chegaram no dia 5. A carta do rei, como todas as que escreveu no primeiro dia, atribuía o tumulto ao antigo ódio entre as Casas rivais e ao último atentado contra a vida do almirante. Expressava a esperança de que a dispensação não fosse então retirada, mas deixava todas as particularidades para Beauville, cujos próprios olhos tinham assistido à cena.[112] Beuaville contou sua história e repetiu a solicitação do rei; mas Gregório, se bem que muito gratificado com o que ouvira, permaneceu inflexível.[113]

Salviati escrevera na tarde do dia 24. Desejava lançar-se aos pés do Papa para desejar-lhe júbilo. Seus anseios mais acalentados haviam sido ultrapassados. Embora soubesse o que esperava Coligny, não contava que existissem energia e prudência a fim de tirar partido da oportunidade para a destruição do restante. Uma nova era havia começado; uma nova bússola era necessária para as questões francesas. Era uma visão agradável assistir aos católicos nas ruas portando cruzes brancas e atacando os hereges; e se pensava que,

---

envoyé par ledict Danes feust arrivé, ny en recevoir les congratulations que l'on m'en envoyoit faire, que premièrement je n'eusse eu nouvelles de V. M. pour sçavoir et sa voulanté et comme je m'avoys a conduire, aucuns commençoient desjà de m'en regarder de maulvais oeills (Ferralz para Carlos IX, Roma, 11 de setembro de 1572; Bib. Imp. F. Fr. 16.040). Al corriero che portò tal nuova Nostro Signore diede 100 Scudi oltre li 200 che hebbe dall' Illustrissimo Lorena, che con grandissima allegrezza se n'ando subito a dar tal nuova per allegrarsene con Sua Santità (Carta de Roma para o Imperador, 6 de setembro de 1572; Arquivos de Viena).

[112] Carlos IX para Ferralz, 24 de agosto de 1572; Mackintosh, iii, 34B.
[113] Elle fust merveilheusement ayse d'entendre le discours que mondit neueu de Beuaville luy en feist. Lequel, après luy avoir conté le susdit affayre, supplia sadicte Sainctété, suyvant la charge expresse qu'il avoit de V. M. de vouloir concéder, pour le fruict de ceste allegresse, la dispense du mariage du roy et royne de Navarre, datée de quelques jours avant que les nopces en feussent faictes, ensemble l'absolution pour Messeigneurs les Cardinaux de Bourbon et de Ramboilhet, et pour tous les autres evesques et prélatz qui y avoient assisté (...). Il nous feit pour fin response qu'il y adviseroit (Ferralz, *ut supra*).

assim que as notícias se espalhassem, a mesma coisa seria feita em todas as cidades da França.[114] Essa carta foi lida diante dos cardeais reunidos no palácio do Vaticano e eles, posteriormente, celebraram uma missa em ação de graças com o Papa na capela mais próxima.[115] Os canhões de Santo Ângelo dispararam ao anoitecer e a cidade ficou iluminada durante três noites. Desconsiderar a vontade do Papa a esse respeito teria sabor de heresia. Gregório XIII exclamou que o massacre era mais agradável para ele que cinquenta vitórias de Lepanto. Por algumas semanas, as notícias das províncias francesas sustentaram o estado de êxtase e de excitação da Corte.[116] Contava-se que outros países seguissem o exem-

---

[114] Pensasi che per tutte le città di Francia debba seguire il simile, subitoche arrivi la nuova dell' esecutione di Parigi (...). A N. S. mi faccia gratia di basciar i piedi in nome mio, col quale mi rallegro con le viscere del cuore che sia piaciuto allá Dio. Mtà. d' incaminar nel principio del suo pontificato si felicemente e honoratamente le cose di questo regno, havendo talmente havuto in protettione il Rè e Regina Madre che hanno saputo e potuto abarrare queste pestifere radici con tanta prudenza, in tempo tanto opportuno, che tutti lor ribelli erano sotto chiave in gabbia (Salviati, Desp. 24 de agosto; Theiner, i. 329; Mackintosh, iii. 355).

[115] Sexta Septembria, mane, in Senatu Pontificis et Cardinalium lectae sunt literae a legato Pontificio e Gallia scriptae, admiralium et Huguenotos, destinata Regis voluntate atque consensu, trucidatos esse. Ea re in eodem Senatu decretum esse, ut inde recta Pontifex cum Cardinalibus in aedem D. Marci concederet, Deoque Opt. Max. pro tanto beneficio Sedi Romanae orbique Christiano collato gratias solemni more ageret (*Scriptum Roma missum* em Capilupi, 1574, p. 84). Quia Die 2ª praedicti mensis Septembris S^{mus} D. N. certior factus fuerat Colignium Franciae Ammiralium a populo Parisien, occisum fuisse et cum eo multos ex Ducibus et primoribus Ugonotarum haereticorum eius sequacibus Rege ipso Franciae approbante, ex quo spes erat tranquillitatem in dicto Regno redituram expulsis haereticis, idcirco S^{tas} Sua expleto concistorio descendit ad ecclesiam Sancti Marci, praecedente cruce et sequentibus Cardinalibus et genuflexus ante altare maius, ubi positum fuerat sanctissimum Sacramentum, oravit gratias Deo agens, et inchoavit cantando hymnum Te Deum (*Fr. Mucantii Diaria*, B. M. Add. MSS. 26, 811).

[116] Après quelques autres discours qu'il me feist sur le contentement que luy et le collège des Cardinaux avoient receu de ladicte exécution faicte et des nouvelles qui

plo da França; o Imperador foi informado de que alguma coisa do mesmo tipo era esperada dele.[117] No dia 8 de setembro, o Papa foi em procissão à igreja francesa de São Luís, onde trinta e três cardeais acompanharam uma missa em ação de graças. No dia 11, ele proclamou um jubileu. Na Bula, declarou que, uma vez que Deus tinha armado o Rei da França para infligir vingança aos hereges pelas injúrias que tinham feito à religião, e para punir os líderes da rebelião que devastara seu país, os católicos deviam orar para que ele recebesse a graça para dar seguimento à sua auspiciosa empreitada até o fim e, assim, completasse o que tinha começado tão bem.[118] Antes de decorrido um mês, Vasari foi convocado de Florença para decorar o salão dos príncipes com pinturas do massacre.[119] O trabalho foi

---

journellement arrivoient en ceste court de semblables exécutions que l'on a faicte et font encore en plusieurs Villes de vostre royaume, qui, à dir ela verité, sont le nouvelles le plus agréables que je pense qu'on eust sceu apporter en ceste ville, sadicte Saincteté pour fin me commanda de vous escrire que c'est événement luy a este cent fois plus agréables que cinquante victoires semblables à celle que ceulx de la ligue obtindrent l'année passée contre le Turcq, ne voulant oublier vous dire, Sire, les commandemens estroictz qu'il nous feist à tous, mesmement aux François d'en faire feu de joye, et qui ne l'eust faict eust mal senty de la foy (Ferralz, *ut supra*).

[117] Tutta Roma stà in allegria di tal fatto et frà i più grand si dice, che 'l Rè di Francia ha insegnato alli Principi christiani ch' hanno di simili vassalli ne' stati loro a liberarsene, et dicono che vostra Maestà Cesara dovreble castigate il conte Palatino tanto nemico della Serenissima casa d'Austria, et della Religione cattolica, come l'anni passati face contra il Duca di Sassonia tiene tuttavia prigione, che a un tempo vendicarebbe le tante ingiurie ha fatto detto Palatino alla Chiesa di Dio, et povere Christiani, et alla Maestà Vostra et sua Casa Serenissima sprezzando li suoi editti et commandamenti, et privarlo dell' elettione dell' Imperio et darlo al Duca di Baviera (Cusano para o Imperador, Roma, 6 de setembro de 1572; Arquivos de Viena).

[118] A Bula, como publicada em Paris, é impressa por Strype (*Life of Parker*, iii, 197). La prima occasione che a ciò lo mosse fù per lo stratagemma fatto da Carlo Nono Christianissimo Rè di Francia contra Coligno Ammiraglio, capo d' Ugonotti, et suoi seguaci, tagliati a pessi in Parigi (Ciappi, *Vita di Gregorio XIII*, 1596, p. 63).

[119] Vasari para Borghini, 5 de outubro de 1572; 5 de março de 1573; para Francesco Medici, 17 de novembro de 1572; Gaye, *Carteggio d'Artisti*, iii. 328, 366, 341.

declarado sua obra-prima, e a cena vergonhosa pode ser ainda vislumbrada na parede onde, por três séculos, insultou cada pontífice que entrou na Capela Sistina.

A história de que os huguenotes tinham perecido porque foi detectada uma trama para o assassinato do rei ficou conhecida em Roma no dia 6 de setembro. Embora o édito fraudulento e o julgamento imaginário servissem para confirmar tal história aos olhos da Europa, Catarina e seu filho tomaram providências para que o Papa não fosse enganado. Garantiram a ele que pretendiam descartar o édito. Para desculpar o casamento da irmã, o rei advogou que ele fora celebrado com não outro objetivo que o da vingança; e prometeu que logo não existiria um só herege em seu país.[120] Isso foi corroborado por Salviati. Quanto à proclamada tolerância, sabemos que foi um instrumento para desarmar uma entidade estrangeira e evitar uma comoção popular. Testemunhou que a rainha falara a verdade quando disse que confiara a ele, havia muito tempo, o objetivo real do compromisso da filha.[121] Expôs a aspira-

---

[120] Indibitatamente non si osserverà interamente, havendomi in questo modo, punto che torno dall' audienza promesso il Re, imponendomi di darne conto in suo nome a Nostro Signore, di volere in breve tempo liberare il Regno dalli Ugonotti (...). Mi ha parlato della dispensa, escusandosi non haver fatto il Parentado per ultro, che per liberarsi da suoi inimici (Salviati, Desp. 3 de setembro, 2 de setembro, 11 de outubro de 1572).

[121] Si vede che l' editto non essendo osservato ne da' popoli, ne dal principe, non è per pigliar piede (Salviati, Desp. 4 de setembro). Qual Regina in progresso di tempo intende pur non solo di revocare tal editto, ma per mezzo della giustitia di restituir la fede cattolica nell' anticaa osservanza, parendogli che nessuno ne debba dubitare adesso, che hanno fatto morire l'ammiraglio con tanti altri huomini di valore, conforme ai raggionamenti altre volte havuti con esso meco essendo a Bles, et trattando del parentado di Navarra, et dell' altre cose che correvano in quei tempi, il che essendo vero, ne posso rendere testimonianza, e a Nostro Signore a a tutto il mondo (27 de agosto; Theiner. i. 329, 330).

ção vazia da trama. Anunciou que sua existência seria estabelecida pelas formalidades da lei, mas adicionou que ela era tão notoriamente falsa que só um idiota podia nela acreditar.[122] Gregório não favoreceu a falsidade oficial. Na recepção do embaixador francês, Rambouillet, ocorrida em 23 de setembro, Muretus fez seu famoso discurso. Disse que não poderia haver começo mais feliz para um novo pontificado e aludiu à trama fabulosa no exato tom dos funcionários franceses. O secretário, Boccapaduli, respondendo em nome do Papa, agradeceu ao rei a destruição dos inimigos de Cristo, mas evitou por completo tocar na fábula convencional.[123]

O cardeal Orsini seguiu como Legado para a França. Fora nomeado em agosto e tentava desviar o curso do rei para a linha de política da qual ele se afastara em virtude da orientação protestante. Não tinha ainda deixado Roma quando ocorreram os eventos que alteraram toda a situação. Orsini foi então encarregado de levar felicitações e de conclamar o rei a não se deter a meio caminho.[124] Um cerimonial antigo e obsoleto foi então subitamente revivido; e os cardeais o acompanharam até a Porta Flamínia.[125]

---

[122] Desp, 2 de setembro de 1572.

[123] A resposta de Boccapaduli está impressa em francês, com a tradução do discurso de Muretus, Paris, 1573.

[124] Troverà le cose cosi ben disposte, Che durarà poca fattica in ottener quel tanto si desidera per Sua Beatitudine, anzi haverá più presto da ringratiar quella Maestà Christianissima di cosi buona et sant'opera, ha fatto far, che da durare molta fatica in persuaderli l'unione con la Santa Chiesa Romana (Cusano para o Imperador, Roma, 6 de setembro). Sereno (*Comment. della guerra di Cipro*, p. 329) entende a missão do mesmo jeito.

[125] Omnes mulas ascendentes cappis et galeris pontificalibus induti associarunt R^{mum} D. Cardinalem Ursinum Legatum usque ad portam Flaminiam et extra eam ubi factis multis reverentiis eum ibi reliquerunt, juxta ritum antiquum in ceremoniali libro descriptum qu8i longo tempore intermissus fuerat, ita Pontifice iubente in Concistorio hodierno (*Mucanti Diaria*). Ista associatio fuit determinata in Cocistorio vocatis X. Cardinalibus et ex improviso exequuti fuimis (*C. Firmani Diaria*, B. M. Add. MSS. 8448).

Essa jornada de Orsini e a pompa que a cercou foram extremamente mal recebidas em Paris. Provavelmente seriam tomadas como prova de um entendimento secreto com Roma que ameaçava esgarçar a delicada rede em que Carlos se esforçava para manter a confiança do mundo protestante.[126] Ele solicitou que o Legado fosse chamado de volta; e o Papa estava querendo que houvesse algum retardo. Enquanto Orsini demorava no caminho, a resposta de Gregório sobre o anúncio do massacre chegou a Paris. Tinha sido um grande consolo para ele próprio, disse, e uma graça extraordinária concedida à cristandade. Mas ele desejou, para a glória de Deus e o bem da França, que os huguenotes fossem extirpados completamente; e com esse objetivo, demandou a revogação do édito. Quando Catarina soube que o Papa ainda não estava satisfeito e procurava direcionar as ações do rei, quase que não pôde esconder sua raiva. Salviati nunca a vira tão furiosa. As palavras mal tinham saído de sua boca quando ela exclamou que se admirava com tais propósitos, e que estava decidida a não tolerar nenhuma interferência no governo do seu reino. Ela e seu filho eram católicos por convicção, e não por medo ou influência. Que o Papa se alegrasse com isso.[127] O núncio tinha de imediato antevisto que a corte, depois de esmagar os huguenotes, não se tornaria mais maleável quanto aos conselhos de Roma. Escreveu, no mesmo dia

---

[126] Mette in consideratione allá Santità Sua che havendo deputato un Legato apostolico sù la morte del ammiraglio, et altri capi Ugonotti, ha fatti ammazzare a Parigi, saria per metterla in molto sospetto et diffidenza delli Principi Protestanti, et della Regina d'Inghilterra, ch'ella fosse d'accordo con la sede Apostolica, et Principi Cattolici per farli guerra, i quali cerca d'acquettar con accertarli tutti, che non ha fatto ammazzar l'ammiraglio et suoi seguaci per conto della Religione (Cusano para o Imperador, 27 de setembro).

[127] Salviati, Desp. 22 de setembro de 1572.

de São Bartolomeu, que o rei se tornaria bastante zeloso de sua autoridade e exigiria a mesma obediência de ambos os lados.

Nesse ambiente desfavorável, Orsini apareceu na Corte. Para Carlos, que tinha feito tanto, parecia não ser razoável que lhe pedissem mais. Ele argumentou com Orsini que era impossível erradicar todos os remanescentes de uma facção que fora tão forte. Passara na espada setenta mil huguenotes; e se tinha mostrado compaixão para com os demais fora para que eles se transformassem em bons católicos.[128]

Os pensamentos ocultos que a Corte de Roma traiu por sua conduta nessa ocasião memorável cobriram o Papa com uma quantidade de ódio maior do que merecia. Gregório XIII aparece como figura pálida entre os dois mais fortes dos papas modernos, sem o zelo intenso de um e a volição implacável do outro. Ele não tinha tendência pelas grandes concepções ou resoluções violentas. Convertera-se tarde na vida ao espírito da Reforma Tridentina; e quando demonstrava rigor, logo se via que não era do seu temperamento, mas conselho daqueles que o influenciavam.[129] Não instigou o crime, tampouco os sentimentos atrozes que o exaltaram. Na luta religiosa, um frenesi foi nutrido que tornou violenta a fraqueza e

---

[128] Carlos IX para St. Goard, 5 de outubro de 1572; Charrière, iii. 330. Ne poteva esser bastante segno l'haver egli doppo la morte dell' Ammiraglio fatto un editto, che in tutti i luoghi del suo regno fossero posti a fil di spada quanti heretici vi si trovassero, onde in poche giorni n' erano stati ammazzari settanta mila e d' avantaggio (Cicarelli, *Vita di Grigorio XIII*; Platina, *Vite de' Pontefici*, 1715, 592).

[129] Il tengono quasiche in filo et il necessitano a far cose contra la sua natura e la sua volontà perche S. Sta è sempre stato di natura piacevole e dolce (*Relatione di Gregorio XIII*; Ranke, *Päpste*, App. 80). Faict Cardinal par le pape Pie IV, le 12ᵉ de Mars 1559, lequel en le créant, dit qu'il n'avoit créé un cardinal ains un pape (Ferralz para Carlos IX, 14 de maio de 1572).

transformou bons homens em prodígios de ferocidade; e em Roma, onde eram sentidos quaisquer perdas infligidas ao catolicismo e quaisquer ferimentos nele provocados, a crença de que, no trato com os hereges, o assassinato era melhor que a tolerância prevaleceu por meio século. O antecessor de Gregório XIII fora Inquisidor-Geral. Aos seus olhos, os protestantes eram piores que os pagãos, e os luteranos, mais perigosos que outros protestantes.[130] O pregador capuchinho, Pistoja, testemunhou que homens foram enforcados e esquartejados quase diariamente em Roma;[131] e Pio declarou que libertaria um vilão culpado de cem assassinatos, mas não o faria com um herege obstinado.[132] Ele contemplou seriamente a possibilidade de arrasar a cidade de Faenza porque estava infestada de pecado religioso, e recomendou procedimento semelhante ao rei da França.[133] Aconselhou-o a não manter relação alguma com os huguenotes, para não chegar a compromissos com eles, e a não observar os termos do acordo que tinha feito. Demandou que eles fossem perseguidos até a morte, que nenhum deles deveria ser poupado sob qualquer pretexto e que todos os prisioneiros deveriam ser executados.[134] Ameaçou Carlos com a punição de Saul

---

[130] S^{mus} Dominus Noster dixit nullam concordiam vel pacem debere nec posse esse inter nos et hereticos, et cum eis nullum foedus ineundum et habendum (...) verissimum est deteriores esse haereticos gentilibus, eo quod sunt adeo perversi et obstinati, ut prepemodum infideles sint (*Acta Concistorialia*, 18 de junho de 1571; Bib. Imp. F. Lat. 12,561).

[131] Ogno giorno faceva impiccare e squartare ora uno, ora um altro (Cantù, ii. 410).

[132] *Legazione di Serristori*, 436, 443.

[133] Elle désire infiniment que vostre Majesté face quelque ressentment plus qu'elle n'a faict jusques à ceste heure contre ceux qui lui font la guerre, comme de raser quelquesunes de leurs principales maisons pour une perpétuelle mémoyre (Rambouillet para Carlos IX, Roma, 17 de janeiro de 1569; Bib. Imp. F. Fr. 17,989).

[134] Pio V para Catarina, 13 de abril de 1569.

quando ele se absteve de eliminar os amalequitas.[135] Disse-lhes que era sua missão vingar as injúrias do Senhor e que nada era mais cruel que a misericórdia para os ímpios.[136] Quando ele sancionou o assassinato de Elizabeth, propôs que fosse feito na execução de sua sentença contra ela.[137] Tornara-se comum para os que meditavam sobre assassinatos ou regicídios por razões religiosas encarar os representantes de Roma como seus assessores naturais. Em 21 de janeiro de 1591, um jovem capuchinho aproximou-se, com a permissão de seus superiores, de Sega, bispo de Piacenza, então núncio em Paris. Disse que estava inflamado com o desejo da morte de um mártir; e tendo sido afirmado pelos eclesiásticos que seria meritório matar o herege e tirano Henrique de Navarra, solicitou dispensa da regra de sua Ordem enquanto tomava providências e aguardava uma oportunidade. O núncio não faria isso sem a autorização de Roma; mas a prudência, a coragem e a humildade que detectou no monge fizeram-no acreditar que a intenção tinha realmente inspiração superior. Para se assegurar disso e afastar todos os escrúpulos, submeteu o assunto ao Papa e pediu sua bênção para o ato, prometendo que o que fosse decidido seria executado com a máxima discrição.[138]

---

[135] Pio V para Carlos IX, 28 de março de 1569.
[136] Sa Saincteté m'a dict que j'escrive à vostre majesté que icelle se souvienne qu'elle combat pour la querelle de Dieu, et que ce ceste à elle de faire sés vengeances (Rambouillet para Carlos IX, Roma, 14 de março de 1569; Bib. Imp. F. Fr. 16.039). Nihil est enim ea pietate misericordiaque crudelius, quae in impios et ultima supplica meritos confertur (Pio V para Carlos IX, 20 de outubro de 1569).
[137] *Correspondance de Philippe II*, ii. 185.
[138] Inspirato più d'un anno fà di esporrre la vita al martirio col procurare la liberatione della religione, et della patria per mezzo della morte del tiranno, et assicurato da Theologi che il fatto saria stato meritorio, non ne haveva con tutto ciò mai potuto ottenere da superiori suoi la licenza o dispensa (...). Io quantunque mi sia parso di trovarlo pieno

A mesma ideia permeou o Sagrado Colégio sob Gregório. Existem cartas com congratulações profusas do cardeal de Lorraine, Este e Pellevé. Boubon foi um cúmplice antes do fato. Granvelle não condenou o ato, mas o retardo. Delfino e Santorio o aprovaram. O cardeal de Alessandria recusou o presente do rei em Blois e se opôs aos seus desejos no conclave. As circunstâncias estavam agora tão alteradas que o anel lhe foi de novo oferecido e, dessa vez, aceito.[139] O único dissidente no coro de aplausos diz-se que foi Montalto. Sua conduta quando se tornou Papa torna tal suposição muito improvável; e não existe uma boa testemunha da história. Mas Leti a contou, e ele está tão longe de ser um panegirista que merece menção.

A teoria que foi engendrada para justificar essas práticas fez mais do que tramas e massacres para lançar descrédito sobre os católicos. Tal teoria foi a seguinte: Hereges provados tinham que ser rigorosamente punidos sempre que isso pudesse ser feito sem a probabilidade de maiores malefícios para a religião. Onde houvesse temor de que isso pudesse acontecer, a penalidade deveria ser suspensa ou adiada por uma estação, desde que fosse infligida

---

di tale himiltà, prudenza, spirito et core che arguiscono che questa sia inspiratione veramente piuttosto che temerità o legerezza, non cognoscendo tuttavia de proterglielo concedere l' ho persuaso a tornarsene nel suo covento racomandarsi a Dio et attendere all' obbedienza delli suoi superiori finchè io attendessi dallo assenso o ripulsa del Papa che havere interpellato per la sua santa beneditione, se questo spirito sia veramente da Dio donde si potrà conjetturare che sia venendo approvato da Sua Sta, e perciò sarà più sicuro da essere eseguito (...). Resta hora che V. S. Illma mi favorisca di communicare a S. B. il caso, et scrivermene come la supplico quanto prima per duplicate et triplicate lettere la sua santa determinatione assicurandosi che per quanto sarà in me in negotio sarà trattato con la debita circumspetione (Sega, Desp. Paris, 23 de janeiro de 1591; decifrado em Roma, 26 de março).

[139] Ferralz para Carlos IX, 18 de novembro, 23 de dezembro de 1572.

quando o risco passasse.¹⁴⁰ Tratados consumados com hereges e promessas a eles feitas não podem ser respeitados, porque promessas pecaminosas não têm validade e nenhum acordo que possa injuriar a religião ou a autoridade eclesiástica é legal. Nenhum poder civil pode fazer compromissos que impeçam o livre escopo da lei da Igreja.¹⁴¹ É parte da punição dos hereges que a fé não seja mantida com eles.¹⁴² É mesmo misericordioso matá-los, para que não pequem de novo.¹⁴³

Esses foram os preceitos e exemplos pelos quais os franceses aprenderam a confundir piedade e ferocidade e se prepararam para imolar seus concidadãos. Durante a guerra civil, uma organização foi formada no sul com o objetivo de fazer guerra aos huguenotes; e ela foi fortalecida por Pio V com bênçãos e indulgências. "Não duvidamos," proclamava, "que sairemos vitoriosos sobre os inimigos de Deus e de toda a humanidade; e se cairmos, nosso sangue

---

¹⁴⁰ De Castro, *De Justa Haeret. Punitione*, 1547, p. 119. Iure Divino obligantur eos extirpare, si absque maiori incommodo possint (Lancelottus, *Haereticum quare per Catholicum quia*, 1615, p. 579). Ubi quid indulgendum sit, ratio semper exacts habeatur, an Religioni Ecclesiae, et Reipublicae quid vice mutua accedat quod majoris sit momenti, et plus prodesse possit (Pamelius, *De Relig. diversis non admittendis*, 1589, p. 159). Contagium istud sic grassatum est, ut corrupta massa non ferat antiquissimas leges, severitasque tantisper remittenda sit (Possevinus, *Animadv. in Thuanum*; Zachariae, *Iter Litterarium*, p. 321).

¹⁴¹ Principi saeculari nulla ratione permissum est, haereticis licentiam tribuere haereses suas docendi, atque adeo contractus ille injustus (...). Si quid Princeps saecularis attentet in praeiudicium Ecclesias ticae potestatis, aut contra eam aliquid statuat et paciscatur, pactum illud nullum futurum (R. Sweertii, *De Fide Haereticis servanda*, 1611, p. 36).

¹⁴² Ad poenam quoque pertinet et odium haereticorum quod Fidel illis data servanda non sit (Simancha, *Inst. Cath.* pp. 46, 52).

¹⁴³ Si nolint converti eos citius tollere e medio, ne gravius postea dammentur, unde non militat contra mansuetudinem christianam, occidere Haereticos, quin potius est opus maximae misericordiae (Lancelottus, p. 579).

será um segundo batismo, pelo qual, sem nenhum obstáculo, nos juntaremos diretamente aos outros mártires no céu."[144] Monluc, que disse a Alva em Bayonne que nunca poupara um inimigo, recebeu um tiro no rosto durante o cerco de Rabasteins. Acreditava que morria quando lhe vieram dizer que a localidade havia sido capturada. "Graças a Deus," disse ele, "que vivi o bastante para garantir nossa vitória; e agora não ligo para a morte. Voltai, suplico-vos, e dai-me uma última prova de amizade, garantindo que nenhum homem da guarnição escape vivo."[145] Quando Alva derrotou e capturou Genlis e esperava fazer muito mais prisioneiros huguenotes na guarnição de Mons, Carlos IX escreveu a Mondoucet "que seria pelo serviço de Deus e pelo do rei da Espanha que eles deveriam ser mortos. Se o duque de Alva responde que o requisito tácito é fazer todos os prisioneiros em pedaços, você dirá a ele que isso é o que tem que ser feito, e que ele ofenderá tanto a si próprio quanto à cristandade se não o fizer".[146] Tal solicitação também chegou a Alva via Espanha. Felipe escreveu na margem do despacho que, se ele ainda não os tivesse passado pela espada, tinha que fazê-lo imediatamente, já que não poderia haver motivo para retardo.[147] O mesmo pensamento ocorreu a outros. No dia 22 de julho, Salviati escreveu que seria um golpe sério para a facção se Alva matasse seus prisioneiros; e Granvelle escreveu que, como todos eles eram huguenotes, seria uma boa coisa jogá-los todos no rio.[148]

---

[144] De Rozoy, *Annales de Toulouse*, iii. 65.
[145] Alva para Felipe, 5 de junho de 1565; *Pap. de Granvelle*, ix. 288; *Comment. de Monluc*, iii. 425.
[146] Carlos IX para Mondoucet, 31 de agosto de 1572; *Compte Rendu*, iv. 349).
[147] *Bulletins de Bruxelles*, xvi. 256.
[148] Granvelle para Morillon, 11 de setembro de 1572; Michelet, p. 475.

Onde esses sentimentos prevaleceram, Gregório XIII não ficou sozinho ao deplorar que o trabalho tivesse sido feito pela metade. Depois da explosão inicial de surpresa gratificante, as pessoas perceberam que a coisa era um fracasso e começaram a pedir mais. O clero da Catedral de Rouen instituiu uma procissão de ação de graças e orou para que o rei continuasse aquilo que iniciara com tanto vigor, até que toda a França professasse uma só fé.[149] Há evidências de que Carlos ficou tentado, em certo momento durante o mês de outubro, a dar seguimento ao golpe.[150] Mas ele morreu sem consumar seu desejo; e as esperanças se voltaram para seu sucessor. Quando Henrique III passou pela Itália no seu caminho para assumir a coroa, houve alguns que esperaram que o Papa o induzisse a uma decisão resoluta sobre a extinção dos huguenotes. Uma petição foi endereçada a Gregório com esse propósito, na qual o requerente diz que até então a corte francesa tinha errado pelo lado da misericórdia, mas o novo rei poderia corrigir o erro se, rejeitando a máxima perniciosa de que sangue nobre derramado debilita o reino, ordenasse uma execução que só seria cruel na aparência, porém, na realidade, gloriosa e santa, e destruiria totalmente os hereges, sem poupar vidas ou propriedades.[151] Exortações semelhantes foram dirigidas de Roma ao próprio Henrique por Muzio, um leigo que ganhara reputação, entre outras coisas, por escritos controversos, sobre os quais Pio V disse que tinham

---

[149] Floquet, iii. 137.
[150] Walsingham para Smith, 1º de novembro de 1572; Digges, p. 279. Ita enim statutum ab illis fuit die 27 Octobris (Beza, 3 de dezembro de 1572; *Ill. vir. Epp. Sel.* 621). La Mothe, v. 164; Faustino Tasso, *Historie di nostri tempi*, 1583, p. 343.
[151] *Discorso di Monsignor Terracina a Gregorio XIII*; *Thesauri Politici Contin.* 1618, pp. 73-76.

preservado a fé em distritos inteiros, e que recebera o encargo de refutar os historiadores que distinguiam o tempo por séculos. Em 17 de julho de 1574, Muzio escreveu ao rei que toda a Itália confiava em sua justiça e em seu valor e concitou-o a não poupar velhos ou moços, e não considerar cargos nem vínculos de sangue.[152] Tais esperanças estavam também fadadas ao desapontamento; e um francês, escrevendo no ano da morte de Henrique, lamentou a clemência cruel e a misericórdia desumana que imperaram no Dia de São Bartolomeu.[153]

Essa não foi a opinião generalizada no mundo católico. Na Espanha e na Itália, onde os corações estavam endurecidos e as consciências corrompidas pela Inquisição; na Suíça, onde os católicos viviam suspeitando e temendo seus vizinhos protestantes; entre os príncipes eclesiásticos na Alemanha, cuja autoridade esmaecia rapidamente à proporção que os súditos abjuravam sua fé, o massacre foi saudado como um ato de fortaleza cristã. Mas na França em si a grande massa das pessoas foi assaltada pela consternação.[154] "Onde a maneira de proceder," escreve Walsingham em 13 de setembro, "é definitivamente condenada pelos próprios católicos, que desejam partir do país, para se livrarem desse estranho tipo de governo, já que percebem que ninguém aqui pode assegu-

---

[152] Infin che ne viverà grande, o picciolo di loro, mai non le mancheranno insidie (*Lettere del Mutio*, 1590, p. 232).

[153] Coupez, tronques, cisaillez, ne pardonez à parens ny amis, princes et subjects, ny à quelque personne de quelque condition qu'ils soient (D'Orléans, *Premier advertissement des Catholiques Anglois aus François Catholiques*, 1590, p. 13). A noção de que Carlos demonstrara benignidade extrema aparece em muitos livros: "Nostre Prince a surpassé toute mesure de clémence" (Le Frère de Laval, *Histoire des Troubles*, 1576. p. 527).

[154] Serranus, *Comment*. iv. 51.

rar qualquer coisa boa da vida." Até nos lugares ainda imersos em lamentações pelas atrocidades sofridas nas mãos dos huguenotes durante a guerra civil, em Nîmes, por exemplo, as ordens do rei não produziram ato de vingança algum. Em Carcassone, a antiga sede da Inquisição, os católicos esconderam os protestantes em suas casas.[155] Na Provença, as notícias de Lyons e os cadáveres que desciam nas águas putrefatas do Rhone só despertaram horror e compaixão.[156] Sir Thomas Smith escreveu para Walsingham que na Inglaterra "as mentes da maioria das pessoas estão alienadas daquele país, mesmo as dos papistas convictos".[157] Na própria Roma, Zuñiga julgou injustificável a traição da qual os franceses se jactavam, mesmo no caso de hereges e rebeldes;[158] e foi considerado uma ofensa à opinião pública quando o assassino de Coligny foi apresentado ao Papa.[159] O Imperador ficou magoado e indignado. Disse que o rei e a rainha-mãe iriam viver para aprender que nada poderia ser mais perversamente arquitetado e executado: seu tio Carlos V e seu pai Ferdinando haviam feito guerra aos protestantes, mas jamais foram acusados de ato tão cruel.[160] Naquele momento, Maximiliano estava buscando a coroa da Polônia para

---

[155] Bouges, *Histoire de Carcassome*, p. 343.
[156] *Sommaire de la Félonie commise à Lyon*. Um tratado contemporâneo republicado por Gonom, 1848, p. 221.
[157] Nesse particular Smith tem mais crédito que Parker (*Correspondence*, p. 309).
[158] *Bulletins de Bruxelles*, xvi. 249.
[159] Qui è venuto quello che dette l' archibusata all' ammiraglio di Francia, et è stato condotto dal Cardinal di Lorena et dall' Ambasciator di Francia, al papa. A molti non è piaciuto che costui sia venuto in Roma (Prospero Count Arco para o Imperador, Roma, 15 de novembro de 1572; Arquivos de Vierna).
[160] Zuñiga para Felipe, 4 de março de 1573; *Arch. de l'Empire*, K. 1531, B. 35. Zuñiga ouviu isso de Lorraine.

seu filho; e os eventos na França foram uma arma em suas mãos contra o rival Anjou. Mesmo o czar de Moscou, Ivan, o Terrível, respondendo às suas cartas, protestou que todos os príncipes cristãos tinham que lamentar o bárbaro e desnecessário banho de tanto sangue inocente. Não foi a animosidade do momento que motivou Maximiliano. Durante toda a vida, provou ser inimigo da violência e da crueldade; na sua famosa carta a Schwendi, escrita muito tempo antes, mostra que seu julgamento permaneceu imutável. Foi o Imperador católico que excitou algo parecido com ressentimento no Eleitor luterano da Saxônia pela carnificina ocorrida na França.[161]

Isso porque os luteranos não estavam inclinados a reconhecer as vítimas de Carlos IX como mártires da causa protestante. Durante as guerras religiosas, os auxiliares luteranos foram liderados por um príncipe saxão, um margrave de Baden, e por outros magnatas germânicos, para ajudar as forças católicas a derrubarem a heresia de Calvino. Esses sentimentos eram tão bem conhecidos que o governo francês demandou do duque de Wirtemberg a rendição dos huguenotes que tinham fugido para os seus domínios.[162] Inicialmente, os eclesiásticos luteranos se satisfizeram com a crença de que fora o erro calvinista, e não a verdade protestante, que incitara e recebera o golpe.[163] O mais influente deles, Andreae, declarou

---

[161] Et est toute la dispute encores sur les derniers événements de la France, contre lesquels l'Electeur est beaucoup plus aigre qu'il n'estoyt à mon aultre voyage, depuys qu'il a esté en l'escole à la Vienne (Schomberg para Brulart, 12 de maio de 1573; Groen, iv. App. 76).

[162] Sattler, *Geschichte von Wüttemberg*, v. 23.

[163] Audio quosdam etiam nostrorum theologorum cruentam istam nuptiarum feralium celebrationem petinaciae Gallorum, in semel recepta de sacramentalibus mysteriis sententia acceptam referre et praeter illos pati neminem somniare (Steinberger para Crato, 23 de novembro de 1572; Gillet; *Crato von Carfftheim*, ii. 519).

que os huguenotes não eram mártires mas rebeldes que haviam morrido não pela religião, e sim pela sedição, e conclamou os príncipes a se acautelarem contra o contágio de seus espíritos, que tinham inundado outras terras com sangue. Quando Elizabeth propôs uma liga para a defesa do protestantismo, os eclesiásticos do Norte germânico protestaram contra uma aliança com homens cujos crimes não eram apenas pecados religiosos, mas blasfêmia obstinada, raiz de muitas heresias horrendas. A própria proposta, disseram eles, demonstrava uma disposição para preferir o auxílio humano à palavra de Deus.[164] Quando chegou outro convite de Henrique de Navarra, o famoso eclesiástico Chemnitz declarou ser uma abominação inútil a união com os discípulos de Calvino.[165]

Os próprios homens cujos irmãos tinham perecido na França não foram enérgicos ou unânimes na execração do ato.[166] Houve huguenotes que acharam que sua facção tinha atraído a ruína para si mesmos, provocando seus inimigos e seguindo os conselhos precipitados de homens ambiciosos.[167] Esse era o ponto de vista até de seu chefe, Theodore Beza. Seis semanas antes, ele escreveu que estavam ganhando em quantidade, mas perdendo em qualidade, e o que ele mais temia era que, depois de destruir a superstição, destruíssem a religião: "Valde metuo ne superstitioni successerit

---

[164] Heppe, *Geschichte des deutschen Protestantismus*, iv. 37, 47, 49.
[165] Hachfeld, *Martin Chemnitz*, p. 137.
[166] Sunt tamen qui hoc factum et excusare et defendere tentant (Bullinger para Hotoman, 11 de outubro de 1572; Hotoman, *Epis.* 35).
[167] Nec dubium est melius cum ipsis actum fuisse, si quemadmodum a principio instituerant, cum disciplinam ecclesticam introduxere, viros modestos et pia veraeque reformationis cupidos tantum in suos coetus admississent, reiectis petulantibus et fervidis ingeniis, quae eos in diros tumultus, et inextricabilia mala comecerunt (Dinothus, *De Bello Civili*, 1582, p. 243).

impietas."¹⁶⁸ E depois declarou que ninguém que tivesse visto o estado dos protestantes franceses poderia negar que se tratava do julgamento mais justo que se poderia fazer deles.¹⁶⁹

Beza respeitava doutrinas muito estritas a respeito do dever dos magistrados civis na repressão ao pecado religioso. Achava que a heresia era pior que o assassinato, e que o bem da sociedade requeria que nenhum outro crime fosse punido com maior severidade.¹⁷⁰ Declarou a tolerância contrária à religião revelada e à tradição constante da Igreja, e ensinou que a autoridade legal deveria ser obedecida, mesmo por aqueles que ela persegue. Reconheceu expressamente sua função nos Estados Católicos e conclamou Sigismundo a não descansar enquanto não se livrasse dos socinistas na Polônia;¹⁷¹ mas não pôde vencer a veemente resistência do cardeal Hosius. Foi embaraçante limitar esses princípios quando aplicados contra a sua própria Igreja. Por um instante, Beza duvidou se ela não teria recebido um golpe de morte na França. Mas não qualificou as proposições que ficaram abertas a interpretação tão fatal¹⁷² ou negou que seu povo, por seus vícios, se não por seus pecados, merecera o que tinha sofrido.

---

[168] Beza para Tilius, 5 de julho de 1572; *Ill. vir. Epp. Sel.* 607.

[169] Quoties autem ego haec ipse praedix! quoties praemonui! Sed sic Deo visum est, iustissimis de causis irato, et tamen servatori (Beza para Tilius, 10 de setembro de 1572, 614). Nihil istoru non iustissimo iudicio accidere necesse est fateri, qui Galliarum statum norunt (Beza para Crato, 26 de agosto de 1573; Gilliet, ii. 521).

[170] Ut mihi quidem magis absurde facere videantur quam si sacrilegas parricidas puniendos negarent, quum sint istis omnibus haeretici infinitis partibus deteriores (...). In nullos unquam homines severius quam in haereticos, blaphemos et impios debet animadvertere (*De Haereticis puniendis,* Trat. Teol. i. 143, 152).

[171] *Epist. Theolog.* 1575, p. 338.

[172] Beza para Wittgenstein, Pentecost, 1583; Friedlander, 143.

O aplauso não veio dos católicos em geral, tampouco só dos católicos. Enquanto os protestantes estavam dispostos a mitigá-lo ou desculpá-lo, a maioria dos católicos, que não estava sob influência direta de Madri ou de Roma, reconheceu o horror inexpiável do crime. Mas a vontade de defender aquilo que o Papa aprovara sobreviveu esporadicamente, quando a fúria do ódio dogmático foi extinta. Transcorreu uma geração sem que houvesse mudança perceptível no julgamento de Roma. Era uma acusação comum contra De Thou que ele havia condenado o ato irrepreensível de Carlos IX. As blasfêmias dos huguenotes, disse um de seus críticos, eram mais abomináveis do que o castigo que mereceram.[173] Sua *História* foi colocada no Índex; e o cardeal Barberini deixou-o saber que estava condenado não só por favorecer os protestantes em detrimento dos católicos, mas por ter desaprovado o Massacre de São Bartolomeu.[174]

Eudaemon-Johannes, a amigo de Belarmino, o classifica como ato piedoso e caridoso que imortalizou seu autor.[175] Outro jesuíta, Bompiani, diz que estava agradecido a Gregório, porque o ato prova-

---

[173] Lobo de Silveis para DeThou, 7 de julho de 1616; *Histoire*, xv. 371; J. B. Gallus, *Ibid*. p. 435.

[174] Le Cardinal Barberin, que je tiens pour Serviteur du Roy, a parlé franchement sur cette affaire, et m'a dit qu'il croyoit presqu'impossible qu'il se trouve jamais remède, si vous ne la voulez recommencer; disant que depuis le commencement jusqu'à la fin vous vous estes monstré du tout passionné contre ce qui est de l'honneur et de la grandeur de l'Eglise, qu'il se trouvera dans vostre histoire que vous ne parlez jamais des Catholiques qu'avec du mépris et de la louange de ceux de la religion; que mesme vous avez blasmé ce que feu Monsieur le président de Thou vostre père avoit approuvé, qui est la S. Barthélemy (De Brèves para De Thou, 18 de fevereiro e 1610; Bib. Imp. F. Dupuy, 812).

[175] Crudelitatisne tu esse ac non elementiae potius, pietatisque putas? (*Resp. ad Ep. Casauboni*, 1612, p. 118).

velmente libertara a Igreja.[176] A bem conhecida apologia a Carlos IX feita por Naudé se baseia em razões políticas, não religiosas; mas seu contemporâneo Guyon, cuja *Histoire d'Orléans* foi declarada pelos censores plena de doutrina sólida e de sentimentos piedosos, considera indigno por parte dos católicos falarem do assassinato dos hereges como se fosse um crime, porque o que é realizado pela autoridade legal é coisa abençoada.[177] Quando Inocêncio XI recusou a aprovação da Revogação do Édito de Nantes, os franceses encararam o ato como grande afastamento do exemplo que era mantido diante dele por um dos mais notáveis ornamentos de seu palácio.[178] O antigo espírito estava decaindo rapidamente na França, e a indignação soberba de Bossuet expressa com justiça a opinião daquele tempo. Duas obras foram publicadas sobre as medalhas dos Papas, por um escritor francês e um italiano. O francês, meio sem jeito, abranda a conduta de Gregório XIII; o italiano a defende de todo o coração.[179] Na Itália, o assunto ainda era terreno perigoso. Muratori evita tocar na questão,[180] enquanto Cienfuegos, jesuíta que sua Ordem considera um dos mais destacados cardeais de seu tempo, julga que Carlos IX morreu cedo demais para sua fama.[181] Tempesti, que viveu sob o mando iluminado de Benedito XIV, acusa Catarina de ter embargado o massacre a fim

---

[176] Quae res uti Catholicae Religioni sublevandae opportuna, ita maxime jucunda Gregorio accidit (*Hist. Pontif. Gregory XIII*, p. 30).
[177] *Histoire d'Orléans*, 421, 424.
[178] Germain para Bretagne, Roma, 24 de dezembro de 1685; Valéry, *Corresp. de Mabillon*, i. 192.
[179] Du Molinet, *Hist. S. Pont. per Numismata*, 1679, 93; Buorrani, *Numismata Pontificum*, i. 336.
[180] *Annali d'Italia* ad ann. 1572.
[181] Si huviera respirado más tiempo, huviera dado a entender al mundo, que avia Rey en la Francia, y Dios en Israel (*Vida de S. Francisco De Borja*, 446).

de que restasse algum motivo para que seu aconselhamento fosse requisitado.[182] O jesuíta germânico Biner e o historiador papal Piatti, há justamente um século, estão entre os últimos apologistas declarados.[183]

Então houve uma mudança. Chegou o momento em que os católicos, que de há muito confiavam na força, foram compelidos a apelar para a opinião. Aquilo que tinha sido desafiadoramente reconhecido e defendido precisava ser engenhosamente explicado. O mesmo motivo que havia justificado o assassinato serviu então para incitar a mentira. Os homens recusavam a convicção de que os mandantes e restauradores da sua Igreja tinham sido assassinos e cúmplices em assassinatos e que tanta infâmia havia sido misturada com tanta diligência. Temiam dizer que o mais monstruoso dos crimes havia sido solenemente aprovado em Roma, receosos de exporem o papado à execração da humanidade; um grande número de fatos foi inventado para contornar a dificuldade: as vítimas tinham sido em quantidade insignificante; foram mortas por motivos não ligados à religião; o Papa acreditou na existência da trama; a trama foi uma realidade; a medalha é fictícia; o massacre foi uma simulação coordenada com os próprios protestantes; o Papa só se rejubilou quando soube do fim do evento.[184] Tais coisas foram repetidas com tanta frequência, que por vezes receberam crédito; e os homens adotaram essa forma de falar com sinceridade inatacável, e não deixaram que sua religião

---

[182] *Vita di Sisto V*, i. 119.

[183] Quo demum res evaderent, si Regibus non esset integrum, in rebelles, subditos quietisque publicae turbatores animadvertere? (*Apparatus Eruditionis*, vii. 503; Piatti, *Storia d'Pontefici XI*, p. 271).

[184] Per le notizie che ricevette della cessata strage (Moroni, *Dizionario di Erudizione Ecclesiastica*, xxxii. 298).

fosse abalada pelos vícios dos papas. Möhler foi um dos mais destacados desses homens. Em suas palestras sobre a história da Igreja, publicadas apenas no ano passado,[185] ele disse que os católicos, como tais, não tomaram parte no massacre; que nenhum cardeal, bispo ou padre frequentou os conselhos que o prepararam; que Carlos informara ao Papa que uma conspiração havia sido descoberta; e que Gregório só celebrou a ação de graças porque a vida do rei havia sido salva.[186] Tais coisas só deixarão de ser escritas quando os homens perceberem que a verdade é o único mérito que dá dignidade e valor à História.

---

[185] [1868.]
[186] *Kirchengeschichte*, iii. 211.

CAPÍTULO XXVI

Os Bórgias e seu último historiador*

O Renascimento é a única época da História que tem o mesmo charme para homens ociosos e para pensadores e se mantém em visível conexão íntima com a civilização dos tempos presentes, ainda que fora do alcance de suas controvérsias. O interesse que desperta não é perturbado pelas contendas que imediatamente a seguiram. Diferenças políticas ou religiosas não afetam os sentimentos com os quais os homens encaram a época à qual devem seu conhecimento sobre as antiguidades pagã, judaica ou cristã, a formação da literatura moderna e o aprimoramento da arte. A degradação que a Itália sofreu sob tiranos nativos não pode empanar o orgulho com que ela relembra os dias de sua independência nacional e de sua supremacia intelectual. Pilhas de novos materiais continuam sendo produzidas em profusão ininterrupta por acadêmicos patriotas; e o modo com que eles modificam os aspectos do século XV é mostrado em diversas obras recentes. O *Italie et Renaissance*, de Zeller, e o *Geschischte der Stadt Rome*, de Reumont, marcam o progresso que foi feito além dos trabalhos de Roscoe e Sismondi. Ambos são livros bem escritos, e os autores

---

* Publicado na *North British Review* 53 (janeiro de 1871): 351-367. *Wellesley* I, p. 605; Döllinger III, p. 14. Republicado no *Historical Essays*, de Acton, pp. 65-84.

se mostram perfeitamente familiarizados com o espírito daqueles tempos brilhantes. O *Kultur der Renaissance in Italien*, de Burckhardt, é o tratado mais penetrante e sutil sobre a história da civilização que existe na literatura; mas seu mérito repousa na originalidade com que o autor emprega livros comuns, e não em qualquer nova pesquisa autêntica. O último a percorrer tal caminho foi Gregorovius.

O sétimo volume do seu *History of Mediaval Rome* virtualmente completa a tarefa, porque alcança o começo do século XVI. Outro volume incluirá a era de Leão X e terminará com o cerco e a devastação da cidade em 1527. A obra ganha em amplitude e variedade à medida que prossegue e, por vezes, pouco mais é que a história dos papas. O tratamento é desigual. Pio II, o mais hábil e mais interessante pontífice do século XV, recebe atenção insignificante, provavelmente porque uma volumosa obra sobre sua vida só tenha aparecido poucos anos atrás. Mas o pontificado de Alexandre VI é descrito com minucioso cuidado e ocupa grande parte do volume. Esses capítulos estão entre os melhores e mais sólidos que Gregorovius escreveu. Continuados relatórios dos enviados de Florença, Veneza e Ferrara para a corte de Roma permitem-lhe emancipar-se dos diaristas triviais dos quais todos os escritores desde Raynaldus foram obrigados a depender para a história secreta do Vaticano. Ele está tão bem suprido de documentos não publicados e os emprega com tão pequena preocupação com o propósito da controvérsia vulgar, que sua avaliação de Alexandre, que contradiz o julgamento unânime de todos os contemporâneos do Papa, não pode ser de imediato posta de lado, e sem exame entre os paradoxos históricos. Alexandre VI é descrito por seu último historiador como um homem cuja mediocridade no dia a dia reflete a propensão para o pecado de uma época ímpia, cujas motivações eram o amor pelos prazeres da vida e o progresso dos membros de sua família, que não possuía capacidade política nem projeto sério, e que sua natureza era por demais frívola e passiva até mesmo para a ambição.[1]

Essa depreciação excessiva de um homem cujos talentos e sucessos foram a admiração da Europa no seu tempo não se deve a uma indignação irrelevante em relação à licenciosidade do Papa, mas a um hábito do historiador de evitar o lado eclesiástico do seu personagem. Observando apenas os aspectos secular e profano, ele não acha que Alexandre preenche um bom espaço na história, porque misturou tanto sua autoridade espiritual e temporal que chegou a aplicar os recursos de uma aos propósitos da outra. A tensão que sua política como um soberano italiano provocou no seu poder na Igreja foi pródiga em consequências para a geração seguinte, e para todos os tempos posteriores. Sua energia para tornar lucrativas e instrumentos de barganha no mercado político as prerrogativas da Santa Sé foi quase causa imediata da revolta na Europa Setentrional. O sistema que Lutero atacou foi aquele que Alexandre completou e legou a seus sucessores. Foram sua obra e seu exemplo que Adriano quis repudiar quando atribuiu a corrupção da Igreja à recente usurpação e imoralidade do papado.[2] E Júlio II tentou libe-

---

[1] In Wahrheit zeigt es sich, wie gewöhnlich und klein dieser Mensch gewesen ist (...). Sein ganzer Pontifikat zeigt keine einzige grosse Idee weder in Kirche noch Staat (...). Nichts von jenem rastlosen Thatendrange und Herrschersinn eines Sixtus IV oder Julius II erscheint in der wollüstingen und passiven Natur dieses kleinen Genussmenschen (pp. 500-502).

[2] Scimus in hac sancta sede aliquot jam annis multa abominanda fuisse, abusus in spiritualibus, excessus in mandatis, et omnia denique in perversum mutata (indicat hic optimus Pontifex ea, quae nos in Alexandro VI deploravimus); nec mirum si aegritudo a capie in membra, a summis Pontificibus in alios inferiores praelatos descenderit (Raynaldus, *Annales Ecclesiastici*, 1522, p. 70).

rar a Igreja da responsabilidade de seus atos, declarando que um Papa eleito por simonia jamais poderia se tornar legítimo.³

O fato importante que marca todo o seu pontificado é a notória impropriedade de sua eleição. Não houve hipocrisia na transição; e toda a Europa tomou conhecimento das quantias exatas que foram pagas ou prometidas aos seus aliados, e mesmo aos seus serventuários. Sua posição jamais esteve segura; seu direito, permanentemente ameaçado. A sombra de um Concílio iminente obscureceu sua vida e toldou sua autoridade. Ele foi obrigado a instituir para si mesmo um poder que, na teoria, pertencia à Sé. Jamais poderia ter se mantido no posto não fossem esforços e atividades permanentes.

No começo, ele foi adulado de forma mais generalizada e excessiva que a convencional. As pessoas diziam que ele era mais que humano, que havia ultrapassado toda a humanidade em correção, que o esplendor do próprio Cristo luziria mais fortemente quando ele ascendeu ao trono.⁴ Seu próprio semblante era divino. A era dourada estava de volta; Astreia retornara à Terra com a ascensão de Alexandre VI. Acreditava-se piamente que ele seria

---

³ Contra dictum sic electum vel assumptum de simoniaca labe a quocumque Cardinali, qui eidem electioni interfuerit, opponi et excipi possit, sicut de Vera et indubitata haeresi (Raynaldus, 1506, p. I).

⁴ Poliziano, falando em nome de Siena, disse: "Praestans animi magnitudo, qua mortales crederes omnes antecellere — Magna quaedam de te nobis rara, ardua, singularia, incredibilia, inaudita pollicentur." O Orador de Lucca: "Quid est tuus divinus et majestate plenus aspectus?" O Genovês: "Adeo virtutum gloria et disciplinarum laude, et vitae sanctimonia decoraris, et adeo singularum, ac omnium rerum ornamento dotaris, quae talem summan ac venerandam dignitatem praebeant, ut valde ab omnibus ambigendum sit, tu ne magis pontificatui, na illa tibi sacratissima et gloriosissima Papatus dignitas offerenda fuerit" (Ciaconius, *Vitae Pont*, iii. 152, 159). O Senado de Veneza exultou: "Propter divinas virtutes et dotes quibus ipsum insignitum et ornatum

um pontífice glorioso.⁵ Ferrante de Nápoles e Fernando de Aragão foram hostis a ele desde o início; porém, em muitos países, a ilusão não se desfez até que os cardeais que recusaram o suborno publicaram suas sindicâncias. Julian della Rovere, depois Papa Júlio II, insistiu para que um Concílio fosse convocado a fim de julgar Alexandre.⁶

A ideia foi adotada pela Corte da França, quando o Papa nomeou um de seus parentes para o arcebispado de Rouen, e a assembleia dos clérigos elegeu George d'Amboise.⁷ Os ministros jactaram-se de que o rei tinha um meio infalível para subjugar Alexandre por meio da convocação de um Concílio.⁸ Carlos VIII reivindicou o trono de Nápoles e ameaçou dizendo que, se a investidura fosse recusada, ele deporia o Papa, não pela força, mas

---

conspiciebamus, videbatur a divina providentia talem pastorem gregi, dominio et sacrosanctae romanae ecclesiae vicarium suum fuisse delectum et praeordinatum" (Romanin, *Storia di Venezia*, v. 10). O Arcebispo de Colocza escreveu: "Omnes id satis exploratum habent, mitiorem Pontificem nec optari, nec creari potuisse, cui tantum sapientiae, probitatis, experientiae, ac integritatis est, quantum in quovis alio unquam audiverimus" (Petrus de Warda, *Epistolae*, 33). Um padre de Parma escreveu: "Hominem non dicam, sed divinum hominem, magnanimum pietate gravem ac meritis sapientissimum, ingenio praestantem, consiliis et sententiis probatissimum, omnibus denique virtutibus ornatissimum."

⁵ Dicesi che sarà glorioso pontefice (Manfredi para a duquesa de Ferrara, 17 de agosto de 1492; *Atti e Memorie*, iv. 323).

⁶ Quid enim felices recordationis Alexandro VI. Romano Pontifici praedecessori nostro magis nos odiosos fecit, nisi studium et cura generalis concilii celebrandi? Quid nos terra marique jactavit, cum nobis idem Alexander praedecessor esset infensus? Quid toties Alpes transcendere transalpinas, Gallias peragrare per aestus, nives et glacies compulit, nisi quod nitemabur, ut a Romano Pontifice concilio indiceretur, convocaretur et celebraretur? (Raynaldus, 1511, 10).

⁷ Sdegnato di questa collazione contro del Papa, il Rè tenne il di medesimo gran consiglio, dove furono proposte e trattare più cose contro del Papa, in riformazione della chiesa (Desp. de 31 de agosto de 1493; Canestrini, *Négociations avec la Toscane*, i. 249).

⁸ Despachos venezianos do mesmo mês de agosto, em Romanin, v. 33.

com a prova canônica de que ele era um herege e um intruso.⁹ Quando Alexandre ficou ao lado da Casa de Aragão e os franceses invadiram a Itália, suas expectativas pareceram desesperançadas. Ele achou que seria deposto.¹⁰ O cardeal de Siena, a quem enviou para apaziguar o rei da França, não conseguiu uma audiência e escreveu a seu mestre para alertá-lo sobre o perigo que se acercava.¹¹ Os franceses pretendiam convocar um Concílio em Ferrara para julgar o Papa¹² e acreditavam que a consciência de sua culpa o tornaria mais maleável.¹³ Ocuparam Roma sem resistência. Alexandre trancou-se no Castelo de Santo Ângelo com um pequeno grupo de prelados

---

⁹ Soggiungeva che rifiutando le cose che ricercava, considerasse bene essere a Carlo cosa libera, poichè adjutato dall' imperatore de' Romani il quale da pochi giorni s' era seco lui confederato, era per privarlo dalla dignità apostolica, non solo colle armi colle quali superava tutti gli altri, ma per diritto, radunando un concilio de' prelati, i quali potevano giustamente pronunziare avere egli comperato la pontificia dignità, di maniera che non si poteva chiamare vero pastore di Santa Chiesa (Corio, *Storia de Milano*, iii. 525).

¹⁰ Dubitava che il rè lo dimitesse del Papato (Marin Sanuto, em Cherrier, *Histoire de Charles VIII*, ii. 61).

¹¹ Aiunt etiam multo vulgo inter illos iactari, regem Romam venturum et statum Romanae Ecclesiae reformatorum (Piccolomini para Alexandre, Lucca, 4 de novembro de 1494).

¹² Le quali cose sono di qualità, secondo che me concluse dicto oratore (o enviado francês a Florença), che daranno materia al prefato Rè Christ., de fare praticha com qualche Cardinale, como già se fece, de chiamare Sua Santità a Concilio, dicendomi che el credeva, che non passariano molti giorni che 'l se ordinaria dicto Concilio, et di farlo a Ferrara, dove para che se debba fare per omni rispecto. Et a questo gli è molto inclinata prefata Regia Mᵗᵃ (Manfredi para o duque de Ferrara, 16 de fevereiro de 1495; *Atti e Memorie*, iv. 341).

¹³ Crediamo che la Santità di nostro Signore, il quale di sua natura è vile e è conscius criminis sui, ancora de facili potrebbe ridurre alle cose oneste, per dubio delle cose di qua (Desp. florentino. Lyons, 6 de junho de 1494: Canestrini, i. 399). Eulx deux (Bórgia e Sforza) estoyent a l'envy qui seroit Pape. Toutefois je croy qu'ilz eussent consenty tous deux d'en faire ung nouueau au plaisir du Roy, et encores d'en faire ung françois (Comines, *Mémoires*, ii. 386).

fiéis; mas a maioria dos cardeais instava o rei a depô-lo.[14] O instrumento que pronunciava sua deposição foi formulado:[15] os canhões franceses foram apontados para a fortaleza; e parte da muralha subitamente cedeu. Quando parecia que nada mais poderia salvar Alexandre, Carlos acalmou-se e entrou em acordo com ele. Os cardeais reformadores deixaram Roma indignados com o fracasso de seu intento. Quando o Papa quebrou instantaneamente o tratado que lhe fora imposto, o próprio Briçonnet achou que o rei chegaria a extremos contra ele quando retornasse de Nápoles.[16] Alexandre escapou pela fuga. Disse depois que Carlos havia sido refreado quanto a atos de violência pela piedade de seus cortesãos;[17] mas a lingua-

---

[14] Nostre Saint Père est plus tenu au roy qu'on ne pense, car si ledit seigneur eust voulu obtemperer à la plupart de Messeigneurs les Cardinaux, ilz eussent fait ung autre pappa en intention de reformer l'église ainsi qu'ilz disaient (Briçonnet para a rainha da França, Roma, 13 de janeiro de 1495; De la Pilorgerie, *Campagne d'Italie*, 135).

[15] Isto foi declarado por Paulo IV: "Sua Santità entrò a deplorar le miserie d'Italia et narrò l' historia dal principio che fù chiamato Re Carlo in Italia da Ludovico Moro et Alfonso d' Aragona, con li particolari del parentado fra questi due, la causa dell' inimicitia, il passar Re Carlo per Roma, la paura di Papa Alessandro di esser diposto, come publicamente dicevano li Cardinali che vennero col 'l Rè tra quali erano S. Pietro in Vincola, che fù poi Giulio Secondo: che furno fatti li capitoli della privatione da um Vicentino Vescovo di (illegible), all' hora auditor della Camera (Desp. de B. Navagero, Roma, 21 de maio de 1577; MS Foscarini, 6255).

[16] Divinendo in ragionamento col Card. de S. Malo (Briçonnet) del facto del Papa, sua Rev^{ma} Sig^{ria} me disse che il Re ch^{mo} non ne remaneva cum quella bona satisfactione che 'l sperava, havendose portato non troppo bene in queste pratiche de Spagna etc., concludendo dicto Card^{e} che 'l dubitava assai, che, finita che fosse questa impresa Del Reame de Napoli, la M^{tà} del Re non se desponesse a pigliare qualche expediente per reformare la chiesa, parendogli che 'l sai molto necessario, vedendosi come sono gubernate le cose della chiesa et sede apostolica (Manfredi para o duque de Ferrara, 25 de fevereiro de 1495; *Atti e Memorie*, iv. 342).

[17] Adducendo su questo proposito quello che accadette al Christianissimo Re Carlo quando andava in lo reame : che avendo pur contra sua santità malo animo, non solo fù consentito per li Sig^{ri} francesi che ageret contra eam, ma fù necessitato ad inclinarseli et basarli lo pede, et tenerli la staffa in mezo lo fango (Desp. de Saracini para o duque de Ferrara, Roma, 27 de outubro de 1501).

ENSAIOS

gem de Briçonnet e Commines prova que a opinião no lado francês era favorável a uma política mais destemida, mas o rei não teve coragem para tentá-la. Quando este último se foi e o perigo passou, Alexandre o excomungou. Pouco antes de morrer, a Sorbonne o exortou a convocar um Concílio e concretizar as reformas que o Papa insistia em recusar.

Sob o reinado de seu sucessor, Luís XII, o plano foi revivido. O cardeal d'Amboise abriu negociações com Fernando e Maximiliano objetivando nova eleição.[18] No verão do ano de 1501, Piccolomini, cardeal de Siena, que veio a ser o sucessor de Alexandre, propôs a ele a convocação de um Concílio para a execução das reformas, temeroso de que isso fosse feito, a despeito dele e em detrimento do papado, pelos cardeais que viviam no exterior. Alexandre chegou a considerar a sugestão por algum tempo, mas depois desistiu quando chamaram sua atenção para o fato de que Piccolomini era sobrinho de Pio II, "un concilionista", e cujo assessoramento nessas questões despertava suspeitas.[19] No ano seguinte, chegaram notícias a Roma de que os franceses estavam resolvidos a depô-lo. Existe famosa medalha cunhada com a efígie de Luís XII, com os lírios e a inscrição "Perdam Babylonis nomem", que é referenciada ao tempo da mortal disputa entre Luís e Júlio II. Ela tem relação com os dias de Alexandre VI. Constabili fala sobre ela e descreve a sensação que provocou em Roma, numa carta de 11 de agosto de 1502 ao duque de Ferrara.

As esperanças dos Concílios de Constance e da Basileia, os anseios por reformas honestas, permaneceram insatisfeitos e foram manti-

---

[18] Le Gendre, *Vie du Cardinal d'Amboise*, i. 245.
[19] Constabili para o duque de Ferrara, Roma, 23 de fevereiro de 1502.

dos nessa condição pela Corte romana durante vários pontificados. A situação não ficou muito pior sob Alexandre VI do que era com seu antecessor, e o zelo do governo francês não podia ser exclusivamente atribuído a razões desinteressadas de consciência. A impropriedade de sua eleição era um instrumento tentador demais para ser negligenciado. Havia mais a ganhar com a exploração dos temores do Papa a esse respeito do que com sua deposição. Nem a Alemanha nem a Espanha estavam dispostas a aceitar um Papa criado pelo rei da França.[20]

O rei Fernando deixou sempre claro para Alexandre que o desprezava profundamente. Gonzalvo de Córdova foi a Roma e descreveu a indignação e o horror que campeavam na Europa.[21] Uma delegação conjunta de enviados foi despachada pelos reis da Espanha e de Portugal para protestar contra os escândalos do papado.[22] Alexandre os recebeu na presença de cinco cardeais. Eles reivindicaram a necessidade imediata de uma reforma completa; demandaram que um Concílio fosse convocado em Latrão; informaram ao Papa que toda a Itália testemunhara que sua eleição era inválida.[23] Alexandre replicou dizendo que o rei deles havia sido excomungado e que era bom para eles que César Bórgia não os tivesse escutado.

---

[20] O cardeal Perrauld disse ao embaixador veneziano na corte de Maximilian: "Non se parla de deporre el Pontifice; ma se vol provvedere che el stato della chiesa non sai tirannizzato, ovviar alla simonia, coreger la vita dei prelati et levare le estorsioni che se fano nela cancelaria" (De Leva, *Storia di Carlo V*, i. 73).
[21] Zurita, *Historia del Rey Don Hernando*, i. 117.
[22] Mores esse profligatos, pietatis studium restinctum, flagitiorum licentiam solutam, res sanctissimas pretio indignissimis addici – remque esse in extremum paene discrimen adductam (Osorius, "De rebus gestis Emanuelis," *Opera*, i. 595).
[23] Italia tutta avrebbe dimostrato lui non esser vero Pontefice (Marin Sanuto, em *De Leva*, 61). Que eran notorias las formas que se tuvieron en su elección, y quan graves cosas se intentaron, y quan escandalosas (Zurita, 159).

Mais tarde, fez uma concessão. Prometeu que o ducado de Benevento não deveria ser alienado da Santa Sé. Ele o conferira ao filho, o duque de Gandia, que quase imediatamente fora assassinado; e o embaixador espanhol havia resistido e declarado que isso não deveria ser feito.

A dor pela perda do filho despertou a consciência do Papa, e ele falou em abdicar ao trono e mudar sua vida. Mandaria César residir em sua diocese de Valencia. Renunciaria ao governo e o deixaria nas mãos dos cardeais. Uma comissão de seis deles foi nomeada em 17 de junho de 1497 e formulou no mês seguinte um esquema de reforma que não foi percebido por Gregorovius.[24] Suas propostas foram rapidamente esquecidas; porém, dois meses depois, eles ainda agiam como assessores do Papa no caso de Savonarola.[25]

Durante o curto interregno em que persistiram as promessas de aprimoramentos, o cardeal Bórgia foi enviado, com todos os poderes de um legado papal, para a Úmbria. Suas cartas a Alexandre VI, escritas no verão de 1497, são o testemunho mais eloquente que possuímos referentes ao estado da sociedade que os Bórgias se propuseram a abolir nos domínios da Igreja, e às influências que determinaram sua política inexorável.[26] Era uma missão pacífica. O legado partiu desarmado para tentar a força da persuasão e tes-

---

[24] Raynaldus, que é a única autoridade nesse particular, depende de Zurita, e Zurita não entra em detalhes. O plano está em Malipiero (*Annali Veneti*, 494).

[25] Se era deliberato per el Papa et per li sei Cardinali deputati pro reformatione, che ullo pacto non se desse la absolutione che addimandava questa Signoria per fra Hieronimo nostro, nisi prius pararet mandatis del suo generale el del Papa, non se attendendo alli ragionamenti facti per li antedicte Cardinali de suspendere le censure per duos menses (Manfredi para o duque de Ferrara, 16 de agosto de 1497; *Atti e Memorie*, iv. 585).

[26] Os originais estão entre os manuscritos na Biblioteca de São Marcos (Lat. Cl. X. 176).

tar a autoridade moral do papado num distrito em que a ideia de Estado estava sufocada por luta feudal e no qual a segurança de cada homem dependia do terror que ele pudesse inspirar. Na primeira carta, escrita no dia de sua chegada a Narni, ele declarou que não poderia conseguir coisa alguma sem tropas, já que os demônios que teria que enfrentar não seriam amedrontados com água benta.[27] A presença de um legado despertou tão pouca atenção que Alviano, o mesmo que depois comandou os venezianos quando seu poder foi quebrado em Agnadello, capturou uma cidade que pertencia ao Papa e a saqueou quase diante dos olhos do legado. Bórgia mandou chamá-lo e concitou-o a manter a paz. Alviano respondeu que de bom grado ajudaria o Papa a dominar seus vizinhos, mas que preferiria destruir a cidade a ter que entregá-la.[28] Cedo se descobriu que o legado não chegara acompanhado por um exército; e a situação piorou.[29] O país estava sem polícia ou lei. Os habitantes de Todi, descobrindo que não havia governo para protegê-los, saíram da cidade em desespero.[30] Bandoleiros agiam com total liberdade e só eram enfrentados por bandos rivais. Em Perugia, o legado conseguiu que um

---

[27] È molto necessaria la provvisione de le genti d'arme contro questi demonii che non fugono per acqua sancta (16 de julho de 1497).
[28] Intendendo che quando l' antique sue rasoni non li siano sopra di quella de la Sta vostra instaurate, spianarla per modo che dire sepossa, qui fù Lugnano (17 de julho).
[29] Solo in la mia prima ionta in provintia cessarono un poco per timore dele gente d'arme, fo dicto me seguitavano, ma hormai reassicurati comensano nel primo modo offenderse et non dare loco ad mei commandamenti (27 de julho).
[30] Ricevo ad ogni hora da quelli poveri loro castelli querele miserabili che le prede et occisioni se le fanno tutta via maiuri. Per la qual cosa la S^a V^a po ben comprendere che tucto lo remedio di questi mali consiste in la venuta de la gente d'arme, le quali tardando più fornicese el paese de Tode da desolare, essendo de la partita mia in qua la cita totalmente derelicta et lassata vacua (30 de julho).

assassino fosse executado.[31] Foi uma grande conquista. O assassinato era coisa comum, mas a punição quase que não era conhecida. Perugia, consternada, tornou-se uma cidade modificada. Bórgia orgulhou-se de seu sucesso. Assegurou ao Papa que o resto do país poderia ser levado à ordem e à paz com medidas de extremo rigor.

Reinando sobre súditos não habituados a obedecer, sem potências aliadas na Europa, exceto os otomanos, cercado de cardeais hostis, com uma impropriedade em seu título que era um convite ao enfrentamento e ao desdém, Alexandre viu-se numa posição extremamente perigosa. Pela ordem natural das coisas, um poder adquirido de forma tão tortuosa e mantido de forma tão precária cairia rapidamente; e o papado, pagando o preço por sua corrupção, seria subjugado. Foi só pelo apelo a artifícios extraordinários de política, por persistir no emprego ilimitado de meios imorais e pela criação de recursos que não possuía legalmente que Alexandre conseguiu suprir toda a necessidade de autoridade moral e de força material. Foi compelido a continuar como tinha começado, com as artes de um usurpador, e a praticar a máxima com a qual seus contemporâneos Luís XI, Ferrante de Nápoles e Fernando de Aragão prevaleceram sobre a desorganizada e desagregada sociedade do feudalismo – a violência e a fraude são, por vezes, as únicas formas de construir um Estado.[32] Dependeu de duas coisas – da

---

[31] In questa cita hieri si fecero li bannamenti et con maraviglioso consenso sonno da tucti posti in observantia, et procedono le cose che con tanta obedientia et quiete che meglio non si potriano desiderare (30 de julho). Dopo li Bandimenti, dui becharini homicidi ho facti pigliar, et son stati senza tumulto et placer del popolo menati in pressione. Cosa da bon tempo in qua insolita in questa città, et questa matina ne è stato appichato uno (2 de agosto).

[32] Uno in una città disordinata merita laude, se, non potendo riordinarla altrimenti, lo fa con la violenza e con la fraude, e modi estraordinarii (Guicciardini, em *Opere Inedite*, i. 22).

troca de serviços prestados em função de sua capacidade espiritual por ouro, tropas e apoio político; e do estabelecimento de principados para os membros de sua própria família. As mesmas artes foram exploradas por seus antecessores, porém com menos energia e lucro. Executar tais artes à exaustão constituiu uma tentação inevitável, quase uma necessidade de sua posição.

A teoria da prerrogativa papal já era igual às demandas que ele dela fez. Os bajuladores disseram-lhe que estava investido do poder de Deus Todo-Poderoso na Terra, que era supremo tanto na ordem espiritual quanto na temporal, que não existiam leis ou cânones a limitá-lo, pois ele próprio era a lei viva e o juiz correto para todos os príncipes do mundo.[33] Ele tirou o máximo proveito dessa doutrina e, resolutamente, a aplicou na prática. Declarou que sua autoridade era irrestrita e que se estendia sobre todos os homens e sobre todas as coisas.[34] Em virtude dessa reivindicação, conferiu a África e a América aos reis da Espanha, excomungando de antemão todos os que tivessem a pretensão de ultrapassar tais limites sem licença.[35] A plenitude do poder assim exercido foi jus-

---

[33] Tibi supremi rerum omnium opificis potestas in terris concessa est. Pontifex est, qui Lege, Canone, et propria constitutione Papali solutus, ea tamen vivere non dedignatur; qui Canon in terris animatus vocatur: qui denique omnium Principum, Regum et Imperatorum Judex legitimus appellatur. Negabit ergo quispiam, quod gladiii potestatem utriusque a vero Deo demandatem non obtineas? (Ciaconius, 155, 158).

[34] Altissimus, sicut in Beato Petro, Apostolorum Principe, aeternae vitae clavigero, omnes atque omnia, nullo prorsus excepto, ligandi atque aolvendi plenariam tribuit potestatem, ita Nos, super gentes et regna constitutos (...) in Prophetam mandavit (para Carlos VIII, 5 de agosto de 1495).

[35] Auctoritate omnipotentis Dei nobis in Beato Petro concessa, ac vicariatus Jesu Christi qua fungimus in terris. Ac quibuscunque personis cujuscumque dignitatis, etiam imperialis et regalis status gradus ordinis vel conditionis sub excomunicationis latae sententiae poena, quam eo ipso, si contra fecerint, incurrant districtius inhibemus ne

tificada por uma extensão da teoria medieval, que a adaptou ao horizonte ampliado da Igreja. É da missão do Papa, argumentava-se, ensinar o Evangelho a todas as nações e compelir a observância da lei natural. Mas os hereges não ouvirão o Evangelho, e não respeitarão a lei, a menos que fiquem sujeitos aos cristãos. A conquista, disse um dos melhores escritores da geração seguinte, consegue mais convertidos nuns poucos dias do que a pregação em trezentos anos. Os direitos e autoridades civis não podem obstruir legalmente a propagação da fé.[36] O governo espanhol lucrou com essa concessão tão abrangente, mas não vinculou nenhum valor religioso a ela, porque um pouco mais tarde ajustou com Portugal essa linha de partição que o Papa traçara dividindo a Terra.

Alexandre VI empregou os terrores da excomunhão com mão prudente. O risco era grande e a arma, néscia. Suas admoestações contra o rei da França foram efetivamente suprimidas pelo cardeal Julian. A Sorbonne declarou que as ameaças do Papa poderiam ser

---

ad insulas et terras firmas inventas et inveniendas (...) accedere praesumant. Auctoritate nobis in B. Petro concessa, de ipsa Africa omnibusque regnis, terris et dominiis illius sine alicujus Christiani principis praejudicio, auctoritate, apostolica tenore praesentium (...) plene investimus (Raynaldus, 1493, p. 22; 1494, p. 36).

[36] Habet igitur Papa potestatem, non solum ad praedicandum Evangelium, sed etiam ut gentes si facultas adsit, cogat, legem naturae cui omnes homines subjecti sunt, servare (...). Ut autem infideles Evangelicam praedicationem audire et legem naturae servare cogantur, necesse est ut Christianorum imperio subjiciantur (...). Hac ratione paucis diebus plures et tutius ad Christi fidem convertuntur, quam fortasse trecentis annis sola praedicatione converterentur (...). Quanquam enim Ecclesiastica potestas, quam Christus tradidit Vicario suo, in iis potissimum rebus versatur, quae religionem attingunt, patet tamen latissime in omni terrarum orbe pertinetque etiam ad imperia civilia et omne genus, si hoc religionis moderandae vel propagandae ratio postulare videatur (...). Belli parandi classisque mitendae gravissimus auctor fuit Alexander VI Pontifex Max. cujus Pontificis auctoritas et est ut ejus legibus atque decretis publice factis obsistere vel contradicere nefas sit, et sacrorum interdicto haereticorumque poenis sanctium (Sepulveda, *Opera*, iv. 334, 335, 340; iii. 12, 15).

desconsideradas em sã consciência. Não tinham valor quando não apoiadas pela força material. Porém, na Itália, onde elas tinham o suporte de armas temporais, as pessoas as encaravam aterrorizadas, e os venezianos as temiam mesmo quando injustas.[37] Convenientemente, o Papa utilizou a excomunhão como modo de declarar guerra àqueles que ele estava em vias de atacar. Os vassalos rebeldes eram assaltados com armas espirituais, devido à sua incredulidade, como prelúdio para a chegada do exército de César.[38]

Foi pelo esbanjamento de privilégios eclesiásticos, pela profusão de graças e dispensações, que ele desarmou inimigos, fez amigos e conseguiu dinheiro. Os venezianos o acusaram de incitar os otomanos contra eles,[39] e muito temeram o progresso de César Bórgia na Romagna. Ainda assim, receavam se opor a ele, pois precisavam da ajuda do Papa para taxar o clero e, assim, levantar dinheiro do povo. Ganharam 120.000 ducados no Jubileu de 1501.

As dispensações para casamento tornaram-se, mediante cuidadosa gerência, fontes produtivas de receitas e de influência política. Carlos VIII desejou se casar com a noiva prometida ao rei dos romanos, e o Papa foi solicitado a permitir ou rejeitar a união. Ele informou a Valori que se inclinava por decidir a favor da França,

---

[37] Perchè giusta vale, ingiusta timenda est (...). Con veritate il favor d'un Papa è più grande di quello che cadauno può considerare (...). Perchè la auttoritá sua vale assai, edico grandemente apud Deum et homines (Priuli, 25 de maio, 10 de junho, 23 de agosto de 1501).
[38] Alexandre para os magistrados de Bolonha, 28 de janeiro de 1501, em Gozzadini, *Memorie di Bentivoglio*, Doc. 75.
[39] Se la stessa Santità Vostra persuade altrui ci si lasci punire e battere dagli infedeli. Convien pur dire si voglia e si desideri che prima noi, e poco dopo l'universa religione cristiana vada in ruina (Conselho dos Dez para o Papa, 30 de junho de 1500; De Leva, i. 69).

potência mais forte e mais útil.⁴⁰ Mas disse que a coisa era muito escandalosa para ser feita em público e, depois, falou sobre o casamento como inválido.⁴¹ O divórcio foi-lhe ainda mais proveitoso que as dispensações. Luís XII quis se casar com a viúva de seu antecessor, cujo dote era o ducado da Bretanha. Mas ele já era casado; todavia, César foi despachado para a França com a permissão para que o rei se livrasse da esposa. Ele foi recompensado com um principado francês, uma esposa francesa e um exército francês com o qual pudesse conquistar a Romagna. Ladislaus da Hungria desejou afastar-se da esposa, a viúva de Mathias Corvinus. O Papa deu-lhe a permissão e ganhou 25.000 ducados com a transação. Por duas vezes, ele dissolveu o casamento de Lucrécia. O rei da Polônia casara-se com uma princesa da Igreja grega e comprometeu-se por juramento a não a compelir a trocar de religião. O Papa informou-lhe que o juramento era ilegal e não só o absolveu como também o autorizou a usar a compulsão, se necessário, para convertê-la. Contudo, caso as armas seculares ou eclesiásticas fossem insuficientes para vencer a obstinação, ordenou que ela fosse punida com o confisco de seus bens e com a transferência deles para a casa do marido.⁴²

---

⁴⁰ Lo ricercammo, qual era in secreto la intenzione sua. Rispose che in ultimo satisfarebbe al Re di Francia, a terrebbe più potente, ma ancho perchè quella casa è stata sempre amica e difensora di Santa Chiesa (Desp de Roma, 31 de março de 1493; Canestrini, i. 486).
⁴¹ Publicava que la dispensacion que el Rey Carlos tenia, con la qual casò com la duquesa de Bretaña, era de ningun efecto (...) y dezia, que en publico no queria concederla, por el escandalo (Zurita, 27).
⁴² Pollicitus es, quod eciam juramento forte dictorum oratorum sub nomine tuo confirmatum extitit, nunquam eandem compulsurum ad ritum Romanae ecclesie suscipiendum: sed si sponte sua ad eandem Romanam ecclesiam venire vellet, libertati sue in hoc eam dimitteres, que tua Nobilitas, quamvis perniciosa satis et

Para fazer dinheiro com as indulgências, Alexandre reivindicou jurisprudência sobre o mundo. Quando o Jubileu de 1500 foi celebrado, ele foi aconselhado que isso produziria bem mais se fosse aplicável aos mortos. Os eclesiásticos reportaram que esse poder estava incluído nas prerrogativas do Papa.[43] Sisto IV tentou restringir essa superstição, mas Alexandre permitiu que ela prevalecesse, e a ideia de que a libertação de uma alma deveria ser garantida por uma missa num altar particular se tornou, ao seu tempo, a crença reconhecida em Roma.[44] Achava-se que os dois últimos reis de Portugal haviam morrido em função de sentença de excomunhão. O Papa concedeu-lhes absolvição póstuma com a condição de que o sucessor no trono saldasse seus débitos com a Igreja.[45] Foi ele quem simplificou e barateou a liberação de almas do purgatório e instituiu as práticas que Arcimboldus e Prierias, em má hora, se puseram a defender. A missa não foi

---

iuri contraria fuerint, per quinquennium observare curavit (...). Volumus, teque oneramus, ut non obstantibus promissionibus et iuramentis predictis, quibus te nullatenus teneri tenore presentium declaramus, denuo tentes, ac ea omnia agas, que tibi necessaria videbuntur quo eadem uxor tua, relicta pessima Ruthenorum secta, tandem resipiscat (para Alexander da Lituânia, 8 de junho de 1501). Per censuras ecclesiasticas et alia iuris remedia, etiam cum invocacione, si opus fuerit, brachii secularis, cogas et compellas (...). Concedens licentiam eidem Alexandro ipsam Helenam auctoritate nostra apostolica ex lecto, domo et omni maritali consorcio penitus excludendi, illamque pro meritis errorum suorum, etiam dotem et omnia alia bona eiusdem confiscata declarando, punias (...). Non obstantibus quibus vis promissionibus eciam iuramento firmatis (ao bispo de Wilna; Theiner, *Monumenta Poloniae*, ii. 288-90).

[43] Duque de Ferrara ao cardeal de Módena, 1º de janeiro de 1501.
[44] Foi oficialmente confirmada pelo legado Raymundus no Jubileu de 1500.
[45] Tibi per presentes committimus et mandamus ut Alfonsum et Joannem, si in eorum obitu manifesta penitentie signa apparuerunt, ab excommunicationis sententia necnon aliis et penis ecclesisticis si quas propterea incurrerunt (...) absolvas (ao bispo de Oporto, 3 de julho de 1502; *Corpo Diplomático Português*, i. 39).

considerada necessária; visitar as igrejas dava no mesmo efeito.[46] Nem a confissão nem a contrição eram essenciais, apenas o dinheiro.[47] Tornou-se doutrina oficial que uma alma voaria com maior rapidez para o céu em função da quantia de dinheiro aportada à caixa.[48] Quem questionasse a correção do sistema era declarado um herege.[49]

Com essas providências de ordem espiritual, Alexandre exerceu grande influência sobre o futuro da Igreja Católica, enquanto, pelo nepotismo, fez com que o papado se tornasse uma potência política na Itália. O nepotismo é habitualmente explicado por seu desejo de enriquecer os parentes. Mas havia mais que isso. Existia a vontade de colocar em feudos quase independentes príncipes que representassem a pessoa do Papa e que fossem confiáveis na execução das intenções dele, bem como de fortalecer e sustentar o papado pela introdução do elemento hereditário. Guicciardini disse com muita propriedade que os papas não eram bem servidos porque seus reinados eram curtos, mas que os Bórgias tinham provado o que podia ser feito por um Papa bem

---

[46] Quam Ecclesiam (St. Laurenti) si quis visitaverit in omnibus diebus Mercurii per totum annum, habet a Deo et Sanctis Laurentio et Stephano istam gratiam extrahendi unam animam de purgatorio (Raymundus, em Amort, *De Origine Indulgentiarum*, ii. 283).
[47] Valde iniquum est quod pauper defunctus gravissimis peccatorum penis tamdiu affligatur, qui liberari posset pro modica substantie parte, quam post se reliquit (...). Neque in hoc casu erit opus contribuentibus esse corde contritos et ore confesos, cum talis gratia charitati, in qua defunctus decesserit, et contributioni viventis duntaxat innitatur (Instructiones Arcimboldi, 1514; Kapp, *Urkunden*, iii. 190, 191).
[48] Praedicator, animam quae in Purgatorio detinetur, adstruens evolar in eo instanti, in quo plene factum est illud, gratia cujus plena venia datur, puta dejectus est aureus in pelvim, non hominem. Sed meram et catholicam veritatem praedicat (Prierias, "Dialogus," em Lutero, *Opera Latina*, i. 357).
[49] Qui circa indulgentias dicit, ecclesiam Romanam non posse facere id quod de facto facit, haereticus est (Prierias, *ibid.*).

servido.⁵⁰ Foi um substituto para a segurança derivada dos interesses e influência dinásticos. Houve um nepotismo vulgar na solicitude com que Alexandre amealhou riqueza e títulos para seus filhos e parentes mais obscuros. Mas a carreira de conquistas de César, a grande vergonha dos Bórgias, não foi uma mera busca de objetivos vis e sórdidos; ela pertenceu a um sistema de política fundamentado no raciocínio e no projeto, e pleno de consequências não extintas ainda.

O segredo do poder de César sobre seu pai não era o amor, mas o medo. Maquiavel percebeu que ele realmente controlava a ação do pontífice, e alertou os florentinos que eles conseguiriam mais coisas mantendo um agente em Cesena do que com sua embaixada em Roma;⁵¹ mas ele não descobriu a natureza das relações que existiam entre pai e filho. Havia cumplicidade, dependência mútua, mesmo confiança, mas não afeição. O imenso valor que Alexandre atribui às conquistas do filho, os perigos e sacrifícios que enfrentou para concretizá-las, não foram causados por sentimentos de família. Ele justificou sua renúncia ao capelo cardinalício, e seu casamento, dizendo que sua presença entre o clero era suficiente para evitar a reforma deles.⁵²

---

⁵⁰ Essendo communemente di brieve vita, non hanno molto tempo a fare uomini nuovi; non concorromo le ragioni medesime di poteri fidare di quelli che sono stati appresso allo antecessore (...) in modo che è periculo non siano più infedeli e manco affezionati al servizio del padrone, che quelli che servono uno principe seculare. Dimostro quanto fussi grande la potenza di un pontefice, quando ha uno valente capitano e di chi si possa fidare (Guicciardini, *Opere Inedite*, i. 87; iii, 304).

⁵¹ Se ne ha contentare costui, e non il Papa, e per questo le cose che si concludessino dal Papa possono bene essere ritrattare da costui, ma quelle che si concludessino da costui non saranno gia ritrattare dal Papa (Desp. de Cesena, 14 de dezembro de 1502; *Opere*, v. 354).

⁵² Una de las más principales causas que dava, para que el Cardenal de Valencia dexasse el capelo era, porque siendo aquel Cardenal, mientras em la Iglesia estuviesse, era bastante para impedir que no se hiziesse la reforma (Zurita, 126).

Falou de César com amargura e aversão. Quando os embaixadores português e espanhol corajosamente o recriminaram por seu nepotismo, ele respondeu desamparadamente que César era terrível e que daria um quarto de seus domínios para mantê-lo afastado de Roma.[53] Noutras ocasiões, queixou-se de que o filho não poderia residir lá,[54] e que, se isso acontecesse, faria com que os embaixadores esperassem meses por uma audiência, e transformaria a noite em dia, de modo que seria duvidoso que, depois de sua própria morte, o filho fosse capaz de manter o que fora conseguido.[55] No ano anterior ao de sua morte, disse a um enviado a quem confiou seus planos secretos que esperava que o caráter de César mudasse e que ele aprendesse a tolerar assessoramentos.[56] Doze meses mais tarde, quando estava no ápice de suas venturas, Alexandre ainda lamentava que o filho não ouvia ninguém, que fazia inimigos por toda parte e que toda a Itália vociferava contra ele como um bastardo e um traidor.[57] No final, quando nada parecia capaz de dissuadi-lo de atacar Siena, o Papa ameaçou-o com a excomunhão.[58]

Com Alexandre morto, César Bórgia tentou desculpar-se atribuindo seus próprios atos ao desejo do pai. Escreveu a Fernando dizendo que procurara aliança com a França contra sua própria vontade e em obediência ao Papa. Tentou apaziguar o duque de Urbino, o mais dócil e paciente vassalo da Igreja, a quem por duas vezes enviara para

---

[53] Que bien conocia que era muy terrible: y que él daria la quarta parte del Pontificado, porque no volviese a Roma (*Ibid.* 160).
[54] Saraceni ao duque de Ferrara, 22 de setembro de 1501.
[55] O mesmo, 6 de outubro.
[56] Dicendomi Sua Santità che epso Il^{mo} Sig^r Duca era un bello Signore, et che sperava mutaria natura, et se lasaria parlare (o mesmo, 6 de abril de 1502).
[57] Constabili ao duque de Ferrara, 23 de janeiro de 1503.
[58] O mesmo, 1º de março de 1503.

o exílio. César ajoelhou-se diante dele, alegou sua própria juventude e amaldiçoou a alma do pai, cuja vileza o desencaminhara.[59]

Um ponto de contraste entre os dois, que o Papa tinha o hábito de ressaltar, curiosamente não resultou em muita desvantagem para César. O Papa normalmente o apresentava como implacavelmente cruel na punição dos inimigos, e deleitava-se em exaltar sua própria generosidade para com aqueles que o haviam injuriado ou insultado. Em Roma, disse ele, a palavra era livre, e não dava importância às coisas que eram publicadas contra ele.[60] Essa reivindicação não era de todo vazia. O fato de que ele não era excessivamente sensível, que podia aguentar os adversários, fica provado pelo envio de Ludovico di Ferrara para oferecer o capelo cardinalício a Savonarola.[61] Ele não chegou a extremos até que Savonarola escreveu aos monarcas da Europa concitando-os a fazer um novo Papa. César era capaz do mesmo autodomínio, menos por temperamento como seu pai, mas por cálculo. Quando, por um ato de consumada traição, ele se fez senhor de Urbino, publicou uma anistia geral e a observou mesmo contra seus piores inimigos.[62] Mas fez com que fossem presos e punidos todos os que haviam traído o senhor antecedente em seu próprio proveito, mostrando, diz o cronista, que ele odiava o traidor, se bem que amasse a traição.[63]

---

[59] Incolpando la gioventù sua, li mali consigli soi, le triste pratiche, la pessima natura del Pontifice, et qualche uno altro che 'l haveva spirito a tale impresa; dilatandosi sopra el Pontifice, et maledicendo l' anima sua (Carta de Roma, em Ugolini, *Duchi d'Urbino*, ii. 524).

[60] Constabili ao duque de Ferrara, 1º de fevereiro de 1502.

[61] Quétif et Echard, *Script. O. P.*, i. 883.

[62] Ugolini, ii. 111.

[63] Per dar ad intender a tutti, che 'l Signor over Signori hanno appiacer del tradimento ma non del traditore (Priuli, 6 de julho de 1502).

Tem sido dito acertadamente que Alexandre VI foi vitorioso além de seus desígnios.[64] Quando César se colocou à frente de um exército vitorioso, o único exército italiano que existia, a ambição dos Bórgias chegou aos píncaros. Eles se tornaram absolutos na Itália Central, onde Papa algum exercera por eras autoridade direta verdadeira.[65] O reino de Nápoles estava à disposição do Papa para manter, ver-se livre ou distribuí-lo. Lucrecia casou-se com o herdeiro de Ferrara. Um casamento foi proposto entre uma infanta dos Bórgias e o duque de Mântua. César possuía Piombino; ameaçava Florença, Siena, Bolonha, Ravena e até mesmo Veneza. Recebeu tributo como *condottiere* dos chefes dos principais Estados independentes da Itália. O rei da França ofereceu Nápoles ao Papa.[66] O rei de Aragão propôs que o Papa recebesse a Toscana com o título de rei.[67] Homens falavam dele como futuro imperador e sonhavam com uma Itália unida e independente, sob o cetro de uma dinastia papal.[68] A expectativa pública ia pelo menos tão longe quanto as esperanças secretas dos Bórgias. E a verdade é que César, odioso como era e odiado

---

[64] Furono i sucessi sua più volte maggiori che i disegni (Guicciardini, *Opere Inedite*, iii. 394).

[65] Fu più assoluto Signore di Roma che mai fusse stato Papa alguno (*Ibid.*). Donde viene che la Chiesa nel temporale sia venuta a tanta grandezza, conciossiachè da Alessandro indietro i potentati Italiani, e non solamente quelli che si chiamono potentati, ma ogni Barone e Signore, benchè minimo, quanto al temporale, la stimaba poco; e ora um Rè di Francia ne trema (Maquiavel, "O Príncipe," *Opere*, i. 55).

[66] Constabili para o duque de Ferrara, 3 de agosto de 1503.

[67] Zurita, 242.

[68] Ninguém execrava mais os Bórgias que o cronista veneziano Priuli. Depois da destruição do Condottiere em Singaglia, ele escreve: "Alcuni lo volevano far Re dell' Italia, e coronarlo, altri lo volevano far Imperator, perche 'l prosperava talmente, che non alcuno li bastasse l' animo d' impedirlo in cosa alcuna (11 de janeiro de 1503).

pelas grandes famílias que derrubara, não tinha a antipatia das massas de pessoas que governava.[69]

Não é justo condenar o estabelecimento de uma dinastia poderosa na Romagna como um ato de traição contra os direitos da Igreja. Embora não feito para seu proveito, ocorreu à sua custa. César era mais poderoso que Malatesta ou Varano, mas, na prática, não mais independente. Roma auferira pouco benefício de sua suserania sobre os tiranos mesquinhos cujos domínios foram mesclados no novo ducado da Romagna, e não ocorreram perdas positivas com a mudança. Na realidade, havia conexões mais cerradas com César do que com os vassalos que ele havia deposto, e mais confiança era depositada nele. Sua fidelidade foi assegurada, pois ele não podia se manter em oposição ao Papa. Não tinha amigos nos outros Estados italianos. Apoiado com a inexaurível riqueza da Igreja, ele podia sustentar um exército a que nenhum poder na Itália tinha condições de resistir; e o papado, com a garantia de sua fidelidade, obteve pela primeira vez a real base material de independência. Antes da invasão francesa de 1494, os italianos estavam tão pouco habituados à guerra que os diversos Estados desfrutavam de uma espécie de imunidade ao ataque.[70] A expedição de Carlos VIII demonstrou quão pequena era a segurança verdadeira na propensão generalizada pela inação. Com a ajuda de César Bórgia, o papado se tornou uma potência militar. Tal ajuda foi comprada a preço bem alto, mas certamente foi eficiente.

---

[69] Aveva il Duca gittasi assai buoni fondamenti allá potenza sua, avendo tutta la Romagna con il ducato di Urbino, e guadagnatosi tutti quei popoli, per avere incominciato a gustare il ben essere loro (Maquiavel, "Príncipe," *Opere*, i. 35).

[70] Chi aveva uno Stato era quasi impossibile lo perdesse (Guicciardini, *Opere Inedite*, i. 109).

O perigo não era que as províncias fossem alienadas, mas que o papado caísse sob o poder desse formidável vassalo. Alexandre não somente anteviu essa possibilidade, como se esforçou ansiosamente para garantir que assim fosse. Isso significava que sua família não deveria relaxar o controle que tinha sobre a Igreja, à qual devia sus ascensão. Não desejava enfraquecer a equipe da qual a família dependia. Seu propósito não era desmembrar o Estado, mas consolidar parte dele de tal forma que seus descendentes fossem servidores e senhores de seus sucessores, e que a dinastia dos Bórgias protegesse e controlasse o papado. Existia um ponto fraco no esquema, mas não aquele normalmente cogitado. Ele não era inspirado pela religião nem limitado pela moralidade, mas era pleno de política inteligente do tipo temporal. O principado de César se desfez em pedaços, mas os materiais permitiram que Júlio II erigisse o Estado romano, que estava fadado a durar muito tempo. Os Bórgias tinham lançado tão firmemente as fundações de seu poder, que a morte do Papa não teria balançado sua estabilidade caso César não tivesse ficado incapacitado para a ação no momento em que foi deixado por conta própria.[71]

Gregorovius, como Ranke, aceita a história de que Alexandre morreu com veneno preparado para outros. Esse era o rumor difundido. Dois outros convidados do jantar fatídico, César e o cardeal Adriano, passaram mal ao mesmo tempo, e o cardeal assegurou a Giovio que tinha sido envenenado. Essa declaração, registrada por Giovio, é a única prova que dá suporte positivo à suspeita. Surgiu um relato de que o Papa já estava morto quando a súbita

---

[71] Se nella morte di Alessandro fusse stato sano, ogni cosa gli era facile (Maquiavel, "O Príncipe," *Opere*, i. 39).

doença dos outros ficou conhecida.⁷² Mas isso se baseia totalmente na conjectura. Guicciardini, que se esforçou para a difusão dessa notícia, não possuía evidência. Ele diz que a história é confirmada pelo fato de o Papa ter morrido no intervalo de vinte e quatro horas.⁷³ Na realidade, ele faleceu no sétimo dia depois de adoecer. A testemunha que até aqui tem sido a autoridade principal, portanto, não possui prova. Existem quase que notificações diárias de Justiniano para Constabili sobre o estado do Papa entre 12 e 18 de agosto. Elas sugerem nada mais inusitado do que uma violenta febre romana.

---

⁷² Per la qual infermità si giudicava fosse stato avoelenato, e questo perchè etiam il giorno seqüente il prefato Duca Valentino e til Card¹ s'erano buttati alletto con la febre (Priuli, 16 de agosto de 1503).
⁷³ Guiccirdini, *Istoria d'Italia*, iii. 162. E che questa sia la verità, ne fà fede che lui morì o la notte medesima o il dì seguente (*Opere Inedite*, iii. 302).

CAPÍTULO XXVII

Ensaio sobre o Geschichte des Concils von Trent, *de Döllinger*[*]

O autor de *Conciliengeschichte* interrompe sua obra na Reforma argumentando que não faz sentido escrever sobre o Concílio de Trento sem ter acesso aos seus registros autênticos. Grande parte dos documentos desejados tem sido publicada a partir de então; mas as dificuldades que detiveram Hefele continuam tão grandes quanto antes. A *Acta Authentica* contém, de fato, um breve sumário do que foi falado e oficialmente levado a publicação em 1564; porém muitos dos discursos estão preservados em relatórios mais completos que desacreditam a versão oficial, e muitos mais estão desfigurados pela incapacidade em aquilatar autoridades e em distinguir o espúrio do autêntico, o que lança um laivo de irrealismo sobre muita da discussão religiosa empreendida no século XVI. Um escritor que devesse definir o que foi cuidadosamente conhecido e o que foi fantasiosamente acreditado àquela época em relação à literatura antiga do cristianismo, aos decretos dos sínodos e à Lei Eclesiástica faria muita coisa para explicar a desesperança da controvérsia no primeiro es-

---

[*] Ignaz von Döllinger, *Ungedruckte Berichte und Tagebücher zur Geschichte des Concils von Trent* (Nördlingen: Beck, 1876). Este ensaio foi publicado na *The Academy* 20 (maio de 1876), 473-474.

tágio da Reforma. O Concílio de Trento foi, pelo menos em duas ocasiões críticas, o centro tanto do interesse civil como do religioso para toda a Europa; e a grande variedade de forças que se enfrentaram naquela arena tem maior significação que o escasso registro das argumentações individuais. Theiner aliviou a pobreza da *Acta* com extratos das narrativas mais copiosas e confidenciais das quais eles foram compilados; e fica evidente que os diários particulares mantidos pelos funcionários do Concílio e por outros de diversificadas posições vão além do resumo superficial dos debates, a maior parte dos quais foi tornada conhecida por Pallavicini.

Dez diários foram impressos até os dias presentes; e seis mais são agora publicados com umas poucas páginas introdutórias do dr. Döllinger. Metade do volume é devotada às notas tomadas pelo secretário Massarelli durante o primeiro e teologicamente mais interessante ano da assembleia. Mesmo no seu estado falho e interrompido, é um fragmento de importância singular, escrito para uso particular, do dia a dia, e contém aquelas matérias que os Legados comunicavam ao seu confiável e infatigável agente. A isso foi adicionado o pouco que merece atenção nos escritos do assistente de Massarelli, Servanzio, que nunca passou de posições subalternas, cuja visão é estreita e obscura e cuja obra é, em todos os aspectos, inferior à do seu chefe. Uma memória de autoria de Seripando no início do Concílio e uma outra de Musotti sobre período posterior foram compostas depois do evento a partir de notas tomadas àquela época. Seripando, o general dos augustinianos, ocupou uma posição eminentemente favorável à observação e ao testemunho. Ele viveu em termos de intimidade com o mais capaz dos Legados, Cervini; contava com a estima de todas as facções;

mostrava-se honradamente ansioso por preservar a autoridade e promover a reforma da Igreja; e seu caráter confere um interesse pessoal à sua obra que vai além de todas as outras do tipo. Era um dos cardeais que presidiam quando faleceu em 1563, e os eventos daquela ocasião são escritos por seu secretário, Musotti, numa Memória que três ou quatro autores viram, mas que jamais foi antes publicada. Musotti contava com a confiança tanto de Seripando como de Lorraine; a correspondência dos Legados passou por suas mãos; e, embora ele proporcione menos fatos que Massarelli, dá informação melhor, pois tinha o dom de discernir o significado das coisas que via. Além dessas narrativas, escritas no quartel-general, os grupos francês e espanhol são representados pelos diários dos bispos de Verdun e Salamanca, partes dos quais já eram conhecidas.

No prefácio, o editor enumera as principais publicações sobre o Concílio que precederam a sua. Ressalta que as cartas confidenciais de Visconti, publicadas primeiro por Aymon, se restringem ao ano de 1563. Deve ser acrescentado que as cartas do ano precedente, que são de maior consequência, foram tornadas parcialmente conhecidas por Le Courayer, numa resenha sobre o livro de Aymon que está inserida na *Europe Savante* para 1719. A correspondência foi preservada na biblioteca do rei francês em dois volumes manuscritos. Aymon roubou um deles e, depois, o vendeu com a intervenção de Toland para o conde de Oxford, em cuja coleção ainda pode ser visto, em capa com a caligrafia do editor desonesto. O *Documenti di San Carlo*, de Sala, ao qual o dr. Döllinger se refere para as cartas do cardeal d'Este, inclui apenas três que não foram corretamente impressas por Mansi; e os despachos venezianos, que ele corretamente diz que não estão disponíveis no *Sommaire* de Baschet, foram mais tarde publicados por Cecchetti em sua curiosa obra sobre a política eclesiástica da República. O dr. Döllinger aceitou sem correção a declaração de Le Plat de que ele foi o primeiro a dar divulgação ao *Epilogus* do eclesiástico belga Del Pré, que apareceu em 1725 no quinto volume da *Bibliothèque Françoise*. O único trabalho do tipo que devemos à coleção volumosa de Le Plat é o diário que Fickler, um leigo, preparou de suas notas e pretendeu publicar em 1605, mas foi impedido pelo cardeal de Salzburgo. Os manuscritos de Fickler ainda existem e supriram matéria muito mais valiosa para publicação que seus diários impressos.

O dr. Döllinger faz generosa concessão aos erros de Le Plat e de escritores anteriores, sobre a questão da censura. Como o livro de Raynaldus ficou contido por alguns anos e partes da História de Pallavicini não viram a luz até os nossos dias, o pleito permaneceu válido durante o século XVII. Mas ele mal esconde a delinquência de Le Plat, que viveu durante o reinado de José II e omitiu não só as cartas de Vargas, que só conhecia por tradução, e as de Visconti, impressas em circunstâncias tão suspeitas que levantaram dúvidas sobre a integridade do texto, como até os valiosos relatórios do arcebispo de Zara, que um prelado italiano recentemente publicou sem dificuldade ou escrúpulo. Ele dificilmente pode ser inocentado por ter selecionado o material de acordo com seu viés e de ter deixado de fora o que foi dito contra o episcopado. Quando Theiner foi obrigado a interromper a publicação da *Acta* de Massarelli, alegou-se que eles jamais haviam sido vistos, salvo por Pallavicini. O dr. Döllinger cita a alegação sem comentá-la, provavelmente supondo que a contradição é supérflua. Na realidade, o segredo não era impenetrável, e os sete misteriosos volumes foram frequentemente conhecidos. Duperron e Raynaldus os viram. É claro que foram do conhecimento de Benedito XIV. São citados por Marini. Enquanto os arquivos do Vaticano estavam em Paris, o manuscrito foi examinado e minuciosamente descrito por Agier; e, em 1869, submetido a Hefele. Mesmo a ordem de procedimento, supostamente o principal *arcanum*, foi feita conhecida em sua substância por Raynaldus nas primeiras páginas de um trabalho que foi amplamente lido.

Quando a História do padre Paul foi originalmente publicada na Inglaterra, imaginou-se que ela comprometia o autor e que aparecera sem sua sanção. Como ele jamais reconheceu isso, e como o texto impresso difere com frequência, embora não materialmente, do original, a história ganhou crédito e sobrevive no prefácio do dr. Döllinger. Os fatos concernentes a esse curioso evento da história literária foram publicados já em 1705 num tratado raro, intitulado *Some Letters Relating to the History of the Council of Trent*. Desse tratado, infere-se que o arcebispo Abbot, tendo sido informado de que o livro estava pronto, enviou Nathaniel Brent a Veneza para obtê-lo. Brent enviou o manuscrito ao arcebispo, durante o verão de 1618, dividido em 197 partes e para vários endereços. Só De Dominis conhecia o segredo.

Na inquirição sobre a credibilidade de Sarpi e Pallavicini, que é uma das preciosidades do *Popes* de Ranke, o grande crítico declara que nenhum dos dois é imparcial, mas que Sarpi errava geralmente por ignorância. O julgamento do dr. Döllinger sobre os dois historiadores é quase o mesmo. Ele se deixa impressionar mais que Ranke pelos defeitos dos dois; mas confere considerável autoridade a ambos, e acha Sarpi o mais confiável deles. Aí está a grande diferença entre os dois autores, já que Pallavicini é o primeiro historiador moderno que diligenciou para estabelecer sua autoridade e cuja maior parte de todas as citações pode ser verificada, seja publicada, seja nas bibliotecas à disposição dos acadêmicos, de modo que podemos seguir suas pegadas e detectar quase todos os enganos, enquanto Sarpi mal identifica suas fontes em pouco mais de meia dúzia de vezes, e quase sempre é impossível descobrir onde ele conseguiu a informação. Quando a veracidade de um escritor não pode ser totalmente provada, muito depende do seu caráter. Mas poucos autores passam nesse teste, e é questionável se Sarpi é um deles. Ele garantiu aos amigos protestantes que partilhava o credo deles e que batalhava secretamente para converter seus concidadãos para as doutrinas de Genebra, que só continuava a rezar missa porque, se fosse excomungado, inclinava-se por desafiar o Papa. Sejam tais declarações verdadeiras ou falsas, não há como se escapar do dilema de que ele se propôs a enganar quer os vizinhos católicos, que nele reverenciavam um modelo de santo do claustro, quer os correspondentes, que o tomavam por calvinista convicto e não desenvolvido. Ele foi servente obsequioso e admirador de um governo que se tornou, ao seu tempo e diante de seus olhos, a tirania mais sistematicamente imoral da cristandade; e seus instintos políticos foram ofendidos não apenas nas formas constituídas e autoridades da Igreja, mas por aquilo que é, essencialmente, o espírito da religião cristã. Em público, lutou contra os privilégios, as imunidades, os poderes competidores que estorvavam o Estado; em particular, foi crítico inamistoso de um sistema que, por considerar mais a vida interior dos homens que a exterior e por fixar suas mentes no mundo sobrenatural, enfraqueceu, a seu ver, a influência das motivações mundanas e o poder da sociedade sobre seus integrantes.

"Per haver levato la sollecitudine dell' honore delle et fama, et la sollecitudine delle virtù, che ha per impossibili; et in loro luoco sostituito la fede, non come virtù, ma per succedaneo (...). Dona gran speranza, confidenza, et allegrezza. Leva la politica, dovendo immediate finir il mondo. Fa insociabili, havendo gl' altri per impii. Contraria al viver civile, spezzando il tutto come abominabile o vano."

Suas simpatias para com as Igrejas Reformadas consistiam em pouco mais que aversão ao papado, e foi natural que, aos poucos, perdesse terreno na estima dos protestantes, exatamente quando sua fama literária estava no ápice e depois que apresentou um trabalho contra Roma que, desde então, continua sendo mais amplamente lido e mais profundamente estudado que qualquer escrito de Erasmo, Lutero ou Calvino. Os homens podem diferir no julgamento sobre sua teologia; mas é inquestionável que sua ética injuria seu crédito como um escritor de história, especialmente de história religiosa, pois sustentou que é legítimo, por consenso comum, empregar a falsidade para a promoção da verdade: "Ogn' huomo ha opinione che il mendacio sia buono in ragion di medicina, et di far bene a far creder il vero et utile con premesse false."

Ao atribuir a esses renomados controversistas até mesmo um grau limitado de autoridade, o dr. Döllinger deprecia um pouco trabalhos como o seu próprio, que estão destinados no final a substituir aqueles. O axioma de que a certeza histórica depende da troca dos historiadores por documentos em nenhum lugar está tão próximo da verdade quanto no Concílio de Trento. Enquanto os homens puderem, plausivelmente, apoiar visões conflitantes apelando para Sarpi ou para Pallavicini, o assunto não conseguirá ser resgatado da controvérsia. Tanta coisa dos materiais que esses escritores empregaram ficou acessível, tanta coisa é agora sabida que eles não conheciam, que será possível, num dia não distante, não digo dispensar seus escritos, mas acabar com sua influência. Temos que esperar ainda por uma edição completa e crítica dos diários de Massarelli, cujo valor o dr. Döllinger revelou; por um memorando escrito por Seripando no verão de 1562; e por outros escritos de Musotti, Campeggio e de um bispo português que ainda não foram recuperados. Porém, mesmo que todos os diários particulares que foram mantidos sobre Trento vierem a ser impressos, eles não esclarecerão as dúvidas nem fecharão a discussão. O último recurso repousará sempre numa autoridade necessariamente reconhecida como decisiva – isto é, as cartas particulares e oficiais que transitaram entre a Corte de Roma, os Legados e os agentes em Trento. Pedaços dessa correspondência podem ser encontrados em toda grande biblioteca; mas é inútil esperar-se por uma coleção completa, a menos que a tarefa seja assumida por Roma.

Tem sido frequentemente suposto que o rompimento acontecido em 1517 poderia ter sido consertado caso não tivesse se tornado irreparável em Trento; e que uma facção de prelados reformadores poderia ter desarmado e reconciliado os protestantes apenas com a astúcia daqueles que manejavam a maioria. O volume do dr. Döllinger vai longe para dissipar essa ilusão. Uma porta tinha sido deixada parcialmente aberta aos discípulos de Lutero durante um quarto de século, mas fora finalmente fechada três anos antes de o Concílio se reunir. Houve um forte desejo de

Roma em tirar vantagem da Confissão de Augsburgo para conseguir a base de um entendimento; e a conciliação foi seriamente tentada dez anos mais tarde em Ratisbona. Lá, homens moderados produziram termos de acordo sobre os pontos principais da disputa original; e o cardeal Contarini surpreendeu Calvino por sua ansiedade em fazer justiça ao outro lado. Ele compôs um documento sobre a Justificação no qual disse: "Ex operibus qui dicunt nos justificari, verum dicunt; et qui dicunt nos justificari non ex operibus, sed per fidem, verum etiam dicunt." Pole parabenizou-o por tornar manifesta uma verdade meio escondida, por ter sido o instrumento de uma nova revelação. Foi depois dito que a doutrina estranha tinha se espraiado tanto que a fé católica estava extinta em considerável parte da Itália. Houve um súbito alarme seguido de rápida reação. Ficou decidido que os protestantes teriam que ser sobrepujados pela força, já que havia então um risco em se tentar convencê-los com concessões; e a Inquisição foi então revivida em 1542 e armada com poderes maiores. Dali por diante, a política empregada em relação aos luteranos e huguenotes foi consistente e não deu esperanças para a conciliação. O rompimento se completara sem a intervenção do Concílio, e, afora isso, nenhuma concessão que ele pudesse fazer valeria para Lutero, que havia repudiado o acordo aceito por Melanchton, ou para Calvino, que não aceitaria chegar a bons termos com Roma.

A crença de que Trento foi atropelado pelos seguidores de Gerson e de Erasmo, ávidos por tornar óbvia uma Reforma como a de Wittenberg com reformas como as de Constance, é totalmente ilusória. O sintoma mais sério de tal espírito é o esquema que o Imperador Ferdinando submeteu ao Concílio. Mas os assessores do imperador prontamente tiraram o dinheiro do cardeal Morone e fizeram com que o esquema fosse deixado de lado. A atitude da França foi mais enérgica. Três embaixadores perturbaram o Concílio com seu galicanismo inflexível. Mas o zelo deles com a religião era tão pobre que um, Du Ferrier, foi silenciado com uma oferta de ouro; outro, Birago, se tornou agente chefe no massacre de Paris, do qual o terceiro, Pibrac, foi o mais eloquente apologista. E o cardeal de Lorraine, que era o líder de sua facção, estava disposto a exterminar a heresia por método bem mais seguro e inexorável do que aquele que foi depois executado por mãos mais bondosas. O governo francês, tendo apresentado suas demandas, perdeu todo o interesse pelos procedimentos e contentou-se em obter subsídios enormes do Papa. Os prelados e eclesiásticos espanhóis foram individualmente superiores aos da França. Embora eles suspeitassem das concessões com as quais o catolicismo procurou se manter na França e na Alemanha, eram crentes fervorosos a respeito dos direitos e deveres do episcopado. Mas eram homens selecionados e enviados por um príncipe cujos motivos jamais foram realmente religiosos, e se inclinavam por atender os desejos desse príncipe. Quando a defesa das prerrogativas de sua ordem se tornou problemática, o Papa invocou a autoridade de Filipe. Em função de uma palavra do embaixador, os espanhóis cederam e quiseram se desculpar; e Mendoza, o bispo de Salamanca, que se separara de seus concidadãos pela mais simples das artes, zombou da alegria com que obedeceram ao homem em vez de a Deus. Se tivesse havido um genuíno sobrevivente do espírito que prevaleceu em Constance, a organização para o controle do Concílio não teria suportado a tensão. Os Legados estavam muito divididos entre si e, por vezes, concordaram em lutar contra os comandos do Papa. Gonzaga caiu em desgraça e pediu permissão para renunciar. Simonetta denunciou seus colegas. Seripando apresentou uma declaração solene contra os atos de Simonetta. Hosius ficou desesperadamente inativo. Altemps foi notoriamente ineficiente. Houve tão pouco realismo ou substância na oposição que esses Legados encontraram, que, embora eles reportassem que o Concílio era quase unânime em demandar sua descrição como representante de toda a Igreja, abandonaram o pleito sem resistência. Sua queixa principal, na realidade, não é de seus oponentes, mas da ansiedade causada pelo zelo destemperado, pela obstinação e pela incapacidade de seus aliados constantes. Foi a sede consciente de poder dos que o presidiram, e não o vigor rebelde dos sentimentos das facções, que estorvou o Concílio e o levou a um término abrupto.

CAPÍTULO XXVIII

Ensaio sobre o History of the Papacy, *de Creighton*[*]

Os novos volumes de mr. Creighton contam a história do papado como poder italiano durante o último meio século que precedeu e preparou a ascensão do protestantismo. Seguindo-se aos méritos de sobriedade e moderação que o prefácio corretamente proclama, a primeira característica é a economia de provas e a severidade com que o material original é suprimido de modo a mantê-lo oculto para não desviar a atenção do leitor ou transformar seu prazer em fadiga. O autor prefere atingir o público mais amplo que gosta da história sob a forma de literatura do que os acadêmicos cujas almas se afligem com a insolubilidade de problemas e que fazem suas refeições na cozinha. A extensão de sua pesquisa surge sempre que existe um ponto favorito a ilustrar; mas ele geralmente se assemelha a quem escreve sobre o Parlamento Longo que considera Rushworth e Clarendon muito banais para serem citados, ou um mr. Walpole querendo cortar algumas centenas de referências ao *Hansard* ou ao *Annual Register*. Há um certo risco na tentativa de suavizar a narrati-

---

[*] Mandell Creighton, *A History of the Papacy during the Period of the Reformation*, Vols. 3 e 4, *The Italian Princes, 1464-1518* (Londres, Langmans, 1887). Publicado na *English Historical Review* 2 (1877): 571-581. Republicado em Acton, *Historical Essays*, pp. 426-441.

ENSAIOS

va de eventos que pertencem a uma época tão rica em matérias de disputas, de material disperso e muito sensível às causas da Reforma. Como o autor raramente analisa ou mostra o limite de sua erudição, o estudioso agradecido, a quem as evidências não são impingidas, não é capaz de dizer se elas abundam e pode ser levado, errada e injuriosamente, a duvidar se as fontes de informações e sugestões foram totalmente exploradas. Ninguém se compara tanto a mr. Creighton quanto Ranke. O falecido John Richard Green costumava se queixar de que fora com ele que aprendera a ser tão desapaixonado e desatento a tudo que não fosse a cadeia descolorida dos fatos. Reserva na linguagem, exclusão de tudo que não é história, aversão às mixórdias púrpuras e efeitos emocionais são seu estilo. Ao mesmo tempo, o capítulo sobre Savonarola é mais distintamente um trabalho de amor que qualquer outra parte desses volumes. No entanto, o ensaio sobre Savonarola, que está entre os últimos escritos de Ranke, parece não influenciar o relato da constituição do frade e do desafio. Burckhardt, o mais instrutivo de todos os escritores sobre a Renascença, faz falta onde é mais necessário, embora haja vestígio dele na descrição de Caterina Sforza. O esboço de Gemistus Plethon se baseia na edição de Alexandre de seu *Laws*, sem levar em conta o tratado posterior mais abrangente de Schulze. Este último é tão bem conhecido de mr. Creighton quanto Ranke e Burckhardt, e a estudada exclusão levanta a questão de se o livro é atualizado ou não. Ele narra, a partir das autoridades usuais, a história do antigo corpo romano que foi descoberto em 1485, levado ao Capitólio e admirado com muito bulício pelos entusiastas da revivificação. Outro relato, escrito por testemunha ocular da ocasião, foi publicado por Janitschek e reproduzido por Geiger em obras que só não são melhores que as de Voigt e Burckhardt. O *Regesta Leonis X* poderia ser útil ao estudo de seu pontificado, deveria ter levantado a suspeita de que o ato de legitimação de Clemente VII era conhecido de há muito, e de que a página do *Monumenta* de Balan, à qual somos encaminhados pela referência, foi impressa erroneamente. Também prova (p. 323) que a *Bullarium Magnum* não pode gozar da confiança dos acadêmicos críticos. Sobre Paulo II, não há menção a uma declaração feita por Gregorovius (vol vii, p. 212), que mr. Creighton estudou com muita atenção, embora não, penso eu, na última edição.

Para confirmar isso e fortalecer a confiança, possuímos muitos extratos valiosos de trabalhos não publicados, tais como a história do agostiniano, cardeal Egidius de Viterbo, um dos menos ineficientes do prelado italiano daquela época, e os diários do mestre de cerimônias e bispo de Pesaro cujos manuscritos foram o principal suporte dos historiadores papais, de Panvini e Raynaldus a Hergenröther. Mas a vontade de rejeitar notas supérfluas e ostentação de erudição influenciou o estilo do autor de outra forma. Nenhum escritor escrupuloso e provido de autorrespeito diz o que pensa ou desafia a investigação, a menos que haja evidências. Para livrar seu texto da carga de incessantes citações, ele tem de baixar o tom de seus significados e deixar de lado o definitivo e o preciso para ganhar em leveza. Seu cinzel perde inevitavelmente o corte e ele fica impedido de trabalhar em alto-relevo. Custou pouco para mr. Creighton aceitar tal deficiência em seu método. Ele não se esforça para provar um caso ou para escavar em busca de conclusão, mas quer transitar sobre cenas de devastadoras controvérsia e paixão com uma curiosidade serena, um julgamento elevado, um júri dividido e um par de luvas brancas. Evitando as duas alternativas da missão de profeta, não abençoa nem amaldiçoa, e raramente convida os leitores a execrar ou admirar. Suas cores são por vezes pálidas, e seus tons, indecisos. Não me refiro a citações ambíguas como a de Matilda ter deixado todas as suas terras para São Pedro, ou que a morte súbita de Paulo II foi considerada um julgamento por sua falta de fé, ou que Júlio II finalmente curvou-se à força da natureza. Porém, existem passagens em que, em função da solicitude do autor em se manter fiel ao método, o leitor perde o fio da meada. Houve um tempo em que os esquemas da reforma eclesiástica encontraram um último refúgio no próprio sagrado colégio. Em cartas escritas de Roma, em 23 e 28 de setembro de 1503, lemos: "Li Signori Cardinali essendo in Conclavi, hano ordinati multi Capituli tendenti a proponere de la Sede apostolica, et del Collegio, et creato Pontefice, li hano facto giurare de observarli (...). Tutti il Signori Cardinali furno chiamati per N. S. in Congregatione a Palatio, et per farse mentione de Concilio et de reformatione de la Corte neli Capituli del Conclavi, La Santità Sua propose et conclude, se habi a fare el Concilio, et se habi ad intimare ali Principi Christiani. Ma circa el loco et lo tempo de esse Concilio se reservo a deliberare um altra volta. Fu bene ragionato che lo ultimo Concilio fu facto in Basilea, et per Monsignor de Rohano fu ricordato, quando se tractarà del loco, se habi a chiamare lo Procuratore de Christianissimo Re, dimosntrando che essendo stato facto lo ultimo in Allamagna, seria conveniente questa farse in Franza. La Santità Sua anchora propose la reformatione dela Corte, et conclude se havesse a riformare." Mr. Creighton, que não deposita fé no movimento conciliar e espiritual, e se mostra satisfeito com a edição impressa de Justiniano, diz meramente que Pio III "falou da reforma da Igreja". O aroma se evapora. Um florentino patriota, Boscoli, registrou a morte do descendente dos Médicis e monopolista do poder e sofreu, razoavelmente, por seu crime. É-nos dito que a grande questão para seus amigos foi a opinião de Santo Tomás de Aquino sobre o pecado do tiranicídio; e que seu confessor declarou mais tarde que sua alma descansava em paz. A dificuldade de seus amigos foi fazê-lo crer que Santo Tomás condenou definitivamente o tiranicídio e que o que seu confessor dissera depois fora que eles quiseram enganá-lo. Existe um relatório de que Alexandre fez objeção à provação pelo fogo, pois temia que fosse bem-sucedida. Só nos é dito que seria muito desconfortável para Alexandre se Savonarola, de alguma forma, passasse pelo teste. César Bórgia "despertou o misto de terror e admiração nos observadores". Isso é verdade com outros, além de Maquiavel. Quando as notícias sobre os crimes mais ostensivos de César chegaram a Veneza, um cidadão, que o odiava e mantinha em segredo um diário que não foi publicado, fez o registro: "Tutto il mondo cridava contro di lui; tamen per questo li morti non resusciteranno e dimonstrava haver un gran coraggio, e di farsi signor di tutta l' Italia." E, um pouco mais tarde: "Di quanta riputatione, e fausto, e gloria s' attrovava all' hora il Signor Duca Valentino in Italia, non lo posso per hora dischiarire, perche l' effetto delli suoi sucessi, delle sue vittorie, e del stato acquisitato, lo dimosntrava. Onde di lui si parlava variamente: alcuni lo volevano far Re dell' Italia, e coronarlo; altri lo volevano far Imperator." A imagem de Júlio no Concílio de Latrão, quando "ele se esqueceu de preparar um discurso", e quando "só pôde gaguejar algumas sentenças", é menos vívida que o relato de sua oratória feito por Paris de Grassis: "Non facio mentionem de Julio, qui cum oraturus esset sempre per triduum ante actus occupatus erat in studio memorandi sermonis; et tamen cum in consistorio publico dicere vellet sempre semimori videbatur, ita ut mihi esset necesse occurrere et excitare eum in stupore membrorum occupatum et exanimatum, sicut omnes viderunt, et Sua Sanctitas saepe mihi hoc idem dixit."

Mr. Creighton tem opinião formada sobre a questão de Alexandre ter ou não morrido de morte natural, mas os argumentos dos dois lados precisam ser fortalecidos. "Os contemporâneos viram a prova do veneno na rápida decomposição do corpo do papa, que ficou escuro e inchado. ... Era evidência apenas do estado da atmosfera." Comparado com o relato em Sanuto, esta é uma descrição insípida: "El sangue ge abondava de la rechie, de la bocha e dal naso, adeo che non potevano tanto sugar quanto l' abondava: i labri era più grossi che 'l pugno di um homo: era com la bocha aperta, e ne la bocha ge bogliva il sangue, come faria una pignata che boglisse al focho, e per la bocha ge saltava el sangue a modo de una spina, e sempre abondava: e questo è de visu." Alexandre caiu doente em 12, não em 13 de agosto. O erro talvez se deva à omissão, por Villari, da primeira frase no despacho de 14 de agosto. No original, o despacho começa com as seguintes palavras: "Sabato passato, dovendo andare N. S. in signatura, secondo el consueto, la signatura fu' destinata. Et de la causa non se ne intese altro per quella sera. Ma fù ascripto ad uno pocho de indispositione che havea havuto el Signor Duca, el dì inante." O menosprezado Leonetti tem a data correta. "Não surpreende que dois homens, vivendo sob as mesmas condições e no mesmo local, sejam acometidos de febre ao mesmo tempo." Não é o caso de dois, mas de três homens; porque o cardeal Adriano assegurou depois a Jovius que ele tinha sido envenenado. Quando três homens que jantaram juntos ficam tão adoentados que o mais velho morre e o mais novo fica prostrado durante a semana mais crítica de sua vida, sempre se desconfia de verdete na panela ou cogumelo venenoso. Villari, cuja autoridade tem peso, assevera que a suspeita de veneno surgiu quando o papa já estava morto. No entanto, em 18 de agosto, Sanuto escreve: "Si divulga per Roma sia stà atosegado"; e Priuli faz o seguinte registro no dia 16: "Furono lettere da Roma volantissime, per le qual s' intendeva come il Sommo Pontifice essendo stato a solazzo a cena del R^{mo} Cardinale chiamato Adriano, insieme col Duca Valentino et alcuni altri Cardinali, havendo crapulato ad sobrietatem, essendo ritornato al Pontificale Palazzo, s' era buttato al letto con la febre molto grave, per la qual infermità si giudicava fosse stato avvelanato, e questo perchè etiam il giorno seguente il prefato Duca Valentino et il Cardinal s' erano buttati al letto con la febre." Por outro lado, as únicas autoridades diretas disponíveis — Justiniano, Costabili e Burchard — afirmam que Alexandre teve morte natural, e parece que o famoso jantar ocorreu cerca de uma semana antes de os convidados ficarem doentes. Justiniano escreve em 13 de agosto: "Uno de questi zorni, e fo ozi otto di, andorno a cena ad uma vigna del R^{mo} Adriano, e stettero fin a notte; dove intravennero etiam altre persone, e tutti se ne hanno risentito."

Mr. Creighton nos alerta para a crédula malignidade dos escritores que foi compelido a utilizar. Ela tem que ser avaliada, diz ele, tão cuidadosamente quanto a credulidade dos primeiros cronistas a respeito de histórias miraculosas. Não convém forçar a analogia entre Caesaruius ou a *Liber Conformitatum*, e Infessura ou Burchard. Mr. Creighton põe-se de acordo com a mais escandalosa das cenas registrada pelo último; por certo, ele não aceitaria o que é testemunhado, com muita gravidade, na Beatificação de Ximenes, de que ele teria parado o Sol em Oran, de modo que diversos muçulmanos, vendo o prodígio, pediram para ser batizados. Mas sua relutância em confiar na tagarelice comum se justifica pelo crescimento dos mitos nas revistas de *cinquecento* Grevilles. Sobre a morte do cardeal veneziano Michiel, em abril de 1503, Priuli escreve: "Fù discoperto, come qui sotto appar, che 'l detto Cardinal fù attossicato per intelligenza del Duca Valentino per haver li danari, e fù squartato et abbruciato questo tale, che era Cameriere del detto Cardinale." Em agosto, a mesma história é repetida: "Morse da morte repentina un Cardinale nepote del Pontefice, chiamato il Cardinale Monreale, huomo di grandissisima auttorità, in due giorni, al qual fu trovato tra argenti e denari 120 M. ducati, e si diceva, e giudicavasi per certo, il detto povero Cardinale esser stato avvelenato dal Duca Valentino per li suoi danari, che all' hora era consueto ammazzare le persone c' havevano danari a Roma da questo Duca." As notícias sobre a doença do papa sugerem as seguintes reflexões: "Si dubitava assai che 'l detto Pontefice non dovesse da questa infermità morire, perche, ut vulgo dicebatur, questo Pontefice havea dato l' anima et il corpo al gran Diavolo dell' Inferno; e però che non potesse morire ancora per far delli altri mali." Um outro relata que um macaco foi encontrado nos aposentos de Alexandre e que este exclamou: "Lasolo, lasolo, ch' è il diavolo." Sanuto faz um relato detalhado do jantar, segundo o qual não houve erro, mas que Adriano, sabedor do perigo que o cercava, subornou o mordomo com grande quantia para que fizesse o serviço. "El Cardinal, che pur havia paura, se medicinò e vomitò, et non have mal alcuno." Uma história fantástica contada sobre a vida de um homem que, cinquenta anos mais tarde, ascenderia ao cume do poder, dignidade e fama histórica, mas que na época era obscuro prelado da corte. Quando Alexandre chegou na vila do cardeal Adriano, constatou-se que havia esquecido a caixa contendo a hóstia consagrada que usava como proteção. O prelado, que foi enviado para buscá-la, ao chegar ao Vaticano, notou que o pontífice estava morto em sua câmara.

Nenhuma fonte é tão citada para os primeiros anos do século XVI que os diários de Marin Sanuto. Mr. Creighton faz, por vezes, citações da edição impressa e, noutras oportunidades, da transcrição de Viena, que nem sempre está de acordo com o original. Na conspiração dos cardeais de 1517, seu fundamento na fidelidade do compêndio de despachos de Marin Sanuto levanta interessante problema de crítica histórica. A declaração do Papa Leão, como citada no vol. iv, p. 245, é inexata. Não existe dúvida sobre uma carta escrita por Sauli, ou sobre a promessa por ele feita, ou sobre a confissão de um preso que afirmou que o cardeal de fato tramara o assassinato do papa. O texto do despacho, o qual, sobre todos esses pontos foi distorcido, é o seguinte: "Sapiate che za alchuni giorni io feci retenir uno de i suo, apresso dil qual furono ritrovate alchune scritture, et tandem alchune lettere che lui scriveva al Cardinal, per che 'l non si havea potuto exeguir quanto lui li havea commesso cum molte altre parole; per modo che si poteva judicar ditto Cardinal haver trattato di voler avenenar Sua Bne. et posto di tormento confesso la verità, et etiam che 'l Cardinal de

Sauli era conscio di tal ribaldaria." Esse prisioneiro, que estava a serviço de Petrucci, não de Sauli, confessou sob tortura, mas as palavras *auto corda assai* não se aplicam a ele, como mr. Creighton supõe. Elas descrevem a sorte do médico a quem denunciou. Marin Sanuto escreve sobre a passagem que parece ter sido mal-entendida: "Quel Zuan Baptista di Verzei a confessato il tutto, qual a auto corda assai." Na página seguinte, Leão diz: "4 zorni poi fussemo fatti Papa tramono questi di darmi la morte." A cópia veneziana do diário salienta: "Quatro giorni da poi la nostra creatione questi Cardinali tractorono de far un altro Pontefice, da poi la nostra morte." Sobre Riario, a quem os venezianos chamam de cardeal de São Jorge, mr. Creighton escreve: "Riario negou todo conhecimento da matéria até que as confissões dos outros foram lidas para ele; então, disse: 'Já que disseram isso, deve ser verdade.' Acrescentou que tinha falado sobre o assunto com Soderini e Adriano, que riram e disseram que iam fazê-lo papa." Marco Mínio diz: "Per le depositione del Sauli et etiam de qualche uno de li altri si vede come etiam haveano communicato questa cum R^{mi} Cardinali Voltera et Adriano, et quel Adriano, intensa la cosa, si messe a rider strngendosi nelle spalle, che è uno atto solito per lui farsi molte volte, et il R^{mo} Voltera disse, 'Faciate pur presto.' Si che tutti loro dimonstrar haver grandissimo odio al Pontefice. Ma San Zorzi dimonstra haver havuto più presto grande desiderio al papato che altro; et loro promettevano di farlo papa." Não parece que Riario admitiu ter sondado Soderini e Adriano, nem que ficasse provado por testemunhos de outros, tampouco que os dois cardeais implicados tivessem feito qualquer promessa de elegê-lo. Tudo isso se infere do sumário de Sanuto: "Quando fo letto al Cardinal San

Zorzi quello havia detto Siena e Sauli, qual primo negava, disse, za che lhoro hanno dito cussi el dia esser el vero, et chel comunichoe con Voltera et Adriano Cardinali quali se la riseno come solito è a far Adriano, et Voltera disse, 'Faziate pur presto,' e che li prometteva faz esso San Zorzi Papa."

Mr. Creighton julga seu meio século como uma época de declínio religioso, durante a qual o papado caiu das alturas em que tinha sido deixado por Pio para a degeneração em que foi encontrado por Lutero. Com Paulo II, ele começou bem. Foi então que as tentações da política e a vitoriosa criação do estado temporal levaram seus sucessores à degradação e à rivalidade contaminadora com estadistas ardilosos, e aprenderam a gastar autoridade espiritual em troca de ganhos mundanos até que, por fim, quando tiveram de enfrentar novos antagonismos, sua dignidade estava enodoada e seu crédito, sumido. A cada pontificado, o julgamento foi se tornando mais severo: Sisto é pior que Paulo, e Alexandre que Sisto. Porém, pior ainda foram os pontífices prósperos que, na ambição de se tornarem grandes monarcas, sacrificaram o país e a Igreja. Os reformadores se levantaram em oposição a uma vasta máquina política, a um feixe de motivos seculares que haviam usurpado o trono de Gregório VII e Inocêncio IV. O papado, para o qual demonstraram infidelidade, tinha se tornado infiel a si mesmo.

Esse rigor crescente e indignação ocasional desenvolvidos enquanto a trama prosseguia por certo não se deveram ao detalhe irrelevante de que Cambridge não elegeu seu professor Dixie entre os partidários de Roma. Diferenças religiosas não toldam seu juízo de valor ou obstruem a emoliente influência do ofício engenhoso. Se mr. Creighton, como teólogo, não aceita os pleitos dos papas pré-Reforma, como historiador ele os prefere aos seus adversários. Os membros do Concílio de Pisa são renegados e cismáticos. Quando Paulo II recusou as peias do pacto que havia assinado com os outros cardeais, o autor não o culpa. "A tentativa de imobilizar o papa foi um legado do cisma e se baseou nos princípios estabelecidos pelo movimento conciliário. Tal procedimento foi inteiramente contrário à concepção canônica da plenitude do poder papal." O caráter de Pio III "permaneceu elevado em termos de estima dos homens, embora ele fosse o pai de uma grande família com muitos filhos." Mr. Creighton insiste na liberalidade dos papas não só na época considerada, mas de forma geral. "O fanatismo não tinha lugar em Roma, e a corte papal não se preocupava com trivialidades. Permitia liberdade de pensamento que ia além dos mais extremados limites da prudência eclesiástica. O papado na Idade Média sempre demonstrou espírito de tolerância em questões de opinião. Não podemos pensar que os inquisidores romanos provavelmente erraram em severidade." A última frase mostra que, em diversas passagens de história desinteressada, que poderiam ter sido tiradas da polêmica do cardeal Newman, mr. Creighton não descura da Inquisição. Mas não mostra sentimento forte em relação à liberdade de consciência. Fala com frieza dos "escritores que encaram a tolerância como virtude", e diz que Pomponatius "foi julgado pela corte papal com a calma e a imparcialidade jurídicas que os advogados modernos da tolerância religiosa poderiam muito bem admirar". Quando fala sobre Gemistus, o último pensador original da Igreja oriental tolerante, não toca na mais curiosa passagem do *Laws*: οὐ καὶ σοΦιστῶ. ἥν τις παρὰ τὰς ἡμετέρας ταύτας δόξας σοΦιζόήμενος ἄλῶ. ζῶν καὶ οὗτος κεκαύσεται.

LORD ACTON

Declara que é injusto acusar Sisto VI de perseguidor porque ele garantiu os poderes solicitados na conformação da Inquisição espanhola. E não se trata de brandura para com a memória de Sisto, já que noutra parte encontramos: "ele se permitiu cumplicidade com um esquema de assassinatos que chocou até as consciências mais embrutecidas da Itália". Pode-se dizer com segurança que mr. Creighton dá mais valor à espécie de eclesiástico cristão revelada por Ximenes que a de Júlio ou Leão, malgrado toda a sua liberalidade religiosa.

O espírito de indulgência e reverência retrospectivas pela ação da autoridade, seja ele devido à necessidade da certeza, seja de teoria definida, é uma vantagem quando se escreve sobre essa parte da história. De uma perspectiva menos conservadora, o cenário é mais sombrio, e os lados contendores, pichados pelo mesmo pincel, se mostram menos interessantes. Mr. Creighton é capaz de revelar consideração e admiração tanto pelos papas quanto pelos reformadores. Não demonstra apreço pelos humanistas italianos e reserva suas mais ásperas censuras ao liberalismo fictício de More e Socinus. Não é necessário, diz ele, moralizar a todo o momento; e não importuna nem vilipendia os envolvidos, como Carlyle e Taine; tampouco adapta seus julgamentos ao dogma, como Hook e Mozley. Vai além e declara não ser adequado adotar uma atitude de superioridade grandiosa em relação a quem, com certeza, desempenhou papel proeminente nas questões europeias, e não ser caridoso distribuir censuras indiscriminadamente. É óbvio que isso não significa que a justiça tem uma lei para os poderosos e outra para os que caem. Caso signifique que cada época tem de ser julgada por seus cânones próprios, a aplicação dessa escala variável de medidas é um ramo da pesquisa ética e histórica que ainda está na juventude e praticamente não tem utilidade. Ou pode significar que o poder vai para onde o poder é devido, que a vontade da Providência se manifesta pelo sucesso e que o julgamento da história é o julgamento do céu. Essa é, sem dúvida, uma teoria de interesse e influência singulares como fundação do conservantismo histórico; mas jamais foi levada ao teste da definição exata. Mr. Creighton percebe o rochedo submerso do cepticismo moral e promete que não rebaixará o padrão do julgamento moral. Nesse estágio de transição em que se debate e se dispersa a ciência ética, a tendência familiar de se empregar a mesologia na história, de se julgar o homem por sua causa e sua causa por seu resultado, de formular crítica pela suposição de unidade e inteireza de caráter, de invocar grandes nomes e de restaurar reputações danificadas, não apenas degrada o padrão moral como objetiva excluí-lo. E é dever da ciência histórica manter a moralidade como único critério imparcial dos homens e coisas, e o único com quem devem concordar as mentes honestas.

Demoro-me na apreciação do espírito, do método e do *morale* de *History of the Papacy* não apenas porque é difícil contender em detalhe com tal mestre dos fatos sólidos, mas porque é do espírito e não do texto que esse livro vive. Homens estudiosos, que examinaram os tesouros escondidos em muitas bibliotecas italianas e que se empoeiraram com os arquivos papais, enfileiram-se atrás dele. A história de Pastor só chegou a Pio II, mas é densa de conhecimento novo e sinaliza um competidor de valor para Ranke, Gregorovius e Creighton. Mas não se deve deixar nenhum desvão inexplorado; e existem diversas particularidades em que leitor e autor podem entrar em desacordo. O relato do conclave de 1471 parece não fazer justiça a Bessarion. Segundo Panvini, ele não perdeu a tiara em função de inveja política ou nacional, mas porque recusou um pacto não canônico: "Res ad Bessarionem, tum senatus principem senem doctrina et vitae integritate clarissimum, spectare videbatur. Quem Ursinus obtinendi pontificatus spe deposita, Mantuanus, Cancellarius convenientes certis sub conditionibus pontificatum se ei daturos polliciti sunt. Quumque ille se ea ratione pontificem creari velle pernegasset, ut scilicet pacto aliquo intercedente papatum obtineret, illi, intempestivam senis severitatem stomachati, ad Cardinalem Sancti Petri ad Vincula, Magistrum Franciscum Savonensem, sunt conversi, virum doctrina praestantissimum." Numa passagem aparentemente inspirada pela aversão ao renascimento irreligioso, Savonarola é chamado de "o homem mais sincero entre os italianos da época". É odioso desprezar um homem cuja fé era suficientemente forte para resistir à autoridade da Igreja e do Estado e que imprimiu uma doutrina que era mais nova, senão mais verdadeira, então que agora, de que uma consciência despertada tem de ser traçada e provada tanto na vida pública como na privada, de modo que um sacerdote zeloso é, normalmente, um zeloso político. E pode ser que a penetrante afirmação de profecia oportuna nem sempre seja incompatível com a integridade. Mas o homem que descreveu no púlpito sua missão de Florença para o céu – e o que lá ouviu – e que depois explicou que tudo aquilo era jogo figurado de palavras não pode ser considerado completamente sincero seja qual for a hipótese de sanidade. Que medida do pleito de insanidade parcial, que ganha corpo na sociedade, pode servir para a interpretação da história é um problema que se recomenda a um escritor parcimonioso no emprego de palavras duras e na associação do *dolo* à *culpa*. Mr. Creighton descreve a constituição de Júlio contra a simonia como medida corajosa, demonstrando forte sentido da necessidade de correção. Contudo, fala sobre ela como um incidente nos anais do ano, uma característica da imagem de um papa, uma planta que espocou de raiz enterrada. A proibição do suborno nos conclaves era antiga na lei da Igreja. Quatrocentos e sessenta anos antes, um dos papas escreveu que tinha ascendido ao trono papal no lugar de três outros depostos por suborno — "explosis tribus illis, quibus nomen papatus rapina dederat". A sublevação contra Alexandre VI, a coalizão entre Júlio e Savonarola para derrubá-lo, dificilmente seria inteligível se a lei contra a simonia tivesse sido não mais que uma inovação abrupta. Não é certo dizer-se que a primeira providência dos cardeais com a morte de Júlio foi colocar as mãos nos tesouros que ele deixou. O enviado veneziano escreveu em 25 de fevereiro: "Alcuni Cardinali voleano partir questo tesoro tra tutti li Cardinali, tamen li altri non hanno voluto, et si riserverà al novo Pontefice." Em 2 de março, acrescenta: "Hanno trato li Cardinali di Castello ducati 30.000; et perche li Cardinali che non hanno intrada ducati 600 per uno, Julio fo uma constitution di darli di dinari del Papato fin a quella somma, perhòse li darà perlio se." A carta do protonotário Marcello cujas palavras duvidosas são citadas — "siche partivano duc. 120.000 tra lhoro" — prossegue dizendo que eles ganharam menos que isso. A eleição de Leão X é contada com a ajuda de extratos de Paris de Grassis; todavia, nem texto nem notas falam das capitulações nas quais o futuro papa prometeu revogar, sob pena de excomunhão, a venda de indulgências para a construção da Basílica de São Pedro. "Promittet, iurabit, et vovebit, statim post assumptionem suam omnes et singulas indulgentias revocare fratribus Sancti Francisci ordinis minorum, pro fabrica Sancti Petri concessas, sub quibusvis verborum formis, eisque mandabit, sub excommunicationis latae sententiae poena, ne illis ullo modo utantur." Os termos desse acordo não são muito abrangentes, ainda assim devem possuir alguma significação para alguém que pense que um papa enfraquecido demais para garantir um juramento feito em conclave trairia sua confiança. Eles mostram que Roma estava, em certa medida, consciente da presença do mal e do perigo iminente; e que a recusa do remédio e das precauções não se deveu à corrupção dos cortesãos, mas à plenitude da soberania.

Se bem que não seja fácil detectar-se uma citação errada, uma inferência falsa ou um julgamento injusto nesses registros de papas desacreditados, quem os consultar como chaves para a Reforma que viria sairá convencido da falta de alguma coisa e munido de mais segredos políticos que religiosos. Saberá por que meios o papado, nascido na onda tumultuada do absolutismo que abre a história moderna, estabeleceu um estado independente na subjugação da Itália. Mas o âmago da questão não repousa na criação de um principado distinto, no preço por ele pago ou nas maneiras com que seus construtores laboraram. Outras causas mudaram o eixo do mundo. Em meio às dobras da monarquia temporal, desenvolvia-se um processo eclesiástico de mais preocupação para nós que a posse ou a partição da Itália. O argumento de de Maistre, de que todos aqueles que consideram o absolutismo legítimo no Estado carecem de base para resistir a ele na Igreja, já fora proclamado por um escritor favoravelmente conhecido por mr. Creighton: "Nemo est tam parvae urbis dominus, qui a se appellari ferat: et nos Papam appellationi subiectum dicemus? At si me, ais, Pontifex indigne premit, quid agam? Redi ad eum supplex; ora, onus levet. At si rogatus, interpellatus nolit subvenire misero, quid agam? Quid agis, ubi tuus te princeps saecularis urget? Feram, dices, nam aliud nullum est remedium. Et hic ergo feras!" O malogro da reforma deixou a Santa Sé numa altura solitária jamais antes alcançada. Seguiram-se a indiferença e o desespero, a paciente espera por nova partida, os esquemas desesperançados para se empurrar filosofia nas margens expostas pela onda religiosa. Somos familiarizados com a antipatia de Maquiavel e a provocação de Erasmo; mas o fato crucial no papado daquela época não foi a multifacetada e ineficiente oposição, e sim o fortalecimento positivo da autoridade e de suas reivindicações. A mudança é marcada pelo extremo da adulação vivenciada nos dias de Alexandre. Ele é *semideus, deus alter in terris*, e, na poesia, simplesmente *deus*.

A crença de que uma alma pode ser resgatada do purgatório com algumas moedas e a expansão súbita da concessão de indulgências, fatos que alienaram Alemanha e Inglaterra, prosperaram naturalmente nessa atmosfera; e entre o crescimento paralelo e contemporâneo das monarquias gêmeas prevalece cerrada e constante conexão. Dessa última fase da sociedade medieval para a moderna não poderia advir evolução. Mas o segundo título da obra de mr. Creighton é *The Italian Princes*. Ele descreve as coisas que variam em vez das que perduram. Testemunhamos atos sucessivos, figuras que passam, formas transitórias, aos quais o elemento espiritual empresta sabor ocasional; mas pouco vemos do elemento impessoal que está por trás. O sistema — a ideia — é mascarado por um amontoado de personagens inventivos, pitorescos e não muito edificantes que exibem com mais autenticidade os meandros da política italiana que as realidades solenes da Igreja. Raramente ficamos face a face com a instituição. Na verdade, muito poucas vezes somos encaminhados à *Bullarium Magnum*; mas essa obra, encorpada que é, contém uma proporção infinitesimal dos atos dos pontífices medievais. O recôndito do pensamento do pontificado precisa ser esquadrinhado em muitas outras coleções de diversos países, igrejas e ordens religiosas; e elas são tão volumosas que três grossos tomos são preenchidos apenas com bulas de São Pedro. Ao nos proporcionar vida e ação para pensamento e lei, mr. Creighton levanta uma carga enorme. As questões que até agora deliberadamente evitou forçarão seu caminho para a frente quando ele chega à comissão que Leão delega ao mestre do palácio sagrado, à expedição de Cajetan Alemanha adentro e à peregrinação de Eck a Roma. Sem reverter suas opiniões ou modificar nenhuma assertiva, ele ainda vai desvendar a razão, mais profunda e mais interior que o mundanismo, a ignorância e a corrupção de eclesiásticos, que compeliu a nova vida das nações a começar com uma convulsão.

CAPÍTULO XXIX

*Correspondência Acton-Creighton**

Cannes, 5 de abril de 1887

Prezado Mr. Creighton,

Agradeço-lhe sinceramente a carta que, embora datada de 1º de abril, é tão franca quanto minha resenha foi ardilosa e reservada. O adiamento me dá tempo para corrigir diversos erros além daqueles que o senhor apontou, caso permita que eu fique com meu manuscrito por aqui. O outro será também o melhor para uma revisão cômoda. Desculpe-me se lhe respondo de forma tão prolixa que beira a loquacidade.

As críticas daqueles que se queixaram de que ataquei os alemães, mas não sugeriram melhor método, a mim parecem imerecidas. Eu tentava indicar o progresso e a melhora – parcial – de seus escritos históricos; e quando discordei, raramente o disse, e sim procurei alguma razão para opiniões que não compartilho. Ninguém está mais distanciado que eu das escolas de Berlim e Tübingen, mas procurei marcar meu desacordo da forma mais leve. Da escola de Heidelberg, penso que não há nada a aprender, e declarei isso. Talvez eu tenha sido, por vezes, ambíguo porque o senhor diz que

---

* Add. Mss. 6871. Publicado pela primeira vez por completo em Acton, *Freedom and Power*, pp. 358-373.

avaliações como as que fez sobre o sistema romano não são, a meu ver, recomendáveis. Se tais conclusões são tiradas de minhas palavras, a culpa é minha. Mas isso não tem relação alguma de importância com uma crítica na H. R. [*English Historical Review*].

E quando o senhor diz que desejo mostrar como a ruptura poderia ter sido evitada, só reconheço metade de mim em tal comentário. A ruptura ocorreu em função de um ponto particular e bem-definido de controvérsia; e quando eles se afastaram por tal motivo, seguiu-se a lógica das coisas. Porém, a separação não era requerida naquele particular. Lutero atacou uma nova perspectiva. Pouca era a autoridade teológica em favor dela. Não foi aprovada por Adriano VI, ou por muitos eclesiásticos que participaram do Concílio de Trento, ou por religiosos posteriores, mesmo entre os jesuítas. Supondo-se, por conseguinte, que existiam homens de influência em Roma, como certos padres anteriormente no Concílio de Constança, ou como Erasmo ou Gropper, é bem possível que tenham preferido a opinião de Lutero à de Tetzel, e teriam efetuado de imediato a desejada reforma das indulgências para os mortos.

Mas foi isso que fez com que a pedra começasse a rolar, e as consequências derivaram dessa especial doutrina ou prática. *Cessante causa cessat effectus*. Caso introduzidas pelo papa seguinte, em 1517, as reformas desejadas seis anos mais tarde e demandadas por muitos eclesiásticos, e caso adotada, um século e meio antes de escrita, a *Exposition de la Foi*, a série de eventos que se seguiu não teria acontecido.

Porque a Reforma não é, como a Renascença e a Revolução, um movimento espontâneo que espoca em muitos lugares, produzido por causas similares, embora não idênticas. Tudo deriva, mais ou menos diretamente, de Lutero, das consequências que ele gradualmente inferiu quanto à resistência de Roma àquele ponto de contenda.

Tenho, portanto, de jogar a responsabilidade nos que se recusaram a dizer, em 1517, aquilo que todos diziam dois séculos antes, e muitos disseram um século mais tarde. E a motivação dessas pessoas não foi uma ideia religiosa, um sistema de salvação em confronto com outro, e sim eclesiástica. Eles disseram – e Prierias o fez muito claramente – que toda a estrutura da autoridade desabaria se uma coisa, indireta e implicitamente sancionada pela suprema autoridade responsável pelas almas, fosse abandonada.

(A ruptura inglesa processou-se ao longo de outras linhas, mas quase paralelas. Aproximadamente os mesmos argumentos a ela se aplicam, mas isso não vem agora ao caso.)

É claro que um adversário, um historiador filosófico, um *Dogmengeschichtslehrer*, pode declarar que, mesmo admitindo que as coisas surgiram e se desenrolaram como eu disse, existia tanta pólvora espalhada que a mínima centelha produziria a mesma explosão. Não posso discordar disso, nem quero. Mas não conheço nada a respeito. Temos de ver as coisas como de fato aconteceram. O que ocorreu foi que Lutero levantou uma objeção justa, que a autoridade da tradição e o interesse espiritual estavam a seu lado, e que os eclesiásticos católicos não cederam por um motivo não fundamentado na tradição ou na caridade.

Consequentemente, lanço a culpa pela separação nos ombros de dois conjuntos de homens – dos que, durante a vice-chancelaria e pontificado dos Bórgias, promoveram a teoria dos Altares Privilegiados (e, indiretamente, a teoria do Poder para Dispensar Indulgências); e dos que, de 1517 a 1520, sacrificaram a tradição da Igreja em favor do papado.

Se os muitos córregos reformistas que começaram a fluir parcialmente em diversas regiões — Wycliffe, os boêmios antes de Hus, Hus, os boêmios depois de Hus, o Fratres Communis Vitae, os eclesiásticos descritos por Ullmann e mais de vinte outros sintomas de características quase parecidas — iriam se reunir numa torrente, mesmo que Lutero fosse silenciado pela faca ou pela caneta, é uma questão especulativa que não deve ser confundida com o que aqui debatemos. Talvez a América tivesse se separado sem a ajuda de Grenville ou North.

Meu objetivo não é mostrar como a ruptura poderia ter sido evitada, mas como ela foi produzida. Ela o foi, *secondo me,* por causa das opiniões superiores da monarquia papal sobre aspectos espirituais que brotaram dos aspectos temporais da mesma monarquia (e de muitas outras monarquias). A raiz está aí, penso eu, enquanto o príncipe italiano se situa na ramagem. Atribuo o que se seguiu ao crescimento dessas ideias depois da queda dos Concílios, e perscruto o que se passou no interior dessa oficina ou desse berçário. Mesmo que Rovere ou Bórgia jamais tivessem perseguido a soberania territorial, a separação viria de qualquer forma, com os saxões ou com os ingleses.

Desapontei-me em não aprender do senhor aquilo que nunca descobri: como a disciplina peculiar se estabeleceu em Roma entre os dias de Kempis e os de Erasmo. Talvez não parecesse misterioso ou esotérico para seus leitores se eu tivesse falado um pouco mais sobre isso. Tampouco se trata de ponto de diferença séria. Quando o senhor vier a falar sobre a crise, não duvido que abordará como ela surgiu. Provavelmente, não dará as mesmas razões que me ocorreram, porque o senhor está mais seguro que eu de que a ruptura era inevitável. Porém, sinto-me justificado ao dizer que esses dois volumes não contêm relato de algumas coisas importantes relativas ao papado durante a Reforma e ao indicar a espécie de explanação que almejo no Vol. V.

Agora, o que não é uma questão de oportunidade ou gradação é nossa diferença sobre a Inquisição. Aqui, de novo, não admito que exista algo esotérico em minha objeção. A questão não é se o senhor gosta ou não da Inquisição — quero dizer uma questão que a H. R. pode assinalar, mas não discutir —, mas se o senhor pode, sem reprovação da precisão histórica, considerar tolerante e iluminado o período final do papado medieval. O que o senhor diz a respeito chega-me exatamente como se eu tivesse lido que os Terroristas franceses foram tolerantes e iluminados, e evitaram derramamento de sangue. Junte-se a mim enquanto tento tornar meu significado perfeitamente claro.

Não estamos falando do pontificado do fim do século XV e início do XVI quando, por um par de gerações e até 1542, houve decidida bonança no espírito perseguidor. Tampouco estamos falando da Inquisição espanhola, que é tão diferente da romana quanto a portuguesa, a maltesa ou a veneziana. Refiro-me aos papas dos séculos XIII e XIV, de Inocêncio III até os dias de Hus. Esses homens instituíram um sistema de Perseguição com tribunais, funcionários e leis especiais. Minuciosamente, o elaboraram, desenvolveram e aplicaram. Protegeram-no com todas as sanções, espirituais e temporais. Infligiram, até onde puderam, as penalidades da morte e da danação a todos que a eles se opuseram. Construíram um sistema totalmente novo de procedimentos, com crueldades inimagináveis, para mantê-lo. Devotaram a ele todo um código de legislação, adotado por diversas gerações, e para não ser encontrado em [ ].

Embora não encontrado lá, pode ser achado comumente nos livros; é perfeitamente familiar a qualquer estudioso católico romano iniciado na lei canônica e nas questões papais; foi utilizado à saciedade em milhares de controvérsias; foi constantemente atacado, constantemente defendido e jamais posto em dúvida ou negado por qualquer autoridade católica. Existem algumas dúzias de livros, alguns oficiais, relatando particularidades.

Na realidade, é o fato mais ostensivo da história do papado medieval, justamente como a Inquisição posterior, com todas as suas consequências, é o fato mais ostensivo e característico da história e registro do pontificado moderno. Um homem é enforcado não porque pode ou não provar seus pleitos virtuosos, mas porque se pode provar que cometeu um determinado crime. É essa ação que obscurece todo o resto de sua vida. Não adianta argumentar que ele é um bom marido ou um bom poeta. Aquele crime cresce de proporção em relação a tudo mais. Todos concordamos que Calvino foi um dos maiores escritores, alguns o consideram o melhor professor religioso, do mundo. Mas o caso de Miguel Servet sobrepuja os nove volumes e estabelece, por ele mesmo, a reputação que merece. O mesmo ocorre com a Inquisição medieval e com os papas que a fundaram e sobre ela trabalharam. Esse é o ponto crucial, o foco do sistema deles, pelo qual se sustentam ou desabam.

Por conseguinte, a Inquisição é mais conhecida que qualquer outro segmento de seus governos e não só determina o julgamento

Lord Acton

como preenche a imaginação e desperta paixões da humanidade. Não me ressinto de ela não influenciar seu julgamento. Na realidade, vejo claramente como uma opinião branda e conciliadora sobre a Perseguição permite que o senhor se refira, agradável e sem ofensas, a quase todos os atores de sua lista, exceto More e Socinus; quem abonasse More e Socinus teria de tratar os outros atores do drama da Reforma da mesma forma com que enfocamos as sucessivas figuras no plano inclinado da Revolução Francesa, de Dumouriez a Barras. Mas o que me surpreende e desarma é que o senhor não diz que o papado exerceu uma severidade justa, mas que não fez uso de severidade alguma. O senhor não fala que aqueles descrentes mereceram cair nas mãos dos torturadores ou dos organizadores de fogueiras, porém ignora ou até nega, pelo menos implicitamente, a existência das câmaras de tortura e das estacas.

Não posso imaginar erro mais inexplicável, e creio que encontrei a forma gentil de discordar quando associei o senhor ao cardeal Newman.

A mesma coisa acontece com o caso de Sisto IV e da Inquisição espanhola. O que o senhor declara também foi dito por Hefele, Gams e outros. Eles, ao menos, foram uma espécie de defensores declarados da Inquisição espanhola. Hefele fala de Ximenes como se estivesse falando de Andrewes, Taylor ou Leighton. Em que sentido o papa não é responsável pela constituição pela qual ele estabeleceu o novo tribunal? Se, por solicitação de outros, aprovássemos uma lei conferindo a Dufferin poderes desse tipo, seríamos responsabilizados. Por certo, a responsabilidade em tal caso é partilhada pelos que o solicitam. Todavia, se o ato é criminoso, se, por exemplo, é uma licença para praticar o adultério, a pessoa que o autoriza é tão criminosa quanto a que o pratica. Agora, os liberais acham a Perseguição crime de ordem pior que o adultério, e os atos procedidos por Ximenes consideravelmente mais pecaminosos que os entretenimentos proporcionados por Alexandre VI aos cortesãos romanos. A responsabilidade existe, seja o ato permitido bom ou mau. Caso criminoso, a autoridade que a permite é culpada. Se Sisto é infame ou não, depende de nosso ponto de vista sobre perseguição e absolutismo; se é responsável ou não, depende simplesmente de evidência comum da história.

Mais uma vez, o que eu disse não é de forma alguma misterioso ou esotérico. Não recorre a código secreto algum. Não objetiva nenhum segredo moral. Não supõe nem implica nada, só o universalmente corrente e familiar. É ao código usual, até mesmo vulgar, que apelo.

Sobre esses dois pontos, divergimos amplamente. E divergimos mais ainda quanto ao princípio que o senhor adotou para julgar os homens, já que diz que as pessoas que detêm autoridade não devem ser censuradas ou ironizadas por nós do alto de nossa retidão de consciência. Realmente não sei se o senhor os isenta em virtude de seus cargos, seus sucessos, seus poderes ou da ocasião em que os exercem. O pleito cronológico pode ter pouco valor numa limitada esfera de situações. Ele não nos permite dizer que um homem não distingue entre o bem e o mal, a menos que sejamos capazes de afirmar que ele viveu antes de Colombo, antes de Copérnico, e não pode fazer tal distinção. Dificilmente se aplica ao centro da cristandade, 1.500 anos depois do nascimento de nosso Senhor. Isso implicaria dizer que o cristianismo é um mero sistema de metafísica que se valeu da ética de outra instância qualquer.

LORD ACTON

Ao contrário, ele é um sistema de ética que tem sua metafísica de outro lugar qualquer. O progresso na ética significa constante transformação do branco em preto, e queima daquilo que se adorou. Existe pouco disso entre São João e a era vitoriana.

Porém, se tivermos de discutir esse ponto até que nos vejamos próximos de uma concordância, se argumentarmos à exaustão sobre as denúncias carlylianas e o farisaísmo na história, não posso aceitar seu cânone de que devamos julgar os reis e os papas de forma diferente dos outros homens, com a favorável suposição de que eles não erram. Se existe uma hipótese, ela é exatamente contrária aos detentores do poder, e cresce à medida que o poder aumenta. A responsabilidade histórica tem de compensar a falta de responsabilidade legal. O poder tende a corromper, e o poder absoluto corrompe absolutamente. Os grandes homens em geral são homens maus, mesmo quando exercem influência e não autoridade: mais ainda quando se acrescenta a tendência ou a certeza da corrupção pela autoridade. Não existe heresia pior que a que assevera que o cargo santifica aquele que o exerce. Esse é o ponto em que a negação do catolicismo e a negação do liberalismo se encontram e fazem a festa, onde o fim aprende a justificar os meios. O senhor enforcaria um homem sem posição, como Ravaillac; porém, se é verdade o que se ouve, então Elizabeth solicitou ao carcereiro que assassinasse Maria, e Guilherme III ordenou a seus ministros escoceses que extirpassem um clã – aí estão grandes nomes associados a grandes crimes. E o senhor pouparia esses criminosos por alguma razão misteriosa. Eu os enforcaria, mais alto que Haman, por motivos bastante óbvios de justiça; ainda mais, ainda mais alto, pelo bem da ciência histórica.

Se o padrão foi rebaixado por considerações de ocasião, o será ainda mais em deferência ao posto. Quando os heróis da história são exemplos de moralidade, os historiadores que os exaltam, Froude, Macaulay, Carlyle, se tornam professores de moralidade e homens honestos. Sinceramente, penso que não há erro maior. A integridade inflexível do código moral é, para mim, o segredo da autoridade, da dignidade e da utilidade da história. Se aviltarmos seu uso corrente em benefício da genialidade, ou sucesso, ou cargo, ou reputação, o estaremos aviltando em benefício da influência de um homem, de sua religião, de seu partido, de sua boa causa que prospera com seu crédito e sofre com sua desgraça. Então a história deixa de ser ciência, árbitro da controvérsia, guia para os que vagueiam, mantenedora do padrão moral que os poderes terrestres e a própria religião tendem constantemente a rebaixar. Estaria, pois, prestando serviço onde deveria reinar; ajudando mais os piores que os mais puros.

Deixe-me relatar um enigma por meio do qual é possível separar a história apologética daquela que chamo de história consciente: um governo italiano foi induzido pelo papa a colocar bom preço pelas cabeças de alguns de seus cidadãos, presumivelmente protestantes, que haviam se evadido. Ninguém se apresentou para receber a recompensa. Um ministro papal escreveu ao governo em questão para dizer que o Santo Padre estava ficando impaciente e esperava ouvir em breve sobre algum fato corajoso de homicídio autêntico e remunerado. O autor dessa carta repousa no mais esplêndido mausoléu que existe na face da terra; foi canonizado pela legal, agradecida e adequada autoridade de Roma; sua estátua, em atitude de bênção, cobre com o olhar, a partir dos Alpes, a planura da

Lombardia; suas imagens estão em nossas igrejas, seu nome, em nossos altares, suas obras, em nossas escolas. Seu editor recomenda particularmente a carta que citei; e Newman o celebra como Santo glorioso.

Eis tudo o de que o senhor precisa, e mais. Ele viveu há muitos anos; desempenhou com sucesso e honradamente as mais altas funções; é tido em grande estima e com entusiasmo reverente pelos católicos mais inteligentes, por convertidos, por homens que, aos seus tempos, sorveram as convicções, por vezes os preconceitos, da Inglaterra protestante; a Igreja, que o tem como imagem da santidade, venera seu bom nome; milhares de devotos, homens e mulheres, se sentiriam atingidos e sofreriam se o chamássemos de assassino infame.

Como o deveríamos chamar? *In foro conscientiae*, o que o senhor pensa dele e de seus admiradores? O que o senhor pensaria de Charlotte Corday se, em vez de Marat, ela tivesse esfaqueado Borromeu? Em que estágio da peregrinação de Dante o senhor esperaria encontrá-lo?

E quando o senhor diz que não é recomendável aos meus olhos ter simpatia pelo sistema romano em sua essência, embora não tenha selecionado esses termos com seriedade, pode-se especular sobre a natureza dessa essência. Será essencial – para a salvação dentro da comunhão de Roma – que aceitemos o que a canonização dessa santo implica, ou que a rejeitemos? Será que Newman ou Manning, quando invocam São Carlos [Borromeu], agem dentro do espírito essencial do sistema romano, ou em direta contradição com ele? Colocando tudo dentro de uma casca de noz: poderia um homem chegar à salvação se se deixasse levar por essa cadeia de argumentos, por tal quantidade de testemunhos e pela afluência de autoridades para se igualar ao exemplo de São Carlos?

É claro que sei que o senhor, algumas vezes, censura severamente grandes homens. Mas a doutrina que contesto aparece em seu prefácio, e nas passagens em que o senhor nem imagina que um papa possa ser aprisionado. Trata-se de uma questão bem maior de método na história do que seu pensamento de que eu acho que o senhor tem medo de ser imparcial; de que escreve com objetivo de conciliação e em oposição a alguém que pensa que o velho homem das Sete Montanhas é pior que o velho homem de uma. Não é isso que quero dizer, mas seu escrito sobre a Inquisição realmente me confunde e me deixa perplexo. Além do mais, o senhor é mais severo com Sisto no episódio de Pazzi que outros, mais, por exemplo, que Capponi ou Reumont. E meu dogma não é a maldade específica de meus próprios superiores religiosos, mas a maldade em geral dos homens que detêm autoridade – de Lutero, Zwinglio e Calvino, de Cranmer e Knox, de Maria Stuart e Henrique VIII, de Felipe II e Elizabeth, de Cromwell e Luís XIV, James, Carlos e Guilherme, Bossuet e Ken. Em presença disso, é um mero detalhe que a sinceridade imperfeita deva ser mais reprovada nos eclesiásticos que nos leigos, e que, em nossa Igreja, os padres sejam normalmente sacrílegos; e o sacrilégio é coisa séria. Deixe-me acrescentar algumas palavras para explicar minha objeção ao seu uso das fontes. Tomemos Pastor, jactando-se de que sabe muita coisa que o senhor não sabe. Não o tenho em grande conta e acho que até sua religião parece ser principalmente eclesiástica. Mas entendo que sua informação maciça lhe trará alguma vantagem sobre o senhor quando ele for mais adiante. Visto assim, lamento a falta de qualquer coisa que faça crescer a autoridade de uma obra escrita com tal *Culturstufe* como a sua. Não quero negligenciar o que pode ser considerado *per contra*. Quando o senhor começou, não havia rival mais invejoso que Gregorovius. Não é agora mais o caso. Eu gostaria de ver sua fortaleza aperfeiçoada contra novo perigo.

Tenho certeza de que o senhor tomará esta longa e litigiosa carta mais como testemunho de confiança cordial e respeito que de hostilidade – embora, até onde eu possa captar seu método, não concordo com ele. O meu parece ser mais claro e mais seguro; se bem que jamais tenha sido suficiente para fazer com que eu tentasse escrever uma história, por pura falta de conhecimento. Vou colocá-lo sob a forma de cânones, deixando sua explanação e desenvolvimento a seu cargo.

Atenciosamente,

Acton

Conselho às pessoas sobre escrever História: Não o façam. Visitem o Monte Purgatório, como Austin denominou o Rochedo de Magnésio que emite Sais de Epsom; ou: Livrem-se da Hole and Corner Buffery.*

Nas Ciências Morais, Preconceito é Desonestidade.

Um Historiador tem de lutar contra tentações especiais de seu modo de vida, tentações de País, Classe, Igreja, Universidade, Partido, autoridade de talentos, solicitação de amigos.

As mais respeitáveis dessas tentações são as mais perigosas.

O historiador que negligencia em cortá-las pela raiz se assemelha exatamente ao jurado que vota de acordo com seus gostos e aversões pessoais.

---

* N. T.: Expressão coloquial empregada por Dickens que significa maldades ocultas.

No julgamento de homens e coisas, a Ética precede o Dogma, a Política e a Nacionalidade.

A Ética da História não pode ser sectária.

Julguem não de acordo com o padrão ortodoxo de um sistema religioso, filosófico ou político, mas de acordo com as coisas que promovem ou fracassam em promover a delicadeza, integridade e autoridade da Consciência.

Ponham a Consciência acima do Sistema e do Sucesso.

A História não proporciona compensação para sofrimento nem penalidades para o errado.

O código moral, em suas linhas principais, não é novo; é conhecido há muito tempo; não é universalmente aceito na Europa, mesmo agora. A diferença na percepção moral entre passado e presente não é muito grande.

Mas a noção e análise da Consciência não remontam a muito mais que 1700; e a noção e análise da veracidade são de nossos tempos — afora as Escrituras Sagradas do Ocidente e do Oriente.

Na Cristandade, tempo e lugar não são desculpas — se o Código Apostólico basta para a Salvação.

Mentes fortes explicitam coisas, completam o círculo de seus pensamentos e não podem ser interpretadas por tipos.

Bons homens e grandes homens são *ex vi termini* indiferentes às ações e às adjacências.

Mas a bondade geralmente apareceu em harmonia com a autoridade, sustentada pelo ambiente, e raramente manifestou a força e a suficiência da vontade e consciência isoladas.

O Reino do Pecado é mais universal, e a influência do erro inconsciente é menor do que nos dizem os historiadores. O bem e o mal vivem bem perto um do outro. Não busquem unidade artística no caráter.

A História ensina uma Psicologia que não é aquela da experiência privada e da biografia doméstica.

Os princípios da moralidade pública são tão definitivos quanto os da moralidade da vida privada; mas não são idênticos.

Uma boa causa favorece menos um homem que a ação de uma má causa o faz contra ele.

O julgamento final depende da pior ação.

O caráter é testado mais pelos sentimentos verdadeiros que pela conduta. Um homem raramente é melhor que sua palavra.

A História é mais bem escrita a partir de cartas: deixem que os homens se incriminem a si mesmos.

Nenhum caráter público jamais resistiu à revelação das declarações particulares e da correspondência.

Preparem-se para descobrir que as melhores reputações caem sob escrutínio cerrado.

Na vida pública, domínio da História, vício é menos que crime.

Pecados ativos e transitivos contam mais que outros.

O maior dos crimes é o Homicídio.

O cúmplice não é melhor que o assassino; o teórico é pior.

Sobre o assassinato por motivos particulares ou públicos, por motivos políticos ou religiosos, *eadem est ratio*. Moralmente, o pior é o último. A fonte do crime é *pars melior nostri*. O que deveria salvar destrói. O pecador fica embrutecido e rejeita a Penitência.

A Fé deve ser sincera. Quando defendida pelo pecado, não é sincera. Teologicamente, não é Fé. A Graça de Deus não opera pelo Pecado.

Invertam a ordem do nominativo com a do acusativo e vejam como as coisas parecem.

A História lida com Vida; Religião, com Morte. Muito de seu trabalho e de seu espírito escapa ao nosso horizonte.

Os sistemas de Barrow, Baxter e Bossuet são espiritual, construtiva e cientificamente superiores ao de Penn. Em nossa balança, sua alta moralidade pesa mais que eles.

Os crimes de autoridades constituídas são piores que os perpetrados pelos criminosos da coleção particular de madame Tussaud. Os assassinatos podem ser cometidos por meios legais, por guerras plausíveis e proveitosas, pela calúnia, como também pelo veneno ou pela espada.

The College,
Worcester

[9 de abril de 1887]

Meu caro Lord Acton

Sua carta é um ato de genuína amizade, e sou muito grato por ela, mais do que posso expressar. É um raro encorajamento ter-se um padrão como o que o senhor pôs diante de mim. À luz dele, nada tenho a dizer, salvo submeter-me: *efficaci do manus scientiae*. Comparado com tal ideal, só posso confessar que sou superficial e frívolo, limitado tanto nas opiniões quanto no conhecimento. O senhor concebe a História como um sistema arquitetônico para cuja escrita um homem necessita do mais amplo e rigoroso treinamento. E é impossível não concordar com o senhor: então, deve ser assim.

Devo admitir que careço do equipamento necessário para a empreitada que encetei. Estava calmamente envolvido com a leitura para esse propósito, e o começo da escrita ainda era remoto em minha mente quando recebi uma carta solicitando-me o exame dos documentos de um idoso *gentleman* que eu conhecia por alto e que, no seu leito de morte, pedira para que eu fosse seu testamenteiro literário. Conheci-o em Oxford, no Bodleian, onde ele chegou para lecionar sobre a história da ascensão das Universidades. Faleceu aos setenta e quatro anos de idade deixando vasta quantidade de anotações, das quais só consegui organizar um artigo sobre a vida de Wycliffe em Oxford. Desde então, tomei-me de horror pelos blocos de anotações e decidi-me começar definitivamente a escrever. Pensei em fazer, de maneira franca, o que pudesse; qualquer coisa serviria como degrau para meus sucessores. E escrevi.

Concordo completamente com seus princípios para julgamentos históricos: porém, ao que tudo indica, emprego a casuística em dose tal que lhe provoca desaprovação. Lembro-me de que, em 1880, encontrei-me com John Bright num jantar: ele estava aflito porque, aparentemente, numa reunião do gabinete, sua opinião fora derrotada. Entre outras coisas, disse: "Se as pessoas soubessem que tipos de homens são os estadista, se rebelariam e enforcariam todos eles." No dia seguinte, conheci um jovem que andara conversando com Gladstone, o qual o conclamara para entrar na vida parlamentar, dizendo: "O estadismo é a maneira mais nobre de servir a humanidade."

Eu sou bastante hegeliano para ser capaz de combinar os dois julgamentos, mas os resultados de minha combinação não podem ser expressos em termos da lógica de Aristóteles. No estudo da história, a salvação de um arquidiocesano se estende indefinidamente a todos os funcionários, reis e papas incluídos. O que eu quis dizer na sentença de meu prefácio que lhe causou espécie foi que quem esteve engajado em grandes questões ocupou posição representativa que requereu consideração especial. O egoísmo, mesmo o erro, por uma ideia, uma instituição, pela manutenção de ponto de vista aceito como básico para a sociedade, não deixa de ser errado, mas não é a mesma coisa que o erro pessoal. É mais difícil de ser provado e não choca igualmente o senso moral de outros ou perturba o senso moral do praticante. Os atos dos homens que detêm o poder são determinados pela força efetiva que está por trás deles, da qual são intérpretes: a moralidade deles está quase sempre num nível abaixo da da massa dos homens: porém, em geral, há um ponto fixado sob o qual eles não podem mergulhar impunemente. O homicídio é sempre homicídio: mas há uma diferença entre o assassino que comete o crime para seu benefício próprio e um médico descuidado que, chamado a atender um paciente, deixa que ele morra; provavelmente o doente morreria de qualquer forma, e a desatenção do médico é difícil de provar.

    O que é a tolerância nos dias de hoje? É uma virtude moral do que a possui ou o reconhecimento da necessidade que surge do equilíbrio entre os lados? Quase sempre, a mim parece que falamos dela como virtude quando, na verdade, é a segunda. Meu liberalismo concede a todos o direito à opinião própria e impõe-me o dever de ensinar a eles o que é o melhor; mas não estou absolutamente certo de que essa é a convicção verdadeira de meus amigos liberais. O liberalismo francês não me convence de que é universal.

LORD ACTON

Não sei bem como Frederick Harrison ou Cotter Morrison me tratariam se estivessem em maioria. A posse de um ideal de sociedade claro e definido parece-me perigosa para seus possuidores. A Igreja medieval teve um ideal assim: o resultado foi a Inquisição, generalizadamente aprovada pela consciência mediana. No período do final do século XV, o pontificado deu-me a sensação de esgotado com a Inquisição, que não era muito apoiada. Os papas se revelaram tolerantes com os judeus, mouros, turcos; não atacaram os humanistas; não aprimoraram velhas armas para aplicá-las a casos novos — exceto no reconhecimento da Inquisição espanhola por Sisto IV, sobre o qual é provável que eu tenha escrito com certa despreocupação, mas não tenho aqui meus volumes e não me [lembro] exatamente do que escrevi. Eu quis dizer: para Sisto IV, tal reconhecimento foi questão de rotina oficial; se o recusasse, teria de enunciar novo princípio e dar nova partida na jurisdição eclesiástica. Se o tivesse feito, eu o elogiaria, mas também não acho que deva ser excepcionalmente perseguido se não agiu assim. Aceitou o que encontrou. Meu propósito não foi justificá-lo, mas alinhá-lo com os outros. Penso, no entanto, que errei e que o senhor está certo: a responsabilidade dele foi maior do que admiti. Podia ter feito melhor.

O senhor julga toda a questão da perseguição com muito mais rigor que eu. A sociedade é um organismo, e suas leis são expressão das condições que ela considera necessárias para sua própria preservação. Quando homens foram enforcados na Inglaterra pelo roubo de ovelhas, foi porque as pessoas consideravam tal roubo um crime que deveria ser severamente reprimido. Ainda achamos que é um crime, mas que pode ser combatido com punições menos extremadas. Presentemente, as pessoas não concordam sobre o que é heresia; não pensam que ela é uma ameaça para a sociedade; por conseguinte, não solicitam sua punição. Todavia, os homens que, conscientemente, encararam a heresia como crime podem ser acusados de engano intelectual, mas não necessariamente de crime moral. Os resultados imediatos da Reforma não foram favoráveis à liberdade de pensamento, e o erro de Calvino, que sabia que a unidade eclesiástica fora abolida, foi bem maior que o de Inocêncio III, que batalhou para mantê-la. Sou irremediavelmente propenso a admitir graus de criminalidade, pois, de outra forma, a história se torna melancólico relato de perversidades.

Concordo com o senhor que isso me supre com poucos heróis e registra poucas boas ações; mas os atores foram homens como eu, tentados pela posse do poder, imobilizados pela ocupação de posições representativas (os papas os mais algemados de todos) e que observaram as coisas, no século XVI, de forma muito abstrata. Suponho que os estadistas raramente encararam as questões de maneira concreta. Não acompanho com muita satisfação moral as ações dos estadistas contemporâneos. Aos do passado, dedico piedade – quem sou eu para condená-los? Por certo, não sabiam o que faziam.

Mas isso não é motivo para não dizer o que fizeram; mas o que fizeram nem sempre foi o que tentaram fazer ou pensaram que estavam fazendo.

O progresso moral tem sido, de fato, lento; ainda não tem poder para afetar relações internacionais. Se o remédio de Bright fosse adotado e todos os estadistas europeus enforcados, isso resolveria o problema?

Lord Acton

Em resposta à sua sabedoria, escrevi o bastante para revelar minha tolice. Sua carta me proporcionará muita matéria para meditação e pode, com o tempo, levar a modificações em meus procedimentos. O fato de o senhor ter escrito é prova de que acha que posso melhorar. Só me cabe prometer que, se possível, melhorarei; mas os encargos da vida prática se multiplicam, e tenho agora menos tempo para trabalhar sobre meu assunto do que antes, quando estava no interior. No futuro próximo, eu deveria passar anos nos Arquivos, o que é impossível...

Estes meus rabiscos contêm os traços da incoerência de quem pregou cinco sermões nesta semana e tem mais dois para pregar amanhã. Não tive tempo ainda para me concentrar em sua carta: mas desejo agradecer-lhe. Talvez o esforço para me livrar dos preconceitos tenha tornado frio e abstrato o modo de me expressar e pensar. Se o erro é esse, precisa ser emendado e corrigido.

Será que o senhor um dia escreverá um artigo para a *Historical Review* sobre a Ética na História? Não faço objeção alguma em ser listado entre os exemplos chocantes. Creia, Lord Acton, sou-lhe imensamente agradecido.

Atenciosamente,

M. Creighton

CAPÍTULO XXX

Ensaio sobre o *History of Inquisition*, de Lea*

Há muitos anos, quando o bispo Wilberforce estava em Westminster e o conde de Beaconsfield ainda era uma personagem de ficção, o eclesiástico se interessou pela proposta de trazer o Livro de Salmos de Utrecht (Utrecht Psalter). Mr. Disraeli achou absurdo o esquema. "É claro," disse ele, "que você não conseguirá." Foi-lhe dito, no entanto – coisas que acontecem –, que os manuscritos públicos haviam sido enviados através do Atlântico para que mr. Lea pudesse escrever a história da Inquisição. "Está bem," replicou, "mas eles jamais voltaram." O trabalho, esperado por tanto tempo, finalmente veio à luz, e, por certo, será aceito como a contribuição mais importante do Mundo Novo para a história religiosa do Velho. Outros livros haviam revelado o autor como pesquisador atento sobre a região gratificante, porém perigosa, onde conflitam religião e política, onde as ideias e as instituições são tão consideradas quanto os eventos e as pessoas, e onde a história se vê a braços com todos os elementos da estabilidade, do desenvolvimento e da mudança. É pouco dizer-se, agora,

---

* Henry Charles Lea, *A History of the Inquisition of the Middle Ages* (Londres: Sampson Low, 1888). O ensaio foi publicado na *English Historical Review* 3 (1888): 773-788. Republicado em Acton, *History of Freedom*, pp. 551-574.

que ele se iguala a Buckle na abrangência e o ultrapassa na seleção inteligente e na ordem de sua leitura. Está bem equipado em todos os pontos. Sua informação é abarcante, minuciosa, precisa e, de um modo geral, suficiente, senão completa. Nessa extraordinária impressão de fatos digeridos não há quase espaço para discutir os ideais que eles exibem e as leis que obedecem. M. Molinier escreveu recentemente que uma obra com tal escopo e título "sérait, à notre sens, une entreprise à peu près chimèrique". Seria interessante saber-se se a opinião de um juiz tão bom foi alterada ou confirmada.

O livro abre com uma investigação sobre todos que concorreram para o crescimento da heresia e sobre a criação, no século XIII, de tribunais especiais para sua supressão. Não há a menor dúvida de que se trata da porção menos satisfatória do todo. Segue-se um relato singularmente acurado das providências, legislativas e administrativas, pelas quais a Igreja e o Estado se combinaram para organizar a instituição intermediária, e da maneira com que seus métodos foram formados pela prática. Nada na literatura européia pode competir com isso, o centro e a substância da grande história de mr. Lea. Nos volumes restantes, ele convoca testemunhas, convida as nações a declararem suas experiências e diz como a nova força agiu sobre a sociedade no final da Idade Média. Uma história com tal molde indefinido e internacional, que mostra a mesma onda quebrando sobre muitas praias, é sempre difícil pela falta de unidade visível e de progressão, e raramente é tão bem-sucedida como nessa rica, mas desigual e desarticulada, narrativa. Sobre os mais significativos de todos os julgamentos, como os dos Templários e de Hus, o autor devota o melhor de sua pesquisa; e a rixa entre Avignon e os franciscanos, graças ao propício auxílio de padre Ehrle, ainda é melhor. Joana D'Arc tem menos sorte que os adeptos dos Votos de Pobreza; depois dela, muitas páginas são dedicadas, com bastante profusão aliás, ao seu companheiro de armas que sobreviveu disfarçado de Barba Azul. A série de cenas que vão passando termina com Savonarola, e, nesse limite, a obra se completa. A Inquisição posterior, começando com os espanhóis e se desenvolvendo entre os romanos, foi não só um prolongamento ou uma revivificação como uma nova criação. A Inquisição medieval buscou controlar estados e foi uma máquina de governo; a moderna esforçou-se por reprimir os protestantes e foi uma máquina de guerra. Uma foi subordinada, local, e teve uma espécie de quartel-general na casa de São Domingos de Gusmão (Saint Dominic), em Toulouse; a outra foi soberana, universal, centrada no Papa, e exerceu seu domínio não contra homens obscuros sem instrução, mas contra bispos e arcebispos, núncios e legados, primazes e professores; contra o general dos capuchinhos e o pregador universal; contra o primeiro candidato no conclave e o presidente do concílio ecumênico. Sob condições alteradas, regras variaram e até princípios foram modificados. Mr. Lea refreia-se na consulta aos abundantes modernos, temendo confusão de datas. Quando diz que as leis que descreve estão ainda tecnicamente em vigor, faz pouca distinção fundamental. No centro da polêmica, a Inquisição moderna obscurece a antecessora e barra o caminho.

A origem da Inquisição é tópico de controvérsia duradoura. Segundo relatos corriqueiros, Inocêncio III deu início a ela e fez de São Domingos o primeiro inquisidor; e essa crença foi mantida pelos dominicanos contra os cistercienses, e pelos jesuítas contra os próprios dominicanos. Eles afirmam que o santo, tendo feito seu trabalho em Languedoc, o perseguiu na Lombardia: "Per civitates et castella Lombardiae circuibat, praedicans et evengelizans regnum Dei, atque contra haereticos inquirens, quos ex odore et aspectu dignoscens, condignis suppliciis puniebat" (Fontana, *Monumenta Dominiciana*, 16). Ele transferiu seus poderes para Fra Moneta, o irmão em cuja cama morreu e notável por ter estudado mais seriamente que qualquer outro eclesiástico o sistema que atacou: "Vicarium suum in munere inquisitionis delegerat dilectissimus sibi B. Monetam, qui spiritu illius loricatus, tanquam leo rugiens contra haereticos surrexit (...). Iniquos cum haereticos ex corde insectaretur, illisque nullo modo parceret, se digne ac ferro consumeret." Moneta é sucedido por Guala, o qual nos leva aos aos tempos históricos em que a Inquisição floresceu inconteste: "Facta promotione Guallae constitutus est in eius locum generallis inquisitor P. F. Guidottus de Sexto, a Gregorio Papa IX, qui innumeros propemodum haereticos igne consumpsit" (Fontana, *Sacrum Theatrum Dominicanum*, 595). Os inquisidores sicilianos produzem um privilégio imperial de dezembro de 1224 que mostra que o tribunal fica bastante ativo sob Honório III: "Sub nostrae indignationis fulmine praesenti edicto districtius praecipiendo mandamus, quatenus inquisitoribus haereticae pravitatis, ut suum libere officium prosequi et exercere valeant, prout decet, omne quod potestis impedatis auxilium" (Franchina, *Inquisizione di Sicilia*, 1774, 8). Esse documento pode ser uma falsificação do século XV; mas toda a versão dominicana é descartada com desprezo por mr. Lea. Ele ouviu que seu fundador salvou de certa feita um herético da fogueira; "mas o projeto de Domingos procurou apenas sua conversão pacífica, e o desempenho de suas atribuições de instrução e exortação". Nada está mais bem provado na vida do santo que o fato de ele ter condenado hereges e exercido o direito de decidir sobre os que deveriam sofrer e os que seriam poupados. "Contigit quosdam haereticos capto set per eum convictos, cum redire nollent ad fidem catholicam, tradi judicio saeculari. Cumque essent incendio deputati, aspiciens inter alios quemdam Raymundum de Grossi nomine, ac si aliquem re divinae praedestinationis radium fuisset intuitus, istum, inquit officialibus curiae, reservate, nec aliquo modo cum caeteris comburatur" (Constantinus, *Vita S. Dominici*; Echard, *Scriptores O.P.*, I. 33). A transcrição é memorável nos anais dominicanos como único vínculo que liga distintamente São Domingos ao sistema de execuções, e a única garantia de posse da ordem de que a mais evidente de suas ações é sancionada pelo espírito e pelo exemplo do fundador. As autoridades originais a registraram, e ela é relembrada por Bzovius e Malvenda, por Fontana e Percin, por Echard e Marmachi, como também na *Acta Sanctorum*. Esses são exatamente os autores aos quais se recorre em primeira instância quando se deseja entender a concepção e o crescimento inicial da Inquisição. Não me lembro do aparecimento de nenhum deles nas notas de mr. Lea. Na verdade, ele diz que a atividade inquisitorial de São Domingos "é afirmada por todos os historiadores da ordem", e o autor é um obreiro que conhece tão bem suas ferramentas que ficamos em dúvida em imputar essa omissão grave ao desconhecimento da literatura necessária. Uma de suas características é de suspeitar da *Histoire Intime* como local das lendas e domínio adequado daqueles problemas de psicologia contra os quais as certezas da história sempre se despedaçam. Onde os motivos não ficam claros, ele prefere contemplar as causas nos seus efeitos e passar o olhar sobre o vasto horizonte da realidade inquestionável. A diferença entre a história aparente e a interior será percebida por quem comparar a história de Dolcino no livro contada com o relato de Neander. Mr. Lea conhece mais sobre ele e está de posse de melhor material que o enfadonho professor da teologia de peitoral. Mas não tem toda a paciência e o poder de Neander para perceber significação e sentido nas meditações de uma mente descuidada e errática.

Ele acredita que o papa Gregório IX é o autor intelectual, bem como o impositivo legislativo, do terrível sistema que amadureceu gradual e experimentalmente no seu pontificado. Parece que não leu, ou não conhece, por meio de Havet, as investigações que conduziram Ficker a hipótese diferente. A transição, ocorrida em 1231, da salvação de vidas para o fim delas pelo fogo foi quase a mais violenta das concepções humanas, e, na consecução de tal transição, as formas legais constituíram mero detalhe. O espírito e a prática de séculos foram abandonados pelo extremo oposto; e entre a misericórdia de 1230 e a severidade de 1231 não houve estágio intermediário de rigor gradual. Portanto, é provável que a nova ideia de missão, estranha ao modo de ser italiano e, especificamente, romano, tenha sido implementada por um novo homem, uma nova influência que tomou posse do Papa. O professor Ficker sinaliza Guala como o verdadeiro artífice do *régime* do terror. Guala era um pároco dominicano quando o papa se valeu de emergências. No ano de 1230, ele negociou o tratado de San Germano entre Frederico II e a Igreja, e se tornou bispo de Brescia, primeira entre as cidades italianas, inseridas nos estatutos da lei lombarda de 1224, a enviar hereges para as estacas. A inferência é que o prelado dominicano provocou tal inserção, e que ninguém teria maior probabilidade de tornar disponível seu propósito ao pontífice que o homem que, tão recentemente, o havia adotado em sua própria sé e, portanto, cresceu então de estatura e se fez alvo dos favores papais. Que Guala se tornou bispo-eleito em 28 de agosto, meio ano antes das primeiras execuções nas fogueiras de Roma, isso todos sabemos; que ele inspirou a adoção da lei de Frederico em Brescia ou em Roma, isso não está provado; apenas nos é dito que houve inspiração de Honório: "Leges quoque imperiales per quondam Fredericum olim Romanorum imperatorem, tunc in devotione Romane sedis persistentem, procurante eadem sede, fuerunt edite et Padue promulgate" (Bern. Guidonis, *Pratica Inquisitionis*, 173). De qualquer forma, Gregório, que testemunhara a maioria das coisas desde a elevação de Inocêncio, sabia como Montefort havia lidado com os prisioneiros albigenses em Minerve e Lavur, que penalidades estavam previstas em Toulouse e com que princípios mestre Conrad administrava na Alemanha os poderes outorgados por Roma. O papado, que inspirara as leis da coroação de 1220, nas quais não há menção à pena capital, não podia ficar alheio ao modo pelo qual suas próprias provisões estavam sendo alteradas; e Gregório, que Honório já chamara de "magnum et speciale ecclesiae Romane membrum", que requisitara à universidade de Bolonha a adoção e a explanação da nova legislação, e que conhecia o arcebispo de Magdeburgo, tinha pouco a aprender de Guala sobre a arma formidável colocada à disposição daquele prelado para o governo da Lombardia. Existe espaço para outras conjecturas.

Naqueles dias, descobriu-se que Aragão estava infestada de heresia; e o confessor do rei propôs que se solicitassem meios à Santa

Sé para sua supressão ativa. Com tal propósito, ele foi mandado a Roma em 1230. O nome do enviado era Raimundo; sua residência, na costa da Catalunha, na cidade de Pennaforte. Tratava-se de um jurista bolonhês, um dominicano, autor do mais celebrado tratado sobre moral tornado público na geração que precedeu a teologia escolástica. Os cinco anos de sua permanência em Roma mudaram a face da Igreja. Ganhou a confiança de Gregório, tornou-se penitenciário* e foi encarregado pela codificação dos atos dos papas militantes desde a obra compilada por Graziano. Pouco depois da chegada de São Raimundo de Pennaforte à corte papal, a utilização das estacas tornou-se lei, a máquina inquisitorial se instalou, bem como sua administração por parte dos párocos da ordem. Quando partiu, deixou no seu rastro instruções para o tratamento da heresia, que o papa adotou e enviou para onde necessário. Raimundo recusou a mitra, preferindo ser mestre geral, diz-se que em oposição a Alberto Magno, retirou-se cedo da corte do pontificado para se tornar em seu próprio país o oráculo dos conselhos atentos às heresias. Até sua chegada, a despeito da grande violência e das muitas leis, os papas não haviam imaginado uma segurança permanente contra o pecado religioso nem estavam comprometidos formalmente com a morte pelo fogo. O próprio Gregório, líder do sacerdócio em vigor e experiência, tentara por quatro anos, vagamente e em vão, procedimentos transmitidos. De súbito, com três providências sucessivas, encontrou o caminho e erigiu a instituição que iria perdurar por séculos. É bem provável que tão poderosa mudança nas condições do pensamento e vida religiosos e nas funções da ordem tenha sido sugerida pelos dominicanos. E é razoável supor-se que foi obra do dominicano

---

* N. T.: Responsável pelas penitências em determinada diocese ou sé.

Lord Acton

mais notável de então, o qual, naquele preciso momento, chegara ao poder e à preeminência em Roma.

Nenhum observador em sã consciência pode se permitir um exagero na influência do caráter nacional sobre os eventos. Ainda assim, aconteceu que a enérgica raça que vivia na região compreendida entre os Pirineus ao norte e o rio Ebro ao sul teve papel de destaque no negócio da perseguição organizada. Aquela nação está entre as que inventaram a política, e tanto a constituição de Aragão quanto a sociedade de Jesus são provas da ciência construtiva. Enquanto povos de outras terras ainda sondavam, generosos e cheios de dúvidas, os caminhos, Aragão foi diretamente ao fim. Antes que o primeiro Papa perseguidor fosse eleito, antes que o "Menino de Apúlia", aquele que seria o primeiro imperador perseguidor, nascesse, Alfonso já proscrevera os hereges. Rei e clero se puseram em tal acordo que, três anos mais tarde, o concílio de Girona decretou que eles deveriam ser espancados enquanto permanecessem e queimados caso retornassem. Foi sob esse governo e em tal ambiente que São Domingos cresceu, e que Sisto V, falando com a autoridade que não possuímos, intitulou de Primeiro Inquisidor. São Raimundo de Pennaforte, que teve mais a ver com tudo que São Domingos, foi seu conterrâneo. Eymerici, cujo *Directorium* foi a maior referência até o aparecimento do *Practica* de Guidonis, presidiu por quarenta anos o tribunal aragonês; e seu comentarista Pegna, o mesmo que Coke fez sobre a jurisprudência inquisitorial de Littleton,* veio da mesma rigorosa região.

A *Histoire Générale de Languedoc* em sua nova versão supriu mr. Lea com tão boa base que sua dívida para com os presentes editores o

---

* N. T.: *Leviatã*, de Hobbes.

leva a algo que parece dependência à escolaridade francesa. Ele designa monarcas com os nomes franceses – Louis le Germanique, Charles le Sage, Philippe, o Bom e mesmo Philippe; e esse hábito, com Foulques e Berenger de Tours, com Arentino em vez de Arezzo, Oldenburgo por Altenburgo, Torgau por Zurique, exala um aroma exótico que seria inofensivo se não demonstrasse uma preferência resistente aos livros franceses. Comparado com Bouquet e Vaissète, ele se mostra pouco familiarizado com Böhmer e Pertz. Para Matthew Paris, ele se vale de pouca ou nenhuma ajuda de Coxe, Madden, Luard, Libermann, ou Huillard. Na França, poucas coisas de interesse lhe escaparam. Seu relato de Marguerite Porrette difere do feito por Hauréau em *Histoire Littéraire*, e a diferença é deixada sem explicação. Ninguém pode escrever sobre Joana D'Arc sem suspeitar de quem descartou as publicações de Quicherat, ou mesmo de Wallon, Beauourt e Luce. Etienne de Bourbon foi um inquisidor de longa experiência que conhecia o camarada original e assistente de Waldus. Fragmentos sobre ele, espalhados aqui e ali em obras de homens preparados, chamaram a atenção do autor; mas é incerto quanto ele sabe sobre as cinquenta páginas de Stephanus impressas no livro de Echard a respeito de Saint Thomas, ou sobre o volume no qual Lecoy de la Marche coligiu tudo e, mais que isso, merece viver de seus escritos. O *Historia Pontificalis*, atribuído a John of Salisbury, no vigésimo volume do *Monumenta*, deveria afetar o relato de Arnoldus de Brescia. A analogia com os waldenses, com os quais seu partido parece ter se mesclado, merecia ser mais marcadamente ressaltada. "Hominum sectam fecit que adhuc dicitur heresis Lumbardorum (...). Episcopis non parcebat ob avaritiam et turpem quaestum, et plerumque propter maculam vite, et quia ecclesiam Dei in sanguinibus edificare nituntur." Ele foi excomungado e declarado herege. Depois, apaziguado e perdoado. Por conseguinte, quando retomou sua agitação, sua parcela recaiu nos obstinados e reincidentes. "Ei populus Romanus vicissim auxilium et consilium contra omnes homines et nominatim contra domnum papam repromisit, eum namque excomunicaverat ecclesia Romana (...). Post mortem domni Innocentii reversus est in Italiam, et promissa satisfactione et obediencia Romanie ecclesiae, a domno Eugenio receptus est apud Viterbum." E é mais provável que o temor a relicários tenha feito com que reduzissem seu corpo a cinzas em vez de meramente lançar as cinzas no Tibre.

A energia com que mr. Lea ataca a informação é extraordinária, mesmo quando imperfeitamente usada. Com acerto, faz amplo uso do *Vitae Paparum Avenionensium* que toma, aparentemente, do volume papal de Muratori. Essas biografias foram editadas por Balzuc, com anotações e documentos de tal valor que Avignon sem elas seria como Athenaeus sem Casaubon, ou o Código de Teodósio sem Godefroy. Porém, se ele o negligencia em sua obra escrita, acaba citando constantemente um certo manuscrito de Paris no qual, penso, reconhece aquele mesmo empregado por Baluze. Juntamente com Guidonis e Eymerici, a autoridade de ponta do século XIV é Zanchini, que se tornou um inquisidor em Rimini em 1300 e morreu em 1340. Seu livro foi publicado com um comentário de Campeggio, um dos padres tridentinos; e Campeggio foi ainda alvo de observações de Simancas, que expôs as disparidades entre as atividades italianas e as espanholas. Foi republicado com outros tratados da mesma espécie no décimo primeiro volume do

Tractatus. Alguns desses tratados, e as anotações de Campeggio e Simancas, são descurados por mr. Lea. Mas ele aprecia tanto Zanchini que o transcreve de um manuscrito na França. Fugindo bastante ao seu costume, reproduz toda uma sentença, da qual se tira a aparente ideia de que a cópia não confere com o texto publicado. Uma das diretrizes mais interessantes para os inquisidores — e uma das primeiras — foi escrita pelo cardeal Fulcodius, mais conhecido como Clemente IV. Mr. Lea o cita uma dúzia de vezes, sempre com precisão, a todo momento nos dizendo escrupulosamente qual dos quinze capítulos consultar. O tratado de Fulcodius ocupa algumas páginas do *De Officio S.S. Inquisitionis*, de Carena, no qual, além de outros assuntos valiosos, existem observações do próprio Carena e um panfleto de Pegna, o comentarista perpétuo da Inquisição. Esse é um dos primeiros oito ou dez volumes que ocorrem a quem pretenda organizar uma coletânea sobre inquisidores. Não apenas jamais nos é dito onde encontrar Fulcodius como também, quando Carena é mencionado, isso é feito de forma que desafia uma verificação. Referências pouco criteriosas, nesse exemplo, não implicam estudo inadequado. Mas um livro concebido só para leitores que sabem de relance onde localizar *S. Francis Collat. Monasticae, Collat.20*, ou *Post constt. IV. XIX. Cod. I. v.*, dará um retorno lento.

Sua familiaridade não só com livros raros, que poderia advir da curiosidade de um epicurista, mas também com os livros certos e adequados surpreende o leitor. Como a maioria das coisas atribuídas ao abade Joachim, o *Vaticinia Pontificum* não é uma obra de uso comum, e podem ser encontradas pessoas preparadas que jamais viram um exemplar. Mr. Lea diz: "Conheço edições de Veneza de

1589, 1600, 1605 e 1646, de Ferrara de 1591, de Frankfurt de 1608, de Pádua de 1625 e de Nápoles de 1660, e sem dúvida existem numerosas outras." Esse é o nível geral de toda a obra; os raros enganos desaparecem em presença da impressionante superabundância de conhecimento que não poderia ser excedida pelos pupilos do seminário de Göttingen ou da École des Chartes. Esses têm, por vezes, o hábito daninho de transcender as evidências suficientes com testemunhos irrelevantes; mas transcrevem por completo as palavras decisivas, facilitando e resumindo nossa tarefa ao enviar-nos, não ao capítulo ou ao verso, mas ao volume e à página da obra física e concreta. Trocaríamos de bom grado o Barba Azul e sua esposa – afinal de contas ele só teve uma – pelas difíceis fontes de acesso que mr. Lea deve ter entesourado ao longo de seu labor, como nenhuma pessoa fez antes dele e, provavelmente, jamais outra tentará depois. Por certo, isso aumentaria a utilidade de seus volumes e dobraria sua autoridade. De fato, existem cerca de cinquenta páginas de matéria documental não inteiramente nova ou cerradamente vinculada ao texto. Ademais, porções dela derivam de manuscritos explorados na França e Itália, mas não dos de Roma; dessa forma, muito material valioso e curioso contido nas páginas fica enterrado e não há como revelá-lo ou submetê-lo ao escrutínio. Linhas e linhas de referências aos arquivos napolitanos apenas desnorteiam e exasperam. Mr. Lea, que é mais generoso com os leitores de *Sacerdotal Celibacy*, recusou-se a se proteger, nos prolixos volumes, contra exageros. A carência de indicações verificáveis de autoridades é perturbadora, em especial no início; e é possível encontrarem-se uma ou duas referências a São Boaventura ou a Wattenbach que são incorretas. No entanto, ele é extremamente cuidadoso em repassar o sentimento de seus informantes, sem puxar as rédeas de seu guia ou ultrapassá-lo. As palavras originais, em muitos e muitos casos, adicionam distinção e um toque de surpresa à narrativa.

Se existe certa dose de infidelidade na declaração sobre o significado de um autor, isso ocorre na negativa de que Marsílio de Pádua, o teórico imperial e criador com Ockam da filosofia gibelina que dominou o mundo, era favorável à liberdade religiosa. Seguramente, Marsílio não foi um Whig. Como qualquer guelfo, desejava concentrar poder, não limitá-lo ou dividi-lo. Das imunidades sagradas da consciência, não tinha visão mais clara que a de Dante. Mas se opunha à perseguição na forma que a conhecia, e os patriarcas da emancipação europeia não fizeram melhor. Jamais diz que não existe caso em que a religião deva ser proscrita; mas também não fala de nenhum em que ela deva ser imposta. Discute não a intolerância, mas a autoridade divina para perseguir, e advoga uma lei secular. Não fica claro como lidaria com um mouro: "Nemo quantumcumque peccans contra disciplinas speculativas aut operativas quascumque punitur vel arcetur in hoc saeculo praecise in quantum huiusmodi, sed in quantum peccat contra praeceptum humanae legis (...). Si humana lege prohibitum fuerit haereticum aul aliter infidelem in regione manere, qui talis in ipsea repertus fuerit, tanquam legis humanae transgressor, poena vel supplicio huic transgressioni eadem lege statutis, in hoc saeculo debet arceri." A diferença é pequena entre as duas leituras. Uma afirma que Marsílio era tolerante na essência; outra nega que era tolerante em princípio.

A mr. Lea não apraz reconhecer a existência de muita tolerância tradicional. Permite que só poucas luzes aprofundem suas sombras. Se um fluxo de pensamento tolerante desceu dos primeiros estágios ao tempo que o companheiro de Vespúcio revelou seu improvável conto sobre Utopia, então as opiniões de Bacon, Dante e Gerson não podem ser levadas em conta pela ascendência de uma persuasão unânime. É porque todos os homens nasceram com a mesma herança de uma conformidade forçada que pairamos tão facilmente para o aumento estudado da dor. Se os homens fossem capazes de perceber o que existe em outra escala, se fizessem livre escolha, depois da deliberação, entre opiniões bem-definidas e bem-argumentadas, então o que aconteceu não seria creditado a causas invencíveis, e a História sairia das explanações gerais e fáceis para rastrear as sinuosidades das evidências intrincadas. Na aceitação de mr. Lea da história eclesiástica, a intolerância é repassada como uma regra da vida desde os tempos de São Cipriano, e os poucos que recuaram diante dos patíbulos e das fogueiras foram exceções que trilhavam caminho próprio, diferente do de São Pedro. Mesmo em sua própria época, ele não cuida em mostrar que os waldenses se opuseram à perseguição, não em autodefesa, mas por sequência necessária de pensamento. E quando descreve Eutychius como homem obscuro, que marcou posição no quinto concílio geral e foi recompensado com a patriarcado de Constantinopla — Eutychius que já era patriarca quando o concílio se reuniu e que, por duas vezes, retirou Formosus de seu túmulo para exibi-lo com seus paramentos em Roma —, é possível suspeitar-se de que sua perfeita percepção da história documental do século XII não vai ao passado com a mesma perfeição.

Se mr. Lea se mostra distante naquilo que domina como colecionador, seu crédito como juiz de testemunho é alto. O teste decisivo de sua sagacidade crítica é o tratamento de mestre do caso contra os templários. Eles foram condenados sem contemplação, pela Igreja e pelo Estado, por padres e juristas, e até os dias de hoje cautelosos analistas de provas, como Prutz e Lavocat, proporcionam um veredicto vacilante. Diante de muitos precursores crédulos e de diversos testemunhos simultâneos, mr. Lea afirma que o monstruoso julgamento foi uma conspiração e que todas as evidências acusatórias foram falsidades. Seu antecessor imediato, Schottmüller, o primeiro escritor a conhecer deveras os fatos, tornou fácil essa conclusão. Mas o americano não tem a mesma ótica do acadêmico prussiano. Pesquisa e julga por si próprio, e, em sua estimativa do principal ator da tragédia, Clemente V, faz avaliação diferente. Rejeita como falsificações todo um conjunto de confissões não publicadas e ressalta que uma bula não do gosto dos inquisidores não é reproduzida por completo no *Bullarium Dominicanum*. Porém falha na colação, e é em geral ciumento ao não deixar que os leitores tenham acesso às suas fontes, as consultem e façam as comparações. No caso de Delicieux, que quase fecha o drama de Languedoc, ele consulta fontes próprias, independentemente de Hauréau, e, no final, adota observação marginal em Limborch de que o Papa agravou a punição. Noutros lugares, deposita sua confiança no *Historia Tribulationum*, e não apresenta motivo por descartar o relato diferente lá dado sobre a morte de Delicieux: "Ipsum fratrem Bernardum sibi dari a summo pontifice petierunt. Et videns summus pontifex quod secundum accusationes quas de eo fecerant fratres minores justitiam postularent, tradidit eis eum. Qui, quum suscepissent eum in sua potestate, sicut canes, cum vehementer furiunt, lacerant quam capiunt bestima, ita ipsi diversis afflictionibus et cruciatibus laniaverunt eum. Et videntes quod neque inquisitionibus nec tormentis poterant pompam de eo facere in populo, quam quarebant, in arctissimo carcere eum reduxerunt, ibidem eum taliter tractantes, quod infra paucos menses, quase per ignem et aquam transiens, de carcere corporis et minorum et praedicatorum liberatus gloriose triumphans de mundi principe, migravit ad coelos."

Conseguimos apenas uma certeza muito genérica de que o destino de Cecco d'Ascoli se relaciona com a força de documentos publicados em Florença. Não está declarado o que eles são. Não há menção ao epitáfio pronunciado pelo papa que dele fez seu médico: "Cucullati Minores recentiorum Peripateticorum principem perdiderunt." Não nos é dito que Cecco repreendeu Dante pela mesma e fatídica inclinação pela qual ele mesmo, Cecco, iria morrer: "Non è fortuna cui ragion non vinca"; ou sobre a disputa entre os dois: "An ars natura fortior ac potentior existeret," e que a rixa foi suplantada pela experiência: "Aligherius, qui opinionem oppositam mordicus tuebatur, falem domesticam Stabili objiciebat, quam ea arte instituerat, ut ungulis candelabrum teneret, dum is noctu legeret, vel coenaret. Cicchius igitur, ut in sententiam suam Aligherium pertraheret, scutula assumpta, ubi duo musculi asservabantur inclusi, illos in conspectum felis dimisit; quae naturae ingenio inemendabili obsequens, muribus vix inspectis, illico in terram candelabrum abjecit, et ultro citroque cursare ac vestigiis praedam persequi instituit." Ou a defesa de Cecco d'Ascoli feita por Appiani escapou a mr. Lea, que não menciona em absoluto o *Historia di tutte l' Heresie*, de Bernino, onde ela é mencionada, ou o autor não confia em Bernino por ter qualificado Dante de cismático, ou talvez rejeite tudo como lenda, em prol da certeza da História. No entanto, mr. Lea não desdenha da narrativa legendária de sua execução: "A tradição relata que ele soubera, em função de suas premonições, que deveria morrer entre África e Campo Fiore, e tão certo estava disso que, a caminho da estaca, zombou de seus guardas e os ridicularizou; mas quando a fogueira foi acesa, perguntou se havia por perto algum lugar chamado África, e lhe foi dito que esse era o nome de pequeno riacho das vizinhanças que fluía de Fiesole para o Arno. Foi então que ele percebeu que Florença era o Campo das Flores e que fora miseravelmente enganado." O documento florentino que tenho diante de mim, se o mesmo ou um outro, não sei, não diz nada sobre zombaria intempestiva ou fraude miserável: "Aveva inteso dal demonio dover lui morire di morte accidentale infra l' Affrica e campo di fiore; per lo che cercando do conservar la reputazione sua, ordinò di non andar mai nelle parti d' Affrica; e credendo tal fallacia è di potere sbeffare la gente, pubblicamente in Italia esecutava l'arte della negromanzia, et essendo per questo preso in Firenze e per la sua confessione essendo già giudicato al fuoco e legato al palo, nè vedendo alcum segno della sua liberazione, avendo prima fatto i soliti scongiuri, domando alle persone che erano all' intorno, se quivi vicino era alcun luogo che si ciamasse Affrica, et essendogli risposto di si, cioè un fiumicello che correva ivi presso, il quale discende da Fiesole ed è chiamato Affrica, considerando che il demonio per lo campo de' fiori aveva inteso Fiorenza, e per l' Affrica quel fiumicello, ostinato nella sua perfidia, disse al manigoldo che quanto prima attaccasse il fuoco."

Mr. Lea acha que as condições insustentáveis oferecidas ao conde de Toulouse pelo concílio de Arles, em 1211, não são autênticas. M. Paul Meyer oferece razões em contrário em suas notas para a tradução de *Chanson de la Croisade*, pp. 75-77; e os editores de Vaissète (vi. 347) são da mesma opinião que M. Paul Meyer. Acontece que mr. Lea lê a *Chanson* na *editio princeps* de Fauriel; e, nessa fonte particular, cita a *Histoire de Languedoc* da edição antiga e substituída. De uma carta recentemente revelada no *Archiv für Geschichte des Mittelalters*, infere que o decreto de Clemente V sobre os privilégios dos inquisidores foi alterado antes de sua publicação. Um franciscano escreve de Avignon quando os cânones ficaram prontos: "Inquisitores etiam heretice pravitatis restinguuntur et supponuntur episcopis" – o que o autor pensa implicar algo bem mais decisivo do que as regulamentações como finalmente apareceram. Ehrle, que publica a carta, frisa que o missivista exagerou a importância da mudança pretendida, mas afirma isso não dessa frase e sim da que a precede imediatamente. Mr. Lea reconheceu noutra passagem a gravidade dessa reforma de Clemente. Como se apresenta, foi considerada injuriosa pelos inquisidores e provocou repetidos protestos de Bernardus Guidonis: "Ex predicta autem ordinatione seu restrictione nonnulla inconvenientia consecuntur, que liberum et expeditum cursum officii inquisitoris tam in manibus dyocesaborum quam etiam inquisitorum diminuunt seu retardant (...). Que apostolice sedis cicumspecta provisione ac provida circumspectione indigent, ut remedientur, aut moderentur in melius, seu pocius totaliter suspendantur propter nonnulla inconvenientia que consecuntur ex ipsis circa liberum et expeditum cursum officii inquisitoris."

O costume feudal, que supriu Beaumarchais com o enredo para sua peça, recruta um resoluto crente como historiador da Inquisição que nos assegura que as prerrogativas podem ser encontradas em certas páginas do *Sacerdotal Celibacy*. Lá, entretanto, elas são procuradas em vão. Alguns exemplos duvidosos são citados, e o pesquisador insatisfeito é remetido aos Fors de Béarn ou a Lagrèze, e lá é informado que M. Louis Veuillot não conseguiu lucro algum com a matéria. Lembro-me de que M. Veuillot, com seu profundo desdém pelo aprendizado enciclopédico, não fez segredo de que só abraçou a causa porque a Igreja fora atacada, mas que conseguiu os fatos de uma outra pessoa. Homens mais circunspectos que Veuillot partilharam sua conclusão. Sir Henry Maine, tendo apreciado o assunto da sua forma rápida e decisiva, declarou que uma situação como a do *droit du seigneur* era tão rara quanto a do Judeu Errante. Baseando seu caso nos Pirineus, mr. Lea demonstra seu juízo de valor habitual. Mas sua afirmação categórica é um modo muito fácil e desrespeitoso de resolver a controvérsia que persiste, infatigável, da Espanha à Silésia, sobre a qual novos fatos vêm à luz todos os anos e voltam à obscuridade, perfurados pelas setas dos críticos.

Um exemplo de uso muito descuidado da autoridade ocorre no cerco de Béziers: "Um fervoroso contemporâneo cisterciense nos informa que, quando foi perguntado a Arnaud se os católicos deveriam ser poupados, ele temeu que os hereges escapassem simulando ortodoxia e respondeu veementemente: 'Matem todos, porque Deus conhece os Seus.'" Caesarius, a quem devemos o *locus classicus*, era um cisterciense e contemporâneo, porém não tão fervoroso assim, porque conta em relatório, não como fato, com uma cautela que não deve ter desvanecido: "Fertur dixisse: Caedite eos. Novite enim Dominus qui sunt eius!" Os defensores dos católicos foram convocados para separá-los dos *cathari* (puros), mas disseram que aqueles estavam dispostos a partilhar o destino desses. Ficou então decidido dar uma lição que, assim nos é dito, frutificou depois. Citeaux adotou de pronto o discurso do abade e deu-lhe consequência. Contudo, sua rejeição dos acadêmicos franceses, Tamizey de Larroque e Auguste Molinier, foi um alerta contra sua apresentação como uma superfície sem arestas, como coisa testada e garantida. Mr. Lea, em outras passagens, mostrou sua descrença em Caesarius de Heisterbach, e sabe que a história escrita com base nele seria para outro planeta. Palavras tão ferozes são registradas de outro legado num cerco distinto (Langlois, *Règne de Philippe de Hardi*, p. 156). Sua significação trágica para a história não está na boca de um cruzado enfurecido ao arrostar uma fortaleza, mas na pena de um monge inofensivo, observando e orando sob o pico sereno das Sete Montanhas.

Mr. Lea não se propõe a contestar qualquer doutrina ou a propor qualquer moral. Ele começa com manifesto desejo de não dizer o que pode ser aduzido injustamente ao caráter ou sentimento dos homens. Escreve história pura e se abstrai metodicamente da história aplicada. O amplo e suficiente reino dos fatos é dividido por uma fronteira científica do mundo exterior dos argumentos interesseiros. Ele não se abala além dessa fronteira nem aspira inflamar paixões, tampouco pretende compor o grande *eirenikon*.* Os que abordam o texto com amor ou ódio saem de mãos vazias; pode ser até que o autor tente contemplar os dois sentimentos. Ele busca seu objetivo não se colocando numa posição distante, como se o nome que deixou Polyphemus perplexo fosse o adequado para os historiadores, mas percorrendo sucessivamente linhas opostas. Entende que

---

* N. T.: Proposta de tratado de paz.

a Europa civilizada deve sua preservação ao centro irradiador de poder religioso de Roma, e se mostra agradecido a Inocêncio III pelo vigor com que reconheceu que tal força era o único remédio para as pestilentas opiniões de fanáticos desorientados. Uma de suas autoridades é o inquisidor Bernardus Guidonis, e não há escritor que, sob diversas formas, ele cite com tanta frequência. Mas quando Guidonis diz que Dolcino e Margarita sofreram *per juditium ecclesie*, mr. Lea cuida de justificar o clero pela culpa de seus sofrimentos.

Pela distinção que faz entre despotismo e seu abuso, e pela frase, desdenhosa de eleições, sobre rios que não podem se elevar acima de suas fontes, parece que mr. Lea não está sob a compulsão ao liberalismo rígido que, ao reprimir o teste do tempo e ao aplicar as principais regras da moralidade em todos os cantos, converte toda a história no assustador monumento ao pecado. Ainda assim, na esteira de passagens que empurram os elogios à autoridade para a beira da ironia, denúncias medonhas se seguem. Quando o autor revê sua obra, discerne "uma cena de quase total escuridão". Assevera que "a queimação deliberada de seres humanos vivos por diferença de crença é uma atrocidade". E fala de uma "legislação diabólica", "uma curiosidade infernal", uma "ferocidade aparentemente sem causa que parece perseguir pelo mero prazer de perseguir." A Inquisição "só é enérgica para o mal"; ela é "uma permanente zombaria da justiça, talvez a mais iníqua das crueldades arbitrárias jamais concebidas pelo homem".

Não se trata do protesto de uma humanidade ferida. A determinação resoluta em resguardar a doutrina não foi estritamente observada. No julgamento particular do escritor, o pensamento da Idade Média foi falacioso, e sua crença, supersticiosa. Pelas massas sofredoras e pecadoras da humanidade, ele demonstra simpatia ilustrada; pelas complicações da especulação, nenhuma. Afaga uma descrença – teológica ou indutiva, não importa – nos pecadores resgatados pelo arrependimento e nas bênçãos obtidas pela prece. Entre uma culpa perdoada e uma punição perdoada, ele traça uma divisa tênue que deixa em dúvida se Lutero partiu dos limites do purgatório ou do inferno. Descobre que era preceito universal quebrar a fé dos hereges, que sua destruição não constituía inovação arbitrária ou artificial, e sim resultado compatível com o espírito tradicional da Igreja. Sinaliza que o horror à sensualidade pode ter ido longe demais, e que São Francisco de Assis não ficou muito distante de um adorador do demônio. Prescott, acho eu, viu semelhança entre o deus de Montezuma e o deus de Torquemada; mas viu e suspeitou menos que seu conterrâneo mais instruído. Se qualquer vida restou de Strappado e Samarra, nenhum livro precisaria de mais que a descrição de suas vicissitudes para denotar a ideia de seu autor, ou para se alinhar com o escandaloso volume resgatado da queimação de Champel, que ainda hoje é exibido aos peregrinos unitaristas na Rue de Richelieu.

Em outras passagens características, o autor nos ensina a observar a intervenção das paixões, ambições e avareza humanas, e do seu poder; sentimentos que vadeiam oceanos de maldade invariável, e com aquele senso de depressão que vem de *Mores Catholici* ou de *Origines de la France Contemporaine*, de Digby, livros que afetam a mente pela pressão de exemplos repetidos. A Inquisição não é meramente "a consequência monstruosa de zelo equivocado", mas é "empregada pela ganância egoísta e pela sede de poder". Não há acúmulo de motivos secundários que nos confronte com a verdadeira causa. Alguns dos que embeberam suas espadas com sangue preliminar no caminho para a guerra santa poderiam dever dinheiro às suas vítimas; alguns que, em 1348, participaram dos piores crimes que as nações cristãs cometeram talvez acreditassem que os judeus alastravam a praga. Todavia, o problema não está lá. Nem a credulidade nem a cupidez explicam o ocorrido. Não são necessários acadêmicos de peso, assoberbados com imensa pesquisa, para demonstrar como homens comuns de uma era bárbara foram tentados e desmoralizados pelo tremendo poder sobre a dor, a morte e o inferno. Temos que aprender por qual processo de raciocínio, por qual motivação ética, homens formados na caridade e na compaixão tornaram-se agradavelmente familiarizados com os mistérios das câmaras de tortura, das prisões perpétuas e das estacas das fogueiras. Aclarado isso, quando se explica por que a mais gentil das mulheres escolhe Conrad de Marburgo para guardião de sua consciência e, inversamente, como aquele implacável carniceiro orientou tão pura penitente quanto Santa Elizabeth, segue-se um problema maior. Depois da primeira geração, descobrimos que as mentes mais fortes, mais originais e mais independentes da Europa — homens nascidos para a oposição, que não reverenciavam nem se deixavam deslumbrar pela lei canônica e pela teologia escolástica, pelo mestre das sentenças, pelo filósofo ou pelo glossário — concordaram por completo com Guala e Raimundo. E nos perguntamos como, depois que o zelo oficial arrefeceu e não houve mais obrigatoriedade, a causa prostrada foi retomada pelo Concílio de Constança, pela Universidade de Paris, pelas Estados Gerais, pela Câmara dos Comuns e pelos primeiros reformadores; como Ximenes suplantou os primeiros dominicanos, enquanto Vives

Lord Acton

ensinava tolerância; como Fisher, com o pequeno livreto do amigo sobre liberalismo revolucionário no bolso, declarou que a violência era o melhor argumento com os protestantes; como Lutero, excomungado por condenar a perseguição, tornou-se um perseguidor. A força do hábito não nos ajudará, nem o amor ou o temor à autoridade, tampouco a absorção não percebida das emanações circundantes.

Noutro lugar, mr. Lea, talvez relembrando Maryland, Rhode Island e Pensilvânia, fala de "qual era a opinião pública universal do século XIII ao XVII". O obstáculo para essa teoria, como a de um navio subindo o Tâmisa, ou a de um corpo celestial na cauda de um cometa, é que tal opinião não está associada ao domínio do tempo, e permanece inabalável. O democrata dominicano que se instalou na Montanha em 1848 jamais vacilou quanto aos princípios de sua ordem. Com mais frequência e, penso eu, mais deliberadamente, mr. Lea assevera que a intolerância está implícita na definição da Igreja medieval, que ela espocou pela raiz e cresceu pela "própria lei de seu ser". Não foi uma conveniência desesperada da autoridade porque "as pessoas estavam tão ávidas quanto os pastores para enviar os hereges às estacas". Por conseguinte, ele não culpa os perpetradores e sim o credo herdado. "Nenhum crente convicto da doutrina da salvação exclusiva poderia duvidar de que o mais verdadeiro dos perdões consistia em varrer os emissários de Satã pelo fogo e pela espada". O que temos aqui é a lógica da história, compelindo cada sistema a proferir a última palavra, a esvaziar suas bolsas e a trabalhar suas consequências até o fim. Porém tal doutrina radical desencaminha seu autor para o anacronismo de que, já com o primeiro Leão, "o passo final foi dado, e a

Igreja está definitivamente comprometida com a supressão da heresia a qualquer custo".

Não achamos que os historiadores devam compor nossas opiniões ou livrar-nos das dores purificadoras do pensamento. Basta que descartem o dogmatismo, protelem julgamentos, ou julguem, como o filósofo, por preceitos que possam servir de guia para nós. Contentamo-nos quando negam a si próprios e reprimem seus sentimentos e desejos. Quando esses são contraditórios ou evidentemente colorem o meio, uma curiosidade profana é engendrada para que se descubra não só o que o escritor sabe, mas o que ele pensa. Mr. Lea tem malicioso prazer em confundir a inquirição no princípio de seu julgamento. Tendo descoberto, no Catecismo de Saint Sulpice, que os católicos devotos estão ao mesmo nível dos fanáticos cuja simpatia com Satã tornou o santo ofício um requisito da civilização e tendo, com tal censura exuberante, nos preparado para ouvir que esse requisito da civilização "pode bem ser invenção do demônio", ele chega à inarmônica conclusão de que ele foi forjado e trabalhado, com benefício para suas almas, por homens sinceros e pios. A condenação de Hus é o caso adequado, pois foi o mais extremo de todos. O concílio era senhor da situação e estava repleto de homens acostumados a desconsiderar a autoridade da Santa Sé e a denunciar seus atos. Praticamente, não existia papa, seja em Roma, seja em Avignon. A Inquisição perdia o fervor. Havia um pleito plausível de deferência ao imperador e seu salvo-conduto; existia consideração imperativa sobre o futuro religioso da Boêmia. Os eclesiásticos reformadores eram livres para buscar seus próprios esquemas de justiça, piedade e política. O esquema que perseguiam encontrou um assíduo apologista em seu novo historiador. "Acusar os bons padres de Constança de má-fé consciente" é impossível. Observar o salvo-conduto pareceria absurdo "aos mais conscienciosos juristas do concílio". Em resumo, "se o resultado era inevitável, foi culpa do sistema e não dos juízes, e suas consciências ficaram muito tranquilas".

Pode haver bem mais que precaução de oratória de um acadêmico que não deseja nada, que opta por ser discreto em vez de explícito; podem ser até emanações de determinada mente nem sempre afinadas no mesmo tom. Não se trata da vontade de recuperar um favorito ou de esclarecer um registro, mas uma fusão de doutrinas não resolvidas de contenda retrospectiva. Há uma demonstração de progresso no olhar para trás sem olhar para cima, em descobrir que o velho mundo cometia inveterada injustiça, que o cosmos, inexorável com a tolice, é indiferente ao pecado. O homem não é uma abstração, mas produto manufaturado da sociedade na qual progride ou fracassa; que responde por crimes que são a sombra e o eco de suas próprias virtudes mais nobres; e que não tem o direito de enforcar o velhaco que cria. Antes de vergastar uma classe detectada, penalize a não detectada. Crime sem vilão, vítima não vingada que perece sem ser por culpa do homem, lei sem responsabilidade, agentes virtuosos de uma causa odiosa — todos eles são sinais e galhardetes de uma filosofia não recente, incipiente e não articulada, que aguarda análise do professor Flint.

Nenhuma proposição é mais simples ou abrangente do que as duas seguintes: um descrente incorrigível tem de ser queimado e quem o queima tem de ser enforcado. O mundo, como expandido na projeção liberal e hegemônica, é franqueado para todos os homens, e as alternativas — que Lacordaire foi mau e Conrad bom —

são claras em todas as direções. Mas elas são muito vulgares e palpáveis para mr. Lea. Ele segue curso mais sutil. Não condena o herege, mas também não o protege de sua sina. Não se preocupa com o inquisidor, porém não oferece resistência ao cumprimento das atribuições desse inquisidor. Estabelecer posição sustentável nessa plataforma pequena, mas indispensável, é o epílogo que os dolorosos volumes buscam, mas que não achamos, tal qual o viajante que descobre um precipício à direita, outro à esquerda, e nada entre os dois. A profunda e admirável erudição que os volumes exibem conduz, como o *Culturgeschichte* de Hellwald, a um grande ponto de interrogação. Quando lemos que Carolina e a selvagem justiça dos juízes Tudor tiveram a ver com a revolução psicológica magnificamente complexa que ocorreu, depois do ano 1200, nas proximidades do Golfo do Leão e do Mar Tirreno, perdemos o fio da meada histórica. Quando aprendemos que Prisciliano foi assassinado (i. 214), mas que Lechler não tinha direito algum de denominar a sentença de Hus como "ein wahrer Justizmord" (ii. 494), e, mais uma vez, que a queimação de um herege era, afinal de contas, um assassinato judicial (i. 552), ficamos privados da resposta filosófica.

Embora mr. Lea dê pouca atenção a Pani e Hefele, Gams e Du Bos, e a outros que escrevem sobre a Inquisição sem alegar ignorância, ele enfatiza um belga que escreveu ultimamente que a Igreja jamais empregou constrangimento direto contra hereges. Pessoas que nunca ouviram falar desse belga ficarão intrigadas com o tratamento dado à sua folha de parreira convencional. Quase a mesma afirmativa pode ser encontrada, com diversidade de cautela e confiança, numa série de eclesiásticos, de Bergier a Newman.

Lord Acton

Parecer não familiarizado com a defesa expõe o escritor ao ataque de que não se pode conhecer a força ou a fraqueza de um caso até que sejam ouvidos seus advogados. A liberalidade de Leão XIII, que rendeu uma esplêndida e imparcial colheita a Ehrle, e Schottmüller e à École Française, levanta a questão de se o abade Duchesne ou o padre Denifle, supridos com todos os recursos dos arquivos que não são mais secretos, produziriam um relato muito diferente e mais completo. Como uma filosofia da perseguição religiosa, o livro é inadequado. A derivação das seitas, se bem que sempre sobre bons suportes, emerge de um pano de fundo indistinto da história dogmática. As máximas introduzidas, obscurecidas pelas sombras do tempo, fracassam em garantir por inteiro o tratamento objetivo e delicado da teoria medieval. Mas as partes vitais são protegidas por uma panóplia de correspondências. Da cruzada albigense à queda dos templários e à do movimento franciscanos, onde está a chave para Dante, o projeto e a organização, a atividade e o declínio da Inquisição constituem uma estrutura sólida que resistirá à censura dos críticos. Afora as surpresas que ainda podem advir de Roma e a manifesta abundância da Filadélfia, o conhecimento de domínio comum, ao alcance dos homens que invocam com seriedade a História como remédio definitivo para a inverdade e árbitro soberano da opinião, pouco poderá acrescentar aos esforços de pesquisa do americano.

CAPÍTULO XXXI

*Memórias de Talleyrand**

A realidade da História é tão diferente do relato, que continuamos, a despeito de muito desapontamento, buscando revelações sempre que um personagem importante nos deixa suas reminiscências. O famoso livro, tão esperado e tão longamente retido, não satisfará aqueles, como a primeira rainha da Prússia, que demandarem saber *le pourquoy du pourquoy*. O mais experimentado e sagaz dos homens discursa sobre certos eventos selecionados que o interessaram e faz juízo de valor sobre duas gerações de contemporâneos; mas desvenda poucos segredos e não causa surpresas. Nada poderia aumentar o esplendor dos talentos que se diz ter exibido – segundo o malévolo testemunho de Vitrolles – na primeira restauração, ou que ficaram provados em sua própria correspondência de Viena. Contudo, passamos a conhecê-lo melhor; e tudo o que ele diz e muito do que esconde trazem à luz vívida uma das maravilhas da política moderna.

Três meses depois da queda de Napoleão, Talleyrand deixou a função que ocupava no governo, com a oposição da Rússia, a antipatia do rei e o ódio dos realistas triunfantes. Sob tal constelação e

---

* Publicado na *Nineteenth Century* 29 (1891):670-684. Republicado em Acton, *Historical Essays*, pp. 393-413.

principalmente no ano de 1816, escreveu essas Memórias. A motivação dissimulada é explicar os estágios iniciais de sua carreira, ou prestar satisfação sobre eles; expor seus incomparáveis serviços à coroa, ao país e ao partido dominante; e mostrar que nada o desqualificava para o primeiro lugar que ocupou nos conselhos da monarquia que restaurou. Não se trata de pleito de competidor vulgar, porque, malgrado toda a sua irrequieta ambição, ele escreve com moderação e reserva estudadas. Seu tom não é aquele de um homem distante contemplando suas próprias conquistas, sua imensa reputação, seu lugar assegurado no centro da história do mundo. Talleyrand se mostra insatisfeito, satírico e quase sempre amargo no seu julgamento dos homens. O melhor para dissociá-lo de uma comunicação maléfica é o elaborado ataque que faz ao duque de Orleans, que seria uma nódoa na composição não fora o parágrafo redentor sobre Sieyès, a melhor de todas as personalidades que descreve. Passa por cima de sua própria parcela de trabalho na Assembleia Nacional, justifica sua atitude sob Napoleão pela necessidade premente da monarquia e pelo rompimento com ele sobre a questão da Espanha e acerta o passo com a Igreja mediante a detalhada narrativa de suas contendas com Roma.

Sua fama era a de homem muito indolente para se dar ao trabalho de escrever; supõe-se que Des Renaudes tomou da pena por ele numa dada ocasião, e La Besnardière noutra. Chateaubriand, que devotou suas sentenças mais devastadoras ao ofício de denunciá-lo como traidor na política e na religião, e insistiu em dizer que seu último ato na vida fora uma comédia fraudulenta, cita uma carta para ele mesmo como evidência de que Talleyrand era carente de ideias e escrevia com estilo de pouca substância. Os livros foram preparados com muito esmero e, na passagem em que há uma justificativa expressa, o foram com poder inusitado. Por vezes, o autor mostra que se acostumou às conversas despreocupadas com mentes inferiores. Ele demonstra mais bom senso que originalidade, e poucos lampejos inesperados, como seu amigo Hamilton e seu mestre Maquiavel.

Embora Talleyrand tivesse o hábito de mostrar partes de suas Memórias para muitas pessoas, seu testamenteiro literário achou por bem não as publicar até o ano de 1888. Àquela época, elas eram propriedade de M. Andral, que gostaria de retardar a supressão. A cautela excessiva não foi explicada. Andral, neto de Royer-Collard, que presidira o Conselho de Estado sob MacMahon, e, na luta pelo governo de classe, pensou-se certa vez que era chefe de um ministério extraparlamentar no modelo americano, foi muito consultado como assessor astuto por ser versado em questões públicas e privadas. Os afazeres de sua vida não lhe deram tempo para se dedicar a assuntos mais remotos, e ele esquivou-se de pesquisar em seu precioso acervo. Deu conhecimento do manuscrito ao conde de Paris, embora o negasse ao amigo Thiers. Ao falecer, deixou-o em herança para o distinto escritor, que é, ao mesmo tempo, líder partidário e um portador de nome histórico.

Talleyrand não favorece os homens que ocupam postos de autoridade, nem os preceitos de afeiçoamento e respeito. Em suas Memórias, proclama veementemente que a razão não aceita coisas como lealdade a um homem ou a um partido; que quem serve determinada ordem de coisas faz bem em ficar preparado para a próxima; que a marca de um homem forte é o emprego de princípios, e a do fraco, a obediência a eles. As Memórias são particularmente injuriosas para com a Casa de Orleans; e uma passagem relacionada a Philippe Egalité é a única parte do manuscrito que se deixou sumir; o hiato de diversas folhas levanta a questão da segunda cópia. O duque de Broglie publica o texto final e autêntico; mas existe uma transcrição anterior na qual há indícios de que foi retocada pelo próprio autor. Por razões meritórias, seu possuidor, até aqui, jamais optou por fazer nenhum uso dela, porém, agora, poder-se-á saber se ela completa o texto publicado e esclarece o sucessivo crescimento das Memórias. Duas ou três passagens são, evidentemente, inserções posteriores; algumas foram escritas bem antes; e será interessante pesquisar se os capítulos espanhol e romano são inteiramente obras do próprio Talleyrand. Um deles dificilmente se coaduna com sua mente quase sempre secular, e os dois têm perspectivas equivocadas.

Os críticos franceses detectarão facilmente inexatidões além daquelas que o editor apontou e corrigiu. Não é verdade que os austríacos foram derrotados na Alemanha em 1796; Carnot nunca esteve em Caiena; Oudinot não era um marechal em 1808. Em uma de suas cartas, Talleyrand mostrou quão pouco sabia sobre a política inglesa quando disse que os Whigs raramente ficaram mais que pequenos períodos de tempo no poder desde 1688. Lapsos de memória e enganos involuntários não invalidam as Memórias. As omissões são mais suspeitas e sinalizam propósito. A observação de que Marengo também tornou Hohenlinden supérflua ignora, curiosamente, o tratado com St. Julien, uma das menos respeitáveis transações na vida do negociador francês. Mas seria injusto insistir sobre coisas não contadas; isso porque, embora o autor, ao percorrer vasto horizonte, tenha deslizado discretamente por locais traiçoeiros, ele não procurou oportunidades para vanglória e, mercê de sua boa formação, não registra as cenas em que exibiu sua agilidade em emergências e sua facilidade para desconcertar oponentes. Também não descreve as deliberações do governo provisório nem a arte da negociação para fazer com que um senado repleto de regicidas se declarasse favorável aos Bourbons. Faz ainda menos justiça a si mesmo quando relata que Napoleão, recusando-se a preservar sua coroa pela redução de território, disse: "Encontre outros senhores – je suis trop grand pour vous." Esta frase, dada a conhecer no ano passado e que leva a chancela da garra do leão, provou que a misteriosa duplicata é autêntica. O que Talleyrand não diz é que Napoleão, depois das históricas palavras, consentiu pelo menos com as condições oferecidas em Châtillon; e que ele, em maio, assinou a paz em termos mais favoráveis. Exemplos desse tipo são tantos que o duque de Broglie estima que a obra que publicou não foi concebida como apologia.

Ele se queixa de que madame de Staël não é mencionada entre os que propugnaram pelo fim da proscrição ao autor. Mas Talleyrand reconhece que deve a ela sua apresentação a Barras e sua primeira nomeação para ministro dos Negócios Estrangeiros. Afirma que, de sua parte, preferiria ter permanecido distante, mas que cedeu, relutantemente, por sua influência. Dá crédito total à iniciativa dela para um passo que iria levá-lo muito longe. A história tem sido contada de outra forma. Talleyrand teria declarado a madame de Staël que seu dinheiro estava acabando e que se, no prazo de um mês, ela não encontrasse uma saída, estouraria os miolos. Essa é a versão de Barante, o menos inventivo dos homens, que conhecia os dois muito bem e que havia visto as Memórias, e que prossegue descrevendo o encontro com o diretor Barras e a cena em Suresnes, da mesma forma que os dois o fazem. Se o bem informado e desinteressado historiador merece crédito, as Memórias devem ser descartadas como uma concatenação de insinceridades. Ele não é, contudo, testemunha suficiente para lavrar tal veredicto. Pois diz que os amigos logo depois discutiram, que Talleyrand jamais deixou de detestar a mulher a quem devia tanto, e que ela, movida pela raiva, nunca mais sonhou com uma reconciliação. Nada obstante, em fevereiro de 1809, ela suplicou a intervenção dele junto ao imperador em termos pouco dignos em qualquer circunstância e incompatíveis com irreconciabilidade. O rompimento da parte dela não poderia ter sido incurável como Barante o descreveu. No entanto, aquela ocasião deve ter suscitado sentimentos fortes.

Os enviados americanos fizeram saber que tinham sido convidados a ofertar um presente em dinheiro ao ministro francês, e Talleyrand escarneceu da ideia de ser desafiado a repelir a acusação. A censura quanto à corrupção oficial talvez seja a mais difícil de defender entre todas aquelas que lhe foram feitas. O conde Senfft, que, quando o conheci, era interno do Colégio dos Jesuítas de Innsbruck, mas que havia sido caloroso admirador e amigo de Talleyrand desde 1806, relata que ele fez com que fossem devolvidos quatro milhões de florins aos poloneses quando se considerou incapacitado de servir à causa deles; mas que aceitou presentes em dinheiro dos príncipes germânicos, cujos interesses defendeu, inclusive um pagamento de quarenta mil libras do rei da Saxônia. O próprio Senfft era ministro saxão e, como tal, tinha acesso aos segredos de Dresden e Varsóvia. Bacourt, que tem sido cuidadoso em garantir que Metternich e Nesselrode não receberam milhões da França, não diz coisa alguma para isentar seu chefe e patrono. O volume seguinte, que contém o relato de Talleyrand sobre a execução de Enghien, possivelmente dará alguma resposta à formidável imputação que lhe foi feita. Em um de seus primeiros despachos, o autor censura a venalidade de Thugut; mas seus documentos, até onde sabemos, não dizem nada sobre sua própria. Pode-se argumentar que o que ele fez não foi em segredo, que a reconstrução da Europa em ruínas depois da guerra revolucionária, durante a confederação do Reno e no Congresso de Viena, proporcionou oportunidades tão excepcionais que podem ser equiparadas a desculpas; que Napoleão, que permitiu que seu irmão trouxesse de Madri sacos de diamantes, admitia a prática dos *douceurs* diplomáticos e distribuiu enormes quantias dessa forma. Os inimigos dos Estados Unidos afirmavam que o tratado de Ashburton foi alcançado por um método que pode ser retraçado nos livros dos Barings.

Talleyrand confere a si mesmo toda a vantagem que se pode conseguir depreciando outros. Fala cordialmente de Hamilton e com respeito de Lansdowne e Fox, na Inglaterra, e Mollien e Caulaincourt, na França; e se coloca acima do erro ineficaz e vulgar de insultar inimigos. Os amigos não gozam de imunidade quanto à sua têmpera satírica; e ele é rigoroso em relação ao seu tutor Langfois, ao seu secretário Des Renaudes e ao seu amigo íntimo Narbonne. Diz que a escolha de Necker foi a pior que o rei poderia ter feito; Lafayette está abaixo do nível da mediocridade; Breteuil só pode ocupar segundo plano em qualquer lugar; Sieyès não seria um embusteiro se não fosse covarde; as mãos de Carnot pingavam de sangue; Fesch é um pirata travestido de cardeal; Joseph e Jerome são libertinos inglórios; o mais brilhante dos marechais, Suchet, é *quelque peu bel esprit*; seu próprio sucessor, Champagny, começa o dia corrigindo as bobagens que fez no dia anterior; Humboldt é um tédio; Metternich é tortuoso e de segunda categoria; Wellington não dá atenção a princípios; Castlereagh reforça a prerrogativa de ignorância do inglês.

A maioria das personalidades históricas provavelmente será desfavorecida se as julgarmos por padrões fixos; mas Talleyrand não exibe o que é conhecido por padrão de moralidade pública ou privada. Ele conta como objetou com o imperador, em grande parte para se engrandecer, quanto à sua política espanhola, dizendo que muita malfeitoria podia ser desculpada, mas que uma mera trapaça era desprezível. Mostrava-se disposto a fazer sacrifícios ao seu senso, não de dever, mas de propriedade. O que o choca é a indignidade oferecida à família real, não o mal feito à nação espanhola, pois ele mesmo havia proposto que a França anexasse a Catalunha. Essa passagem, juntamente com uma ou duas mais, dá a medida de sua noção de certo e errado. Relata que, como estudante de seminário, foi rapaz calado, ressentido e taciturno, e que acabou resgatado dessa condição doentia por uma atriz, que conheceu sob um guarda-sol e com quem viveu por dois anos. Confessa que ela era uma tola; porém acrescenta, com genuína complacência, que, em grande parte por obra dela, aprimorou suas maneiras e seu ânimo, e que, assim, as autoridades aprenderam a não se meter com um jovem de boa família, predestinado a ser um ministro de estado, um cardeal ou mesmo dispensador do patronato da coroa. Escrever dessa forma em Memórias endereçadas à sociedade

Lord Acton

da Restauração bem demonstra quão inadequada era sua compreensão de bom e mau. Noutra passagem, conta como uma senhora, cuja intimidade com ele não escapou ao escândalo, solicitou que se mantivesse afastado do local onde ela residia, já que sua presença poderia ameaçar um casamento pretendido. Dá conhecimento do nome da senhora e acrescenta que o matrimônio ocorreu sem atropelos, embora existissem outros que poderiam constituir obstáculo tão grande quanto ele. E aqui tem que ser reconhecido que o grande mestre dos cerimoniais e da arte social baixou o nível, e passa-se a suspeitar que uma vitalidade moral inferior tem tanto a ver com as nódoas em sua vida quanto as paixões violentas e as tentações extremas.

Talleyrand quer que seja entendido que, em toda a sua versátil carreira, não foi simples oportunista e sim um homem que se orientou por estrelas fixas, aplicando princípios à política, ocupado e possuído por certas ideias gerais superiores que transcendiam tempo e espaço. Muitos volumes de suas cartas produzidas no mínimo em dez anos mostram a verdade que existe nessa tese das Memórias. Evidenciam que Talleyrand aceitou a filosofia essencial do liberalismo, construída a partir de Montesquieu e Turgot, Smith e Bentham. Em 1786, defende o Tratado Comercial como uma política baseada em verdadeiras leis naturais que daria fim à rivalidade das nações. Acredita, mesmo então, que França e Inglaterra deveriam ser inseparáveis, por motivos de razão e justiça, contra o mundo do direito divino. Um pouco mais tarde, declara que as alianças tradicionais tiveram fim juntamente com as monarquias tradicionais; e, antecipando em 1792 o linguajar de James Mill, argumenta que os governos arbitrários trabalham em proveito próprio, enquanto os governos livres o fazem pelo bem da humanidade. Numa oportunidade em que se dizia que só existiam dois prelados tolerantes na Igreja da França, ele era um deles. Se a um céptico não custa esforço meritório para emancipar os judeus, o ex-bispo de Autun atestou sua sinceridade, numa hora de paixão e perigo, ao insistir que o Estado não tinha autoridade sobre a consciência do cidadão ou do monarca, e que o padre que recusasse o juramento deveria ser protegido da ira popular. Talleyrand considera ser do interesse e do dever da França permanecer satisfeita com suas próprias e amplas fronteiras e respeitar a integridade e a independência de outros países segundo as mesmas leis que a governam. Pleiteou pela não intervenção em 1792, e ainda mais em 1798, tão manifestamente quanto em 1830. Cada vez mais foi se convencendo de que todos os povos tinham o direito de dar forma aos seus próprios governos, e sustentou que a França teria agido bem se batalhasse por uma Itália unificada e uma Polônia independente. Como convertido confesso às doutrinas da Nacionalidade e da Revolução, colocou em dúvida a perfeição suprema do compromisso político e dos meios-termos, a monarquia orleanista, e exortou Lamartine a colocar sua genialidade a serviço de uma causa mais meritória que o apoio a um trono sem fundamento. No ápice de sua autoridade e de sua fama, desafiou a indignação de seu governo e compeliu Luís Felipe a recusar para seu filho a coroa oferecida da Bélgica.

Quando examinamos sua formação rígida e chegamos às convicções que expressou sem que as circunstâncias o influenciassem, e quando o discurso estava apartado de seus interesses, é exatamente isso que encontramos. Suas Memórias, cartas e seus documentos de Estado contêm uma imagem enterrada que não difere da familiar encontrada na superfície da história. As antigas linhas não ficam obliteradas. Não se pode expungir da memória o pároco inescrupuloso, o sibarita amante do dinheiro, o paciente auxiliar do conquistador e do tirano, o realista que defendeu o 10 de agosto, o ministro republicano que ensejou o Império, o dignitário imperial que restaurou os Bourbons, o apóstolo da legitimidade que exaltou sua queda. O Talleyrand de tradição multifacetada resiste, e permanece sendo um estudo mais valioso que a maioria dos doutrinários consistentes.

Mas a doutrina está lá, assim como a política, e o contraste imprime à sua vida uma característica que vai além de qualquer medida de sucesso prático. Sua conduta pública foi um permanente refazer do que havia feito, e o problema é encontrar alguma motivação constante em meio às conspícuas inconsistências externas. Os princípios, em sua filosofia descomprometida, dependeram em grande parte das circunstâncias para seu emprego válido; e seu dito de que a não intervenção era um termo que significava quase a mesma coisa que intervenção não era puro gracejo. Acostumado a defender dogmas apenas frouxa e condicionalmente, mesmo na ciência em que era mestre, ele descreveu seus próprios princípios de legitimidade como nada mais que uma conveniência suprema. Dá de saída o tom afirmando que não chamará suas Memórias de "Minha opinião sobre os eventos de meu tempo", porque isso seria um título por demais positivo para o trabalho de um homem *qui a autant que moi douté dans sa vie*. Entende os economistas e acredita em suas doutrinas, mas confessa que, tendo descoberto que a natureza humana era material pobre para pô-las em prática, deixou, de bom grado, de se preocupar com eles. Wessenberg se lembra de ouvi-lo dizer, *"Le seul bon principe est de n'en avoir aucun."* O Talleyrand interior é um homem com um núcleo de opiniões distintas, que não têm suficiente santidade, ou mesmo certeza, para valerem o desperdício de uma existência. Ele conhece suas deficiências, seus erros, seus enganos, mas os imputa a outros. Acusa as muitas influências resistentes e perturbadoras sob as quais vagou; e os tempos nos quais viveu, como nada na história, têm que responder pelo muito pelo qual passou. Seu primeiro inimigo foi o pai.

O acidente que o deixou coxo privou-o tanto do direito de nascimento quanto do lar. Durante a infância, jamais passou uma semana inteira na casa dos pais. Eles não só não lhe proporcionaram nenhum afeto como também não o encorajaram, temerosos de que o sucesso despertasse nele esperanças e pleitos inoportunos. Tampouco lhe informaram que o significado de toda aquela frieza, humilhação e negligência se devia ao fato de que ele estava destinado a servir a Deus. Por fim, Talleyrand foi enviado para Rheims, ao tio então coadjutor, a fim de que despertasse para as doçuras da vida episcopal, e seguiu depois o curso de St. Sulpice e Sorbonne. Jamais teve opção de uma alternativa e a oportunidade de escapar. O pai não lhe deu ajuda financeira alguma, e o custo de sua educação foi pago pelo desempenho de seu primeiro cargo eclesiástico. A família insistiu absolutamente em colocá-lo na Igreja e esta o recebeu como ele era, sem nenhuma adequação moral e, aparentemente, sem fé religiosa. Ele não era mais indigno que outros clérigos franceses de seu tempo, porém era, de longe, o mais capaz. A narrativa que faz, repleta de toques comedidos mas repetitivos, produz impressão mais forte que suas palavras. Não foi ele quem pecou, e sim seus pais. Se, ao se ordenar sem vocação, ele se tornou um padre sacrílego, fadado em sua longa vida a conhecer a segurança de uma consciência tranquila, o crime foi deles. Nesse homem, mais ainda que em Mirabeau, a antiga ordem da sociedade, que operava em conformidade com os costumes aceitos, viu preparada sua própria ruína.

Quando fez o último depoimento para o mundo, atento à sua formação anterior, disse que a teologia confere certas qualidades à mente — *une force et en même temps une souplesse de raisonnement* — conducente à excelência política. Cita o exemplo de Lionne, que, tendo sido educado pela Igreja, se tornou importante organizador, na França, daquelas sutileza e *finesse* que Richelieu e Père Joseph desenvolveram entre eles. Tinha em mente que aquilo que os eclesiásticos aprendiam nos bancos escolares, a subdivisão extrema do pensamento, o exame detalhado do conteúdo de uma proposição, a dialética que beirava a ninharia e o sofisma, era herança de muitas eras que não se deixava influenciar pela observação; não eram vantagens de um sistema com tradições impostas, máximas fixadas e política constante, cujos agentes jamais eram pegos de surpresa e conheciam o emprego do tempo. Encarava o sacerdócio mais como negociador que como governante. Vira perto de si, em sua própria pessoa, coisas mais memoráveis que o ofício diplomático do cardeal de Bellay e do cardeal de Bernis. A revolução fora iniciada por um padre; a república fora proposta por outro. A Constituição do ano III bem como a do ano VIII foram concebidas por eclesiásticos. Os quatro ministros que, na Restauração, inauguraram o governo parlamentar pertenciam ao clero.

Seus próprios estudos foram essencialmente profanos. O primeiro livro que menciona é o *Memórias do Cardeal Retz*, um homem muitas vezes comparado com ele mesmo em termos de caráter e capacidade. Diz-nos que leu escritores políticos e historiadores; contudo, quando coloca Polignac próximo a d'Ossat entre os negociadores, trai os limites de seu conhecimento nessa espécie de literatura. Leu Montesquieu e, como os melhores espíritos de sua época, foi influenciado pelo *Espírito das Leis*. Paga a Maquiavel o tributo da imitação inteligente e fortalece sua legitimidade com a autoridade de uma passagem inflexível de *O Príncipe*. Colecionou alentada biblioteca; mas era por demais homem do mundo para se resignar com o estudo e o domínio de mestres silenciosos. Livros, diz ele, o iluminaram, mas nunca deixou que o governassem. Descreve o quanto usufruiu de conversas na sociedade selecionada e como se valeu dos cérebros dos especialistas.

Já em idade avançada, costumava dizer que a vida nada tinha de mais recomendável que a que levara em Paris na juventude. Nas Memórias, fala de uma queda do refinamento e de um declínio daquilo que existira antes da aproximação da Revolução. Considera-se integrante de uma época anterior e superior de boas maneiras e descreve como pessoas de cepa inferior os que foram os guias dos contemporâneos e os moldes pelos quais foram conformados. Choiseul, o homem de quem mais gostava, gesticulava em demasia e tinha coração frio; toda a inteligência de Narbonne era voltada para o *show* e se exauria como uma piada; seu estado de espírito normalmente suplantava o bom gosto, e sua graça familiar valeu-lhe amigos, especialmente entre homens muito vulgares. *Il a une politesse sans nuances*. Apesar disso, eles eram tão bons amigos que sua intimidade, no decurso de cinco anos, jamais foi importunada por mexericos ou mal-entendidos. Atribui sua própria reputação em grande parte à sua capacidade de segurar a língua. Explica como deve ser a boa conversação dando o exemplo de sua mãe, cujo charme consistia em agradar e ir em frente, sem dizer uma palavra que pudesse causar impressão profunda ou perdurar. *Elle ne parlait que par nuances; jamais elle n'a dit un bon mot: c'était quelquer chose de trop exprimé*. Muito do pensamento, do talento, da disciplina, do empenho feito com outros homens para a condução das questões, do pronunciamento de discursos, da composição de livros, era concentrado, por ele, na arte da relação agradável. O domínio perfeito que tinha sobre muita coisa que torna a sociedade desfrutável, adquirido entre os homens que apreciaram os raios do anoitecer de Luís XIV, constituiu um dos elementos de sua superioridade; e ele fala com conhecimento quando diz, depois de uma das explosões de Napoleão, que era uma pena que um homem tão grande tivesse sido tão mal criado. Um embaixador o descreveu em 1814 com pessoa *"qui posséda si éminemment l'art de la société, et qui en a si souvent usé avec succès, tantôt pour en imposer à ceux qu'on voulait détruire, en leur faisant perdre contenance, tantôt pour attirer à lui ceux dont on voulait se servir"*. O prestígio de seu grande estilo e de sua distinção imponente foi uma arma tanto para ataque quanto para defesa. O próprio imperador admitiu a força política que existia na área em que o aristocrático ministro reinava supremo, quando um relatório de madame de Genlis sobre as negociações de Faubourg St. Germain, que Talleyrand leu para ele, o colocou fora de si de tanta raiva, na noite de Austerlitz.

O jovem abade de Perigord estava tão predestinado à promoção que foi feito Agente-Geral do clero antes mesmo de ser ordenado. Nessa qualidade, esforçou-se por ser mais do que sua posição clerical exigia e tentou medidas de âmbito maior. De um modo geral, fracassou; e disse que falhou por causa do vício comum de homens inexperientes, de idealismo em excesso e da crença ignorante na natureza humana. Ficou em tamanha evidência que foi cogitado para o arcebispado de Bourges e começou a ambicionar uma posição na qual pudesse dar vazão a seus talentos como administrador. O Papa, instado por Gustavo III, que fora a Roma em 1784, concordou em fazê-lo cardeal, mas a conexão de Perigord com os Rohans respingou em Talleyrand a desgraça que o Colar de Diamantes a eles trouxe; e a rainha, com a intermediação do conde Mercy, que o qualifica de salafrário, evitou a nomeação. Luís XVI hesitou por meses quanto à indicação dele para a Sé de Autun, o que ocorreu antes da reunião dos Estados Gerais.

Talleyrand surgiu em Versalhes com a fama de um homem de negócios especializado em questões monetárias. Por sua administração dos problemas do clero e sua associação com Calonne, ele era mais conhecido por sua cabeça para números do que como mestre da política eclesiástica. Mirabeau, com quem teve séria discussão, pensou em lhe confiar o departamento das Finanças. Àquela época, ele era descrito como um homem sem entusiasmo ou ilusões, dócil, paciente e calmo, certo de que seria elevado às mais altas posições. Não era orador de realce e não conseguia projeção popular. Nos pronunciamentos a seu clero, demandou o *habeas corpus*, o julgamento por júri, a imprensa livre e a codificação da lei. Mas achava loucura duplicar o Terceiro Estado, e desejou que o rei dissolvesse a Assembleia e a convocasse em linhas diferentes, com plano de ação definido, aquele que ele próprio preparara. Assumiu a liderança no descarte de instruções e na divisão das ordens; porém, depois da queda da Bastilha, juntamente com os amigos, convocou Luís XVI a adotar suas políticas. À meia-noite de 16 de julho, acordou o conde de Artois, explicou a ele durante duas horas o que aconteceria se fosse permitido que uma Assembleia sem peias lançasse a França de roldão pela cachoeira da lógica dedutiva e fez com que o conde saísse da cama para levar o ultimato ao rei. Luís, julgando que se tratava de pleito por cargo de um homem que não dera prova cabal de capacidade e que, em público, assumira linha oposta de submissão à maioria, rejeitou o alerta, e o conde voltou protestando que o jogo estava perdido e que ele, Artois, atravessaria a fronteira pela manhã. Talleyrand tentou, em vão, impedir que emigrasse. Por fim, disse: "Sendo assim, senhor, já que o rei e os príncipes abandonam a monarquia, nada mais nos resta fazer que nos bandearmos." Vinte e cinco anos depois, quando, como chefe de governo, convidou o conde a retornar, viu-se em condições de lembrá-lo de que o conselho que lhe dera no último encontro fora bom.

O famoso decreto pelo qual Talleyrand é identificado, embora não alterasse fundamentalmente as condições da religião na França, foi uma medida financeira, não o resultado de um esquema de governo da Igreja. Na Conferência ocorrida em maio, o arcebispo de Arles fez, em meio a aplausos, a insana proposta de que se aproveitassem da oportunidade para que o débito do clero fosse pago pelo Estado. Logo ficou claro que o clero seria chamado a responder pelo déficit do Estado, e, depois do 4 de agosto e da abolição dos dízimos, a propriedade da Igreja não pôde ser salva. Assim que a assembleia se transferiu para Paris, o bispo de Autun, apercebendo-se rapidamente do inevitável, propôs a moção de que a nação assumisse a propriedade da Igreja, estipulando a pensão maior que um milhão de esterlinos que agora é paga, a qual, embora reduza a receita dos prelados, melhora a situação do clero paroquial. O efeito não foi o que ele tencionou, pois não salvou o crédito público e arruinou a Igreja Galicana. A Assembleia não repassaria o patronato para o executivo, tampouco assalariaria um corpo de homens cuja nomeação era do papa. No entanto, ela adotou o princípio da eleição, substância da *Constitution Civile*. Na questão da Lei Canônica, antiga ou moderna, Talleyrand não foi competente nem interessado. O esquema não foi formulação sua, mas ele foi executado por sua instrumentação; ele consagrou os primeiros dos novos bispos. Escrevendo em pleno ambiente de 1816, explica suas razões. Quase todos os bispos haviam recusado o juramento constitucional. Se ninguém aceitasse e, consequentemente, não houvesse a quem transmitir a sucessão, o Estado poderia recair no presbiterianismo, e o calvinismo estaria estabelecido. Esse argumento artificial pode ter sido genuína reminiscência de Bossuet, e da familiar doutrina dos eclesiásticos galicanos, de que um huguenote é um republicano, de que um presbiteriano corresponde a um Whig e de que a hierarquia na Igreja replica a do Estado.

Pode ser que o bispo tenha empregado o cisma como preservativo contra a heresia democrática. O estabelecimento do novo episcopado deu a Talleyrand a bem-vinda oportunidade de abandonar sua posição e procurar nova carreira. Não havia abade francês para o qual as ordens caíssem com tal leveza ou que fosse tão secular em sua conduta. Todavia, se bem que não usasse a máscara da hipocrisia e não ficasse restrito por limitações quando não podia ganhar doze mil no jogo sem se tornar a bisbilhotice da cidade, a inconsistência de sua posição tornou-se intolerável, Renunciou ao bispado e recusou sua indicação para a Sé de Paris. Três anos mais tarde, quando, cavalgando à noite por uma floresta americana, gritou por seu criado e uma voz respondeu, "Estou aqui, monsenhor," ele não pôde deixar de sorrir com aquela lembrança da distante Autun. Em 1802, Pio VII, embora não morresse de amores pelo irmão excomungado, secularizou-o para o seu serviço ao Concordat. As Memórias guardam, em especial, um tom de decoro eclesiástico; e em determinada oportunidade, enfocando Luís XVIII, ele se mostra agastado com a incredulidade da época.

Por breve tempo, quando seu rival parisiense, Narbonne, se tornou ministro, ele gozou de considerável influência e veio à Inglaterra em 1792, em missão reconhecida, porém necessariamente não oficial, para garantir a neutralidade de Pitt. Em agosto, estava de volta a Paris e testemunhou a derrubada da monarquia. Induziu Danton a enviá-lo de novo a Londres, sob o disfarce de alguma negociação científica; ficou assim em condições de declarar que não incorrera nos tormentos da emigração e pôde garantir a Grenville que não estava a serviço da República. Malgrado toda a sua perícia e frieza, não conseguiu manter a posição entre as duas mós. Foi proscrito na França, expulso da Inglaterra e, tendo vendido seus livros em Londres, navegou para a Filadélfia. Teria ficado feliz em conseguir uma passagem para a Índia, onde pudesse se situar na segurança de suficiente obscuridade até que sua hora chegasse.

E ela surgiu, passados dois anos. Em 1796, vamos encontrá-lo na França com a proscrição suspensa, na embaraçosa companhia de uma senhora que, antes dele, complicara a vida de Francis, e sem outra ocupação que a de membro do Instituto. No esquema para um sistema nacional de educação que apresentou à Assembleia, o todo seria dirigido por um conselho central composto pelos homens mais capazes da França; dessa forma, a ideia do Instituto poderia ser atribuída a ele. O duque de Broglie, seguindo o *Souvenirs* de seu próprio pai, acredita que o Relatório de Talleyrand não foi obra sua; ao passo que Jules Simon pensa ao contrário, e as Memórias asseveram que ele formulou tudo depois de consultar Lavoisier, Laplace e os cientistas de então. Nessa nova condição, ele leu dois documentos expondo o conhecimento que amealhara no exílio. Durante a estada de dois anos na Inglaterra, fez amizade com Lord Lansdowne e, no círculo Bowood, conheceu homens que equacionavam os problemas correntes em linhas diferentes das propostas em seu país. Nos Estados Unidos, ficara influenciado por Alexander Hamilton. Quando saiu da França, era um discípulo em economia de Dupont de Nemours, sem seu dogmatismo e sem seu fervor. Voltou um adepto da doutrina da Utilidade, do sistema colonial de Adam Smith. E comunicou a seus concidadãos que as nações agiam por autointeresse, não por gratidão ou ressentimento, e que nada poderia desviar o comércio dos Estados Unidos da Inglaterra para a França. Disse depois que uma economia política sólida era o talismã que fizera da Inglaterra, por trinta anos, uma das potências europeias.

Os exercícios acadêmicos não eram o caminho para a grandeza; e madame de Staël tirou-o da penúria quando contou a Barras que tipo de homem ele era. A sorte de Talleyrand foi selada naquele dia. Ele agarrou a oportunidade com unhas e dentes; fascinou o diretor com aquela conversa agradável de que as pessoas mais idosas ainda se recordam com admiração e foi nomeado ministro dos

Negócios Estrangeiros por insignificante maioria em relação ao mais obscuro dos competidores. Com breve intervalo de quatro meses em 1799, ocupou o cargo por dez extraordinários anos, de Campo Formio a Tilsit. Seus despachos, escritos para o Diretório, foram publicados por M. Pallain, que, não fossem nomes e datas, seria um excelente editor, e não fazem jus ao seu renome posterior. Como agente executivo de um órgão deliberativo e flutuante, não é visto sob prisma muito favorável. Seus funcionários não confiavam nele, e ele os menosprezava. As questões suíça e italiana foram resolvidas sem seu concurso; a das negociações em Lille foi decidida contra seu assessoramento. Foi abrindo caminho vagarosamente e levou a extremos a condescendência esperada de um subordinado e de um colega. Tentou, sem sucesso, ser eleito um dos diretores, e o enviado prussiano escreve que sua ascensão daria um fim às convulsões na Europa. Ansiava por senhores mais inteligentes que os diretores ou, pelo menos, mais firmes e mais constantes. Em conjunto com Sieyès, pensou em Moreau, Joubert, no duque de Brunswick, a grande ilusão daquele tempo. Juntos, engendraram o Dezoito Brumário. Vira, desde cedo, que Napoleão era mais que um gênio militar. Percebia a monarquia como um dos chefes da revolta da Vendée que, quando perguntado em nome de quem lutava, replicou: "Em nome do rei, ou seja, de qualquer homem que ocupe o trono."

Achou então o senhor que buscava, o mestre merecedor de um ministro assim. Pelo relato que faz de seu próprio sistema, sua permanência na função durante todos aqueles anos ascendentes é uma proeza de flexibilidade. Talleyrand, em todas as ocasiões, quis restringir os limites da França ao Reno. Teria chegado a acordo com a Inglaterra com o sacrifício de Malta, e nos considera justificados pelo rompimento da paz de Amiens. Encarava a Áustria como aliado natural e necessário, e teria assegurado compensação extraordinária, pela partição da Turquia, por suas perdas na esfera de influência da França. Aconselhou a restauração de Veneza e expôs a insensatez de se cercar o Império com uma cinta de Bonapartes desamparados. Sobre os tópicos de acordos com Napoleão não se expande muito, e confere algum mérito à simpatia e à generosidade demonstradas para com os derrotados Hohenzollerns. No entanto, em sua construção política, a Prússia foi o adversário inevitável. Ele constantemente a descreve como vizinho inconfiável de terra estéril e fronteiras abertas, compelido por natureza a ser ambicioso e agressivo e a estar sempre tramando a subjugação da Alemanha. *Tout prétexte lui est bon. Nul scrupule ne l'arrête. La convenance est son droit.* Seu encontro em Viena com o estadista prussiano, quando tirou o melhor de William Humboldt, deve ter sido um momento de mais orgulho do que aquele em que estabeleceu sua chancelaria em Berlim.

Desde que passou a ocupar o cargo, perseguiu a política da secularização. De Salzburgo a Liége, a Europa estava coberta de proprietários e potentados eclesiásticos, e fazia-se oportuno e apropriado suprimi-los para satisfazer aos príncipes que precisavam ser consolados pelas conquistas de Napoleão. Esse processo de liquidação eclesiástica foi o elemento de Talleyrand. Ele havia destruído a Igreja da França como corporação privilegiada e proprietária; e, animado por impulso semelhante, ajudou a privar o clero do Império de suas prerrogativas políticas. Pisava ainda no mesmo terreno no Congresso quando reduziu o direito político aos direitos hereditários das famílias, e o príncipe de Reuss passou a ser personagem de maior peso que um doge de Veneza e um arcebispo de Colônia. Não havia muita razão de jactância para se chegar com uma pasta de despachos onde a espada de Napoleão abrira caminho; mas Talleyrand reivindica ter feito o melhor pelas vítimas, e enraiveceu seu mestre ao formular cláusulas das quais o imperador não podia escapar. Teve que se conformar em ser o instrumento da violência, em ver seus documentos de Estado transformados; e, como na correspondência de Lauderdale, se viu obrigado a publicar como autênticas cartas inteligentes demais para serem enviadas por ele.

Não há muito de novo na descrição de Napoleão; existe bastante nas entrelinhas do relato grotesco dos príncipes espanhóis em Valençay; e nos detalhes complacentes da entrevista em Erfurt perde-se o essencial do diálogo com Wieland. Todavia, o retrato do imperador esboçado pelo mais inteligente dos homens do Império terá sempre seu valor. A ideia sugerida é que Napoleão pecou por excesso de talento. No cômputo geral, a falha foi por ter calculado em demasia e levado seu pensamento longe demais. Napoleão dispôs-se a se resguardar contra contingências que pôde detectar, mas que eram tão remotas que praticamente não existiam, e enfraqueceu-se com defesas contra perigos que provavelmente não se concretizariam em mentes que raciocinavam de forma óbvia. Travou guerra perpétua porque, sendo o engrandecimento da França obra de outros generais, temia suas possíveis famas. Por conseguinte, anexou o Piemonte como troféu de suas próprias campanhas. Da mesma forma, julgou que a Espanha jamais seria reduzida a um satélite confiável, já que o rei poderia algum dia se lembrar de quem eram os Bourbons e de como eles governaram além dos Pirineus.

Em 1807, quando o Império estava no ápice, Talleyrand renunciou ao cargo; no entanto, como um grande dignitário do Estado, continuou sendo consultado e empregado. Seu lugar à época era na oposição. Implorou a Alexander para que não estragasse seu mestre com muitas concessões. Seu conselho a Metternich foi um encorajamento a fim de que a Áustria se preparasse para a guerra de 1809. Napoleão propôs que ele fosse enviado a Varsóvia em 1812 e cometeu o erro de mudar de opinião. No ano seguinte, ofereceu-lhe de novo os Negócios Estrangeiros. Talleyrand recusou; não era de valia num barco que afundava. Não convinha a ninguém, como disse a Savary, morrer no naufrágio iminente. Antes de Napoleão começar a campanha na França, ocorreu a cena de violência que Molé descreveu a Dalling. Talleyrand ofereceu renúncia a seus cargos honoríficos; o insulto o desobrigara do vínculo pessoal; e quando a sorte da guerra começou a virar depois das vitórias de fevereiro, ele permitiu que seus amigos abrissem negociações com os invasores. Os emissários atravessaram as linhas francesas até o quartel-general carregando dois nomes como senha, nomes que tinham um significado para Stadion; e, para Nesselrode, as perigosas e marcantes palavras escritas com tinta invisível: "Você marcha sobre muletas." O portador dessas credenciais foi o mais arguto, o mais alerta e o mais corajoso dos realistas. Ele descobriu que, em meados de março, menos de uma quinzena antes da capitulação de Paris, os aliados haviam concordado em rejeitar os Bourbons. A missão do barão de Vitrolles, da qual existem três narrativas no segundo volume, marca época na vida de Talleyrand. Quando ele percebeu que Luís XVIII, que estava esquecido na França, era repudiado pela Europa, decidiu que Luís deveria ser rei. Foi a única decisão de sua total autoria. E o fez rei, impondo sua determinação com invencível desembaraço a uma Assembleia de republicanos e bonapartistas e a um vacilante e desnorteado comandante de vinte legiões. Foi o toque de gênio de sua carreira. Os vencedores de Napoleão viram-se em Paris nas mãos de um aleijado gracioso que detinha o poder e que, sem muita ênfase ou esforço, desmanchou seus esquemas informando-lhes que apenas os Bourbons estabeleciam um princípio.

Com essas palavras, legislou para a Europa. Com a lei, tão convincente para sua geração, armou-se da força orgânica que lhe permitiu, em Viena, subjugar o Congresso, dispersar os vitoriosos e concretizar o esquema que escolhera de uma aliança entre Inglaterra, Áustria e França. A análise implacável da história vem, desde então, fazendo saber que a doutrina que tornou supremo na política o direito hereditário não é científica e não se combina com os direitos das nações. Talleyrand não advogou o poder arbitrário, seja em Paris seja em Viena. Revelou profunda aversão aos que enviaram Ferdinando VII para reinar sem condições. Embora não tenham sido suas as mãos que prepararam a Carta, foi principalmente sua mente que a inspirou. Em 1815, ele denunciou os conselhos reacionários do conde de Artois antes do rei e do próprio conde, e insistiu no princípio de um ministério homogêneo e responsável. Saiu de cena antes da Santa Aliança. Os Bourbons, se tivessem reinado segundo seus conselhos, não teriam caído. Quando o autor das Memórias escreveu a narrativa dos eventos nos quais desempenhou o papel de feitor de reis, não achou que cometeu erros graves. A dinastia que ele colocou no trono persistiu durante quinze anos sem excluí-lo do poder. Depois de 1830, lamentou ter esquecido a máxima de Fox de que a pior espécie de Revolução é uma Restauração. Quando madame de Lieven demonstrou admiração pelo fato de um homem que havia coroado Luís XVIII surgir em Londres como plenipotenciário de Luís Filipe, ele retorquiu que o rei que servia teria sido a opção de Alexander em 1814. Eles pareceram não se lembrar de quem havia evitado que isso ocorresse.

Lord Acton

CAPÍTULO XXXII

O cardeal Wiseman e a
The Home and Foreign Affairs[*]

É uma das considerações inseparáveis da carreira pública de um homem ser quase sempre mal interpretada e, por vezes, julgada injustamente, mesmo quando entendida muito bem. Ninguém que tenha testemunhado a formação da opinião pública se disporia a atribuir todos os julgamentos injustos que lhe são lançados à malícia dos indivíduos, ou a imaginar que ele possa evitar as concepções erradas ou defender seu bom nome apenas com palavras. Ele sabe que, até quando não cometeu erros, tem que pagar tributo à falibilidade da humanidade e que, quando incorreu em enganos, tem também que pagar tributo a si mesmo. Essa é a lei natural; e quanto mais pura é a consciência de um homem e mais singular seu objetivo, menos estará ele pronto para se esquivar ou se defender das penalidades consequentes.

O homem cuja carreira está ligada à de uma escola ou à de um partido estimará o valor das censuras de seus oponentes pelo valor que atribui ao elogio indiscriminado de seus amigos; porém ele, que se devotou ao desenvolvimento de princípios que nem sempre

---

[*] Publicado na *The Home and Foreign Affairs* I (outubro de 1862): 501-520. Döllinger I, p. 278; Acton-Simpson III, pp. 34, 62. Acton deu as ideias para este artigo; sua preparação escrita foi na verdade feita por Richard Simpson e Thomas Frederick Wetherell. Republicado em Acton, *History of Freedom*, pp. 436-460.

se curvam aos ditames da conveniência, não tomará tal atalho no trato das objeções. Sua independência irá, com frequência e inexoravelmente, demandar o sacrifício dos interesses à verdade — do que é político ao que é certo; e, sempre que fizer tal sacrifício, parecerá um traidor para aqueles a quem tem mais ânsia de servir, ao passo que seu ato será exaltado pelos que estão mais distantes do compartilhamento de suas opiniões, como prova de simpatia oculta e sinalização de aliança futura. Assim, a censura a ele feita virá muitas vezes daqueles cujas opiniões são essencialmente as suas; e a própria matéria que a provoca será a mesma que induzirá elogios de adversários que não se mostram capazes de acreditar na verdade de suas opiniões, nem na integridade de seus motivos, tampouco na sinceridade de seus propósitos.

Poucos são os homens que hoje vivem cuja carreira tenha sido tão mal-entendida, tão asperamente atacada ou mais ignorantemente julgada quanto a da ilustre figura que é o chefe na Inglaterra da Igreja a que pertence. O cardeal Wiseman vem sendo por muitos anos o principal alvo dos ataques daqueles que desejam prejudicar ou degradar nossa comunidade. Ele não é apenas o líder canônico dos católicos ingleses, mas sua capacidade e a devoção de sua vida à causa desses católicos o transformaram no seu melhor representante e mais poderoso defensor. Nenhum prelado do cristianismo é digno de maior confiança da Santa Sé, exerce influência pessoal mais extensa ou desfruta de maior reputação literária. Sobre ele, no entanto, a intolerância e o fanatismo concentraram sua malícia. Tem que arcar com o peso do ódio que a santidade do catolicismo inspira em seus inimigos; e o homem, que jamais se omitiu quando a causa da Igreja esteve em jogo, pode se vangloriar, com indiscutível orgulho, da indiferença com que enfrentou a difamação pessoal de uma imprensa hostil.

Os católicos deste país se vinculam ao cardeal Wiseman por sentimentos mais calorosos e laços mais pessoais que os meramente devidos à subordinação eclesiástica. Foi seu privilégio colher os frutos espirituais da Lei da Emancipação Católica; e a história do catolicismo inglês vem sendo por toda uma geração apensada a seu nome. A imensa mudança na condição interna da Igreja na Inglaterra, que distingue nossos dias daqueles de Milner, cresceu sob sua influência e, em grande parte, foi obra sua. Devemos a ele a relação mais cerrada com Roma e o contato com o resto da Europa. Com sua pregação e orientação espiritual, transformou as devoções de nosso povo, enquanto suas palestras e escritos tornaram os protestantes familiarizados com as ideias católicas e proporcionaram aos católicos uma visão mais profunda de sua própria religião. Como controversista, influenciou o movimento de Oxford mais marcadamente que qualquer outro católico. Na qualidade de diretor do principal órgão literário dos católicos durante um quarto de século, prestou relevantes serviços à nossa literatura e sobrepujou dificuldades que ninguém está em melhores condições para apreciar que os engajados em trabalho semelhante. Como presidente de Oscott,* granjeou a duradoura gratidão de centenas de formandos que devem à orientação do cardeal a melhor parcela de sua formação.

Essas relações pessoais com os católicos ingleses, que o tornaram amplamente conhecido e benfeitor para todos, conferiram-lhe, ao mesmo tempo, uma autoridade de peso singular entre esses católicos. Com menor unidade de opiniões e de tradição que seus

---
* N. T.: St. Mary's College.

irmãos de outras terras, eles estavam acostumados, a exemplo dos demais ingleses, a julgar com maior independência e a falar com maior liberdade do que era possível nos países mais exclusivamente católicos. Suas mentes não são todas forjadas no mesmo molde, tampouco suas ideias provêm do mesmo repertório; porém todos, dos bispos aos leigos, identificam sua causa com a do cardeal e sentem que, em meio a uma população hostil, nenhuma diversidade de opinião deve interferir com a unidade de ação, nenhuma variedade de interesse, com a identidade de sentimento, nenhuma controvérsia, com a reverência universal devida à posição e caráter do arcebispo de Westminster.

Animado com esse espírito, o corpo católico recebeu a última publicação do cardeal Wiseman – a sua "Resposta à Abordagem de seu Clero sobre seu Retorno de Roma". Nela, relata a grande reunião do Episcopado e a proposta preparada para o Santo Padre. Dentre os bispos então presentes, ele foi o mais destacado e o Presidente da Comissão encarregada da preparação do citado documento. Nenhuma narrativa da ocasião, por conseguinte, pode ser mais autêntica do que aquela que ele é capaz de oferecer. A reserva imposta por sua posição e pelo papel de realce que desempenhou foi, em alguma medida, neutralizada pela necessidade de refutar rumores falsos e exagerados que circularam logo depois do encontro, em especial dois artigos que apareceram em *The Patrie* em 4 e 5 de julho, nos quais foi publicado que o documento preparado pelo cardeal Wiseman continha "os ataques mais violentos aos princípios fundamentais da sociedade moderna".

Depois de refutar em detalhes as inverdades daquele jornal, o cardeal prossegue assim:

Com pesar ainda maior, sinto-me compelido a chamar a atenção para uma insinuação sub-reptícia das mesmas acusações, numa publicação reconhecidamente católica e editada em minha própria diocese, portanto canonicamente sujeita à minha correção. Se tal declaração, feita sob meus olhos, passasse incólume sobre minha autoridade, se poderia conjecturar que não deveria ser contradita; e se, cronologicamente, ela precedeu ou se seguiu ao relato francês, torna-se evidentemente meu dever ressaltar tal ponto, já que os bispos franceses consideraram dever deles corrigir as inexatidões da narrativa de seus escritores nativos.

Caso isso não seja feito, em alguns anos poderemos encontrar referências feitas à *The Home and Foreign Review* sobre a declaração corrente e não reprovada daquilo que ocorreu em Roma como sendo de reconhecida autoridade católica. E isso a respeito de uma matéria cuja repreensão deveria indubitavelmente ser esperada, caso meritória. Em seu primeiro número, a Abordagem, que escapou, surpreendentemente, à censura dos protestantes e das revistas irreligiosas, fala-se que: "Diz-se que essa Declaração é um compromisso entre uma pessoa que assumiu o curso violento de recomendar que excomunhão de vulto deveria ser de imediato pronunciada, citando-se seus nomes, contra os principais inimigos do poder temporal, e uma outra ainda mais moderada que a presente" (*The Home and Foreign Review*, p. 264). Ora, essa mesma acusação sobre a recomendação de excomunhão é a feita pelo jornal francês contra minha Declaração. Todavia, dando ao escritor o benefício da dúvida na aplicação de minhas palavras, proponho-me a corrigir a acusação a respeito de quem ela é dirigida. Ele fala de apenas duas proposições: a distinção entre elas implica censura severa a mim. Afirmo que nenhuma delas contém a recomendação ou o sentimento aludidos.

Meus Irmãos, reafirmo o pesar que sinto por ter que contradizer em minha própria diocese a repetição de acusações partidas de fora, sem que se dessem ao menor trabalho de verificá-las ou desaprová-las com os meios que tinham às mãos. Todavia, isso dificilmente surpreende aqueles que, como nós, conhecemos os antecedentes dessa revista sob outro nome, a ausência por anos de qualquer reserva ou reverência no tratamento de pessoas ou coisas consideradas sagradas, a maneira com que bordeja os perigosos abismos do erro e suas habituais preferências pelas motivações, instintos e tendências não católicos em detrimento dos católicos. Ao expressar pensamentos tão tristes e suplicar para que vocês alertem os seus, particularmente os jovens, contra tal liderança arriscada, acreditem, estou apenas obedecendo orientação mais elevada do que meus próprios impulsos e agindo sob sanções bem mais solenes. Também não estou sozinho nessas infelizmente necessárias correções.

Enfoquemos, porém, pensamentos mais alegres e confortadores. Se minha ligação com o preparo do Documento, por ocupar, embora sem distinção para tanto, função em seu Comitê, capacita-me e autoriza-me a rebater acusações falsas contra ele, ela também me conferiu o privilégio do contato pessoal com um conjunto de homens que representaram com justiça todo o Episcopado, e o teriam representado com a mesma proficiência em qualquer outro período da Igreja. Não conheço quem os selecionou, nem me aventuro a dizer que muitos outros comitês similares de dezoito não poderiam ser extraídos dos remanescentes. Penso que poderiam; devo dizer no entanto que uma sabedoria única estaria contemplada qualquer que fosse o comitê escolhido.

Deliberações mais minuciosas, mais mutuamente reverentes, mais corteses ou, ao mesmo tempo, mais diretas e inabaláveis, dificilmente poderiam ter sido conseguidas. Mais erudição sobre a teologia e a lei canônica, sentimento religioso mais profundo, sentimento mais grave de responsabilidade compartido na Comissão, preocupação mais escrupulosa a respeito dos reclamos da justiça, ou maior piedade, raramente poderiam ter sido exibidos. O espírito imperante foi de brandura, gentileza e de reverência a todos que tinham o direito de reivindicá-las. "Cursos violentos," convites a "empunhar a espada e afugentar inimigos" ou lavrar "excomunhões de vulto pelo nome", posso assegurar-lhes, ponderadamente, que jamais foram mencionados, nunca insinuados e, penso que posso dizer, jamais considerados por qualquer pessoa do Concílio. Nas minutas propostas por diversas delas, não houve uma só palavra áspera e desrespeitosa sobre qualquer soberano ou governo; em qualquer coisa que humildemente sugeri, não houve uma alusão sequer a "Rei ou Kaiser".

Nosso dever para com o cardeal e também para com nossos leitores proíbe que não registremos essas observações. O silêncio implicaria ou que admitíamos a acusação ou que descartávamos a censura; e ambas as suposições provavelmente seriam bem-vindas pelos inimigos de nossa causa comum, se bem que as duas sejam, de fato, inverídicas. Entretanto, a impossibilidade do silêncio envolve a necessidade de que especifiquemos os fatos sobre os quais cargas tão definidas e formidáveis se basearam. Ao fazê-lo, nos esforçaremos tanto por expor a verdadeira sequência dos eventos como por explicar a origem dos mal-entendidos do cardeal; e, assim, deveremos responder às acusações feitas contra nós.

Primeiro, temos que de pronto declarar explicitamente, como já sugerimos, que no apoio e na aprovação do cardeal ao nosso trabalho reconheceremos ajuda mais valiosa à causa em que estamos engajados do que o máximo suporte que nos poderia ser conferido por qualquer outra pessoa; e que não poderemos considerar os termos que ele empregou a nosso respeito como nada diferente de uma infelicidade a ser profundamente lamentada e um golpe que pode prejudicar seriamente nossa capacidade de servir a religião.

Uma Resenha Católica que não conta com a aprovação das autoridades eclesiásticas fica numa posição anormal. Um germe de desconfiança é plantado no solo onde a boa semente deve germinar; o apoio que o órgão sob suspeita se esforça para emprestar à Igreja é repudiado pelos governantes eclesiásticos; e sua influência na sociedade protestante, como expositor das ideias católicas, corre o risco de ser destruída porque a narração delas pode soar alienada e injusta, mesmo quando representadas da forma mais fiel e defendidas com grande sucesso. As iniciativas mais devotadas dos dirigentes da revista ficam sujeitas a interpretações equivocadas e podem, perversamente, se voltar contra a Igreja ou contra a própria Resenha; seus melhores trabalhos ficam infectados pela suspeita com a qual é encarada, e seus méritos se tornam quase tão perigosos quanto seus defeitos.

Tais considerações não podiam deixar de ser levadas em conta pelo cardeal quando ele decidiu dar o passo que ameaçou paralisar um dos poucos órgãos de opinião católica na Inglaterra. Ainda assim, ele o deu. Se um inimigo o tivesse feito, seria o bastante para nos justificar e deixar o peso da acusação injusta sobre os ombros de seu autor. Todavia, como o passo foi dado por um superior eclesiástico, consciente das graves consequências do ato, torna-se necessário para nós, em adição, explicar as circunstâncias pelas quais ele foi conduzido para um caminho que temos muitas razões para deplorar, e mostrar como um ponto de vista errôneo e injusto pode ter nascido na mente de alguém que tem os melhores motivos para fazer ótimo uso de uma publicação, cujos dirigentes labutam para servir a comunidade que ele governa e almejam e se esforçam por receber sua sanção para os trabalhos que executam. Se fôssemos incapazes de conciliar as duas necessidades — se fôssemos compelidos a optar por uma omissão desonrosa para nós mesmos e uma refutação injuriosa para o cardeal —, estaríamos diante de dificuldade penosa e inextricável. Isso porque o católico que se defende a expensas de um superior eclesiástico sacrifica aquilo que, geralmente, tem mais valor público que sua própria e justa reputação; e um católico inglês que lança de volta sobre o cardeal Wiseman a culpa injustamente jogada sobre si mesmo fere o renome que pertence a todo o órgão e desgraça a comunidade de católicos inteira. Com uma atitude assim, a Resenha, que existe somente com propósitos públicos, invalidaria sua própria posição e causaria injúria à própria causa, e a *The Home and Foreign Review* não tem outro objetivo a atingir, nenhuma outra opinião a avançar, exceto os objetivos e opiniões de interesse da Igreja Católica. As finalidades pelas quais a revista labora, condizentes com suas luzes e capacidade, são aquelas com as quais a Igreja só pode ganhar; a doutrina que recebe e a autoridade que obedece não são outras que aquelas que comandam a aceitação e a subordinação do próprio cardeal. A revista almeja desfrutar de seu apoio; não tem nada a usufruir opondo-se a ele. Mas não enfrentamos esse penoso dilema. Podemos demonstrar que as acusações do cardeal são injustas; e, ao mesmo tempo, podemos explanar quão naturalmente surgiram as suposições sobre as quais tais acusações se fundamentam fazendo uma declaração distinta e ampla sobre nossos princípios e posição.

A queixa que o cardeal faz contra nós contém, em essência, cinco acusações: (1) que fizemos declaração errada afirmando que alguma coisa historicamente falsa era historicamente verdadeira; (2) que a falsidade está na afirmação de que apenas duas proposições foram apresentadas na Comissão — uma violenta e outra muito moderada — e que a finalmente adotada foi um meio-termo entre as duas; (3) que insinuamos que o próprio cardeal foi o autor da proposição violenta; (4) que lançamos, por implicação, severa censura sobre a proposta e sobre seu autor; e (5) que nosso relato derivou das mesmas fontes e foi inspirado pelos mesmo motivos da publicação do *The Patrie* – uma vez que o cardeal vincula de forma clara os dois relatos e cita, indistintamente, passagens dos dois de forma tal que palavras que nunca empregamos podem ser supostas de nossa autoria por um leitor superficial.

Para tais acusações, nossas respostas são as seguintes: (1) Consideramos a proposição da qual o cardeal se queixa como mero rumor corrente sobre qualquer autoridade de realce ao tempo de nossa publicação, e empregamos todos os meios ao nosso alcance para verificar sua exatidão, embora todas as outras narrativas que chegaram à Inglaterra fossem, como diz o cardeal (p. 9), bastante "parciais e deturpadas" para que fizéssemos investigação aprofundada. Declaramos que o rumor era corrente, mas não que seu significado era genuíno. (2) Não falamos de "apenas duas proposições" realmente submetidas à Comissão. Nossa intenção no relato foi dizer que, das três possíveis formas de proposição, duas extremas e uma intermediária, cada uma das quais contando com defensores na Comissão, a média ou moderada foi a finalmente adotada. (3) Não suspeitamos em absoluto de que o cardeal era o autor de qualquer proposta violenta; não sabíamos que ela havia sido, ou estava prestes a ser, atribuída a ele; e não foi feita nenhuma vinculação entre ele e a proposta, seja em nossa mente, seja em nosso linguajar. (4) Não inferimos censura de espécie alguma quer ao curso proposto quer ao seu proponente, muito menos ao cardeal pessoalmente. (5) Os artigos do *The Patrie* apareceram pela primeira vez – e isso na França – alguns dias depois de nossa Resenha estar nas mãos do público; não sabemos nada sobre as fontes segundo as quais as declarações do jornal se fundamentaram, e não temos simpatia de qualquer sorte pela política daquele jornal, tampouco por suas motivações.

Essa resposta seria suficiente para nossa defesa; contudo, achamos por bem mostrar, de outro lado, o que aconteceu para que o cardeal fosse levado a sujeitar nossas palavras àquela interpretação que temos todas as razões para lastimar. Lendo nosso relato à luz de seu próprio conhecimento e através de narrativas falsas que depois surgiram a seu respeito, sua avaliação pode facilmente ser vista como plausível e provável, posto que houve mais de uma minuta de proposição: uma delas foi de sua autoria; a proposta final foi um meio-termo entre elas, e ele tem sido falsamente acusado de, e severamente acusado por, propor cursos violentos em sua minuta. Sabedor disso, ele foi tentado a suspeitar de uma alusão sub-reptícia contra si em nossas palavras, e a relação cronológica entre nosso artigo e os do *The Patrie* foi facilmente esquecida, ou considerada nugatória em vista da suposição de que elas derivaram das mesmas fontes de informações.

Não obstante, tudo ficará mais claro pela seguinte exposição dos fatos: uma Comissão foi nomeada para preparar uma proposição dos bispos; o cardeal Wiseman, seu presidente, sugeriu uma minuta de proposta que não era injuriosa quanto a qualquer crítica feita a nenhuma das outras minutas e é, em sua essência, a base daquela que foi no final acordada. Ela foi favoravelmente recebida pela Comissão; porém, depois de algumas deliberações, sua adoção final foi postergada.

Subsequentemente, um prelado que não estivera presente nos debates prévios apresentou outra minuta, que não competia com a do presidente nem a emendava, apenas servia como base para as discussões. Essa segunda minuta também foi favoravelmente recebida; e a Comissão, em consideração aos relevantes serviços e à nomeada do autor, e não por insatisfação com a proposta do presidente, resolver fundir as duas. Todos os outros projetos foram colocados de lado, e, em particular, duas propostas foram deliberadamente rejeitadas. Uma delas versava sobre tributo de reconhecimento pelos serviços da nação francesa à Santa Sé; a outra era para denunciar a política opressora e pérfida da Corte de Turim em termos que não eram, seguramente, exagerados ou imerecidos. Não temos o direito nem a propensão para nos queixarmos do patriotismo ardente exibido pelo ilustre bispo de Orleans nas duas publicações que editou desde o retorno à sua sé, tampouco da indignação que o sistema prevalecente em Turim provoca em qualquer pessoa que ame de coração a Igreja ou cuja inteligência aprecie os princípios primeiros de governo. Qualquer que tenha sido a censura proposta, por certo ela não ultrapassou os limites da ofensa. Nada obstante, a inadequação de um curso violento, que não poderia deixar de causar irritação e de agravar as dificuldades da Igreja, parece que foi totalmente percebida pela Comissão; e acreditamos que ninguém estava mais preparado para expor a inutilidade de tal medida que o próprio cardeal. A ideia de que qualquer coisa imprudente ou agressiva pudesse constar de sua proposta é contraditada por todos os fatos do caso e não tem o mínimo fundamento no conteúdo da proposta como adotada.

Não precisamos dizer mais nada para explicar o que foi erroneamente chamado de nossa insinuação sub-reptícia. Através dessa narração dos fatos, emerge nossa declaração, não mais como simples relato, mas como sumário substancialmente preciso dos eventos, questionado apenas num ponto — a extensão da censura que foi proposta. De modo que, na descrição que o cardeal cita de nossas páginas, não há declaração de essência que deva ser corrigida, como de fato nenhuma correção de qualquer ponto definido, com exceção de um, foi tentada.

A maneira pela qual esse pronunciamento inocente veio a ser alvo da suspeita de intenção hostil e foi igualado às calúnias do *The Patrie* é uma outra questão. A disposição com que o cardeal fez juízo de valor sobre nossas palavras não se baseou no conteúdo, mas sim, como ele mesmo declara, nos antecedentes dos dirigentes da *The Home and Foreign Review* e nas características de uma revista que não mais existe. E essa característica, declara ele, consiste na "ausência por anos de qualquer reserva ou reverência no tratamento de pessoas ou coisas consideradas sagradas, a maneira com que bordeja os perigosos abismos do erro e suas habituais preferências pelas motivações, instintos e tendências não católicos em detrimento dos católicos". Ao publicar essa acusação, que significa uma declaração de que sustentamos opiniões e demonstramos espírito não compatíveis com a ligação e submissão totais de mente e vontade à doutrina e autoridade da Igreja, o cardeal acrescenta: "Estou apenas obedecendo orientação mais elevada do que meus próprios impulsos e agindo sob sanções bem mais solenes. Também não estou sozinho nessas infelizmente necessárias correções."

Não pode haver dúvida sobre a natureza das circunstâncias para as quais esse pronunciamento sinaliza. É dito que certos documentos ou proposições que o relato não especifica foram extraídos da revista que o cardeal identifica como esta Resenha e enviados para Roma a fim de serem examinados; que o Prefeito da Propaganda caracterizou esses extratos, ou alguns deles, em termos que correspondem ao linguajar do cardeal; e que os bispos ingleses deliberaram se deveriam fazer pronunciamento similar. Não temos razão para duvidar de que a maioria deles comparte o ponto de vista do cardeal, que também é o de grande parcela do restante do clero e da laicidade; e, qualquer que tenha sido a ação exata tomada sobre a matéria, é inquestionável que uma massa formidável de autoridade eclesiástica e de sentimento popular está unida contra certos princípios ou opiniões que, correta ou erradamente, são atribuídos a nós. Ninguém irá supor que uma impressão tão generalizada possa estar totalmente fundamentada num erro. Os que conhecem a ortodoxia ostensiva de nossa doutrina irão, sob tais circunstâncias, concluir naturalmente que, em nosso modo de a sustentar e expor, deve haver alguma coisa nova e estranha, não familiar e desconcertante, para aqueles que estão acostumados com o espírito que impera na literatura católica; alguma coisa que nossos colegas católicos não estão dispostos a admitir; alguma coisa que pode suficientemente explicar pressentimentos tão comum e sinceramente nutridos. Outros talvez imaginem que estamos inconscientemente nos afastando da Igreja, ou que só professada e hipocritamente nos mantemos ao lado dela. Mas o crítico católico não esquecerá que a caridade é um fruto de nossa religião e que sua ânsia em fazer justiça àqueles dos quais difere tem sempre que ser em igual proporção ao seu zelo. Confiando, então, nesse espírito de imparcialidade, convictos da sinceridade na oposição que enfrentamos e para que fique registrado de forma clara e inteligível o objetivo que perseguimos em nosso trabalho, seguimos com uma declaração, que pode ser legitimamente reclamada de escritores anônimos, como um testemunho do propósito que tem inspirado nossa empreitada e do pleito permanente de nossa consistência.

Esta Resenha foi erigida sobre uma fundação que seus dirigentes não podem abandonar sob pena de traição às nossas convicções e infidelidade aos objetivos publicamente reconhecidos. Tal fundação é uma fé humilde nos ensinamentos infalíveis da Igreja Católica, uma devoção à sua causa, que controla qualquer outro interesse, e uma conexão com sua autoridade que nenhuma outra influência pode suplantar. Se, em qualquer coisa que tenhamos publicado, puder ser encontrada uma passagem que contrarie essa doutrina, que seja incompatível com tal devoção ou desrespeite a autoridade mencionada, sinceramente lamentamos e nos retratamos. Nenhuma passagem dessa natureza ingressou conscientemente nas páginas da antiga *Rambler* ou desta Resenha. Porém, sem sombra de dúvida, podemos ter cometido erros de julgamento e admitido enganos de fatos, e ninguém está livre deles nas matérias espirituais, salvo se cercado de assistência constante da graça divina. Não desejamos ou tencionamos negar faltas, e sim repará-las; queremos instruir, não desnortear nossos leitores; derrubar as barreiras que isolam os companheiros protestantes da Igreja; não criar divisões dentro do território da Igreja; e confirmar e aprofundar, não enfraquecer, alterar ou circunscrever, a fé dos católicos.

Os mais louvados métodos de servir a religião não estão no caminho de um periódico endereçado a uma audiência genérica. Os instrumentos da vida espiritual estão numa esfera mais restrita — a do sacerdócio, dos sacramentos, dos ofícios religiosos; a das preces, das meditações, das introspecções. Esses instrumentos são profanados pela exposição e sufocados pela agitação das questões públicas. O mundo não pode ser trazido para a confidência de nossa vida interior, nem pode a discussão da moralidade ascética ser complicada com as questões seculares do dia a dia. Tentar fazer isso seria deturpar e degradar o santo ofício. A função do jornalista está em outro nível. Ele pode laborar na mesma profissão, mas não no mesmo patamar, como mestre-feitor. Suas ferramentas são mais rústicas, seus métodos, menos refinados e, se seu escopo é mais amplo, sua influência é menos intensa. A literatura, como o governo, ajuda a religião, mas o faz indiretamente, e a partir de fora. As finalidades para as quais trabalha são distintas das da Igreja e, ainda, subsidiárias; quanto mais independentemente cada força concretizar seus objetivos próprios, mais completo será o acordo final alcançado, e mais lucrará a religião. O caminho de uma publicação periódica em sua relação com a Igreja é definido pela distinção de propósitos; sua esfera é limitada pela diferença e inferioridade dos meios que emprega, ao passo que a necessidade de sua existência e de sua independência se justifica pela necessidade do serviço que ela presta.

É missão peculiar da Igreja canalizar a graça para cada alma mediante sua ação espiritual e pastoral – só ela tem essa missão; mas não é apenas trabalho dela. A Igreja também tem que governar e educar, visto que governo e educação são necessidades subsidiárias para sua grande obra de salvação das almas. Por sua disciplina, sua moralidade, sua lei, ela se empenha para concretizar a ordem divina sobre a Terra; enquanto, por seu trabalho intelectual, busca uma compreensão mais completa das obras, ideias e natureza de Deus. No entanto, as funções ética e intelectual da Igreja, diferentemente da espiritual, não são exclusiva e peculiarmente dela. Já eram exercidas, malgrado a imperfeição, antes que a Igreja fosse fundada; e ainda o são, independentemente dela, por duas outras autoridades – a ciência e a sociedade; a Igreja não pode cumprir todas essas funções por si própria, nem, consequentemente, pode ela absorver as suas direções. A ordem política e a intelectual permanecem, sempre, distintas da espiritual. As duas têm finalidades específicas, obedecem a leis próprias e, ao fazê-lo, apóiam a causa da religião pela descoberta da verdade e da sustentação do direito. Proporcionam tal serviço concretizando seus objetivos de forma independente e irrestrita, não os subordinando aos interesses espirituais. Aquilo que desviar o governo e a ciência de suas esferas, ou levar a religião a usurpar seus domínios, confundirá autoridades distintas e colocará em perigo não apenas o direito político e as verdades científicas, como também a causa da fé e da moral. Um governo que, em prol dos interesses da religião, desconsidera direitos políticos, e uma ciência que, em nome da proteção da fé, oscila e mascara na perseguição da verdade são instrumentos pelo menos tão bem preparados para servir a causa da falsidade quanto para combatê-la, e jamais poderão ser utilizados no fomento da verdade sem a traição do princípio que é um sacrifício custoso demais a ser feito para o serviço a qualquer outro interesse.

Repisando, os princípios da religião, do governo e da ciência estão sempre e absolutamente em harmonia; mas seus interesses não. E, embora todos os outros interesses devam render-se aos da religião, nenhum princípio deve sucumbir ante qualquer interesse. Uma lei política ou uma verdade científica podem ser perigosas para a moral ou a fé dos indivíduos, todavia não podem ser, por tal motivo, obstadas pela Igreja. Por vezes, pode ser dever do Estado proteger a liberdade de consciência, se bem que essa liberdade possa ser uma tentação para a apostasia. Uma descoberta da ciência tem possibilidade de sacudir a fé de milhares de pessoas, e mesmo assim a religião não pode refutá-la ou se contrapor a ela. A diferença a esse respeito entre uma religião verdadeira e uma falsa é que a primeira julga todas as coisas pelos padrões de sua verdade, ao passo que a outra o faz pelos critérios de seus próprios interesses. Uma religião falsa teme o progresso de todas as verdades; uma verdadeira busca e reconhece a verdade onde ela puder ser encontrada, e reivindica regular e controlar não o progresso, mas a dispensação do conhecimento. A Igreja tanto aceita a verdade como prepara o indivíduo para recebê-la.

O mundo religioso vem, de há muito, dividido por essa grande questão: reconhecemos princípios na política e na ciência? Serão seus métodos tão rigorosos que não possamos dobrá-los, suas conclusões tão exatas que não possamos dissimulá-las, em presença da necessidade mais premente da salvação das almas ou da verdade mais precisa dos dogmas da fé? Tal questão divide os protestantes em racionalistas e beatos. A Igreja a resolve na prática, admitindo os princípios e as verdades por atacado e dispensando-os no varejo à medida que os homens podem suportá-los. Ela reconhece a infalibilidade do método matemático e emprega os métodos histórico e crítico a fim de estabelecer os documentos para sua própria revelação e tradição. Negue-se tal método, e seus argumentos confessos estarão destruídos. Mas a Igreja não pode — e não irá — negar a validade do método do qual é compelida a depender, não, na ver-

Lord Acton

dade, para sua existência, mas para sua demonstração. Não há espaço para que os católicos refutem que, como um todo, a ciência política possa ter princípios absolutos de direito, ou a ciência intelectual, de verdade.

Durante a última centena de anos, a literatura católica passou por três fases com respeito a essa questão. Numa certa ocasião, quando o absolutismo e a falta de fé estavam em ascensão e a Igreja era oprimida pelos governos e insultada pelas pessoas, os escritores católicos imitaram os primeiros apologistas cristãos – e foram até caricaturas dos mesmos – no esforço para apresentar seu sistema sob uma luz mais favorável a um lado ou outro, para disfarçar antagonismos, para modificar pleitos antigos, ou para desvendar aquele lado de sua religião que provavelmente poderia atrair mais tolerância e boa vontade. Nada que pudesse constituir ofensa tinha permissão para aparecer. Algo da inteireza da religião, senão da sua verdade, foi sacrificado pelo bem da conciliação. A grande revivificação da Igreja no século presente deu nascimento a uma escola oposta. A atitude de timidez e concessão foi sucedida por uma de confiança e triunfo. A conciliação deu lugar ao desafio. As falsidades inescrupulosas do século XVIII lançaram suspeita sobre todos aqueles que, em alguma ocasião, progrediram graças a adversários da religião; e a crença de que nada podia ser dito em prol da Igreja esmaeceu gradualmente na convicção de que nada que pudesse ser dito contra ela era verdade. Surgiu uma escola de escritores fortemente impregnada de horror pelas calúnias dos filósofos descrentes e dos controversistas hostis e animada pelo desejo de revitalizar e fortalecer o espírito dos católicos. Tornaram-se advogados literários. Seu grande objetivo foi completar a obra que estava diante deles; e, de um modo geral, foram descuidados em suas declarações, retóricos e ilógicos na argumentação, positivos demais para serem críticos e confiantes demais para serem precisos. Nessa escola foi educada a atual geração de católicos; a ela eles devem o ardor de seu zelo, a constância de sua fé e suas visões católicas da história, da política e da literatura. Os serviços prestados por tais escritores foram muito grandes. Eles restabeleceram o equilíbrio, que se inclinava terrivelmente contra a religião, tanto na política quanto nas letras. Criaram uma opinião católica e uma relevante literatura católica, e conquistaram para a Igreja influência muito poderosa sobre o pensamento europeu. A palavra "ultramontano" foi revivida para designar essa escola, e um termo tão restrito foi empregado para abarcar homens tão diferentes como de Maistre e Bonald, Lamennais e Montalembert, Balmez e Donoso Cortés, Stolberg e Schlegel, Phillipps e Tapparelli.

Existem duas peculiaridades pelas quais podemos testar todo esse grupo de eminentes escritores: sua identificação do catolicismo com alguma causa secular, tais como os interesses de um determinado sistema político ou filosófico, e o uso que fizeram das autoridades protestantes. Os pontos de vista que se empenharam por identificar com a causa da Igreja, por mais variados que fossem, concorreram para lhes dar a aura de *partisans*. Como advogados, eles se habituaram a defender suas causas com a engenhosidade daqueles que sabem que todos os pontos não são igualmente fortes e que nada deve ser concedido exceto o que eles podem defender. Fizeram muito em proveito do aprendizado, apesar de demonstrarem pouco interesse por aquilo que não servisse de imediato à sua inclinação. No uso que fizeram dos escritores protestantes, exibiram a mesma parcialidade. Estimaram o adversário religioso não por seu conhecimento, mas por suas concessões; e tiraram proveito do progresso da crítica histórica não para rever suas posições, mas para obter testemunhos para sua verdade. Foram típicas da escola a avidez em citar passagens favoráveis de autores protestantes e a negligência com aqueles que eram menos úteis à discussão. Nos escritores principais, essa tendência foi contrabalançada pelo caráter e pela erudição; porém, nas mãos de homens menos competentes ou menos suspeitosos de si mesmos, pressionados dolorosamente pelas necessidades da controvérsia e muito obscuros para desafiar a correção crítica, o método se transformou em armadilha tanto para o escritor quanto para seus leitores. Assim, as mesmas qualidades que condenamos em nossos oponentes, como as defesas naturais do erro e os emblemas significativos de uma má causa, enodoaram tanto nossa literatura quanto nossa política.

O aprendizado foi além do horizonte de visão desses homens. Sua grande força estava na fraqueza de seus adversários, e suas próprias deficiências foram eclipsadas pelos erros monstruosos contra os quais batalharam. Mas os métodos científicos agora estão tão aperfeiçoados e passaram a ser aplicados com tal cautela e tal espírito de imparcialidade, que os apologistas da última geração entraram em colapso diante desses métodos. As investigações se revestiram de tal impessoalidade, tornaram-se tão desprovidas de coloração partidária, tão livres dos preconceitos que distorciam a verdade, dos objetivos predeterminados e das conclusões antecipadas, que seus resultados só podem ser confirmados por pesquisas em que o mesmo método é ainda mais completa e conscientemente aplicado. O retórico brilhante não consegue vencer o acadêmico mais sólido, e a eloquência e a sagacidade de De Maistre e Schlegel de nada valeriam em presença de investigações procedidas com perfeito domínio da ciência e com honestidade de propósito. O escudo do apologista seria vulnerável no ponto em que sua religião e sua ciência fossem forçadas a uma união artificial. Repetimos, à proporção que se amplia e se aprofunda, a ciência vai se livrando do diletantismo. O conhecimento antes existente poderia ser tomado emprestado ou superficialmente adquirido por homens que não se devotassem por inteiro às suas atividades ou por aqueles apartados das controvérsias geradas pelas Escrituras e pela história; dessa forma, a ciência física podia ser, veneravelmente, debatida por um único escritor. Mas tal versatilidade pouco profunda não é possível nos dias de hoje. A nova precisão e certeza da crítica tornaram a ciência inatingível, exceto para os que se dedicam sistematicamente ao seu estudo. O treinamento de um trabalhador habilitado tornou-se indispensável para o acadêmico, e a ciência não concede seus resultados a ninguém, salvo os que são mestres de seus métodos. Aí reside a distinção entre os apologistas que descrevemos e a escola de escritores e pensadores que agora emerge em países estrangeiros, de cujo triunfo depende a posição da Igreja na sociedade moderna. Enquanto ela se viu cercada por homens cuja erudição estava a soldo da inverdade, seus defensores naturalmente adotaram os artifícios do advogado e escreveram como se estivessem reivindicando por uma causa humana. Sua preocupação era unicamente de promover aquelas espécies e porções exatas do conhecimento que confrontassem um adversário ou dessem suporte a um pleito. Contudo, o aprendizado deixou de ser hostil com a cristandade quando parou de ser buscado meramente como instrumento de controvérsia — quando os fatos passaram a ser reconhecidos não mais porque eram úteis, mas simplesmente porque eram verdadeiros. A religião não teve oportunidade de retificar os resultados do aprendizado porque a irreligião cessou de pervertê-los, e as velhas armas da controvérsia se tornaram repulsivas tão logo deixaram de ser úteis.

Foi assim que a autoridade do direito político e a da verdade científica foram restabelecidas e se transformaram, não em ferramentas a serem usadas pela religião para seus interesses próprios, mas em condições que ela tem de observar em suas ações e argumentações. Dentro das respectivas esferas, a política pode determinar quais direitos são justos, e a ciência, quais verdades são certas. Existem poucos problemas políticos e científicos que afetam as doutrinas da religião, e nenhum deles é hostil a ela em sua solução. Mas não é essa a dificuldade normalmente sentida. Um princípio político ou uma descoberta científica são comumente julgados não por sua relação com a verdade religiosa, mas por sua orientação em relação a alguns interesses religiosos, manifestos ou prováveis. Um fato pode ser verdade e uma lei pode ser justa, porém, ainda assim, podem, sob certas condições, envolver alguma perda espiritual.

E aí estão a pedra de toque e o divisor de águas dos princípios. Alguns homens argumentam que o objetivo do governo é contribuir para a salvação de almas; que certas medidas podem ameaçar tal objetivo e que, por conseguinte, elas devem ser condenadas. Esses homens só olham para os interesses; não podem conceber o dever de sacrificá-los aos princípios ou ideias políticos independentes. Ou então, mais uma vez, dirão: "Aqui está uma descoberta científica calculada para subverter muitas ideias tradicionais, para desfazer um sistema imperante de teologia, para desaprovar uma interpretação corrente, para lançar descrédito sobre autoridades eminentes, para compelir homens a rever suas opiniões mais enraizadas, para perturbar as fundações sobre as quais se assenta a fé de outros." Há razões bastantes para cuidados na dispensação da verdade; mas os homens que estamos descrevendo prosseguirão afirmando: "Isso é suficiente para que se suspeite da própria descoberta; mesmo que seja verdade, seu perigo é maior que seu valor. Deixemos, portanto, que ela seja meticulosamente enterrada e façamos com que todos os seus vestígios desapareçam."

Uma política como essa a nós parece tanto errada em si mesma como derrogatória para a causa que se dispõe a servir. Ela contempla seja uma fé tímida que teme a luz, seja a falsa moralidade de que a verdade traria malefício quando surgisse. Quantas vezes os católicos se envolveram em contradições desesperadas, sacrificaram princípios à oportunidade, adaptaram suas teorias aos seus interesses e confundiram a confiança do mundo na sinceridade deles com subterfúgios que enredaram a Igreja nas areias movediças da luta partidária, ao invés de embasarem a causa dela na rocha sólida dos princípios! Quantas vezes eles se apegaram a alguma quimera plausível que parecia servir à sua causa e pajearam uma ignorância artificial em que receavam as descobertas de uma curiosidade impertinente! Tão engenhosos na detração quanto no silêncio e na dissimulação, não responderam esses católicos, com demasiada frequência, às imputações que não podiam desaprovar com acusações que não podiam provar, até que as injúrias que inventaram se rivalizaram, em número e intensidade, com as que

Lord Acton

tinham sido inventadas contra eles? Para tais homens, os princípios tinham apenas valor temporário e em moeda local. Procuraram aliar a causa da religião à força que fosse mais poderosa em determinado lugar ou em dada ocasião. Com igual diligência, identificaram a Igreja com a liberdade num país e com o absolutismo noutro; com o conservantismo onde ela gozava de privilégios e com a reforma onde ela tivesse opressão a suportar. E, por tudo isso, o que ganharam? Traíram deveres mais sagrados que os privilégios pelos quais lutaram; mentiram diante de Deus e do homem; foram divididos em frações pelos supostos interesses da Igreja, quando deveriam ter permanecido unidos pelos princípios e doutrinas dela; e, contra si mesmos, justificaram as graves acusações de falsidade, insinceridade, indiferença aos direitos civis e desdém pelas autoridades civis que são lançadas com tanta injustiça contra a Igreja.

As dificuldades presentes da Igreja — suas dissensões internas e aparente fraqueza, o forte preconceito que mantém muitas pessoas dela totalmente afastadas e faz recuar as que dela se aproximam —, todas elas retiram seu alimento desse solo fértil. O antagonismo de doutrinas hostis e a inimizade de governos, em comparação, concorrem pouco para tais dificuldades. É em vão ressaltar-se a tradição apostólica da Igreja, a unidade inquebrantável de sua doutrina, sua energia missionária ou seus triunfos no campo da vida espiritual, se fracassamos em remover o preconceito acumulado que gerações de seus advogados foram colocando em torno dela. O mundo jamais poderá saber e reconhecer sua perfeição divina enquanto os pleitos de seus defensores estiverem tão pouco próximos da verdade quanto os crimes que os inimigos imputam a ela. Como o forasteiro pode entender onde os filhos do reino são iludidos?

Contra tal política, uma posição firme e inexorável torna-se de suprema necessidade. O mal é curável e a perda é recuperável pela adesão consciente a princípios mais elevados e pela busca paciente da verdade e do direito. A ciência política pode colocar a liberdade da Igreja sobre princípios tão corretos e infalíveis que os protestantes inteligentes e preparados os aceitarão; e em qualquer ramo do aprendizado no qual a religião esteja de uma forma ou de outra envolvida, a progressiva descoberta da verdade fortalecerá a fé pela promoção do conhecimento e pela correção da opinião, ao mesmo tempo em que destruirá preconceitos e superstições pela dissipação dos erros sobre os quais eles se fundamentam. Esse é um caminho que a consciência tem de aprovar como um todo, embora ela seja tentada a se revoltar contra cada passo específico dado. Esse caminho nem sempre conduz a vantagens imediatas; pode palmilhar sendas perigosas e escandalosas. Um soberano legítimo tem capacidade para excluir a Igreja de seus domínios ou perseguir seus membros. Poderá a Igreja dizer que tal direito não é lídimo ou que toda a intolerância é necessariamente errada? Uma verdade recém-descoberta pode se constituir em obstáculo que desoriente ou aliene as mentes dos homens. Pode a Igreja então negá-la ou reprimi-la? De modo algum. Ela precisa fazer a coisa certa: dar preferência à lei de seu próprio espírito geral e não às exigências da ocasião externa imediata, e deixar a questão nas mãos de Deus.

Tal é a substância dos princípios que excluem a *The Home and Foreign Review* da simpatia de larga parcela do corpo a que pertencemos. Em comum com uma porção não pequena ou insignificante de nossos irmãos católicos, sustentamos que já se foi o tempo em que as deficiências na educação política ou científica serviam como desculpa para que se dependesse do conhecimento conveniente ou suspeito; e que chegou o momento de servir melhor a religião com a fidelidade ao princípio, com a ratificação do direito na política, apesar de ela requerer um sacrifício aparente, e com a busca da verdade na ciência, mesmo que represente possível risco. A sociedade moderna não desenvolveu segurança para a liberdade, instrumento de progresso ou meios para se chegar à verdade que não olhássemos com indiferença ou suspeição. Não vemos nenhum fosso necessário a separar nossas convicções políticas ou científicas daquelas dos mais inteligentes e sábios homens que possam diferir de nós em termos de religião. Ao nos dedicarmos a estudos com os quais eles possam simpatizar, partindo de princípios aceitáveis por eles e empregando métodos que são tanto deles quanto nossos, estaremos em condições de atingir objetivos que só podem ser almejados por uma Resenha – nossa própria instrução e a conciliação de oponentes.

Existem duas considerações importantes pelas quais devemos nos orientar na perseguição de nossos propósitos. Primeira, temos de nos lembrar que o método científico é mais claramente exibido e reconhecido em conexão com assuntos a respeito dos quais não há predisposições a ferir, receios a excitar e interesses a ameaçar. Por via de consequência, não só excluímos de nosso escopo tudo que tenha ligação com a vida ascética e com as relações mais íntimas da Igreja como também mostramo-nos desejosos ao máximo de nos devotarmos ao tratamento de matérias bastante apartadas de todas as orientações religiosas. Segunda, temos de ter em mente que o governo interno da Igreja é prerrogativa de uma esfera exclusivamente eclesiástica de cuja discussão estamos excluídos, não apenas por motivos de propriedade e reverência, mas igualmente pela necessária ausência de quaisquer meios de formação de opinião. Tanto terreno fica isolado pela cerca dessas duas considerações que só permanece a esfera secular. A característica de uma Resenha científica é determinada por elas. A revista não pode penetrar nos campos do governo eclesiástico ou da fé, e nenhum desses dois pode, possivelmente, ser afetado pelas conclusões da revista ou por seus métodos de debate.

Ao asseverarmos, assim de forma absoluta, que toda a verdade tem que servir à religião, estamos dizendo aquilo que talvez poucos negarão no abstrato, mas que muitos não estarão dispostos a admitir no detalhe. Será vagamente sentido que as opiniões, que levam tão pouco em conta a presente inconveniência e o perigo manifesto, são perigosas e novas, embora possam parecer desabrochar de uma fé mais inquestionável, de uma confiança mais irrestrita na verdade e de uma submissão mais perfeita às leis gerais da moralidade. Não existem teoria articulada nem ponto de vista distinto, mas sim hábito antigo, e há induzimentos fortes de outra espécie que suportam tal sentimento.

Para compreender a infalibilidade da verdade científica, um homem precisa estudar profundamente o método científico; entender a obrigação do princípio político exige disciplina mental similar. Um homem que, de súbito, vem de fora e é introduzido numa sociedade em que essas infalibilidade e obrigação são correntemente reconhecidas fica naturalmente desnorteado. Não consegue distinguir entre as impressões duvidosas recolhidas por seu conhecimento de segunda mão e a certeza da informação primária correta que aqueles que a possuem não têm o poder de negar. Aceitar um critério que possa condenar algum acalentado ponto de vista até então a ele parece uma forma de rendição e um sacrifício de posição. Considera simples perda abrir mão de uma ideia, e mesmo quando, compelido pela controvérsia, se mostra disposto a fazê-lo, ainda acha bastante desnecessário e gratuito engajar-se em pesquisas que possam levar a tal situação. Entrar assim na discussão de questões que tenham sido mescladas com religião e levadas a contribuir com seu apoio para a fé parece, para o espectador negligente ou para a pessoa absorvida com a defesa da religião, uma intromissão meramente inútil e perturbadora, ditada pelo orgulho do triunfo intelectual ou pela covardia moral que procura, sem valer a pena, propiciar inimigos.

Grande consideração é devido àqueles cujas mentes não estão preparadas para a plenitude da luz da verdade e para as momentosas responsabilidades do conhecimento; que não aprenderam a discernir o que é divino do que é humano — o dogma definido, da atmosfera de opinião que o cerca — e que respeitam ambos com a mesma reverência horrível. Grande reconhecimento é também devido aos que estão constantemente trabalhando para alimentar a chama da crença em mentes perplexas pelas dificuldades ou ensombrecidas pela ignorância e pelo preconceito. Esses homens nem sempre têm os resultados das pesquisas sob comando; não dispõem de tempo para se manter atualizados com o progresso da ciência histórica e crítica; e, em decorrência, as soluções que se veem compelidos a dar muitas vezes são imperfeitas, adaptadas apenas às mentes pouco instruídas e não cultivadas. O raciocínio deles não pode ser o mesmo que o do acadêmico que se opõe ao erro da forma mais vigorosa, refinada e talentosa. Com o avanço do conhecimento, é inevitável que eles acabem descobrindo contradições em alguns dos fatos até então aceitos e subversões dos argumentos que já prestaram bons serviços. Perceberão que algumas declarações, que adotaram sob a tensão da controvérsia para superar preconceito e dúvida, se revelam apressadas e parciais para questões que se propuseram a responder, e que as verdadeiras soluções necessitariam de explanações mais copiosas que as oferecidas. E assim se conscientizarão de que, nos tópicos para os quais a controvérsia popular geralmente se volta, as condições da discussão e os recursos da argumentação ficam sujeitos a mudança gradual e constante.

Uma Resenha, portanto, que se propõe a investigar problemas políticos e científicos, sem nenhuma subserviência direta aos interesses de um partido ou de uma causa, porém, convencida de que tal investigação, em função de sua própria independência e retidão, tem de proporcionar a mais valiosa assistência indireta à religião, não pode esperar cair, de imediato, nas graças daqueles que cresceram sob influência de outra escola de ideias. Os homens que se ocupam com as funções especiais da vida eclesiástica, em que a Igreja é toda autossuficiente e não necessita de ajuda externa, naturalmente verão, de início, nos problemas da vida pública, nas demandas da sociedade moderna e no progresso do aprendizado humano, nada diferente de novas e indesejáveis dificuldades – provações e desvios da concentração para si mesmos, tentações e perigos para seus rebanhos de almas. Com o tempo, aprenderão que existe um curso mais elevado e mais nobre para os católicos do que aquele que começa em temor e não conduz à segurança. Passarão a ver quão vasto é o serviço que poderiam prestar à Igreja reclamando para si mesmos um lugar em cada movimento que promova o estudo das obras de Deus e do progresso da humanidade. Lembrar-se-ão de que, enquanto a função da autoridade eclesiástica é tolerar, alertar e guiar, a missão da diligência e da inteligência religiosas não é a de deixar que seja monopólio de outros o grande trabalho de civilização intelectual e social, e sim salvá-lo do aviltamento, dando-lhe por líderes os filhos, não os inimigos, da Igreja. E, finalmente, no desenvolvimento do direito político e do conhecimento científico, e no estabelecimento da liberdade no Estado e da verdade na literatura, eles reconhecerão um dos primeiros entre seus deveres humanos e a mais nobre de suas recompensas terrestres.

CAPÍTULO XXXIII

*Ultramontanismo**

O conhecimento é visto pela Igreja Cristã não só como meio, mas muito mais como uma finalidade, porque ele constitui o único campo em que o progresso da Igreja não vacila nem fica sujeito a recidivas. Quando, em eras sucessivas, a Igreja renova as definições e as pesquisas no sistema que é sua missão ensinar, precisa sempre registrar algum avanço em relação ao passado. Embora entre certas parcelas da humanidade as fronteiras da Igreja possam oscilar e retroceder devido à verdade, ela trabalha em função de uma lei de progresso inevitável e invariável. Tem de levar ensinamentos a todas as nações, mas não conta com a promessa de que qualquer uma delas a ouvirá. Tem de zelar pelos que envolve em seu manto, mas nunca sabe se sua vigilância surtirá efeito. Não há proteção divina que a guarde contra perdas ocasionadas pela perseguição, pela descrença obstinada, pela não observância de sua lei ou pela apostasia de seu credo; e não há garantia de que os meios da graça que ela dispensa irão concorrer

---

* Publicado em *The Home and Foreign Affairs* 3 (julho de 1863): 162-206. Döllinger I, p. 313; Acton-Simpson III, pp. 73, 75, 76, 113, 155. O artigo foi um esforço colaborativo de Acton e Richard Simpson. Republicado em Acton, *Church and State*, pp. 37-85; Acton, *Liberal Interpretation of History*, pp. 160-213.

Ensaios

para o aprimoramento moral de nossa raça, ou que a santidade ganhará em intensidade e amplitude com o passar do tempo. Podem existir diminuição na área da cristandade e declínio na virtude dos cristãos. Mas tem de haver exceção para a possibilidade de retrocesso, senão a cristandade seria inferior ao judaísmo. Mais ainda, se a estagnação pudesse paralisar cada função da Igreja de Cristo, Sua obra seria menos perfeita que a dos homens. A natureza divina das instituições que Ele fundou tem, por conseguinte, de se manifestar por meio de algum elemento que esteja garantido contra perda ou deterioração, mesmo que submetido a crescimento constante. Recusar à Igreja essa característica de progresso é negar a divindade de seu Fundador; e se formos buscar isso em qualquer outro lugar que não nessa ordem da verdade, que está sujeita à orientação imediata do Espírito Santo, seremos contraditados tanto pela santidade das eras iniciais quanto pelas lições mais memoráveis da história religiosa posterior.

Nesse crescimento, a Igreja não cede à ação de forças eternas, ou simplesmente se rende a uma mudança que não pode impedir. O progresso é uma necessidade de sua existência e uma lei de sua natureza. Ela não o sofre passivamente e sim o impõe à sociedade. Enquanto desenvolve, ininterrupta e incessantemente, suas doutrinas, e faz a verdade evoluir da tradição inesgotável do ensinamento de nosso Senhor, sua ação é o impulso, o padrão e o guia sempre presentes da sociedade na formação da lei e do progresso do aprendizado.

Quão grande é a influência assim exercida pelo exemplo da Igreja sobre o governo civil e quão próximo é o paralelo entre seus métodos e os princípios da ciência política, nós não inquirimos aqui.

Lord Acton

Sua ação mais direta e necessária é sobre o conhecimento humano. Isso porque a exposição total da verdade é o grande objetivo pelo qual a existência da humanidade é prolongada na Terra. Pode ser que a bondade individual não seja maior, ou a proporção de almas salvas mais ampla, do que em épocas passadas, mas Deus Todo-Poderoso é mais completamente conhecido, os artigos da fé estão multiplicados e a certeza do conhecimento aumentou. Tal crescimento do conhecimento não se deveu a novas revelações ou a uma continuada inspiração; ele é uma conquista da mente cristã em seus conflitos com as fases da inverdade; foi obtido pela aplicação e não simplesmente outorgado pela fé em si. O desenvolvimento da doutrina é essencial para a preservação de sua pureza; em consequência, sua preservação implica desenvolvimento; e o ato intelectual que acompanha a crença é o agente do progresso da Igreja no conhecimento religioso. No curso desse processo, ela se submete à contribuição de todo aprendizado humano, o qual ela demanda e santifica ao empregá-lo. Como não possui de imediato a inteireza do conhecimento, e como sua autoridade deixa muitas coisas incertas, ela tem de se valer de outros recursos que não são dela por herança; e sua demanda obriga necessariamente o suprimento do conhecimento do qual muito depende. Portanto, ao lado do progressivo estudo da verdade revelada tem lugar um incessante esforço intelectual, executado em presença da autoridade, com base na fé e dentro da esfera da unidade e da caridade, de modo que toda a ciência possa se tornar tributária da religião, e que Deus possa ser venerado em harmonia com Suas palavras, Suas obras e Seus caminhos.

Tal obrigação foi cumprida em todas as eras, salvo nos intervalos de corrupção e declínio, com um zelo proporcional à sua importância; e a amarga ansiedade que acompanhou cada dúvida e cada divisão surgidas foi igualada por aquela excitada pela própria fé, posto que nas lutas com uma religião hostil há a certeza da crença como orientação e a confiança na autoridade como amparo ao combatente. Ele se confessa inferior à causa; não ousa degradá-la pela introdução de motivos ou emoções pessoais, ou permitir que sua santidade seja violada pelas condições da controvérsia humana; e não é tentado a fazê-lo porque nem medo nem dúvida se intrometem com seus sentimentos. Porém, nas discussões confinadas à esfera da unidade religiosa, que não envolvem diretamente verdades fundamentais e em que o juízo de valor privado ocupa o lugar da fé e da obediência, o antagonismo é necessariamente mais pessoal, existe mais egoísmo na opinião, menor certeza de vitória, e os motivos mais puros podem ficar turvados pela ignorância, pelo interesse ou pelo orgulho. As contendas que a autoridade não pode resolver excitam aqueles para os quais a limitação que ela impõe é enfadonha, e é uma indulgência para os que estão cansados de aquiescer em unidade silente. As linhas de separação são mais distintamente marcadas porque a brecha não é tão larga.

Daí o surgimento de dois fenômenos que irritam os católicos e deixam os protestantes perplexos – o número de facções dentro da Igreja e o ardor de suas dissensões. Nem sempre é fácil para o observador externo conciliar essas coisas com a noção de unidade, ou para um admirador da religião ter certeza de que isso não envolve solução de continuidade na caridade; e é muito difícil para qualquer dos dois descobrir, quando a ortodoxia é contestada e a autoridade permanece silenciosa, quem é o intérprete autêntico da ideia católica. Da mesma forma que o aparecimento das heresias forneceu o texto que definiu o catolicismo como expressão mais perfeita do cristianismo, o crescimento da controvérsia interna requer texto adicional para assegurar a forma mais pura de pensamento em questões abertas dentro da Igreja, pois o controle da religião vai além de seus dogmas; e uma opinião que não contradiz doutrina prescrita pode ser sintoma mais sério de alienação do espírito da Igreja do que alguns erros doutrinários inconscientes. Existem certas questões para as quais não se aplica o teste da ortodoxia e que, ainda assim, são mais significativas do que algumas sobre as quais tal teste decide. A liberdade que prevalece sobre pontos duvidosos não justifica uma renúncia que é condescendente com a dúvida, e censura os esforços pelos quais ela pode ser dissipada. Na ausência dos patamares de autoridade, tais pontos têm possibilidade de ser esclarecidos pela pesquisa científica, e uma opinião que jamais poderia ser impingida acaba podendo ser considerada espiritualmente recebida. No entanto, embora possam estar prontos para adotar critério que exclua alguns dos que estão em comunhão com eles, os católicos temem aquilo que possa repelir os que não estão; e, naturalmente, escondem na presença de estranhos uma arma que usam entre si. É impossível que partidos diversos, que não conseguem concordar com uma definição comum, aceitem um termo comum.

Os observadores protestantes adotaram uma designação para indicar o espírito esotérico do catolicismo, essência real do sistema ao qual se opõem. Tal designação é ultramontanismo. Indubitavelmente, o significado atribuído a ele exibe certa realidade e certa verdade que devem sobrepujar a relutância em empregá-lo. O ultramontanismo guarda a mesma relação com o catolicismo em questões de opinião que o catolicismo guarda com o cristianismo em questões de fé. Ele significa o costume de o intelecto levar a efeito investigações e suplementar a missão da autoridade. Implica legitimidade de união da religião com a ciência, e a harmonia inteligível e consciente do catolicismo com o sistema da verdade secular. Sua base é a autoridade, mas seu domínio, a liberdade; e ele concilia um com o outro. Um católico pode ser totalmente deficiente em conhecimento humano, ou pode possuí-lo em tal dose que não represente dificuldade para sua fé, ou pode encontrar uma solução pronta e universal para todas essas dificuldades sacrificando sem hesitação quer a fé quer a razão. Em nenhum desses casos, seja um bom seja um mau católico, ele tem qualquer pretensão ao uso do nome ultramontano. Sua religião não retira força ou recursos de seu conhecimento, tampouco seu conhecimento encontra princípio de unidade ou guia em sua religião. Se nenhum dos dois perdeu alguma coisa de sua integridade e verdade, também nenhum dos dois ganhou qualquer coisa um do outro. Se não há luta em sua mente, também não há combinação — nenhuma geração de algo previamente não existente que nem a ciência sozinha nem a religião sozinha poderiam ter produzido. Sua consciência não obtete segurança contra a necessidade de sacrificar a fé à verdade, ou a verdade à fé, e nenhum impulso para essa ponderação que reconhece a unidade definitiva.

Está claro que ultramontanismo, nessa acepção do termo, só pode ser fruto da civilização madura e de um estágio muito avançado da investigação científica. A ciência natural, antes de ser purificada pelos métodos da observação, e a ciência histórica, antes de ser regenerada pela crítica, harmonizavam-se melhor com a superstição e o erro do que com a religião. Mas uma mudança teve lugar em sua natureza no começo deste século. Existe um intervalo, por assim dizer, de séculos que separa Cuvier de Buffon, Niebuhr de Gibbon, com uma clareza tão grande quanto a que separa a química da alquimia, a astronomia da astrologia, a história da lenda. Uma mudança similar seguiu-se no sistema político e estabeleceu em quase todos os países a teoria e o desejo de liberdade. Numa das contendas surgidas com essa condição alterada da sociedade, há cerca de um quarto de século, o termo ultramontano começou a ser empregado para indicar aqueles que advogavam os direitos e princípios da Igreja Católica. Num determinado sentido, a designação era justa; noutro, era estranha inversão do significado que vinha até então sendo emprestado à palavra.

Durante o período entre a Reforma e a Revolução, o ultramontanismo, como o galicanismo, foi usado com acepção de facção. Designava o estrito sistema romano como desenvolvido pelo antagonismo das teorias galicanas do século XV. Em comparação com a prática da Idade Média, era uma inveja das liberdades, estimulada por igual inveja da autoridade. Tal controvérsia, levantando uma falsa questão sobre a lei e a constituição da Igreja, só poderia engajar os mestres do aprendizado eclesiástico durante uma era em que a história, a pedra de toque e o dissolvente de sistemas extremos, era muito imperfeitamente conhecida. À época em que ela se enfureceu, pouco ainda havia sido feito para ilustrar a Igreja medieval, e os homens ainda não possuíam os meios para resolver problemas históricos como a Doação de Constantino, as bulas espúrias e a papisa Joana, e todas as outras fábulas que forneciam as bases dos pleitos rivais por uma independência nacional quase absoluta e por um poder arbitrário e universal. Naqueles dias, galicanos e ultramontanos competiam por opiniões estreitas, extremadas, subordinadas e, podemos até dizer, incultas. O conflito entre eles era um enfraquecimento do verdadeiro espírito católico, e foi lamentado pelos santos como um desastre para a Igreja. "Je hais," diz São Francisco de Sales, "par inclination naturelle, et, je pense, par inspiration céleste, toutes les contentions et disputes qui se font entre Catholiques, et dont la fin est inutile; encore plus celles dont les effets ne peuvent être que dissensions et différends, surtout en ce temps plein d'esprits disposés aux controverses, aux médisances, aux censures et à la ruine de la charité. Je n'ai pas même trouvé à mon goût certains écrits d'un saint et très-excellent prélat, dans lequels il a touché au pouvoir indirect du Pape sur les princes; non que j'ai jugé s'il a tort ou raison, mais parce qu'en cet age où nous avons tant d'ennemis en dehors, nous ne devons rien émouvoir au dedans du corps de l'Église." São Francisco também diz: "Il est malaisé de dire choses qui n'offensent ceux que, faisant les bons valets, soit du Pape, soit des princes, ne veulent pas que jamais on s'arrête hors des extremités."[1]

A indolência intelectual conspirou com a ignorância daquele tempo para promover essas teorias. Os homens se contentavam em descobrir uma fórmula que os livrasse do problema de pensar e uma visão que lhes permitisse manter os olhos fechados. Pois a defesa de uma tese é bem mais fácil que a descoberta da verdade. Existe alguma coisa de alarmante na tarefa de distinguir e comparar tempos e lugares, e de fazer as devidas compensações em fun-

---

[1] *Oeuvres*, xi, 406, 401.

ção de circunstâncias e condições qualificadoras. Os seguidores de um sistema que temessem o conhecimento dos fatos deveriam interferir com a certeza de suas opiniões, e os que receassem a irresistível corrente da história, deixar que ela entrasse sobre suas conclusões estabelecidas e compactas.

A condição política daqueles tempos é importante na história da controvérsia. Tanto o galicanismo quanto o ultramontanismo professavam representar liberdade, mas ambos pertenciam a uma era do poder absoluto. Um dos sistemas era o instrumento pelo qual os monarcas estendiam seu poder sobre a Igreja, enquanto pelo outro o mesmo princípio do absolutismo era introduzido na própria Igreja. Ambos constituíam conveniências para que a liberdade eclesiástica fosse restringida e para que a autoridade se colocasse acima da lei. A fonte de sua vitalidade e a razão para sua existência desapareceram quando a Revolução deu um fim à antiga sociedade que tolerava, e até mesmo aprovava, o sistema do governo arbitrário. Em período posterior, sob a Restauração, a reverência à lei e a aversão religiosa ao poder absoluto, que resistiu à usurpação das liberdades da Igreja por parte do governo civil, fizeram com que ela mantivesse, em seu próprio sistema interno, a prevalência da autoridade da lei e da tradição sobre a vontade temporária dos mandantes. Em vez de a Igreja e o Estado serem rivais no absolutismo, passou a ser entendido que os dois deveriam obedecer às suas legislações próprias, ao passo que o horror das épocas de ilegalidade, que ambos tinham recentemente atravessado, na Revolução e no Império, passaram a ser a influência predominante na mente dos homens.

No início do presente século, enquanto Chateaubriand explicava o charme das emoções religiosas e, na Alemanha, a distinção de credos tinha sido quase obliterada pela poderosa corrente do Romantismo, não se podia dizer que existiam quaisquer grupos distinguíveis de opiniões católicas. A literatura católica experimentava maré vazante, e a controvérsia se encontrava quase extinta. Não havia aprendizado, nem ócio, tampouco determinação suficiente para despertar as antigas discussões. Elas surgiram de novo quando a paz e a liberdade foram restauradas na religião e a atividade literária reviveu, depois de 1814. Naqueles dias, as memórias do período revolucionário e de sua descrença eram muito vívidas, e as ideias da Santa Aliança eram por demais favorecidas pelos pensadores católicos. Eles sonhavam com uma liga entre Igreja e Estado, com uma lealdade renovada, identificada como a religião revivida, e com uma combinação entre homens e boa vontade para a restauração dos grandes interesses que haviam caído ante o inimigo comum. Esperava-se que a religião capacitasse o Estado a proteger a sociedade contra a recorrência de tal catástrofe. Existiam muitos que contavam tanto com o czar quanto com o papa para a concretização desse esquema (meio religioso e meio político). O grande propósito prático pelo qual o esquema era animado constitui a característica principal do movimento literário que se seguiu. Outra característica é que os escritores são primordialmente leigos, isso porque os problemas correntes de então eram mais sociais que eclesiásticos, e mesmo a teologia era tratada tendo em vista o Estado. Bem antes da Revolução Francesa, as escolas de teologia haviam de um modo geral declinado e os estudos eclesiásticos foram quase suspensos por bom tempo em todos os lugares. Não emergiram sucessores para os grandes acadêmicos das épocas distantes do pontificado de Pio VI; e muitos dos sacerdotes mais preparados estavam profundamente marcados pelo Racionalismo. Na Restauração, o clero, como um corpo, não se encontrava em condições de tomar parte ativa na literatura. Seu lugar na vanguarda foi ocupado pelos leigos — muitas vezes recém-convertidos, raramente acadêmicos treinados e todos bastante inspirados pelas lições da história recente, versada nos detalhes mais antigos da discussão teológica.

O mais notável desses homens foi o conde de Maistre. Durante os dias terríveis, ele fizera fama com dois panfletos políticos, escritos com o poder, a eloquência e a profundidade de Burke, com mais capacidade metafísica do que a possuída por este último, mas sem seu instinto pela verdade política ou sua ansiosa atenção pala voz da história. Nesses panfletos, M. de Maistre expôs alguns dos mais importantes princípios do governo civil e explicou com sucesso especial a necessidade da aristocracia para o estabelecimento da liberdade. Seus escritos exibiram conhecimento extenso, fé inabalável, uma inteligência penetrante e uma união quase sem precedente de bom senso com o amor ao paradoxo e com a paixão pelos extremos. Após seu retorno de São Petersburgo, nos primeiros anos da Restauração, ele publicou diversas obras em rápida sucessão que lhe valeram, talvez, lugar de destaque, junto a Pascal, entre os leigos que defenderam a religião sem a vantagem da educação teológica.

A sociedade, disse M. de Maistre, foi arruinada pela falta de fé, ou por seu equivalente na ordem civil, a fraqueza da autoridade. É necessário que sejam ensinados à humanidade o dever da obediência incondicional, o mérito do sofrimento, a propensão ao pecado da autoafirmação, o perigo da liberdade e o risco das garantias contra o abuso de poder.² Tirania, pobreza e escravidão não são defeitos da sociedade, e sim penalidades do pecado. A monarquia é a única forma legítima de governo, porque só ela confere um senhor às nações e coloca o soberano sob as restrições da consciência. É seu dever promover, bem como preservar, a religião, eliminar o erro e o crime pecaminoso, e defender a fé pela prescrição do conhecimento³ e pelo encorajamento da superstição.⁴

Nesses escritos, de Maistre abandonou ou modificou algumas de suas opiniões anteriores. Não mais estavam lá o amor pela li-

---

² "Il est vrai au fond que les peuples ont des droits, mais non celui de les faire valoir ou d'en punir la violation par la force" (*Correspondance Diplomatique*, ii, 36). "Le dogme catholique, comme tout le monde sait, proscrit tout espèce de révolte sans distinction; et pour défendre ce dogme nos docteurs disent d'assez bonne raisons, philosophiques même, et politiques" (*Du Pape*, p. 161).

³ "Les inconvéniences inévitables de la science, dans tous les pays et dans tous les lieux, sont de rendre l'homme inhabile à la vie active, qui est la vrai vocation de l'homme; de le rendre souverainement orgueilleux, enivré de lui-même, et de ses propres idées, ennemi de toute subordination, frondeur de toute loi et de toute institution, et partisan-né de toute innovation. Elle tend donc nécessairement à tuer l'esprit public et à nuire à la société" (*Quatre Chapitres inédits sur la Russie*, 1859, p. 38). "Restreindre de même la science, de plusieurs manières, savoir (...) en supprimant tout enseignement public des connaissances qui peuvent être livrées ao goût et au moyens de chaque particulier; comme l'histoire, la géographie, la métaphysique, la morale, la politique, le commerce" (*Ibid.*, p. 147). "Il y a dans la science, si elle n'est pas entièrement subordonnée aux dogmes nationaux, quelque chose de caché qui tend à ravaler l'homme, et à le rendre surtout inutile ou mauvais citoyen. (...) Il faut subordinner toutes nos connaissances à la religion, croire fermement qu'on étudie en priant; et surtout lorsque noun nous occupons de philosophie rationnelle, ne jamais oublier que toute proposition de métaphysique, qui ne sort pas comme d'elle-même d'un dogme chrétien, n'est et ne peut pas être qu'une coupable extravagance" (*Soirées de St Petersburg*, ii. 221, 223).

⁴ "Je crois que la superstition est un ouvrage avancé de la religion qu'il ne faut pas détruire, car il n'est pas bon qu'on puisse venir sans obstacle jusqu'au pied du mur, en mesurer la hauteur et planter les échelles. (...) Croyez-vous que les abus d'une chose divine n'aient pas dans la chose même certaines limites naturelles, et que les inconvénients de ces abus puissent jamais égaler le danger d'ébranler la croyance?" (*Soirées de St Petersburg*, ii, 234).

berdade, que opôs à violência da Revolução, ou a admiração pela Inglaterra, na qual se inspirou pela longa resistência que ela ofereceu a Napoleão.[5] Seu estado ideal se tornou mais centralizado, seu soberano mais absoluto, sua nobreza menos independente, seu povo menos livre. O medo do despotismo revolucionário deu lugar a um horror ao constitucionalismo. Essa era a corrente do momento. Mas inspirou de Maistre com a teoria que é a principal causa de sua celebridade, uma teoria nova para os pensadores católicos de seu tempo. O catolicismo, sustentou ele, inculca a autoridade absoluta do soberano e proíbe a resistência mesmo ao mais grave dos erros.[6] Essa unidade e absolutismo da autoridade derivaram da própria natureza da religião, e não são apenas necessários ao Estado, mas essenciais para a Igreja. A sociedade civil não pode subsistir sem a máxima de que o rei não erra. A Igreja requer o

---

[5] "On a bien dit: 'Il faut de lois fondamentales, il faut une constitution.' Mais que les établira, ces lois fondamentales, et qui les fera executer? Le corps ou l'individu qui en aurait la force serait souverain.
L'Anglaterre seule a pu faire quelque chose dans ce genre: mais sa constitution n'a point encore subi l'épreuve du temps. (...) Qu'arrivera-t-il? Je l'ignore; mais quand les choses tourneraient comme je le désire, un example isolé de l'histoire pouverait peu en faveur des monarchies constitutionelles, d'autant que l'expérience universelle est contraire à cet example unique" (*Du Pape*, pp. 159, 160). Dez anos antes, ele havia dito: "La constitution est l'ouvrage des circonstances (...) l'unité la plus compliquée et le plus bel équilibre des force politiques qu'on ait jamais vu dans le monde" (*Essai sur le Principe Générateur des Constitutions Politiques*, p. 16).

[6] "Si l'on veut s'exprimer exactement, il n'y a point de souveraineté limitée; toutes sont absolues et infaillibles, puisque nulle part il n'est permis de dire qu'elles se sont trompées. (...) Elle est toujours er partout absolue, sans que personne ait le droit de lui dire qu'elle est injuste ou trompée" (*Du Pape*, p. 165). "Il faudra que les souverains protestants eussent perdu le sens pour ne pas apercevoir l'insigne folie qu'ils font, de soutenir une religion qui pose en maxime le jugement particulier et la souveraineté du peuple, contre une autre religion qui soutient que contre notre legitime soverain, fût-il même um Neron, nous n'avons d'autre droit que celui de nous laisser couper la tête en lui disant respecteusement la verité" (*Correspondance Diplomatique*, ii. 132).

mesmo privilégio para o Papa. A infalibilidade absoluta em um deles é o corolário do despotismo no outro.[7] É também seu remédio. Negando ao povo qualquer parte na justificação do direito, de Maistre confere só para o Papa todo o dever de moderar os reis. Dessa forma, a argumentação para o poder papal fluiu em duas correntes de uma só fonte – a teoria do absolutismo civil. Raciocinando-se por analogia, o Papa tem de ser um mandante arbitrário dentro da Igreja; ao passo que, em contraste, seu poder foi estendido sobre os Estados, e a segurança dos direitos civis teve de ser procurada na inteireza do despotismo hierárquico.

Quem quer que estude os escritos de de Maistre encontrará bem mais do que uma teoria memorável pela qual ele se tornou o fundador de uma nova escola de ultramontanismo. Descobrirá algumas das melhores e mais sábias coisas jamais escritas sobre religião e sociedade – um tom generoso, um admirável estilo de discussão, e o sistema católico apresentado quase sempre da maneira mais nobre. Tais qualidades exerceram poderosa e salutar influência sobre todas as escolas do pensamento católico que se sucederam; e alguns que diferem mais amplamente de de Maistre sobre questões, que ele tornou propriamente suas, devem muito ao que ele escreveu. Porém foi apenas com o passar dos anos, quando a publicação de oito obras póstumas definiu com maior amplitude e com maior clareza a característica de sua mente, que as pessoas aprenderam a separar o homem de sua teoria peculiar. De início, todos

---

[7] "Il ne peut y avoir de société humaine sans gouvernement, ni de gouvernement sans souveraineté, sans infallibilité; et ce dernier privilège est si absolument nécessaire, qu'on est forcé de supposer l'infallibilité, même dans les souverainetés temporelles (où elle n'est pas), sous peine de voir l'association se dissoudre. L'église ne demande rien de plus que les autres souverainetés" (*Du Pape*, p. 147).

os méritos do seu sistema e do seu estilo só serviram para dar atração e esplendor à teoria do poder papal, que se tornou o símbolo de uma facção e deu impulso a um movimento importante. Nenhuma opinião distinta jamais havia sido formulada tão positiva e brilhantemente; e sua influência sobre os contemporâneos foi extraordinária. Pareceu para parcela considerável de pessoas a única forma perfeita de catolicismo. Tudo que não correspondesse a ela soava como traição ou rendição. Limitar a Santa Sé no Estado ou na Igreja correspondia a atacar a religião e abrir uma porta ao jansenismo, ao protestantismo e à infidelidade. Da mesma forma que a autoridade era especialmente odiosa para os católicos irreligiosos, tornou-se missão para os bons católicos justificá-la com, pelo menos, zelo correspondente. Toda qualificação passou a ser vista como oposição e considerada implicando aversão secreta.

Como a questão levantada por de Maistre era de fato e não de especulação, sua solução teria de ser encontrada não na teoria, mas na história, já que, se o objetivo estabelecido de sua escola era firmar um preconceito favorável à suprema autoridade da Igreja em todos os períodos, seu esforço seria em vão se pudesse ser mostrado que o poder do pontificado tinha se manifestado em vários graus e em tempos diversos, e que tinham ocorrido sérias vicissitudes em seu espírito. Mas aqui se encontrou a entrada para um elemento pessoal novo para a literatura eclesiástica, que fez com que a discussão do caráter se tornasse mais proeminente que a do princípio. Os que defendiam uma visão particular da lei canônica, da história ou da política com ortodoxia se viram compelidos a tratar todas as objeções a essa visão como blasfêmias contra a verdade religiosa; o que fosse não condizente com a teoria era realmente encarado como equivalente a uma negativa da continuidade da tradição.[8] Grandes trechos da história que antes não envolveram interesse teológico se tornaram arenas de controvérsias; e seus fatos desfavoráveis e reveladores só precisavam, em resumo, de satisfação ou amplificação, respectivamente. De Maistre dera o exemplo da apreciação dessas questões com a perícia da advocacia. Sua destreza retórica permitiu que ele colocasse engenho no lugar do argumento, desconcertasse oponentes pela retaliação espirituosa, ou os confundisse com talentosa dissimulação ou com a corajosa negativa de qualquer coisa que pudesse servir aos propósitos deles. Muitos o seguiram de boa-fé, totalmente persuadidos de que nada que se opusesse à teoria poderia ser verdade; mas ele teve outros seguidores que não ostentaram essa boa-fé.

A longa oposição da ciência e da filosofia à religião tinha levado seus métodos a um descrédito que a prática dos escritores daquele tempo não dissipara de jeito algum. Os homens duvidavam se os métodos científicos poderiam realmente ser conciliados com a verdade religiosa; e achavam que uma arma tão ambígua era menos arriscada quanto menos usada. Suspeitavam de que era de todo inadequado dar certas demonstrações da verdade só com o que era percebido,[9] e sem a ajuda da autoridade externa. Sobre essa ideia

---

[8] Em 5 de fevereiro de 1820, Lamennais escreveu a de Maistre sobre a publicação de seu livro, *Du Pape*: "En défendant l'autorité du saint-siège, vous défendez celle de l'église el l'autorité même des souverains, et toute vérité et tout ordre. Vous devez donc compter sur de nombreuses contradictions; mais il est beau de les supporter pour une telle cause. L'opposition des méchants console le coeur de l'homme de bien, il se sent plus séparé d'eux, et dès lors plus près de celui à qui le jugement appartient et à qui restera la victoire."

[9] "Je n'iari point tenter follement d'escaler l'enceinte salutaire dont la sagesse divine nous a environnés; je suis sûr d'être de ce côté sur les terres de la verité: qui m'assure

foi fundada uma teoria que, a princípio, pareceu dar suporte ao argumento de de Maistre pela autoridade papal, embora acabasse em decidida contradição com ela. Lamennais, o autor dessa nova filosofia, ensinou que nenhuma prova se reveste de demonstração certa a menos que confirmada pelo consentimento universal do testemunho geral; e que o órgão da razão universal é a Santa Sé. Esse princípio, contido no segundo volume do *Essai sur l'Indifférence*, levou necessariamente à rejeição da teoria da autoridade absoluta do poder civil que tinha proporcionado a de Maistre a analogia que usava com tal propósito. Se a infalibilidade da opinião universal é a origem da certeza, ela é a fonte da autoridade; e a Santa Sé é, por conseguinte, soberana tanto sobre príncipes quanto sobre filósofos e pensadores. Quando, portanto, a monarquia francesa se tornou odiosa para o povo e, ao mesmo tempo, hostil à Igreja, Lamennais negou seu direito e contrapôs a ela o povo como fonte do poder, e o Papa como seu órgão. Foi esse o espírito do *Avenir*,[10] e ainda matiza em grande parte o catolicismo da França. A doutrina da impotência da razão foi moldada em sistema pelo padre Ventura e adotada pelos tradicionalistas que, no pleito pelo racionalismo, execraram todos os escritores que fizeram as honras ao clero da França. Durante muitos anos, o tradicionalismo preservou um órgão na revista do incansável M. Bonnetty, até ele ser condenado, e os pleitos da razão justificados pelo Papa e pelo Concílio.[11]

---

qu'au-délà (pour ne point faire de supposition plus triste) je ne me trouverai pas sur les domaines de la superstition?" (*Soirées de St Petersburg*, ii, 227).

[10] O abade Gerbet escreveu no número de 21 de fevereiro de 1831: "L'ordre legal peut cesser de la même manière qu'il a été établi, c'est-à-dire par voie de consentement."

[11] O decreto do Concílio de Amiens, citado por padre Gratray, explica melhor que qualquer descrição os extremos aos quais a escola havia chegado: "Dum rationalismum

Essa teoria da futilidade da ciência aplicada à história tornou-a tão interessante quanto um velho almanaque e, ao mesmo tempo, tão arbitrária, irreal e indigna de confiança quanto a profecia anual de uma nova. Fez do ensinamento da Igreja a única base e o único teste da certeza do conhecimento, um critério semelhante aos registros da história e aos argumentos da descrença. Ela não reconhecia meio algum de se chegar à verdade dos fatos ou à autenticidade dos documentos que fosse suficientemente confiável para interferir nas opiniões teológicas. Supunha tão grandes a parte da malícia e da ignorância e tão minuciosos os poderes da razão não assistida que a autoridade eclesiástica só podia servir de guia, mesmo em matérias estranhas ao seu domínio imediato — sendo que, logo em seguida, vinha a autoridade presumível da opinião mais provável. De outra forma, pensava-se, as constantes flutuações da ciência profana obrigariam a Igreja a seguir todos os seus movimentos, e a religião macaquearia a mobilidade que a paixão, a ignorância e o erro conferem à literatura. Daí se considerar impossível verificar os fatos da história religiosa ou argumentar sobre os

---

impugnant, caveant etiam, ne rationis humanae infirmitatem quasi ad impotentiam reducant. Hominem, rationis exercitio fruentem, hujus facultatis applicatione posse percipere aut etiam demonstrare plures veritates metaphysicas et morales (...) constanti scholarum catholicarum doctrina compertum est. Falsum est, rationem solvendis istis quaestionibus esse omnino impotentem, argumenta quae proponit nihil certe exhibere et argumentis oppositis ejusdem valoris destrui. Falsum est, hominem has veritates naturaliter admittere non posse, quin prius per actum fidei supernaturalis revelationi divinae credat." O *Congregatio Indici* definiu a doutrina da Igreja contra os tradicionalistas em quatro sentenças das quais a que se segue é a segunda: "Ratiocinatio Dei existentiam, anime spiritualitem, hominis libertatem cum certitudine probare potest. Fides posterior est revelatione, proindeque ad probandam. Dei existentiam contra atheum, ad probandam animae rationalis spiritualitatem ac libertatem contra naturalismi ac fatalismi sectatorem allegari convenienter nequit."

monumentos da tradição. Os católicos não tinham base de crítica em comum com os outros. Todo protestante era *principia negans*. Muito provavelmente, podia ser levantada objeção tão forte quanto a opinião favorável à visão dos católicos em relação ao passado, e não se esperasse que apelo algum à história confundisse adversários ou confirmasse crenças. A consequência imediata foi o abandono do estudo histórico como inútil e perigoso; e o corajoso lógico M. Veuillot asseverou ser a ignorância quase tão útil quanto o conhecimento para a justificação da verdade, e instou para que não se perdesse tempo em se trocar uma pelo outro.

Uma suspeita particular restou sobre a história porque, como o estudo dos fatos, ela era menos submissa à autoridade e menos controlável pelos interesses que a especulação filosófica. Em parte devido à negação da certeza histórica e em parte devido ao medo dela, o estudo histórico do Dogma em suas fontes originais foi deixado de lado, e preferido o tratamento dialético sistemático. A teologia tornou-se quase totalmente escolástica. Era considerada completa, não suscetível de desenvolvimento, que só olhava para trás, jamais para a frente, mais interessada em justificar as figuras das autoridades do que em cultivar aqueles estudos originais necessários ao progresso. Tal movimento, que, por algum tempo, teve seu centro em Roma, encontrou sua mais lídima expressão na obra do padre Kleutgen sobre teologia dos antigos tempos.

O princípio da filosofia de de Maistre, que é comum em trabalhos tão discordantes em espírito e tão dissimilares em execução quanto o *Essai sur l'Indifférence*, o *Traditionalism* de Ventura e o *Theologie der Vorzeit* do talentoso jesuíta romano, manifestou-se tão vividamente na política quanto na teologia. O mesmo temor quanto a um critério externo independente, que faz com que os eclesiásticos rejeitem os fatos da história, leva os canônicos, nas contendas que envolvem questões civis, a se desviarem do Estado para a única e suprema autoridade da Igreja. Baseando sua argumentação na fraqueza da razão humana e na malícia do mundo exterior, os homens dessa escola chegaram à opinião de que, já que os interesses civis são subservientes aos da religião, a lei civil é necessariamente sujeita à da Igreja. Ao mesmo tempo, eles não podiam admitir que os interesses da Igreja pudessem ser sacrificados à letra de sua própria lei. Concluíram então que não se deveria permitir que nenhuma instituição meramente política, que nenhuma legislação tão indiretamente vinculada à lei moral que pudesse assumir várias formas em diversos estados cristãos, obstassem o caminho das considerações sobre a vantagem religiosa. Na lei canônica, disseram eles, a Santa Sé pode se dispensar de qualquer obrigação que não seja de direito divino. Por que a lei civil deveria ser mais sagrada? Se o Papa pode consentir que um irmão e uma irmã se casem pelo bem da conveniência, como seria possível considerar-se que qualquer opinião de direito ou erro político viesse a anular essa argumentação superior? Sustentaram, portanto, que nenhuma vantagem espiritual poderia se render em obediência à legislação variável de qualquer poder local. Daí surgiu um sistema muito remoto da lealdade servil da Igreja Galicana, um sistema que assumiu, em muitas ocasiões, uma aparência liberal, por vezes revolucionária. Porém, se nenhuma autoridade civil era sagrada além dos limites da conveniência religiosa, nenhum direito civil poderia desfrutar de imunidade mais elevada. A Igreja não podia fazer distinção entre a liberdade e a falta de liberdade política, mas se unir àquela causa cuja aliança se mostrasse mais proveitosa. O padrão do dever político só deveria existir para os que não reconhecessem lei superior, para os que não experimentassem dificuldade em conferir igual e consistente admiração por Gregório XVI, reprovando o arcebispo de Paris por suas simpatias legitimistas, e por Pio IX, apoiando os Bourbons napolitanos. Assim, ficou aparente que os católicos não eram guiados na vida pública pelos sentimentos que constituíam honra para outros homens, e que repudiavam, absolutamente, princípio político. Um sentimento de desconfiança e de menosprezo foi, em consequência, se criando na mente dos governos e das nações. A religião que experimentou tal conduta foi enaltecida por um dos lados e condenada pelo outro por favorecê-la. Os partidos católicos ocuparam o lugar da Igreja e para ela transferiram o opróbrio em que eles mesmos haviam incorrido.

Essa teoria, que tanto afetou a teologia e a política, exerceu influência ainda mais profunda sobre o tratamento da história; e, nesse campo, passou mais gradualmente através dos passos sucessivos que levaram à sua completa exposição. Primeiro, afirmava-se, os interesses da religião, que se opõem ao estudo da história, requerem que sejam tomadas precauções para que ela seja tornada inócua onde não puder ser suprimida. Se é legal esconderem-se fatos ou declarações, é igualmente legal retirar-se seu ferrão quando eles têm de ser divulgados. Não é a verdade, mas o erro, que é suprimido no processo, cujo objetivo é evitar que seja inculcada uma ideia errada na mente dos homens. Pois o efeito desses fatos ou declarações é o de criar preconceito nos homens contra a Igreja e levá-los a conclusões falsas sobre a natureza dela. Aquilo que tende a enfraquecer essa impressão desfavorável contribui realmente para aturdir uma inverdade e sustentar a causa da verdade. A declaração, por mais que verdadeira em sua ordem subordinada, só servirá para desencaminhar numa ordem mais elevada da verdade, em que as consequências podem ser fatais para a consciência e a felicidade daqueles que a ouvem sem nenhuma qualificação. Ademais, as palavras com frequência transportam para mentes não instruídas ideias contrárias ao seu significado real, e a interpretação dos fatos torna-se ainda mais enganadora. Considere-se o caso de um protestante que inquira com determinação, procurando sinceramente se instruir, sobre o espírito e práticas da Igreja, e que, talvez nas proximidades da conversão, quando as dificuldades dogmáticas já acabaram e o desejo pelos sacramentos está despertado, pergunte se é verdade que os mandantes da Igreja levaram por vezes vidas escandalosas, ou se o catolicismo encorajou ou ordenou a perseguição. Se sua pesquisa nos livros católicos resultar afirmativa, provavelmente ele se desapontará ou será tomado pela aversão, e, assim, algumas sentenças descuidadas de um escritor indiscreto e superficial podem desfazer o trabalho de sua conversão e esfrangalhar sua alma. Que objetivo poderia ter tal escritor que fosse comparável com o malefício causado? Nada o obrigou a escrever, ainda mais sobre tópico tão delicado, tratado que foi sem nenhuma reserva. Se suas palavras fossem verdadeiras, ainda assim iriam enganar o leitor, que nelas encontraria evidências de grandes defeitos no sistema católico. O dever real dos católicos não é gratificar uma curiosidade negligente, uma mera vaidade literária, mas levar as almas a Cristo. O próximo passo é anular os efeitos daquilo que foi dito e daquilo que não pode ser desdito. Isso pode ser feito de diversas maneiras. As retaliações quase sempre são bem-sucedidas, pois quando se tem que escolher entre sistemas rivais é natural que se façam comparações. Mas há casos em que esse argumento não se aplica, e mentes nas quais não causa efeito. Aqui pode existir espaço para a simples contradição – uma arma favorita de de Maistre. Muitas têm sido as falsificações no mundo, e é normal que se suspeite de que elas provêm de inimigos da verdade. Se os documentos nos quais a Igreja confia por muito tempo se revelarem obras fraudulentas, é razoável que se suponha que alguns daqueles que dão base a seus adversários também, no final, deparem com a mesma sorte. E, se o documento é genuíno, o escritor pode ter sido inspirado por motivações más, seu texto ter experimentado interpolação, ou sua informação ser inautêntica. Muita coisa pode ser feita dessa forma; e onde realmente não existir espaço para dúvida, ainda assim é desnecessário dizê-lo. Porque o propósito não é a descoberta da verdade objetiva, mas a produção da crença certa numa mente. Quando tudo isso é em vão – quando o argumento pela retaliação, ou pela negação, ou pela insinuação de motivos, ou pela imputação de fraude, ou, o último deles, o argumento pelo desvio fracassam, há ainda o último recurso de se admitir o fato e de se defender sua correção. Isso pode ser feito de dois modos. O mais comum é dizer-se que a única culpa cabe àqueles que se retraem diante de feitos heroicos e os julgam pelo torpe padrão da covardia de uma moralidade egoísta.[12] O outro é atribuir atos que são difí-

---

[12] M. de Falloux mostrou, em seu ensaio "Le Parti catholique" (*Le Correspondant*, N.S. ii, 192), como sua têmpera levou um partido entre os católicos da França a defender o Massacre de São Bartolomeu e a revogação do Édito de Nantes. Ele cita a seguinte passagem característica do *Univers*: "Aujourd'hui, avec les ridicules idées de liberté et de respect des opinions, avec l'opprobre public jeté sur l'inquisition et la crainte de la faire revivre, avec l'absence enfin de foi et de règle dans les consciences, peut-on supposer que les maires soupçonneront qu'ils ont en ce point quelque devoir à remplir?"

ceis de justificar à visão superior daqueles que os cometeram no interesse mais elevado da religião, e falar da superioridade deles em relação aos regulamentos convencionais que orientam os homens comuns. Os exemplos do Velho Testamento, a sabedoria dos santos, a iluminação especial que Deus concede aos que governam Sua Igreja podem ser recursos em apoio a tal argumento. É dever do filho encobrir a vergonha do pai; e o católico tem de defender a Igreja contra seus adversários como se defendesse a honra de sua mãe. Ele não examinará friamente o valor do testemunho, ou concederá qualquer ponto que seja difícil de satisfazer, ou ajudará, com mente despolarizada, a descoberta da verdade antes de saber a direção que ela pode tomar. Consciente de que nada de injurioso à Igreja pode ser verdade, ele combaterá tudo aquilo que tiver aparência de desfavorável com qualquer artifício ou arma que esteja à sua disposição. Atento à culpa daqueles que escandalizam o fraco, ou que se interpõem entre o hesitante e a Igreja, e completamente consciente de que uma mentira pode ser, em alguns casos, a melhor abordagem para a verdade, ele não deixará que qualquer pronunciamento adverso passe sem ser contraditado, ou pelo menos não experimente um antídoto que possa remover seu perigo. Pois só uma coisa é necessária; e todos os fatos e opiniões não têm valor salvo quando concorrem para a salvação dos homens e para a promoção da religião.

Aqueles que percorreram inconscientemente o curso que marca a gênese dessas opiniões e chegaram aos extremos que indicamos foram geralmente sinceros, pelo menos na crença de que estavam defendendo a causa da religião e não simplesmente seus próprios interesses e opiniões; e foram bem-sucedidos na comunicação de suas crenças aos protestantes. Os inimigos da Igreja supuseram de seus exemplos que ela só podia ser defendida pelo princípio de que os fins justificavam os meios; e essa identificação dos métodos da Igreja com os de um partido dentro dela levou-os a pensar que denunciando estes últimos eles estariam destruindo uma fortificação real do catolicismo. Eles demonstraram capacidade para tal trabalho sem descobrir que estavam, na verdade, servindo a Igreja que seus próprios defensores traíam. Mas esses defensores não eram traidores conscientes, já que honestamente achavam que sua causa era a da Igreja. Desse modo, eles recuaram diante da exposição e do perigo do escândalo, e insistiram para que os católicos não os revelassem, ou renunciassem à cumplicidade com suas armas, receosos de que o mundo perdesse a confiança na controvérsia católica e passasse a crer que uma causa assim defendida não podia ser boa. E quando homens indignados livraram a Igreja da suspeita que tal conduta lançara sobre ela, foram acusados de introduzir a discórdia no santuário, de atirar em suas próprias tropas, de exibir aos adversários o espetáculo repulsivo da desavença interna numa Igreja cuja marca é a unidade, de trazer coisas sagradas para o julgamento incompetente do mundo exterior. Essa consideração e o medo de que influências perniciosas pudessem ser poderosas para sempre restringiram muitos no repúdio a práticas que seus corações rejeitavam.

Os extratos que iremos apresentar como ilustração desse espírito foram retirados principalmente de livros de caráter popular que têm pouca autoridade a perder. Devemos começar com o volumoso *History of the Middle Ages*, de Damberger. Seria difícil encontrar-se em toda a gama da literatura protestante, desde os centuriais, uma produção mais monstruosa. Mas o caráter da obra é tão notório que, a despeito da erudição real do autor, ela caiu numa obscuridade que não convém perturbar. Um escritor bem mais inteligente, Wilhelm von Schütz, cujos trabalhos foram muito lidos e admirados vinte anos atrás, nos suprirá com um exemplo das aberrações alemãs nessa direção. No ano de 1845, ele escreveu sobre o Massacre de São Bartolomeu com o objetivo de justificar a causa católica da imputação duradoura. Explica o caso como se segue: o massacre foi planejado com o objetivo de arruinar os católicos, não os huguenotes; e seu autor não foi a família real católica, mas o líder protestante Henrique de Navarra, cujo casamento com Marguerite de Valois fez parte do esquema para trair a Igreja Católica e para introduzir uma política reacionária em favor dos protestantes. Seus cúmplices foram pseudocatólicos agindo segundo interesses huguenotes. O erro é supor-se que o massacre foi um golpe desferido contra os huguenotes, uma conspiração contra eles; foi, isso sim, uma conspiração a seu favor. (...) A corte vendeu o catolicismo ao protestantismo. (...) A atenção tinha que ser desviada do casamento promíscuo. Por conseguinte, o espetáculo de um suposto massacre protestante foi instituído para iludir os católicos.[13]

---

[13] "Darin beruht das Missverstehen der Geschichte, dass man sich einbildet die sogenannte Bluthochzeit sei ein Schlag gegen die Hugenotten, eine Verschwörung gegen sie gewesen: es war eine Verschwörung für die Hugenotten. Der Hof hatte den Katholizismus an den Protestantismus verkauft und gab dafür den betrogenen Katholiken ein Feuerwerk, das scheinen sollte einen Schlag gegen die Hugenotten, statt mit Raketen, mit Blut zu feiern. Das Wesentliche lag in dem Katholisch-Protestantischen Beilager. Dies sollte niemand sehen: von ihm wollte man die Blicke abwenden. Deshalb ward das Feuerwerk eines Protestantisch sein sollenden Blutbades abgebrannt, dessen Prasseln die Katholiken zu täuschen die Bestimmung hatte. Die sogenannte Bluthochzeit war eine Anstiftung von Pseudo-Katholiken zu Gunsten einer Katholisch-Hugenottischen Reaktion. Dies geschah nur um die Katholiken zu täuschen und sie glauben zu machen, das, was in hugenottischen Interesse geschahen

Em síntese, tudo foi uma tramoia, perfeitamente entendida pelas chamadas vítimas, e um logro vergonhoso para os desafortunados católicos.

Enquanto Schütz, na Alemanha, atribui o massacre aos protestantes, Rohrbacher, na França, mostra que ele derivou de princípios protestantes. Seu modo de defender os católicos é colocando a culpa na doutrina protestante. Julgado pelo padrão dos reformadores, "o massacre foi um ato divino, que merece nosso respeito e admiração"; e "Carlos IX tinha direito a fazer o que fez, não só como rei quanto como indivíduo privado; e qualquer um pode fazer a mesma coisa sempre que tiver o poder e a inclinação".[14]

O século XVI oferece muitas oportunidades tentadoras para manipulações dessa espécie. O tom e a maneira de Rohrbacher podem ser percebidos pelo que escreve da rainha Elizabeth. Falando de sua recusa em se casar, ele diz: "L'histoire remarque en effect qu'elle n'a pas eu un mari, mais plus d'un: Lingard en nomme jusqu'à huit."[15] O cabeçalho do parágrafo onde isso ocorre, no qual o autor segue uma notória calúnia de Cobbett, diz o seguinte: "La papesse Elizabeth, avec ses maris et ses bâtards, ses emportements et sa tyrannie." Rohrbacher é mais inescrupuloso

---
war, sei zugunsten der Katholiken verübt worden (*Die aufgehellte Bartholomäusnacht*, pp. 11, 25, 31, 34).

[14] "D'après la croyance des huguenots et de leurs patriarches Luther et Calvin, que Dieu opère en nous le mal comme le bien, c'est une opération divine qui mérite nos respects et notre admiration. D'après le principe fondamental du protestantisme, que chacun n'a d'autre règle ni d'autre juge que soi-même, Charles IX avait droit de faire ce qu'il a fait, non seulement comme roi, mais encore comme particulier; et à chacun il est permit d'en faire autant, dès qu'il en a l'envie et la puissance" (*Histoire Universelle de L'Église*, xxiv, 640).

[15] *Ibid.*, xxiv, 583.

ainda ao lidar com a morte de Henrique III. Ele foi apunhalado por um dominicano e caiu gritando que tinha sido assassinado por "ce méchant moine". Por medo de escândalo, o autor não diz uma palavra sobre tudo isso. Jacques Clément foi apenas "educado num mosteiro dominicano"; estava tomado pelos princípios protestantes que justificavam seu ato, e Rohrbacher insinua que ele desafiou a autoridade do Papa e, de coração, era um huguenote. Então tudo é feito para que o leitor jamais aprenda que o regicídio foi cometido por um dominicano, mas possa ser levado a supor que ele era de fato um criptocalvinista.[16]

Em comparação com a sistemática falsidade de Rohrbacher, os feitos de Audin parecem inocentes. Ele é parcial, injusto e, muitas vezes, mal-informado ou mal-orientado, mas raramente pode ser acusado de mendacidade proposital. Ninguém que se recuse a censurar o vício de pessoas em posição de destaque é honesto; mas só existe, afinal de contas, uma desonestidade qualificada em passagens como a seguinte sobre a eleição de Alexandre VI: "Naqueles tempos difíceis, um homem com o caráter de Alexandre poderia muito bem ser considerado um instrumento da Providência. Portanto, não há coisa alguma de não natural em sua eleição." A inde-

---

[16] "Il fut tué la veille par Jacques Clément, né au village de Sorbonne, prés de Sense, élevé au couvent des Dominicains de cette ville, et âgé alors de vingt-deux ans. Les assistants le mirent en pièces sur l'heure même. Il s'était porté à ce crime par de prétendues révélations. D'après le principe fondamental du Protestantisme, que chacun n'a de règle et de juge pour sa conscience que soi-même, Clément avait droit de faire ce qu'il a fait. D'après cet autre principe de Calvin et de Luther, que Dieu opère en nous le mal comme le bien, le régicide de Jacques Clément était une action divine. Il est criminel comme Catholique d'avoir agi en Huguenot, pour mettre la main, lui particulier, sur un roi, sur le chef d'une nation, sans le jugement ni l'ordre d'aucun tribunal supérieur à ce roi et à cette nation" (*Ibid.*, xxiv, 655).

cisa oscilação de Audin entre o correto e a falsidade é muito bem ilustrada por sua observação crítica sobre a autoridade de Burchard: "Nous voudrions bien savoir comment on doit s'en rapporter aveuglément au Protestant, qui s'est chargé de déchiffrer ce journal."[17] Ele sabia perfeitamente bem que MSS. abundavam nos jornais – existia uma meia dúzia deles só em Paris – e eles eram com frequência consultados pelos historiadores; mas preferiu tirar proveito da má qualidade do texto publicado para desculpar sua recusa em valer-se da autoridade de jornalista.

M. Nicolas, um dos mais populares escritores católicos da França, num livro escrito com o objetivo de repudiar a cooperação proposta por M. Guizot para a defesa da sociedade contra os princípios da Revolução, se viu forçado a falar da influência moral e social da religião protestante. Querendo mostrar que Lutero encorajou a poligamia, ele cita a bem-conhecida resposta do reformador a Brück a qual, embora suficientemente ignominiosa, não o é tanto para M. Nicolas: "Luther lui répondit par cet oracle vraiment delphien: 'il m'est impossible en vertu de l'Écriture Sainte, de défendre à qui ce soit de prendre plusieurs femmes em même temps; mais je ne voudrais pas être le premier à introduire cette louable coutume chez les chrétiens.'"[18] Aqui, são omitidas todas as palavras pelas quais Lutero expressa seu sentimento real sobre o assunto; e outras são friamente introduzidas que convertem uma expressão de desgosto e desaprovação numa recomendação positiva, e as palavras "nollem primo introduci" são insidiosamente mal-interpretadas. Embora a passagem seja bem conhecida, precisamos

---

[17] *Leon X*, i, 157, 304.
[18] *Du Protestantisme et de toutes les Hérésies dans leur Rapport avec le Socialisme*, p. 560.

citá-la com o objetivo de comparação: "Ego sane factor, me non posse prohibere, se quis plures vult uxores ducere, nec repugnat Sacris literis; verum tamen apud Christianos id exempli nollem primo introduci, apud quos decet etiam ea intermittere, quae licita sunt, pro vitando scandalo, et pro honestate vitae."[19]

Está registrado que, quando Papabroch, no início de sua longa carreira como bollandista, visitou Roma e explicou ao Papa o esquema da grande empreitada, Alexandre VII expressou satisfação em ouvir que existiam métodos pelos quais as autênticas Vidas dos Santos poderiam ser discernidas de invenções espúrias. O ofício da crítica estava então apenas começando; e logo progrediu nas mãos de Mabillon, Ruinart e Tillemont; e, na perfeição que ela agora atingiu, está uma das mais seguras defesas do sistema católico. Porém, para a escola dos escritores que acabamos de descrever, o controle da crítica não é naturalmente bem-vindo; isso porque ela evita a seleção arbitrária de fatos e de autoridades, interfere com a liberdade perfeita de expressão e estabelece algo diferente da conveniência como um teste da verdade. Eles, por conseguinte, rejeitam suas leis, não apenas em princípio, mas no detalhe e na prática, e deliberadamente retornam à tradição de um período em que não existiam os meios para se distinguir a verdade da falsidade na literatura eclesiástica. Dom Guéranger, o douto abade de Solesmes, é o mais franco desses adversários sistemáticos do conhecimento moderno. O espírito crítico do final do século XVII, no qual os membros das ordens assumiram a liderança e foram seguidos pelos homens mais eruditos tanto entre os jesuítas quan-

---

[19] *Luther's Briefe*, ed de Wette, ii, 459.

to entre os jansenistas, surgiu de um espírito de partido e, legitimamente, pertence aos alemães irreligiosos. Se quisermos evitar o ceticismo, teremos de revisar os cânones da ciência crítica, e assim recuperaríamos muita literatura contestada.[20] Baseado nesses princípios, dom Guéranger segue reabilitando muitos documentos rejeitados e revivendo lendas demolidas, tais como o batismo de Constantino pelo Papa Silvestre. Não vai demorar para que tenhamos escritores defendendo a autenticidade da Doação de Constantino ou as obras dos areopagitas, e que compensarão sua credulidade com rejeição igualmente proposital de obras autênticas, já que o exagero oposto ao ceticismo literário e à credulidade literária são manifestações do mesmo espírito negligente.

A negação de dom Guéranger aos princípios da ciência necessariamente o levou a uma posição de hostilidade a todos aqueles que entendem a maneira pela qual o aprendizado serve a religião. Em particular, ele atacou o mais preparado leigo entre os católicos franceses e o mais eminente eclesiástico do clero francês; e provocou respostas de ambos. Citaremos uma passagem da resposta do príncipe de Broglie porque ela descreve com precisão o método da escola da qual dom Guéranger talvez seja o representante mais versado. Este último atacara o *History of the Fourth Century* em três

---

[20] "On commence à se donner déjà que l'entrainement et l'esprit de parti ont été pour quelque chose dans la rénovation pour ainsi dire complète qui s'opéra, vers la fin du XVIIe siècle, dans la science de l'antiquité ecclésiastique. Les principes critiques qui prévalurent alors, et que les écoles incroyantes de l'Allemagne appliquent de si bon coeur aux évangiles mêmes, ont l'inconvénient de conduire logiquement au pyrrhonisme historique; les esprits sensés se trouvent donc réduits à les soumettre à l'examen; et l'on ne peut qu'il n'y ait là un profit tout clair pour la science, en même temps qu'un secours pour la religion et la société, qui ne sauraient s'accommoder du scepticisme" (*Essai sur le Naturalisme Contemporain*, i, 227).

artigos na revista *Univers* que estavam no início dos *Ensaios sobre Naturalismo* do qual já fizemos citação. M. de Broglie diz: "No primeiro e segundo artigos, sou católico timorato que, para agradar os filósofos, atenuo dogmas, disfarço e diminuo milagres, adoro dar aos fatos da história do Evangelho e da Igreja um caráter natural e uma interpretação racional. No terceiro, ao contrário, sou transformado em cego inimigo da razão, que nego até o poder da demonstração da existência de Deus, e, assim, sou enquadrado pelas decisões liberais da Igreja, o que está claramente confirmado por documento recente. Por turnos, exerci julgamento tão severo em relação às nações antigas a ponto de lançar dúvida sobre a bondade de Deus e, por outro lado, levei a indulgência tão longe a ponto de desculpar a idolatria. Ou eu sou culpado das coisas mais contraditórias, ou tudo serve para me acusar."[21]

Enquanto o príncipe de Broglie trata o atacante com bastante consideração, a resposta do monsenhor Maret ao ataque à sua obra sobre a *Dignidade da Razão Humana e a Necessidade da Revelação Divina* vai com mais vigor ao âmago da questão. Dom Guéranger o havia acusado de afirmar a necessidade absoluta da revelação e a impotência da razão humana. Foi-lhe lembrado que M. Maret ensina apenas a necessidade moral da revelação, e que tais palavras estão no cabeçalho do capítulo que ele havia criticado. A isso, Guéranger replicou que tinha, de fato, visto as palavras no sumário, mas que não lhes dera atenção, porque elas eram contraditadas – não pelo texto, mas pelo título do livro.[22] Monsenhor Maret adiciona al-

---

[21] "Réponse aux Attaques du R. P. Guéranger," *Questions de Religion et d'Histoire*, ii, 221.
[22] "Quand mon honorable ami M. l'Abbé Hugonin, s'étonnant d'une accusation que rien ne justifie, rappelle à D. Guéranger que je soutiens uniquement la nécessité morale

guns toques à descrição do método feita pelo príncipe de Broglie: "Mostrei que, para desagravar algumas concessões imaginárias a uma filosofia separatista e também talvez gratificar inconscientemente as invejas do espírito de partido, dom Guéranger chega a adulterar, mutilar e suprimir meus textos. Faz-me dizer exatamente o contrário do que eu disse; e se sua citação foi totalmente fiel, não se pode dizer que ele é acusador de meu livro. Conduzido pela controvérsia, ele vai ao ponto de afirmar proposições absolutas que, se tivessem sido assim expressadas, mereceriam censura severa e ficariam sujeitas a condenações pontifícias."[23]

Nada é mais característico do espírito dos escritos de dom Guéranger que seu repúdio à liberdade de consciência ou sua negação da tendência da Igreja pela liberdade. M. de Broglie escreveu: "C'est donc avec la liberté et non avec le pouvoir qu'est l'alliance fructueuse et naturelle de l'Église. Elle a été autrefois le plus éclairé des pouvoirs, elle doit être aujourd'hui la plus pure et la plus regulière des libertés." Talvez esta não seja uma declaração muito filosófica ou exata, porém, para dom Guéranger, ela pareceu um insulto à Igreja: "De quel droit osez-vous ainsi dégrader celle qui n'a été élevée à la dignité d'Épouse d'un Dieu que pour régner avec

---

de la révélation, et qu'il a pu lire ces mots dans le sommaire même du chapitre qu'il critique, que répond M. l'Abbé de Solesme? Il a vu en effect, dit-il, ces mots dans le sommaire; mais il n'en a pas tenu compte, parce qu'ils sont contredits par le titre du livre, qui porte, sans correctif, *Nécessité de la Révélation*. Est-il permis à un homme grave, à un religieux, à un prêtre, lorsqu'il s'agit de l'honneur d'un autre prêtre, de recourir à des pareilles échappatoires? Dans presque tous les traités de la religion, ne trouvons-nous pas un chapitre intitulé 'De necessitate revelationis,' sans autre explication?" (Lettre de M. l'Abbé Maret, Doyen de la Faculté de Théologie de Paris à Nos Seigneurs les Évêques de France sur les attaques contre son livre: *Dignité de la Raison Humaine et Nécessité de la Révélation Divine*, par le R.P.D. Guéranger, 1858, p. 15).

[23] *Ibid.*, p. 23.

lui?"²⁴ E, ao asseverar os direitos da Igreja, ele é cuidadoso para não revelar sua inimizade à liberdade: "Est-ce que par hasard l'Église serait exclué de la liberté, par la raison que l'erreur n'y a pas droit?"²⁵

Nessa questão de liberdade de consciência, o padre Perrone, o último escritor que citaremos entre os representantes da escola inescrupulosa, fala com muito maior julgamento. Contudo, como questão histórica, ele a trata com tão pequena reverência pelas obrigações morais da literatura quanto a que um homem de Orange poderia ter mostrado. Ao passo que o Estado pune a não conformidade ostensiva, mas é compelido a respeitar dissidentes encobertos, a peculiaridade das penalidades impostas pela Igreja consiste em serem endereçadas contra o pecado de indivíduos, não contra o perigo para a sociedade. O objetivo da Igreja é sempre a conversão do pecador, enquanto o do Estado é simplesmente sua exclusão ou supressão. Em consequência, tem sido sempre considerado não natural que a pena capital pela heresia seja infligida pelo sacerdócio; e aqueles que, como de Maistre²⁶ ou Balmez, defenderam a Inquisição como um tribunal político na Espanha, negaram que a perseguição alguma vez grassou em Roma. O padre Perrone nega corajosamente que a Igreja agiu contra opiniões pri-

---

[24] *Essais*, Préface, p. xxxv.
[25] *Ibid.*, p. xvii.
[26] "Jamais le prêtre n'éleva d'échafaud; il y monte seulement comme martyr ou consolateur: il ne prêche que miséricorde et clémence; et sur tous les points du globe, il n'a verse d'autre sang que le sien. Voulez-vous de plus connaître, par l'expérience, le véritable esprit sacerdotal sur ce point essentiel? Étudiez-le dans le pays ou le prêtre a tenu le sceptre ou le tient encore. (...) Assurément, c'est dans le gouvernement des pontifes que le véritable esprit du sacerdoce doit se montrer de la manière le moins equivoque" (*Lettres sur l'Inquisition Espagnole*, pp. 18, 21, 22).

vadas e diz que as execuções por heresia foram raras ou desconhecidas em Roma.²⁷

No seu catecismo das religiões protestantes, ele usou argumentos dos tipos mais caluniosos para afastar delas as mentes das pessoas — que os reformadores eram homens que levavam vida particular infame; que Calvino morreu devido a doença vergonhosa, blasfemando e invocando o demônio; e que a reforma da moral e da disciplina comumente atribuída ao Concílio de Trento prosseguia de maneira próspera e a Igreja se aprimorava diariamente, quando a Reforma interrompeu tal progresso.²⁸ Tal linguajar, se não tivesse a intenção de iludir pessoas não preparadas, seria lido como uma sátira ao Concílio de Latrão.

Teria sido fácil fazer citações dos escritos do monsenhor Gaume contra passagens clássicas mais impressionantes que essas; mas tais escritos pertencem a um movimento diferente, e o alvo de seu ataque não é o conhecimento em si, mas o aprendizado profano. "É o demônio," diz Gregório, o Grande, "que tira de certas pessoas o desejo de dominar as ciências seculares, porque ele sabe quanto as ciências nos servem nas questões religiosas." O *Ver Rongeur* foi o prelúdio de um ataque generalizado a todo aprendizado que não

---

²⁷ "La chiesa non ha mai proceduto contro le opinioni finchè queste rimaneano nella conscienza o nel cervello balzano di chi le aveva. In Roma poi o non v'è o apena v'è qualche rarissimo esempio di alcuno messo a morte per sola eresia" (*Catechismo intorno alla Chiesa Cattolica ad uso del Popolo*, pp. 93, 94).

²⁸ "Già parecchi di essi ai tempi di Lutero erano tolti, ed altri scemati, e la riforma dei costumi e della disciplina si perfezionava oggidì, allorché risorsero quegli uomini ribelli contro la chiesa. Tali sono i corifei del protestantismo, uomini cioè, che a detto di un protestante, erano tutti per la loro malvagità degni del capestro. Calvino per ultimo morì disperato, bestemmiando e invocando il diavolo, di una malattia la più vergognosa, roso dai vermi" (*Ibid.*, pp. 11, 23).

fosse puramente religioso; todavia, escritores como padre Ventura e outros por nós citados foram além disso e acharam que mesmo as coisas da Igreja não podiam ser objeto do conhecimento científico. Só existe um passo da negação da certeza para a negação da verdade; e a teoria da aplicabilidade da falsidade seguiu-se imediatamente à teoria da unidade da ignorância. Por um processo similar, a calúnia foi enxertada na perfídia.

Existem duas coisas especialmente necessárias que cada católico engajado na controvérsia deve observar no seu trato com adversários: que a discussão deve ser um meio de convertê-los do erro, em vez de repeli-los da verdade pela falta de seus defensores; e que nenhum amargor ou personalidade deve escandalizá-los em ocasiões de pecado. O curso recomendado pela Igreja é o da conquista dos oponentes por meio do tratamento atencioso, gentil, generoso e amável, acompanhado da mais intransigente e incansável exposição de seus erros. Se a gentileza é um dever nos casos desses erros contra a fé, que são pecaminosos por si mesmos, ela é ainda mais imperativa onde o erro é fruto da falta de conhecimento e, embora sem dúvida possa ser resultado de pecado, dificilmente pode ter suas origens retraçadas à vontade. Todos os cristãos têm, em alguma medida, de sentir e reconhecer esse dever; mas especialmente os católicos podem julgar sua importância pelo horror com que a Igreja encara o fato de se ceder ao escândalo combinado com sua doutrina exclusiva de salvação. Com frequência, isso foi desconsiderado nas contendas anteriores, porém, em nosso tempo, uma teoria regular foi concebida que inverte a lei e renuncia ao espírito católico. Dois caminhos parecem ter levado a essa transição. Um é a transferência da linguagem eclesiástica para outra esfera. Aqueles que têm o poder sacramental para vincular e afrouxar e que administram a disciplina eclesiástica falam, em virtude de sua missão, num linguajar de severidade e de cominação mesmo para indivíduos. Pode muito bem estar entre suas atribuições expressar as mais solenes imprecações, e eles podem julgar provável que as denúncias veementes provoquem o arrependimento dos que não são totalmente surdos a uma voz que unifica numa só toda a autoridade do pai, do juiz e do rei. Naturalmente, e quase imperceptivelmente, numa época em que os leigos exercem através da imprensa uma influência não menos profunda e uma autoridade quase sempre mais ampla do que a dos próprios bispos, eles usurpam as mesmas armas, falam no mesmo tom e simulam aplicar golpes de igual intensidade. Quando os próprios prelados mais ilustres, como os bispos de Orleans e Metz, se intrometeram na liça e se colocaram nos mesmos termos dos adversários, ocorreu facilmente que alguns de seus privilégios foram esquecidos por aqueles que lutaram a favor ou contra eles, e o trovão foi por vezes imitado por aqueles que não conseguiam manejar o raio.

Um outro caminho foi mais conscientemente seguido com o mesmo resultado. Os católicos continuadamente ouvem declarações contra a Igreja, da parte de homens educados e até eruditos, sobre as quais, na opinião desses católicos, pode não haver crença sincera. Eles têm consciência da malignidade de algumas declarações e são incapazes de dar crédito à ignorância em que outros persistem em relação às questões católicas. Quando, portanto, as invenções dos homens cujo ofício é mentir são repetidas por homens cuja profissão é a controvérsia, é quase impossível entender-se que a ignorância pode assumir aparência tão semelhante de calúnia proposital. O pleito da ignorância pode ser tolerado em casos como o do dr. Cumming ou de mr. Whalley, mas como insistir nele para o barão Bunsen, ou M. Michelet, ou mr. Buckle? É quase impossível para os católicos evitar o sentimento de aversão e menosprezo para homens que eles acham que estão distorcendo propositalmente a verdade; e, por via de consequência, ao invés de se confinarem à refutação da falsidade, que acreditam não ser do desejo de seu oponente, eles se esforçam por expor sua iniquidade. Esse estado de espírito foi gradualmente transferido da controvérsia de contrários para discussões entre católicos, em que havia o novo elemento da insubordinação ao qual as origens do erro podiam ser atribuídas. Pode-se supor que um católico conheça razoavelmente bem a religião que lhe é ensinada desde criança e que ele a sente mais e mais confirmada pelas práticas da piedade. Se ele pecar, há de imediato a suspeita de que negligenciou tais práticas, ou de que foi levado, pela antipatia à obediência, a sustentar aquilo que não lhe foi ensinado por seus mestres, ou que, pleno de culpa, afastou-se dos guias adequados para ouvir as seduções promissoras de partidos hostis. Em cada uma dessas disputas, uma questão de moralidade esteve diretamente em jogo. Os dois antagonistas não podiam estar igualmente em harmonia com o sentimento das autoridades que ambos reconheciam. Ao tirar de si mesmo essa culpa, cada um deles, necessariamente, a atirava sobre o outro como preconceito contra sua virtude. Porém, onde um escritor está persuadido de que seu adversário persiste insinceramente, ou por motivos equivocados, no erro, o triunfo que busca não é convencê-lo e sim condená-lo. Deseja produzir efeito não sobre ele, mas sobre uma plateia, que pode ficar impressionada pela exposição do homem, mas o escritor restará insensível à refutação de suas opiniões. Portanto, ele se esforça menos pela verdade do que pelo efeito, e abandona o argumento para perseguir o homem. Tenta ganhar toda a vantagem sobre ele; e a melhor chance que tem é pela perturbação de sua presença de espírito fazendo com que perca o equilíbrio. Aquilo que fizer com que ele mais se irrite provavelmente fará com que se exponha e lhe dê a oportunidade de resposta. Seria muito longo inquirir como muitas coisas concorreram para promover esse hábito; em alguns lugares, foi a falta daquela indulgência que as assembleias públicas frequentemente engendram entre homens sujeitos em comum a um sistema disciplinar especial local; em outros, o terror que antecedeu e o estado de espírito que se seguiu às grandes convulsões sociais; ainda noutros, a extrema ferocidade ou a perfídia da imprensa irreligiosa. Cedo ele foi justificado pela teoria; e, na prática, ele vem se tornando mais geral e mais veemente.

A essas causas combinadas é atribuída a forte e injuriosa oposição que vem sendo uniformemente interposta ao progresso do pensamento católico. Quase que sem exceção, todos aqueles que eram os mais eminentes na ciência religiosa foram denunciados, por homens não menos zelosos ou devotos que eles mesmos, como corruptores da doutrina e inimigos da Igreja; e a distância entre os dois lados foi tal que justificou a dúvida quanto ao acordo deles em relação à mesma fé ou à mesma moralidade. Essa perseguição aos que realmente fizeram o conhecimento religioso progredir é, por um lado, consequência natural e direta daquele espírito comum que se manifesta de diferentes formas na filosofia de Ventura, no escolasticismo de Kleutgen e Clemens, na política de Donoso Cortés, na polêmica de Veuillot, nas teorias educacionais de Gaume e no método histórico de Rohrbacher e Guéranger, e, do outro lado, o sintoma mais característico da condição presente da Igreja Católica. Ela atacou igualmente os dois maiores pensadores do clero italiano, Rosmini e Gioberti, e, em menor medida, os melhores de seus historiadores eclesiásticos, cujos conhecimentos sobre a Idade Média não deixaram que eles apoiassem as coisas como elas estavam – o beneditino Tosti, o oratoriano Capecelatro e o dominicano Marchese. Na França, o ataque foi sobre os defensores teóricos do aprendizado profano, como o bispo de Orleans, e sobre as principais autoridades em teologia e metafísica, monsenhor Maret e padre Gratry. Os dois mais destacados eclesiásticos viventes na Alemanha, Döllinger e Kuhn, foram acusados de forma idêntica – um por seu tratamento da história da Igreja e o outro pelo método dogmático que parece herético aos advogados da teologia escolástica, e os dois igualmente por suas teorias do desenvolvimento. Os poucos leigos fora da Alemanha que ocuparam posições, na literatura católica, próximas às dos líderes eclesiásticos não se saíram muito melhor. O barão d'Eckstein foi considerado um sonhador e um inovador, indiferente ao Dogma da Igreja, por razões que, em épocas anteriores, trouxeram para Gerbert e Bacon a reputação de bruxos. O príncipe de Broglie, enquanto era atacado por Donoso Cortés, com as armas amáveis do cavalheirismo, por preferir a liberdade ao feudalismo, incorria nas censuras mais rudes de dom Guéranger porque reconhecia na história, além da ação da Providência, a operação e causas naturais e secundárias. Do outro lado do Atlântico, o espírito é o mesmo. Quando o dr. Brownson, impelido para a frente por sua mente poderosa e independente, emancipou-se da escola estreita e intolerante que, nos primeiros momentos de sua conversão, aprendeu a considerar como forma legítima de pensamento católico, os grandes serviços que prestou não o protegeram de denúncias tão violentas quanto aquelas que, na imaturidade de suas ideias católicas, ele lançara sobre o dr. Newman. Essas, entretanto, são dificuldades no caminho do aprimoramento que homens eminentes são capazes de ultrapassar; e é bom que confrontem obstáculos que só eles, no final, têm capacidade para remover.

Aquilo que uma classe de católicos procurou concretizar, com um sacrifício da verdade, pelo bem da religião, outra objetivou fazer de alguma opinião específica o árbitro da doutrina. Se houve uma negação deliberada da lei moral, existiu, por outro lado, uma rendição inconsciente das verdades dogmáticas. As filosofias de Hermes e Günther, a teoria da independência da especulação, de Frohschammer, e as propostas extremadas de reforma eclesiástica feitas por Hirscher, antes que se tornasse assessor e defensor do arcebispo de Freiburg, são exemplos de tais fracassos que resultaram não da confiança na razão humana e sim da preocupação tímida com a segurança da Igreja de Deus. Mas os erros de tais homens não procederam de princípio comum e, de forma alguma, concordam entre si. A antítese real ao espúrio ultramontanismo, que se subdividiu de de Maistre em tantos ramos, deve ser encontrada, não nos erros opostos, mas no verdadeiro curso que não deflete para lado algum.

A ascensão da escola que consideramos dependeu, primeiro, da maré vazante do conhecimento científico e de sua aberta hostilidade para com a religião, e, em segundo lugar, da ausência de qualquer cooperação literária entre católicos e protestantes. Entre seus líderes, existiram homens de grandes virtudes e talentos e, pelo menos, um homem genial; mas não há nenhum com quem o conhecimento secular esteja realmente em débito. À proporção que renunciaram cada vez mais aos resultados e ao espírito da ciência moderna, foram repelindo os protestantes e acabaram por apresentar a religião com um aspecto que não atraiu inteiramente os convertidos. A falta de contato com homens que acreditavam em outras religiões os deixou na ignorância das dificuldades reais e de suas verdadeiras soluções. À circunstância oposta da familiaridade com a ciência não católica traçamos a formação daquele ultramontanismo que descrevemos no ápice do desenvolvimento do sistema católico.

A prostração da religião no continente, no final do último século, foi compartida em igual medida pelos protestantes. Mas foi seguida por uma atividade literária revivida entre eles que não tem paralelo na história moderna, salvo na Revivificação do século XV, com a qual ela guarda real semelhança. Isso porque, primeiro, o movimento intelectual que seguiu de Weimar para Jena, e Halle, e Heidelberg e, depois, para outras universidades alemãs, como o do tempo dos Médicis, não obedeceu a nenhum impulso religioso, mas foi indiferente à doutrina. As Igrejas não eram então nem temidas por seu poder nem invejadas por sua riqueza; e o racionalismo as ignorava, pois não era instigado a atacá-las. Em segundo lugar, a aplicação mental do período de Goethe, tal como no de Erasmo, não tinha finalidade prática definida a conseguir, nenhuma recompensa em vista a não ser a gratificação literária, nenhuma missão a cumprir que não a satisfação da sede de conhecimento. Em terceiro lugar, a Revivificação do século XIX, como a do XV, se distinguiu principalmente pela recuperação do olvido de uma era esquecida. Mas aqui acaba a analogia, pois o efeito de reviver a antiguidade foi exatamente o contrário do da restauração medieval. O aprendizado da Renascença foi antiquário. Ele se sobrepõe a um vasto intervalo que consignou à completa negligência para ressuscitar uma sociedade extinta. Estabeleceu um ideal remoto para todas as artes da vida e dobrou sua própria civilização para que se ajustasse ao modelo que havia desenterrado. Por via de consequência, ele predominou mais na arte que na ciência, por causa de sua característica suntuosa e indolente, e, assim, foi artificial, não natural, imitativo, e, como todos os imitadores, arbitrário e absoluto em teorias de governo, com frequência, revolucionário.

A característica da Revivificação medieval, que é uma conquista distinta da era em que vivemos, não foi antiquária, mas histórica. Seu estudo não foi o da morte, mas da vida – não de um mundo de ruínas, mas daquele que é mesmo nosso. Por conseguinte, sua lição é uma lição de continuidade, não de restauração súbita ou de cópia servil. Ela ensinou respeito pelo passado, encorajou sentimentos patrióticos e despertou a lembrança dos direitos hereditários. O estudo da história, da literatura e das artes nacionais foi um de seus resultados mais importantes. Tal impulso foi mais forte no norte da Alemanha. Lá, os sentimentos dos homens em relação à Igreja Católica estavam livres de amargores. Ela havia sido companheira deles no infortúnio, sofrera sob a mesma tirania e fora libertada pelas mesmas vitórias, e, de forma alguma, a eles parecia pavorosa ou opressora. E quando o sentimento patriótico levou esses pensamentos de volta à preponderância de seu país, a Reforma deixou de ser a glória suprema de sua nação e a fronteira de seu retrospecto. Reconheceram no seu sistema um dos principais elementos de sua história, uma das mais poderosas influências sobre suas ideias; mas eles também se lembraram de um período mais feliz de grandeza nacional, quando os príncipes da Igreja eram os melhores e mais amados mandantes da Alemanha. Foi recordado que entre os imperadores que continuaram a longa luta com Roma existiam muitos que não podiam ser relembrados pelos alemães com genuíno orgulho – que Henrique IV e Henrique V levaram vidas pecaminosas, Frederico I foi um tirano e Frederico II, um estrangeiro; enquanto os mais devotos protetores da Igreja – Carlos Magno, St. Henry, Otto, o Grande, Henrique III e Rudolph de Habsburgo – foram os maiores dos governantes do Império.

Os homens abordavam esses estudos com mentes treinadas em atividades livres das tentações do espírito partidário e das influências das opiniões religiosas. Eles vieram do estudo da antiguidade, o qual, desde o tempo de Heyne, tinha sua sede nas escolas da Alemanha; e aplicaram à investigação dos registros medievais o tom e o método da filologia clássica. Outras causas contribuíram para essa têmpera indiferente e não imparcial. A união dos protestantes prussianos expressou o descaso corrente com as definições dogmáticas; e a teologia vaga que estabeleceu não podia ser sinceramente oposta pelo catolicismo como um sistema mais consistente. Alguma coisa precisou ser também atribuída à influência da filosofia hegeliana sobre os racionalistas. O panteísmo daquela escola, encarando igualmente todas as coisas como manifestações da mesma natureza universal, substituiu a distinção entre certo e errado pelo teste do sucesso e mesmo pela ordem de sucessão. Foi sustentado que toda a religião é uma forma de verdade, intrinsecamente boa; mas que a lei da vida é o progresso; e que essa é mais perfeita que aquela. Portanto, o avanço da Igreja sobre as religiões da antiguidade foi explicado com o mesmo interesse curioso que o progresso efetuado pela Reforma sobre a Igreja medieval, ou pela Filosofia do Absoluto sobre o protestantismo dogmático. A questão da verdade solucionou-se a si mesma como uma de fato. Os eventos foram estudados por sua natureza e não por sua característica; e foi permitido que a humanidade exibisse propriedades em vez de qualidades. A ação da vontade humana ou da divina foi, da mesma forma, excluída; e o acidente foi negado, bem como a moralidade. Os hegelianos asseveraram a incólume continuidade de causa e efeito e sustentaram que todos os fenômenos da história são razoáveis e inteligíveis. Daí seguiu-se uma espécie de otimismo muito conducente a um tratamento desapaixonado do passado. Então, da filosofia hegeliana surgiu a escola da crítica irreligiosa e quase ateísta que ignorou as diferenças dogmáticas e reservou seus golpes mais duros para as fundações do protestantismo.

Essas causas não dissiparam, de fato, a ignorância e o preconceito, mas promoveram um estudo crítico de detalhes e evitaram a interferência da paixão, do interesse e do zelo. Emergiu uma escola de historiadores que fez do seu ofício escrever sobre a Idade Média como escrevera sobre a guerra persa, que falou sobre a Igreja como falara do Areopagus, e aplicou aos mais obscuros momentos da história da Igreja aqueles testes de credibilidade e autenticidade que tinham sido usados generosamente com Heródoto e Lívio. Eles não possuíam nada do espírito dos panegiristas ou dos acusadores; porém, com toda a sua erudição, sua agudeza e equidade, a maioria desses homens estava destituída daquela faculdade e daquela experiência que teriam permitido que eles compreendessem o significado de religião. Entenderam, melhor que quaisquer escritores católicos antes deles, a ação externa do organismo eclesiástico, a influência moral, intelectual e social da Igreja; mas não sabiam coisa alguma sobre seu caráter religioso. Revelaram a mesma incapacidade no estudo do paganismo; e sua interpretação da teologia helênica foi com frequência superficial da mesma forma que sua explanação da doutrina católica. O mais universal de todos os acadêmicos modernos acreditou que o sacrifício teve origem na ideia de que os deuses necessitavam de alimentos; e o mais preparado de todos os escritores sobre mitologia explicou sua ascensão e poder pelos artifícios do sacerdócio.

Os católicos ficaram abismados ao descobrirem que os homens que escreviam com imparcialidade, e muitas vezes com admiração, sobre a Igreja, que se fizeram defensores de seus caluniados e esquecidos heróis, que lançaram novo esplendor sobre as vidas dos santos, e que deram significado e realidade a muita coisa que parecia simplesmente maravilhosa, não tinham a mínima preocupação com a doutrina da instituição que defendiam com tanto afinco e repudiavam com indignação a proposta de se submeterem à sua autoridade. Subsequentemente, sob a influência da crescente literatura católica, houve muitas conversões entre os historiadores, como com Philipps, Hurter e Gfrörer; contudo, a grande escola de historiadores que escreveram, como Luden e Menzel, sob a influência da Guerra da Independência, os discípulos de Eichhorn, que buscaram antiguidades legais, os seguidores panteístas de Hegel e os discípulos de Ranke, que foram os críticos e comentaristas dos textos medievais, estiveram o mais possível afastados da fé da

Igreja. Mas os métodos que perseguiram na investigação da verdade prevaleceram contra todas as inclinações hostis; e o espírito científico que surgiu da decomposição do protestantismo se transformou, nas mãos dos católicos, na salvaguarda da verdade religiosa e na mais eficiente arma de controvérsia.

Decorreram pouco mais de trinta anos desde que uma classe de escritores incitou tão completamente os mestres da ciência de seu tempo que eles não desejaram aplicar outros testes e sim seus métodos para julgar os resultados dessa ciência. O nome de ultramontano foi dado em consequência de sua defesa da liberdade da Igreja contra o poder civil; mas a característica de sua defesa foi que eles falaram não especialmente pelos interesses da religião, mas em nome de um princípio geral que, embora sustentasse liberdade para a Igreja, a estendia igualmente para outras comunidades e instituições. Convictos sobre a eficácia e a correção dos preceitos fundamentais da política, eles sabiam que a Igreja não deseja nada incompatível com esses preceitos e que não pode requerer a suspensão da lei política como também a da ordem moral da qual deriva. Buscando a analogia estrita entre ciência e forma de governo, eles promoveram o mesmo princípio na investigação da filosofia e da história. Na história, não procuraram obter imunidade para a autoridade eclesiástica, mas aquilo que ela iria desfrutar com a promoção dos direitos políticos; e, na filosofia, não proporcionaram proteção para as doutrinas religiosas, e sim o avanço da verdade científica.

As causas que fizeram com que a Alemanha fosse o berço do nascimento dessa escola de apologistas católicos não existiam na Itália e só estavam parcialmente presentes na França. A avassaladora autoridade de de Maistre e a sutil influência das teorias de Lamennais foram obstáculos sérios. A ausência de um treinamento científico severo foi sentida por muitos homens extremamente preparados cujo lugar natural seria entre os defensores desses princípios mais elevados. Todavia, se compararmos o tom dos escritos de Eckstein e Lenormant, Ozanam, Maret e de Broglie com as histórias dos condes de Montalembert e Falloux, ou com as obras de padre Lacordaire e monsenhor Dupanloup, a diferença entre a mais científica e mais brilhante porção do lado liberal entre os católicos franceses fica muito aparente. Mas é devido ao espírito geral dessa escola de escritores, em vez da característica especial de seus acadêmicos mais profundos, que tão grande parcela dos intelectos superiores da França, antes mais ou menos separados da Igreja, se aproximou gradualmente dela nos últimos anos.[29] A força dessa escola ficou necessariamente confinada à Alemanha, onde seus mais eminentes representantes foram os eclesiásticos Möhler, Döllinger e Kuhn, os metafísicos Baader e Molitor, os escritores políticos Görres e Radowitz, e historiadores como Movers e Gfrörer. Em todas as questões sobre a autoridade da ciência e sua concordância com a religião, sobre a influência da Igreja no estado da liberdade intelectual e política, sobre a adequação do encobrimento por temor do escândalo, os exemplos e os preceitos dessa escola ultramontana são diametralmente opostos aos dos católicos cuja linguagem citamos.

    O primeiro teólogo católico que começou a protestar em prol da ciência cristã contra o obscurantismo foi Joseph Gügler, de

---

[29] Cousin, Villemain, Augustin Thierry, Barrante, e mesmo Guizot.

Lucerna, um homem não sobrepujado no conhecimento das Escrituras e na originalidade da mente por nenhum daqueles que nomearemos. A intensidade do antagonismo se revela muito claramente na energia de sua linguagem, que o estado presente da literatura não justificaria. Numa palestra contra os oponentes de um estudo crítico e científico da Sagrada Escritura, ele se expressa nos seguintes termos: "A timidez é filha da escuridão. (...) Por que vocês reclamam de nossa investigação dos escritos sagrados? Porque, de fato, corremos o risco de apostatar a verdade; como se a verdade só existisse na insensatez, como se a luz do Sol só brilhasse para os cegos! Talvez vocês sejam levados, também facilmente, a pensamentos impensáveis tanto pela simples leitura das Escrituras quanto por um estudo profundo delas; na verdade muito mais facilmente, pois o erro flutua na superfície enquanto a verdade fica bem mais no fundo. Se vocês fossem fiéis à sua causa, teriam de fechar os livros e, conscientemente, abster-se de lê-los; e isso, na verdade, é o que vocês fazem, e assim se protegem não só contra pensamentos maléficos como também contra quaisquer ideias. Pelo menos a liberdade grandiosa do espírito cristão está longe de vocês, e vocês se esforçam laboriosamente para atingir o extremo oposto. Temos de acreditar na voz da Igreja, dizem vocês, sem procurar entender; mas onde ouvimos essa voz? Não de suas bocas, naturalmente, e com os ouvidos do corpo; ela tem de ser procurada na história e nos registros escritos da Igreja. (...) Temos de examinar historicamente cada documento para sabermos se ele é expressão autêntica da mente da Igreja, sem interpolação; só então começa a fé. (...) Vocês se esforçam para embalar o sono do espírito de inquirição, para suprimi-lo quando ele desperta, para ficar checando seu crescimento; e por que meios? Será através de grande preponderância e autoridade intelectuais que vocês se habilitam como guardiões do resto do mundo? Longe disso; mas pela ignorância e pelo lançamento cego da suspeita sobre aquilo que não entendem. Esse é seu ofício, essas são suas únicas armas; e assim vocês parecem loucos que acabariam com uma conflagração não com o trabalho, mas com o berro. (...) O escárnio universal que recai sobre vocês é obra de vocês mesmos, pois, como não ouvem a ninguém e não entendem coisa alguma, os homens consideram que sua causa está chegando ao fim e que vocês raramente encontrarão qualquer pessoa como nós que lhes dirigirão palavra alguma (...) Com sua resistência, vocês lançam medonha escuridão sobre o cristianismo. Quando o ignorante, que é conduzido pela corrente do momento, olha para vocês que professam ser verdadeiros cristãos, será que não acreditam que a cristandade está tomando as trevas por proteção e tornando-as essenciais para sua própria existência? Não suporá ele que a cristandade teme qualquer investigação e receia se aproximar da luz? Vocês traíram o santuário; vocês são a causa do declínio da fé, porque sua pureza turvou-se há muito tempo em vocês mesmos. (...) A fé não é o motivo de vocês, pois ela não tem outro propósito que a verdade. (...) Abracem a razão e a ciência. Tornem-se o que devem ser, e seu reino se reerguerá dos mortos. Dê-nos não só a proteção contra a descrença, mas uma igualmente potente contra a superstição. Só pode ser verdade o que está escondido bem nas profundezas. Ficar afastado dela por um fio de cabelo é tão ruim quanto por centenas de quilômetros. (...) Sua determinação está muito longe daquele amor à verdade que sempre pergunta, Verdadeiro ou Falso? Sua pergunta é,

LORD ACTON

Devemos ter isso assim ou não? Ele, que ama a verdade, despiu-se de todas a inclinações e preferências particulares. Ele vê tudo com amor ou aversão segundo acha verdadeiro ou falso. Vocês, ao contrário, só se preocupam com as aparências e, mesmo que as coisas não sejam verdadeiras, não as abandonam. Foi essa a atitude que pregou Cristo na cruz e cegou os judeus com a luz deslumbrante."[30]

Em 1826, o barão d'Eckstein fundou uma revista, *Le Catholique*, com a finalidade de promover essas ideias na França. Ele realçou o atraso do clero no aprendizado e a necessidade de uma grande melhora. A liberdade de imprensa era um requisito para levar de volta ao catolicismo sua influência adequada. Deixado sem a proteção oficial, ele teria de buscar apoio em todas as ciências e se armar com novo escudo. Porém se a Igreja da França não fizesse esforço para recuperar a supremacia do aprendizado e para dominar a intelectualidade da religião enquanto a praticasse na vida, ela não resistiria à ciência e à ação ímpia.[31]

Aproximadamente ao mesmo tempo, Baader expunha em Munique, num estilo obscuro, não sistemático e aforista, a mais profunda filosofia jamais alcançada pela especulação católica. O conhecimento requer satisfação tanto quanto o sentimento religi-

---

[30] Gügler, *Rede gegen die Feinde wissenschaftlicher, besonders historisch-kritischer Untersuchung der heiligen Schrift, Nachgelassene Schriften*, i, 75-86.

[31] *Le Catholique*, i, 100; iii, 202; vi, 536; vii, 326. "Nous insistons fortement sur ces points, parce que l'Église est plus que jamais appelée au combat, et que si elle néglige le soin d'unir le savoir aux croyances, toutes les connaissances, toutes les découvertes des hommes tourneraient au profit du mauvais esprit et non à celui de la vérité. À l'avenir rien de ce qui constitue la science ne doit rester étranger à ses principaux défenseurs. Avec la simplicité de la foi on opère la conversion des barbares, et des sauvages; mais c'est avec la science unie a cette divine simplicité, que l'on peut conquérir les peuples vieillis au sein d'une longue civilization. Il ne faut pas craindre les véritables lumières, et redouter de s'en servir, si l'on veut anéantir les fausses" (iii, 204).

oso dos homens; não podemos, por conseguinte, nos satisfazer apenas com a fé. A fé é a base do conhecimento autêntico, e o conhecimento, complemento da fé; isso porque a fé não instruída é suscetível de ser abalada, mas aquele que caminha da fé para o conhecimento fica seguro de sua crença. Foi com essa base que Baader insistiu na necessidade do progresso da ciência como salvaguarda da religião contra a descrença, a única conciliação da autoridade com a liberdade, e o único meio de proteger os fiéis da carga de uma autoridade meramente externa que, quando se impõe sobre o processo do entendimento ao invés de se confinar à sua própria esfera na vontade e na razão, a torna tão arbitrária quanto o sistema dos descrentes.[32] Molitor, o único rival de Baader entre os filósofos católicos de seus dias, lida mais particularmente com a união da fé com o conhecimento. A ciência, que procura esclarecer o que nossa consciência, vaga e incertamente, percebe, é o guia através do labirinto de sentimentos e, por via de consequência, se harmoniza necessariamente com a fé. A natureza humana batalha em busca de unidade consigo mesma, e a união de fé e razão, coisas igualmente necessárias e importantes, tem de ser praticamente conseguida, pelo menos em certa medida.[33] "O conhecimento," diz o dr. Döllinger, "é uma das formas, e uma porção necessária de moralidade; e, como sem um conhecimento iluminado não pode

---

[32] Hofmann, *Vorhalle zur spekulativen Lehre F. Baader's*, pp. 20, 31. "Es muss erkannt werden, dass jede neugewonnene Wahrheit keine frühere aufhebt, sondern vielmehr bestätigt, indem sie dieselbe bestimmter entfaltet, und in der Aufzeichnung neue Beziehungen bereichert. (...) Sie müssen zur Erkenntnis kommen, dass eine neue Wahrheit möglich ist, wenn sie nicht in der schon gewonnenen ihre Wurzel hat, dass somit jede neue Wahrheit die alte voraussetzt, und derselben ihr offenbar gewordenes Sein zu vedanken hat" (p. 35).
[33] *Über die Tradition*, ii, 215, 216.

haver moralidade real e perfeita, então também um conhecimento autêntico e abrangente só pode subsistir numa mente disciplinada pela moralidade. (...) É verdade que esse amor pela sabedoria, em geral da forma com que é exibido e proclamado, é tão raro quanto precioso, uma vez que só pode reivindicar possuí-lo quem deseja e é capaz de se dedicar à Verdade com uma devoção absoluta e ilimitada, e de fazer até o mais penoso sacrifício em prol dela. Essa determinação resoluta em sempre buscar a verdade, a verdade total, e nada diferente da verdade, é coisa difícil e inusitada. E um homem de quem isso pode ser sinceramente dito não é mais facilmente encontrável que um homem realmente determinado a só satisfazer a vontade de Deus." Diz mais particularmente em outra passagem: "O entendimento de questões éticas, ou de matérias que se aproximam do domínio da ética, não pode ser adquirido apenas pela operação da razão. Se fosse assim, o inteligente e o preparado seriam infinitamente superiores aos pobres e aos despreparados, mesmo no conhecimento do bem e do mal. Mas não é assim, e, por meio de uma lei igualmente sábia e equitativa, o homem não pode dominar com sua mente aquilo que, ao mesmo tempo, também não recebe em seu coração; e se ele endurece sua vontade, endurece também, ao mesmo tempo, seu entendimento contra a verdade."[34]

Nada é mais surpreendente nos contrastes que as escolas opostas exibem no seu tratamento de oponentes religiosos do que o

---

[34] *Irrthum, Zweifel und Wahrheit*, pp. 25, 33, 37. "O lugar adequado para a certeza é apenas a consciência. (...) Não espere que em troca, de certo modo, por suas supostas boas intenções, um mero conhecimento superficial e uma ocupação diletante com o silêncio e seus resultados levarão você realmente à verdade e o suprirão com convicções firmes."

modo com que falam sobre a Reforma. A diferença não pode ser explicada por preconceitos nacionais, pois existem muitos alemães cujas linguagens são tão violentas quanto as de Audin ou Perrone. O tom dos grandes escritores alemães é muito diferente. Görres fala da seguinte forma: "Na realidade, foi um movimento nobre e grande das pessoas alemãs que promoveram a Reforma. As nações latinas podem condená-la como um todo, mas nós não, uma vez que emergiu do espírito mais interno de nossa raça e se estendeu aproximadamente até os mesmos limites. Foi o espírito de um grandioso desgosto moral a cada afronta ao considerado sagrado, onde quer que ela aparecesse; daquela indignação que resulta de cada abuso; daquele amor indestrutível pela liberdade sempre pronto a desvencilhar-se de qualquer canga que a violência pérfida queira impor; numa só palavra, toda a massa das qualidades salutares que Deus conferiu a esta nação para que, surgida a necessidade, ela repila a corrupção pela qual o Sul mais quente se inclina."[35]

Möhler diz em seu *Symbolik*: "O protestantismo surgiu da oposição a muita coisa que era inegavelmente maléfica e imperfeita na Igreja, e esse é seu mérito — um mérito, sem dúvida, não particularmente seu, uma vez que tais malefícios eram incessantemente atacados, tanto antes quanto depois, nos princípios católicos. Ele brotou parcialmente por causa da hostilidade a certas representações científicas do dogma e a certas formas da vida eclesiástica, que podemos designar pelo termo comum *medieval*, embora esses, repito, tivessem sido objeto de esforços transformadores, em prol do verdadeiro sistema da Igreja, desde o fim do século XIV.

---

[35] *Der Katholik*, xv, 279.

(...) O sistema luterano parecerá mais desculpável, uma vez que será mostrado que procedeu realmente de um verdadeiro zelo cristão que na verdade foi, como na maioria dos outros casos, imprudentemente direcionado."[36] "No início do século XVI," diz Döllinger, "um profundo desgosto com o papado daqueles dias e uma indignação não imerecida com os abusos da Igreja e com a depravação moral de um clero demasiadamente rico e por demais numeroso alastraram-se muito pela Alemanha."[37]

É da natureza dessa escola de eclesiásticos sua teologia não ser escolástica. A discussão sistemática das doutrinas ocupa um lugar subordinado em seu método, já que é apenas um dos diversos modos de asseverar o ensinamento da Igreja. O método histórico, que considera menos a inconveniência de comunicar que os meios de avançar o conhecimento da verdade religiosa, e que prossegue diretamente para o estudo de suas fontes e de seus registros originais, satisfazia sozinho ao espírito científico desses eclesiásticos e às necessidades de sua posição; ao passo que eles renunciavam e condenavam os outros como infecundos e obsoletos. Na sua carta a Bautain, Möhler assim o descreve: "Você tem atacado, repetida e veementemente, o método escolástico, que ainda prevalece nas escolas da França, como incapaz de abarcar a substância sem fronteiras da religião cristã e de levá-la ao desenvolvimento total. (...) Você ataca uma forma de ciência teológica cuja principal característica eu descreveria como um amor pela demonstração externa, com uma teologia que supre uma quantidade de provas, mas não nos ajuda a coisa em si que tem de ser provada; uma teologia que

---
[36] *Symbolik*, pp. II, 113.
[37] *Kirche und Kirchen*, p. 10.

jamais atravessa a massa de conhecimentos para chegar à verdade, e que entende melhor como fazer o cristianismo pairar em torno do homem do que convertê-lo em cristão. (...) Isso a mim parece seu maior sinal de mérito."[38] O professor Kuhn expressou-se ainda mais fortemente quanto a Kleutgen: "Se acreditarmos nos restauradores modernos do escolasticismo, os eclesiásticos mais antigos ensinaram a uma só voz exatamente a mesma doutrina sobre todos os principais pontos da ciência que eles agora proclamam como sabedoria perfeita e genuína ciência católica. (...) Dessa visão totalmente não histórica da teologia dos dias antigos eles tiram conclusões para a teologia de nossos dias, que têm, inevitavelmente, de ofendê-la; ademais, os *partisans* desse ponto de vista, ao investirem seu próprio conhecimento e opiniões com a autoridade das escolas católicas, tornam seu próprio trabalho intelectual por demais fácil, e o dos outros, desnecessariamente difícil."[39]

Os princípios da liberdade civil e intelectual são considerados pelos escritores ultramontanos condição necessária daquela harmonia entre religião e ciência política, bem como com a ciência moral, que é seu propósito conseguir. Eckstein deplora, no primeiro número de sua revista, que o medo da revolução tenha dado aos escritos dos apologistas um toque revolucionário que não cons-

---

[38] *Sendschreiben an Bautain, Gesammelte Schriften*, ii, 142. Não muito antes, Eckstein tinha esboçado o estado da teologia escolástica na França: "Mère celeste des sciences, la théologie n'est enseignée que comme une scholastique stérile dans l'école cartésienne. Dans celle de M. Lamennais, elle dégénère en une vaine ostentation de polémique sur l'authorité. Nos aïeux, que nous appelons grossiers, étaient plus avancés que nous dans la science catholique: aujourd'hui un certain parti semble croire que tout a été dit, qu'il n'est plus besoin de penser, d'aimer, de méditer, mais de croire et de s'endormir" (*Le Catholique*, viii, 650).

[39] *Katholische Dogmatik*, i. 916.

tituiu requisito nem foi útil para a manutenção de uma doutrina sólida.[40] Ele vociferou contra aquela monstruosa combinação de política e religião que foi buscada através da intervenção de uma polícia religiosa; e alertou os realistas de que uma terrível explosão poderia ser o fruto de tais meios e esforços secretos, e de uma opressão impotente exercida por homens que, incapazes de triunfar pelo combate aberto, tentavam a vitória por artifícios.[41] Um quarto de século mais tarde, Döllinger apelou ao clero francês com um alerta similar em favor da liberdade: "A Igreja da França não pode esperar que lhe seja permitido constituir permanentemente um domínio excepcional da liberdade num estado que não é livre. (...) Ela obterá sua parcela justa da liberdade geral e a achará não mais satisfatória e mais segura do que se ela apenas fosse uma exceção à regra geral."[42] O bispo de Mentz fala com a mesma franqueza sobre as pretensões políticas da Igreja: "É perfeitamente inverídico que a Igreja agora pleiteia para sua posição tudo o que, em tempos antigos, pudesse ter sido estabelecido por um pontífice, quando toda a cristandade o reverenciava como a um pai. (...) As circunstâncias modificadas, por necessidade, requerem um arranjo completamente novo das relações entre a Igreja e o Estado. Isso é o que nossa época vem batalhando por conseguir. Desde a Reforma até os dias atuais, jamais foi possível tal concretização. As lembranças da velha unidade católica sobreviveram na mente

---

[40] *Le Catholique*, i, 9.
[41] *Avant-propos*, pp. 85, 99: "La liberté eût conservé à la religion tout le terrain que les inquisitions lui on fait perdre."
[42] *Betrachtungen über die Kaiserkrönung*, 1853, p. 40. "É princípio primeiro do sistema constitucional que a soberania reside não só na pessoa do monarca, mas no monarca e no povo em inseparável unidade" (*Debates of the Bavarian Chamber of Deputies*, 1849, i, 432).

dos homens, e eles tentaram ajustar as coisas em todos os estados menos relevantes de acordo com tais recordações, sem refletir que as antigas condições não mais existiam. Daí surgiu uma verdadeiramente absurda imitação das instituições medievais; e aquilo que tinha sido grande e legítimo, considerado da perspectiva da unidade católica, tornou-se, em circunstâncias diferentes, não natural e intolerável. Deixemos que o mundo administre suas relações com a Igreja à maneira da Idade Média, quando, pela misericórdia de Deus, ela retornou à unidade da crença religiosa; até então, uma outra base é necessária que não posso descobrir noutro lugar que não seja no reconhecimento honesto de uma liberdade de todas as comunidades cristãs admitidas pelo Estado."[43]

A defesa da liberdade intelectual se fundamenta não tanto nos direitos da razão quanto no dever e nos interesses da Igreja. O perigo para o sacerdote, escreveu Eckstein, está menos na opressão momentânea do que no triunfo exagerado. Com cada ato que violenta o intelecto, ele se ilude a si mesmo, e o motivo ou é a ira passional ou pura preguiça.[44] Nem academias tampouco universidades, mas só a Igreja pode conciliar o progresso irrestrito da ciência com o bem-estar humano; a Igreja, não agindo como o fez na Idade Média ou se esforçando, como o fez com os jesuítas, para controlar a educação da sociedade europeia – já que não estamos na Idade Média nem no século XVI –, mas empregando todo o conhecimento e reflexão da humanidade, sem colocar obstáculo

---

[43] Ketteler: *Soll die Kirche allein rechtlos sein?* p. 30. No Parlamento Nacional de 1848, ele falou da mesma forma pela liberdade de instrução: "Desejo que ao descrente seja permitido criar seus filhos na descrença; mas deve ser de lei para o mais estrito dos católicos dar a seus filhos uma educação católica" (*Frankfort Debates*, p. 2183).
[44] *Historisch-politische Blätter*, xi, 578.

algum no seu caminho.[45] Este também era um tema favorito de Görres: "Onde terminará essa liberdade de falar e de escrever? Não serão os pilares eternos da religião, lei, virtude e sociedade no final solapados e jogados de lado? Tolos! Acreditar que Deus fez a ordem duradoura do universo depender da vigilância de vocês, e que plantou as fundações do mundo moral no juízo cego do homem! (...) A mente não tolera tiranos. Você pode medir os campos, eles suportam pacientemente suas medições; mas trace um limite em torno de uma inundação, divida o ar em compartimentos e distritos, contenha o fogo — como pode você, com seus rudes instrumentos, calar as ideias ou aprisionar os raios do pensamento? Tudo o que você ganhará é que, pela indignação com que os homens serão tomados com a visão de sua violência, a centelha que emana calma e inofensiva será transformada num trovão, e aquilo que aconteceria como brando incandescer elétrico tornar-se-á tempestade destruidora."[46]

Num discurso ao rei Lewis da Baváría, por ocasião de sua ascensão, que ele coloca na boca do maior dos príncipes de sua linhagem, Görres o exorta a proteger a liberdade de pensamento contra a interferência do clero: "O orgulho tem sempre sido o rochedo em que o sacerdócio vem soçobrando. Como eles estão sempre ocupados com coisas sublimes (...) e são instituídos pelo próprio

---

[45] *Ibid.*, p. 581.
[46] *Politische Schriften*, v, 166, 135. "Resista ao avanço do aprendizado e observe, o gênio ataca com sua equipe, as águas se separam, as ondas se levantam como paredes de cada lado; continue com suas hostes, com seus guerreiros, carruagens e cavalos, e as águas se fecharão sobre você, e o faraó afogar-se-á com todo o seu exército. (...) Em vez disso, vá e cultive a terra com o suor de sua testa e aprenda a adaptar-se aos tempos cambiantes. Aprenda que, para governar, sabedoria, compreensão, capacidade e virtude são agora necessárias, e reconcilie-se com a geração vindoura."

Deus, pode facilmente acontecer que confundam o espírito Dele com o seu próprio, identificando-se com a santidade de sua vocação, e, em vez de obedecerem ao comando para governar apenas pela humilhação própria, e subordinar o orgulho à humildade, eles se glorifiquem na função e estendam suas atribuições por esferas nas quais, por natureza, essas atribuições deveriam estar excluídas."[47] A autonomia peculiar da ciência é acuradamente definida por Möhler. A ciência, diz ele, repousando sobre uma lei de necessidade interna que é idêntica à verdade, só pode chegar ao conhecimento consciente por meio da liberdade. Amarras externas produzem resultados miseráveis, superficiais e sofísticos na literatura. Aquele que penetrou, por meio da pesquisa original, no mais recôndito santuário da ciência, sabe quão solene é a recepção que ela proporciona aos que a seguem — que abnegação, que sacrifício da própria vontade e que renúncia aos interesses pessoais ela demanda — e como cobra que tais seguidores se dediquem às suas leis.[48]

---

[47] *Maximilian der Erste an den König Ludwig von Baiern, Politische Schriften*, v, 256, 241. "Enquanto a fé, que é internamente livre e inevitavelmente tende à liberdade, externamente está vinculada dentro da Igreja (...) o conhecimento, ao contrário, uma vez que age através da convicção, e compele as mentes por força interna, tem de ser externamente livre, e o intercâmbio de ideias em sua esfera especial não pode ser aprisionado ou controlado por restrição não natural. (...) Seja você, portanto, um príncipe cristão, de imediato um pilar da fé e protetor da liberdade do intelecto; e deixe que seu exemplo silencie os fanáticos dos dois tipos que acham as duas coisas incompatíveis. (...) Tão profundamente quanto o pensamento possa penetrar na natureza das coisas, tão alto quanto ele possa respirar nos cumes do mundo intelectual, deixe que seu curso em todos os lugares seja mantido livre por você, e não se alarme se, no ardor do progresso, ele se desviar de caminhos estabelecidos."

[48] *Gesammelte Schriften*, i, 280. "A união da razão e fé não pode ser produzida por coalizão externa; porque nada é mais contrário à razão que a introdução de uma autoridade externa em sua esfera, que é o caso se a fé é suposta como postulado; a saber, quando

Os extratos citados têm de ser suficientes para solucionar a dúvida de se a Igreja deseja o estabelecimento da liberdade como a fase mais elevada da sociedade civil, independentemente de seus próprios interesses nela, e sobre a questão de sua atitude em relação à promoção do aprendizado. Mas é necessário anotar brevemente uma opinião de alguns, que ou ignoram o sistema católico ou são hostis a ele, a respeito da existência de uma autoridade arbitrária na Igreja que pode negar aquilo em que se acreditou até aqui e impor subitamente aos fiéis, contra a sua vontade, doutrinas que, se bem que não autorizadas no passado, podem estar em contradição com as conclusões existentes e recebidas da ciência eclesiástica, ou mesmo profana. Os religiosos ultramontanos, levando em conta tal impressão, estabeleceram com cuidado especial a natureza limitada da autoridade papal. Möhler afirma que ela já foi maior do que a resultante do progresso geral da civilização e do conhecimento, resultado esse que tornou insuportáveis as rédeas curtas. Tempos incultos, diz ele, exigem forte concentração de poder para que possam ser reformados; e a violência das forças internas provocou um forte controle externo. Dessa forma, uma ditadura foi concedida ao Papa. Porém, tão logo concretizado o trabalho para o qual ela foi criada, o poder absoluto foi de novo restringido pela influência de homens como São Bernardo. A prova da eficiência com a qual os papas usaram seus poderes foi que os homens logo se cansaram deles. Na mesma proporção que as culturas moral e intelectual cresceram sob

---

a especulação, incapaz de prosseguir adiante no seu curso unilateral, desesperando-se ante o poder da razão, lança-se violentamente nos braços da fé" (Molitor, *Über die Tradition*, ii, 215).

eles, a forma temporária de supremacia romana necessariamente tornou-se intolerável.[49]

Como canonicamente agora existente, essa autoridade é descrita por Döllinger em diversos lugares. "Os senhores devem me permitir," disse ele no Parlamento de Frankfurt, "que deixe de lado, de uma vez por todas, como totalmente sem fundamento, a afirmativa de que o Papa é governante absoluto na Igreja Católica. (...) Nenhuma autoridade é mais obstruída que a dele por diversas limitações estabelecidas e por uma legislação tão minuciosa que o Papa não pode deixar de observar, e que o amarram como a qualquer outro católico. Se os senhores imaginam que existe espaço na Igreja Católica para um poder puramente arbitrário do Papa ou do bispo, estão redondamente enganados."[50] "Não existe sociedade no mundo cuja constituição seja mais cuidadosamente organizada, ou mais exatamente regulada, que a Igreja Católica. Nessa Igreja, está estipulado que os meios de opressão, o abuso tirânico do poder estabelecido, devem ocupar o menor espaço possível entre os homens. Como uma grande rede abarcante, nossa lei eclesiástica se estende sobre toda a Igreja; e ninguém é capaz de rompê-la sem abandonar sua comunhão. (...) A obediência cega não é cobrada do cristão nem concedida a ele; e o cristão deve rejeitá-la tão logo identifique, ou acredite que identificou, alguma coisa de pecaminosa nela. Ao mesmo tempo, ele sabe que nada pode lhe ser proposto que não se fundamente nas imutáveis ordem e leis da Igreja."[51]

---

[49] *Gesammelte Schriften*, ii. 27.
[50] *Debates*, p. 1674.
[51] *Die Freiheit der Kirche*, pp. 18, 19.

É suficiente apelar-se para os exemplos de Möhler,[52] Döllinger[53] e outros autores principais dessa escola como provas de sua opinião sobre a propriedade de se escamotear a verdade por medo de escândalo. "Tudo deve ser dito," diz Gügler, "abertamente, claramente e sem reservas para que a fraude e a suspeita, que já cercam todas as relações da vida, não penetrem no templo da ciência. Aqui, não devem ser tolerados hábitos herdados ou acomodações; qualquer coisa que coloque em xeque a genuína exibição de caráter deve ser deixada de lado."[54] Alguns amigos censuraram Görres pela maneira com que falou dos papas na introdução ao *Suso* do cardeal Diepenbrook. Em uma de suas cartas, ele replica: "Eles estão errados em querer que a verdade seja disfarçada; essa é sempre a pior política possível, e agora a maioria de todas. É perigosa porque desonesta e, ademais, bastante improdutiva. Voto em todos os lugares, destemidamente, pela formosura pura da verdade."[55] Foi assim a máxima com que Möhler abriu seu ciclo de palestras sobre

---

[52] *Symbolik*, p. 353; *Neue Untersuchungen*, p. 382.

[53] *Lehrbuch der Kirchengeschichte*, ii, 229, 231, 234.

[54] *Nachgelassene Schriften*, i, 88. "La verité est dans l'Église; elle possède donc les lumières; elle ne cessera jamais de dominer par la religion et la science; (...) on répétera ce vieux mot de Fontenelle, que toutes les vérités ne sont pas bonnes à dire. C'est une erreur. Il faut les proclamer toutes, si l'on ne veut que l'imposture se serve de la verité partielle contre la vérité générale, et de la verité générale contre elle-même" (Eckstein, *Le Catholique*, vii, 326).

[55] *Gesammelte Briefe*, i, 314. As seguintes são as passagens aludidas: "Os papas se tornaram escravos de suas paixões; (...) e aquela mesma política francesa que invocaram na Casa de Anjou, para protegê-los contra a violência dos germânicos, foi o instrumento indicado para lançar vergonha sobre suas cabeças e para forjar os grilhões, para escapar dos quais, suspeitando de Deus e da ordem divina, e seu próprio direito, tal instrumento desempenhou papel sem sentido e os ligou com coisas degradantes. A sede de dinheiro foi logo acompanhada de sede de poder, e o governo interno da Igreja mergulhou, mais e mais, nos princípios do domínio absoluto do chefe espiritual: (...) um escândalo no lado da autoridade espiritual que grassou irreconciliável, sem medida, sem dignidade, sem caridade" (*Einleitung*, pp. xxvii, xxix).

história eclesiástica: "É óbvio que o estudioso da história não pode perverter os fatos; e se supõe que a cristandade proíbe expressamente a falsidade. Do ponto de vista cristão, portanto, a maioria de nós está proibida de ser parcial, de alterar fatos, de omitir uma coisa e silenciar sobre outra, ou de adicionar algo que não foi encontrado."[56]

O católico fica sujeito à correção da Igreja quando entra em contradição com a verdade dela, não quando se coloca no caminho dos interesses dessa Igreja. Pois não existe nada de arbitrário ou extemporâneo na autoridade que ela exerce; as leis de seu governo são de aplicação geral, definidas, pública e distintamente, há muito tempo. Existe um certo número de ideias em que o cristão irrefutavelmente acredita, com uma fé que nenhum homem científico acha possível nas realizações progressivas da ciência indutiva. E ele considera que ideias como as da existência de Deus, da imortalidade da alma e da punição do pecado não podem ser destruídas pelo conhecimento nem impedidas por sua aquisição. Não que ele pense que essas grandes ideias religiosas têm de permanecer em isolamento estéril. Como outros princípios gerais, cada uma delas é capaz de se tornar a base de uma vasta superestrutura de doutrina, derivando dela com necessidade lógica. O trabalho desse desenvolvimento foi realizado pela ação orgânica da Igreja, o qual, no curso de séculos, produziu um sistema consistente de doutrina, de todo livre de elementos acidentais ou arbitrários, resultado inevitável da reação dos princípios da fé com as leis estritas do pensamento e do crescimento histórico. Cada parte desse sistema é igual-

---

[56] *Gesammelte Schriften*, ii, 284.

mente correta, e, embora não igualmente necessário que sejam conhecidas, ainda assim são igualmente incapazes de serem negadas. Nenhuma parte do sistema pode ser destruída pelo progresso do conhecimento, e este último não define mais dogma que o primeiro, não mais que a existência de Deus ou que a imortalidade do ser pensante.

Mas existe uma carapaça externa de opiniões variáveis constantemente se formando em torno desse núcleo interno de dogma irreversível, pelo contato com a ciência ou filosofia humanas, da mesma forma que uma crosta de oxidação envolve o metal quando ele entra em contato com a atmosfera cambiante. A Igreja tem sempre de se pôr em harmonia com as ideias existentes, e falar a cada época e a cada nação nas suas linguagens próprias. Uma espécie de amálgama entre a fé eterna e a opinião temporal fica assim em constante processo de geração, e, por ele, os cristãos explicam para si mesmos as orientações de sua religião, na medida em que seus conhecimentos permitem. Não admira que, moralmente, esse amálgama deva ser valorizado por seu elemento temporário, e não eterno, e que suas ideias venham a ser encaradas como quase tão sagradas quanto os dogmas dos quais são parcialmente construídas. Pois as ideias têm o prestígio da posse a seu favor e acabam por ser misturadas com as instituições sociais e com a especulação filosófica; e elas formam o perímetro defensivo externo no baluarte controverso da cristandade.

Todavia, à medida que as opiniões mudam, os princípios se tornam desenvolvidos e os hábitos se alteram, um elemento do amálgama vai constantemente perdendo sua vitalidade, e o verdadeiro dogma é deixado em união não natural com a opinião explodida.

De tempos em tempos torna-se mister uma extensa revisão, odiosa para os costumes e sentimentos conservadores; uma crise ocorre e uma nova aliança tem de ser formada entre a religião e o conhecimento, entre a Igreja e a sociedade. Cada vitória assim conquistada, embora, em seu aspecto pessoal, uma vitória dos inovadores sobre aqueles que parecem trilhar os velhos caminhos e defender os interesses do imutável, é, na realidade, um triunfo da verdade sobre o erro, da ciência sobre a opinião. É uma mudança a não ser deplorada, mas a ser aceita com júbilo. É um processo que, apesar de experimentar crises, tem de avançar sem esmorecer. Existe sempre alguma massa ou outra no elemento temporário do amálgama que vai se tornando enferrujado e gasto, e tem de ser deixado de lado. E como esse processo de purificação envolve opiniões e sentimentos quase conjuminados com fé, há sempre um perigo aparente que, entretanto, desaparecerá de pronto ante o vigor dos católicos que quebrarão os laços da tradição humana e se associarão com o progresso de seus dias. O perigo existe apenas para os que não conseguem distinguir o essencial do acidental, e que se aferram à religião, não por sua substância, mas por seus apêndices. Tais homens se desorientam de todo caso os modos de explicar os dogmas para si mesmos e de conciliá-los com as opiniões sejam deles apartados. E mesmo os que veem claramente a diferença entre substância e acidente precisam sentir quão importante é ter seu amor e fidelidade à Igreja exibidos naquelas esferas externas em que a atração ocupa o lugar da fé.

    O medo de provocar escândalo e a relutância em questionar demais os limites da autoridade são, por conseguinte, os dois motivos que tornam os católicos bem informados muito circunspectos na destruição de opiniões que se amalgamaram com a fé. Mas esses motivos estão mal situados numa era em que os católicos não podem mais se fechar para o contato com o mundo, nem se encapsular na ignorância. Quando todas as opiniões são, constante e cerradamente, escrutinadas numa literatura sobre a qual nenhuma autoridade ou qualquer consideração por outros têm controle algum, os católicos não podem deixar de tentar resolver os problemas que todo o mundo está discutindo. O ponto é que, enquanto eles os resolvem religiosamente, devem, da mesma forma, resolvê-los cientificamente; que devem entendê-los para satisfazer tanto consciência quanto razão – consciência, por uma solução condizente com o critério infalível da fé, e razão, por uma solução defensável por motivos bastante afastados da religião.

Quando um homem cumpre sua dupla tarefa – quando equaciona o problema da ciência ou da política, com base em princípios puramente científicos e políticos, controla, em seu curso, esse processo com a doutrina da Igreja e descobre que seus resultados coincidem com aquela doutrina, então ele é um ultramontano na autêntica acepção do termo – um católico no sentido mais elevado do catolicismo. O ultramontano é, em consequência, aquele que não ostenta sua religião; que enfrenta adversários em terrenos por eles entendidos e reconhecidos; que não recorre a considerações extrínsecas – benevolência, ou força, ou interesse, ou artifício – para firmar seu ponto de vista; que debate cada tópico nos seus méritos intrínsecos – respondendo ao crítico com crítica ainda mais severa, ao metafísico com raciocínio mais exato, ao historiador com preparo mais profundo, ao político com política mais sólida, e à própria indiferença com imparcialidade mais pura.

Em todos esses assuntos o ultramontano descobre um ponto pré-eminentemente católico, mas também pré-eminentemente intelectual e verdadeiro. Descobre que existe um sistema de metafísica, e de ética, singularmente agradável ao catolicismo, porém totalmente independente dele. Não que seu trabalho seja fácil, ou capaz de ser conduzido a um término. Cada geração tem de levá-lo adiante. Nenhuma pode completá-lo, posto que sempre haverá algum progresso a ser feito, alguma nova descoberta a adotar e assimilar, alguma discórdia a harmonizar, alguma meia-verdade que se transformou em erro a podar. É um processo que não deve acabar até que Deus complete sua obra de educar a raça humana a conhecê-Lo e a amá-Lo.

Mas se trata de uma tarefa que nenhum católico pode considerar impraticável ou desnecessária. Não é empreitada em vão: se buscarmos, encontraremos. A religião pode se tornar inteligível se nos dermos ao trabalho de torná-la assim; suas evidências podem ser achadas, suas leis asseveradas, e a consciência e a razão compelidas a reconhecê-la. E os católicos são as únicas pessoas que podem entrar nessa arena de labor com liberdade perfeita, uma vez que somente eles têm religião perfeitamente definida, claramente distinta de todas as outras esferas do pensamento; portanto, só eles podem penetrar nessas esferas livres de qualquer suspeita ou dúvida e de todos os receios de discórdia entre fé e conhecimento. E se essa distinção foi um dia esquecida pelos católicos, a derrota sobreveio, e tal derrota foi a vitória da verdade. A autoridade pode se colocar em oposição ao seu próprio código; mas o código acaba justificado pela derrota da autoridade. Assim o foi na política, durante o drama das Preces Sicilianas, e na ciência física, durante a oposição a Galileu. Essas experiências ensinaram à autoridade seus próprios condicionantes e aos súditos os limites da obediência; e elas destruíram o último obstáculo concebível à liberdade com a qual os católicos podem se deslocar na esfera da verdade indutiva.

CAPÍTULO XXXIV

*O Papa e o Concílio**

A tentativa para estabelecer a infalibilidade do Papa por decreto de um Concílio Geral é uma fase da controvérsia que as disputas internas da Igreja de Roma tornaram quase inevitável. A oposição católica em suas diversas formas – nacional na Itália, científica na Alemanha, liberal na França – tem sido uniformemente direcionada contra um ou outro dos pleitos papais. Entre os católicos, há muitos que condenam veementemente o despotismo dos papas, sua asseverada superioridade em relação a todas as leis humanas, civis e eclesiásticas, a exclusividade com que se professam únicos intérpretes da lei divina e a sistemática batalha que travam contra a liberdade da consciência, da ciência e da expressão. Esses homens consideram as armas de seus adversários efetivamente fortalecidas pelo papado, e seus próprios esforços confundidos pelas censuras que ele justifica; mas raramente reconhecem que as causas de sua fraqueza estão em Roma.

---

* Ignaz von Döllinger [Janus], *Der Papst und das Concil* (Leipzig: Steinacker, 1869). Este ensaio foi publicado na *North British Review* 51 (outubro de 1869): 127-135. Ryan, p. 247. O artigo foi classificado como *comunicado*, significando que não expressava o ponto de vista da *North British Review*. Döllinger foi o autor de *Der Papst und das Concil*, auxiliado por Johann Friedrich e Johann Huber. A despeito dos comentários do final deste ensaio, Acton sabia, quando o escreveu, que Döllinger era Janus. Vide carta de Acton de 10 de outubro de 1869 em Döllinger I, pp. 572-573.

Mais cedo ou mais tarde, eles quase sempre renunciam às suas convicções ou silenciam sobre elas. Em vez de contradizerem definitivamente as afirmações do Papa, ou de publicarem censuras a seus atos, devotam-se a forçar ou a encobrir seu significado. Recuam diante de um antagonismo direto e recusam separar a causa do Papa das suas próprias. Temem a colisão, e sua submissão inoportuna encoraja a empreitada dos que desejam promover a autoridade papal. Dos homens que sucumbem para evitar o Índex não se pode esperar que rejeitem o que está proposto como um artigo de fé. Se eles não resistem a uma congregação romana que age em nome do Papa, provavelmente não enfrentarão um Concílio que reivindique representar a Igreja. Pensa-se em Roma que, ao se proclamar o Papa infalível, a ação independente do campo liberal estará cerceada, e os problemas das discussões internas, evitados no futuro.

Essa infalibilidade já é recebida como doutrina por considerável fração dos católicos. Na Comissão pela qual a questão foi submetida a Roma, em preparação para o Concílio, só houve um voto discordante. Entre os jesuítas, ela prevalece há muito tempo; e como os jesuítas estão agora no poder e são reconhecidos como expoentes dos próprios sentimentos do Papa, o momento é propício para o triunfo de sua doutrina. Pois as idéias da Encíclica e do *Syllabus* de 1864, com as quais Pio IX desejou remodelar a sociedade, não despertaram assentimento generalizado. As mentes da Europa se movimentam em outras órbitas; e nações atrás de nações vêm se livrando dos grilhões da lei canônica. Espera-se que as palavras do Papa sejam ouvidas com maior deferência do que com a imposição de penalidades mais severas. Obediência e excomunhão seriam alternativas formidáveis para os católicos. O cálculo é que talvez seja ainda possível recuperar pela autoridade o que não foi preservado pela razão, e restaurar, de um só golpe, uma influência que está esmaecendo e um espírito que feneceu.

Não há dúvida de que muitos dos bispos não gostariam que o dogma da infalibilidade fosse submetido ao Concílio. Anuncia-se para breve a publicação de um livro de prelado francês que prova que a autoridade e o exemplo de Bossuet não foram esquecidos entre seus concidadãos. Os bispos alemães, há poucos dias reunidos em Fulda, concordaram que seria melhor para a Igreja se a questão não fosse levantada. O mais eminente entre eles declarou que o efeito do decreto proposto seria fazer toda a Alemanha protestante. Outros não estão menos fortemente impressionados com o dano que seria causado para as perspectivas de sua Igreja na Grã-Bretanha. Todos combinaram então emitir uma letra pastoral na qual repudiam com indignação os projetos a eles imputados; mas declaram no mesmo documento que não há diferenças sérias de opinião perturbando a unanimidade do episcopado católico. Homens capazes de dizer essas coisas na Alemanha necessariamente têm a capacidade de fazer coisas estranhas em Roma.

Não será fácil para a oposição barrar o decreto. De várias formas, os bispos já estão em grande parte comprometidos. Desde a revivificação dos Sínodos Provinciais, seus atos têm sido enviados a Roma para aprovação; e muitos deles asseveraram sua crença na infalibilidade papal. Em 1854, o episcopado permitiu que o Papa proclamasse um novo dogma para a Igreja. Em 1862, eles se pronunciaram quase unanimemente em favor do poder temporal. Em 1867, garantiram ao Papa que estavam dispostos a acreditar em tudo o que ele ensinasse. Naquela ocasião, a intenção de convocar um Concílio Geral e o objetivo das convocações não eram secretos; e os bispos sabiam que suas recomendações não seriam recebidas se expressassem sua obediência em termos menos explícitos. Será deles agora requerido que reparem seus pleitos. O oponente mais otimista dificilmente espera, caso o Concílio se reúna, que o dogma não seja proposto, ou que seja rejeitado em princípio ou por qualquer outro motivo mais elevado que o da conveniência presente. Sua rejeição, assim qualificada, poderia facilmente ser representada como aceitação implícita do princípio, deixando a questão do tempo ao julgamento do Papa. Provavelmente parece que a questão da conveniência será a única a ser imparcialmente submetida à afirmação ou negação do Concílio. Os dirigentes consideram que a doutrina em si está virtualmente decidida e que só os que nela acreditam são católicos autênticos. Seu objetivo será alcançado se o episcopado reunido confirmar sua opinião por aquiescência tácita, enquanto determina se um decreto formal é oportuno.

Nenhuma acusação é tão veementemente repelida pelos católicos inteligentes quanto a que afirma que sua fé está sujeita a mudanças ao bel-prazer das autoridades de sua Igreja, e que eles podem ser convocados amanhã a acreditar no que hoje negam. Sua posição a esse respeito está ficando crítica. É manifestamente possível que um Concílio, no qual seu episcopado estará mais completamente reunido do que em qualquer outro Concílio anterior, venha a proclamar que o catolicismo pode se firmar ou cair com a infalibilidade do Papa. Eles hoje repudiam essa doutrina: acreditarão nela se o Concílio assim decidir? Da resposta a essa pergunta, mais que das deliberações dos bispos em Roma, depende o futuro de sua causa.

Lord Acton

Uma resposta a ela já foi dada em detalhes, e com tal força e clareza que não pode ser esquecida ou anulada. Um livro apareceu em Leipzig, sobre a competência do Concílio e a infalibilidade do Papa, que completará aquela revolução na divindade católica e nas condições da controvérsia religiosa que começou com o tratamento de Möhler ao pleito de indefectibilidade e com a teoria de Newman do desenvolvimento da doutrina. A argumentação do livro, sustentada por portentosa cadeia de evidências, é em resumo a seguinte: Os Patriarcas da Cristandade não apenas ensinam que o Papa é falível como também negam a ele o direito de decidir sobre questões dogmáticas sem um Concílio. Nos primeiros quatro séculos, não há vestígio de um decreto dogmático procedente do Papa. Grandes controvérsias foram debatidas e resolvidas sem a participação dos papas; suas opiniões foram alternadamente acatadas e rejeitadas pela Igreja; e nenhum ponto doutrinário foi, no final, decidido por eles nos primeiros dez séculos da cristandade. Eles não convocaram Concílios Gerais; apenas em duas ocasiões os presidiram; não confirmaram seus atos. Entre todos os antigos hereges não há um só que tenha sido acusado por se afastar da fé de Roma. Grandes erros doutrinários foram em determinadas ocasiões aceitos, e às vezes originados, por papas; e quando um Papa foi condenado por heresia por um Concílio Geral, a sentença foi admitida sem protesto por seus sucessores. Diversas Igrejas de ortodoxia incontestada não mantiveram relação com a Sé de Roma. Aquelas passagens das Escrituras que são empregadas para provar sua infalibilidade não são assim interpretadas pelos Patriarcas. Todos eles, dezoito no total, explicam a prece de Cristo por Pedro sem referência ao Papa. Nenhum deles acredita que o papado é o rochedo sobre o qual Ele construiu Sua Igreja. Cada padre católico presta o juramento de jamais interpretar as Escrituras em contradição com os Patriarcas; e se, desafiando o testemunho unânime da antiguidade, ele faz das passagens sagradas autoridades para a infalibilidade papal, estará quebrando seu juramento.

Até esse ponto, o livro apenas reafirma, mais definitivamente e com conhecimento mais profundo, fatos já conhecidos. O grande problema é explicar o que aconteceu para que a antiga constituição da Igreja fosse varrida e substituída por outro sistema, em princípio, em espírito e em ação contrário a ela, e explicar também com que gradações surgiu o presente pleito. A história dessa transformação é o grande feito do livro. Cada passo do processo, prolongado através dos séculos, é apurado e registrado; e nada é deixado obscuro onde a maior parte ainda era desconhecida. A passagem do catolicismo dos Patriarcas para o dos papas modernos foi executada com falsidade deliberada; e toda a estrutura de tradições, leis e doutrinas que dão apoio à teoria da infalibilidade e ao despotismo prático dos papas se situa sobre uma base de fraude.

A grande mudança começou em meados do século IX com uma contrafação de raízes tão profundas que suas conseqüências sobrevivem, se bem que ela tenha sido descoberta e exposta por três séculos. Cerca de uma centena de bulas de antigos pontífices, com atos dos Concílios e passagens dos Patriarcas, foi compilada e publicada na França. O objetivo do autor era libertar os bispos da autoridade dos metropolitanos e do governo civil pela exaltação do poder do Papa em quem o autor representava toda a autoridade eclesiástica como concentrada. Ele colocou o critério final da ortodoxia na palavra do Papa e ensinou que Roma seria sempre a verdade para a fé, e que os atos dos Concílios eram inoperantes e inválidos sem a confirmação papal. O resultado não foi o que o autor tencionava. Em Roma, o terreno fora preparado havia muito tempo pelas interpolações de São Cipriano e pelas biografias fictícias de papas antigos que adotaram o nome Anastácio; e as vantagens supridas pelo prelado franco foram avidamente apreendidas. Nicolau I declarou que os originais desses textos estavam preservados nos arquivos papais; e os bispos se viram reduzidos à posição de dependentes e delegados do Papa. Quando Gregório VII se dispôs a impor seu novo sistema de governo à Igreja, ele, bem como os hábeis e inescrupulosos homens que o ajudaram, fizeram todo o uso possível do pseudo-Isidore (bulas falsas) e adicionaram as ficções e interpolações necessárias aos novos pleitos. Essas falsificações acumuladas, com mais algumas de sua autoria, foram inseridas por Grazian na compilação que se transformou em livro didático de lei canônica. A exposição dos instrumentos pelos quais o sistema gregoriano obteve aceitação, e um código espúrio que suplantou a autêntica lei da Igreja constitui o aspecto mais novo e mais brilhante do livro.

Os Concílios se tornaram instrumentos passivos nas mãos do Papa e, silenciosamente, registraram seus decretos no Concílio Geral de Viena. Clemente V declarou que convocou apenas alguns prelados selecionados e os informou de que quem ousasse falar sem a autorização do Papa incorreria na excomunhão. O absolutismo papal foi praticamente estabelecido quando forçado sobre os eclesiásticos por artes semelhantes. Uma série de passagens inventadas dos Patriarcas Gregos veio à luz, pela qual ficou aparente que o Papa era reconhecido como infalível pela Igreja Oriental no século

IV. Urbano IV deu conhecimento delas a Santo Tomás de Aquino, o qual erigiu a doutrina, como depois floresceu, sobre as evidências assim supridas. Ele foi iludido pela invenção de uma tradição falsa; e o seu nome famoso concorreu para o alastramento e o estabelecimento da ilusão. Com o passar do tempo, os homens se conscientizaram de que a decadência da religião e os abusos e malefícios lamentáveis na Igreja eram causados por tais usurpações de Roma. Em Constança, foi proclamado que as supremas autoridades legislativa e judiciária, e o último recurso nas questões de fé, pertenciam ao Concílio; e, dessa forma, a crença e a disciplina da Igreja foram restauradas ao que eram antes de as falsificações começarem. Os decretos foram aceitos pelo Papa e pelos Concílios que se sucederam; mas foi uma reforma transitória. No conflito com o protestantismo, a noção de poder ilimitado e a de ortodoxia infalível foram levadas ao clímax em Roma. O cardeal Cajetan chamou a Igreja de escrava do Papa. Inocêncio IV declarou que todo padre tinha que obedecê-lo, mesmo nas coisas injustas; e Belarmino chegou a declarar que, se o Papa prescrevesse o vício e proibisse a virtude, a Igreja teria que acreditar nele. "Si autem papa erraret præcipiendo vitia, vel prohibendo virtutes, teneretur Ecclesia credere vitia esse bona et virtutes mala, nisi vellet contra conscientiam peccare." Gregório VII reivindicou que havia herdado tanto a santidade quanto a fé de Pedro; e Inocêncio X professou que Deus havia tornado as Escrituras claras para ele, e que se sentia inspirado a partir de cima. O livro aludido traça o progresso da teoria e sua influência sobre a religião e a sociedade até o século XVI e mostra com detalhes cuidadosos quando ela contribui para o cisma no Leste, para as divisões na cristandade ocidental, para a corrupção da moralidade, o agravamento da tirania e a perseguição fanática a bruxas e heresias, e como a única esperança de união para os cristãos repousa na reforma desses defeitos que foram introduzidos pela fraude e pela malícia durante muitas eras de crendice e ignorância. Se alguma coisa pode arruinar o sistema que exalta tanto os pleitos e privilégios do Papa, essa coisa é a exposição dos métodos e dos motivos que lhe deram sustentação.

O autor, evidentemente, está preparado para o pior. Ele acha concebível que tanto o Concílio quanto o Papa possam errar e proclamar como dogma o que é falso. As usurpações do papado deixaram tão pequena independência para o episcopado que o testemunho dos bispos não é segurança para sua Igreja. Suas fés de ofício os amarram para a preservação dos direitos, honras, privilégios e autoridade do Papa; eles não têm mais competência para restringir tais privilégios e autoridade, ou para resistir às propostas que os fazem crescer. "Desde o tempo de Gregório VII, o poder papal pesa bem mais sobre os Concílios do que a influência imperial de outrora. Quando a perspectiva de um Concílio Geral foi debatida no século XVI, metade da Europa demandou, corretamente, duas condições — que ele não fosse realizado em Roma, ou mesmo na Itália, e que os bispos fossem dispensados de seu juramento de obediência. O novo Concílio terá lugar não só na Itália, mas na própria Roma. Só isso já é decisivo. Prova que, qualquer que seja o curso que o Concílio tome, existe uma qualidade que não poderá ser emprestada a ele, a qualidade da liberdade" (p. 448).

Essa é a resposta de homens versados em todo o conhecimento de sua Igreja à questão premente que com tanta freqüência tem sido feita; e não é provável que o Concílio produza qualquer coisa mais significativa que uma declaração de opinião. O catolicismo jamais assumiu posição mais forte. Tanto entre os protestantes quanto entre os gregos existem homens a cujos olhos as últimas formas de dominação papal são a única falta imperdoável de Roma. O que tem sempre sido objetado na teologia galicana é que ela deu aos bispos o que tomou do Papa, e atribuiu infalibilidade às autoridades eclesiásticas supremas. Mas aqui é afirmado que o grave erro dogmático, imposto pela autoridade e aceito sem resistência, poderá toldar por muito tempo a Igreja; que o pontificado tem ensinado falsas doutrinas e tem feito de sua adoção o teste da ortodoxia; que ele excomungou homens que estavam certos, ao passo que Roma estava errada; que ele tem sido mais potente e ativo na sedução de consciências e na condução de almas que se encontravam à deriva; que ele obliterou a idéia divina da doutrina patrística do primado. Entendido dessa maneira e depurado daqueles defeitos que derivaram do poder arbitrário usurpado por Roma, o catolicismo recuperará uma ampla porção de sua influência. Perderá pelo menos outro tanto se essas superstições detectadas forem solenemente asseveradas. O projeto vem sendo preparado por tanto tempo, com tal esmero e tão publicamente proclamado, que a tentativa de retirá-lo acabará em ruína. A doença crônica virou aguda; e uma crise séria está próxima. A procrastinação não poderá evitá-la; e ninguém é capaz de dizer se as idéias contidas no livro que está diante de nós são partilhadas por número suficiente de pessoas para que prevaleça. No prefácio é dito que elas foram sustentadas pelos homens mais eminentes da Alemanha católica da última geração; e isso é verdade no que tange ao seu espírito geral, à sua noção de Igreja, às suas aspirações práticas e ao seu tom moral. Nesse sentido, o trabalho é o manifesto de uma grande facção e expressa opiniões vastamente difundidas. Mas a prova, o raciocínio e a base material são, em grande parte, novos. Muitas das investigações jamais foram antes procedidas; e os resultados não eram todos tão claros e tão certos como agora o são. Eles são estabelecidos por muitos fatos que ninguém conhecia e que não era reprovável não saber; de modo que a obra retém um caráter de conciliação em relação àqueles cujas opiniões refuta diretamente. Ela é um avanço tão grande no conhecimento que proporciona a eles algumas desculpas por seus erros e um refúgio para a imputação de má-fé.

O próprio autor foi induzido ao erro por essa circunstância. Ela fez com que subestimasse a gravidade das acusações com as quais seus adversários estão envolvidos. Depois de expor as maquinações fraudulentas pelas quais a teoria absolutista foi estabelecida, ele prossegue para supor a sinceridade de seus advogados. Constantemente, fala dos jesuítas, sem nenhuma qualificação, como defensores da opinião em questão. Parece estar totalmente inconsciente de que fixa em toda a Ordem o estigma da perfídia. É inútil simular que, depois que o progresso do conhecimento tornou conhecida a origem espúria dos documentos que são a base da moderna teoria romana, a teoria em si passasse a contar com a crença de homens preparados. O poder dos papas modernos é retido pelos mesmos artifícios segundo os quais foi obtido. Um homem que aceita todas as decisões papais em questões de moralidade não é honesto, porque elas têm sido distintamente imorais; ou que endossa a atitude dos papas de monopolizar o poder, porque ela está enodoada pela traição e pela falsidade; ou que se mostra disposto a alterar suas convicções a comando delas, porque sua consciência não é guiada por princípio algum. Tais homens, na verdade, não acreditam que meios justos possam salvar a Igreja de Roma. Inicialmente, em tempos bastante extremados, eles se voltaram para a perseguição, pelos mesmos propósitos e com os mesmos motivos com que ainda praticam o logro e o justificam com o nome de religião. Os jesuítas continuam sendo identificados com essas opiniões porque eles dirigem a revista que, primordialmente, as promove. Mas a *Civiltà Cattolica* é o órgão do Vaticano, não da Sociedade; e não é pequeno o número de jesuítas que deploram sua tendência, e são incapazes de imitar sua desmoralização intelectual. Numa passagem citada em *O Papa e o Concílio*, um jesuíta de Paris escreveu: "Deus não dá Sua bênção para a fraude; as falsas bulas não produziram coisa alguma diferente de prejuízo." E não é justo dizer-se que os termos da extrema adulação aplicados aos papas chegaram com os jesuítas. No século XV, escreve um arcebispo para Alexandre VI: "Te alterum in terris Deum semper Habebimus" (*Petri de Warda Epistolae*, 1776, p. 331). É igualmente errado jogar-se a culpa por essas coisas nos recentes convertidos a Roma. Neste país, pelo menos a maioria dos hábeis oponentes a tais opiniões entre os católicos é de homens de Oxford.

Uma falha mais séria no presente trabalho é que, tendo dado tanta coisa, não tenha dado mais. Ele é tão rico em pensamento e em conteúdo que cria um desejo de se ver mais amplamente tratadas muitas questões que foram apenas levemente arranhadas. O autor nos diz que espera por uma grande reforma na Igreja Católica; mas não descreve a reforma que deseja. Espera ver remediados os males que resultam do absolutismo e centralização católicos;

mas isso não constitui uma idéia distinta da Igreja do futuro. Seria interessante saber-se até que ponto o espírito reformador penetrou entre os católicos iluminados, e quão elevado consideram seu ideal. Existe uma grande fieira de problemas que encontrariam suas soluções, e de abusos que receberiam seu golpe mortal, pela aplicação consistente dos princípios estabelecidos nesse livro. Muitos deles surgiram nos tempos recentes e emergiram do sistema estabelecido em Trento. Nesse último terreno o autor se mostra relutante em pisar. A inteireza de seu conhecimento e a firmeza com que o detém lhe servem de base até o século XVI; mas ele raramente lança o olhar para os tempos que se seguem. O Concílio de Trento ocupa apenas duas ou três páginas. Ainda assim, nenhum exemplo seria mais útil para reforçar a lição que o autor ensina ou mais profícuo às vésperas de outro Concílio Geral. Todo o sistema de operações preparado para essa ocasião é tomado emprestado dos métodos que foram tão eficazes há três séculos. E existe um fenômeno que seguramente será repetido. A maior dificuldade dos Legados de Trento não foi resistir às pressões dos prelados reformadores, mas controlar a diligência de seus próprios seguidores servis. Eles se queixaram de que, enquanto a oposição era instruída, prudente e unida, os bispos que sustentaram a política de Roma a comprometeram por sua obstinação e pela diversidade de suas opiniões, à medida que procuravam ultrapassar uns aos outros em suas ansiedade para agradar o Papa. "Questi ci travagliano non meno che li primi, trovando come facciamo il più delle volte fra loro ostinatione nelle opinioni loro, e diversità, e varietà grande, di modo che quanto è fra li primi di concordia e unione, tante è discordia e disunione negli secondi, per volersi ciascuno di loro mostrare più affettione l'uno dell'altro alla Sede Apostolica, e al particolare serviggio di N. S. e della Corte; il che quanto noia ci apposti, e quanto disturbo, lassaremo che V. S. Illma, le consideri per se istessa" (Legates para Borromeo, 15 de janeiro de 1563).

Existe uma questão de interesse imediato para o qual não foi dada resposta. Se o Concílio tivesse que proclamar o dogma da infalibilidade papal, em que sentido aqueles que o aceitam e aqueles que o rejeitam constituem uma e a mesma Igreja? Que vínculo de unidade e teste de ortodoxia restarão para eles? Que autoridade doutrinária possuiria a Igreja quando o Papa fracassasse na infalibilidade? Que poderes de cura existem para tal ferida, e por qual processo de reação poderia a saúde ser restabelecida? O autor evita essas perguntas. Ele não pesquisa além do assunto imediato; e é provável que, na realidade, sinta-se certo da vitória.

Por razões declaradas no prefácio, a autoria do livro é mantida em segredo. A seleção de pessoas capazes de escrevê-lo não pode ser muito grande; e, de fato, o prefácio nos diz ainda mais que ele não é obra de um só autor. Descartamos essa notificação porque aquelas partes do livro que despertaram nossa atenção sinalizam uma só mão – a mão de uma pessoa extraordinariamente bem versada em divindade escolástica e em lei canônica, mas aparentemente não muito familiarizada com a história e a literatura modernas da Igreja. Existem indicações distintas da escola a que ele pertence. É evidente que se trata de um amigo do falecido Möhler. Ele censura pelo nome diversos escritores católicos que imaginaram que as bulas falsas não alteraram a constituição da Igreja; e, dos escritores recentes, aquele cujo erro sobre esse ponto é mais flagrante e notório é Möhler: ainda assim, seu nome é omitido.

LORD ACTON

Möhler comparou a preservação da fé na Igreja à preservação da língua em uma nação. Essa explicação chega muito perto da idéia de indefectibilidade, como o autor parece perceber. Möhler, por outro lado, jamais adotou a teoria do Desenvolvimento, que, desde então, foi naturalizada na Alemanha por Döllinger, numa obra que o autor cita. Mas a teoria é totalmente ignorada ao longo do livro em tela. E isso, no julgamento de muitos que, de coração, simpatizam com o espírito e o propósito principais do livro, parecerá o único ponto em que ele fracassou em sustentar sua posição na primeira fileira da ciência.

Índice onomástico

A

Aberdeen, lord (George Hamilton-Gordon), 236
Abrantes, duque de, 239
Acton, lord (John Emerich Edward Dalberg), 11, 12, 14-18, 21,25, 26, 27n, 63n, 179n, 617n, 675n, 687, 690, 695
Acton-Simpson I, 203n
Acton-Simpson II, 253n, 453n, 495n
Acton-Simpson III, 555n, 753, 785n
Adams, John Quincy, 29, 128, 274, 284, 286, 290, 298, 314, 333, 860
Addison, 91
Adriano VI, cardeal, 619, 640, 661-664, 676
Agamenon, 352
Agier, 647
Agostinho, Santo, 30, 67, 355, 463
Alamanni, 565
Alberi, 565n, 566n, 586n
Albert, Charles, 415, 422
Albert, príncipe, 236, 237
Alberti, conde, 503n
Alberto, o Urso, 491
Aldobrandini, Hipolito, 570
Alessandria, cardeal de, 604
Alexander, 752
Alexandre VI, 618-626, 628, 630, 638, 659, 660, 665, 670, 682, 796, 812, 866
Alexandre VII, 168, 814
Alexandre, o Grande, 312, 350
Alexandria, Fílon de, 58
Alfonso II, 564n
Alfonso, 564, 705
Ali, Mehemet, 235
Allen, 167
Altemps, 653
Alva, duque de, 564, 564n, 583n, 584, 584n, 606, 606n
Alviano, 627
Ambert, 563n
Ambrósio, Santo, 89
Anak, 351
Anastácio, 791, 861
Anaxágoras, 104

Anderson, 267
Andral, M., 729
André (major), 350
Andreae, 610
Andrewes, 151, 681
Anjou, 560, 566, 578n, 584, 610
Anne, princesa, 186
Anthon, 350
Antônio, 54
Antônio, Santo, 350
Apuleio, 355
Aquino, Tomás de (santo), 71, 72, 115
Aragão, Fernando de, 621, 624, 628, 636
Arcimboldus, 633
Aristides, 109
Aristófanes, 140
Aristóteles, 48, 53, 58, 110, 113, 114, 123, 228, 345, 435, 692
Arles, arcebispo de, 743
Arlington, 168, 171
Arnold, Frederick, 223, 223n, 224, 225, 241, 339
Arnold, Thomas, 213n, 215, 217-221, 224
Artevelde, 73
Artois, conde de, 743, 751
Arundel, 172, 174, 185
Asoka, 58
Atanásio (santo), 89
Atenágoras, 112
Átila, 352
Audin, 538n, 812, 813, 838
Auger, Emond, 587

Augusto, 54, 60, 105n, 121
Ausônio, 355
Autun, bispo de, 743
Ayamonte, 583
Aymon, 645
Ayrton, 240

B

Baader, 832, 835, 836
Babeuf, Gracchus, 361
Bach, 373
Bacon, Nicholas (lord), 71, 79, 151, 154, 179, 208, 261, 266, 276, 437, 711
Bacon, Roger, 81, 84
Baines, Edward (Bayne), 239
Balbo, 395, 399, 400, 401, 404, 409, 410
Balmez, 772, 818
Balzani, 860
Barberini, cardeal, 613, 613n
Barclay, 250
Bardi, 585n
Barère, 134
Barillon, 184
Barnes, 507n
Barrot, 139
Barrow, Isaac, 184, 690
Bartolomeu, São, 80
Bartolomeu, São, 80, 586, 561, 573
Baschet, 646
Baum, 523n, 536n, 539n
Bauntain, 839
Bavária, Guilherme de, 537n
Baxter, 90, 167, 250, 690
Bayle, 492, 540

Bayne, 239
Beaconsfield, (conde, lord), *ver* Disraeli
Beaulieu, Leroy, 251
Beauregard, 469
Beauvais, 468
Beauville, 594
Belarmino, 80, 613, 862
Bellasis, 172, 185
Belling, 172
Benedetti, 246, 247
Benedito XIV, 467, 614, 647
Bennett, 334
Bensen, 510n
Bentham, Jeremy, 30, 451, 735
Bentick, George, 238
Béranger, 232
Berdloe, 171
Bernardo, São, 81, 845
Bernhardi, 248
Bernhardy, 215
Berry, 173
Berwick, 183, 191
Bessa, 533n
Beza, Theodore, 536, 537, 539, 540, 561n, 607n, 611, 612
Biner (jesuíta), 615
Birago, 652
Bismarck, Otto von, 14, 154, 244, 245, 250
Bisset, 197-200, 202, 203
Bisset, mr., 197-200, 202
Blaarer, 539n
Blake, 199, 200
Blanc, Louis, 139
Bodin, Jean, 125

Bolena, Ana, 152
Bompiani, 613
Bonald, Louis de, 17, 488, 772
Bonaparte, Napoleão, 143, 243, 245, 312, 370, 371, 373, 374
Boncompagni, 399
Bonelli, Michele, 572
Bonnet, 554
Bonnetty, M., 801
Bonnetty, M., 801
Borghese, 571
Borghini, 597n
Bórgia, César, 625-628, 631, 632, 635-640, 659
Bórgia, Francesco, 570
Borgia, Lucrecia (duquesa de Ferrara), 532n, 533n, 621n
Borromeu, São Carlos, 564, 685, 686
Boscoli, 659
Bossuet, 84, 182, 207, 387n, 589n, 614, 686, 690, 744, 857
Botero, 580
Boucher, 81
Bouges, 609
Bouillon, 574n
Bourbon, cardeal de, 568
Bourbon, Etienne de, 706
Bowen, George, 262
Bozius, 493
Bradlaugh, 232
Bramhall, 183
Brantôme, 559
Brent, Nathaniel, 647
Brenz, 521n
Brescia, Arnaldus de, 706

Bretagne, 614n
Bretano, 860
Briçonnet 623, 623n, 624
Bright, James Franck, 229-231, 233, 235, 237-241, 244, 247, 452, 452n
Bright, John, 19, 691, 694
Bristol, 277
Brofferio, Angelo, 397, 411
Broglie (príncipe/duque de) 473, 730, 731, 746, 815, 816, 824
Brooke, lord, 156
Brougham, 225
Browne, Robert, 155
Browning, Robert, 14
Brownson, dr., 824
Bruce, Robert, 70
Brück, 813
Brulart, 578n, 579n, 610n
Brutus, Junius, 126
Bucer, 508n, 523, 524
Buchanan, 80, 81, 126, 150, 242
Buckle, mr., 452, 698, 822
Buffon, George, 791
Bull, 184
Bullinger, 524n, 526, 527, 539, 562n, 611
Bulwer, Henry, 236, 240
Bunsen, barão, 302, 822
Burchard, 661, 662, 813
Burckhardt, 618, 656, 657, 865
Burgoyne, 280
Burke, Edmund, 17, 18, 53, 81, 90, 94, 104, 177, 193, 203-211, 219, 220, 226, 228, 241, 264, 267n, 273, 286, 289, 291, 292, 297, 364, 386, 386n, 443, 444, 452n, 456, 487, 795
Burke, Peter, 204
Burnet, 175, 208
Bussierre, 523n
Bute, 210
Butler, Samuel, 13, 339, 345
Buzot, 132
Byron, 216-218, 701
Bzovius, 701

C

Cairns, Hugh, 240
Cajetan, cardeal, 673, 862
Calhoun, 140, 242, 325
Calonne, 483
Calvino, 77, 78, 80, 126, 150, 155, 517n, 527, 529-533, 535-538, 539n, 540, 610, 611, 649, 651, 680, 686, 694, 811, 819n
Camaiani, 585n
Camden, lord, 94, 177
Camillo, 396
Campanella, 357
Campeggio, 650
Canning, George, 210, 225
Capecelatro, 824
Capefigue, 545, 578n, 586n
Capilupi, Camillo, 571, 590-592
Capilupi, Hippolyto, 589
Capito, 523, 526
Capponi, 686
Carlisle, 347, 348
Carlos Alberto, 376, 398, 399, 491
Carlos I, 436

Carlos II, 28, 91, 105, 128, 160, 163, 164, 177n, 179, 273
Carlos III, 133
Carlos IV, 492
Carlos IX, 87, 556, 558, 559n, 560n, 562, 563n, 566n, 567, 569, 573n, 574, 574n, 575n, 576n, 577n, 579, 580n, 583, 584, 585n, 587, 588n, 589, 590, 594, 595n, 600-602, 603n, 604n, 606, 610, 613, 614, 616, 623, 811
Carlos Magno, 66, 383, 828
Carlos V, 76, 77, 125, 609
Carlos VIII, 621, 629n, 631, 639
Carlos X, 29, 233
Carlos, rei, 85, 88, 158, 165, 168-171, 173, 180, 197n, 198, 226, 274, 338, 386, 436
Carlstadt, 506
Carlyle, Thomas, 489n, 489-493, 667, 684
Carneades, 45
Carouge, 577, 578
Carroll, Lewis, 14
Casaubon, Isaac, 151, 461
Cassel, Hesse, 279
Castagna, 575n
Castelar, 250
Castlemaine, lord, 188
Catarina, 474, 558, 559, 559n, 563, 564, 564n, 566, 567, 573, 575, 581, 581n, 584n, 591, 592, 598, 600, 602, 614
Catena, 571
Catesby, 152
Catinat, marechal, 458

Cavalli, 565
Cavour, conde Gustave de, 233, 396-407, 409, 411-415, 417, 419-426, 428-431
Çayas, 558
Cecchetti, 646
Celi, Medina, 558
Cervini, 644
César, Júlio, 44, 45, 61
Chaise, Père La, 172
Chalmers, 204
Chamfort, 483
Channing, 320
Chantillon, 576
Charles Albert, 415, 422
Charles I, 81n
Charles IX, 573n
Charles, 158, 174, 177
Charpin, 458
Charrière, 566n, 590n
Charron, 82
Chartres, duque de, 477
Charvaz, 404
Chase, 326
Chatallion, 535n
Chateaubriand, 556, 728, 793
Chatham, 92, 94, 177, 220, 240, 281, 290, 291
Chemnitz, 611
Chesterfield, lord, 464
Chevalier, 139
Child, Francis James, 267, 331n, 338, 342, 343
Chillingworth, 250
Choiseul, 476, 477, 740
Christine, rainha, 236

Christoffel, Huldrych Zwingli, 525n
Ciaconius, 620, 629
Cialdini, 426
Ciappi, 597
Cicé, 133
Cícero, 30, 46, 57, 67, 115, 123, 339, 355
Cienfuegos (jesuíta), 614
Cipião, 46
Cipriano, São, 711, 861
Clarendon, 105, 166, 170, 208, 410, 655
Clay, 333
Clemens, 823
Clément, Jacques, 416, 812
Clemente IV, 708
Clemente V, 712, 715
Clemente VII, 657
Clemente VIII (Aldobrandini), 152, 547, 570, 571, 572
Clemente XIV, 467
Cleveland, duquesa de, 188
Clive, 229
Clotilda, princesa, 422
Clóvis, 66, 368
Cobbett, 811
Coburgo, Leopoldo de, 236, 237
Coke, 154, 705
Coleman, 172
Coleridge, Samuel Taylor, 216
Coligny, 555, 560-563, 567, 573, 574, 576, 582, 583, 584n, 593, 595, 609
Comes, Natalis, 586n
Commines, Philippe de, 74, 149, 624
Comte, 139, 146

Condé, 482
Condillac, 474
Condorcet, 143, 462, 472
Connemara, Martin de, 182
Conrad, mestre, 703
Considérant, 146
Constabili, 624, 637n, 638n, 641
Constantino, 60, 63, 64, 815
Contarini, cardeal, 651
Contarini, Nicholas, 547
Conti, príncipe de, 482, 586
Cooper, 298
Coquerel, 564n
Corday, Charlotte, 685
Cordova, Cabrera de, 582n
Córdova, Gonzalvo de, 625
Corneille, 458
Cornwallis, 281
Cortés, Donoso, 772, 823, 824
Corvinus, Mathias, 632
Cosmo, 585n
Costabili, 661
Cottington, 157
Coulanges, Foustel de, 24
Coxe, 545
Crampton, 247
Cranmer, Thomas, 686
Crato, 610n, 612n
Creighton, Mandell, 655n, 655-658, 660-668, 670, 672, 673, 675, 695
Crisipo, 46, 116
Crisóstomo, 60
Crítias, 112, 113
Croce, Benedetto, 16
Croce, Santa, 564

Croly, 204
Cromwell, Oliver, 128, 154, 159, 197-199, 226, 276, 686
Cumberland, 83
Cumming, dr., 822
Cusano, 591n, 597n, 599n, 600
Cuvier, Georges, 791

D

D'Adda, 189
D'Alembert, 470, 473
D'Amboise, George, 621, 624
D'Arc, Joana, 624, 699, 706
D'Artois, 482
D'Aubigné, 588n
D'Avaux, 191, 192, 554
D'Estaign, 281
D'Este, cardeal, 604, 645
D'Orléans, 608n
D'Ormesson, 481
D'Orvilliers, 281
D'Ossat, 572, 740
Dale, 569
Damberger, 809
Damiens, 476
Dana, Charles A., 344-347, 349n
Dangerfield, 171
Dante, 188, 377, 685, 710, 711, 713, 725
Danton, 134, 745
Daru, 545
Daunon, 143
De Dominis, 647
De Grasse, 281
De Jonge, 200
De Leva, 625n

de Maistre, Joseph, M., 17, 371, 670, 772, 774, 795-800, 800n, 801, 803, 807, 825, 832
de Orange, Guilherme, 173, 180, 293, 574
de Paula, são Francisco, 239
De Ruyter, 192
De Thou, 563n, 588n, 589, 613n
Defoe, 91, 92
Delfino, cardeal, 591n, 604
Delille, 485n
Derby, conde de, 157
Des Renaudes, 728
Descartes, René, 84
Desjardins, 565n, 573n, 583n
Desodoards, Fantin, 485n
Dickens, Charles, 490, 687
Dickinson, 289, 290
Diderot, Denis, 297, 473
Diepenbrook, cardeal, 847
Digby, K., 19, 152, 719
Digges, 563n, 566n, 570n
Dinothus, 611n
Diocleciano, 44, 64, 122
Diodati, Jean, 581
Disraeli, Benjamin, (lord/ conde Beaconsfield), 131, 238, 239, 697
Dixie, professor, 665
Dohna, conde, 187
Dolcino, (frei), 702
Döllinger, Ignaz von, 14, 197n, 357n, 395n, 453n, 489n, 495n, 555n, 617n, 643-647, 649, 650, 753n, 785n, 824, 832, 839, 841, 846, 847, 869, 832, 836, 839, 841, 846, 847, 855, 869

Domingos de Gusmão, São, 699-701, 705
Domingos, São, 699, 701, 705
Doudan, 233
Douglas, 243
Dover, 185
Drake, 229
Du Bos, 462, 724
Du Ferrier, 559, 566n, 652
Du Molinet, 614n
Du Prat, 559
Dubois, 462
Ducange, 207
Duclos, 458
Dufferin, 681
Dundee, 548
Dupanloup, monsenhor, 832
Duperron, 647
Duplessis-Mornay, 563
Dyer, 535n, 538n
Dykvelt, 187

E

Echard, 701
Eck, 673
Eckstein, barão de, 824, 832, 840, 842, 835, 840, 840n, 842
Eduardo I, 94
Eduardo II, 72
Eduardo III, 69
Efemos, 112
Efialtes, 110
Egidius, cardeal, 657
Ehrle, padre, 699
Eichhorn, 546, 830

Elizabeth, rainha, 76, 79, 149, 152, 560, 579, 581, 603, 611, 683, 686, 811
Ellesmere, lord (Sir Thomas Egerton), 331n, 343
Enghien, duque de, 85, 733
Enrique de Orleans, (duque de Aumale), 239
Enrique, Dom, 236
Entremont, condessa de, 567
Epicteto, 116
Epicuro, 48
Erasmo, 89, 125, 501n, 649, 651, 676, 826
Erbkam, 523n
Ernest, 236
Erskine, Sir Thomas, 101, 220
Ésquilo, 351, 550
Euclides, 143
Eudaemon-Johannes, 613
Eurípedes, 351
Ezequiel, 512

F

Fairfax, 164, 165
Falkland, 226
Falloux, M. de, 578n, 807, 832
Farel, 538n, 539
Farnese, Alessandro, 200
Fawkes, Guy, 153, 416
Felipe II, 126, 558, 559, 564n, 569n, 574, 582-584, 606, 686
Felipe, o Bom, 706
Felton, 332
Fénelon, 85, 97, 361, 458, 460
Ferdinando I, 76, 651

Ferdinando II, 76
Ferdinando VII, 233, 609, 751
Fernando, rei, 625
Ferralz, 556, 573n, 591, 593, 594, 595n, 597n, 601, 604n, 626n
Ferrara, duque de, 564, 623, 624, 624n, 626n, 633n, 636n, 637
Ferrara, Ludovico di, 637, 638
Ferrari, Gianfrancesco, 251, 590n
Ficker, 702
Fickler, 646
Filipe II, 80, 87, 200
Filipe V, 236, 463, 652
Fillmore, 327
Filmer, 218
Fílon, 57, 58
Firth, mr., 159
Fitznigel, 125
Fleury, 207, 463
Flint, 723
Floquet, Charles, 578n
Fogliani, 564n
Folieta, 571
Fontana, 701
Fortescue, conde, 149, 239
Fox, Charles, 92, 208, 226, 210
Franchina, 700
Francisco de Paula, São, 396
Francisco I, 79
Franklin, 285, 286, 300, 478
Frederico I, 828
Frederico II, (O Grande), 44, 159, 474, 498, 702, 828
Freidländer, 562n
Friedlander, 612n
Friedrich, Johann, 855

Frohschammer, 825
Froude, 684

G

Gabuzzi, 571
Gadsden, 288
Gales, príncipe de, 177, 185, 186
Galileu, 549, 853
Gallenga, 430
Gallus, J. B., 613n
Gams, 681, 724
Gandia, duque de, 626
Gardiner, 159
Gardiner, mr., 159
Garfield, general, 229
Garibaldi, 425, 426
Garret, 209
Gaume, monsenhor, 819, 823
Geiger, 657
Genlis, comandante, 574, 575, 606
Genlis, madame, 741
George I, 91
George II, 273
George III, 94, 129, 195, 204, 268, 271, 284
George Jeffreys, barão, 178n
Germain, 614n
Germanique, Louis le, 706
Gerson, 711
Gfrörer, 830, 832
Gibbon, Edward, 207, 208, 218, 340, 791
Gillet, 610n
Gilliet, 612n
Gioberti, 395, 401, 428, 824
Giorgi, 572

Giovio, 640
Gladstone, William, 15, 20, 225, 238, 401, 691
Glenlyon, Campbell de, 190, 191
Gneist, 230
Godfrey, 172, 173
Godwin, 163, 216
Goethe, 343, 826
Gomicourt, 581
Gonzaga, Luís, 589, 653
Görres, Joseph von, 371, 372, 832, 838, 843, 847
Gortschakoff, 414
Govone, general, 244
Graco, 119, 120
Gramont, duque de, 239, 246-248
Grandval, 183
Grant, general, 106
Granvelle cardeal, 585, 606
Granville, 344
Grappin, 585n
Grassis, Paris de, 606, 606n, 660, 670
Gratry, padre, 229, 824
Grattan, 210
Grazian, 861
Graziano, 704
Greeley, Horace, 326, 333, 334
Green, John Richard, 173, 345, 656
Gregório IX, 702
Gregório VII (Hildebrando), 70, 81n, 124, 254, 665, 861-863
Gregório XIII, 556, 589, 593, 595, 596, 599-602, 604, 607, 616
Gregório XVI, 805
Gregório, o Grande, 819

Gregorovius, Ferdinand, 24, 618, 626, 640, 657, 668, 687
Grévy, 239
Grey, lord, 146, 227, 235
Griswold, 348
Groen, Prinsterer von, 583n, 569n, 610n
Gropper, 676
Grosbeck, Heinrich, 522n
Grote, George, 208
Grotius, Hugo, 30, 82, 83, 188, 201
Guala, 702, 703, 720
Guéranger, dom, 814-817, 824
Gügler, Joseph, 832, 847
Guibert, 486
Guicciardini, 628, 634, 635n, 639n, 641, 641n
Guilherme (príncipe de Orange), 87, 92, 173, 180, 181, 182, 184, 186, 187, 189, 550, 558, 560, 574
Guilherme II, 200, 201, 276, 293
Guilherme III, 87, 184, 189, 543, 548, 552, 683
Guilherme, o conquistador, 452n
Guilherme, o normando, 66, 154, 173, 180, 186, 187, 189, 190, 192, 193
Guilherme, o silencioso, 417, 579
Guinzburg, Carlo, 24
Guise, duque de, 569, 581, 583n
Guizot, M., 29, 101, 144, 146, 164, 235, 396, 547, 813
Günther, 825
Gustavo III, 742
Guyon, 614

H

Habsburgo, Rudolph de, 828
Hagen, 502n
Halifax, lord, 91, 173, 181, 210
Hallam, 340, 540, 547
Halliwell, 545
Haman, 683
Hamilton, Alexander, 53, 300, 301, 303, 314, 315, 318, 321, 729, 733, 746
Hammond, 250
Hannah, 238
Harrington, 88, 128, 161, 218, 283
Harrison, Frederick, 199, 693
Harvey, 549
Havet, 702
Hay, John, 239, 240
Hefele, 643, 647, 681, 724
Hegel, 136, 213, 830
Heinsius, 554
Helvetius, 472
Henrique II, 76, 79, 80
Henrique III, 81, 580, 607, 608, 812, 828
Henrique IV, 417, 828
Henrique V, 79, 828
Henrique VII, 493
Henrique VIII, 77, 686
Henrique, 127
Henry, 532, 535n, 538n, 539n, 828
Henry, Patrick, 277
Heppe, 535n, 611n
Heráclito, 52, 53
Herbert, 186
Hergenröther, 657
Hermes, 825
Heródoto, 829
Herzog, 523n, 528n, 529n
Hesse, Philip de, 507, 521n
Heyne, 828
Hildebrando, 254
Hill, 173
Hillard, 345
Hirão, 446
Hirscher, 825
Hobbes, Thomas, 11, 84, 161, 166, 175, 200, 218, 276, 705
Hofmann, 836n
Hohenzollern, príncipe de, 245, 246, 248
Holbach, 249
Honório III, 700, 703
Hook, 667
Hooke, 81, 151, 220, 545
Hopperus, 582n
Horário, 339
Hosius, cardeal, 557, 612, 653
Hotman, 126
Hotoman, 611n
Huber, Johann, 855
Hudson, James, 334, 423
Humber, 158
Humboldt, William, 371, 748
Hume, David, 11, 92, 206-208, 218, 220, 490, 545
Humphreys, Alexander, 350
Hundeshagen, 529n
Hurter, 208, 830
Hus, Jan, 358, 678, 679, 698, 722

I

Inocêncio III, 679, 694, 699, 703, 718

Inocêncio IV, 125, 665, 792, 862
Inocêncio X, 792, 862
Inocêncio XI (Odescalchi), Papa, 187-189, 614
Inocêncio XI, 187-189
Isabella, 235
Ivan, o Terrível, 610

J

Jackman, S. W., 331n
James I, 151, 152, 154, 266, 545
James II, 87, 178n, 188, 553
James, rei, 91, 92, 149, 150-154, 170-174, 177n, 180- 187, 189-193, 293, 548, 550- 553, 686
Janet, 499, 510n
Janitschek, 656
Janus, 855
Jarcke, 510n
Jay, 290
Jefferson, 242, 279, 290, 301, 302, 313, 314, 316-318, 321, 333
Jeffreys, George, 178, 181n, 185
Joana, papisa, 791
João, São, 581, 683
Johnston, A. S., 219, 243
Jones, William, 177
José II, 133, 412, 474, 646
José, Francisco, 427
Joseph, Franz, 378
Joseph, père, 739
Jovius, Paulus, 661
Juan, Dom, 559
Jud, Leo, 525
Julian, cardeal, 630
Júlio II, 619, 621, 640, 658, 659, 660, 667, 670

Jürgens, 509
Justiniano, 123, 641, 661
Justiniano, Flávio Pedro Sabácio (Justiniano I), 64
Juxon, William, 436

K

Kaltenborn, 505n, 511n
Karnkowsky, 557
Keble, John, 231, 346n
Ken, 686
Kerr, 193
Ketteler, 842n
King, 205
Kinglake, 233, 235
Kleutgen, padre, 803, 823, 840
Kluckhohn, 564n
Knox, John, 79, 80, 81, 150, 686, 824
Köhler, 493
Kuhn, 824, 832, 840

L

L'Agebaston, 588n
La Besnardière, 728
La Bourdonnaye, 136
La Chastre, 573
La Farina, Farini, 395, 425
La Harpe, 461, 466
La Mothe, 581, 576n
Labat, 464
Labitte, 586n
Laboulaye, Eduard de, 140
Lacordaire, Henri Dominique, 723, 832
Lacretelle, 479
Ladislaus, 632

Lafayette, 95, 136, 139, 298, 300, 304, 733
Lalande, 462
Lamartine, 139, 736
Lambert, 164, 199
Lamennais, Hugues-Felicité Robert de, 18, 407, 772, 801, 832
Lameth, 300
Lancelottus, 605n
Landes, David S., 15
Languet, 562n
Lansdowne, 746
Laplace, 746
Lappenberg, 206
Laud, William, 89, 157, 158, 232, 436
Laurence, 205
Lauzun, 191, 554
Laval, Le Frère de, 608n
Lavallée, 573
Lavoisier, 746
Le Courayer, 645
Le Gendre, 624n
Le Plat, 646
Lea, Henry Charles, 697-702, 705, 707-718, 721, 722, 724
Leão X, 500n, 618, 663, 664, 667, 670
Leão XIII, 725
Lebrun, 248
Ledru-Rollin, 139, 440
Lee, general, 106, 243, 330
Leibniz, 207, 456, 460, 462, 491
Leicester, conde de, 131
Leighton, 167, 172, 184, 681
Lenormant, 832

Leonetti, 660
Leopoldo da Bélgica (rei), 133, 187, 190, 235, 236, 550
Lessius, 127
Leti, 604
Leveson, George (lord), 15
Lewis, rei, 843
Lhuys, Drouyn de, 247
Licínio, 104, 118
Licurgo, 30, 55
Lieven, madame, 752
Lilburne, John, 88, 128, 161
Limerick, 192, 548
Lincoln, Abraham, 242, 304, 324
Linde, 505n
Lingard, 208
Linguet, 486
Livingstone, 332
Lívio, 829
Locke, John, 11, 72, 90-92, 103, 127, 176, 219, 220, 228, 553
Lollards, 89
Londonderry, 548
Longfellow, 341-343
Lorraine, cardeal de, 560n, 568, 585, 589, 591, 592, 594, 604, 609n, 645, 652
Louvois, 192
Lowell, 345
Lucca, Ptolomeu de, 493
Lucrécia, 632, 638
Lucrécio, 339
Luden, 830
Ludlow, 200
Luís Filipe, 95, 136, 138
Luís Napoleão, príncipe, 144, 421

Luís XI, 628
Luís XII, 624
Luís XIII, 76
Luís XIV, 85-87, 91, 96, 169-171, 180-182, 186, 188, 191, 249, 457, 458, 459, 467, 478, 550, 741
Luís XV, 283, 351, 467-469, 480
Luís XVI, 85, 132, 133, 168, 298, 466, 469, 478, 742, 743
Luís XVIII, 154, 745, 750, 752
Luís, 172, 184, 189, 192, 241
Luís, São, 69, 597
Lutero, Martinho, 77, 126, 150, 155, 156, 428, 499-508, 510, 512, 513, 518, 521n, 530, 531n, 533, 534, 619, 634n, 649-651, 665, 676-678, 686, 719, 721, 811, 813
Luynes, cardeal de, 480
Lyell, Charles, 331n, 336, 337
Lyndhurst, 342
Lyon, arcepisbo de, 481
Lyons, 248

M

M'Clellan, 243
M'Cormick, 203, 205
Mabillon, Jean, 207, 814
Mably, Gabriel Bonnot de, 249, 547
Macaulay, lord, 90, 193, 208, 223-225, 227, 241, 398, 548, 684
Mackintosh, Sir James, 98, 208, 228, 556, 568n, 569n, 588n, 596n
Macknight, Thomas, 203n-209, 211

Madison, 290, 303, 319
Maffei, 594n
Magno, Alberto, 704
Magno, Carlos, 66, 254, 383, 828
Maintenon, madame de, 458
Maitland, S. R., 19
Malatesta, 639
Malebranche, 965
Malesherbes, 481
Malmesbury, 344
Malvenda, 701
Mamiani, 395, 414
Mandelot, 577, 577n
Manfredi, 621n, 626n
Manin, 378, 395, 425
Manning, Henri-Edward, (cardeal), 685
Mansfield, 240
Mansi, 645, 646
Manteuffel, 373
Mântua, duque de, 638
Maquiavel, 75, 80, 86, 150, 244, 418, 581, 638n-640n, 659, 729, 740
Marat, Jean-Paul, 96, 133, 135, 249, 685
Marcel, 73, 574, 574n
March, 331
Marchese, 824
Maret, monsenhor, 816, 824, 832
Mariana, 81, 127, 148, 584
Marini, 647
Marlborough, 91, 548
Marlot, 569n
Marmachi, 701
Marmont, Auguste de, 139

Marmontel, 483, 484, 484n
Marshall, 253, 289, 302
Martignac, 136
Marx, Karl, 16
Massarelli, 644-646, 650
Masséna, 243
Massimo, Azeglio, 395, 400-405, 408, 409
Matilda, 658
Maupeou, 477
Maurepas, 478, 480
Maurice, 533n
Maury, 484
Maximiliano II, 560, 609, 610, 624
May, Erskine, sir, 102, 103, 106, 147, 148
Mazade, M. de, 236
Mazarino (cardeal), 168
Mazzini, Giuseppe, 98, 101, 361, 376, 377, 415-420, 424, 426
Mazzuchelli, 572
Medici, Francesco de, 581, 597n
Melanchthon, Philipp, 507, 508n, 514, 515, 517-520, 521n, 531n, 651
Melito, 61
Mendonça, B. de, 584
Mendoza, 652
Mensdorff, 244
Menzel, 502n, 830
Mercy, conde, 742
Merquior, José Guilherme, 17
Metternich, Klemens Wenzel von, 101, 373, 375, 409, 750
Metz, 250
Michelet, Jules, 21

Michelet, M., 822
Michiel, Giovanni, 566, 662
Middleton, 553
Milano, 416
Milcíades, 109
Mill, James, 735
Mill, John Stuart, 13, 140, 146, 269n, 376, 378n
Milnes, 239
Milton, 88, 90, 127, 128, 148, 161, 208, 218, 219, 226, 228
Minghetti, 413
Mínio, Marco, 664
Mirabeau, 132, 249, 284, 304, 420, 486, 742
Mitford, 545
Möhler, 506n, 616, 832, 838, 839, 844-847, 859, 868, 869
Moisés, 107
Mole, 246
Molina, 127
Molinier, 698
Molitor, 832, 836
Moltke, 149
Molyneux, 551
Mondoucet, 575, 575n, 606
Monk, 164, 165
Monluc, 563, 579n
Monmouth, 128, 168, 174, 180
Monroe, James, 95
Montagu, 184
Montague, 548
Montalembert, C. R. F de, 18, 19, 772, 832
Montalto, 581, 604
Montcalm, 272

Montefort, 703
Montesquieu, 72, 92, 103, 249, 287, 735, 740
Montfort, Simon de, 71
Montgaillard, 479n, 481n, 483n
Montgomery, 280, 563, 581
Montmorin, 484
Montpensier, duque de, 236, 568, 578
Montpezat, 588, 588n
Montsoreau, 577, 578n
More, Hannah, 204
More, Thomas, Sir, 81, 89, 97, 357, 667, 681
Morellet, 286
Morillon, 606n
Morley, mr., 159
Morone, cardeal, 652
Moroni, 615n
Morosini, 581
Morris, 304
Morrison, Cotter, 693
Morvilliers, 586
Mosheim, 207
Mounier, 132
Mourin, 577n, 578n
Movers, 832
Mozley, 667
Müller, John, 371, 546
Münzer, 521
Murat, 418
Muratoni, 493, 614
Muratori, 207, 493, 707
Muretus, 599
Murray, John, 197
Musotti, 644, 645, 650

Mustel, 472
Mutinelli, 590n
Muzio, 607, 608
Mylius, 563

N

Napoleão I, 44
Napoleão III, 44, 85, 99, 144, 241, 405
Napoleão, imperador, 371, 375, 404, 414, 422, 458, 727, 728, 731, 741, 747-751, 797
Nápoles, Ferrante de, 621, 628
Narbonne, 740, 745
Nassau, João de, 541n
Nassau, Luís de, 561
Naudé, 614
Navarra, Henrique de, 80, 126, 570, 571, 603, 611, 810
Naville, M., 146
Neander, 702
Necker, 132, 480, 733
Nero, 116
Nerva, 44
Neuville, (padre), 463
Nevers, 566, 582, 589, 591
Newman, John Henry (cardeal), 231, 346n, 510n, 666, 681, 685, 724, 825, 859
Nicolas, M., 813
Nicolas, M., 813
Nicolau I, 861
Nicolau, 402
Niebuhr, Barthold Georg, 98, 208, 550
Niebuhr, Reinhold, 791

Noailles, 300, 559, 563n, 578n
Norfolk, duque de, 20
North, lord, 268, 277, 281
Northcote, 239
Norton, 343, 344, 348
Norton, Charles Eliot, 331n
Nugent, 209, 376

O

O'Connell, Daniel, 230, 230n,
Oates, Titus, 91, 171, 172, 177
Oecolampadius, Johannes, 528
Oldenbarnevelt, Johan van, 201
Oldmixon, John, 188
Oliphant, 242
Ollivier, Émile, 245-247
Optatus, 61
Orange, princesa de, 173
Orban, 250
Orígenes, 61
Orleans, duque de, 462, 728
Orsini, cardeal, 414, 416, 421, 599-601
Osborne, Bernal, 240
Osiander, Andreas, 504
Osorius, 625n
Otávio, 119
Otis, James, 274, 287, 290, 301
Otto, o Grande, 828
Oxford, conde de, 645
Ozanam, 832

P

Pádua, Marcílio de, 71, 72, 710
Paine, Thomas, 287
Paley, 339
Pallain, M., 747

Pallavicini, 644, 646-648, 650
Palmerston, lord, 234-236, 240, 247, 400, 410
Pamelius, 605n
Panigarola, 586
Panvini, 657, 669
Paoli, 129
Papabroch, 814
Papiniano, 123
Paradol, Prévost, 229
Parkman, 348
Parsons, 167
Pascal, 84, 795
Paul, padre, 647
Paulo II, 657, 658, 665, 666
Paulo IV, 623n
Paulo V, 571
Paulo, 239
Payne, 228
Pedro, São, 658, 673, 711
Peel, Robert, 234, 238, 239, 101, 401
Pellevé (cardeal), 567, 604
Pellini, 585n
Penn, William, 129, 148, 156, 180, 184, 690
Percin, 701
Perez, Antonio, 558
Periandro, 104
Péricles, 37, 38, 39, 104, 109, 110, 111, 113, 123, 140
Perrauld (cardeal), 625n
Perrone, padre, 818, 838
Perth, 189
Pestalozzi, Heinrich Bullinger, 526n, 527n
Petre, 189

Petrucci, August, 565, 664
Petruci, 582n
Phaleas, 110
Philippe, Louis, 29, 235
Pianori, 416
Piatti, 615
Pibrac, 652
Piccolomini, 624
Pierce, Franklin, 312, 339
Pietri, 421
Pinckney, 241
Pio II, 618, 624, 668
Pio III, 659, 666
Pio IX, 19, 22, 805, 856
Pio IX, Papa, 19, 398
Pio V, 556, 560, 566, 567, 569, 571, 589, 592, 602, 603, 605, 607
Pio VI, 794
Pio VII, 745
Pistoja, 602
Pitágoras, 51
Pitt, William, 210, 219, 224, 273, 277, 485
Planck, 505n
Platão, 48, 49, 53, 59, 110, 113, 115, 140, 228, 357
Plethon, Gemistus, 656, 666
Plotino, 357
Plunket, 225
Plymouth, duque de, 174
Políbio, 118, 123
Polignac, 136, 233, 740
Poliziano, Angelo, 620n
Pomponatius, 666
Pope, 215, 216

Poullé, abade, 466
Poynet, John, 80n
Price, 287
Pride, 159, 164
Prierias, 633, 634n, 677
Priestley, 287
Prinsterer, Groen von, 569n
Prior, 204
Priulli, 631n, 638, 641n, 661, 662
Protágoras, 52, 104, 112
Protheroe, G. W., 851
Prynne, 127
Pufendorf, Samuel, 83
Pusey, Edward Bouverie, 346n
Puygaillard, 577, 578
Pym, 226

R

Racine, 458
Radowitz, 832
Raimundo, São, 704
Raleigh, 208, 220, 266
Rambouillet, 599, 602n, 603n
Rancé, 182, 183
Ranke, Leopold von, 23, 208, 250, 509, 509n, 543n, 543-554, 566n, 571n, 640, 647, 656, 668, 830
Ratazzi, 400, 402-404, 414
Raumer, 583n
Ravaillac, 416, 683
Raynal, 472, 573n
Raynaldus, 618, 619n-621n, 626n, 630n, 646, 647, 657
Reid, 339
Renan, Ernst, 251

Reumont, 617, 686
Reuss, príncipe de, 749
Riario, 664
Riccio, 152
Richelieu (cardeal), 85, 105, 188, 574, 739
Richmond, 327
Rienzi, 73
Riffel, 513n
Ripley, George, 349n
Ripon, marquês de, 20
Robertson, 207, 545
Robespierre, 134, 417, 436
Robinson, John, 163, 155, 156
Rohrbacher, 811, 812, 824
Roland, madame, 134
Rölker, 342
Romanin, 621n
Roscher, 53
Roscoe, 545, 617
Rosmini, 824
Rossetti, Dante Gabriel, 13, 14
Rossi, 417
Roundhead, 226, 271
Rousseau, Jean-Jacques, 96, 127, 129, 134, 142, 147, 148, 242, 249, 361, 386, 470-472
Rovere, Julian della, 621, 678
Rückert, 342
Ruinart, 814
Rupert, 198
Rushworth, 655
Ruskin, John, 19, 237
Russell, John, 91, 174, 175, 227, 228, 240, 241, 440, 551, 548
Ryan, 197n, 213n, 223n

S

Sacheverell, 227
Sage, Charles le, 706
Saint-Simon, 182
Sala, 645
Salamanca, bispo de, 652
Salazar, 248
Sales, São Francisco de, 792
Salisbury, João de, 81, 125, 416, 706
Sallier, 481n
Salviati, 556, 566-568, 575, 576, 582n, 589, 595, 596n, 598, 600, 606
Salzburgo, cardeal de, 646
Samuel, 31
Sand, Georges, 139
Santorio, 604
Sanuto, Marin, 625n, 661-664
Saraceni, 636
Sarpi, Paolo, 647, 648, 650
Sarsfield, 191
Sattler, 610n
Saul, 602
Sauli, 663, 664
Savonarola, 626, 659, 669, 670, 699
Saxe, marechal, 463
Schenkel, 502n, 522n, 525n, 535n
Schiller, 343
Schlegel, 772, 774
Schlosser, 539n
Schmerling, 409
Schmidt, 521n, 539n
Schomberg, 192, 578n, 610n
Schombert, 578n

Schulze, 656
Schütz, Wilhelm von, 810, 811
Schwarzenberg, 373
Schwenkfeld, 516
Scot, 198
Scott, 216, 217
Sedan, 250
Sedgwick, Theodore, 331, 331n, 332,
Sedley, Catherine, 180
Seeley, Sir John Robert, 22
Sega, 603, 604n
Séguier, 465, 466
Seidemann, 522n
Selborne, lord, 238
Selden, 127, 220, 226, 446
Sêneca, 30, 57, 59, 116, 353
Senfft, conde, 732
Seripando, 644, 645, 650, 653
Serranus, 570n, 608n
Servanzio, 644
Servet, Miguel, 517, 520n, 527, 528, 538, 539, 680
Seward, 250, 301
Seymour, 179, 548
Sforza, Caterina, 656
Shackleton, 220
Shaftesbury, 91, 170-174
Shakespeare, William, 151
Shaw, W. A., 213n, 223n
Shelley, 216
Sherman, 304, 320
Shrewsbury, 548
Siccardi, 400, 405
Sidney, Algernon, 91, 174, 186, 218, 219, 226, 228

Sidônio, 355
Sieyès, 96, 132-34, 143, 144, 366
Sila, 120
Silvano, 67
Silveis, Lobo de, 613n
Silvestre, papa, 815
Simancha, 605n
Simonetta, 653
Simpson, Richard, 213n, 223n, 753, 785n
Sineo, 422
Sinope, Diógenes de, 47
Sismondi, 545, 617
Sisto IV, 633, 665, 681, 682, 686, 693
Sisto V, 580, 705
Sisto VI, 667
Smith, Adam, 96, 220, 273, 285, 607, 735, 746
Smith, Goldwin, 225, 253
Smith, Sydney, 354
Smith, Thomas, 607, 609
Smythe, 339, 340
Socinus, 90, 528n, 667n, 681
Sócrates, 41, 48, 53, 57, 61, 104, 112, 113
Soderini, 664
Sófocles, 59, 351
Sólon, 34, 35, 39, 55, 66, 108-110
Somers, 220, 226, 548, 553
Somerset, 532n, 545
Sorbin (padre), 586, 587, 687n
Sorel, 251
Sostegno, Alfieri di, 404
Soulavie, 478n
Sparks, 341, 348

Spinoza, Baruch, 84
Spotswood, 436
Staël, madame de, 731, 746
Stafford, 172, 174
Stair, 190
Stein, 371
Steinberger, 610n
Stephens, 242, 323
Stewart, 339
Stolberg, 772
Story, 319
Stowe, 332, 336, 354
Strafford, 89, 157
Strozza, Filippo (ou Strozzi), 570n
Stuart Mill, John, 14
Stuart, Charles, 128
Stuart, Elizabeth, 76, 79
Stuart, Maria, 683, 686
Stuart, Mary, 76
Suárez, Francisco, 127
Suffren, 281
Sumner, 347
Sunderland, 183, 185
Sweertii, R., 605n
Swift, 208

T

Tácito, 44, 50, 208, 339
Taine, Hippolyte, 667
Tallard, 554
Talleyrand, 133, 372, 727-733, 735-738, 741, 742, 744-751
Tapparelli, 772
Tasso, Faustino, 607n
Taylor, 90, 681
Téligny, 563

Tempesti, 614
Temple, Richard, 551
Tennyson, Alfred, 343
Teodósio, 587
Teógnis, 33
Teramenes, 113
Tertuliano, 61, 355
Tetzel, Johann, 676
Thamer, 516, 520n
Theiner, Augustin, 556, 569n, 575n, 596n, 598n, 633n, 646
Thierry, 139
Thiers, Louis Adolphe, 239, 245, 248, 250, 729
Thorndike, 184
Thouret, 144
Thun, 174
Tibério, 122
Ticknor, 332
Tiepolo, 590n
Tilius, 612n
Tillemont, 814
Tillotson, 175
Tocqueville, Alexis de, 11, 30, 53, 103, 106, 139, 140, 147, 303, 316, 456
Toland, 128
Tomás de Aquino (santo), 57, 71, 81, 82, 115, 350, 659, 862
Toscana, Leopoldo da, 130
Tosti, 824
Tourville, 192
Townsend, 268
Townshend, 277
Trollope, Anthony, 13
Tromp, 198, 201

Tucídides, 41, 140, 208, 492
Tucker, Dean, 268, 273
Tudor, Maria, 520, 683
Turberville, 171
Turenne, 169
Turgot, 130, 249, 479, 735
Tussaud, madame, 690
Tyrconnel, 185, 191

U

Ugolini, 637n
Uhland, 342
Ullmann, 678
Upham, 348
Urbano IV, 862
Urbino, duque de, 590, 636, 637
Ursinus, 524n
Ussher, James, 84, 157, 167

V

Valenciniano, 89
Valois, Elisabeth de, 558
Valois, Marguerite de, 589, 810
Valori, 631
Vane, 161, 198
Varano, 639
Vasari, Giorgio, 597, 597n
Vauban, 85
Vaudémont, príncipe de, 187
Ventura (padre), 801, 803, 820, 823
Vercelli, Cardela de, 566n
Vergennes, 478, 479
Vergniaud, 365
Vermiglio, Peter Martyr, 539, 539n
Vermond, abade de, 481
Veuillot, M., 803

Veuillot, M., 803, 823
Victor Emmanuel, rei, 410, 412, 417, 424
Viglius, 582n
Villari, 660, 661
Villeroy, 572n
Vineis, Peter de, 125
Vinet, 30
Visconti, 646
Viterbo, Edigius de, 657
Vitória, rainha, 19, 132
Vitrolles, barão de, 750
Voigt, 657
Voltaire, 207, 249, 470, 474
Volterra, cardeal de (Francesco Soderini), 664, 665
Vulcob, 563n, 569n
Vynckt, Van der, 545

W

Waddington, M., 148, 177
Wadsworth, 332
Walewski, 247
Walker, 341
Wallenstein, 417
Walpole, Spencer, 655
Walsingham, 555, 563, 569n, 573, 607n, 608
Warda, Petrus de, 621n
Washington, 280, 291, 298, 313, 314, 341, 343
Washington, general, 177
Waters, Lucy, 177
Webster, Daniel, 289, 325, 333
Wellington, duque de, 19, 233, 234, 302

Werther, 246
Wesel, 520
Weston, 157
Wetherell, Thomas Frederick, 753
Whalley, mr., 822
Whatley, 339
Whewell, 339
Whitelocke, 197, 198
Wilberforce, bispo, 697
Wilson, James, 299, 303
Windebanke, 157
Wirtemberg, duque de, 610
Wiseman, Nicholas cardeal (também arcebispo de Westminster), 754, 756, 761, 763, 765
Witt, Cornelis de, 199, 200
Witt, John de, 191, 199, 200, 267
Wittenberg, 651
Wittgenstein, 562n, 612n
Woffington, Peg, 204
Worcester, 157, 690

Wycliffe, John, 358, 678, 691
Wythe, 302

X

Xenofonte, 140
Ximenes, 662, 667, 681, 682, 720

Y

York, duque de, 171, 172
Young, Arthur, 268, 482

Z

Zanchi, 539n
Zara, arcebispo de, 646
Zeller, 230, 617
Zeno, 46, 57, 115
Zucchi, 569n
Zuñiga, Diego de, 583
Zuñiga, Juan de 583
Zurita, 625n, 626n, 632, 635n, 638
Zwinglio, 77, 78, 126, 524, 525n, 526, 527, 530, 686

Este livro foi impresso
pela Edigráfica